Wissenschaftliche Untersuchungen
zum Neuen Testament · 2. Reihe

Herausgeber/Editor
Jörg Frey

Mitherausgeber / Associate Editors
Friedrich Avemarie · Judith Gundry-Volf
Martin Hengel · Otfried Hofius · Hans-Josef Klauck

174

Stefan Koch

Rechtliche Regelung von Konflikten im frühen Christentum

Mohr Siebeck

STEFAN KOCH, geboren 1965; Studium der evangelischen Theologie in Erlangen, Münster und Tübingen; 2002 Promotion; Studienleiter im ev. Bildungswerk und Projektstelle Dekanatsentwicklung in Fürth.

ISBN 3-16-148004-X
ISSN 0340-9570 (Wissenschaftliche Untersuchungen zum Neuen Testament 2. Reihe)

Die Deutsche Bibliothek verzeichnet diese Publikation in der Deutschen Nationalbibliographie; detaillierte bibliographische Daten sind im Internet über *http://dnb.ddb.de* abrufbar.

© 2004 Mohr Siebeck Tübingen.

Das Buch wurde von Druckpartner Rübelmann GmbH in Hemsbach auf alterungsbeständiges Werkdruckpapier der Papierfabrik Schleipen gedruckt und von der Buchbinderei Schaumann in Darmstadt gebunden.

Vorwort

Die vorliegende Untersuchung wurde im Wintersemester 2001/2002 von der Kirchlichen Hochschule Bethel als Dissertation angenommen. Für die Drucklegung wurde die Arbeit erheblich gekürzt.

Mein herzlicher Dank gilt Prof. Dr. Andreas Lindemann, der mich als ortsfremden Doktoranden akzeptiert und die Arbeit konsequent mit Anregungen und Kritik begleitet hat. Er hat mir geholfen, die mit der Thematik von Konfliktlösung und Rechtsprechung im frühen Christentum verbundenen Fragen zu stellen, hat mich ermuntert, darauf erste Antworten zu suchen, und dabei auch eigene Einsichten zu formulieren.

Dankbar bin ich für zahlreiche inhaltliche Anregungen durch das Kollegium der Kirchlichen Hochschule Bethel. Die Neutestamentler Dr. Vicco von Bülow, Dr. David S. du Toit und Prof. Dr. François Vouga haben mir durch ihre Stellungnahmen auf je unterschiedliche Weise eine weitere Präzisierung der Untersuchung ermöglicht. Prof. Dr. François Vouga danke ich zudem auch für die Erstellung des Zweitgutachtens.

Sehr gefreut hat mich, dass der Verlag Mohr Siebeck bereit war, diese Arbeit in der 2. Reihe der Wissenschaftlichen Untersuchungen zum Neuen Testament zu veröffentlichen. Dem Herausgeber der Reihe, Prof. Dr. Jörg Frey danke ich für die Unterstützung zur Überarbeitung des Manuskripts. Den Mitarbeiterinnen und Mitarbeitern des Verlages bin ich für die Unterstützung zur Herstellung der Druckvorlage dankbar.

Ich denke an die lieben Menschen, ohne deren direkte und indirekte Hilfe eine solche Arbeit nicht entsteht. Auch möchte ich die Mitarbeiterinnen und Mitarbeiter der Bibliothek im Ulmer Hofes in Eichstätt mit ihrer zuvorkommenden Art nicht unerwähnt lassen. Und Manuel, ohne dessen Geburt ich diese Arbeit nicht begonnen hätte, widme ich dieses Buch.

Fürth, 5. August 2003   Stefan Koch

Inhaltsverzeichnis

Kapitel 1

Einführung in die Themenstellung

1.1 Konflikte und Konfliktlösung

> Von Konflikten wollen dann wir sprechen, wenn einer Kommunikation widersprochen wird.[1]

Für das Auftreten von Konflikten lassen sich Voraussetzungen benennen, Gründe finden und Ursachen beschreiben. Und auch für ihre Lösung, wird eine solche erreicht, sind Voraussetzungen, Gründe und Ursachen namhaft zu machen. Konflikte lassen sich besser im Rückblick als aus einer aktuellen Situation heraus analysieren. Im Rückblick werden sie befragbar auf ihren Kontext, auf Voraussetzungen ihres Entstehens, auf Gründe ihres Auftretens und auf Ursachen ihrer Entwicklung. Mit zeitlichem Abstand werden die Bedingungen der gefundenen Konfliktlösung sichtbar.

Im Neuen Testament finden sich Erinnerungen an verschiedenste Konflikte, eine Untersuchung der jeweiligen Konfliktentstehung und möglichen Konfliktlösung dort hat umfangreiches Material zur Verfügung. Alleine die Konflikte um das Auftreten Jesu böten Stoff für eingehende Analysen. Und etwa nur der Prozess Jesu in Jerusalem ließe Hinweise auf eine Konfliktlösung deutlich werden, deren Erleiden durch Jesus von Nazareth für den christlichen Glauben Symbol bildend geworden ist.[2]

1.1.1 Thematische und inhaltliche Einschränkungen der Untersuchung

Für die Untersuchung von Konflikten im Neuen Testament sind inhaltliche Beschränkungen erforderlich, die sich als thematische Präzisierungen beschreiben lassen. In den Blick genommen werden in dieser Untersuchung frühchristliche Konflikte und deren Lösung; Konflikte dabei verstanden als innergemeindliche Auseinandersetzungen.[3]

---

[1]   LUHMANN, Soziale Systeme, S. 530. Luhmann legt eine systemtheoretische Konflikttheorie vor, die sich absetzt von soziologischen oder psychologischen Theorien. Vgl. zu Luhmanns sozialmoralischem Ansatz HORSTER, Postchristliche Moral, S. 264-270.

[2]   BAUDLER, Das Kreuz, S. 194-344. Blickt man auf die Funktion der Kreuzigungsstrafe als Konfliktlösung, wird sie als einseitige, von staatlicher Gewalt getragene Maßnahme zum Machterhalt deutlich.

[3]   Zur benutzten Terminologie (frühchristlich) ALKIER, Urchristentum, S. 261-266.

Fragt man nach Ursachen für Konflikte in einer Gruppe, ist die Rückfrage nach der bisherigen Gruppenentwicklung erhellend: Gab es in der
Vergangenheit vergleichbare Konflikte? Wie wurden diese gelöst? Werden
Konflikte in der Gegenwart entsprechend bearbeitet? Kommt es zu einem
veränderten Umgang mit Konflikten? In Hinsicht auf die frühchristlichen
Gemeinden könnte man fragen: Ist eine mögliche Entwicklung von Konfliktlösungen in frühchristlichen Gemeinden erkennbar und als eine Art
Lernprozess zu beschreiben? Am Ende der Untersuchung wird kein verbindlicher christlicher Umgang mit Konflikten zu konstatieren sein. Verschiedene Konfliktlösungsmodelle stehen nebeneinander, die einzelnen
Konfliktlösungen haben verschiedene Traditionen aufgenommen. So kann
man festhalten, dass es aus historischer Sicht einen vielgestaltigen, aber
nicht einen spezifisch christlichen Umgang mit Konflikten in den frühchristlichen Gemeinden gegeben hat.[4] Wobei noch zu klären wäre, woran
ein spezifisch christlicher Umgang mit Konflikten zu erkennen wäre.

1.1.2 Soziologische Betrachtung von Konflikten

Neben die historische und traditionsgeschichtliche Betrachtungsweise des
innergemeindlichen Umgangs mit Konflikten im frühen Christentum tritt
die soziologische. Versuchsweise kann man die Entwicklung der Gemeinden auch anhand der Logik von Gruppenentwicklung beschreiben: Nicht
nur nach der Euphorie des Anfangs einer Gemeindegründung wäre dann
mit Konflikten zu rechnen, wenn sich allmählich Gruppenstrukturen bilden, innergemeindlich Rollen finden und sich Verhaltensmuster samt Regeln zu deren Durchsetzung einstellen. Nach modernem Verständnis sind
solche Konflikte Teil der Gruppenentwicklung. In jedem Fall zeigt sich im
Verlauf der Existenz einer Gruppe auch deren Umgang mit Konflikten.

Konflikte in Gruppen sind dadurch definiert, dass die Beurteilung von
Situationen durch Gruppenmitglieder differiert. Geht es darum, konkrete
Handlungen vorzunehmen, verschärfen sich Konflikte noch, sobald vorgeschlagene Handlungsmöglichkeiten anerkannten Verhaltenserwartungen
zuwiderlaufen. Dementsprechend konkurrieren in Konfliktsituationen die
zur Verfügung stehenden Handlungsoptionen miteinander.[5]

---

[4] Vgl. BORMANN/BORMANN-HEISCHKEIL, Theorie, S. 198: „Die Art, wie die Kirche
ihre Kommunikationsprobleme praktisch löst, ist in ihrer Theorie vorgegeben". Vgl.
BRANDT, Konflikte als Testfall, S. 30-36: Wichtig sind Ursachenforschung, Verzicht auf
Machtpositionen, Sprache der Liebe, Vergebungsbereitschaft.

[5] Bedürfnisse, Interessen, Ziele, Ideen und Wertvorstellungen treffen aufeinander,
im Lösungspotential und als Lösungsweg konkurrierend. Konfliktarten: Intrapersonen-,
Interpersonen-, Intragruppen- und Intergruppenkonflikte; in der genannten Reihenfolge
nimmt theoretisch der Grad an Betroffenheit ab, rückt die Infragestellung der Gruppen-
identität in den Vordergrund. Die Einsicht, nach der Konflikte in einer Gesellschaft
selbstverständlich sind, findet sich auch in theologischen Darstellungen, vgl. MEEKS,

Was etwa ist zu tun, wenn es in der Gruppe zu finanziellen Unregelmäßigkeiten kommt? Wie hat man sich zu verhalten, wenn von anerkannten
Normen abweichendes Verhalten gezeigt wird? Wann wird ein solches
Verhalten als abweichend betrachtet? Kann man trotz möglichen Fehlverhaltens eines Einzelnen zur internen Tagesordnung übergehen, oder muss
man bei jeder Gelegenheit ein Exempel statuieren?

Im Konflikt wird - theoretisch - eine Lösung dadurch erreicht, dass eine
der vorgeschlagenen Situationsbeurteilungen und Handlungsoptionen Zustimmung findet und als angemessene Handlungsweise durchgesetzt wird.[6]
Im erwähnten Fall finanzieller Unregelmäßigkeit (Act 5,1-11) erfolgt die
Konfliktlösung dadurch, dass die Schuldigen in einem prozessähnlichen
Verfahren überführt werden. Alternativ dazu kann bei Lukas eine eigens
für den Konflikt entwickelte Lösung realisiert werden, die einen Kompromiss verschiedener Positionen darstellt (vgl. dazu Act 15,1-35*).[7]

1.1.3 Anmerkungen zu einer Hermeneutik von Konflikten

Diese Grundformen von Konfliktlösung - Durchsetzung einer Position,
Kompromiss verschiedener Positionen - sollen in dieser Untersuchung ex-
emplarisch betrachtet werden. Maßgeblich dazu sind vorab einige kurze
Überlegungen zur Hermeneutik von Konflikten.

Da Konflikte auf Kommunikationssituationen zurückgehen, in denen
die Erwartungen der Kommunikationspartner nicht erfüllt werden, drängt
sich die Frage nach der Erwartung an Kommunikation auf. Wenn es bereits darüber zum Konflikt kommt, dass Kommunikationsteilnehmer unterschiedliche Erwartungen an sich und an andere haben, kann grundsätzlich nicht konfliktfrei kommuniziert werden. Das Konfliktpotential zwi-

---

Urchristentum, S. 233: „Keine Gruppe kann über längere Zeit bestehen, ohne bestimmte
Führungsstrukturen zu entwickeln, Rollenzuweisungen unter ihren Mitgliedern vorzunehmen, gewisse Strategien für den Umgang mit Konflikten zu finden, sich auf die Formulierung ihrer gemeinsamen Überzeugungen und Werte zu einigen und Sanktionen zu
beschließen, die die Einhaltung dieser Normen gewährleisten."

[6] Systemtheoretisch sind hier die Begriffe Komplexität und Kontingenz einzufüh-
ren: Komplexität erzeugt ein Konfliktpotential aufgrund überschüssiger Möglichkeiten
der Systemumwelt, die unter dem Gesichtspunkt der Handlungsfähigkeit im System reduziert werden müssen. Kontingenz erzeugt Konflikte innerhalb eines Systems aufgrund
von Handlungsalternativen, die im Hinblick auf Umweltbedingungen im System bewertet
werden müssen. Die Beziehung von Komplexität und Kontingenz zueinander ist als
Steuerungsmechanismus definiert. WILLKE, Systemtheorie, S. 15-42.

[7] Die Beispiele zeigen, dass für den gleichen Autor verschiedene Konfliktlösungen
möglich sind. Zur theologischen Bewertung eines Kompromisses vgl. KÖRTNER, Evangelische Sozialethik, S. 107: Ein Kompromiss „bedeutet einen teilweisen Verzicht auf eigene Interessen oder die Anwendung ethischer Gesichtspunkte, der freilich gerade darin
sein Problem hat, dass er nicht geleistet werden kann, ohne dass man schuldig wird." Eine Ethik des Kompromisses hätte meines m.E. Anhalt an frühchristlicher Überlieferung.

schenmenschlicher Kommunikation ist dann derart groß, dass sogar eine Identifikation von Kommunikation und Konflikt denkbar erscheint.

Zur Identifizierung des Umgangs mit Gruppenkonflikten wurde auf die Möglichkeit verwiesen, auf den entsprechenden Umgang in der Vergangenheit der Gruppe zu sehen. Für das Verstehen von Konflikten in Gruppen klärungsbedürftig sind deshalb die Entstehung der Beurteilung der Situation, der Katalog zur Verfügung stehender Handlungsoptionen und der Prozess der Verständigung über Situation und Handlung. Daraus sind Kriterien zur Beurteilung von Lösungen ableitbar, die sich erneut als Fragen an Gruppenstruktur, -verständnis und Regeln des Zusammenlebens in der vom Konflikt betroffenen Gruppe stellen lassen.

Die interne, der eigenen (Gruppen-)Logik verpflichtete Betrachtungsweise ist zu ergänzen durch externe Beobachtungen. Dass die jeweilige gruppeninterne Perspektive nicht durchgängig mit der Außenwahrnehmung einer Gruppe übereinstimmt, ist hier nur anzumerken. Für alle, die nicht mit der Logik der Kommunikation einer Gruppe vertraut sind, werden die Normen, nach denen sich die Mitglieder einer Gruppe verhalten, oftmals erst in Konfliktsituationen deutlich. Zum Teil erst im Blick auf abweichendes[8] wird normales Verhalten als solches kenntlich. Und oft erst im Konfliktfall zeigen sich interne Regeln und regelgerechtes Funktionieren einer Gruppe mit für eine kritische Betrachtung wünschenswerter Klarheit. Insofern sagen Konflikte wie Konfliktlösungen indirekt auch etwas über das Selbstverständnis der Betroffenen aus.

1.1.4 Das Ziel der Betrachtung von Konflikten

Konflikte können als Indikatoren für das Funktionieren einer Gemeinschaft gelten. Konfliktlösungen ermöglichen Einsichten über die Gemeinschaft mit ihren Normen, Kommunikationsstrategien und Verhaltensmustern, die für ein gelingendes Miteinander sorgen sollen.[9]

1.2 Konfliktlösung durch rechtliche Regelung

Das Recht lernt aus Anlass von Konflikten. Es würde ohne Konflikte nicht entstehen bzw. nicht erneuert und vergessen werden. Dabei kann es sich auch um Konflikte handeln, die das Recht selbst provoziert - etwa Konflikte aus Anlaß staatlicher Regelungen.[10]

---

[8] Zum Begriff und Theoriehintergrund LAMNEK, Theorien, S. 29-43.

[9] Vgl. die Steuerungsprozesse eines Systems nach WILLKE, Systemtheorie, S. 228f. Ein systematisch-systemischer Vergleich mit frühchristlichen Systemen wäre erhellend.

[10] LUHMANN, Recht der Gesellschaft, S. 567. Für seine Entwicklung braucht das Ge-

Die Einschränkung des Themas dieser Untersuchung auf Konfliktlösungen, die rechtliche Implikationen bzw. rechtliche Regelungen[11] erkennen lassen, hat die Aufgabe, die Menge relevanter frühchristlicher Gemeindekonflikte zu reduzieren. Die Verbindung von Konflikt und Recht ermöglicht auch die Zuordnung zweier Bereiche, deren Verbindung einen beidseitigen Erkenntnisgewinn verspricht. In Hinsicht auf Konflikte und ihre Lösung in frühchristlichen Gemeinden liegt ein Erkenntnisgewinn bereits darin, unter dem Blickwinkel rechtlicher Regelung relevante Texte in ihrem Kontext zu interpretieren. Womöglich ist dabei bereits die Aufmerksamkeit auf rechtliche Implikationen oder die entsprechende Fehlanzeige für ein weiterführendes Textverständnis hilfreich. Aus der Zusammenstellung verschiedener gesicherter Kontexte könnten sich strukturelle Zusammenhänge von Konfliktlösungen erstellen lassen. In Hinsicht auf rechtliche Implikationen liegt ein Erkenntnisfortschritt in der Verbindung mit dem Thema Konfliktlösung darin, anhand eines überschaubaren Bereichs frühchristlicher Texte zu klären, inwieweit Gemeinden mit rechtlichen Regelungen der Tradition bzw. der Umwelt vertraut waren. Auch kann man prüfen, welche Rolle traditionelle Konfliktlösungen hatten bzw. ob eigene rechtliche Regelungen von Konflikten entwickelt wurden.

Eine frühchristliche Rechtsgeschichte wird hier nicht vorgestellt. Allerdings wird eine Einsicht der älteren Forschung Bestätigung erfahren, nach der Gemeindeordnung und Kirchenrecht von Anfang an miteinander verbunden waren. Die zum Teil bis heute behauptete Unvereinbarkeit von Kirche und Recht muss deshalb als unzutreffend gelten.[12]

1.2.1 Frühchristliche Konfliktlösungen durch rechtliche Regelungen

Frühchristliche Texte behandeln verschiedene innergemeindliche Konfliktsituationen und kennen differenzierte Konfliktlösungen. Sie lassen rechtliche Regelungen kenntlich werden, die zur Konfliktlösung herangezogen wurden. Die vorgelegte Untersuchung versucht, Aussagen der Texte zu Konflikten und zur Konfliktlösung herangezogenen Regelungen her-

---

sellschaftssystem zur Abwehr von Störungen eine Art Überschusskapazität an Konfliktlösung. Das Rechtssystem stellt diese bereit, indem es Erfahrungen generalisiert.

[11] Für eine hinreichend präzise Bezeichnung des Gemeinten wird von Konfliktlösung(en) durch rechtliche Regelung(en) geredet. Rechtsnormen sind dabei als Funktionen im Blick. Gemeint sind Lösungen von Konfliktsituationen, die mit traditionellen Rechtsnormen in Verbindung zu bringen sind bzw. auf eigens entwickelte Rechtsnormen zurückgreifen. In einer historischen Untersuchung zum Thema Recht im NT wird man nicht von neuzeitlichen Definitionen ausgehen, die das Recht als Ordnung menschlichen Verhaltens betrachten. Eher liegt eine funktionale Betrachtungsweise nahe, Rechtsnormen anhand ihres Regelungsgegenstands zu erkennen und zu untersuchen.

[12] Zur Verbindung von Rechts-, Glaubens- und Sozialgeschichte im AT vgl. CRÜSEMANN, *Tora*, S. 7-26. Kann man ähnliches für frühchristliche Gemeinden vermuten?

auszuarbeiten. Rechtlichen Regelungen gilt besonderes Augenmerk, weil in ihnen nach dem gemeindlichen Selbstverständnis gefragt werden kann: Sofern ein Gemeinwesen anhand seiner Verhaltensforderungen und Normen untersucht wird, lässt der Blick auf den Umgang mit Konflikten in diesem Gemeinwesen Einsichten in seine innere Konstitution erwarten. Rechtliche Regelungen zur Konfliktlösung lassen sich feststellen, wenn in der jeweiligen Konfliktlösung Begriffe verwendet werden, die einem juristischen Kontext angehören bzw. wenn gruppeninterne Strukturen erkennbar werden, die an bekannte juristische Verfahrensweisen erinnern.

Rechtliche Regelungen von Konflikten finden sich im NT in verschiedenen Ausprägungen: in Form eines Prozesses vor dem unparteiischen Richter ebenso wie in der Aufforderung, Prozesse klugerweise zu vermeiden; in der Mahnung zu Deeskalation im Blick auf das eschatologische Gericht Gottes ebenso wie im Ausschluss eines Konfliktverursachers aus der Gemeinschaft; bei der Durchführung eines mehrstufigen Instanzenwegs zur correctio Christiana in der Gemeinde ebenso wie in der Installierung eines episkopal geleiteten Schiedsgerichts; und schließlich durch Berufung auf traditionell vorgegebene Rechtssätze und deren Anwendung auf die aktuelle Konfliktsituation.[13]

1.2.2 Zur Funktion von Konfliktlösungen durch rechtliche Regelungen

Der Umgang mit Konflikten hat im Fall gelingender Konfliktlösung innerhalb einer Gemeinschaft stabilisierenden Charakter und kann für die Weiterentwicklung der Gemeinschaft bedeutsam werden.[14] Bereits die Einsicht in die Notwendigkeit von Konfliktlösung stellt eine weiterführende Erkenntnis dar. Im Fall gelingender Konfliktlösung integriert die Gemeinschaft positive Erfahrungen mit Konflikten in ihr Selbstbild, ihre Struktur und Kommunikation. Misslungene Konfliktlösung kann tendenziell zu Konfliktvermeidung führen, kann aber auch die Anforderung verdeutlichen, den eigenen Umgang mit Konflikten weiterzuentwickeln.

Durch Konfliktlösungen bildet die betroffene Gruppe Kompetenzen im Umgang mit Konflikten aus. Insofern es in Konfliktsituationen zu tragfähigen Lösungen kommt kann man von einem Lernprozess reden.[15] Er dürf-

---

[13] Allerdings ist nicht jeder Rückgriff auf rechtliche Kategorien in der frühchristlichen Literatur hier relevant; so sind allgemeine Sätze heiligen Rechtes nicht Gegenstand der Untersuchung; vgl. KÄSEMANN, Sätze heiligen Rechtes, S. 69-82. Vor allem Konfliktlösungen, die sich durchgesetzt haben, sind überliefert. Erst die Analyse kann erweisen, ob sich im frühen Christentum auch Spuren misslingender Konfliktlösung finden.

[14] Konflikte erreichen, „was man mit Loyalitätsappellen zumeist vergeblich zu erreichen versucht: eine hohe Bindungswirkung", LUHMANN, Soziale Systeme, S. 533. Zur Entwicklung kleiner Gruppen vgl. MALINA, Early Christian groups, S. 103-106.

[15] Dieses Lernen meint die „Prozesse, die Folgen in Form der Übernahme oder Ablehnung der gezeigten Verhaltensweisen haben", LAMNEK, Theorien, S. 186.

te nicht nur für frühchristliche Gemeinden zur Lösung zukünftiger Konfliktsituationen bedeutsam sein. Und im weiteren Verlauf der Gemeindeentwicklung sollte er sich in der Tendenz zur Verstetigung der bewährten Konfliktlösungen zeigen, die schließlich als grundsätzliche Konfliktlösungs- oder Konfliktvermeidungsstrategien Anwendung finden.

1.2.3 Das Ziel der Untersuchung

Eine Gesamtdarstellung der frühchristlichen Gemeindegeschichte in Hinsicht auf innergemeindliche Konfliktlösung durch rechtliche Regelungen kann hier nicht erstellt werden.[16] Am Ende der Untersuchung wird kein Gesamtbild der Gemeindeentwicklung in frühchristlicher Zeit erstellt werden.[17] Das Ergebnis bietet aber verschiedene Mosaiksteine zum Thema, die im Blick auf frühchristliche Gemeinden für die Zeit bis 100 frühchristliche Traditionslinien deutlich machen.

1.3 Die Untersuchung im inhaltlichen Überblick

Die Untersuchung will anhand einzelner Konflikte thematisierender Texte der frühchristlichen Literatur einen Einblick in zeitgenössische Konfliktlösungen durch rechtliche Regelungen geben und nach deren Verhältnis zur Entwicklung der jeweiligen Gemeinde fragen. Sie sucht zudem eine Übersicht über frühchristliche Konfliktlösungsstrategien und wird auf zukünftige Forschungsmöglichkeiten hinweisen. Ausgehend von der Untersuchung einzelner Texte zielt die Untersuchung auf eine am Ergebnis orientierte Würdigung der jeweils angesprochenen Konflikte. Im Einzelfall

---

[16] Möglich und sinnvoll ist der Blick auf Parallelen in der frühchristlichen Umwelt. Ihre Einbeziehung wird im Rahmen dieser Untersuchung versucht, wo frühchristliche Texte bzw. Kontexte den Vergleich nahe legen. Auch Fehlanzeigen sind dabei erhellend.

[17] Ein solches Gesamtbild ist v.a. in systematischer Hinsicht immer wieder versucht worden. Für Ernst Troeltsch „gibt es für Gotteskinder kein Recht und keinen Zwang, keinen Krieg und Kampf, sondern nur eine restlose Liebe und eine Ueberwindung des Bösen mit Gutem, Forderungen, die die Bergpredigt an extremen Fällen verdeutlicht", TROELTSCH, Soziallehren, S. 40. - Für Karl Barth ist die Verfassung und Ordnung der Gemeinde „bei allen Besonderheiten im einzelnen in ihren großen Linien zu allen Zeiten und an allen Orten bestimmt und bedingt durch gewisse aus ihrer weltgeschichtlichen Situation mehr oder weniger imperativisch sich aufdrängende Vorbilder politischer, wirtschaftlicher und kultureller Natur", BARTH, KD IV/3,2, S. 845f. Vgl. auch KD IV/2, S. 765-824, nachgedruckt in: Barth, Ordnung der Gemeinde, S. 5ff. - Für eine inhaltliche Unverzichtbarkeit rechtlicher Regelungen in der Kirche spricht sich Eilert Herms aus, zumal die Kirche „diejenigen Regeln ihrer Ordnung, deren Beachtung für die Erfüllung ihres Auftrags unerläßlich ist, als verbindlich und geltend erklären, unabhängig vom jeweiligen Stand der Einsicht und Zustimmung der Betroffenen; und d.h. als *von Rechts wegen* gültig" behaupten muss, HERMS, Ordnung der Kirche, S. 116.

wird auf vergleichbare Zusammenhänge in der Umwelt hingewiesen. Analoge Strukturen der Umwelt ohne erkennbaren traditionsgeschichtlichen Zusammenhang werden nur in einzelnen Exkursen herangezogen.

Einleitende Bemerkungen

Für die Reihenfolge der untersuchten Texte wird, nach der Einleitung (Kap. 1) und dem Blick auf die Forschung (Kap. 2), der neutestamentliche Kanon als Gliederungsprinzip herangezogen.

Konfliktlösung durch rechtliche Regelung bei den Synoptikern und in Act

Die ersten Kapitel umfassen relevante Stellen aus den synoptischen Evangelien und der Apostelgeschichte. Zuerst wird die synoptische Überlieferung am Beispiel der Überlieferung des Logions von Größe im Dienen in Q 7,28, Mk 9f par. und Mt 23,11 (Kap. 3) auf ihre Relevanz für das Thema befragt. Es ergibt sich ein Zusammenhang zwischen dem dort nahe gelegten Umgang mit Konflikten und Dienen als Verhaltenserwartung. An dieser Stelle ist besonders auf die verschiedenen Überlieferungsebenen der Logienquelle und der synoptischen Evangelien zu achten.

Die weitergehende Position der Logienquelle zum Thema Konfliktlösung (Kap. 4) lässt sich anhand der Untersuchung von Q 6,37f.41f; 12,58f und 17,3b darstellen. Aufgrund des Kontexts des Q-Materials und seiner Verwendung in Mk, Mt und Lk wird die jeweilige Bearbeitung sichtbar.

Mt und Lk/Act bieten weitere Modelle zum Umgang mit Konflikten. In Mt (Kap. 5) ist in 18,15-17 eine explizite Gemeindeordnung erkennbar, die in den Kontext von Mt 18 und in den Zusammenhang von Mt 13,24-30.36-43 (vgl. auch Mt 5,25f) als thematisch vielleicht verwandte Äußerung zum Thema zu stellen ist. Durch den Blick auf die Überlieferung v.a. in 1QS und CD und in Texten aus TestGad kann Mt zudem in zeitgenössische jüdische Überlieferung zum Thema eingeordnet werden. Am Ende stellt sich die Frage nach Zusammengehörigkeit und Integrierbarkeit der verschiedenen in Mt anzutreffenden Modelle zur Konfliktlösung durch rechtliche Regelung.

Die lukanische Verarbeitung von Konflikten (Kap. 6) in der Gemeinde in Jerusalem hat in der Forschung große Aufmerksamkeit gefunden. Neben Act 15 ist auch die Auseinandersetzung um finanzielle Unregelmäßigkeiten in der Gemeinde und die extreme Konfliktlösung, die Act 5 überliefert, für die Untersuchung von besonderer Bedeutung. Anhand von Act 15 ist hier die Frage der Relevanz der Torah für die frühchristliche Ethik zu thematisieren. Hier ist auch der Konflikt des Paulus in Jerusalem nach Act 21ff und das Nasiräat als Lösungsversuch behandelt. Der Blick auf diesbezügliche Hinweise bei Paulus erhellt erneut die lukanische Darstellung von Konflikten. Er leitet zugleich zum folgenden Teil über.

Konfliktlösung durch rechtliche Regelung bei Paulus

Die folgenden Kapitel interpretieren Texte aus paulinischen Briefen und der Paulusrezeption. Die Darstellung beginnt mit der Würdigung zentraler Aussagen zum Verhältnis von Christ und Imperium Romanum (Kap. 7). Neben der Infragestellung der Historizität des paulinischen Bürgerrechts, das in Act besonders herausgestrichen ist, sind besonders Prozesse des Paulus vor staatlichen Behörden zu untersuchen, die in Act 18; 24 und 25f breiten Raum einnehmen. Im Exkurs werden wirkungsgeschichtlich weitreichende Verhältnisbestimmungen von Christ und Staat in Röm 13,1-7; I Petr 2,13-17; Act 4,19 und 5,29, sowie in Apc 13,1-10 auf ihren möglichen Charakter als rechtliche Regelungen hin befragt.

Die inhaltliche Würdigung von Konfliktlösung in paulinischer Tradition hat I Kor 5f im Blick (Kap. 8). Die Anweisung von c. 6, Konfliktsituationen nicht vor Gericht, sondern coram ecclesiae zu regeln, besser aber noch in innergemeindlichen Konflikten auf eigene Rechtsansprüche ganz zu verzichten, formuliert eine Konfliktlösungsstrategie, die zum intendierten Vorgehen von c. 5 in Beziehung zu setzen ist. In einem zum Stichwort proicio angefügten Exkurs wird an dieser Stelle auch der Ausschluss Marcions aus der Gemeinde in Rom betrachtet, den Tertullian in seinen Schriften thematisiert. Der Umgang mit dem Konfliktverursacher in I Kor bietet zudem die Möglichkeit einer vergleichenden Würdigung der hinter 5,1 zu vermutenden Torah-Norm in der Auslegung durch Philo von Alexandrien. Analog ist für I Kor 6 der Bezug zu stoischer Ethik geltend zu machen, die bei Seneca und Musonius erhalten ist. In einem Ausblick wird die paulinische Kollekte als Konflikt interpretiert.

Mit ἀνάθεμα ist in I Kor 12,3, 16,22, Gal 1,8f und Röm 9,3 eine Redeweise verwendet (Kap. 9), deren rechtliche Dimension für die Untersuchung interessant ist: Da Flüche als Rechtsnormen zu interpretieren sind, ist nach Konfliktlösung durch rechtliche Regelung in Fluchform zu fragen.

Instruktiv ist die Interpretation für das Thema der Untersuchung relevanter Stellen aus I Tim (Kap. 10). Die Berücksichtigung antiker Standesethik für 3,2ff bietet die Möglichkeit der Einordnung der Konfliktlösung in die Situation vor 100. Daneben sind auch die traditionellen Konfliktlösungsstrategien von 1,20 und 5,19f.21 beachtlich. Durch den angefügten Vergleich der Gemeindeleitung durch ὁ ἐπίσκοπος mit Ämtern im antiken Vereinswesen wird der Bezugsrahmen der Past noch einmal deutlich.

Konfliktlösung durch rechtliche Regelung in außerkanonischen Schriften

Die abschließenden Kapitel umfassen Hinweise aus zwei später nicht kanonisierten frühchristlichen Schriften. Die Did mit ihren zahlreichen Hinweisen zu innergemeindlicher Konfliktlösung in Did 4,3.14; 14,1-3 und 15,3 (Kap. 11) kann wie Mt als Stellungnahme syrischer Gemeinden zum

Thema gelten. Rechtliche Regelungen erscheinen (auch) hier in traditionellem Gewand.

Mit I Clem und der in c. 40ff konkret werdenden Konfliktlösung (Kap. 12) ist inhaltlich wie zeitlich ein sinnvoller Einschnitt der frühchristlichen Geschichte und der Schluss der Untersuchung erreicht.[18] Die Konfliktlösung in Korinth war nach Meinung des I Clem nötig angesichts einer für den Verfasser überregional beachtlichen στάσις in der Gemeinde, entstanden durch die Absetzung der Presbyter dort, vgl. I Clem 1,1; 2,6; 3,2.

Schlussbemerkung

Am Ende der Untersuchung steht eine ausführliche Zusammenfassung der Ergebnisse (Kap. 13).

---

[18] Die Untersuchung bietet nur einen ausführlichen Überblick bzw. einen thematischen Querschnitt durch frühchristliche Literatur in Hinsicht auf die Thematik von Konfliktlösung und Entwicklung. Zahlreiche Konfliktlösungen sind nicht berücksichtigt (etwa verschiedenen Formen von Lynchjustiz, Auseinandersetzungen Jesu mit jüdischen Repräsentanten etwa um die Thematik des Gesetzes), sie wären m.E. allenfalls indirekt als innergemeindliche Konflikte zu beschreiben. Ob durch Analyse von Texten, die der Gattung Konflikterzählung zuzuschreiben wären, für das Thema der Untersuchung weitergehende Erkenntnisse erreichbar wären? Vgl. mögliche Stellen bei HEILIGENTHAL, Methodische Erwägungen, S. 107f. Für die weitgehend ausgesparten johanneischen Schriften böte sich der aus III Joh zu erhebende Konflikt zur Bearbeitung an, dessen Textbasis allerdings sehr schmal ist. Vgl. zur innerjohanneischen Entwicklung, beschrieben als Konfliktgeschichte VOUGA, Geschichte, S. 216-219. Zu unberücksichtigten Stellen aus dem Corpus Paulinum und den sog. katholischen Briefen vgl. SCHENK-ZIEGLER, Correctio fraterna, S. 312-420. Zum Kol als Modell ethischer Einübung mit Analogien zur Umwelt WILSON, The hope of Glory, S. 15-50. Zur Konfliktlösung in Jak 4,11f KOLLMANN, Jesu Verbot des Richtens, S. 182f.

Kapitel 2

Etappen der Forschungsgeschichte und Seitenblicke auf berührte Forschungsthemen

2.1 Vorbemerkung

> Was insbesondere das kirchliche Recht anbelangt, stößt es weithin auf eine ablehnende Einstellung, die von der Hinnahme des Rechts als eines notwendigen Übels bis zu seiner völligen Infragestellung reicht.[1]

In dieser Beschreibung ist eine Bewertung von Kirchenrecht angesprochen, die auf evangelischer Seite bis heute gepflegt wird. Noch um die Mitte des 20. Jahrhunderts galt evangelische Ekklesiologie in der katholischen Theologie als kirchenrechtsfeindlich.[2]

Der Eindruck mangelnder Berücksichtigung rechtlicher Fragen im Bereich der Ekklesiologie dürfte für die historisch-kritische Forschung zum NT weitgehend richtig sein. In der Exegese wurden nur vereinzelt monographische Untersuchungen zum Thema Recht im frühen Christentum vorgelegt. Und nicht wenige Darstellungen neutestamentlicher Ethik verzichten darauf, die jeweilige frühchristliche Begründung ethischer Normen zu eruieren. Die Forschung zu diesem Thema steht noch am Anfang, erst recht mit der für diese Untersuchung vorgenommenen Einschränkung auf Konfliktlösungen durch rechtliche Regelungen - obwohl die Entstehung und Bedeutung des Kirchenrechts in einer viel beachteten Debatte am Ende des 19. Jahrhunderts bereits ausführlich erörtert wurde.

2.2 Etappen der Forschungsgeschichte

2.2.1 Die Kontroverse zwischen Rudolph Sohm und Adolf Harnack

Seit dem Ende des 19. bis in die zweite Hälfte des 20. Jahrhunderts wurde in der Forschung die Frage nach der Bedeutung des Kirchenrechts vor allem in ekklesiologischer Perspektive betrachtet. Dass dabei in der Regel das jeweilige, konfessionell gebundene Kirchenverständnis mit in die Dar-

---

[1] KRÄMER, Theologische Grundlegung des kirchlichen Rechts, S. 1.
[2] ROUCO VARELA, Evangelische Kirchenrechtstheologie heute, S. 113.

stellung einfloss, wird exemplarisch an der Kontroverse um das »Wesen der Kirche« zwischen Harnack und Sohm deutlich.[3]

2.2.1.1 Der vorangegangene Konsens protestantischer Forschung

Für die zweite Hälfte des 19. Jahrhunderts lässt sich ein Konsens beschreiben, der durch chronologisch-historische Untersuchungen zu I Clem und zur 1883 entdeckten und kritisch edierten Did zunächst bestätigt wurde.[4] Für Gemeindeorganisation und Kirchenverfassung wurde keine göttliche Setzung postuliert, sondern unter Verweis auf Parallelen in antikem Vereinswesen und jüdischer Synagogalverfassung eine allmähliche Entwicklung erwartet. Wie Einzelne durch Zusammenkunft Gemeinde konstituierten wurde Kirche als Zusammenschluss souveräner Gemeinden gedacht, Gemeindeleitung als administrativer Dienst des mit dem Episkopat identifizierten bzw. aus dem Presbyterkollegium erwachsenen Vorstands verstanden. Der innergemeindliche Umgang mit Konflikten, v.a. aus I/II Kor erkannt, belegte den idealen Charakter der Organisation. Vor aller presbyterialen oder episkopalen Leitung wurde die Selbstregierung der Gemeinde behauptet und aus I Kor 5 und II Kor 2,6 der Gemeindebeschluss als übliche Form innergemeindlicher Konfliktbearbeitung erhoben.

2.2.1.2 Entwicklungen der Position Adolf Harnacks

1883 publizierte Adolf Harnack die durch ihn übersetzten acht Oxforder Vorlesungen von Edwin Hatch, die er mit exkursartigen Analekten versah.[5] Hatch hatte Episkopen, die er vom Vereinswesen her als Finanzbeamte deutete, und Diakone als „Funktionäre" für christlichen Kultus und innergemeindliche Armenversorgung verstanden; Presbyter dagegen „besassen wahrscheinlich nicht mehr als den Stand".[6] Harnack griff diese Unterscheidung auf und etikettierte die presbyteriale Organisationsform als weltlich, die episkopal-diakonische Organisation dagegen als spezifisch christlich, die sich kaum als „Organismus des Rechtes und Gesetzes gewusst"[7] haben dürfte.

---

[3]   Zur konfessionellen Perspektive LINTON, Problem der Urkirche, S. 27-30. Einführend in die Positionen KERTELGE, Einleitung, S. 1-15. Die Rede vom Wesen intendiert, eine Erscheinung komme gerade in ihren geschichtlichen Anfängen am reinsten zur Darstellung; SCHRÖDER, Kritische Identität, S. 115.
[4]   Übersicht bei LINTON, Problem der Urkirche, S. 3-30; Zu weiteren Positionen vgl. HEILIGENTHAL, Methodische Erwägungen, S. 97-99. De facto wurde auf der Grundlage von I/II Kor, eine Entwicklung rekonstruiert. Die These einer bereits ursprünglichen Organisiertheit von Kirche wurde mithilfe der Kategorie des Abfalls integriert.
[5]   In HATCH, Gesellschaftsverfassung, S. 229-251.
[6]   HATCH, Gesellschaftsverfassung, S. 76. Hatch trat der herrschenden Hypothese der ursprünglichen Identität der Presbyter und Episkopen entgegen.
[7]   HATCH, Gesellschaftsverfassung, S. 239; LINTON, Problem der Urkirche, S. 38.

Mit bekannt werden der Did schien eine Modifizierung dessen geboten. Aus Did 15,1f ergab sich für Harnack, dass in Ämtern auch übergemeindliche Organisation repräsentiert war.[8] Die dort genannten Episkopen und Diakone waren für Harnack Beamte der Einzelgemeinde und zugleich mit dem die Gemeinden verbindenden Dienst am Wort beauftragt.[9] In diesem Zusammenhang schwächte Harnack - in Reaktion bereits auf Sohm - den vorher angedeuteten Gegensatz von Charisma und Recht ab: Er rechnete jetzt ausdrücklich mit einer charismatischen Autorität der Gemeinde, die auch berufen war, „den Anderen zu unterwerfen und zu richten".[10] Überhaupt steckte für Harnack schon in der Autorität »der Zwölf« „ein Stück messianisches Kirchenrecht ... welches dadurch seinen Rechtscharakter nicht verliert, daß es auf einem Charisma beruht".[11]

2.2.1.3 Harnacks Weiterführung bei Rudolph Sohm

Neben den wirkungsgeschichtlich beachteten Unterschieden der Positionen von Sohm und Harnack sind die Übereinstimmungen bemerkenswert, die der Blick auf Zentralaussagen Sohms ahnen lässt.[12] Zur Unterstützung der These, nach der die älteste Christenheit nur einen religiösen Kirchenbegriff kannte, qualifiziert Sohm das Ordnungsgefüge der frühen Gemeinden als charismatische Organisation.[13] „Die älteste Christenheit wandte den religiösen Kirchenbegriff auch auf die äußerlich sichtbare Christenheit an".[14] Zudem sei jede örtliche als Erscheinung der Gesamtekklesia anzusehen, weswegen die örtlichen Ämter als Erscheinung des von Gott eingesetzten Kirchenamtes zu verstehen sind, die Amtsträger als Charismatiker, nicht als Vertreter einer rechtlichen Ortsgemeindeverfassung.[15]

Damit gewann die These der doppelten Organisation des Christentums Gestalt, aus der sich die Organisation von Gesamtkirche und Einzelgemeinde miteinander entwickelte.

[8] In Did 15,1f werden Episkopen und Diakone, von der Gemeinde zu wählen, wie Propheten und Lehrer als οἱ τετιμηένοι ὑμῖν vorgestellt. Nur lässt die Ämternennung nicht auf gesamtkirchliche Organisation schließen; LINTON, Problem der Urkirche, S. 47.

[9] Herm Vis III 5,1: Das Fehlen der Propheten hat Harnack so erklärt, dass der Verfasser sich zu ihnen rechne; LINTON, Problem der Urkirche, S. 42. Vgl. auch Eph 4,11.

[10] HARNACK, Entstehung und Entwickelung, S. 160.

[11] HARNACK, Entstehung und Entwickelung, S. 163. Die Position lässt an die Typologie von Führung denken, die später WEBER, Wirtschaft und Gesellschaft, S. 140f, entwickelt; darin erscheint im Übrigen auch der von Sohm verwendete Begriff.

[12] Nach SOHM, Wesen und Ursprung, S. IVf, hat Harnack diesen Thesen zugestimmt.

[13] SOHM, Wesen und Ursprung, S. VIII; Sohm will eine alttestamentliche Theokratie von einer neutestamentlichen Pneumokratie abheben und weist die These zurück, das neutestamentliche Gottesvolk sei (Rechts-)Nachfolger des theokratisch verfassten Volkes Gottes im AT samt der entsprechenden Rechtsformen.

[14] SOHM, Wesen und Ursprung, S. IV.

[15] SOHM, Wesen und Ursprung, S. XVIII; in Anlehnung an die Position Harnacks. Hervorragender Ort der Kirchenordnung ist für Sohm der eucharistische Gottesdienst.

Neue Wege geht Sohm mit der These, die auf dem religiösen Begriff der Kirche aufbaut: „Wenn für das religiöse Gemeinleben der Urchristenheit Kirchenrecht aufkommt, kann es nur göttliches, d.h. katholisches Kirchenrecht sein".[16] Auch die kirchlichen Rechtsformen konnten nur religiös begründete, von Gott abgeleitete Formen sein. Zugleich ist mit der Entwicklung von Kirchenrecht für Sohm damit der wesentliche Faktor für die Entstehung des Katholizismus benannt.[17]

2.2.1.4 Das Weiterwirken der Positionen

Verschiedene Einzeluntersuchungen der folgenden Jahre versuchten, den von Harnack vorgelegten Entwurf auf ein breiteres Fundament empirischer Daten zu stellen, bzw. die Vorstellung Sohms durch Überlegungen zum Konzept »charismatische Herrschaft« zu ergänzen.[18] Und auch der (modifizierte) Konsens wurde nach dem Auftreten der Formgeschichte noch vertreten: Harnacks Weiterentwicklung des Konsenses durch die These einer doppelten Organisation der frühen Kirche konnte auf die Ekklesiologie überhaupt übertragen werden, als eine scheinbar exegetisch begründete Unterscheidung zwischen weltlicher Kirchengestalt in ihren äußeren Formen und ihrem Wesen. Mit der Zeit wurde allerdings deutlich, dass vor allem Sohms Position weiterwirkte. Sie wurde und wird nicht selten bis heute als eine Grundeinsicht in Kirchenrecht betrachtet, die am Anfang vieler Erörterungen der Frage nach dem Recht in der Kirche zu stehen kommt.

2.2.2 Neue Impulse, Systematisierung, gegenwärtiger Stand

2.2.2.1 Neue Impulse (Ernst Käsemann)

Trotz einiger der Debatte folgender Detailuntersuchungen und Harnacks vermittelnder Position kam die Diskussion um das Recht in den frühchristlichen Gemeinden nicht weiter. Erst mit seiner Untersuchung über „Sätze heiligen Rechtes im Neuen Testament" (1954) hat Ernst Käsemann einen neuen Ansatzpunkt zur Frage des Rechts im NT begründet. In einem inhaltlich wie formal eigenen Zugriff (re-)konstruiert Käsemann die Ent-

---

[16] SOHM, Wesen und Ursprung, S. V. LINTON, Problem der Urkirche, S. 59, will dies als Aussage des „in die Enge" getriebenen Sohms interpretieren. Sie kann m.E. auch als Konsequenz verstanden werden, wenn „d.h." antithetisch gelesen wird. Die Argumentation gewinnt an Plausibilität, wenn man die zeitgeschichtliche Bedingtheit der Unterscheidung zwischen „geistlich" und „rechtlich" berücksichtigt. GRUNDMANN, RGG³ 6, Sp. 117, weist dafür auf den Einfluss von Gottfried Arnold bei Sohm hin.

[17] „Hätte Harnack mit dieser Behauptung [dass göttliches Kirchenrecht nicht als das Erzeugnis einer späteren Entwicklung gelten kann, Verf.] recht, so wäre allerdings ... das Urchristentum von vornherein *katholisch* gewesen", SOHM, Wesen und Ursprung, S. VI.

[18] LINTON, Problem der Urkirche, S. 66. Zur Rezeption Sohms vgl. ROUCO VARELA, Die katholische Reaktion auf das »Kirchenrecht I« Rudolph Sohms, S. 59-94.

wicklung des Rechts in den paulinischen Gemeinden. Die für eine solche Rekonstruktion heranzuziehenden Texte - die als Ausdruck eines eschatologischen, durch frühchristlichen Prophetenspruch mitgeteilten Gottesrechts gedeutet werden - sind für Käsemann Hinweis auf eine so verstanden rechtlich orientierte Gemeindeleitung, die gerade Paulus auch tatsächlich ausgeübt habe.[19] Heiliges Recht kann schon im ältesten Stadium der Gemeindeentwicklung als bestimmende Größe gelten, die Gottes Leitung der Gemeinde sichtbar macht: „Denn mit seinem Recht setzt Gott seine Gerechtigkeit auf Erden durch."[20] Bald allerdings wurde es in Ordnung schaffendes Recht umgeformt, kasuistisch weiterentwickelt und durch Sachverständige ausgeübt. Der Bereich des Rechtes im Kontext apokalyptischer Naherwartung ist damit nach Käsemann bereits wieder verlassen.

In einer typischen Weise verbinden sich bei Käsemann Anregung und Begrenzung der Möglichkeiten zukünftiger Forschung. Die formgeschichtliche Charakteristik von Rechtssätzen wie ihre Einbettung in einen frühchristlich apokalyptischen Hintergrund hat sich so nicht durchsetzen können.[21] Allerdings hat Käsemann die Frage nach dem Recht in der Kirche aber auch entscheidend weitergebracht: Durch die herausgearbeitete Verbindung von Geist und Recht zur Gemeindeleitung wurde das Recht endgültig von dem Verdikt Sohms freigesprochen. War bei Sohm die ursprüngliche Gemeindeverfassung geradezu als notwendig rechtsfrei beschrieben worden, wäre dieses Verhältnis nach Käsemann geradezu umzudrehen, müsste heiliges Recht als ursprünglich gelten, das nur wieder verloren ging bzw. weiterentwickelt wurde, um als kasuistisches Recht etwa im Matthäusevangelium wieder zu erscheinen. Damit ist einer frühchristlichen Entwicklungsgeschichte des Rechtes bereits der Weg bereitet. Allerdings wurde der diesbezügliche Impuls Käsemanns in der Forschung nicht aufgenommen.[22]

---

[19] KÄSEMANN, Sätze heiligen Rechtes, S. 69. Im Einzelnen nennt Käsemann, S. 69-79, als Rechtssätze bei Paulus: I Kor 3,17; 14,38: 16,22; 5,3ff; vgl. auch II Kor 9,6 und Röm 2,12. Aus den Synoptikern: Mk 8,38; 10,32f; 4,24f; Mt 5,19 und 6,14f. Zudem stellt KÄSEMANN, Amt und Gemeinde, S. 125, fest, dass Paulus sich nicht scheue, „dem im Gottesdienst und Gemeinde lebendigen Pneuma Schranken zu ziehen, und er tut dies in dekretalem Stile, der rechtliche Ansprüche kennzeichnet".

[20] KÄSEMANN, Sätze heiligen Rechtes, S. 81. Für Käsemann sind Recht und Geist verbunden, das Recht durch die Hinordnung der Geschöpfe auf den Schöpfer bestimmt.

[21] CAMPENHAUSEN, Begründung kirchlicher Entscheidungen, S. 35, fragt an, ob wirklich Recht im Blick ist. Vgl. auch BERGER, Die sog. «Sätze», S. 305, schon formal kritisch zu den bei Käsemann genannten Texten.

[22] Vgl. Hans von Campenhausen, der v.a. Stellen aus I Kor heranzieht, um das erste Kirchenrecht zu erhellen: Verpflichtende Norm des Gemeindelebens ist das Herrenwort. Da dieses keinen Forderungscharakter hat, wird die Erwartung des neuen Verhaltens mit Mitteln umschrieben, zu denen auch „rechtliche Grundsätze, Normen und Argumente" gehören; CAMPENHAUSEN, Begründung kirchlicher Entscheidungen, S. 35.

2.2.2.2 Der Versuch einer Systematisierung (Siegfried Meurer)

Harnacks Position hatte sich in Einzeluntersuchungen erschöpft. Auf Sohms Position wurde für grundsätzliche Einwände gegen das Recht in der Kirche zurückgegriffen. Der Neueinsatz von Käsemann wurde faktisch nicht weitergeführt. Die nächste Etappe der Forschung bestand in einem systematischen Zugriff auf die Gesamtthematik.

Ausgehend von der Einsicht, „daß die Frage des Rechts im Neuen Testament als theologisches Thema nicht umfassend abgehandelt" worden ist, sucht Siegfried Meurer nach einem - im Rückgriff auf Sohm - im Wesen des Rechts begründeten systematischen Ansatzpunkt für dessen Gesamtdarstellung. Dieses Wesen bestimmt Meurer derart, dass Recht nach Gerechtigkeit fragt und sich als ihre Verwirklichung versteht. Damit ist die inhaltliche Bestimmung des christlichen Rechtes klar: Recht in der Gemeinde kommt von Gerechtigkeit her, die ihr in Gottes Gerechtigkeit als versöhnendes und befriedendes Handeln begegnet. Recht in der christlichen Gemeinde hat die nämliche Aufgabe: Es dient der Versöhnung und dem Frieden.[23]

Die von Meurer für das NT als charakteristisch betrachtete Auffassung von Recht zielt konsequent auf Frieden und Versöhnung, keinesfalls auf Strafe und Vergeltung. Ausgehend von seiner - insgesamt vorausgesetzten - Interpretation von Mt 20,1-16, nach der alles Recht dem Leben der Gemeinschaft und des Einzelnen dient, liest Meurer dann die frühchristlichen Texte von diesem Verständnis her.[24] Er kann dabei plausibel machen, dass sich bereits im NT „klare Vorstellungen über das Recht" finden und gibt damit der weiteren Untersuchung zum Thema Recht und Gemeinde wichtige Anhaltspunkte, etwa hinsichtlich der relevanten Texte.[25] Durch seinen systematisierenden Zugriff gelingt es Meurer aber nicht, die Texte hinsichtlich der Thematik sprechen zu lassen. Ihr Verständnis von Recht und Rechtsdurchsetzung in der christlichen Gemeinde bleibt zu erheben.

2.2.2.3 Gegenwärtiger Stand

Gegenwärtig verdichten sich die Hinweise, dass das Thema Recht in der Kirche in der theologischen und historischen Forschung Aufmerksamkeit

---

[23] MEURER, Das Recht, S. 29. - Vgl. ähnlich BUISSON, Entstehung des Kirchenrechts, S. 1-175; für Buisson ist Jesu Stellung zum Gesetz der hermeneutische Schlüssel.

[24] MEURER, Das Recht, S. 178. Vgl. auch ROLOFF, Ansätze kirchlicher Rechtsbildung, S. 280, für „Situationen in der Geschichte des Urchristentums, in denen Entscheidungen fielen, die rechtlicher Natur waren". Die innergemeindliche Durchsetzung von Normen ist für Roloff grundlegend an den (von Jesus in Mk 10,42-44 für sich und die Jünger beanspruchten) Machtverzicht gebunden, ROLOFF, S. 283.

[25] Texte bei Meurer: Mt 13 und 18; 7,1; 5,38-42; 5,25ff; Did 15,3; 14,2; 4,3; Act 5,1-11; I Kor 5; II Kor 2,5-11; 7,8-12; I Kor 6,1-11; Past und I/II/III Joh zu „Irrlehre".

erhält. Mittlerweile liegen vorbereitende Untersuchungen vor, die das Thema bzw. seine Teilbereiche als zu behandelnd wahrnehmen.[26] Überhaupt hat es in verschiedenen Teilbereichen der Literatur auch in der Vergangenheit bereits - allerdings eher randständig - eine würdigende Wahrnehmung des Themas gegeben. Gesamtdarstellungen der neutestamentlichen Ekklesiologie bzw. Ethik sind zum Teil auf Probleme eingegangen, die sich aus der Frage nach dem Recht in der Kirche ergeben. Und auch kirchenrechtliche Gesamtdarstellungen haben in jüngerer Zeit nicht in jedem Fall darauf verzichtet, sich frühchristlicher Grundlagen zu vergewissern. Die Wahrnehmung des Themas in verschiedenen Kontexten hat allerdings für die wissenschaftliche Arbeit an den relevanten frühchristlichen Texten wenig ausgetragen.

Als Bilanz der bisherigen Forschung kann man festhalten: Recht und rechtliche Regelungen haben (mit Harnack) vermutlich von Anfang an in frühchristlichen Gemeinden existiert und wurden auch als solche verwendet. Von Anfang an dürfte in den Gemeinden tatsächlich auch nach Recht und rechtlichen Regelungen als Grundlage innergemeindlichen Zusammenlebens gehandelt worden sein. Zudem hat sich dieses Recht bzw. haben sich die rechtlichen Regelungen (mit Sohm) frühchristlich charakteristisch weiterentwickelt. Dieser Prozess der Entwicklung verdient Aufmerksamkeit in seinen einzelnen Entwicklungsstufen. Es bleibt (mit Käsemann) nach den Autoritäten von Rechtsfindung und Rechtsprechung in den Gemeinden zu fragen, ebenso nach den Formen, die dabei Anwendung fanden. Findet sich ein besonderer frühchristlicher Umgang mit dem Recht in der Kirche, manifest an Konfliktlösung durch rechtliche Regelung? Schließlich ist die Frage nach dem Recht in der Kirche und besonders die nach etwaigen rechtlichen Regelungen zur Konfliktlösung in frühchristlichen Gemeinden (mit Meurer) auch in den Zusammenhang der verschiedenen frühchristlichen theologischen Grundeinsichten zu stellen. Nicht nur für gegenwärtige Konfliktlösungen durch rechtliche Regelungen in Kirche und Gemeinde ist dieser Zusammenhang wichtig.

2.3 Seitenblicke auf berührte Forschungsthemen

Die Verortung der Thematik als Frage nach Konfliktlösung durch rechtliche Regelung ist damit in die bisherige Forschung eingeordnet. Es folgen Seitenblicke auf juristische Forschungsperspektiven und hermeneutische Überlegungen, die das Umfeld der Untersuchung erhellen.

---

[26] Exemplarisch HEILIGENTHAL, Methodische Erwägungen, S. 93-113; auch PERROT, Les premiéres législations canoniques, S. 15-26, der im NT erste unterschiedlich verfasste (sich widersprechende?) Elemente kirchlichen Rechts entdeckt.

2.3.1 Zur Problematik einer biblischen Begründung des Rechts

Evangelisches Kirchenrecht kommt nicht ohne Reflexion der frühchristlichen Texte aus, wie eine Übersicht wichtiger Gesamtdarstellungen belegt. Von unterschiedlichen Zugängen her wird jeweils begründet, wie Kirchenrecht zu denken ist. Gemeinsam ist den Darstellungen der systematische Rückgriff auf biblische Überlieferung. Insgesamt ist eine einseitige Berücksichtung frühchristlicher Literatur zu konstatieren. Zwischenzeitlich wurden aber Vermittlungsmodelle der Beschreibung von Kirchenrecht und praktischer Rechtsprechung im Bereich der Kirche vorgelegt, in denen frühchristliche Texte methodisch reflektiert Berücksichtigung finden.

2.3.1.1 »Reich Gottes und Kirchenrecht« (Günther Holstein)

Günther Holstein geht es in Anlehnung an Sohm „um das innere Erfassen eines wesenhaft evangelischen Kirchenrechts"[27]. Um von einer historischen wie theologischen Grundlage auszugehen rekonstruiert Holstein eine biblische Entwicklungslinie, die vom alttestamentlichen Begriff der Malkuth Jahve zu deren jesuanisch-synoptischen Auffassung als βασιλεία τοῦ θεοῦ, von dort zu Paulus und zum Katholizismus der Alten Kirche führt.[28] In seiner materialen Durchführung ist Holstein durch den Antagonismus von Geist- bzw. Wesenskirche und Rechtskirche bestimmt. Die Geistkirche weist die Rechtskirche dort in die Schranken, wo beide aufeinander stoßen: Die religiösen Elemente der Geistkirche wirken „gestaltend in die Formgebung der Rechtskirche hinein", nicht im Sinn von Überlagerung der Geistkirche durch sakrales Kirchenrecht, sondern einer primären Wirksamkeit der Wesenskirche, die allerdings nun ihrerseits juristische Sätze braucht, um überhaupt zur Wirkung zu kommen.[29] Die Zuordnung von Geistkirche und Rechtskirche drückt sich in Einzelbestimmungen aus, die ihrerseits biblisch fundamentiert sind, für Fragen des innerkirchlichen Umgangs mit Konflikten heute aber nicht auf frühchristliche Konfliktlösung durch rechtliche Regelung zurückgreifen[30] und die biblische Tradition eher systematisch-theologisch als historisch fassen.[31]

---

[27] HOLSTEIN, Grundlagen des Kirchenrechts, S. V. Holstein thematisiert nacheinander die Fragestellungen der Begründung des Kirchenrechts, der Idee der Kirchenverfassung, des Systems des Kirchenrechts, und Zukunftsprobleme.
[28] HOLSTEIN, Grundlagen des Kichenrechts, S. 5-51; für einzelne Etappen auf diesem Weg folgt Holstein Harnack. Insgesamt treten frühchristliche Texte in den Hintergrund, die Darstellung greift für die weitere Entwicklung auf Kirchenordnungen zurück.
[29] HOLSTEIN, Grundlagen des Kirchenrechts, S. 260f. Die Zuordnung arbeitet Holstein, S. 264-344, an der Verfassung der Kirche Altpreußens aus.
[30] So etwa bei der Behandlung des Lehrverfahrens, vgl. HOLSTEIN, Grundlagen des Kirchenrechts, S. 279-294: Kriterium zur Beurteilung ist Phil 3,12.13f.
[31] ELLUL, Begründung des Rechtes, S. 7-12, spricht sich für eine Neubewertung des

2.3.1.2 »Lex Charitatis« (Johannes Heckel)

Johannes Heckel vertritt einen doppelten Rechtsbegriff, der ihn zwischen weltlichem und kirchlichem Recht differenzieren lässt und der sich an der Zwei-Reiche-Lehre Luthers orientiert.[32] Formal differenziert Heckel zwischen den geistigen Grundrechten der Mitglieder des Reiches Christi - Bruderliebe, Gleichheit und Freiheit - und den Rechtsvollzügen der weltlichen Obrigkeit, die bleibend dem göttlichen Naturgesetz verpflichtet sei.[33] Dass auch im Bereich des Reiches Christi Konflikte auftreten, die im Sinne einer lex Charitatis zu regeln sind, ergibt sich nach Heckel aus Luthers Betrachtungsweise des Christen als simul iustus et peccator.[34] Ob damit das Verhältnis zwischen lex Christi und dem Naturrecht bzw. dessen Legitimität ausreichend bestimmt ist, soll hier offen bleiben. Wie bei vielen anderen Versuchen einer Vermittlung von Theologie und Kirchenrecht, die auf systematischer bzw. theologischer Grundlage vollzogen wird, kommt auch bei Heckel der frühchristliche Befund von Konfliktlösungen durch rechtliche Regelungen nicht angemessen in den Blick.

2.3.1.3 »Biblische Weisung als Richtschnur« (Erik Wolf)

Erik Wolf bestimmt das Verhältnis von Kirche und Recht existential und dialektisch.[35] In existentialer Perspektive gilt: Der Mensch vernimmt Gottes Anruf, der zur Entscheidung drängt. Im Anruf begegnet Christus und Gott - im Nächsten und der Nächste als Gott. Dem hat das Recht in seiner Struktur zu entsprechen, das Herrschaftsrecht Gottes (als Christokratie) und Dienstrecht an den Nächsten (als Bruderschaft) ist.[36]

Naturrechts aus. Das Recht habe die Aufgabe, menschliche Daseinsbestimmungen zu schaffen, die ein Leben in Freiheit ermöglichen und der Erhaltung der Welt auf das Gericht hin dienen. Aus dem Antagonismus von Natur und Gnade kommt so nicht heraus. Vgl. auch ERLER, Kirchenrecht, S. 10-12, der die frühchristliche Rechtsgeschichte am Modell des allmählichen geschichtlichen Niedergangs der großen Idee orientiert.

[32] Da der Rückgriff auf einen frühchristlichen Rechtsbegriff und auf frühchristliche Texte hier vermieden wird, tritt die Zwei-Reiche-Lehre hermeneutisch an diese Stelle; HECKEL, Lex Charitatis, S. 175-206. Für eine Würdigung der Spiritualisierung des Rechts bei Heckel vgl. REUTER, Was soll das Recht, S. 131-137; aus katholischer Sicht ROUCO VARELA, Evangelische Kirchenrechtstheologie heute, S. 128-131.

[33] Präsent ist das Naturgesetz in geschriebenen (Dekalog) und ungeschriebenen Gesetzen (Naturrecht); es untersteht der 'lex Christi'; HECKEL, Lex Charitatis, S. 207-289.

[34] HECKEL, Lex Charitatis, S. 198-202. Vgl. STEIN, Kirchenrecht, S. 22: Heckel erhebe aus Luthers Rechtstheologie ein neutestamentliches Jus divinum positivum ecclesiae spiritualis, das sich als Dienstrecht von weltlicher Ordnung unterscheide und Gewaltfreiheit impliziere. Zur Frage des Zwangscharakters des Kirchenrechts auch WENZ, Theologie II, S. 386-390.

[35] REUTER, Was soll das Recht, S. 137, über Wolfs Ontologie des Rechts. Vgl. WOLF, Ordnung der Kirche, S. 5f, zur Dialektik von Kirchenrecht.

[36] REUTER, Was soll das Recht, S. 140f. Vgl. zur Würdigung Wolfs ROUCO VARELA,

In dialektischer Perspektive gilt: Im Verhältnis von Gott und Mensch wird das Recht auf Gottes Seite als Zuspruch laut, wird auf des Menschen Seite aber als Anspruch gehört. Der Zuspruch Gottes wird vernehmbar in biblischen Weisungen,[37] deren Funktion als Richtschnur, Direktive und Grundsatz für das positive Recht in Kirche und Gemeinde zu beachten ist. Als Richtschnur verstanden wirkt die biblische Weisung Grenzen ziehend und korrigierend: was ihr widerspricht, ist ungültig. Als Direktive verstanden wirkt sie grundlegend und legitimierend: was ihr entspricht, ist gültig. Als Grundsatz verstanden wirkt sie zum Ziel weisend und normierend: was sie verwirklicht, ist beispielhaft.[38]

Aufgrund der inhaltlichen wie formalen Differenzierungen Wolfs wäre eine Verbindung seines Ansatzes mit Ergebnissen der Untersuchung der frühchristlichen Texte gerade zum Thema Konfliktlösung durch rechtliche Regelung womöglich aufschlussreich.[39]

2.3.1.4 »Das Recht der Gnade« (Hans Dombois)

Für Hans Dombois hat die Kirchenrechtslehre alles, was in der Kirche getan und gesagt wird, kritisch auf seine rechtliche Dimension zu prüfen.[40] Zur Erfüllung dieser Aufgabe bedarf das Kirchenrecht einer umfassenden Grundlegung, für die Dombois die biblischen Kategorien von Gerechtigkeit und Gnade heranzieht: Kirchenrecht wird von ihm regelrecht als Gnadenrecht definiert.[41] Zunächst reiht sich diese Arbeit damit in die Reihe

---

Evangelische Kirchenrechtstheologie heute, S. 131-133; STEINMÜLLER, Evangelische Rechtstheologie I, S. 257-441.

[37] WOLF, Ordnung der Kirche, S. 466-469. Von Zwingli herkommend sind die Weisungen als regula verbi verstanden. Innerbiblisch wird zwischen neutestamentlicher Weisung als »Ordnungswille Christi für die Seinen« und alttestamentlicher Weisung als »Ordnungswille Gottes für seine Geschöpfe« differenziert. Die zur konkreten Verwendung von Weisungen erforderliche rechtstheologische Interpretation muss nach WOLF, S. 469, allerdings „stets *ökumenisch-theologisch* ausgerichtet bleiben".

[38] Allerdings darf die biblische Weisung nicht verrechtlicht werden, konfessionalistisch oder fundamentalistisch interpretiert werden; WOLF, Ordnung der Kirche, S. 468f.

[39] Vgl. weiter STEIN, Kirchenrecht, S. 20-29, der die liminale Funktion biblischer Weisungen herausstreicht, die hilft, den gottgegebenen Auftrag der Kirche festzuhalten, ohne darüber ihrer geschichtlichen Verortung enthoben zu werden. STEIN, S. 25f, zu Gruppen von Weisungen: Gemeindestiftende Herrenworte (Verkündigung, Taufe, Herrenmahl); förmliche Weisungen für das Zusammenleben wie Rechtsverzicht, Dienen, Seelsorge; Weisungen über die Gestaltung gemeinsamer Arbeit (Vielheit der Gaben und Dienste, innergemeindliche Schlichtung, Freistellung der Beauftragten); die Antriebe aller Weisungen sind zusammengefasst in der Mahnung zu ökumenischer Einigkeit.

[40] DOMBOIS, Recht der Gnade, S. 13: „Das Kirchenrecht hat die Frage der Legitimität geistlichen Handelns zu beantworten." Die Kirchenrechtslehre wird hier zugleich als ein Diagnoseinstrument der kirchlichen Entwicklung betrachtet.

[41] DOMBOIS, Recht der Gnade, S. 171-179. Recht tritt in Form des Anspruches auf, lebt zugleich von der Anerkennung ihres Anspruches. Im Bereich der Kirche geschieht

der Untersuchungen ein, deren rechtstheologische Grundlegungen eher systematischer Denktradition geschuldet sind und nicht den Ergebnissen der historischen Untersuchungen frühchristlicher Überlieferung.

Allerdings werden einzelne Aspekte biblischer Tradition bei Dombois dann doch für die konkrete Rechtsfindung verwendet. So stellt sich im Bereich liturgischen Rechts - Kirchenrecht verstanden als vom Gottesdienst herkommend und diesen seinerseits immer wieder ordnend[42] - die Frage des Umgangs mit innerkirchlichen Konflikten im Zusammenhang mit gottesdienstlich gehandhabter Schlüsselgewalt, im Bereich bekennenden Rechts als Frage nach Schlüsselgewalt und Bußsakrament.[43] Durch eine einfache Identifizierung von frühchristlichem Kontext und kirchlichem Handeln der Gegenwart wird dabei die biblische Tradition dazu funktionalisiert, juristisch handhabbar zu sein. Dass in der einer derartigen Synthese von biblischer Tradition, gegenwärtigem kirchlichen Handeln und kirchenrechtlicher Aufgabe die kritische Funktion der biblischen Tradition verloren zu gehen droht, ist evident.[44] Dass nicht jedes biblische Modell von Konfliktlösung durch rechtliche Regelung heute verwendbar ist, kommt ebenso wenig in den Blick wie die Vielfalt biblischer Tradition mit ihren differenzierten Vorstellungen von innergemeindlicher Konfliktlösung.[45]

---

dies, indem der Mensch dem Anspruch Gottes, den Menschen mit Gnade zu beschenken, Recht gibt; DOMBOIS, S. 163-170. Würdigung bei REUTER, Was soll das Recht, S. 143-147: Säkularisierung von Recht. LINK, Theologie und Kirchenrecht, S. 95-120. Aus katholischer Sicht ROUCO VARELA, Evangelische Kirchenrechtstheologie heute, S. 134-136; aus juristischer Sicht STEINMÜLLER, Evangelische Rechtstheologie I, S: 457-787.

[42] DOMBOIS, Recht der Gnade, S. 85.280; vgl. dort auch BARTH, KD IV/2, § 67.

[43] DOMBOIS, Recht der Gnade, S. 293-296.732-770. Für das Bußsakrament bzw, den großen Bann in der Kirche zieht Dombois Mt 18,15ff; I Kor 5; I Tim 1,20 heran.

[44] Vgl. HUBER, Gerechtigkeit und Recht, S. 132-136, der für eine kritische Theologie des Rechts auf die Pluralität der neutestamentlichen Lösungen verweist. Herausragend ist die an Jesus orientierte Gemeinschaftsordnung; mit dem Übergang zur Kirche nehme die Gemeinschaft rechtliche Formen an, die sich im Kontext der Taufe als rechtsverbindlichem Akt verstehen ließen. Beispiele für rechtliche Konsequenzen: I Kor 6,9; I Kor 5; Act 5. Genannt wird aber auch der Rechtsverzicht (Mt 5,38ff; I Kor 6,1ff) als Option. Zur Taufe als Rechtsvorgang schon HEGGELBACHER, Geschichte des Kirchenrechts, S. 191-208.221-224; DOMBOIS, Recht der Gnade, S. 296-332.

[45] WELKER, Recht in den biblischen Überlieferungen, S. 390, findet in verschiedenen Programmformeln der Zuordnung von Kirche und Recht „selektive Zugriffe auf einen komplizierten normative Formzusammenhang in den biblischen Überlieferungen", er schlägt alternative die Rede vom »geistlichen Recht« vor. Die frühchristlichen Gemeinden hätten versucht, gerade in sozialen Konflikten einer universalen, multinationalen und multikulturellen Öffentlichkeit Rechnung zu tragen. Die in diesem Kontext entwickelten Verfassungsmuster der Gemeinden wurden später miteinander ausgeglichen, fusioniert, kombiniert. WELKER, S. 413. Für einen reflektierten Umgang mit der Vielfalt neutestamentlicher Ethik und die Suche nach Kohärenz zwischen Texten vgl. HAYS, The moral vision, S. 187-192.

2.3.2 Zur ekklesiologischen Bewertung von Gemeindekonflikten

Die Wahrnehmung von frühchristlichen Gemeindekonflikten hat ein Ge-
meindebild zur Voraussetzung, das internen Streit als Gemeindewirklichkeit bewertet.[46] Dem Ideal, dem zufolge in den ersten Generationen Konflikte keine Rolle spielten, ist in der Literatur dahingehend widersprochen
worden, dass Streit von Anfang an dazugehörte.[47] Darüber hinaus ist zu
beachten, ob innergemeindliche Konflikte als Ausweis innergemeindlicher
Defizite gewertet werden, oder ob Konflikte auch als Realisierung des
Entwicklungspotentials der betroffenen Gemeinde interpretiert werden.
Als selbständiges Thema frühchristlicher Ethik wurden innergemeindliche
Konflikte allerdings bislang kaum betrachtet. Die genannte Frage ist des-
halb vorliegenden Gesamtdarstellungen frühchristlicher Ethik zu stellen.

2.3.2.1 Ausweis mangelnder Vollkommenheit (Karl H. Schelkle)

Wenn Konflikte die »Heiligkeit der Gemeinde« in Frage stellen, dann
dient die jeweilige Konfliktlösung der »Reinheit der Gemeinde«.[48] Konflikte belegen die noch nicht erreichte oder grundsätzlich nicht erreichba-
re, als Ziel aber vorausgesetzte Vollkommenheit der Gemeinde und ihrer
Glieder.[49] Ausgehend von Vollkommenheit und Liebe Gottes werden diese
Begriffe auch auf menschliches Tun übertragen, sie gelten als Verhaltens-
grundsätze, die zu wahren von den Einzelnen wie von der Gemeinde gefordert ist.[50] In eine gemeindliche bzw. kirchliche Entwicklung integriert
kann es nach diesem Modell der Wahrnehmung von Konflikten nur darum
gehen, Konflikte im Lauf der Zeit für immer unwahrscheinlicher (bzw.
auch für unangemessen) zu halten.

2.3.2.2 Ausdruck verschiedenen Verhaltens (Eduard Lohse)

Handeln überhaupt ist als Konsequenz der Ethik des jeweils Handelnden
beschreibbar. Vom Tun des Einzelnen kann auch auf seine ethische Konstitution zurück geschlossen werden. Und für die frühchristliche Ethik

---

[46] LANGE, Ethik, S. 336-347, nennt als Konfliktgrundformen: Diskrepanz zwischen
Unbedingtheit einer Forderung und Relativität ihrer Verwirklichung; Widerstreit zwischen eigentlichem und faktischem Wollen bzw. Tun; Pflicht-, Güter- und Rollenkonflik-
te. Man könnte die Differenz zwischen intra- und interpersonalen Konflikten anfügen
und individualethische Engführungen vermeiden. KIRCHSCHLÄGER, Anfänge der Kirche,
S. 75-78, als typische Konflikte: Joh 18,24/Mt 5,38-42; Gal 2,11-21; Act 6,1-6; Mt
18,15-18; I Kor 6,1-11; Starke/Schwache; Umgang mit Sklaven; Schwurverbot Jak 5,12.
[47] Allgemein etwa bei ULONSKA, Streiten, S. 9.
[48] SCHELKLE, Theologie III, S. 176-182; BULTMANN, Theologie, S. 579-584.
[49] Mt 5,48 bei SCHELKLE, Theologie III, S. 204; vgl. auch Mt 19,16-22; I Kor 2,6
und Phil 3,12-15.
[50] SCHELKLE, Theologie III, S. 206.

kann aus dieser Prämisse abgeleitet werden, warum in den heterogen zusammengesetzten Gemeinden Konflikte auftauchten: Weil dort von den einzelnen Mitgliedern Grundsätze vertreten wurden, welche „die Probleme christlicher Ethik verschieden beantworteten und entsprechend unterschiedliche Handlungsweisen zur Folge hatten"[51]. An Konflikten zeigt sich, dass in einer Gemeinde verschiedene theologische Positionen vertreten wurden. Dies wiederum lässt darauf schließen, dass es - in Verbindung mit der Entwicklung von Theologie - in den Gemeinden auch zur frühzeitigen Ausbildung von christlicher Ethik gekommen sein wird.[52]

2.3.2.3 Ferment der Gemeindewirklichkeit (Roman Heiligenthal)

Betrachtet man Konflikte als Kommunikationsstörungen, liegt es nahe, gerade in Konflikten „das eigentlich fruchtbare Ferment frühchristlicher Gemeindewirklichkeit" zu finden.[53] Eine entsprechende, durch die Verwendung des Bildes vom Ferment organisch vorgestellte, nicht harmonisierende Sicht der frühchristlichen Gemeinden kann versuchen, deren Entwicklung als Realisierung von Chancen zu beschreiben, die sich durch gelingende Lösung von innergemeindlichen Konflikten eröffnen. Damit wäre der Aufmerksamkeit auf Konfliktlösungen durch rechtliche Regelungen eine positive Rolle und eine für die Darstellung frühchristlicher Ethik und Ekklesiologie weiterführende Aufgabe zuerkannt.[54]

---

[51] LOHSE, Ethik, S. 123. Beispiele bei LOHSE, S. 123-129: I Kor 6,12-20; I Kor 5, Gal 2. Probleme ohne eindeutige Lösungen: Fragen zu Besitz und Besitzverzicht Mt 6,24 und Lk 16,13, Verwicklung in Rechtsverfahren I Kor 6,1-8, Ehelosigkeit I Kor 7.

[52] Vgl. LOHSE, Ethik, S. 9: Nicht jede als katechetische Unterweisung tradierte Einsicht ist notwendig Ausdruck der Reflexion einer späteren Generation; auch Konfliktlösungen späterer Überlieferung lassen etwa einen eschatologischen Vorbehalt erkennen.

[53] HEILIGENTHAL, Methodische Erwägungen, S. 102; unter Bezugnahme auf REBELL, Zum neuen Leben berufen, S. 10. Gilt gelingende Kommunikation als Norm und geht man vom Ideal als Regelfall aus, werden Konflikte zu innergemeindlichen Betriebsunfällen. Vgl. Anders hier HEILIGENTHAL, S. 112f, der zwischen exklusiv funktionalen bzw. exklusiv qualitativen, vermittelnden und integrativen Lösungsmodellen differenziert.

[54] STEGEMANN/STEGEMANN, Sozialgeschichte, S. 214: „Jede Gesellschaft besitzt Normen und Verhaltenstrukturen ... Die Grenzen einer Gesellschaft definieren das normgemäße und das abweichende Verhalten". Eine etwaige Abweichung wird Devianz genannt. Die Christengemeinden wurden von ihrer Umwelt (besonders nach 70) als zunehmend deviant wahrgenommen. Konflikte mit heidnischer Obrigkeit, verbunden mit einer gesteigerter Aufmerksamkeit des Staates auf die Gemeinden führten dann zu einer zunehmenden Kriminalisierung der Christen, STEGEMANN/STEGEMANN, S. 272-305. Vgl. MALINA, Early Christian groups, S. 103-106, schlägt zur Wahrnehmung von Gruppen verschiedene Entwicklungsstadien vor: Members are uncertain about belonging to the group; members try to change the group to satisfy personal needs; members are involved in the attempt to resolve earlier conflicts, negotiating clearer guidelines for group behavior; members carry out the programme for which the group was assembled; members gradually disengage from both task activities as well as social activities.

2.3.3 Überlegungen zur Herkunft der verwendeten Normen

Für eine methodische Darstellung frühchristlicher Ethik stellt sich die Frage nach den jeweiligen Maßstäben zur Beurteilung von Verhalten: Anhand welcher Normen wird Verhalten beurteilt? Werden dafür (von woher?) herangezogene Normen (welche?) ausdrücklich (wie?) begründet oder (von wem, für wen?) aktuell entwickelt?[55]

2.3.3.1 Verwendung biblischer Normen

Frühchristliche Gemeinden stehen in jüdischer Tradition, die auf biblische Rechtssetzungen zurückgreift.[56] Konsequent werden in frühchristlichen Schriften zur Regelung des innergemeindlichen Miteinanders biblische Texte, darin auch Rechtssätze, herangezogen, wie deren Zitation, Verwendung oder wie auch nur die Anspielung auf sie zeigt.[57] Allerdings werden nicht nur biblische Normen verwendet und wird nicht jede denkbare Norm herangezogen, auch wenn deren Kompatibilität mit jesuanischer bzw. apostolischer Autorität und Verkündigung feststeht. Zugleich bringt die Verwendung biblischer Normen eine aktualisierende Deutung mit sich. Letztlich wird mit der Übernahme von Normen etwa der Torah die Bedeutung des AT als Quelle von Normen zum Thema sichtbar, ohne dass ein insgesamt einheitlicher Umgang mit biblischen Normen erkennbar wäre.[58]

---

[55] Überblick und Checkliste zur Autorität in frühchristlicher Ethik bei HAYS, The moral vision, S. 207-214. VERHEY, The great reversal, S. 6-152; ähnlich MEEKS, The moral World, S. 19-123, aus sozialgesichtlicher Perspektive. Zum Problem eines situationsethischen Engpasses SCHNACKENBURG, Ethische Argumentationsmethoden, S. 40-45. SCHRAGE, Ethik, S. 19, kritisiert den Normbegriff als statisch und spricht stattdessen von Kriterien, welche „die eher dynamisch-geschichtliche Freiheit und Verbindlichkeit neutestamentlicher Ethik zusammenhalten können." Beides lässt sich m.E. auch durch den Normbegriff vermitteln. Zur Beschreibung der Analyse von Verhalten THEISSEN, Auswertung, S. 35-54, durchgeführt für Mitglieder christlicher Gruppen.

[56] HARRIS, From inner-biblical Interpretation, S. 256-269. Vgl. HÜBNER, Biblische Theologie 1, S. 37-76: Der Sachverhalt, dass die neutestamentlichen Autoren die Autorität der Schrift in Anspruch nahmen, könne zum Missverständnis führen, sie hätten ihre eigene Autorität aus der Schrift herleiten wollen.

[57] Zur Legitimität durch Zitation VERHEY, The great reversal, S. 196: „Only if the use of a scripture passage is coherent with its intention is that use in moral argument authorized." Die genaue Kalibrierung der Texte als Anspielungen, Zitate oder auch nur Erinnerungen biblischer Tradition ist schwierig. WALTER, Problematik des 'Schriftbeweises', S. 344-346, unterscheidet zwischen biblischen Wendungen, Anspielungen, impliziten Zitaten und Zitaten im genaueren Sinn des Wortes.

[58] Eklektischen Umgangs mit der Torah kritisiert CRÜSEMANN, Tora, S. 11: „Stets wurden Teile von ihr rezipiert und andere nicht, und das hat ein großes und vor allem ein unkontrollierbares Maß an Willkür mit sich gebracht." Vgl. LOHSE, Ethik, S. 17, für das Judentum: „Grundsätzlich galten alle Gebote und Vorschriften der Thora gleichbedeutend und gleichrangig; keines von ihnen durfte leichtfertig verletzt werden."

2.3.3.2 Christliche Normentwicklung

In zahlreichen Darstellungen frühchristlicher Ethik steht - aus chronologischen Gründen? - die Ethik Jesu an erster Stelle.[59] Frühchristliche Verkündigung, Gemeindekatechese, -prophetie, -liturgie wie der Umgang mit Tradition werden auf Normen des auferstandenen, gegenwärtig qua τὸ πνεῦμα präsenten Christus zurückgeführt. Von ihm Gesagtes gilt innergemeindlich als Norm für ethische Urteilsbildung und in einzelnen Bereichen auch als Beispiel für konkretes Verhalten. Zudem ist für die frühchristlichen Gemeinden mit einer Normgenese durch Interpretation des Leben Jesu zu rechnen. Daneben tritt die apostolische Autorität zur Gemeindeleitung, die man bereits frühchristlich formal wie inhaltlich als mit der Jesustradition verbunden zu erweisen suchte.

Man wird eine derartige Vorgehensweise zur Erhebung der frühchristlichen Ethik auch aus systematischen Gründen nicht für falsch halten. Einzeluntersuchungen müssten allerdings den umfassenden Charakter einer spezifisch christlichen Normentwicklung aufzeigen, bevor diese als generell zu erwartender Interpretationsrahmen einzelner Texte und der in ihnen womöglich erkennbaren Konfliktsituationen gelten kann.

2.3.3.3 Verwendung von Normen der Umwelt

Im hellenistischen Judentum verbinden sich Auslegung biblischer Normen und griechisch-hellenistischer Philosophie in akzentuierter Weise, die auch auf das frühe Christentum gewirkt hat. Durch die Vermittlung populärer Philosophie, in der die stoische Ethik, die im Kontext kynisch-stoischer Popularphilosophie überliefert wurde, eine besondere Bedeutung gespielt haben dürfte, sind ebenfalls Normen rezipiert worden.[60]

Bedeutung hatten Normen der Umwelt nicht nur, weil „die überlieferten Herrenworte in der neuen Situation und Umwelt als Lebensweisungen nicht mehr ausreichten".[61] Normen aus der Umwelt wurden übernommen, wo sie - Klugheitsregeln oder Mindestforderungen - inhaltlich angemessen erschienen. Sie wurden aus dem paganen Bereich auch übernommen, wenn inhaltlich vergleichbare Normen der Tradition zur Verfügung standen und wurden beachtet, da sie sich bewährt hatten.[62] Sie wurden nicht aus formalen Gründen übernommen, aber auch nicht deshalb abgelehnt.

---

[59] SCHRAGE, Ethik, S. 23-122; SCHNACKENBURG, Sittliche Botschaft I, S. 31-155.

[60] LOHSE, Ethik, S. 18-23. Formal ist konkret (neben Diatribe, Lehrgespräch und Vortrag) an Haus- und Pflichtentafeln, Standesethik, Tugend- und Lasterkataloge zu denken; vgl. SCHRAGE, TRE 10, S. 447.

[61] SCHRAGE, Ethik, S. 133.

[62] Anders allerdings VERHEY, The great reversal, S. 196: „If and only if the use of scripture is coherent with the message that God has already made his eschatological power and purpose felt ... it is authorized."

2.3.3.4 Aktuelle Normentwicklung in Konflikten

Im Umgang mit Konflikten zeigt sich eine weitere Dimension des Umgangs der Gemeinden mit Normen und Autorität. In nicht wenigen Konflikten wird frühchristlich eine gemeindliche Kompetenz zur Entwicklung von Normen zu Konfliktlösung durch rechtliche Regelungen sichtbar.[63] Damit einher geht die Entwicklung von neuen Normen zur Konfliktlösung,[64] mag diese auch nicht immer durchgehalten worden sein: Noch vor der Kanonbildung zeigt sich der tendenzielle Rückgriff auf traditionelle Modelle, auch bei Konfliktlösungen durch rechtliche Regelungen.

Exkurs: Nichttheologische Betrachtung von Konflikten

Ausblickend angefügte soziologische bzw. psychologische Ansätze verdanken sich praktischer Arbeit mit Konflikten, die selten rechtliche Regelungen betrifft. Aufgrund ihrer theoretischen Reflexion können einige Beiträge nach Antworten auf das Thema der Untersuchung befragt werden, das als solches nicht Gegenstand ihrer Darlegung ist. In Einzelfällen ist aus soziologischer Perspektive bereits eine Verbindung verschiedener Modelle mit einzelnen frühchristlichen Texten vorgeschlagen worden.

Soziologische Betrachtungsweisen
Konflikte als »Differenz zwischen Ist und Soll« (Kybernetik)
Kybernetik versucht Situationen, Abläufe und Prozesse im Modell des Regelkreises zu beschreiben. Jede Situationsveränderung wird als Differenz zwischen Ist- und Sollwert wahrgenommen.[65] Diese Differenz wird als Spannung bewertet, die durch den Versuch bearbeitet wird, Ist- und Sollwert in Übereinstimmung zu bringen.[66] Die verschiedenen

---

[63] Erst für die Alte Kirche ist im Begriff des „Neuen" der Gedanke des heilsgeschichtlichen Fortschritts belegt, KINZIG, Novitas christiana, S. 90.201-568. Vorstufen dessen finden sich aber im eschatologischen Neuheitsdenken exilisch-nachexilischer Texte und im NT, wenn christliche Existenz als Wirken Gottes gedeutet wird, das die Gegenwart als Zustand zwischen den Zeiten verstehen lässt.

[64] Vgl. Ähnlich BERGER, TRE 18, S. 216, im Blick auf die Entwicklung des Kirchenbegriffs: „Je konkreter und dringlicher Probleme frühchristlicher Gemeinden sind, um so stärker und nachhaltiger trägt ihre Beantwortung zur Profilierung des Kirchenverständnisses bei." Weitergehende Erklärungsmodelle frühchristlicher Gemeindeentwicklung greifen auf sozialgeschichtliche und soziologische Theorieelemente zurück, vgl. WANDER, Trennungsprozesse, S. 1-53. Zu sozialgeschichtlicher Forschung materialistischer Theorie bzw. sozialanthropologischem Ansatz SCHNEIDER, Theorien des Übergangs, S. 59-201.258-313. Gemeinsam ist jeweils das Modell der Subkulturtheorie.

[65] Der Istwert wird verstanden als subjektives Bild Betroffener, der Sollwert als Bild der Situation, das den jeweiligen Bedürfnissen, Normen und Zielen entspricht; so FRÖR, Konflikt-Regelung, S. 13.17f.

[66] Menschen entwickeln oft Serien von Lösungen. Dass Konfliktlösungsversuche gelegentlich konfliktverstärkend wirken, hat Konsequenzen für die Beteiligten wie Einschränkung von Wahrnehmung und Mitteilung; durch Rationalisierung des Verhaltens, Verleugnung, Verkehrung der belastenden Tatsache in ihr Gegenteil, Verschiebung des Lösungsversuchs, Identifikation mit der eigenen Unzulänglichkeit, Projektion auf ande-

kybernetischen Möglichkeiten, dieses Ziel zu erreichen, ergeben dann eine Art Typologie von Konfliktsituationen und Erfolg versprechenden Lösungsansätzen. Zugleich werden so auch Konflikte gegebenenfalls als unlösbar deutlich.[67]

Konflikte als Ausdruck der Entwicklung sozialer Systeme (Systemtheorie)
Systemtheorie analysiert vorhandene und prognostiziert potentielle Entwicklungen sozialer Systeme. Dabei steht die Erklärung der Systementwicklung, nicht deren Bewertung im Mittelpunkt.[68] Aufgrund der eigenen Komplexität müssen sich Systeme mit sich selbst beschäftigen. Konflikte entstehen, wenn bzw. weil ein System mehr Handlungsmöglichkeiten hat als es verwirklichen kann.[69] Dabei ist idealtypisch zwischen Konflikten über Relevanzen (worauf reagiert wird muss; Input-Konflikte) und über Strategien (wie reagiert wird; Output-Konflikte) zu unterscheiden, die durch innenwirksame Komplexitätserzeugung bzw. nach außen wirkende Komplexitätsreduktion gelöst werden.[70]

Konflikte als »Abweichendes Verhalten« (Kriminologie)
Um festzustellen, wie abweichendes Verhalten erklärt und seine Sanktion begründet wird, ist von den Normen der Gesellschaft auszugehen. Werden sie als Verhaltensforderungen für wiederkehrende Situationen verstanden, so lassen sie sich - unter Berücksichtigung der Faktoren Geltungs- und Wirkungsgrad, verbunden mit der Sanktionsbereitschaft einer Gesellschaft bei Nichtbefolgung - in eine »Normenmatrix« eintragen.[71] Verhalten wird dabei als Forderung der Gesellschaft verstanden, diese Normen auch einzuhalten. Kriminologische Teiltheorien erklären davon abweichendes Verhalten.[72]
Die Anomietheorie behauptet, dass in ungleichen Gesellschaften keine Verbindlichkeiten, Erwartungen und Regeln (mehr) existieren, um die Interaktion der Mitglieder zu steuern. Mögliche Verhaltensweisen in dieser Situation sind Bejahung, Ablehnung oder

---

re, Verdrängung der Wahrnehmung; Mitteilungseinschränkung vollzieht sich durch Verfälschung der Mitteilung, Tarnung oder Schweigen, FRÖR, Konflikt-Regelung, S. 31-39.

[67] FRÖR, Konflikt-Regelung, S. 61-107, nennt Lösungsmuster, die Konflikte noch verschärfen: Polarisierung, Überschneidung, Doppelbindung, Machtkampf, Kompromiss, Schwingung, Unterwerfung, Trennung, Entflechtung, Konfliktverstärkung, Verständigung und Einschränkung.

[68] WILLKE, Systemtheorie, S. 76-90, nennt als Kriterien für Systemevolution die Anzahl agierender Personen, die Selbstdefinition der Personen als Mitglieder und die etwaige Zugehörigkeitsdefinition durch Außenstehende.

[69] Die verschiedenen Handlungsmöglichkeiten müssen auf Systemverträglichkeit hin bewertet, die Vielfalt der Optionen reduziert werden, um die Handlungsfähigkeit zu erhalten. Als ordnender Faktor wird die Kategorie „Sinn" vorausgesetzt: wo Sinn konstituiert ist, kann es gelingen, Ereignisse zu strukturieren und zwischen Relevantem und Nichtrelevantem zu unterscheiden; WILLKE, Systemtheorie, S. 43-55.

[70] Damit erlangt die Unterscheidung von Innen- und Außenwelt bzw. die Grenzziehung zwischen System und Umwelt Bedeutung: Die gelingende Auseinandersetzung mit der Außenwelt führt zur Systementwicklung; WILLKE, Interventionstheorie, S. 65-70.

[71] LAMNEK, Theorien, S. 22-24; die Matrix enthält Idealnormen, Selbstverständlichkeitsnormen, Zwangsnormen, informelle Normen, Pseudonormen, Residualnormen, Formalnormen und Exnormen.

[72] LAMNEK, Theorien, S. 108-283; keine Einzeltheorie genügt den Ansprüchen an Erklärungspotential, Brauchbarkeit und Bewährung, dass sie sich in der kriminologischen Arbeit praktisch durchgesetzt hätte.

Substitution der bestehenden Normen, wobei sich Ablehnung und Substitution in Ritualismus, Weltflucht, Rebellion oder Neuerung bzw. Innovation ausdrücken können, in jedem Fall aber abweichendes Verhalten darstellen.

Theorien der Subkultur gehen davon aus, dass in einem komplexen sozialen Gebilde Normen, Werte und Symbole nicht für alle gleich gelten. Abweichendes Verhalten vertritt Normen eines Subsystems, das mit dem Gesamtsystem im Kulturkonflikt steht.

Die Theorie differentiellen Lernens setzt voraus, dass Verhaltensweisen, Normen und Werte in einem gesellschaftlichen Kommunikationsprozess angeeignet oder abgelehnt werden. Lernen - auch abweichenden Verhaltens - erfolgt am Vorbild, durch Identifikation, klassische Konditionierung und Verstärkung, und lässt sich v.a. anhand der jeweiligen Persönlichkeitsfaktoren zusammenfassen.

Der Denkansatz des labeling approach versteht die Wahrnehmung abweichenden Verhaltens als Zuschreibungsprozess. Entscheidend für die Entstehung abweichenden Verhaltens ist die Normsetzung einer Gesellschaft.[73] Wo ein Betroffener eine der Etikettierung entsprechende Identität ausbildet, kann eine abweichende Karriere die Folge sein.

Konflikte als Ausdruck der Entwicklung einer Gesellschaft (Rechtsethnologie)
Wie Ordnung in menschlichen Gesellschaften gesichert werden kann, ist in der ethnologischen Forschungsdiskussion umstritten.[74] Ordnungskontinuität und Konfliktbewältigung lassen sich aber in jeder Gesellschaft vergleichend beobachten. Konflikte können als Ausdruck der in einer Gesellschaft oder Gruppe herrschenden Wertordnung und als Hinweis auf geltende Normen herangezogen werden.[75] Je nach Gesellschaft unterschiedlich, formal analog werden Konflikte durch Normen geregelt. In der Vergangenheit der Gesellschaft sind die zur Konfliktlösung in der Gegenwart erforderlichen Instanzen ausgebildet worden. Gesellschaften reagieren auf Konflikte durch Normentwicklung, die jeweilige Entwicklung ist als Entwicklung ihrer Konfliktlösungsmodelle beschreibbar.

Psychologische Betrachtungsweisen
Psychologische Betrachtungsweisen sind innerhalb der Methoden neutestamentlicher Exegese keine Neuerung, ihr Erklärungspotential für den Umgang mit frühchristlichen Gemeindekonflikten wäre aber erst noch im Einzelnen zu erschließen. Transaktionale Analyse wie Kognitionspsychologie beschreiben Verhalten auf der Grundlage persönlichkeitspsychologischer Theoreme, sozialpsychologische Ansätze untersuchen Texte auf dem Hintergrund interpersoneller - u.a. konfliktträchtiger - Konstellationen.[76]

---

[73] Keine Verhaltensweise an sich enthält die Qualität abweichend, diese wird durch die Normsetzer definiert. Die Definition und Durchsetzung der Normen erfolgt oft selektiv; LAMNEK, Theorie, S. 227f.

[74] ROBERTS, Ordnung und Konflikt, S. 11: „Für die einen hat Ordnung deshalb Bestand, weil die meisten Menschen soziale Normen anerkennen und deren Geltung bei anderen voraussetzen. Nach Ansicht anderer wird Ordnung vor allem durch Anwendung von Gewalt aufrechterhalten."

[75] Vgl. ROBERTS, Ordnung und Konflikt, S. 59-72, zu Formen von Konfliktbewältigung: Gewaltsame Selbsthilfe, Kanalisierung via Ritual, Bloßstellung, Einschaltung übernatürlicher Instanzen, Verbannung oder (mündliche) Auseinandersetzung.

[76] Nicht thematisiert werden hier individualpsychologische Deutungen biblischer Texte, wie sie in der Schule Freuds und der Tiefenpsychologie Jungs bzw. durch Eugen Drewermann vorgelegt wurden; dazu u.a. BUCHER, Bibel-Psychologie, S. 15-86; THEISSEN, Psychologische Aspekte, S. 11-65. REBELL, Gehorsam, S. 28-148, untersucht das

Konstruktiver Umgang mit Konflikten (Transaktionale Analyse)
Der Ansatz der transaktionalen Analyse will dafür sorgen, dass Konflikte ohne übermäßigen Aufwand ausgetragen werden.[77] Konflikte gelten als unerfreulich und gefährlich, zugleich für zwischenmenschliche Beziehungen und auch produktive Arbeitsbeziehungen als unausweichlich.[78] Die in der Konfliktsituation oft gezeigten Handlungspräferenzen wie Flucht, sich Abfinden und Kampf sind als Scheinlösungen zu bewerten.[79] Konflikte sind nicht durch Gewinn-Verlust-Denken, sondern durch Gewinn-Gewinn-Denken zu bearbeiten. Eine derartige - zweiseitige - Konfliktlösung ist als durch Vernunft gesteuerter Prozess zu gestalten, der gelernt und eingeübt werden kann.[80]

Strategische Bewältigung von Problemsituationen (Kognitionspsychologie)
Simulationsspiele mit Problemsituationen - mit den Faktoren Komplexität, Vernetzung, Intransparenz und Dynamik, die es bei der Problemlösung zu beherrschen gilt - zeigen regelmäßig die Unzulänglichkeiten menschlichen Denkens im Umgang mit Systemen auf, die sich auch im Umgang mit Konflikten negativ auswirken.[81] Für ein strategisches Vorgehen in der Handlungsorganisation zur gelingenden Konfliktlösung legen sich die Schritte Zielausarbeitung, Modellbildung und Informationssammlung, Prognose, Extrapolation, Planung, Entscheidung und Durchführung von Aktivitäten, sowie Effektkontrolle und Revision der Handlungsstrategien nahe.[82]

In Konfliktsituationen typisches Verhalten von Menschen (Sozialpsychologie)
Menschliches Verhalten nicht nur in Konfliktsituationen wird nach sozialpsychologischer Betrachtungsweise von einer eigenen Logik bestimmt. Menschen zeigen die Ten-

---

Verhältnis des Paulus zu Jerusalemer Autoritäten, Mitarbeitern und Gemeinden. - Theorie der kognitiven Dissonanz: Jeder Mensch tendiert dazu, sein kognitives System im Modus des Gleichgewichts auszubalancieren. Balancetheorie: Interpersonelle Konstellationen müssen dahingehend ausbalanciert werden, dass Einstellungen Dritten gegenüber möglichst gleich bewertet werden. Symmetrische Kommunikation: Ein Kommunikationsablauf kann als symmetrisch gelten, wenn die Beziehung zwischen den an der Kommunikation Beteiligten als Beziehung der Gleichheit gelten kann. Komplementär ist ein Kommunikationszusammenhang dann, wenn die Beziehung diese Gleichheit nicht aufweist. Theorie der Reaktanz: Menschen neigen dazu, auf die potentielle Einengung ihrer Freiheit zur Entscheidung mit dem Versuch zu reagieren, verlorene oder bedrohte Freiheit baldmöglichst wiederherstellen. Attributionstheorie: Externe Attribution schreibt die Ursache für ein Verhalten immer anderen zu, innere Attribution sucht die Ursachen immer erst bei sich selbst. Bucher, Bibelpsychologie, S. 87-98.
[77] KÄLIN, Die transaktionale Analyse, S. 29: Struktur-, Spiel- und Skriptanalyse.
[78] BERNHARD, Konfliktlösung, S. 148, im Anschluss an psychologische Prämissen im Managementtraining. Einführend BERNE, Spiele, S. 25-47; HARRIS, Ich bin o.k., S. 15-282.
[79] BERNHARD, Konfliktbewältigung, S. 154f.
[80] Inwieweit jeweils für eine Konfliktlösung Vernunftsteuerung vorauszusetzen ist beschäftigt v.a. die Verhaltensforschung; vgl etwa WAAL, Der gute Affe, S. 206-255, zu Konfliktlösungsformen bei Primaten.
[81] DÖRNER, Logik des Mißlingens, S. 22-66. Dörner hat sich mit weiteren Publikationen als Vertreter der Kognitionspsychologie ausgewiesen.
[82] DÖRNER, Logik des Mißlingens, S. 67-73. Fehler sind dabei als Durchgangsstadien zur Erkenntnis zu werten.

denz, ihr konfliktträchtiges Verhalten zu rechtfertigen und dazu im Bedarfsfall Korrekturen am jeweiligen Gottes-, Welt- oder Selbstbild vorzunehmen. Menschen verzichten in Konfliktsituationen wegen Beziehungen zu anderen auf Durchsetzung eigener Positionen oder wollen das Gegenüber zu einem entsprechenden Verzicht überreden; oder es wird zugunsten der eigenen Position die Beziehung zum Gegenüber in Frage gestellt. Menschen kompensieren zum besseren Verständnis eigenen Verhaltens den partiellen Verlust an Handlungsoptionen in einer bestimmten Situation durch eine erhöhte Handlungsbereitschaft in inhaltlich oder zeitlich nahe liegenden Situationen. Je nach Prägung benennen Menschen bei Fehlleistungen externe oder interne Variablen, die das eigene Handeln maßgeblich beeinflusst haben.

Schlussbemerkung

Eine soziologische wie eine psychologische Betrachtungsweise von Konflikten wird für eine Untersuchung von Konfliktlösung durch rechtliche Regelungen in frühchristlichen Texten eine ergänzende Betrachtungsweise sein. Größere Bedeutung dürften soziologische bzw. sozialpsychologische Betrachtungsweisen von Konflikten für die Frage nach dem Umgang mit Konflikten und deren etwaige rechtliche Regelung in Kirche und Gemeinde heute haben.

Kapitel 3

„Wer unter euch groß sein will ..."
ΔIAKONEIN als alternative Form der Konfliktlösung

3.1 Vorbemerkung

„Ihr wisset, dass die weltlichen Fürsten herrschen, und die Oberherren haben Gewalt.
So soll es nicht sein unter euch; sondern so jemand will unter euch gewaltig sein, der
sei euer Diener." (Matth. 20,25.26) Die verschiedenen Ämter in der Kirche begründen keine Herrschaft der einen über die anderen, sondern die Ausübung des der ganzen Gemeinde anvertrauten und befohlenen Dienstes. Wir verwerfen die falsche Lehre, als könne und dürfe sich die Kirche abseits von diesem Dienst besondere, mit
Herrschaftsbefugnissen ausgestattete Führer geben und geben lassen.[1]

Die vierte These der Barmer theologischen Erklärung formuliert eine
Selbstverständlichkeit. Selten hat amtskirchliche Selbstdarstellung davon
abgesehen, die eigene Funktion als Dienst zu interpretieren und der Welt
gegenüber eine spezifische Umgangsweise mit Macht und mit Konflikten
zu behaupten. Dass gerade die Amtsausübung in hohen Funktionen der
Kirche immer wieder in den Blick einer kritischen Öffentlichkeit gerät, ist
zugleich festzustellen. Eine entsprechende Kritik geht davon aus, dass sich
die Kirche zu sehr der Welt angeglichen hat. Steht eine derartige Angleichung nicht im Kontrast zu Vorstellungen, die für die Nachfolge Jesu formuliert wurden und zu denen gerade auch das Dienen gehört?
Das Logion von Größe bzw. von der Größe im Dienen[2] wird auf der Erzählebene der synoptischen Texte durchgängig als eine Konfliktlösung
verwendet, die durch Jesus selbst autorisiert erscheint. Der jeweilige Kontext in den verschiedenen synoptischen Evangelien zeigt das Logion als
Modell von Konfliktlösung, die in verschiedene Situationen eingeordnet
sein kann und in erster Linie auf den Jüngerkreis bzw. auf innergemeindliche Konflikte und deren Lösung zielt.

---

[1]   Barmen IV; in: BURGSMÜLLER/WETH, Erklärung, S. 39. Selbst RATZINGER, Volk
Gottes, S. 273, kritisiert, dass „die Nachfolger der Apostel, denen gesagt worden war, sie
sollten es nicht den weltlichen Großen nachzutun versuchen ... es plötzlich für richtig
fanden, die Fürsten dieser Gesellschaft zu sein". Wie diese historische Beurteilung mit
einer kritischen Selbstwahrnehmung der Amtskirche zusammenstimmt, wäre zu prüfen.
[2]   Zur Begrifflichkeit vgl. BULTMANN, Geschichte, S. 154; GUTTENBERGER ORT-
WEIN, Status und Statusverzicht, S. 161f, spricht vom „Positionswechsellogion".

3.2 Die Überlieferung des Logions von Größe im Dienen

3.2.1 Q 7,28

Mt 11,2ff mit 21,28-32 und Lk 7,18ff mit 16,16 bieten Q-Material über Johannes und reflektieren das Verhältnis Jesu zum Täufer. Die hier zu behandelnden Stellen Mt 11,11 und Lk 7,28 folgen inhaltlich weitgehend ihrer Vorlage Q 7,28.[3] Der jeweils angestellte Vergleich von Q 7,28 wird in der älteren Auslegung so gedeutet, dass μικρότερος komparativisch gelesen und auf Jesus bezogen wird.[4] Wird der Vergleich, wie in der Regel in moderner Interpretation, dagegen als Superlativ verstanden und auf Gemeindeglieder bzw. auf Wandermissionare bezogen, ist vom Inhalt her Johannes kaum als mehr Teilhaber der βασιλεία denkbar. Überlieferungsgeschichtlich dürfte die Täufertradition – Johannes als Größter ἐν γεννητοῖς γυναικῶν - und die Behauptung der Superiorität der βασιλεία bzw. Jesu erst in Q miteinander verbunden worden sein; jedenfalls hat sie dort einen plausiblen Kontext.

Inhaltlich ist zu fragen, ob das Logion von der Größe auch in seiner historischen Ursprungssituation einer Konfliktsituation zugehörte bzw. eine Konfliktlösung darstellte. Aus dem Charakter des Logions als einseitige Konfliktbewältigung ließe sich eine entsprechende Konfliktsituation erschließen: Johannes galt als herausragender Mensch seiner Zeit und Art, aber jeder Angehörige der βασιλεία überragt ihn an Rang alleine schon durch Zugehörigkeit zu dieser. Als Mitglied der menschlichen Gemeinschaft ist der Täufer ausgezeichnet, in der βασιλεία überragt jedes Mitglied diesen hervorragenden Vertreter der menschlichen Gemeinschaft, an deren Spitze der Täufer steht. Damit können die Parteien im Konflikt als Angehörige der jeweiligen Gemeinschaft identifiziert werden, der Konflikt sollte in der Superioritätsbehauptung der βασιλεία bzw. in der Zurückweisung einer derartigen Behauptung für den Täufer bestehen. Q 7,28 wäre in der und für die Situation der Abgrenzung vom Täufer verwendet worden und womöglich auch entstanden.[5]

---

[3] NEIRYNCK, Q-Synopsis, S. 22f; KLOPPENBORG, Q parallels, S. 54f. Lk folgt bis 7,35 der Abfolge von Q, fügt in 7,36-50 die stark überarbeitete Erzählung der Salbung aus Mk 14,3-9 ein, mit der nach Notiz 8,1-3 abschließt, um ab 8,4 bis 9,17 den Faden aus Mk 4,1-6,44* aufzunehmen. Mt schafft nach c. 10 mit 11,1 Redeschluss und Neueinsatz, in den er in 11,2-19.20-27 das Material aus Q 7,18-35 und 10,12-15.21f einfügt. Mt 11,11 ist nach LUZ, EKK I/2, S. 173, ein Kommentarwort zum Q-Stoff in Mt 11,7-9, ἐγήγερται in 11,11 Biblizismus, LUZ, S. 175. Lk streicht vereinfachend das Fremdwort ἀμήν und Ersetzung von ἐγήγερται durch ἐστίν, BOVON, EKK III/1, S. 371.

[4] FITZMYER, Luke I, S. 675.

[5] BOVON, EKK III/1, S. 371: kultische Prophetie. Nach SCHÖNLE, Johannes, S. 66, wurde „ein authentisches Jesuswort im nachhinein christlich interpretiert"; vgl. auch Lk 9,48c. Beachtenswert ist das Auftreten Täufers jeweils zu Beginn von Q und von Mk.

In Verbindung mit Q 7,24-27 erfahren die Sprüche von der relativen Größe des Täufers und vom Vorrang des Kleinsten in der βασιλεία ihm gegenüber in Mt 11,7-10 eine weitere Steigerung: Durch die Gleichsetzung des Täufers mit dem Mal 3,1 erwarteten Propheten, der die eschatologische Wende des Weltgeschehens ankündigt, wird Johannes zum Wegbereiter kommenden Heils. Auch durch den Stürmerspruch, den Mt aus Q 16,16 aufgreift, wird Q 7,28 dahingehend intensiviert, dass Johannes der βασιλεία gegenübergestellt wird. Insgesamt verstärkt Mt - kaum in einer Situation der aktuellen Auseinandersetzung mit Täuferanhängern - die Tendenz von Q 7,28, den Täufer und Jesus voneinander abzugrenzen.[6]

Auch Lk 7,28 kennt aus Q 7,24-27 die Steigerung durch Identifikation des Täufers mit dem endzeitlichen Propheten. Zudem markiert der dem Evangelisten zuzurechnende Teil Lk 7,29f mit der dort geschilderten doppelten Reaktion der Menschen auf die Verkündigung des Täufers dessen Legitimität. Insgesamt erscheint Johannes in der Rolle des Vorläufers Jesu, allerdings als Vorläufer, der mit dem, den er ankündigt - samt Aufruf zur Buße - eng zusammengehört. Lk korrigiert die inhaltliche, historisch wohl zutreffende[7] Trennung von Täufer und βασιλεία in Q zugunsten der zeitlichen Trennung der Wirksamkeit von Johannes und Jesus.

3.2.2 Mk 9,35b par.

In Mk 9,33-37 ist mit assoziativer Verbindung der Verse zu rechnen, die zur historischen Rekonstruktion der Textentstehung eine mehrfache Teilung der Szene erforderlich macht: Nachdem der Konflikt um die Rangfolge unter den Jüngern aus 9,34 durch die Antwort in 9,35 gelöst ist, folgt in 9,36f „eine neue Szene mit einem neuen Spruch"[8], die ebenso durch Stichwortassoziation via ἔσχατος angebunden sein könnte, wie 9,38-40 durch Stichwortassoziation über ἐν τῷ ὀνόματι damit verbunden wurde. Ist Mk 9,35 ein „Wanderlogion"[9], das vom Evangelisten hier mit der Tradition des Rangstreites verbunden wurde - oder hatte es seinen Ort schon zuvor in einem Katechismus, den Mk durch die Überleitung in 9,33 in das Evangelium integrierte?[10] Im ersten Fall würde das Logion von der Größe nachträglich mit einer Konfliktsituation verbunden worden sein, deren Lö-

---

[6] Vorausgesetzt ist die Nähe beider – die nach Mt 3,2//4,17 ja auch ihrer Verkündigung sichtbar wird.

[7] HAHN, Apokalyptik, S. 92-95. Unterscheidend ist die Frage nach hereinbrechendem Gericht beim Täufer bzw. hereinbrechendem Heil und Gericht bei Jesus.

[8] SCHNACKENBURG, Mk 9,33-50, S. 186. KMIECIK, Menschensohn, S. 163-178, betont die Textfolge 9,30-32 (christologisch) vor 9,33-37 (ekklesiologisch ausgerichtet).

[9] SCHNACKENBURG, Mk 9,33-50, S. 199.

[10] Für BULTMANN, Geschichte, S. 160, ist Mk 9,33ff Beispiel einer katechismusartigen Sammlung, die in Mk 9,33f zu einer Szene aus dem Leben Jesu umgewandelt wurde. Eine solche Sammlung setzt eine Verwendung des Inhaltes in der Unterweisung voraus.

sung es diente. Im zweiten Fall würde mit der Integration dieses und weiterer Logien von der Größe im Dienen im Mk ein Zusammenhang hergestellt, aus dem heraus die Überlieferung auf Konfliktsituationen angewandt wurde. So oder so dürfte der Zusammenhang mit dem Konflikt des
Rangstreits nicht ursprünglich gewesen sein.

Inhaltlich ist das Logion durch die Kontrastierung von Rang und Größe
bestimmt. Größe in der jeweiligen Gemeinschaft zeigt sich in eigener
Kleinheit, Vorrang manifestiert sich darin, am Ende der gesamten Rang-
folge der Gemeinschaft zu stehen. Damit wird der Anspruch auf Rang und
Größe letztlich nicht abgewiesen, aber er wird durch die Umkehrung der
Wertungen neu bestimmt.

Lk 9,46-48 nimmt das Material aus Mk 9,33-37 auf, das auch Mt 18,1-5
bietet, und akzentuiert es neu. Lk 9,48c ist (zusammen mit 8,49f) als poin-
tierter Abschluss der Kapitel Lk 3-9 gestaltet worden.[11] Mt 18,1-5 hingegen steht trotz des mit Mk 9,34 (und auch Lk 9,46) gemeinsamen Stich-
worts μείζων in einem neuen Kontext und ist als Weiterentwicklung des
Motivs durch Mt zu betrachten.[12]

3.2.3 Mk 10,43ff par.

Obwohl die Szene der Rangordnung unter den Jüngern im Vergleich zur
weltlichen Herrschaft jeweils erwähnt wird, zeigt sich ein differenzierter
Umgang der Synoptiker mit dem Logion der Größe im Dienen. Die Überlieferung des Spruches geht im Allgemeinen auch wörtlich parallel, soweit
sie von Mk 10,35-45 und Mt 20,20-28 wiedergegeben wird, wohingegen
Lk 22,24-27 markante Unterschiede dazu aufweist.[13] Womöglich ist in Lk
22 eine ältere Traditionsstufe des Logions bewahrt.[14] Rudolf Bultmann hat
im Zusammenhang mit den synoptischen Überlieferungszusammenhängen
in Mk 10,43f einen alten Doppelspruch erkannt, der „von der christlichen
Überlieferung speziell auf die christliche Gemeinde bezogen wurde"[15]. Be-

---

[11] SCHRAMM, Markus-Stoff, S. 140f. Damit ist zugleich die inhaltliche Aussage von
Lk 9,46-48 noch einmal betont herausgestellt.

[12] SCHNACKENBURG, Großsein im Gottesreich, S. 273: Das Verfahren des Mt werde
darin sichtbar, „daß er den 'Rangstreit' der (damaligen) Jünger in Kap. 18 in den Horizont der Gemeinde projiziert."

[13] KUHN, Sammlungen, S. 174, erkennt in Mk 10,43f eine ursprüngliche Demutsre-
gel, ohne 10,42b-45 auf Gemeindeüberlieferung zurückzuführen. In Lk 22,24-27 erscheint das Logion im Kontext des Kontrasts zu weltlicher Herrschaft, es fehlt die Verbindung von Christologie und Abendmahl im Tod Jesu, die Lk m.E. kaum getilgt hätte.

[14] Weist man Mk die Überarbeitung des Stoffes zu, könnte in Lk 22 älteres Material
(Q?) zum Vorschein kommen, das evtl. bereits vorlukanisch eine Dienstsentenz war. Dagegen LÜHRMANN, HNT 3, S. 179: Nach Q habe Jesus in 22,28-30 (vgl. Mt 19,28) in
etwa das versprochen, was er hier abschlage.

[15] BULTMANN, Geschichte, S. 154. Zur Überlieferung von Mk 10,41-45 WISCHMEY-

leg für unabhängige Überlieferung des Stoffes ist I Tim 2,6: Die beigege-
bene Deutung des Todes Jesu, die bei Mk in semitischer - um die Mahlsituation erweiterter - Form erhalten sein könnte, die Lk in hellenisierter
Form bietet, erscheint dann in I Tim innergemeindlich weiterentwickelt,
konkret „»ins Griechische« übersetzt".[16]

Wurde von der Überlieferung in einer (hypothetischen) älteren Traditionsstufe allgemein auf den Tischdienst in der Gemeinde verwiesen, so ist
die Überlieferung in Mk 10 in die Mahlfeier der Gemeinde eingebettet.
Das Verhalten des Menschensohnes beim Tischdienst dort ist beispielge-
bend.[17] Die christologische Dimension, die der Frage nach der Größe im
Dienen schon in einer älteren Form von Lk 22 zukommt, gibt dem Dienen
ebenfalls vorbildlichen Charakter. In der Deutung des Todes Jesu ist das
Logion in Mk 10 und Mt 20 für die Gemeinden ein ideales Gegenbild zum
erlebbaren Verhalten weltlicher Herrschaft, bzw. ist konkrete Konfliktlösung anlässlich bestehender sozialer Spannungen in der Gemeinde des Mk
zwischen Freien und Sklaven.[18]

Der Verarbeitung des Kontrastes von weltlicher Herrschaft und inner-
gemeindlichem Dienen verdankt die Überlieferung wenn nicht ihre Entstehung, so ihre Ausgestaltung, indem das Vorbild Jesu gemeindlicher Erfahrung mit der Umwelt entgegengestellt wurde: οὐχ οὕτως δέ ἐστιν ἐν
ὑμῖν! Die Legitimität solcher Kontrastierung erwuchs aus der Autorität
Jesu, auf deren Hintergrund das Logion von der Größe im Dienen gelesen
wurde. Mk wusste sich zudem berechtigt, das Logion von der Erfahrung
von Konflikten im Jüngerkreis her zu gebrauchen.[19] In synoptischer Überlieferung wurde das Logion in christologischer und soteriologischer Reflexion zu einer allgemeinen Konfliktlösung.

3.2.4 Mt 23,11

Mt 23,11 ist ein abschließender Kommentar zur kleinen Gemeindeordnung
Mt 23,8-10[20] und weist durch die Verwendung von διάκονος dem Rang-

---

ER, Herrschen als Dienen, S. 29-33. THEISSEN, Die Verfolgung unter Agrippa I., S. 263-
289, verbindet Mk 10,35-45 mit Act 12,1-4: Bewährung in Krisen.

[16] So GNILKA, EKK II/2, S. 100, beim Vergleich von I Tim 2,6 mit Mk 10,45.

[17] Mk 10,45 γὰρ; nach ERNST, RNT, S. 454, geht es um Regeln für „solche, die jetzt
schon in der Gemeinde »groß« (an Verantwortung) sind." Mt 20,28 ὥσπερ.

[18] GNILKA, EKK II/2, S. 103, verweist auf die Despotie des Nero. Zu Freien bei Mt
GNILKA, HThK I/2, S. 190. Dass eine derartige Bewertung auch des Staates von Lk nicht
übernommen wird, sondern außerrömisch bezogen wird, ist kaum überraschend.

[19] KUHN, Neuere Wege, S. 68-72: Mk übernimmt eine Norm als Sollwert, die er um
die Praxis seiner Gemeinde als Istwert erweitere. WISCHMEYER, Macht, Herrschaft und
Gewalt, S. 366-369, zu weisheitlichem Verständnis der ἐξουσία Gottes in der διακονία
κτλ des Herrschers in Weish 6,4; TestHiob 12,1; 15,8; JosAs 20,2-5; vgl. Arist 257.

[20] Stichwort ist der ῥαββί-Titel aus 23,8, der in 23,11 als μείζων übersetzt wird.

streit eine besondere Qualität zu. Die formale Bestimmung von 23,11 als offizielle, die Gemeindedisziplin bestimmende Anordnung oder als Regelwort legt nahe, nach der Autorität zu fragen, von der aus hier geredet wird.[21] Dabei legt sich eine inhaltliche Bestimmung der Autorität nahe: Eine derartige Autorität kann nach 23,11f nur eine Dienende sein. Dabei ist zu beachten, dass 23,11 nicht für sich zu lesen ist, sondern in den Kontext von c. 23 zu stehen kommt. Dort wird die Jesusrede Mt 23 als Unterweisung der Menge erkennbar. Die dienende Autorität Jesu hatte schon Mt 20,26 ausgesagt. Die Verbindung von Mt 23,11 mit dem Kontext im Mt wird so formal wie auch inhaltlich ersichtlich.

Mit weisheitlicher Logik lässt sich begründen, dass das angemessene Verhalten in der Gemeinde nicht das Streben nach Rang und Größe, sondern die Unterordnung ist. Selbsterhöhung führt regelmäßig zum Gegenteil des Erstrebten, während das umgekehrte Verhalten sich schon eher als klug erweisen könnte. Im Zusammenhang mit dem Handeln Gottes, das traditionell eschatologisch als Umkehrung der irdischen Ordnung in ein himmlisch vorgebildetes Ordnungsgefüge verstanden bzw. apokalyptisch als Offenbarung der endzeitlichen Entsprechung des Irdischen im Himmel vorgestellt wird,[22] ist ein titulares Verständnis von διάκονος m.E. nicht nahe liegend. Die Gemeinde ist ohnehin nicht notwendig ungegliedert. Als Gemeinschaft, die in der Nachfolge Jesu nach der Weisung Gottes lebt, bildet sie die hereinbrechende himmlische Ordnung Gottes in ihrem Dienen bereits ab. Ihre Mitglieder richten ihr Verhalten an der Klugheit aus, die von ihnen erwartet werden kann.[23] Die dadurch erfolgende Umkehrung weltlicher Ordnung durch die Gemeinde nimmt nur vorweg, was Gottes Handeln endzeitlich noch durchsetzen wird und was zugleich durch die Verkündigung Jesu schon real wird.

Mt 23,11 ist positive Zusammenfassung dessen, was Mt 23,8-10 vorgibt. Die Funktion des Logions ist so zu beschreiben, dass es der Wirklichkeit der Umwelt mit deren Macht- wie Ordnungsansprüchen entgegengestellt wird. In der Situation des Nachdenkens über innergemeindliche Ordnung ist das Logion zudem als Antwort der Überlieferung auf die Frage denkbar, ob nicht die Übernahme eines Ordnungsmodells der Umwelt möglich ist, wie es Past mit dem Amt ὁ ἐπίσκοπος nahe legen. In Hinsicht auf jesuanische Autorität würde von den Synoptikern eine derartige Übernahme - nicht nur für ὁ διάκονος - wohl als unangemessen abgelehnt.

---

[21] STRECKER, Weg der Gerechtigkeit, S. 217. Im Blick ist m.E. die Gemeinde.

[22] HAHN, Apokalyptik, S. 32f, herbeigeführt durch eine Menschensohngestalt; vgl. Hi 22,29; Spr 29,23; Jes 3,17; 10,33b; Ez 21,26.31. Hier könnte man von Klugheitsregeln reden als Normen für Verhalten angesichts des eschatologischen Handelns Gottes.

[23] So Mt 7,24; 10,16; zur Verbindung von Klugheit als Weisheit mit eschatologischer Erwartung Mt 25,2.4.8.9; zu deren gegenweltlichen Charakter vgl. I Kor 1,18ff.

3.3 Beobachtungen zur Begrifflichkeit ΔIAKONEIN KTΛ

3.3.1 Vorbemerkung

Obwohl inhaltlicher Schlüssel zum Verständnis der jeweiligen synoptischen Gemeindeordnungen hat die detaillierte Untersuchung der Begrifflichkeit von διάκονος, διακονία und διακονείν in ihrer Verwendung in frühchristlicher Zeit doch ein Kommunikationsproblem deutlich gemacht. Aufgrund eines je unterschiedlichen Verständnisses der Terminologie im Logion von der Größe im Dienen im NT und in antikem Sprachgebrauch ist die innergemeindliche Ordnung für Außenstehende womöglich nicht selbstevident, könnte missverständlich wirken und ist in jedem Fall sprachlich nicht unmittelbar und einfach zu erfassen. διακονέω κτλ konnte im NT nur sachgemäß verwendet werden, wenn damit eine Gegenwelt zu umweltlicher Wirklichkeit bezeichnet und nicht auch weltlich zu findende Wirklichkeit einfach nur in neue Begrifflichkeit gekleidet wurde. Denn wo innergemeindliche Ordnung nicht nach dem Grundsatz von Größe im Dienen organisiert war, entsprach sie nicht der Weisung Jesu.

3.3.2 Der Stamm διακ- κτλ im NT

3.3.2.1 Arbeit von Frauen und Männern

In der Arbeitswelt wird für Frauen und Männern neben dem die mühsame Tätigkeit beschreibenden κοπιάω, einem „Signalwort für das Selbstverständnis der Menschen als MitarbeiterInnen Gottes", auch διακονέω verwendet und derart verstanden, dass damit Erwerbs- und Versorgungsarbeit benannt wird.[24] Mit dem gleichen Begriff für Tätigkeit von Frauen und Männer ist nicht gleiche Arbeit gemeint. Für Männer ist der Bereich der Hausarbeit aus dem Bedeutungsspektrum von διακονέω auszugrenzen, für Frauen ist dagegen Arbeit auch außer Haus nicht auszuschließen.[25] Für Leitungstätigkeit in der Gemeinde wird man davon ausgehen, dass die Teilhabe von Frauen oft nur nicht eigens vermerkt wurde.[26]

3.3.2.2 Zur Bedeutungsvielfalt von διακονέω im NT

Ursprünglich auf den gesamten Bereich der Arbeit im Haus bezogen benennt absolut gebrauchtes oder mit Dativ ergänztes διακονέω das Aufwarten bei Tisch.[27] Anders als δουλεύω, mit dem das Verhältnis der Abhän-

---

[24] SCHOTTROFF, Auf dem Weg, S. 192.

[25] Etwa Feldarbeit, außerhäusliche Zuarbeit; SCHOTTROFF, Auf dem Weg, S. 192.

[26] Wo von διακονέω durch Frauen und Mädchen die Rede ist, muss m.E. nicht in jedem Fall die Leitungsarbeit der Frauen durch die Begrifflichkeit kaschiert worden sein; so aber SCHÜSSLER-FIORENZA, Biblische Grundlegung, S. 27-44.

[27] Lk 10,40; 12,37; 17,8; 22,26f; Joh 12,2. Mit Dativ Act 6,2; TestHiob 12,1.

gigkeit und die Unterordnung von ὁ δοῦλος einem κύριος gegenüber ausgedrückt wird, ist διακονέω als Dienen zugunsten von zu verstehen.[28]
Verallgemeinernd wird es für Dienstleistungen jeder Art verwendet und
kann jeweils mit Dativ der Person konkretisiert und mit Akkusativ der Sache spezifiziert werden. Gegenstand von Dienstleistung sind auch Ver-
kündigungs- und Botendienste, mit im Blick kann im Einzelfall auch eine
Dienstleistung durch finanzielle Unterstützung sein.[29] Titulare Verwendung der Begrifflichkeit ist dann für die Pastoralbriefe aufzuweisen, diese
titulare Verwendung entbehrt allerdings einer klaren neutestamentlichen
Traditionslinie.[30] Eine solche Traditionslinie ist im Übrigen auch aus dem
griechischen oder dem religiösen jüdischem Sprachgebrauch der Zeit nicht
bruchlos zu erheben.[31]

3.3.2.3 Zur Systematisierung des Wortfeldes

Die neutestamentliche Breite des Wortfeldes könnte auf die Zeit vor Paulus zurückgehen. Für Paulustexte lässt sich die Aufgabe von ὁ διάκονος
allerdings auf die Bereiche Verkündigung und Fürsorge eingrenzen, welche zusammen ἡ διακονία einer Gemeinde bilden. Gerade aus I Kor 12,5
in Verbindung mit Phil 1,1 könnte die Entwicklung hin zum Diakonenamt
ihren Weg genommen haben, wobei der Sprachgebrauch der Deuteropaulinen, in I Petr und Lk/Act eine zunehmend deutlichere Unterscheidung
von Tischdienst und Verkündigung erkennen lässt.[32]

---

[28] Vergleichsbegriffe sind θεραπεύω, Dienstwilligkeit unterstreichend; λατρεύω als
Dienen um Sold, später: religiöse Pflicht; λειτυργέω als amtlicher Dienst; ὑπερετέω als
persönlich zugewendete Dienstleistung. Hinzuweisen ist auf das Fehlen von διακονέω in
der LXX, διακονία (I Makk 11,58; Est 1,10; 2,2; 6,3.5; Prov 10,4) und διακονός erscheinen nur am Rande; WISCHMEYER, Herrschen als Dienen, S. 35f.

[29] Botendienst und Verkündigung I Kor 3,3; I Petr 1,12; vgl. Jos Ant VI,298; zu ὁ
διάκονος als Gesandter vgl. schon Thukydides I,128-134. GEORGI, Gegner des Paulus,
S. 32f, verweist auf Epiktet, Diss III,22,69. Für finanzielle Unterstützung bei Paulus ist
auf II Kor 8,19 zu verweisen; vgl. auch Lk 8,3.

[30] Vgl. Phil 1,1; I Tim 3,10.13. Eine solche stellt erst I Clem 42,5b durch Ableitung
aus Jes 60,17bLXX her: I Clem greift für die nach Phil 1,1 offensichtlich zusammenge-
hörigen Funktionen ὁ ἐπίσκοπος und οἱ διάκονοι auf eine Stelle zurück, aus der die
Herleitung eines Amtes οἱ ἐπίσκοποι möglich ist. Die Phil 1,1 vorgegebene Reihenfolge
während stellt er die Jes 60,17b um und ersetzt im ersten Satzteil von Jes
60,17b τοὺς ἄρχοντας ... ἐν εἰρήνῃ durch τοὺς διακόνους ἐν πίστει.

[31] SCHENK, Philipperbriefe, S. 81: ὁ διάκονος als öffentliche oder private (kaum
kultische) Gruppen-Administration. Zu Inschriften, die ὁ διάκονος als Sakral- bzw.
Kommunalbeamten benennen DIBELIUS, „Bischöfe“ und „Diakonen“, S. 414f. Diskussion
jüdischer Vorbilder bei HAINZ, Anfänge, S. 97-102.

[32] Bei Paulus tritt die Bedeutung von διάκονος als Diener des Evangeliums in den
Vordergrund, sie hat sich dann in den Deuteropaulinen durchgesetzt, der Begriff begegnet jedenfalls in Eph und Kol nur noch im Verkündigungszusammenhang. Act 6,1ff zeigt
die Zusammengehörigkeit der Bedeutungen via negationis: Lukas verwendet zur Be-

Für das NT ergibt sich als Gesamtbild:

διακονέω[33]	ἡ διακονία[34]	ὁ διάκονος[35]
(be-)dienen[36]	Dienstleistung[37]	Diener/in
aufwarten[38]	Tischdienst	zu Tisch Dienende/r
helfen[39]	Fürsorge[40]	Helfer/in
verkündigen	Verkündigung[41]	Verkündiger/in[42]
als Diakon amtieren	Diakonenamt	Diakon/in

3.3.2.4 Die Entwicklung der Begrifflichkeit διακονέω im NT

Das Vorliegen unspezifischen Sprachgebrauchs in Mk 10,45 ist für Jürgen Roloff ein Grund dafür, diese Stelle als den Ort zu bestimmen, an dem „die Umprägung des allgemein-unspezifischen Wortstammes διακ- zu spezifisch kirchlicher Terminologie ihren Ausgang genommen hat"[43]. Allerdings wird die traditionsgeschichtliche Analyse, die den Vorzug der Überlieferung des Logions in der Traditionsgestalt von Lk 22,26f herausgestellt hatte, durch die Einsicht bestätigt, dass in Lk 22,26f die Situation des Tischdienstes erhalten ist, die in Mk 10,43f.45 und Mt 20,26f.28 zur

---

schreibung der Gemeindewirklichkeit διάκονος gerade nicht; vgl. zur Zusammengehörigkeit auch I Petr 1,12; 4,10.11.

[33] Bei den Syn (mit Act) 21x; meist in Jesusworten/Gleichnissen. Im Mk in 1,13.31 Tischdienst, in 10,45 Nachfolgebegriff.

[34] Bei den Syn (mit Act) nur Lk 10,40 und Act 6,1.

[35] Bei den Syn (mit Act) 8x, 21x in paulinischen Briefen.

[36] So in Mk 10,43f par; nach Mt 25,42-44 ist es christliche Grundhaltung und steht programmatisch kontrastierend zu (angeblicher? Realer?) weltlicher Erfahrung. Passiv (Mk 10,45/Mt 20,28) und titular (I Tim 3,10.13) im NT ohne Parallele. Der Dienst des Weisen wird in Plato, Leges 955c.d - dort ist für διακονέω τῇ πατρίδι die Annahme von Geschenken als Möglichkeit grundsätzlich abgewiesen - und bei Epiktet und in seiner stoischen Ethik als Entsprechung des Menschen seiner natürlichen Bestimmung ὁ κόσμος gegenüber beurteilt, bezeichnet also kaum mehr menschliches Miteinander im Alltag; vgl. auch WISCHMEYER, Herrschen als Dienen, S. 38f, zum Verständnis von Dienst als Ausdruck hellenistischer Herrscherethik.

[37] ROLOFF, Kirchenleitung, S. 139: Analogielose sprachliche Neuschöpfung.

[38] So für den Jüngerkreis Lk 17,8; Joh 12,2. Die Umkehrung der Verhältnisse in Lk 22,26f, Mk 1,31 par. ist Hinweis auf die jüdische Hausordnung; vgl. Mk 1,13/Mt 4,11.

[39] Hervorgehoben als Aspekt weiblichen Tuns, vgl. in Lk 8,3; Mt 27,55; Mk 15,41.

[40] Etwa Act 6,1.2; auch in einer Kollekte für Jerusalem Act 11,29; 12,25.

[41] Act 1,17.25; 6,4; 20,24; 21,19; 19,22. Für Paulus ist das Apostelamt διακονία, Röm 11,13; II Kor 4,1; 6,3f; 11,8; vgl. I Tim 1,12; II Tim 4,5.11.

[42] Bei Paulus: ὁ διάκονος II Kor 3,6; 11,13; vgl. I Kor 3,5; II Kor 6,4, das Selbstverständnis des Paulus „am zentralsten" wiedergebend, so ROLOFF, Apostolat, S. 121.

[43] ROLOFF, Anfänge, S. 133 [54]; vgl. S. 135 [56]. ROLOFF, Themen und Traditionen, S. 520: In Lk 22,24-27 sei, anders als Mk 10,42-45, „die Situation von gemeindlichen Amtsträgern" im Blick. Welche Aufgaben haben diese dort? Wie ist diese Aufgabe mit ihrem Amt verbunden? Wie wird das entsprechende Amt tituliert?

Situation der Mahlgemeinschaft Jesu mit den Jüngern und ihrer Deutung
weiterentwickelt wurde. In Kontext der frühen Weiterentwicklung des Logions von Größe im Dienen in der synoptischen Tradition ist vermutlich
hier der Übergang von paganem Sprachgebrauch hin zu einem spezifisch
neutestamentlichen Verständnis zu finden. Das Verständnis vom vorbildlichen Tischdienst Jesu als Ausdruck der Größe im Dienen wird dabei -
vielleicht schon durch Jesus selbst, wahrscheinlich doch erst in der nachösterlichen Verkündigung, die auf Jesu Dienen insgesamt zurückblickt -
theologisch reflektiert und im Rückblick bereits dem Jüngerkreis zur
Nachahmung aufgegeben. Später werden (vielleicht erst durch Mk) allgemein Tischdienst und gemeindliche Mahlsituation miteinander verbunden
und wird die spezifische Begrifflichkeit von διακονέω in der Nachfolge
entwickelt bzw. verschieden expliziert.

3.4 Das Logion von Größe und Größe im Dienen im Kontext

3.4.1 Verhältnisbestimmung zu Jesus und zur βασιλεία (Q)

Q 7,28a bietet eine positive Würdigung des Täufers. Q 7,28b betont im
Zusammenhang mit der Abgrenzung Jesu von Johannes dessen relative
Bedeutung im Vergleich zu Jesu Jüngern.[44] Maßstab der positiven Beurteilung des Täufers ist seine Größe, die sich aus seiner Rolle als Wegbereiter
zur Verwirklichung des Handelns Gottes herleitet und die erst durch das
Kommen der βασιλεία relativiert wird.[45] Q 7,28b nimmt die Würdigung
von 7,28a nicht zurück, verlegt sie allerdings in die Vergangenheit, die mit
der Verkündigung der βασιλεία einer neuen Wirklichkeit Platz macht.
Angesichts der βασιλεία verschieben sich folglich die geltenden Maßstäbe, wie etwa an der Größe eines Johannes deutlich gemacht wird: Größer
ist nur, wer zur βασιλεία gehört.
    Im Kontext des vermutlich ersten Abschnittes der Logienquelle in Q 3-
7 wird die Beziehung des Täufers zu Jesus und den Jesusjüngern theologisch reflektiert und durch den Rückgriff auf biblische Tradition verdeutlicht. Durch die Identifikation des Täufers mit dem mit Mal 3,1 erwarteten
Propheten, der die eschatologische Wende des Weltgeschehens ankündigt,
wird Johannes in Q 7,24-27 zum von Gott gesandten Wegbereiter kom-

---

[44] Zum Täufer in der Logienquelle vgl. neben Q 7,18ff noch Q 3,7-9.16f. LÜHR-
MANN, Redaktion der Logienquelle, S. 24-31, erkennt in der Darstellung des Täufers bei
Q bzw. in der Anordnung der Johannesüberlieferung die theologische Tendenz der Konfrontation (Jesu und Johannes) mit dem Volk Israel.
[45] LINDEMANN, TRE 15, S. 208. Gemeinsam ist Täufer und Jesus auch die Ablehnung durch dieses Geschlecht, die erfolgt, obwohl sich in ihnen die prophetischen
Schriftworte sichtbar erfüllen.

menden Heils. In Q 3 und 7 rahmt die Johannesthematik das Auftreten Jesu und seine Botschaft vom kommenden Gericht Gottes.[46] Damit wird im Verhältnis des Täufers zu Jesus und den Jüngern eher die Gemeinsamkeit der Auseinandersetzung mit Israel betont, als hier eine Abgrenzung des der Jesusjünger von Johannes zu erkennen ist - wie dies für das Logion von der Größe des Johannes und von der Größe in der βασιλεία in Q 7,28 wahrscheinlich gemacht worden war.

3.4.2 Innergemeindliche Konfliktvermeidung (Mk)

Mk 9,35 und 10,43f sind im dreiteiligen Aufriss des Evangeliums Teil des Abschnitts der Leidensnachfolge.[47] In dieser sind die Verse jeweils theologische Weiterführung der jeweiligen Leidensankündigung und funktional Gemeindeparänese, in ihnen werden traditioneller Stoff und Gemeindesituation einander zugeordnet.[48] Die Problematik von Herrschaft in der Gemeinde wird dabei in beiden Texten so beantwortet, dass das Dienen als innergemeindlich angemessene Verhaltensweise vorgestellt wird. Zur Begründung wird in 10,45 auf Jesu Verhalten zurückverwiesen: Er ist der Diener aller und auch damit der, dem Rang und Vorrang in der Gemeinde gebührt. Durch den Verweis auf seine Lebenshingabe und seinen Dienst wird die Frage nach der Herrschaft in der Gemeinde letztlich christologisch beantwortet.

Bleibt überhaupt Platz für Herrschaft in der Gemeinde? Kann nicht jede andere als die Herrschaft Jesu am Maßstab des Vorbildes Jesu letztlich nur scheitern? Sogar dort, wo ein Herrschaftsanspruch sich dadurch begründen wollte, dass er auf die eigene Lebenshingabe verwiese, nimmt 10,40 solcher Argumentation die Legitimität, indem derartige Lebenshingabe zwar nicht zurückgewiesen, der aus ihr abgeleitete Herrschaftsanspruch aber verneint wird. Wie in 9,35 ist hier die Gegenweltlichkeit der Nachfolge erkennbar, die jede Erwartung entsprechend weltlicher Logik von Erfolg und Status bestreitet. Nachfolge selbst wird damit zur Konfliktlösung. Aufgrund der Verortung der Gemeinde in der Nachfolge Jesu sind Konflikte im Jüngerkreis, besonders um Fragen von Rang und Größe, nicht angemessen. Orientiert am Verhalten Jesu wäre ein entsprechender Kon-

---

[46] Auftreten und Botschaft Jesu stellen den Maßstab für das Gericht dar, an dem sich Israel orientieren soll. Zugleich weist die Reaktion „dieses Geschlechts" voraus auf das Ergehen der predigenden Jünger Jesu (Q 9,57-11,13), dem im Rückblick Jesu Auseinandersetzung mit den Zeitgenossen entspricht (Q 11,14-52). Zu γενεά ταῦτα in Q 7,31, vgl. v.a. 11,29f, 11,31f, 11,50f u.ö.

[47] KUHN, Neue Wege, S. 86.

[48] Redaktion im Mk führt die vormarkinische Verbindung von Jüngerrangstreit 9,33-34/10,35-44 und Leidensankündigung 9,31f/10,45 durch das Logion von Größe im Dienen 9,35; 10,43f weiter. Der jeweilige Abschluss erfolgt durch das Bildwort 9,36f und das Menschensohnwort 10,45.

flikt, der nicht Konsequenz der Nachfolge wäre, Ausdruck von Herrschaft. Solche Herrschaft wird im Mk unter anderem durch den Hinweis auf die Notwendigkeit des Kontrastes innergemeindlicher Wirklichkeit und ihrer Logik des Dienens zu weltlicher Wirklichkeit bewertet und entsprechend konsequent zurückgewiesen.

Potentielle Konflikte etwa um Rangfolge in der Gemeinde bzw. um Gemeindeleitung sollen in der Gemeinde nach Mk überhaupt vermieden werden. Da diese Art der Konfliktvermeidung bereits Gegenstand der theologischen Reflexion geworden ist, auch mehrfach im Evangelium erscheint, wird man behaupten können, dass Konfliktvermeidung im Mk zu einer Strategie des Umgangs mit Konflikten entwickelt ist.

3.4.3 Konfliktlösung in der Gemeinde und gegenüber der Umwelt (Mt)

Mt übernimmt das Logion von der Größe im Dienen aus Q 7,28 und Mk 10,43f zwar ohne wesentliche Umformung in dessen inhaltlicher Ausrichtung.[49] Daneben verwendet Mt in 23,11 und 25,44 die Überlieferung allerdings im eigenen Kontext und nimmt so auch beachtliche Korrekturen an ihr vor.[50] Um das Logion von Größe im Dienen nicht als Strategie erscheinen zu lassen, die Konflikte vermeidet, bietet Mt 18,1-5 eine modifizierte Wiedergabe wichtiger Inhalte von Mk 9,33-37 und lässt Mt 18,15-17 als kasuistische Gemeinderegel zur Konfliktlösung folgen. Mt bejaht die Möglichkeit von Konflikten in der Gemeinde und gibt dieser ein Modell zur Überwindung an die Hand.

Für denkbare Konflikte mit der Umwelt, die grundsätzlich durch 20,26f in den Blick genommen sind, macht 23,11 deutlich, dass mit der traditionell geforderten Gegenweltlichkeit der Gemeinde zu ihrer Umwelt eine Abgrenzung auch zur jüdischen Religion begründet ist. Mt 23,11 dokumentiert ein Verständnis, das die Vorstellung von der Größe im Dienen als Umgangsform nicht nur für Verhalten in der Gemeinschaft darstellt. Auch in der Auseinandersetzung mit der Umwelt kommt es darauf an, Konflikte dem Auftrag Jesu folgend - das heißt durch Größe im Dienen - zu lösen.

3.4.4 Konfliktlösung in der Gemeinde wie in der Umwelt (Lk)

Lk greift in das Logion von der Größe im Dienen, das Mk 9f überliefert, stärker verändernd ein als in die Spruchüberlieferung, die er aus Q über-

---

[49] Vgl. zu διακονέω Mk 1,13/Mt 4,11; Mk 1,31/Mt 8,15; Mk 10,45/Mt 20,28 und Mk 15,41/Mt 27,55. Einzig Mt 25,44 ist redaktionelle Bildung, den unangemessenen Umgang mit τῶν ἀδελφῶν μου τῶν ἐλαχίστων (vgl. auch Mt 25,40) am Maßstab des Dienstes messend. Zu διάκονος bei Mk/Mt vgl. Mk 10,43/Mt 20,26; Mt 22,13; 23,11.

[50] Mt 23,11 ist wohl von Mk 10,43 und der in Lk 22,26f repräsentierten früheren Form der Überlieferung her gestaltet. Mt 25,44 steht in der Linie soteriologischer Verwendung des Logions (ohne den Kontext der Mahlfeier) von Lk 22,26f her.

nimmt und in der möglicherweise der ursprüngliche Kontext des Logions bewahrt ist.[51] Die Sonderüberlieferung, die in Lk 10,40 verarbeitet ist, passt zu der aus paganer Literatur bekannten Bedeutung von διακ- κτλ und lässt erkennen, dass auch diese für Lk bedeutsam bleibt. Lk hat die aus Mk 9f bekannte Situation der Frage nach Größe im Dienen und dem Größeren verarbeitet und stellt sie in eine allgemein anerkannte Auffassung von Dienst, wobei er die Wortverkündigung dem Tischdienst vorgeordnet sein lässt.[52] Dass Lk den wohl für Mk 10 geschaffenen Zusammenhang des Logions samt Deutung des Todes Jesu kennt, zeigt die redaktionelle Verortung des Logions im Kontext der Passionsgeschichte, genauer in der Situation des letztes Mahles Jesu mit den Jüngern, nach dessen Feier 22,24ff passend eingegliedert wird. Lk 22,26f übernimmt dabei noch eine ältere Tradition, die Jesu διακονέω besonders als Tischdienst herausstellt, ohne dass dieser einer soteriologischen Komponente bedürfte, wie Mk 10,35ff sie vermittelt. Für Lk ist διακονέω also einerseits grundlegend als Tischdienst für die versammelte Gemeinschaft zu verstehen, ist aber andererseits nicht auf diese Bedeutung eingegrenzt, sondern bleibt inhaltlich auch etwa mit dem Aspekt der Fürsorge über den konkreten Tischdienst hinaus verbunden. Fürsorge wiederum ist aber nicht die vornehmste Aufgabe der Verkündiger, wiewohl beides in ἡ διακονία zusammengefasst sein kann. Hier findet sich innerhalb der Begrifflichkeit die beginnende Unterscheidung von Tischdienst und Verkündigung, die zunächst die verschiedenen Funktionen voneinander abgrenzt und sich dann zunehmend hin zur Betonung der Verkündigung weiterentwickelt.[53]

Im Umgang mit Konflikten, der sich aus dem Logion ergibt, werden Q und Mk durch Lukas modifiziert. Durch den Rückbezug von διακονέω auf eine allgemeine Wortbedeutung und deren Verbindung mit der Verkündigung verliert das Logion von Größe im Dienen seine gegenweltliche Prägnanz nahezu ganz. Jüngerschaft bleibt traditionell als Gegenwelt definiert, die Gemeinde erscheint nach Lk zugleich integriert in ein positives Verstehen der Umwelt, der die Verkündigung gilt. Damit erscheint die Gegenweltlichkeit der Jüngerschaft mit einer allgemeinen und theologisch reflektierten Sichtweise von διακονέω verbunden, die bei Lukas neben der traditionellen Prägung der Begrifflichkeit stehen bleibt.

---

[51] Mk 1,13; Lk 22,43. Mk 15,41 wird umgestaltet und in Lk 8,3 mit Sonderüberlieferung angereichert; weiteres Sondergut in 10,40; 17,7-10. Vgl. in Act: διακονέω 6,2 Armenfürsorge; 19,22 Verkündigung. διακονία 1,17.25 und 6,4 Verkündigung/Apostolat; 6,1 Armenfürsorge; 11,29 und 12,25 Armenfürsorge/Kollekte; 20,24 und 21,19 Wortverkündigung. διάκονος wird in Lk/Act - wegen titularer Bedeutung? - gemieden.

[52] Vgl. Lk 10,41f (von 22,26f her überraschend?) ohne christologische Ausrichtung.

[53] Vgl. Phil 1,1; I Tim 3. Ist eine Terminologie, die beides umschreibt, für Lukas problematisch, wenn nur ein Aspekt thematisiert werden soll? In der Vermeidung der Terminologie hat Lukas implizit die Zusammengehörigkeit der Aspekte bewahrt.

3.4.5 Das Logion von der Größe im Dienen als Rechtsnorm

Nach dem bisher zum Thema Gesagten ist klar geworden, dass das Logion von der Größe im Dienen nicht darauf zielt, im innergemeindlichen Miteinander eine rechtliche Regelung zur Konfliktlösung zu etablieren, sondern darauf, Jesu Verhaltensvorbild vorzustellen und zur Nachahmung nahe zu legen. Ausdrücklich sollen im Jüngerkreis - als Maßstab etwa in Sachen Gemeindeleitung gerade für Mk, u.a. aber auch bei Mt und Lk - nicht derartige Strukturen akzeptiert werden, die in der Umwelt zur Erfahrung bzw. zur Befürchtung einer Herrschaftsausübung führen. Dass bei solchen Strukturen auch rechtliche Regelungen von Konflikten in der Umwelt im Blick sind, darf man vermuten. Auch diese rechtlichen Strukturen können demnach in der Jüngernachfolge nicht als Modell zur Konfliktlösung dienen. Größe im Dienen ist selbst keine Rechtsnorm im eigentlichen Sinn, sondern eher eine Verhaltensanweisung, die gerade auf rechtliche Absicherungen wie Rang und Status verzichtet. Größe im Dienen zu zeigen bedeutet, im Konfliktfall auf Herrschaft und mit ihr auch auf deren Macht und ihr Recht besser zu verzichten.

Kommt ein solches am Inhalt orientiertes Verständnis des Logions in der synoptischen Tradition ohne rechtliche Implikationen aus, bleibt zu fragen, ob die weitere Tradition des Logions wie seine Wirkungsgeschichte eine Entwicklung erkennen lässt, Größe im Dienen nicht nur als konkrete Verhaltensnorm, sondern auch als Rechtsnorm zu verstehen. Nicht erst wenn Größe im Dienen zu einem vom jeweiligen Kontext unabhängigen Maßstab für Verhalten wird, wenn etwa unter Hinweis auf Jesu Verhalten allgemein zum Herrschafts- und zum Rechtsverzicht aufgefordert wird, liegt eine Konfliktlösungsstrategie vor, die im Verlauf der Wirkungsgeschichte der Evangelien zur Rechtsnorm werden konnte. Schon für die einzelnen synoptischen Kontexte der jeweiligen Verwendung des Logions wäre zu prüfen, ob sie in der Größe im Dienen eine Norm überliefern, die qua traditioneller Autorität und kaum aufgrund inhaltlicher Stringenz gültig ist.

Für Mt und für Lk ist diese Vermutung eindeutig zurückzuweisen, beide nehmen das Logion von der Größe im Dienen jeweils so auf, dass sie es in ihren Kontext integrieren und, wenn nötig - entsprechend ihrem jeweiligen Konzept von Konfliktlösung auch durch rechtliche Regelungen - ergänzen. Hier dürfte sich auch der Umgang mit Quellen von Mt und Lk (besonders mit Q) widerspiegeln. Allenfalls für Mt 23,11 wäre zu fragen, ob hier das Logion als traditionelle Gemeinderegel zum Umgang mit der jüdischen Umwelt schon als Rechtsnorm verwendet ist - was der Kontext der Stelle nicht nahe legt.

Hingegen drängt sich in der Wirkungsgeschichte von Mk 9f schon eher der Eindruck auf, dass von Größe im Dienen deshalb geredet wird, weil dies traditionell bzw. von Jesus an die Jünger so gesagt wird. Mag auch mit dem Hinweis auf Jesu Dienen die Christologie des Mk einen besonderen Akzent erfahren; mag man auch die Gegenweltlichkeit des Logions mit konkreten Erfahrungen der Gemeinde des Mk zu verbinden suchen; mag auch der ursprüngliche Kontext des Logions schon vormarkinisch nicht mehr klar gewesen sein; mag auch das Logion von der Größe im Dienen bei Mk seinen (neuen?) Kontext im Rangstreit der Jünger bzw. im Gemeindemahl erhalten haben - sobald das Logion als Rechtsnorm verstanden würde, hätte sich sein vermuteter ursprünglicher Sinngehalt geradezu ins Gegenteil verkehrt. In Mk 9f muss deshalb jeweils gerade die konkrete Verwendung des Logions in der Mahlfeier bzw. als Konfliktlösung beachtet werden, um auf Dauer ein unproblematisches Verständnis von Größe im Dienen festzuhalten. Der Anspruch, in der Nachfolge Jesu gerade in leitender Funktion der Diener aller zu sein, kommt angemessen nicht ohne weitere inhaltliche Konkretionen oder ergänzende Regelungen zur Thematik der Konfliktlösung aus, wie sie in Mk und v.a. in Lk und Mt auch vorliegen. Als formales Kriterium der Nachfolge ohne biblische Konkretion bleibt die Forderung nach Größe im Dienen reiner Anspruch und idealer Ansatzpunkt für Kritik an denen, die sich in der Kirche als Diener bzw. sogar als Diener der Diener bezeichnen.

3.5 Ergebnisse

Die Spruchüberlieferung von Größe im Dienen ist nach Herkunft und Bedeutung ein vielfältig verwendeter Teil der synoptischen Tradition.

Der Vergleich der synoptischen Überlieferung lässt keine konkrete Situation (mehr) erkennen, in der das Logion von der Größe im Dienen konkret entstanden ist. Verschiedene traditionsgeschichtliche Herleitungen der Überlieferung sind möglich.

In der synoptischen Überlieferung erscheint das Logion in der jesuanischen Jüngerbelehrung. Traditionsgeschichtlich kann es dort seinen Ursprung gehabt haben. In Q 7,28 erscheint jeder Rang in der βασιλεία höher im Vergleich zu der Stellung, die dem Täufer zukommt. In Abgrenzung vom Täufer wird unter Hinweis auf Größe in der βασιλεία der Vorrang Jesu behauptet. In Mk 9,35 par. und Lk 9,48 wird die (innergemeindlich konfliktträchtige) Erfahrung von Ehrgeiz und Rang durch die Spruchüberlieferung von der Umkehrung der Rangfolge und durch das Motiv von Größe im Dienen beantwortet. In Mk 10,43f par. steht das Vorbild Jesu im Kontrast zum Verhalten in der Umwelt, Jesu vorbildhaftes Verhalten gewinnt überhaupt in der Mahlgemeinschaft konkrete Gestalt. In Mt 23,11 wird die Spruchüberlieferung von Größe im Dienen als Verhaltensregel auch für den Umgang mit der Umwelt herausgestellt.

Das Logion von Größe im Dienen gibt sich durch seine vielfältige Anwendung m.E. als Überlieferung aus Gemeindetraditionen zu erkennen.
Eine allgemein verwendbare Sentenz über Größe im Dienen wurde von
verschiedenen Tradentenkreisen aufgegriffen und auf die jeweilige Situation angewandt. Möglich waren ekklesiologische, christologische und soteriologische Interpretationen. Die allgemeine Verwendbarkeit der Sentenz
verweist - argumentum e silentio - auf ein Fehlen eines spezifisch jesuanischen Kontextes, der für die Anwendung durch die Gemeinde sonst vermutlich verbindlich gewesen wäre.

*Die synoptische Spruchüberlieferung von Größe im Dienen gewinnt be-
sondere Aussagekraft durch Verwendung des Wortfeldes διακ- κτλ.*

Die Begriffe διακονέω, διακονία und διάκονος sind in ihrer Verwendung
im NT paganem Sprachgebrauch vergleichbar, werden allerdings in spezi-
fischer Bedeutung gebraucht. Der Grundbedeutung von διακονέω (zu
Tisch dienen, aufwarten) korrespondieren die Bedeutungen dienen, helfen
und unterstützen. Titulare Verwendung ist außerchristlich nicht nachzuweisen, liegt auch in der synoptischen Tradition nicht vor. Eine ge-
schlechtsspezifische Verwendung ist für das NT nicht erkennbar.
    Durch die Verwendung der Begrifflichkeit im Kontext der Deutung des
Todes Jesu, wie sie ausgestaltet in Mk 10 vorliegt, gewinnt die Spruchüberlieferung weitere theologische Bedeutung. Der Hinweis auf den Tod
Jesu u.a. als Dienst in Mk 10,45 und Mt 20,28 erlaubt ein spezifisches
Verständnis von Nachfolge, da die nachösterliche Reflexion Nachfolge im
Jüngerkreis als durch den Dienst Jesu ermöglicht begreift. Innerhalb der
Reflexion über Jesu Tod war es nahe liegend, Jesu Lebenshingabe mit der
Kategorie der Größe zu bewerten. Die Motive Größe und Dienst wurden
im Logion von Größe im Dienen theologisch weitergeführt. Ausgangs-
punkt der Kombination von Größe und Dienst könnte eine Überlieferung
gewesen sein, wie sie in Lk 22,26f durchscheinen dürfte, in der Jesu
Tischdienst jedenfalls als angemessenes Verhalten gerade auch angesichts
der Größe Jesu verstanden wurde.

*Die Spruchüberlieferung von der Größe im Dienen bietet in ihrer synopti-
schen Gestalt Einblicke in die jeweilige Vorstellung von Konfliktlösung.*

Die Überlieferung von Größe im Dienen führt im Mk zur Abwehr von unangemessenen Vorstellungen von Größe und Herrschaft im Jüngerkreis.
Den Jüngern ist in der Nachfolge die Nachahmung des dienenden Verhaltens Jesu aufgegeben. Durch die herausragende Größe Jesu und die soteriologische Qualität seiner Lebenshingabe werden konkurrierende Ansprüche der Jünger grundsätzlich ad absurdum geführt, erscheinen Konflikte
darum als unangemessen und möglichst zu vermeiden. Die Umwelt mit ih-

ren Strukturen von Herrschaft und Rang wird als Gegenwelt wahrgenommen, deren Gesetzmäßigkeiten im Jüngerkreis nicht gelten. Es kommt damit zur Abgrenzung der markinischen Gemeinde von ihrer Umwelt.

Die Überlieferung von der Größe im Dienen führt im Mt zur Abwehr von unangemessenen Erwartungen von Herrschaft im Jüngerkreis, auch gegenüber der Umwelt. Mt 20,25f übernimmt aus Mk 10,43f die Grunddaten der markinischen Darstellung und der dort vorgelegten christologischen und soteriologischen Konzeption. Durch Überarbeitung von Mk 9,35ff zu Mt 18,1-5 löst sich Mt vom Konzept der Konfliktvermeidung und legt auch sonst einen alternativen Umgang mit Konflikten vor. Mt beantwortet die Frage der Abgrenzung von der Umwelt durch seine Verwendung der Maxime der Größe im Dienen als Gemeinderegel, wie sie in Mt 23,11 vorliegt.

Die Überlieferung von der Größe im Dienen führt im Lk zur Abwehr von unangemessenen Erwartungen von Größe und Herrschaft im Jüngerkreis und in der Umwelt. Lk 22,26f gibt die traditionelle Überlieferung von der Größe im Dienen in einer Fassung wieder, die zunächst ohne soteriologische Dimension des Vorbilds Jesu auskommt, diese aber durch die Verortung der Überlieferung in der Passionsgeschichte hereinholt. Mit der Verwendung des Logions in verschiedenen Kontexten des Evangeliums gelingt Lk die Erarbeitung einer Mehrzahl von Dienst-Vorstellungen, die sich in einer vielgestaltigen Redeweise von διακονέω κτλ ausdrückt. Lk erreicht durch Verwendung verschiedener Bedeutungen der Begrifflichkeit eine integrative Verbindung von paganem und theologischem Verständnis. Durch seine Integration verschiedener Vorstellungen gewinnt Lk mit der Maxime von Größe im Dienen einen idealen Maßstab, um innergemeindliche wie umweltliche Konflikte gleichermaßen zu beurteilen. Konflikte erscheinen bei Lk von daher (jedenfalls in diesem ersten Teil seines Doppelwerkes) als unproblematisch.

Kapitel 4

„Auf dass ihr nicht gerichtet werdet!"
Rechtsverzicht und Zurechtweisung in der Logienquelle

4.1 Vorbemerkung

Hoc unicum fuit commissum praecipue in populo, ubi sunt sapientes et sancti non caretur, oportet iudicent tales et quanto quis est sapientior et sanctior, tanto nequior, suo iudicio non potest habere misericors cor erga peccatum. Sed si videt alium non vivere ut se, cadere in peccatum, ridet et habet gaudium. Ergo illa misericordia in nullo corde est, nisi adsit fides in Iesum Christum.[1]

Die Predigt Martin Luthers vom 20. Juni 1529 über Lk 6,36-42 spiegelt Erfahrungen seiner Biographie wider, in der mit der Frage nach der angemessenen Frömmigkeit die Frage nach der Gerechtigkeit, die vor Gott gilt, eine Rolle gespielt hat. Auch die Einsicht in das Wirken der Gerechtigkeit Gottes am Menschen hat Luther nicht daran gehindert, Zeitgenossen zu kritisieren, wo er dies aufgrund ihrer Taten für erforderlich hielt. Anhand des Maßstabs der rechten Predigt des Evangeliums wurden von ihm nicht nur Vertreter der römischen Amtskirche, sondern auch weltliche Machthaber skeptisch beurteilt.[2] Innerhalb der Verhältnisbestimmung von Kirche und Obrigkeit hat Luther der Obrigkeit aber doch ein Richt- und Strafamt zugestanden, das die gröbsten Auswüchse von Unrecht auffangen sollte, nur keinesfalls die Evangeliumspredigt hindern dürfte. Und auch spätere, auf Luthers Interpretation aufbauende Auslegungen besonders von Mt 5,21ff und 7,1-5 legen ein Verständnis der Texte nahe, das die angebliche „Irrelevanz der Bergpredigt für die heutige soziale, politische, menschliche Frage" zurückweisen kann.[3]

---

[1] LUTHER, WA 29,405,12-18, mit der im Vergleich zu Codex Solger 13 genaueren Predigtnachschrift Georg Rörers. Vgl. MÜLHAUPT, Evangelienauslegung 3, S. 75.
[2] „Wo sind nu die rotten geister und Meister Klüglinge, die viel wissen zu meistern und zu taddeln am Euangelio und nichts konnen denn uns und andere urteilen, da doch nichts zu straffen ist, odder villeicht einen splitter an uns ersehen, den sie hoch aufmutzen, als izt die papisten lestern, wenn sie es auff beste machen und grosse ursach bringen uns zu urteilen und verdammen ... Aber ires balckens konnen sie nicht gewar werden, das sie das Euangelium verfolgen", LUTHER, WA 32,481,2-11, Mt 7,1-5 auslegend.
[3] BOVON, EKK III/1, S. 327; vgl. PLUMMER, ICC, S. 189. LUZ, EKK I/1, S. 377, zur Auslegung, die kirchliche Gerichtsbarkeit von Mt 7,1ff nicht betroffen sieht.

4.2 Q 6,37f

Der Umfang des Abschnittes in der Logienquelle ist nicht ganz klar. Sicher zum Q-Bestand werden Lk 6,37a und 6,38c gerechnet, für Mt 7,2a und Lk 6,37bc.38a sind redaktionelle Eingriffe in den Text vermutet worden.[4] Die Thematik des Richtens muss nicht ursprünglich mit der des rechten Maßes zusammengehört haben, die Verbindung beider ist aber schon für Q wahrscheinlich. In der Literatur wird Q 6,37a.38c traditionsgeschichtlich auf ein Wort Jesu selbst bezogen.[5] Die in Mt und Lk vorliegenden Fassungen stellen je eigene Überarbeitungen dar, ohne dass sich ein ursprünglicher Wortlaut der Überlieferung rekonstruieren ließe.[6]

4.2.1 Q 6,37a.38c

Bei 6,37a handelt es sich ursprünglich vermutlich um eine Klugheitsregel aus dem Bereich des geschäftlichen Verkehrs, die wohl erst im Zusammenhang mit Q eschatologische bzw. apokalyptische Dimension erlangte.[7] Eine solche Regel konnte besagen, dass im menschlichen Miteinander schon die Klugheit verbietet, andere richtend zu beurteilen - zu übervorteilen? - zumal ein solches Verhalten auf den zurückfallen könnte, der es tätigte. Die ursprüngliche Nichtzusammengehörigkeit der Versteile sollte in der differierenden Verwendung von μέτρον in 6,38b.c belegt sein: Geht es zuerst um ein Maß als Ergebnis des Messens,[8] ist dann von dem Maß als Werkzeug die Rede, nach dem jeweils wieder zugemessen wird.[9] Aus dem Verzicht auf ein Urteil wäre damit im Laufe der Überlieferung des Logions eine Mahnung zum Urteil mit dem rechten Maß geworden.

Allerdings ist eine solche Interpretation nicht problemlos durchführbar, wie an der Bedeutungsdifferenz von κρίνω in 6,37a sichtbar wird. Zielt die Aufforderung, nicht zu urteilen, auf richterliches Tun - kaum auf menschliches Tun überhaupt[10] - so geht es bei der unbedingt angeratenen Vermeidung des gerichtet Werdens um die Vermeidung der eschatologischen Strafe Gottes am Menschen.[11] Die synoptische Tradition erwartet

---

[4] Neirynck, Q-Synopsis, S. 14f; Kloppenborg, Q parallels, S. 32-35. Zu etwaigen Q-Vorstufen (Q 6,37f.39f in Q³?) Allison, Jesus tradition, S. (30-36.)67-95.

[5] Hoffmann, Tradition, S. 22; Vaage, Composite texts, S. 79. Nach Ebner, Jesus, S. 85-90, wird der Spruch vormarkinisch wie in Mk 4 zur Aktualisierung eingesetzt.

[6] Catchpole, The quest, S. 121-125; Bergemann, Q, S. 159-165.

[7] Zur Verbindung von Weisheit und Apokalyptik vgl. Ebner, Jesus, S. 2-28.

[8] Also um Quantität, im NT in der Regel in übertragenem Gebrauch: Röm 12,3; Eph 4,7; II Kor 10,3 durch Gottes/Christi Zuteilen; Eph 4,13.16; vgl. maßlos in Joh 3,34.

[9] Hier ein Hohlmaß, Mk 4,24; Mt 7,2; 23,32; Lk 6,38a.b; als Längenmaß Apc 21,15. Zu Reziprozität als Deutungskategorie Ego, „Maß gegen Maß", S. 193-217.

[10] Schulz, Spruchquelle, S. 146-149. Meist wird Mt 18,17 als Extremfall betrachtet.

[11] Brandenburger, Gerichtskonzeptionen, S. 12-17. Zu denken ist an das endzeit-

eine entsprechende Verurteilung durch das Gericht Gottes dort, wo sich Menschen der Heilsverkündigung versagen.[12] Passiver Gebrauch von κρίνω ist davon der Erwartung geprägt, dass ein gerechtes Urteil durch Gott dem Menschen gegenüber dessen Verurteilung bedeutet.[13] In Konsequenz wäre aus Q 6,37a die Aufforderung zu entnehmen, generell auf ein Urteil zu verzichten, um dem verurteilenden Spruch Gottes zu entgehen.

Ein Widerspruch von Q 6,37a zu 6,38c oder ein Bedeutungswandel weg von der Aufforderung zum Urteilsverzicht hin zur Empfehlung des angemessenen Maßes des Richtens findet sich, sofern man den Hinweis auf das rechte Maß in 6,38c quantifizierend versteht. Eine Quantifizierung des Urteils hieße, dass der generelle Verzicht auf ein Urteil durch die Mahnung zum angemessenen Urteil anhand der Logik der Widervergeltung ersetzt wäre. Q 6,37a.38c als logische Einheit betrachtet[14] verlangt den Verzicht auf den Urteilsspruch durch Menschen im allgemeinen wie vor Gericht im besonderen und auch im Bereich religiöser Führung.[15] Die Rede vom rechten Maß kann in solchen Zusammenhängen so verstanden werden, dass auf einen Verzicht gezielt ist. Die Vermeidung von Unrecht besteht darin, auf Unrechtsausübung und Rechtsausübung überhaupt zu verzichten.

4.2.2 Lk 6,37b-38b

Die Verse formulieren den Zusammenhang von Q 6,37a.38c weiter aus, indem sie in positiver Hinsicht ausführen, welche theologischen Konsequenzen ein Rechtsverzicht zeitigen würde.[16] Der Verzicht hat seinen Ermöglichungsgrund in Gottes Handeln am Menschen. Wer dem Grundsatz des Rechtsverzichts folgt, muss nicht mehr eigene Mittel im Blick behalten oder aufgrund seiner Freigiebigkeit eine mittel- und rechtlose Existenz führen, sondern wird der göttlichen Fürsorge und Rechtsetzung teilhaftig. Das Handeln Gottes verhilft in diesem Zusammenhang nicht nur zum unbedingt Notwendigen, sondern zur Erfüllung des Notwendigen bis an dessen oberste Grenze. Das Maß, mit dem gemessen wird, hat dabei größtmögliche Quantität.

---

liche Zorngericht als Folge menschlichen Verhaltens, für das zur Wahrung der Souveränität Gottes vor menschlicher Rache gewarnt wird, BRANDENBURGER, S. 22-26.

[12] Mt 10,15; 11,22/Lk 10,14; Mt 11,24; 12,41.42/Lk 11,31.32.

[13] Vgl. SCHMITHALS, ZBK.NT 3.1, S. 86: Ein Christ muss das Gericht nicht scheuen.

[14] Zur Komposition Q 6,27-35.36-42* HOFFMANN, Tradition, S. 15-30. KLOPPENBORG, The formation, S. 180: „independent sapiential admonition", vgl. I Clem 13,2. Ist Q 6,37a ein Zaun für 6,38c?

[15] BOVON, EKK III/1, S. 324. Zu Pharisäern als Adressaten DAVIES/ALLISON, ICC I, S. 668. Vgl. TestGad 4,2; RÜGER, Mit welchem Maß ihr meßt, S. 174-182: Zur Begründung des Axioms ist traditionell v.a. Jes 27,8; Ex 18,11; Gen 37,32//38,5 wichtig.

[16] Die Versteile Q² (oder einer anderen Überarbeitungsstufe von Q) zuzuweisen ist nur hypothetisch möglich; dazu auch TUCKETT, Q, S. 69-75.

Das hapax legomenon πεπιεσμένον und das für Messen ungebräuchliche σεσαλευμένον beschreiben Maßnahmen der inhaltlichen Konzentration. Von dem zum Verdichten des Meßgegenstands üblichen Rütteln dessen, der das Abmessen vornimmt, wird analog vom Beben der Natur geredet, welches zugleich das göttliche Erscheinen bezeichnet.[17] ἐκχέω und ὑπερξέω, die beiden Teile des hier neu gebildeten ὑπερεκχυννόμενον, werden durch die Kombination noch einmal gesteigert. Indem die beim Zuteilen überfließende Menge durch die Vorschaltung von ὑπέρ- und ἐκ- beschrieben wird, ist der Vorgang des Überfließens in alle Richtungen angeben. Das Handeln Gottes an Menschen, die Rechtsverzicht üben, ist Handeln im Überfluss. Verzicht auf Recht ist Gewinn eines Überflusses, angesichts dessen ein Bestehen auf Angemessenem töricht wäre.

Lk schließt in 6,38c nach Lk 6,37b-38b die Erinnerung an das rechte Maß passend an. Weiter konkretisiert sich im Kontext von 6,37f die in 6,27f.32-36 angesprochene Feindesliebe,[18] auch dort wird der Befolgung der Weisung großer Lohn angekündigt. Zugleich wird der Leser an die Regel erinnert, die 6,31 angeführt hatte. Die Aufforderung zum Rechtsverzicht ist von Lk zu einer Konkretion der Ethik im Blick nicht nur auf die Gemeinde, sondern gerade auch auf die Umwelt entwickelt worden.

4.2.3 Mt 7,2a

Mt betont weniger als Lk 6,37b-38b positive Implikationen des Rechtsverzichts, sondern nimmt die Logik von Mt 7,2b schon an dieser Stelle vorweg, indem die Terminologie von 7,1 in Form von 7,2b ausgesagt wird. Dadurch entsteht eine Relation, die mit dem Tun-Ergehen-Zusammenhang übereinstimmt. Im Kontext von Mt 5-7 ist auf das Verbot des Wiedervergeltens 5,39-41 und die goldene Regel 7,12 zu verweisen. Durch die Stellung von 7,1f nach den Frömmigkeitsregeln 6,1-18 ist der Abschnitt auf die innergemeindliche Realität bezogen. Der Zusammenhang von gewährter und zu gewährender Vergebung aus 6,14 ist Indiz dafür, dass 7,1f keine neue Einsicht formuliert, sondern bekannte Gemeindepraxis wiedergibt. Die Aufforderung zum Rechtsverzicht erscheint als Konkretion der Gebetspraxis der Gemeinde und ihrer Frömmigkeit überhaupt. Der geforderte Rechtsverzicht ist ein Thema der gemeindlichen Ethik.

4.2.4 Zwischenergebnis

Mit dem in Q 6,37f geforderten Rechtsverzicht ist ein grundlegendes Kriterium zum Umgang mit Konflikten der Jesusnachfolge und mit Außen-

---

[17] LIDDELL/SCOTT/JONES, Greek-English Lexicon, S. 1581.

[18] Wahrscheinlich war Q 6,36-38 schon vor der Verwendung in Lk mit dem Abschnitt Q 6,27-35 verbunden: „Matthäus, der thematisch anordnet, hat diese Einheit auseinander gesprengt", WIEFEL, ThHK 3, S. 136.

stehenden gegeben. Als Norm kann gelten, dass der Verzicht deshalb angemahnt wird, weil er - auch als Verhalten anderen gegenüber - dem entspricht, was den Menschen von Gott her zukommt. Die Korrespondenz
von göttlichem Gerichtshandeln und menschlichem Verhalten wird via negationis durch die Aufforderung zum Verzicht auf Be- und Verurteilung
und als weisheitliche Klugheitsregel vom rechten Maß hergestellt.[19] Sie
zielt auf Konfliktvermeidung und kann als solche zur allgemeinen Maxime
für menschliches Verhalten in einer Gemeinde wie in deren Umwelt werden - solange sie ihrer endzeitlichen Dimension nicht entkleidet wird. Wo
die endzeitliche Dimension präsent ist, kann der Rechtsverzicht durchaus
logische Stringenz behaupten, solange ihr eschatologischer Rahmen plausibel ist. Wird die Aufforderung zum Rechtsverzicht aus der eschatologischen Ausrichtung gelöst, droht der Verzicht seine Logik zu verlieren und
zugleich auch seine theologische Qualität als Mahnung zum rechten Verhalten angesichts des kommenden Gerichtes. Und spräche eine Klugheitsregel ohne theologischen Horizont zudem nicht gegen die auch frühchristlich vorauszusetzende Erfahrung, dass der Verzicht auf eigenen Vorteil
zugunsten anderer - in der Regel - alles andere als klug ist?

4.3 Q 6,41f

An Lk 6,41f sind stilistische Verbesserungen einer Vorlage gut zu erkennen,[20] Mt 7,3-5 gibt Q 6,41f dagegen wohl annähernd wortgetreu wieder.[21] Zwei doppelte Fragen (6,41 und 6,42ab), ein Scheltwort (6,42c) und
eine zweifache Warnung (6,42d) bilden das formale Gerüst des Abschnittes.[22] Die Doppelfragen lassen jeweils parallele, die Doppelfragen, das

---

[19] PIPER, Wisdom, S. 36-39. Klugheit und maßvolles Handeln haben auch in populärer Philosophie Verbreitung. In pythagoreischer Ethik erscheint als vergleichbare Maxime, sich nicht mit Mächtigeren auseinanderzusetzen; Diogenes, Pythagoras VIII,17.

[20] Einfügung des Vokativ in direkte Rede 6,42b, regelmäßige Vorstellung des Ob-
jekts δοκὸν vor ἐν τῷ ὀφταλμῷ in 41b.42c.d, Stellung des Infinitivs ἐκβαλεῖν in
6,42e an das Satzende. Die Verbesserungen sind z.T. durch Beachtung der Regeln klassischer Grammatik bedingt, etwa die Negation οὐ bei βλέπων 6,42c; JEREMIAS, Sprache,
S. 146-148. Zu Q 6,40 als philosophische Schulregel zwischen Q 6,37f.39 und Q 6,41f
BATTEN, Patience breeds wisdom, S. 641-656.

[21] NEIRYNCK, Q-Synopsis, S. 14f; KLOPPENBORG, Q parallels, S. 40f. Die Handschriftenüberlieferung gleicht die Varianten Mt 7,3-5/Lk 6,41f einander an, etwa durch
Einfügung von σῷ Mt 7,3b in Lk 6,41b, Einfügung von ἢ aus Mt 7,4a Lk 6,42a, Einfügung des Vokativs ἀδελφέ Lk 6,42b in Mt 7,4b.

[22] Text bei NEIRYNCK, Q-Synopsis, S. 14. In 6,42d wäre eigentlich πρότερος (erstes
von zwei) zu erwarten statt πρῶτος (von mehreren), vgl. Mt 21,28, Act 1,1. Zur formgeschichtlichen Einordnung LIPS, Weisheitliche Traditionen, S. 199. Vergleichsmaterial
bei SCHENK-ZIEGLER, Correctio fraterna, S. 282f.

Scheltwort und die Warnung zusammen lassen antithetische Struktur erkennen. Die zweite Doppelfrage ist Weiterführung der ersten, das Scheltwort ist Reaktion auf diese Weiterführung. Die zweifache Warnung kehrt
dann die innere Reihenfolge der Fragen um. Eine Verhaltensforderung wie
in 6,41a ist nur legitim, wenn sie von dem, der das Verhalten von anderen
fordert, auch selbst befolgt wird. Ein Verhalten, das nicht nur den Splitter
im Auge des Bruders wahrnimmt, sondern diesem auch Ratschläge erteilt,
obwohl Wahrnehmung und Ratschlag zuerst dem eigenen Verhalten gelten
müssten, wird als täuschende Verstellung gescholten.

4.3.1 Q 6,41-42b

Inhaltlich kann 6,41-42b als Konkretion von 6,37 betrachtet werden. „Aus
dem Urteilenden wird ein Beurteilter"[23], indem der den Bruder wegen eines Splitters[24] im Auge[25] Anfragende auf die eigene Situation nicht eines
Splitters, sondern Balkens[26] im Auge hingewiesen wird. In der Perspektive
des Gerichts von 6,37a.38c gewinnt dieses Verhalten die Qualität eines
Maßstabs. Der nicht wahrgenommene Balken dessen, der einen auf seinen
Splitter anspricht, ist zudem doch ungleich größer als dessen Splitter.

4.3.2 Q 6,42c

Das Scheltwort in 42c - ὑποκριτά[27] - wird man nicht einfach zur Warnung
6,42d ziehen dürfen, sondern ihm eigenes Gewicht beimessen. Inhaltlich
handelt es sich um den Vorwurf der Verstellung. Der betroffenen Person
wird vorgehalten, dass sie vordergründig um das Wohl eines Anderen besorgt ist, es sich bei ihrem Tun aber eher um Betrug, Schauspielerei oder

---

[23] LUZ, EKK I/1, S. 379. Vgl. GNILKA, HThK I/1, S. 257, zu Mt 7,3f.

[24] Im NT nur in Q 6,41f, als Bild für Geringfügiges im Gegensatz zum Großen.

[25] Als Sinnesorgan und für sinnliche Wahrnehmung insgesamt. In profaner Literatur
auch von natürlichen Phänomenen (Auge des Himmels, der Nacht, des Mondes), wo das
Auge den wohl wertvollsten Körperteil beschreibt, auch vom Auge eines Baumes oder
einer Pflanze; für den Bereich der Architektur, dem womöglich auch der Balken zugeordnet werden kann. Wäre es vom hebräischen Sprachgebrauch her möglich, an die Was-
serfläche des Brunnens zu denken, die mit einem Holzgerüst überbaut sein könnte?

[26] Im NT nur in Q 6,41f. Im allgemeinen Sprachgebrauch bezeichnet es u.a. den
tragenden Balken von Dachkonstruktion/Obergeschoss in der Hausarchitektur, aber auch
Balken überhaupt, jeweils wird die Holzmasse beträchtlich sein. Da Balken im Haus als
stabilisierende Bauelemente dienten und mit Lehm bzw. Mörtel oder Mauerwerk verbunden waren, ist nach der Sichtbarkeit der Balken zu fragen.

[27] Im NT nur im Mund Jesu, oft als Vokativ; in den LXX und im NT durchgängig in
sensu malo, sich abhebend von der allgemeinen Bedeutung Schauspieler/Spieler, Rheto-
riker, raffinierter Stratege/Politiker; mit der Grundbedeutung Verstellung, eine Wiedergabe mit Heuchler wäre aber unzutreffend. Die negative Bedeutung in Q 6,42 ist bemerkenswerte Ausnahme „to the non-polemical and persuasive tone of these sayings" in
Q 6,37-42, CATCHPOLE, The quest, S. 43.

Überredung handelt.[28] Das Scheltwort ruft zur unbedingten Vermeidung
dessen. Bedarf es dieses Scheltworts, um dem Angeredeten die Logik des
Rechtsverzichts vorzustellen? Das eigene Verhalten fiele jedenfalls als
Maßstab zur Beurteilung zurück auf den, der es vornähme. Ging es in
6,37f um den Recht- und Urteilsverzicht um des Gerichtes Gottes willen,
so wird mit der Anrede als Heuchler festgehalten, dass es grundsätzlich
unsachgemäß ist, dem Bruder den Splitter überhaupt anzuzeigen, solange
man sich selbst durch einen Balken im Auge in einer qualitativ wie quanti-
tativ noch gesteigerten Problemlage befindet. In dieser (typischen?) Situation kann es nichts geben als den unmittelbaren Verzicht, mit dem Bruder
aufgrund eines Splitters im Auge zu rechten, da nur dieser Verzicht auch
die Vermeidung der Beurteilung des Balkens im eigenen Auge bedeutet.

4.3.3 Q 6,42d

Die sich anschließende zweifache Warnung geht noch einmal über das
Scheltwort hinaus, greift dessen Argumentation aber zunächst auf. Im Verhältnis zum Bruder ist der Verzicht auf das Richten erforderlich, da die
eigene Person, nach dem Maßstab gemessen, der an den Bruder angelegt
wurde, bei eigenem, womöglich weitaus größerem Fehlverhalten ein bei
weitem strengeres Urteil zu erwarten hätte.

Obwohl es keine Sicherheit darüber geben dürfte, alle möglichen Balken aus dem eigenen Auge entfernt zu haben, wird hier kaum der permanente Rechtsverzicht als angemessenes Verhalten propagiert. 6,42d weist
zurück auf den Beginn der Szene in 6,41a. Erst nach der Entfernung des
Balkens aus dem eigenen Auge kann es zur Beachtung des Splitters im
Auge des Bruders kommen, der keineswegs grundsätzlich übersehen werden soll.[29] Dieser Beachtung muss wohl realistischerweise wieder die
Mahnung zur Seite gestellt werden, mögliche eigene Balken nicht außer
Acht zu lassen. Vermutlich handelt es sich hierbei um eine Argumentati-
onsschleife, mit der Scheltwort und Warnung eingeübt werden: Es ist auch
angesichts brüderlichen Fehlverhaltens jeweils - sogar primär - das eigene
Verhalten vorbehaltlos in den Blick zu nehmen bzw. im Blick zu behalten.

4.3.4 Bild- und Sachhälfte in Q 6,41f

Man darf die Metaphorik nicht pressen. Der Hinweis, dass ein Mensch,
der einen Balken im Auge hat, „vollkommen blind" ist und „entsprechend

---

[28] HOMMEL/ZIEGLER, KP 5, Sp. 1396f; 1411f. In der Rhetorik ist die Gefährdung der
Wahrheit durch Überredung innerhalb der Theorie regelmäßig thematisiert worden.
[29] Vgl. SCHÜRMANN, HThK III/1, S. 371: Die Aufforderung, danach den Splitter aus
dem Auge des Bruders zu entfernen, an den, der mit seinem absurden Balken beschäftigt
ist, sei „im jetzigen Zusammenhang ebenso wenig ernst zu nehmen wie die Aufforderung
zum Steine werfen Joh 8,7." Dann wäre Q 6,42d aber keine Verhaltensforderung mehr.

über den Splitter im Auge des Bruders gar nicht urteilen"[30] kann, über-
sieht, dass sich die Übertragung der Metapher auf reale Verhältnisse trotz
der klaren Bildhälfte kaum vornehmen lässt. Nach menschlichem Ermes-
sen ist ein Fremdkörper im Auge in jedem Fall nicht nur keinesfalls zu ü-
bersehen, sondern schmerzhaft zu spüren. Mit Splitter und Balken ist eine
Begrifflichkeit verwendet, die besondere Kleinheit und Größe bezeichnet.

4.3.5 Der Kontext bei Lk und Mt

Wird Q 6,41f im Kontext der Logienquelle als Weiterführung von 6,37f
interpretiert, ergibt sich für die Forderung des Rechtsverzichts ein neuer
Akzent, insofern der in Q 6,37f deutlich hervortretende endzeitliche Aspekt in Q 6,41f m.E. nicht erkennbar präsent ist. Für die Plausibilität der
Forderung nach einem Rechtsverzicht ist zu beachten, dass eine Existenz
ohne Balken im Auge kaum möglich sein dürfte.

Lk 6,41f stellt wie 6,37f eine Konkretion lukanischer Ethik dar, die für
Konflikte den Maßstab des Rechtsverzichts kennt und vor Zurechtweisung
ohne vorherige Selbstprüfung warnt. Die in 6,41f geforderte Verhaltensweise bezieht sich wie in 6,37f kaum auf innergemeindliche Konflikte, sie
steht im Zusammenhang des Verhältnisses der Gemeinde zur Umwelt.

Mt 7,3-5 schließlich gehört im Mt mit 7,1f als dem Verbot des Wiedervergeltens und mit 5,39-41 als dem Gebot des Rechtsverzichts zusammen,
es weist auf die goldene Regel 7,12 voraus. Durch die Stellung von 7,3-5
hinter den Frömmigkeitsregeln aus 6,1-18 ist der Abschnitt wie 7,1f auf
die innergemeindliche Realität bezogen. Die Aufforderung zum konkreten
Verhalten kann jeweils als eine Konkretion der Gebetspraxis der Gemeinde und ihrer Frömmigkeit überhaupt betrachtet werden. Im Rahmen dessen
ist der Umgang mit Splitter und Balken Hinweis darauf, dass in der Gemeinde des Mt in Konfliktsituationen nicht mit verschiedenem Maß gemessen und endgültiges Verurteilen anderer vermieden werden soll.[31] Der
Abschnitt fügt sich in den Zusammenhang der innergemeindlichen Konfliktlösungsmodelle im Mt. In jeden Fall wird durch die Konfliktlösungen
die Geltung der jesuanischen Verkündigung als Norm eingeschärft.

4.4 Q 12,58f

Obwohl Mt 5,21-26 und Lk 12,57-59 im Wortlaut sehr differieren ist die
Herkunft der Überlieferung aus der Logienquelle nicht umstritten.[32] Die

---

30 LUZ, EKK I/1, S. 380. Zum Bildhälfte vgl. CARRUTH, Strategies, S. 111.
31 SCHENK-ZIEGLER, Correctio fraterna, S. 284f. Von daher wäre 18,17 zu deuten.
32 Anders BOVON, EKK III/2, S. 348f, der für Lk 12,57-59 Herkunft aus Sondergut
und für Mt aus Q annimmt; weitere Positionen bei CARRUTH, Documenta Q, S. 271-413.

sprachlichen Unterschiede zwischen Mt 5,25b.26 und Lk 12,58b-59 werden als lukanische Verbesserungen betrachtet, Mt 5,25f dürfte den Wortlaut von Q 12,58f weitgehend bewahrt haben.[33]

4.4.1 Formale Beobachtungen

Q 12,58f gilt als Gleichnis, das aus einem Bildwort entwickelt wurde.[34] Da
eine Übertragung auf eine Adressatensituation nicht ausdrücklich erscheint, wurde das Bildwort als Mahnung zur Versöhnlichkeit verstanden.
Der Kontext Lk 12,35-48.49ff bewahrt noch die Erinnerung an ein Krisisgleichnis. Von Mt 5,21ff her ist für die Form von Q 12,57-59 auch an ein
weisheitliches Mahnwort gedacht worden.[35] In Q 12,58f wurde wohl ein
ursprünglich mehrgliedriges Bildwort[36] ohne ausdrücklichen Vergleich -
mit Hilfe der vorgegebenen Metapher des nahen Gerichtes Gottes und der
Aufforderung zur Vermeidung der Verurteilung in diesem Gericht Gottes -
zu einem Gleichnis im engeren Sinn entwickelt. Eine ursprüngliche
Gleichniseinleitung ist in der zum Thema führenden Frage von Lk 12,57
noch zu erkennen. Ein Gleichnisschluss, vermutlich ein Epimythion, ist
nicht erhalten.[37] Mit Knappheit der Erzählung, szenischer Zweiheit, Ein-
fachheit der Charaktere und Einsträngigkeit der Erzählung, besonders mit
dem Erzählabbruch nach der Pointe sind in Q 12,58f wichtige Elemente
der Gattung Gleichniserzählung zu erkennen. Die Entwicklung einer Metapher vom endzeitlich nahen, bald hereinbrechenden Gericht Gottes samt
impliziter Mahnung zur Urteilsvermeidung, hin zum Gleichnis im engeren
Sinn führt in Q 12,58f zur Ausgestaltung von Handlungsstrukturen mit
komplementären Rollen, die vor dem Scheitern der Handlungsintention
warnen. Dem Gericht entgeht man, indem man rechtzeitig eine außergerichtliche Klärung anstrebt, die Prozessweg und Urteil überflüssig macht.

4.4.2 Inhaltliche Beobachtungen

Die Q 12,58f zu Grunde liegende Rede vom Gericht beschreibt in entwickelter Gestalt einen idealen juristischen Ablauf nach römischem Prozess-

---

[33] NEIRYNCK, Q-Synopsis, S. 46f; KLOPPENBORG, Q parallels, S. 146f. In Lk 12,59
wird das Fremdwort ἀμήν ausgelassen; die Veränderung der größeren römischen Münze
Quadrans (Mt 5,26) in die kleinere griechische Einheit Lepton (vgl. Mk 12,42) steigert
die Kleinheit. Die Redewendung δὸς ἐργασίαν ist auch für Lk/Acta singulär. Überarbeitung des Mt dürften die steigernden Termini (etwa ταχὺ) sein. Einleitung der Szene
(Frageform) Lk 12,57 wie Anbindung von Mt 5,25f an 5,21f.23f sind sicher redaktionell.
[34] Vgl. BULTMANN, Geschichte, S. 101.160: Die Überlieferung sei in Mt 5,25f aus
einem Parusiegleichnis zu einer Frömmigkeitsregel gemacht worden.
[35] BOVON, EKK III/2, S. 345: Eine Geschichte mit weisheitlichem Charakter.
[36] BULTMANN, Geschichte, S. 181-183; GNILKA, HThK I/1, S. 151-153. WIEFEL,
ThHK 3, S. 250: Bildrede, bei der sich die Paränese „in die Erzählung hineindrängt".
[37] Ein selbstverständlicher Schluss kann fehlen; BULTMANN, Geschichte, S. 206.

recht.[38] Aufgrund des Kontextes wird man vermuten, dass nicht eine gütliche Einigung bei Gericht erzielt werden soll, sondern die Vermeidung des Prozesses durch eine Regelung zwischen Gläubiger und Schuldner, damit es nicht zur Verhandlung vor der zuständigen Behörde kommt. Nur eine unverzügliche außergerichtliche, auf Verständigung mit dem potentiellen Prozessgegner zielende Bemühung der Partei, die im Unrecht ist, verhindert deren drohende Verurteilung durch den Richter.

Für das in Frage kommende Vergehen ist mit Blick auf Strafart und Strafhöhe an ein Delikt aus dem Bereich der Geldgeschäfte[39] gedacht worden. Die Zeit bis zur finanziellen Wiedergutmachung des Schadens würde jedenfalls derjenige in Haft verbringen, der nicht rechtzeitig vor dem Beschreiten des Rechtswegs[40] durch den Gläubiger um einen Ausgleich der Schuld bemüht ist. Die Betonung liegt darauf, nicht an ein Danach zu denken, sondern an das, was vorher noch getan werden kann. Erst einmal verurteilt gibt es für den Schuldner keine Möglichkeit, der gerechten Strafe zu entgehen. Eine Verbringung εἰς φυλακήν[41] wird in der Regel als Schuldhaft im Gefängnis verstanden, die in ihrer Dauer als Gegenwert auf die Vermögensschuld des Angeklagten umgerechnet wäre. Schuldhaft findet sich nicht in jüdischem und römischem Recht, begegnet aber in griechischer und hellenistischer Rechtstradition.

4.4.3 Geldstrafe und Haftung im römischen Strafprozessrecht

Das römische Strafprozessrecht[42] kennt für die Zeit des Prinzipats neben dem von Amts wegen eröffneten, auf dem Forum verhandelten Offizialverfahren ohne Beteiligung von Prozessparteien auch die aufgrund einer Anzeige beim örtlichen Magistrat aufgenommene iudicia publica.[43] Zu ei-

---

[38] Auf eine juristische Auseinandersetzung verweist die Konstruktion δὸς ἐργασίαν + Infinitiv in Q 12,58, die dem lateinischen da operam vergleichbar ist: dare ist alter Terminus aus dem Zwölftafelgesetz für die rechtsverbindliche Übergabe an neue Besitzer; operae bezeichnen von einem Freigelassenen dem Patron zu leistende Tragediedienste; BERGER, Dictionary of Roman law, S. 424.608f; bzw. Arbeitsleistung zur Tilgung offener Schulden, BEHRENDS, Zwölftafelprozeß, S. 173-178.

[39] Kleinste Einheit im römischen Münzwesen war der selten geprägte Quadrans, ein Kupfernominal im Wert von ¼ As. λεπτός steht eigentlich für Kleingeld, die Münze hatte in der griechischen Währung die ältere Kleinmünze Obol verdrängt; CHANTRAINE, KP 4, Sp. 1283f; KP 3, Sp. 582. Vgl. auch OVERBECK, Antike Münzen, S. 89-103; OVERBECK/KLOSE, Münzbild, S. 30-37.43-61.

[40] So wird ἐν τῷ ὁδῷ hier zu verstehen sein; DAVIES/ALLISON, ICC I, S. 519.

[41] Der Schwerpunkt der Begriffsverwendung im NT findet sich in Lk/Act, Ausnahme ist die Inhaftierung des Täufers Mk 6,17.27/Mt 14,3.10; vgl. II Kor 6,5; Apc 2,10 u.ö.

[42] KUNKEL, Rechtsgeschichte, S. 64-73; PFAFF, PRE 4, Sp. 163-169.

[43] Das ius civile galt für den civis Romanus, für Nichtbürger war ius gentium anzuwenden, DULCKEIT/SCHWARZ/WALDSTEIN, Rechtsgeschichte, S. 126.128-132. Die bewährten Normen des ius gentium ersetzten aber im frühen Prinzipat dann das ius civile.

nem Prozess kam es nur bei der Zurückweisung des Schuldvorwurfs durch
den Angeklagten. Da je nach Delikt im römischen Recht eine Höhe der
Strafe festgelegt war, wurde mit dem Schuldspruch auch das Strafmass
genannt. Für Delikte, bei denen eine Geldbuße vorgesehen war, musste in
einem eigenen Verfahren der Strafzumessung[44] deren Höhe festgelegt
werden. Sie orientierte sich am Streitwert des Prozesses[45] und fiel bei Po-
pularklagen de facto Kläger und Fiskus zu.[46] Bei Vermögensdelikten wurde die Strafe durch Personalexekution[47] vollstreckt, der urteilende Magistrat übergab den säumigen verurteilten Schuldner an den Gläubiger zur
Haftung durch Arbeit. Kam man er Forderung dennoch nicht nach, verfiel
er der Herrschaftsgewalt seines Gläubigers.[48] Strafhaft war im römischen
Recht unüblich, ein Gefängnisaufenthalt diente vor Prozessbeginn und bei
Fluchtgefahr der Sicherstellung einer geregelten Prozessdurchführung.[49]

4.4.4 Schuldhaft in griechischem und hellenistischem Recht

Das griechische bzw. hellenistische Recht kennt die - seltene[50] - Verurteilung zu Gefängnisstrafe im Sinne einer andauernden Inhaftierung und
spricht dazu von der Fesselung bzw. Ankettung des Verurteilten in einem
δεσμωτήριον, welche der Sicherung des Verbleibs in der Haft diente, da
solche Verwahrorte wohl wenig ausbruchsicher waren. Fesselung wie Ankettung wurden als Körperstrafen betrachtet und begegnen auch als Mittel
der Strafverschärfung und als Ersatzstrafe für Schuldner im Fall der Zah-
lungsunfähigkeit.[51] In der Regel war bei Vermögensdelikten allgemein und
konkret bei Diebstahl als Strafe der Ersatz des Doppelten des geschätzten
Schadens zu verhängen.[52]

---

[44] Hier wurde auch ein Revisionsantrag verhandelt, dessen Zurückweisung aber die
Geldstrafe verdoppelte; DULCKEIT/SCHWARZ/WALDSTEIN, Rechtsgeschichte, S. 140.

[45] KÜBLER, PRE 4, Sp. 155-162. Geldstrafe: z.B. 5-10 % des Streitwerts.

[46] Gelegentlich ging ein Teil des Geldes an den Kläger, KÜBLER, PRE 4, Sp. 157f.

[47] DULCKEIT/SCHWARZ/WALDSTEIN, Rechtsgeschichte, S. 140. Der vollziehende Beamte, der staatliche Forderungen und darunter besonders Geldstrafen eintrieb, war der
πράκτωρ; VOLKMANN, KP 4, Sp. 1119. Vgl. Mt nennt ὑπηρέτης, den mit der Ausführung der Beschlüsse eines Sanhedrin beauftragten Beamten; Lk verwendet den griechischen Titel πράκτωρ, zuständig in fiskalischen Angelegenheiten.

[48] DULCKEIT/SCHWARZ/WALDSTEIN, Rechtsgeschichte, S. 66f.

[49] KRAUSE, Geschichte des Strafvollzugs, S. 13-15; vgl. Act 12,4; 23,35; 28,16.

[50] Vgl. aber Platon, Leg [10] 908a, zu Typen von δεσμωτήρια: σωφροαιστήριον als
Besserungshaus, Verwahrgefängnisse οἴκημα/κέραμος für größere Häftlingszahlen περὶ
ἀγοράν und Zuchthäuser mit abschreckendem Charakter ἀναγκαῖον am einsamen und
unwirtlichen Ort; BERNEKER, KP 1, Sp. 1497.

[51] BERNEKER, KP 1, Sp. 1496f. Eine Analogie zu Q 12,58 ergibt sich, wenn die Inhaftierung eine Ersatzstrafe für die Schuldtilgung bis zur kleinsten Währungseinheit ist.

[52] BERNEKER, KP 3, Sp. 256f; BERNEKER, KP 1, Sp. 912. Der Blick auf griechisches
und hellenistisches Recht zeigt die Unüblichkeit der Haft bei Delikten.

4.4.5 Q 12,58f als Krisisgleichnis

Auf dem Hintergrund römischer Strafprozesse und griechischer Strafvollzugsmethoden wird in Q 12,58f eine Rechtsprechung beschrieben, die einen unausweichlichen Zusammenhang von Schuld und Strafe herstellt. Das Gleichnis argumentiert mit der Annahme der für Schuldner schlimmsten, aus dem Blickwinkel des Gläubigers legalen Konsequenz. Zudem schimmert hinter dieser Prozesssituation das Gericht durch, das in Mt 5,26 auch sprachlich markiert ist und von dort auf 5,25 zurückweist.[53] In Lk 12,58f ergibt sich die eschatologische Dimension aus der Form als Gleichnis, was nahe legt, dass die Wahrnehmung der letzten Gelegenheit, mit eigener Schuld richtig umzugehen, sich auch auf das Gottesverhältnis bezieht.[54] Will man sich einlassen auf die Logik von Recht und Gerechtigkeit, hat ein Mensch die konsequente Durchführung des eigenen Prozesses zu erwarten. Deshalb ist das rechtzeitige Durchschauen dieser Logik zentral, tritt also die Prozessvermeidung als Handlungsoption in den Vordergrund.

In der Verkündigung Jesu, wie sie in der Logienquelle tradiert ist, gehört der Bußruf zur Umkehr, um an der endzeitlichen Wirklichkeit der βασιλεία Anteil zu haben, zum Grundbestand der Überlieferung. Angesichts des bevorstehenden Gerichtes Gottes ist die Verwendung der Gerichtsmetaphorik im Gleichnis ein Hinweis auf die Dringlichkeit des Handelns im Horizont einer Nah- bzw. Nächsterwartung[55]. Das Anheben des Gerichtes Gottes in der Gegenwart weist darauf hin, dass die im Gleichnis vorgegebene Zeitperspektive keinen Aufschub erlaubt. Die empfohlene außergerichtliche Einigung geschieht ἐν τῇ ὁδῷ, wie auch das Gericht Gottes quasi schon auf dem Weg ist.

4.4.6 Q 12,58f als weisheitliches Mahnwort in Lk 12,58f und Mt 5,25f

Auch weisheitliche Mahnungen verzichten nicht auf die Zeitdimension menschlichen Lebens, insofern sie die unmittelbare und mittelbare Zukunft als Konsequenz der Gegenwart verstehen. Der Übergang zu weisheitlichem Verständnis von Q 12,58f, den Mt und Lk in verschiedener Weise repräsentieren, weist auf eine neue Wahrnehmung der Zeit bei Lk (und Mt?) hin. Ein weisheitliches Textverständnis muss aber auf den Hintergrund des Gerichtes Gottes nicht verzichten, wie das Sprachinventar in Mt zeigt. Und die Gleichnisform ist kein Hindernis für ein weisheitliches

---

[53] DAVIES/ALLISON, ICC I, S. 519. Der Ort des Strafvollzugs (Mt 5,25 φυλακή) ist mit Mt 5,22 als eschatologischer Begriff deutbar. Vgl. DAVIES/ALLISON, S. 521.

[54] Vgl. Lk 12,58f bei Origenes: „Quis putas iste 'iudex' est? Ego nescio alium iudicem nisi Dominus nostrum Iesum Christum", SIEBEN, Origenes FC 4/2. S. 358.

[55] So aus dem Mund des Täufers, THEISSEN/MERZ, Jesus, S. 195; bei Jesus ist Zeit zur Umkehr. Zur βασιλεία-Verkündigung in Q auch LINDEMANN, TRE 15, S. 207f.

Verständnis als Klugheitsregel, wie die Verwendung in Lk belegt.[56] Nicht erst durch die redaktionelle Verwendung des Plural in Lk 12,57 wird signalisiert, dass Selbstprüfung und Suche nach rechtzeitigem Ausgleich Aufgabe des einzelnen wie der Gemeinschaft sind. Lk 12,58f ist eingebettet in eine Reihe von Worten Jesu über die Stellung der Jünger in der Welt, die mit Lk 12,1 ihren Anfang nehmen. Diese Worte sind an die Jünger gerichtet, die Jüngerunterweisung durch Jesus erfolgt aber öffentlich. Mit Lk 12,54-59 kehrt sich diese Situation um, die Menge ist Adressatin der Mahnung, aber auch die Jünger hören deren Unterweisung.

Mt 5,25f kommt als Abschluss der ersten Antithese der Bergpredigt zu stehen und erscheint nach 5,23f als weitere Interpretation wie als positive Konkretion der negativ formulierten Antithese in 5,21f. Durch den Kontext in 5,21-26 ist deutlich, dass mit dem Leitwort ὁ ἀδελφός der Ort der weisheitlichen Mahnung auch von 5,25f gegeben ist. In der Gemeinde soll ein Miteinander verwirklicht werden, das vom Gehorsam gegenüber den Forderungen Jesu geprägt ist. Und diese Verwirklichung in der Gemeinde steht modellhaft für die Verwirklichung des Gotteswillens überhaupt.

4.4.7 Zwischenergebnis

Die Verständnisebenen von Q 12,58f, Mt 5,25f und Lk 12,57-59 lassen eine Entwicklung des Textverständnisses erkennen, die durchgängig als Interpretation der Umkehrforderung Jesu zu verstehen ist. In frühchristlicher Zeit wurde dafür, wie zur Ausbildung von Regeln und Normen überhaupt, im konkreten Fall auf traditionelles Material zurückgegriffen. In den unterschiedlichen Gemeindesituationen und im Vergleich zur jesuanischen Verkündigung und zur Logienquelle gewinnt der Bußruf bei Lk und Mt in neuer Weise Gestalt. Nicht in jedem Fall bedeutete die Weiterentwicklung der frühchristlichen Verkündigung eine Vernachlässigung der eschatologischen Dimension. Vielmehr wurde in einem neuen Kontext der Überlieferung bei Lk wie bei Mt ein Schwerpunkt der Argumentation auf die Vermittlung der Weisungen gelegt. Mit der Weisheit war aufgrund ihrer Internationalität wie aufgrund ihrer Nähe zur biblischen Tradition eine ideale Brücke zur Weiterentwicklung der Überlieferung vorhanden.

4.5 Q 17,3b

In Lk 17,1-10 und Mt 18,1ff mit Mt 17,20 sind von den Evangelisten verschiedene Überlieferungen jeweils in einer Jüngerrede Jesu zusammenge-

---

[56] Voraussetzung dafür ist nach BOVON, EKK III/1, S. 361, „daß Lukas die Verurteilung anderer untersagt, aber jede klarsichtige Beurteilung begrüßt".

fasst worden, deren Material, soweit es aus Q 17,1-4.6 entnommen ist - auch dort in einer Redesituation mit endzeitlicher Ausrichtung? - vielleicht schon vorsynoptisch miteinander verbunden war.[57] Lk 17,3b überliefert Q 17,3bα auch im Wortlaut relativ genau, aus Mt 18,15 dürfte nur ἔλεγξον den Vorrang vor dem lukanischen ἐπιτιμάω verdienen.[58] Lk 17,3bβ und Mt 18,15bc bieten für Q 17,3bβ jeweils eigene Überarbeitungen, die nur noch die Erwartung der Umkehr als Grundstruktur erkennen lassen. Eine Rückführung der Überlieferung auf ein Jesuswort über zwischenmenschliche Vergebungsbereitschaft ist zwar möglich, wird auch immer wieder behauptet, ist m.E. aber nicht zwingend nachzuweisen.[59]

Q 17,3b ist formal ein Mahnwort, das Q 6,37f.41f inhaltlich positiv weiterführt.[60] Im Hinblick auf die Mitglieder der eigenen Gemeinschaft soll deren Miteinander davon geprägt sein, etwaige Versündigungen unbedingt zu vergeben. Anders als 6,37f wird das erwartete Verhalten nicht dadurch eingefordert, dass bei Unterlassung mit Sanktionen gedroht wird. Mit 6,41f wird eine Reaktion auf die Versündigung des Bruders erwartet, welche wohl die Umkehr des Bruders zum Ziel hat.[61] Die Motivation zur Zurechtweisung in der Gemeinde liegt nach 17,3b ausdrücklich im Tun des Bruders, indem sein Verhalten als ἁμαρτάνειν beschrieben ist. Offensichtlich ist die Zurechtweisung als Verhalten verstanden, das kein richterliches Urteilen über den Bruder impliziert. Q 17,3b fordert in Schlussmahnung der Logienquelle dazu auf, interne Konflikte, die aufgrund von Versündigung einzelner Mitglieder entstehen können, dadurch zu lösen, dass das jeweilige Mitglied zur Umkehr ermahnt wird.

Lk und Mt gehen bei der Aufnahme von Q 17,3b unterschiedliche Wege. In Lk scheint Q 17,3b als Mahnung zur unbedingten und unbegrenzten Vergebungsbereitschaft verstanden und mit der lukanischen Ethik eng verbunden: Im Gebet der Gemeinde Lk 11,4 ist Vergebungsbereitschaft ein Nachvollzug der Erfahrung von Gottes Vergebung; in Lk 3,3 wird sie schon in der Verkündigung des Johannes gefordert, mit Lk 5,20 wird sie als grundlegendes Thema der Verkündigung Jesu sichtbar. Lk integriert demnach Q 17,3b als Teil des innergemeindlichen Umgangs mit Konflik-

---

[57] Q 17,1-4.6 könnte als allgemeine Mahnung der Schlußparänese von Q angehören; zur Überlieferung von 17,3f als Frömmigkeitsregeln BULTMANN, Geschichte, S. 156f.

[58] NEIRYNCK, Q-Synopsis, S. 56f; KLOPPENBORG, Q parallels, S. 184f. In Lk 17,3bβ dürften besonders die verwendeten Verben auf lukanische Redaktion hinweisen.

[59] Zur Diskussion SCHENK-ZIEGLER, Correctio fraterna, S. 290f. Zum Vergleich mit jüdischen Texten (vgl. TestGad VI,3-7) ZERBE, Non-retaliation, S. 147-149.

[60] Anders KOLLMANN, Jesu Verbot des Richtens, S. 170-186, der im NT einen (nachösterlichen) Ausgleich „zwischen dem Verbot des Richtens und den Erfordernissen der Gemeindedisziplin" erkennt.

[61] Und seine Reue zur Voraussetzung? Man wird Q 17,3f von Q 6,37f.41f her interpretieren und es so als allgemeine Mahnung zur Vergebungsbereitschaft verstehen.

ten, wie er nach Lk im Umkehrruf Jesu von Anfang an gefordert wurde. Für Mt dient Q 17,3b als Vorstufe für eine kasuistische Strategie zum Umgang mit Konflikten, die vor allem in Mt 18,15-17 spezifiziert und für die Gemeindepraxis ausgearbeitet wird.

4.6 Konfliktlösungen durch rechtliche Regelung in Q?

Ein Überblick über maßgebliche Überlieferungen zum Thema Konfliktlösung in der Logienquelle zeigt, dass rechtliche Regelungen dort nur via negationis im Blick sind. In der Regel sollen rechtliche Regelungen von Konflikten gerade vermieden werden, weil sie für die Beteiligten am Konflikt bedeuten könnten, vor Gericht gebracht und dort verurteilt bzw. im Gericht Gottes endgültig verurteilt zu werden. Interessanterweise dominiert in Q diejenige Perspektive, die ein Gerichtsverfahren im Konfliktfall fürchtet, und nicht diejenige, die von daher die Durchsetzung des eigenen Rechts bzw. der Gerechtigkeit Gottes erwartet. Angesichts einer drohenden Verurteilung wird in Q der Rechtsverzicht als das gegenwärtig angemessene und kluge Verhalten herausgestellt.

Im wahrscheinlichen kompositionellen Gefüge von Q begegnen die Aufforderungen zum Rechtsverzicht bereits im ersten Teil, der die Bußpredigt Jesu formuliert (Q 3-7).[62] Schon hier ist der Horizont des drohenden Gottesgerichtes ausgespannt. Er prägt auch die Äußerungen zum Thema Konfliktlösung in starkem Maß, insofern er nahe legt, auf die Durchsetzung auch von berechtigten Anliegen deshalb zu verzichten, weil man kaum sicher sein kann, selbst ohne Verfehlung zu sein (Q 6,37f.41f).

Im Kontext der Frage nach der Legitimität der Q-Prediger (Q 9,57-11,13) bzw. im Zusammenhang mit dem Rückblick auf die Auseinandersetzung Jesu mit seinen Zeitgenossen (11,14-52) tritt das Thema der Konfliktlösung in Q in den Hintergrund. In der Situation des Wartens der Jünger auf das bevorstehende Kommen des Menschensohnes (Q 12,2-13,21) wird auch das Thema des Umgangs mit Konflikten noch einmal deutlich. Trotz der Wartezeit gilt es, sich auf die βασιλεία einzulassen und ihr gemäß zu leben; und bei Konflikten rechtzeitig nachzugeben, dass es nicht zu einem Urteil vor dem Richter kommt, dem zufolge man die versäumte Wiedergutmachung bis zum bitteren Ende ableisten müsste (Q 12,58f).

Nach der Explikation des Gerichtes über Jerusalem (Q 13,24-14,23) bietet die Thematisierung gruppeninterner Gefährdung (Q 14,26ff) die Möglichkeit weiterer Stellungnahmen zum angemessenen Umgang mit

---

[62] Zur Q-Komposition vgl. HOFFMANN, Mutmaßungen über Q, S. 286-288. Zu beachten bleibt, dass bereits der Inhalt der Logienquelle Ergebnis wissenschaftlicher Hypothesenbildung ist; dies gilt umso mehr für die etwaige Komposition ihrer Inhalte.

Konflikten. Dabei wird allerdings die Bedeutung von Konflikten relativiert, insofern ihre Überwindung angemahnt bzw. der früher vorgegebene Gerichtshorizont hier nicht ausdrücklich angesprochen wird. In einer allgemeinen Schlussmahnung dürfte hier der Realität von gruppeninternen Konflikten Rechnung getragen sein (Q 17,3), dadurch wird aber die grundsätzliche Aufforderung zum Rechtsverzicht in Q nicht in Frage gestellt. Danach richtet sich der Blick endgültig auf das Szenario der Tage des Menschensohnes (Q 17,23-37). Einer letzten Warnung an die Jünger (Q 19) schließt sich nur noch der Ausblick auf den Triumph der Jesusnachfolger über Israel an (Q 22,28.30). Von gruppeninternen Konflikten ist erwartungsgemäß nicht mehr die Rede.

4.7 Ergebnisse

Nach der Logienquelle soll Konfliktlösung grundsätzlich durch Rechtsverzicht, allgemein durch Zurechtweisung, die zur Umkehr führt, erfolgen.

Die bei Konflikten nahe gelegte Haltung ist die des Verzichts auf eigenes Recht. Die Aufforderung zum Verzicht erfolgt im Wissen um Gottes Gericht, angesichts dessen etwaige Rechtsansprüche zwischen Menschen in den Hintergrund treten. Die Aufforderung zur Zurechtweisung im Rahmen der Schlussmahnung von Q geschieht allgemein um des sündigenden Gemeindeglieds und seiner Umkehr willen. Wo allerdings Zurechtweisung als unumgänglich erscheint, soll sie auch geübt werden.

Grundlegend für die Forderung des Rechtsverzichts ist in der Logienquelle die Gerichtsmetapher. Die Aufforderung zum Verzicht auf ein Urteil im Alltag, die in Q 6,37 vorausgesetzt ist, appelliert an menschliche Klugheit, die damit rechnet, dass Verhalten vergolten wird. Die eschatologische Explikation des Rechtsverzichts verweist auf das endzeitliche Gericht Gottes. Angesichts der Nähe dieses Gerichtes ist die Durchsetzung eigener Ansprüche insofern unzulässig, als Gott selbst für Gerechtigkeit unter den Menschen sorgt. Die weisheitliche Explikation des Rechtsverzichts verweist auf menschliches Alltagsverhalten, das in den Bereichen Geschäftsleben und Rechtsprechung entfaltet wird. Tun und Ergehen der Menschen stehen zueinander in kausalem Zusammenhang. Die eschatologische und zugleich weisheitliche Mahnung zum Verzicht auf Durchsetzung eigener Rechtsansprüche folgt Überlegungen der Klugheit.

Die Aufforderung zum Rechtsverzicht in der Logienquelle verbindet theologische und ethische Argumente.

Die theologische und die ethische Argumentation in Q verwendet eschatologische und weisheitliche Sprachformen. Theologie und Ethik sind durch

Verwendung eschatologischer Rede (Scheltwort, Gleichnis) und der Gerichtsmetapher aufeinander bezogen. Theologie und Ethik sind andererseits durch Verwendung weisheitlicher Mahnung (Bildwort, Mahnspruch) und der Gerichtsmetapher auf dem Hintergrund menschlicher Klugheit miteinander verbunden. In der ethischen Argumentation ist der Zusammenhang von menschlichem Tun und Gottes Gericht bemerkenswert.

Eschatologie und Weisheit sind in Q 6,37f.41f und in der Weiterführung von Q in Mt 5,25f und Lk 12,57-59 einander zugeordnet. In Q 6,37f wird die Zuordnung von Eschatologie und Weisheit via negationis erreicht: Die Vermeidung der Verurteilung im Gericht Gottes muss als klug gelten. In Q 6,41f wird die Zuordnung durch das formale Nebeneinander von Scheltwort und Mahnung erreicht. In Mt 5,25f und Lk 12,57-59 ist eine Weiterentwicklung vom Krisisgleichnis zum Mahnspruch und so eine weisheitliche Interpretation der Eschatologie aus Q erkennbar.

In der Logienquelle erfolgt Konfliktlösung in der Regel zwischen einzelnen. Eine Reflexion der Bedeutung von Konfliktlösung für die betroffene Gemeinschaft erfolgt vor allem durch die Q aufnehmenden Mt und Lk.

Die jeweils in Q vorgeschlagene Konfliktlösung hat eher grundsätzlichen Charakter, sie erscheint jedenfalls unabhängig von konkreten Konfliktsituationen. Q 6,37f mit seiner Forderung nach dem Verzicht auf ein richterliches Urteil zielt auf eine Konfliktvermeidung. Wenn in Q 6,41f eine konkrete Konfliktsituation in Gestalt des Splitters (und dann auch des Balkens) in den Blick kommt, wird die Selbstprüfung dessen, der ihn bemerkt haben will, gefordert. In Q 12,58f geschieht Konfliktlösung durch die Aufforderung zu rechtzeitiger außergerichtlicher Verständigung. Die Aufforderung zum Rechtsverzicht bedeutet gegebenenfalls eine zeitliche Verzögerung der Durchsetzung des Rechtsanspruches, bis das Recht dann endgültig von Gott her eintritt bzw. eine zeitlich beschleunigte Durchsetzung des berechtigten Rechtanspruches eines anderen an die eigene Person. Die Aufforderung zur Zurechtweisung aus Q 17,3b - in der Schlussmahnung von Q - erfolgt grundsätzlich und unbedingt. Sie steht zur Forderung nach Rechtsverzicht von Q 6,37.41f und auch von Q 12,58f keineswegs im Widerspruch.

Der damit bestimmte Beitrag der Logienquelle zum Umgang mit Konflikten in der Gemeinschaft wird in Mt und Lk aufgenommen und derart umgewandelt, dass er weitergehende Formen sowohl innergemeindlicher wie allgemein gültiger Konfliktlösung beschreibt. Lk 6,36f.41f und Lk 12,57-59 tragen im Lk zur Profilierung in der Auseinandersetzung mit der Umwelt bei. Durch den Q entnommenen Rechtsverzicht wird ein Übertrag endzeitlich geprägter Überlieferung in weisheitliche Argumentation versucht. Auch Mt 5,25f und Mt 7,1-5 lassen eine Profilierung der Konfliktlösungen erkennen. Durch den aus Q - und einer in Mt 5-7* vorliegenden Tradition? - übernommenen Rechtsverzicht wird im Rahmen der gemeindlichen Frömmigkeit die Bedeutung der Weisungen Jesu betont.

Lk 17,3f nimmt Q 17,3b auf, das im Lk inhaltlich schon aus dem Kontext der Verkündigung des Täufers und aus Jesu Wirken bekannt ist und mit Lk 11,4 bereits in die Gemeindefrömmigkeit integriert erscheint. Mt 18,15-17 gestaltet Q 17,3b zu einer Konfliktlösungsstrategie um, der an der Rückgewinnung des sündigenden Bruders gelegen ist und die vermutlich bereits die Erfahrung eines möglichen Scheiterns solcher Bemühungen verarbeitet hat.

Kapitel 5

„Wenn dein Bruder sündigt ...“
Konfliktregelung nach Matthäus

5.1 Vorbemerkung

Docendi sunt Christiani plus diligere excommunicatione quam timere.[1]
Man soll die Christen leren, das sie den bann mehr lieben als furchttenn.[2]

Auch in der Kirche kommt es zu Konfliktsituationen, die im Augenblick
der Konfrontation unlösbar erscheinen. Die Auseinandersetzung um Martin Luthers Anliegen in der Frühzeit der Reformation ist eine derartige
Situation, deren Lösung wegen divergierender Vorstellungen vom Recht in
der Kirche kaum gelingen konnte. Schon die sachgerechte Anwendung des
Bannes als zur Konfliktlösung traditionell bereitstehender Norm war aufgrund des jeweiligen Verständnisses von Mt 18,15ff umstritten.

Auf Seiten der römischen Amtskirche sind im Zusammenhang des Verfahrens gegen Luther die Lösungsversuche der Bannandrohungsbulle Exsurge Domine,[3] die Bücherverbrennungen des Jahres 1520[4] wie die Bann-
bulle Decet Romanum Pontificum[5] zu beachten. Mit ihnen konnte die seit

---

[1] So der in der Bannandrohungsbulle verurteilte xxjv. Satz Luthers, DOKUMENTE
ZUR CAUSA LUTHERI II, S. 380; vgl. Satz xxjjj, über den Bann als tantum extreme pene.
[2] LUTHER, WA 7,406,12; Luther verteidigt den Satz gegen die Verurteilung.
[3] Text in DOKUMENTE ZUR CAUSA LUTHERI II, S. 364-411. Luther wird zum Wider-
ruf verschiedener, als ketzerisch beurteilter Aussagen innerhalb von 60 Tagen aufgefordert. Übrigens hatte schon die Ablassbulle Leos X. vom 14. September 1517 denjenigen
mit dem großen Bann bedroht, der die Ablasspredigt behinderte. Unterschieden vom
kleinen als Ausschluss von den Sakramenten bedeutete der große Bann die Aufkündi-
gung jeder Gemeinschaft mit dem Betroffenen. Luther anerkannte die Einsetzung eines
Bannes durch Christus, die er in Mt 18, I Kor 5, II Thess 3 und II Joh belegt sah, schon
1520 in „Ein Sermon von dem Bann“, WA 6,61-75.
[4] In Folge des unterbliebenen Widerrufs wurden am 8. und 15. Oktober in Löwen
und Lüttich, am 12. November in Köln lutherische Schriften verbrannt. Luther reagierte
am 10. Dezember mit dem Verbrennen u.a. der Bannandrohungsbulle.
[5] Text in DOKUMENTE ZUR CAUSA LUTHERI II, S. 457-467. Die politische Entscheidung der Reichsstände, den Bann zunächst nicht zu vollziehen, d.h. den Betroffenen
nicht ungehört zu verurteilen, sondern zum Verhör zu laden, schob das Geschehen auf.
Die Widerrufsverweigerung Luthers vor dem Reichstag in Worms führte zur Verhängung
der Reichsacht durch den Kaiser.

1518 betriebene Konfliktlösung im Jahr 1521 endlich als erreicht gelten: Nach dem Gespräch Cajetans mit Luther während des Reichstages in Augsburg und der Disputation zwischen Karlstadt, Luther und Eck in Leipzig sowie nach der öffentlichen Ermahnung durch die Bannandrohungsbulle[6] war in der causa Lutheri der in Mt 18 vorgegebene Instanzenweg eingehalten worden. An dessen Ende hatte die Exkommunikation zu stehen, die nun durch die Staatsmacht zu vollziehen war.[7]

5.2 Mt 18,15-17

5.2.1 Einleitung

Mt 18,15a.22 greift Überlieferungsgut aus Q 17,3f auf, in das der Evangelist weitere Stücke aus verschiedenen Überlieferungszusammenhängen integriert und zu einem praxisnahen Konfliktlösungsverfahren der Gemeinde erweitert.[8] In 18,15b-17 liegt eine ältere, judenchristlich tradierte Überlieferung vor,[9] die vergleichbar in Qumran und TestGad zu finden ist und von Mt mit Q 17,3 verbunden wurde. Die verschiedenen Traditionen verbindet der Rückgriff auf Lev 19,17 als eine zentrale biblische Konfliktlösungsstrategie.[10]

Vermutlich durch Mt wurde der Abschnitt 18,15-17 mit 18,18ff verknüpft,[11] wobei die Stellung von 18,15-17 im Kontext von c. 18 wie des

---

[6] Von Luther wurde die Übersendung eines von zwei Prälaten beglaubigten Widerrufes oder persönliches Erscheinen vor dem Papst unter freiem Geleit erwartet; vgl. DOKUMENTE ZUR CAUSA LUTHERI II, S. 400. Nachdem dies nicht fristgerecht erfolgte, drohte Exsurge Domine mit Exkommunikation.

[7] Die Reichsacht war der staatliche Vollzug der kirchlichen Exkommunikation. Im Reich funktionierte die Bann-Acht-Automatik allerdings nicht, weil der Bullenvollzug von Länderinteressen der Kurie abhängig war; BORTH, Luthersache, S. 125.

[8] Zur Traditionsgeschichte von Mt 18 SCHENK-ZIEGLER, Correctio fraterna, S. 296-309. Zum Verhältnis von Mt zu Q LÜHRMANN, Redaktion der Logienquelle, S. 110-118. εἰς σέ in Mt 18,15a könnte ursprünglich sein; DAVIES/ALLISON, ICC II, S. 782. Innere Gründe sprechen für seine Überlieferung.

[9] So schon BULTMANN, Geschichte, S. 151.383.

[10] Zur Reichweite des Begriffes Nächster BERGMEIER, „Und deinen Feind hassen", S. 122-128. Zur Verwendung biblischer Normen im NT ELLIS, Old Testament, S. 53-74.

[11] Parallelen der Struktur in 18,18.19f legen nahe, dass 18,19 von 18,18 her gestaltet wurde und dieses ursprünglich nicht mit 18,19f zusammengehörte. Für 18,18 und 16,19 ist davon auszugehen, dass beide Stellen nicht unabhängig voreinander zu verstehen sind; in der Regel wird in 18,19 die ältere Überlieferung erkannt. Mt folgt in 18,1-5.6-9 zunächst dem Faden Mk 9,33-37a.38-40.41 und baut in 18,10-14.15a.21f Q-Material in der Reihenfolge ein, die Lk 17,1f.3f.5-7 erhalten hat; in 18,15b-20 und 18,23-35 wird aus Sondergut ergänzt; ab 19,1 folgt Mt wieder dem Faden von Mk. Zur literarischen Struktur von Mt 18 KREIDER, Matthew's contribution, S. 30-88. Mt 18,1ff wird in der

Evangeliums überhaupt zu Fragen Anlass gibt. Gerade der Bezug auf
13,24-30 gilt als erklärungsbedürftig.[12] Intention von Mt 18,15-17 ist weniger die Überführung des Sünders als vielmehr die Rückgewinnung des
Bruders. Der Text ist als Aufforderung zur correctio um des Bruders willen ein Zentralabschnitt matthäischer Ethik,[13] wobei die Anwendung von
Mt 18,17b als ultima ratio einer innergemeindlichen correctio gilt.[14]

5.2.2 Zu Form und Inhalt von Mt 18,15-17

Formale Aspekte

Mt 18,15-17 ist als vierfach gegliederte Einheit erkennbar.[15] Die Zielanga-
be (Hören des Bruders) und die positive Qualifizierung der Ermahnung
(Rückgewinnung des Bruders) von 18,15 sind entsprechend auch in 18,16
und 17 zu ergänzen.[16] Nur die Begründung in 18,16c scheint die systematische Textfolge zu stören. Wurde sie stichwortartig zu 16b ergänzt?[17] Die
Verwendung von ἵνα dort zeigt, dass 18,16c weniger Zitat als sprachlicher
Ersatz für einen konsekutiven Infinitiv ist.[18] Die Aussage von 18,15f wird
dadurch logisch abgesichert, das Ziel von 18,15 durch 18,16c interpretiert.

Verwendung biblischer Normen ist in Mt 18,15-17 fast durchgängig zu
beobachten. Steht in 18,15 Lev 19,17LXX im Hintergrund und Dtn 19,15b

---

Regel (in Anlehnung an die Gattungsbestimmung für Mk 9,33-50) als Gemeindeordnung
bzw. Gemeindekatechismus betrachtet.

[12] LUZ, Jesusgeschichte, S. 123. LUZ, EKK I/3, S. 41f.47, nennt Modelle zum
Verständniss von 18,15ff: 18,15-17 spricht von Rückgewinnung, nicht vom Ausschluss
aus der Kirche (Gnade-Modell); in 18,15-17 ist Exkommunikation ultima ratio (Grenz-
fall-Modell); mit 18,20 ist der Abschnitt vom Bundesgedanken her zu verstehen (Bun-
destheologie-Modell); in 18,15-17 kommen Gegensätze zum Ausdruck, die ein traditi-
onsorientierter Redaktor stehen lässt (Inkoheränz-Modell). In der Wirkungsgeschichte
wurde 18,15-18 in den Dienst göttlicher Pädagogik gestellt (Erziehungs-Modell).

[13] Vgl. PATTE, Matthew, S. 253: „In the process, what is emphasized is not the sin-
ner's ... but the disciples need. The disciple is in need of brothers and sisters."

[14] ERLEMANN, Gleichnisauslegung, S. 239. Der Vollzug der correctio wird oft Exkommunikation genannt, zudem wird darauf hingewiesen, dass eine jüdische Wertung
von ὁ ἐωνικὸς καὶ ὁ τελώνης vorliegt. Man wird nicht die lukanische Wertschätzung
eintragen wollen, aber womöglich kommt die Diskussion der Wortbedeutung bei Mt zu
einem anderen Urteil; GARLAND, Reading Matthew, S. 192: „one may assume that the
church is now to relate to the offender as one who is to be evangelized".

[15] Die Versteile 18,15ab, 16ab, 17ab und 17cd weisen jeweils die Struktur Bedin-
gung und Folge (als Imperativ) auf. 18,15cd formuliert das, 18,16c die Begründung.

[16] 18,16f hat kasuistischen Stil. Zur Redeweise vgl. BLASS/DEBRUNNER/REHKOPF,
Grammatik, § 483: Brachylogien.

[17] BULTMANN, Geschichte, S. 151.

[18] Im Mt leitet das 29 x vorkommende ἵνα nirgends ein AT-Zitat ein (anders in der
Zitatformel 1,22; 2,15; 4,14; 13,35; vgl. auch 2,17; 8,18). Der biblische Text dürfte den
Adressaten bekannt gewesen sein und wird auch ohne eigene Begründung - etwa durch
Markierung als Zitat - Normcharakter gehabt haben.

in Mt 18,16, so bleibt zu prüfen, ob für 18,17 ein vergleichbarer Bezug sinnvoll und möglich ist.[19] 18,15-17 gehört in den Zusammenhang jüdischer Überlieferung: In einer Halacha[20] wird eine standardisierte Handreichung für die Praxis der Konfliktlösung einer Gemeinschaft gegeben, die biblischer Tradition verpflichtet ist.

Für die Konfliktlösungsbemühungen der Gemeinschaft des Mt bedeutet dies, dass sie auf einen strukturierten Lösungsweg zurückgreifen kann. Konfliktlösung und rechtliche Regelung stehen dabei in einem direkten Zusammenhang, die Konfliktlösung erfolgt konkret durch die - eben auch rechtlich relevante - Anwendung biblischer Normen.[21]

Inhaltliche Beobachtungen

Nach Mt 18,15 ist im innergemeindlichen Miteinander ein Auftreten von Konflikten möglich, das mit ἁμαρτάνειν begründet wird.[22] Für den Konfliktfall schlägt 18,15-17 eine mehrstufig geregelte Vorgehensweise vor. Als Handelnder aufgerufen wird das Gemeindeglied, das (als Objekt?) vom ἁμαρτάνειν eines ἀδελφός Kenntnis erlangt.[23]

Im Zweiergespräch mit dem Konfliktverursacher ist dieser zu ermahnen. ἐλέγχω als seelsorgerlicher terminus technicus[24] zeigt, dass eine ein-

---

[19] LXX schränken mit der Wiedergabe von גֵּר durch προσήλυτος das weitere Verständnis von Lev 19,33fMT (im Land lebende Fremde) auf zum Judentum übergetretene Fremde ein. OTTO, Ethik, S. 243-248, weist auf den rechtlichen Rahmen von Lev 19,17f in der Torah hin.

[20] TRILLING, Das wahre Israel, S. 117, beschreibt Halacha als zeichenhafte, oft in drei Gruppen gegliederte Aufzählung, die in sprachlich stereotyper Rede der Belehrung dient. Ihre Herkunft aus jüdischer Tradition ist evident, Tradierung in judenchristlichen Kreisen wahrscheinlich; vgl. Mt 5,22; 5,34-36; 23,8-10; 23,20-22. Interessant ist die Frage, welchen Rückschluss die Verwendung der Form auf die innergemeindliche Situation des Mt erlaubt. HUMMEL, Kirche und Judentum, S. 56-75, vermutet etwa im Mt eine Auseinandersetzung einer pharisäischen Richtung mit einer antinomistischen Strömung.

[21] Mt entwickelt zudem in 18,17cd eine Verfahrensweise für den Fall nicht gelingender Konfliktlösung. Die Anrede in der 2. Person Singular in 18,15ff muss nicht verwundern, eine solche ist rechtlich präzise, vgl. CRÜSEMANN, Tora, S. 233, zu Ex 20,23.

[22] LUZ, EKK I/3, S. 42: ἁμαρτάνω „ist ein offenes, bislang im Matthäusevangelium nicht in bestimmter Weise definiertes Wort." Lk 17,3 zeigt, dass die Terminologie traditionell sein könnte, vgl. Mt 18,6.8f. Ist für die Bedeutung von ἀδελφός in Mt 18,15 zwischen der Vorlage in Q (Nächster?) und Mt (Glaubensbruder) zu unterscheiden? Vgl. so auch in CD VI,20, VII,1f u.ö. ἁμαρτία in Mt 1,21; 3,6; 9,2.5f/Mk 2; vgl. Mt 12,31 mit der dort genannten Ausnahme; 26,28. ἁμαρτωλός als Zielgruppe 9,10f.13; 11,19; andere 26,46.

[23] ὕπαγε, hier wie oft mit folgendem Imperativ, kann als deliberativer Plural zur Selbstaufforderung verstanden werden; die Verwendung von ὕπαγε in Heilungsgeschichten im NT ist bemerkenswert.

[24] Mit Akkusativ der Person jemandem seine Sünde vorhalten und ihn zur Umkehr auffordern; im NT (nach 70) Beschreibung kirchenleitenden Handelns?

seitige Konfliktlösung erwartet wird. Sofern der Konfliktverursacher der Ermahnung folgt, ist er zurückgewonnen.[25]

Nur im Fall der Verweigerung des Konfliktverursachers ist nach 18,16 ein weiterer Schritt erforderlich.[26] Durch den Rückgriff auf die biblische Rechtsnorm der Bewahrheitung einer Aussage durch mindestens ein Zeugenpaar wird der Konfliktverursacher in ein (als Muster gedachtes?) prozessähnliches Verfahren hineingestellt.[27]

Nach 18,17 ist wieder nur im Fall der Verweigerung des Konfliktverursachers ein dritter bzw. vierter Schritt gegen diesen nötig. Die Konfliktlösung erfolgt nun - inhaltlich unverändert, formal neu akzentuiert - im öffentlichen Rahmen, den ἡ ἐκκλησία als Versammlung von ἀδελφοί darstellt.[28] Schließlich kommt es im Fall bleibender Verweigerung des Konfliktverursachers zur gewünschten Konfliktlösung durch Verhaltensänderung von ἡ ἐκκλησία: Dem nunmehr vielfach misslungenen Versuch der Gewinnung des Konfliktverursachers folgt die Abgrenzung durch die Gemeinde, die in der Regel als Trennung vom Konfliktverursachers verstanden wird.[29] Die Gemeindeglieder betrachten den Konfliktverursacher dann entsprechend als ἐθνικός bzw. τελώνης und nicht mehr als ἀδελφός σου.

---

[25] Zu κερδαίνω mit eschatologischem Hintergrund vgl. I Kor 9,19-22; I Petr 3,1; wegen des Aorists in Mt 18,15 wird man aber auch an präsentische Konnotationen denken. Die Ermahnung unter vier Augen sollte dauerhaft sein; zum Umgang mit wiederholten ἁμαρτάνω vgl. Mt 18,21f.

[26] παρακούω mit Genitiv der Person oder Sache bezeichnet das Phänomen, dass eine Person nebenbei hörte, was nicht für sie bestimmt war (Mk 5,36), oder (Mt 18,17; Lk 5,5v.l.) ein ungehorsam sein eines Menschen im Sinn von nicht hören auf.

[27] Zu Dtn 19,15 im NT (aus hellenistischer Tradition?) vgl. Mk 14,56; Joh 8,17; II Kor 13,1; I Thess 5,19. Jüdische Auslegung der Zeugenregel diskutierte nach JACKSON, „Two or three witnesses", S. 153-171, ob 2 oder 3 Zeugen 2 als Minimum oder 3 als Maximum versteht. SCHENKER, Zeuge, S. 3-6, verweist auf die Pflicht des Zeugen zur Aussage. Vom Kontext eines Prozesses ist auch die Bedeutung von ῥῆμα zu erhellen: Die in Mt 18,15-17 gebotene Halacha trägt juridische Züge.

[28] Insgesamt bleiben Fragen offen, den Ablauf betreffend. Da nur die Instanzen der Befragung des Sünders wechseln, soll die Gewinnung des Konfliktverursachers dadurch erfolgen, dass er vor ein immer wichtigeres Forum gestellt wird?

[29] Einspruch gegen diese Wertung von Mt 18,17 ist angebracht, weil zu prüfen ist, ob bei Mt wirklich ein durchweg negatives Bild der genannten Gruppen gezeichnet wird: Vgl. Mt 5,46.47 v.l.; 21,31f für τελώνης als Negativbeispiel der Gebetspraxis; 9,10f; 10,3; 11,19 für die Zuwendung Jesu zu diesen. Ist die negative Wertung der τελώνης im Mt durch diese Zuwendung zu ihnen aufgehoben? Vgl. HERRENBRÜCK, Jesus und die Zöllner, S. 249: Mt nimmt „in 18,17b im Blick auf die Gemeinde in Syrien am Ende des 1. Jahrhunderts n. Chr. die Intention der Sendung Jesu zu den τελῶναι" auf. Die gegenwärtige Stellungnahme der Gemeinde zum Konfliktverursacher ist in ein Verhältnis zu setzen zu ihrer zukünftigen Haltung ihm gegenüber. Zum Handeln der ἐκκλεσία in diesem Zusammenhang gehört auch die Bemühung um πάντα τὰ ἔθνη, Mt 28,19; vgl. aber auch 24,14 eher negativ, zusammen mit τελῶναι in Mt 5,46f.

5.2.3 Mt 18 als Rahmen

Mt 18,15-17 kommt in der Komposition von c. 18 als Beginn des zweiten Teils der Antwort Jesu auf die Jüngerfrage von 18,1b zu stehen. Unter dem Stichwort ἁμαρτάνω wird der Umgang mit dessen Auftreten in der Gemeinde eingeübt.[30]

18,18 bietet eine theologische Bekräftigung des Verfahrens von 18,15-17 und unterstreicht dabei die Verbindlichkeit gemeindlichen Handelns.[31] Zur Norm gehört auch die Frage nach dem Umgang im Fall ihrer Missachtung wie die nach ihrer Begrenzung.[32] Durch die chiastische, Gleichwertigkeit andeutende Gegenüberstellung von Rückgewinnung (Lösen) und Uneinsichtigkeit (Binden) eines ἀδελφός in 18,18 gewinnt letztere Option allerdings gegenüber 18,15-17 deutlich an Gewicht. 18,21f bezeugt eine weitergehende Systematisierung des Themas, die in Richtung auf die Frage nach der Wiederholbarkeit des Verfahrens von 18,15-17 zielt. Die Frage wird positiv beantwortet.[33]

Für 18,15-17 ist somit im Kontext von c. 18 eine Akzentverschiebung erkennbar. Die als ultima ratio verstehbare Konfliktlösung von 18,17cd wird derart weitergeführt, dass weniger die Rückgewinnung des Sünders als Primärziel gemeindlichen Handelns erscheint, sondern eine jeweils angemessene Stellung zu ihm gesucht wird.[34]

Im Kontext von c. 18 wird auch die eschatologische Dimension von 18,15-17 deutlich. Diese Dimension wurde in der Jüngerfrage in 18,1b schon mit deren Zielperspektive βασιλεία τῶν οὐρανῶν beschrieben. Durch die folgende Antwort Jesu auf Situationen der Gemeinde stilisiert c. 18 die matthäische Gemeinde zudem als Adressatin jesuanischer Redever-

---

[30] 18,2-14 hatte die Jüngerfrage von 1b zur Situation der Nachfolge (Stichwort μείζων) durch den Verweis auf das Vorbild der παιδία (2-5), die Warnung vor Ärgernis (6-9) und das Gleichnis (10-14) beantwortet; Leitwort dieses Abschnitts: μικρός. 15-35 ergänzt dies um das Leitwort ἁμαρτάνω: Nach Gemeinderegel (15-17), Binde- und Lösewort (18), Bedeutung der Zeugenregel (18,19-20) und Sentenz vom Vergeben (21-22) schließt der Abschnitt wieder mit einem Gleichnis (23-35).

[31] Urteilende Instanz in 18,16-17 wie in c. 18 überhaupt sind οἱ ἀδελφοί, als Gruppe von 2/3 Zeugen oder in Versammlung als ἐκκλησία. Auch ὁ ἀδελφός von Mt 18,15 steht m.E. pars pro toto.

[32] Gerade als ultima ratio braucht 18,17cd den Zusammenhang mit 18,15-17ab, auch die Verbindung mit 18,18 dient diesem Zweck: 18,17cd ist eingerahmt von Sicherungen gegen eine unsachgemäße Einschränkung (18,15-17ab: Ziel ist Rückgewinnung; 18,18 Lösen) wie gegen eine unzulässige Ausweitung (18,15-17ab: Eskalation bei fehlender Einsicht; 18,18 Binden) der Konfliktlösung.

[33] Setzt 18,21f ein Verständnis von 18,15-17 voraus, das nicht durch Zusammenschau mit 18,18 geprägt ist? Durch 18,21f könnte der Eindruck aus 18,18 korrigiert sein, der innergemeindliche Umgang mit Konflikten sei eine Vorwegnahme des eschatologischen Gerichtes Gottes über die Sünde.

[34] Diese kann in der Anwendung von 18,15-17 liegen bzw. im Binden/Lösen, 18,18.

kündigung.[35] Der Gemeinde ist nach 18,15ff ein Umgang mit ἁμαρτάνω in der Gemeinde aufgegeben, welcher βασιλεία-gemäß sein soll. Bemerkenswert bleibt bei alledem, dass das Vorkommen von ἁμαρτάνω nicht in Abrede gestellt wird und der überwindende Umgang damit eingeübt wird.

5.2.4 Rechtlich orientierte Konfliktlösung in Mt 18

Konfliktlösung und Rechtsfindung gehören in Mt 18,15-17 eng zusammen, was sich auf der Ebene von Mt 18 spiegelbildlich abbildet: 18,15 greift für die innergemeindliche Konfliktlösung auf vorliegende biblische Rechtsnormen zurück und stellt seinerseits - vermittelt durch sprachliche Signale eines rechtlich relevanten Umgangs mit Konflikten - in seinem Kontext selbst eine Rechtsnorm dar, die dort interpretiert bzw. präzisiert wird.[36] Durch Mt 18,15-17 wie durch c. 18 insgesamt soll in der Gemeinde eine Konfliktlösung eingeübt werden, die sich als eschatologisch qualifizierte Rechtsnorm beschreiben lässt: Bei innergemeindlicher Konfliktlösung ist von den Beteiligten ein Verhalten gefordert, das biblischer Tradition der Konfliktbewältigung entspricht, explizit durch Jesu Autorität gestützt ist und inhaltlich als βασιλεία-gemäß zu erkennen sein soll.

5.3 Zeitgenössische jüdische Überlieferung

5.3.1 Texte aus Chirbet Qumran und der Kairoer Geniza

Bald nach Beginn der Veröffentlichung der seit 1947 nahe Chirbet Qumran gefundenen Handschriften zeichnete sich für deren religionsgeschichtliche Einordnung eine Übereinstimmung ab. In Folge der Interpretation von Höhle 1 als Geniza wurde vermutet, dass diese „eine Einrichtung der Sekte der Essener" sei, deren Sitz „an der Westseite des Toten Meeres in der Nähe von En Gedi" lag.[37] Durch die Funde der Höhlen 1 bis 11 wurde

---

[35] Nach LUZ, Jesusgeschichte, S. 90.102, sind die Reden „zum Fenster hinaus gesprochen". Indem Gemeinde tut, was Jesus ihr aufgetragen hat (c. 5-7; 8f) und weiter verkündet, was er verkündet hat (c. 5-7), realisiert sie die in 18,1b angefragte βασιλεία. Dies wird innergemeindlich konkret in 18,2ff. Davon zu unterscheiden ist die Scheidung der Menschen qua Verhalten (etwa μικροί gegenüber) im Eschaton. Entsprechend schließen die Reden in Mt eschatologisch; GNILKA, Die frühen Christen, S. 308.

[36] In Mt 18,15f waren durch den Bezug auf Lev 19 und Dtn 19 Normen zur Konfliktlösung vorausgesetzt; in 18,17 ist eine vergleichbare Norm nicht erkennbar. Durch 18,15-17 entsteht eine Konfliktlösungsstrategie, die ihrerseits dann normativ wird bzw. als Norm zur Konfliktlösung verwendet wird.

[37] So Eleazar Lipa Sukenik schon 1948, zitiert bei DEXINGER, 45 Jahre Qumran, S. 33. In neuerer Zeit blieb die Möglichkeit einer Beziehung der Texte zu den Essenern unbestritten, ihre Notwendigkeit wurde aber verneint; TALMON, Bedeutung der Qumranfunde, S. 117-121. Für das Verständnis der Tradenten ist deren Selbstbezeichnung hilf-

zudem ein inhaltlicher Zusammenhang der Texte mit der in der Geniza der Kairoer Esra-Synagoge entdeckten Damaskusschrift[38] erkennbar. Die Beziehung von CD zu den Texten aus 1Q wurde im Kontext der innerjüdischen Entwicklung durch inhaltliche bzw. soziologische Differenzierung der Adressaten der Texte hergestellt.[39]

1QS als דחיה רפס דרס und CD lassen eine intensive Beschäftigung mit innergemeindlich akuten Konflikten und deren möglicher rechtlicher Regelung erkennen.[40] Bezeichnend ist dabei die Bedeutung von Abgrenzung schon für das Selbstverständnis der jeweiligen Gruppe,[41] das sich u.a. in dualistischen Theologumena zur Deutung der eigenen Geschichte manifestiert.[42] Aufgrund der bereits in der Vergangenheit durch Abgrenzung erfolgten Konstituierung der Gruppe war auch für ihr Fortbestehen zu erwarten, dass sie sich eine an Abgrenzung orientierte Ordnung gibt.[43]

---

reich: in 1QS יחד aus CD VIII,21 u.a. könnte der Bezug auf Damaskus herangezogen werden; nach CD VIII,21, IX,2f u.ö. könnte eine Selbstbezeichnung in der Wendung „Männer, die in den neuen Bund eingetreten sind" zu finden sein: בְרִית erscheint als zentrale Kategorie der Geschichtsdeutung von CD II,2-VIII,21; MAIER, Zwischen den Testamenten, S. 276-283.

[38] Zu deren Fundgeschichte LOHSE, Texte, S. 63. Zu CD-Fragmenten in 4Q MAIER, Texte I, S. 1.

[39] Inhaltliche Differenzierung: Die Gruppe habe sich in eine nicht-monastische (vgl. CD) und eine monastische Richtung (vgl. 1QS) entwickelt; MAIER/SCHUBERT, Qumran-Essener, S. 42. Soziologische Differenzierung: Die Texte entstammten verschiedenen Gruppierungen; STEGEMANN, Essener, S. 206-213, für die Zeit vor der Entstehung der sog. essenischen Union. Es findet sich zudem die These einer frühen Abspaltung der konservativen Richtung, die sich auf CD VI,5 stützt; BURGMANN, Geschichte, S. 71-81; zumal in den Höhlen 4-6Q Fragmente entdeckt wurden, die CD nahe stehen dürften. Zur Literar- und Redaktionskritik in 1QS vgl. METSO, The textual development, S. 151-155.

[40] 1QS I,1, die Bezeichnung dort ist zu ergänzen aus 1QS I,16; V,1 und 4Q 255 Frg. 1,1-6. Vgl. Damaskus in CD in VI,5.19; VII,14-15.18-19; VIII,21; XIX,34; XX,12. DAVIES, The birthplace, S. 509-519: mögliche Bezüge von Damaskus sind Tempel bzw. Wüste (Chirbet Qumran?).

[41] Vgl. etwa 1QS V,15-18; auch die Trennung vom Jerusalemer Tempel durch den Lehrer der Gerechtigkeit gehört dazu; LOHSE, Texte, S. XIII; dazu Fragmente von 4QMMT, die möglicherweise den in 4QpPs37 IV,6-8 erwähnten Brief des Lehrers der Gerechtigkeit an den Frevelpriester wiedergeben. Als wahres Israel und Bund ausgezeichnet, das endzeitliche Gottesvolk repräsentierend distanzierte sich die Gruppe von Repräsentanten jüdischer Religion im Land und in der Stadt Jerusalem. Dass die Distanzierung auch räumlich erfolgte, zeigt die Verwendung von Jes 40 in 1QS VIII,12-14.

[42] So in der Bezeichnung „Söhne des Lichtes", 5x in 1QS, u.a. I,9; „Söhne der Finsternis", 1QS I,10; vgl. III,21. Der Dualismus ist breit ausgeführt in 1QS III,18-IV,1 und 1QM I,1ff. In CD ist der Dualismus weniger terminologisch nachweisbar, lässt sich aber inhaltlich aufzeigen, etwa in I,1-17. Kriterium ist dabei vor allem der Gehorsam den Geboten gegenüber, CD XIX,1-14 u.ö.

[43] Die Ordnung wird an die Gebote als höchste zu erreichende Autorität gebunden. Zu möglichen Verstößen gegen die Ordnung vgl. WEINFELD, The organizational pattern,

Konfliktlösung durch rechtliche Regelung in 1QS und CD

Der Blick auf einschlägige Äußerungen in 1QS und CD lässt einen Umgang mit Konflikten erkennen, der neben grundsätzlicher Übereinstimmung im konkreten Verfahren auch eigene Akzente der einzelnen Texte sichtbar macht.[44] Der dem Volk von Gott aufgegebene Gebotsgehorsam soll in der Gemeinschaft in besonderem Maß verwirklicht werden.[45]

Dieses Kriterium führt zu einem im Konfliktfall je nach Vergehen differenzierenden Vorgehen mit formal vergleichbarer Struktur: Neben der Zurechtweisung des konfliktverursachenden אח möglichst noch am Tag der Tat, ohne Zorn und nicht um Rache zu üben,[46] ist auch eine Bewahrheitung der Zurechtweisung durch Zeugen bzw. deren Zeugnisse bekannt.[47] Endlich kann - nach 1QS vor versammelter Gemeinde; nach CD durch eine Art amtierenden Aufseher?[48] - der Ausschluss über den Konfliktverursacher verhängt werden, der dann zeitlich befristet erfolgt und

---

S. 34-38: abuse of high ranking members and of the priest; abuse of members in the sect; abuse of member's or sect's property. Entsprechend differenziert müssten die Sanktionen sein. Weinfeld weist auf die Organisation hellenistischer Gilden bzw. Kultvereine hin. Denkbar wäre auch die priesterschriftliche Lagerordnung; LOHSE, Texte, S. 64.

[44] 1QS V,23-VI,1; VI,24-VII,25; VIII,15-19.20-IX,2; IX,12-16; X,18-21. CD VI,19-VII,4; IX,1-22; XII,2-6; XIV,11f. HUNZINGER, Beobachtungen, S. 262, erkennt eine allmähliche Milderung anfangs rigoroser Ordnungen bzw. eine Abschleifung eschatologischer Spannung. Nach METSO, The textual development, S. 124-128, ist 1QS aber als Textbasis zu schmal, um Tendenzen zu belegen.

[45] Die biblische Tradition ist neben dem Rückgriff auf Mose als Empfänger der Gebote präsent v.a. in den AT-Zitaten in 1QS und CD, vgl. CD IX: Lev 19,17.18; Nah, 1,2; I Sam 25,26. Zu Mose als Garant der Tradition 1QS I,3; V,8; VIII,15.22; CD V,8.18.21; VIII,14; XV,2.9.12; XVI,2.5; XIX,26. Zum Gebotsgehorsam in diesem Zusammenhang CD IX,2f; 1QS V,25; vgl. 1QS VII,4f u.ö. Damit sind die Gebote als zentrale Norm für die Regelung des innergemeindlichen Zusammenlebens deutlich.

[46] Terminologisch für zurechtweisen: יכח (hifil), Lev 19,17 u.ö., 1QS V,14.26; IX,16f; vgl. X,11. CD VII,2; IX,3.7f.28; XX,4.17. Zur Sichtweise des Konfliktverursachers als אח vgl. 1QS VI,10.22. Zum Zeitpunkt der Zurechtweisung vgl. CD IX,22; 1QS V,26; ist die Angabe auf den Tag ihres Bekanntwerdens zu beziehen? 1QS VI,24-VII,25 ordnet mögliche Vergehen nach dem Strafmaß von 1 Jahr bis hin zu 10 Tagen Ausschluss als Mindeststrafe. Dann werden schwerwiegendere Fälle stichwortartig angefügt. Am Schluss stehen einzelne besonders gravierende Verstöße (Strafe: dauernder Ausschluss). 1QS VI,16f; VIII,17 ist als weitere Sanktionsmöglichkeit ein Ausschluss aus der Mahlgemeinschaft erkennbar. CD ist nur in besonders schweren, todeswürdigen Fällen am Strafmass interessiert, vgl. CD IX,1-4.

[47] Die Mehrzahl der Zeugen von 1QS VI,1 ist in der genannten Konfliktsituation wichtig. Die Mehrzahl der Zeugnisse von CD IX,16-21 weist m.E. auf eine Mehrzahl der Vergehen, der Konfliktverursacher ist als Wiederholungstäter zu sehen. Vgl. NEUSNER, «By the testimony of two whitnesses», S. 197-217.

[48] So HUNZINGER, Beobachtungen, S. 258f, zu CD XIII,11-13; XV,7ff. Das Amt wird in 1QS erwähnt, ohne dass die Funktion erkennbar wäre; SCHIFFMAN, Reclaiming the Dead Sea scrolls, S. 282-287.

bei dem die Möglichkeit der Wiederaufnahme - nach einer angemessenen Zeitspanne - vorgesehen ist.[49]

Die innergemeindliche Konfliktlösung erfolgt in rechtlich geregelter Weise, wie das vorgegebene Verfahren zeigt. Der in der Vergangenheit liegende Konflikt, der zur Konstituierung der Gruppe wie zu ihrer Abgrenzung von anderen führte, erscheint zur Rechtsnorm weiterentwickelt und rechtlich ausgestaltet: Konfliktlösung erfolgt durch Abgrenzung, konkret in Form des Ausschlusses des Konfliktverursachers aus der Gemeinschaft. Im Rahmen der rechtlichen Regelung von innergemeindlichen Konflikten werden mögliche Konfliktsituationen in breiter Differenzierung und kasuistischer Systematisierung aufgelistet (besonders in 1QS) und auf die Gruppengeschichte bezogen (besonders in CD). Die jeweils vorgesehene, strukturell einseitige Konfliktlösung garantiert die Stabilität der Gemeinschaft, in deren Umgang mit Konflikten sich auch jede potentielle neue Konfliktsituation integrieren ließe.[50]

5.3.2 TestGad IV,3f und VI,3-7

Die für die Sammlung der Testamente der zwölf Patriarchen oft favorisierte Spätdatierung in die Zeit um 200 legt nahe, in den Texten neben jüdischem und hellenistischem Material auch Einflüsse (juden-)christlicher Redaktion zu suchen.[51] Ein Vergleich der Texte mit Traditionen aus Mt 18 und 1QS/CD ist deshalb nur unter Vorbehalt möglich.

---

[49] Die Mehrzahl der aufgelisteten Vergehen hat temporären Ausschluss zur Folge, 1QS VI,14-VII,25; vgl. CD XII,3. 1QS beschreibt systematisch verschiedene schwere potentieller Vergehen und gibt dazu jeweils ein Strafmaß an. CD IX,16-21 markiert das Geschehen formal als Prozess, in dem auf ein Vergehen die Anzeige folgt, eine Bewährungsgelegenheit vorgesehen und im Wiederholungsfall die Verurteilung zwingend ist. Als Vergehen wird in CD Ungehorsam gegenüber dem Gebot sichtbar. Inhaltlich ist der Bewährung in 1QS größerer Raum gegeben, wobei CD (anders 1QS) kaum Fälle kennt, die als unwiderruflich gelten müssen, vgl. CD XX,1-8. CD wie 1QS sehen vor, auch die Nichtbeachtung der Konfliktlösungsstrategie durch den Konfliktverursacher wie durch die richtende Instanz zu sanktionieren.

[50] Aufgrund des differenzierten Strafenkatalogs kann man bei einzelnen Bestimmungen konkrete Erfahrungen der Gemeinschaft vermuten, vgl. etwa 1QS VII,10-12. Der Umgang mit Konflikten in 1QS/CD ist m.E. in sich konsistent und selbstreferenziell, weshalb man für 1QS und CD insgesamt von einem geschlossenen System von Konfliktlösung reden könnte. Nach SCHEUERMANN, Gemeinde im Umbruch, S. 87-93, ist die Gemeinschaft der Qumran-Essener in ihrer äußeren Gestalt antiken Vereinen vergleichbar, habe auch ähnlich auf Fehlverhalten reagiert. Dies wäre noch zu präzisieren.

[51] DE JONGE, Paränese, S. 538-550, mahnt für TestXII als Quelle jüdisch-christlicher Ethik zur Vorsicht, insofern die Texte nur „in gründlich überarbeiteter Form" überliefert sind. Zu TestXII und Mt 18,15-17 DAVIES/ALLISON, ICC II, S. 786. SCHEUERMANN, Gemeinde im Umbruch, S. 163f, vermutet einen Traditionszusammenhang zwischen Lk 17,3 und TestGad VI,3, der m.E. weisheitlich begründet wäre, insofern es Klugheit gebietet, sich nicht zur Gebotsübertretung hinreißen zu lassen.

Inhaltlich bieten die Texte der TestXII fingierte Abschiedsreden der Ja-
kobssöhne, denen thematisch spezifizierte Mahnungen zugeordnet sind:
Im Rückblick qualifiziert der jeweilige patriarchale Sprecher ein bestimmtes Ereignis seines Lebens als Sünde, vor der er seine Familie bewahren
möchte. So warnt Gad, neunter männlicher Nachkomme Jakobs, seine
Söhne in TestGad vor dem Hass und seinen Folgen.[52]

TestGad IV,3f

Der Abschnitt verwendet eine Tradition, die schon in Lev 19 zu finden ist.
Hass wird als Übertretung des Gebots der Liebe gegenüber einem πλησίον
aufgefasst. Nachdem das Gebot in IV,2 angeklungen ist, zielen in IV,3f
angeschlossene Konkretionen auf dessen Erfüllung: Auch in Konflikten
und ihrer Bewältigung ist Hass möglichst zu vermeiden.[53]

Im konkreten Verfahren zur Konfliktlösung wird das Vergehen von ὁ
ἀδελφός vor die urteilende Instanz τοῖς πᾶσιν als die Versammlung der
rechtsfähigen Männer des Ortes gebracht. Würde Hass in diesem Zusammenhang eine Rolle spielen, bestünde die Gefahr, dass man eine Verurteilung des Angeklagten nur um der Verurteilung willen ausspräche, nicht
die einzelne Gebotsübertretung als solche sanktionierte. Damit hätte man
nun seinerseits das Gebot letztlich missachtet.[54] Ein hypothetischer Fall
unrechtmäßiger Sanktionierung des Gebotsverstoßes durch δοῦλος τις
ergänzt diese Überlegungen noch, könnte eine solche Sanktionierung doch
dazu führen, dass der Hass sich dann gegen τὸν κύριον αὐτοῦ wendet -
was man klugerweise vermeidet.[55]

TestGad VI,3-7

Der Abschnitt konkretisiert noch einmal das in VI,1f als explizite Ermahnung ausgesprochene Gebot der Hass vermeidenden Liebe gegenüber ἡ

---

[52] Texte: TestGad IV,3f und VI,3-7; vgl. II,1-5. Kommentar bei HOLLANDER/DE
JONGE, The testaments, S. 320-337; AUGENSTEIN, Liebesgebot, S. 166-170.

[53] Im Fall der Verfehlung von verschiedenen Personengruppen, genannt werden ὁ
ἀδελφός und δοῦλος τις - warnt TestGad vor Gebotsübertretung durch Konfliktlösung.
Die Gebotsübertretung ist sprachlich markiert mit πταίσῃ (v.l. πέσῃ); intendiert ist ein
Verstoß gegen Lev 19,17, aber auch eine allgemeinere Interpretation von πταίσῃ ist
möglich, vgl. Sir 37,12. Nach KONRADT, Christliche Existenz, S. 179f, zitierten TestGad
nicht Normen, sondern wollen die Torah vergegenwärtigen.

[54] Mt 18,17 macht die Konfliktlösung vom Verhalten des Konfliktverursachers in
der Konfliktlösung und in Zukunft abhängig, TestGad geht weiter: Zurechtweisung soll
nicht von Hass, Gewalt oder Selbstgerechtigkeit geprägt sein. Deutlich ist die Idee einer
sich selbst regulierenden Konfliktlösung.

[55] Falsch geübte, etwa durch Hass motivierte Zurechtweisung trägt in sich die Gefahr, nur wieder Hass zu erzeugen. Deswegen ist es nach TestGad IV in dieser Situation
besser, auf Zurechtweisung zu verzichten.

πλησίος: In bestimmten Fällen kann die Erfüllung des Gebotes zu der Maxime führen, besser auf eine weitergehende Auseinandersetzung mit einem uneinsichtigen Konfliktverursacher zu verzichten. Wenn auf Seiten des Konfliktverursachers μετανοέω und ὁμολογέω möglich sind, soll ihm vergeben werden. Wenn dieser beim ἀρνέομαι bleibt, ist Zurückhaltung angeraten, um nicht selbst zu sündigen.[56] Eine solche Zurückhaltung ist - neben der auch anderswo zu findenden Bereitschaft zur Vergebung und der logischerweise geforderten Verschwiegenheit, die es während der Konfliktlösung zu achten gilt - als Spezifikum in TestGad zu erkennen. Wer Zurechtweisung leisten will, darf sich im ganzen Verfahren der Konfliktlösung nichts zu schulden kommen lassen, was dem Konfliktverursacher die Annahme der Zurechtweisung erschweren würde.[57] Eine derartige Zurückhaltung kann bedeuten, dass Konflikte zwischen den Menschen nicht gelöst werden können. Die Herbeiführung von ἐκδίκησις wird dann Gott überlassen bleiben.[58]

5.4 Mt 18,15-17 im Kontext des Evangeliums

Für Mt 18,15-17 lassen sich neben den inhaltlichen Parallelen in jüdischen bzw. (juden-) christlichen Texten auch terminologische Verbindungen zu seinem Kontext im Mt und der Theologie des Mt herstellen. Durch die anhaltende Diskussion um den Bezug von 18,15ff auf 13,24ff ist auch dieser Abschnitt des Mt als Untersuchungsgegenstand vorgegeben.[59]

5.4.1 Mt 13,24-30.36-43

Der Abschnitt hat in der Geschichte seiner Auslegung verschiedene Deutungen erfahren.[60] In neuerer Zeit wurde zwar der Sitz im Leben von Mt

---

[56] Vgl. ἀρνέομαι im NT von Glaubensabfall (I Joh 2,22), beim Lossagen von Christus (Mt 10,33; Lk 12,9 u.a.), für die Verleugnung durch Petrus (Mt 26,70.72; Mk 14,68.70; Lk 22,57, Joh 13,38; 18,25.27). Die Sünde des Zurechtweisenden bestünde für TestGad in einer Zurechtweisung, die den Konfliktverursacher so bedrängte, dass er zur Verteidigung seiner Position falsch schwören würde. Davor ist er zu bewahren, auch wenn dies bedeuten sollte, sein Verhalten ungestraft zu lassen.

[57] Zu Beschämung und Provokation käme Missachtung der Verschwiegenheit, vgl. TestGad VI,5 nennt Folgen dessen. Ist auch Mt 18,15f an Verschwiegenheit gedacht?

[58] In TestGad kann zum Verzicht auf eine Konfliktlösung aufgrund der Gefahr möglicher Konfliktverschärfung geraten werden, weil (wie in Q 6,37f) das Recht durch endzeitliches Gotteshandeln eingeholt wird. Mt 18,15-17, CD/1QS und TestGad lassen sich jeweils als Varianten einer Auslegung von Lev 19 verstehen.

[59] Vgl. den Zusammenhang von 18,15-17 und 7,1ff; KÄHLER, Recht und Gerechtigkeit, S. 337-354, liest 18,15-17 von 7,1f her; 18,15 ist dann begrenzte Ausnahme dessen.

[60] Zur Auslegungsgeschichte DAVIES/ALLISON, ICC II, S. 406-415.426-433. Schon

13,24-30(.36-43) in einer konkreten Situation der matthäischen Gemeinde erkannt und die Bedeutung der Verse für die Gemeindezucht bei Mt betont.[61] Aufgrund der weiter unterschiedlich beantworteten Frage nach der Traditionsgeschichte von 13,24ff.36ff wurde dies allerdings von anderer Seite wieder in Frage gestellt, womit auch der Zusammenhang von Parabel und Deutung zur Debatte steht.[62]

Sollte auch in 13,36-43, nach dem innergemeindlichen Kontext schon in 13,24-30, der Umgang mit der Umwelt angesprochen sein?[63] Auch dieser hätte innergemeindliche Konsequenzen. Nur würde dann der Deutung der Parabel gegenüber der Parabel selbst eine modifizierte Konfliktsituation zu Grunde liegen, nicht ein völlig unterschiedlicher Konfliktgegenstand. Beide Teile, Parabel wie Deutung bleiben in jedem Fall für das Selbstverständnis der Gemeinde bedeutsam.[64] Im Rahmen der Verständigung der Christengemeinde über ihre (bleibend?) jüdische Identität lässt sich Mt 13,24-30.36-43 insgesamt als Hinweis auf innergemeindliche Auseinandersetzungen um Missionserfahrungen - v.a. Misserfolge? - verstehen. Dann würde 13,24-30 nahe legen, sich durch derartige Erfahrungen im eigenen Selbstverständnis nicht irremachen zu lassen.[65] Und 13,36-43

---

bei Augustin und seit Thomas von Aquin durchgängig wird das Gleichnis als Ermöglichung von Kirchenzucht gedeutet: Wenn es gelingt, Unkraut so zu entfernen, dass der Weizen keinen Schaden nimmt, darf es ausgerissen werden. Die Auslegung der Reformatoren wie der Theologen der katholischen Reform vertritt die Deutung, dass Kirche als corpus (per-)mixtum zu verstehen ist; zum Begriff WENZ, Theologie II, S. 267.

[61] DAVIES/ALLISON, ICC II, S. 408: „Most modern commentators assume that 13.24-30 and its interpretation address a situation in Matthew's community". LINDEMANN, Paulus im ältesten Christentum, S. 157: Das Gleichnis stellt „in allegorischer Form die Tatsache dar, dass sich in der Kirche 'rechte' und 'falsche' Christen befinden". Vgl. zu juristischen Dimensionen KERR, Matthew 13:25, S. 108f: Spätes römisches Recht (das auch hier ältere Normen verwendet?) betrachtet ein Vorgehen wie in 13,25 als strafwürdig, dessen Sanktion vom Feldbesitzer eingeklagt werden könnte.

[62] 13,36-43 gilt in der Regel als Text des Evangelisten. Zuweisungen, die versuchen, in 13,36ff traditionelles Gut zu erheben, bei LUZ, EKK I/2, S. 338.

[63] Indem ἀργός auf κόσμος bezogen erscheint, nicht auf ἐκκλησία? Man wird die Diskontinuität von Parabel und Deutung auch nicht überbetonen dürfen.

[64] 13,24-30 wie 13,36-43 bearbeiteten innergemeindlich strittige Situationen, in denen es um Abgrenzung geht; in 13,24-30 im Streit etwa um das eigene (jüdische?) Selbstverständnis, in 13,36-43 um die Abgrenzung vom Judentum. Oder wird in beiden Fällen eine Abgrenzung vom Judentum versucht? Folglich ginge es in 13,24-30 um die grundsätzliche Frage der Abgrenzung und in 13,36-43 um die Frage nach ihrer Bedeutung für die Missionspraxis. Eine Spannung zu c. 18 bestünde so nicht. Vgl. LUZ, EKK I/2, S. 348: Der Vorrang der Jünger vor der Umwelt besteht darin, „daß sie verstehen, was auf sie und die Welt zukommen wird, und daß sie wissen, was sie zu tun haben."

[65] Mit der Parabelform für 13,24-30 ist m.E. signalisiert, dass Mt der Gemeinde in der innergemeindlichen Auseinandersetzung um das Verhältnis zum Judentum einen eher ungewöhnlichen Weg nahe legt. Durch die eschatologische Orientierung von 13,24-30

sollte darauf abzielen, trotz vorhandener Misserfolge die Motivation zur Mission zu stärken, die sich zudem über mögliche schlechte Erfahrungen mit Judenmission hinaus im Mt am Ende dann ausdrücklich auch auf Heiden bezieht.[66]

5.4.2 ἀδελφός und ἁμαρτάνω κτλ in Mt

ἀδελφός ist mit verschiedenen Bedeutungsaspekten verbunden. Aus der Kombination des Präfixes ἀ- mit δελφύς ergibt sich das primäre Wortverständnis „leiblicher Bruder".[67] Als ἀδελφός im übertragenen Sinn gilt in der jüdischen Umwelt und im NT einer, der mit einem anderen in geistlicher Gemeinschaft steht, im christlichen Kontext ein Jünger bzw. ein Gemeindemitglied.[68] Davon zu unterscheiden ist die Verwendung des Begriffes als Nächster ohne Rücksicht auf Volks- oder Glaubenszugehörigkeit,[69] und die Anrede eines Hochstehenden durch den Höherstehenden.[70]

Als ἀδελφός gilt nach Mt schon in der Verkündigung des Täufers (3,6) und erst recht bei Jesus (9,2.5f) derjenige, der den Willen Gottes tut (12,49f) und die Gebote in ihrer jesuanischen Auslegung (v.a. 5,21-43) hält. Dies gilt in der Gemeinde auch für den Umgang miteinander, gerade wenn Konflikte auftreten.[71] Dort müssen sich die Gemeindeglieder als Brüder bewähren, weswegen im Mt gerade im innergemeindlichen Konflikt die Frage nach dem Verhältnis der Einzelnen zu ἁμαρτία laut wird.[72]

---

als βασιλεία-Gleichnis wird gezeigt, dass das Selbstverständnis der Gemeinde sich bereits gegenwärtig realisiert.

[66] In späterer Zeit, als der Zusammenhang des frühen Christentums mit dem zeitgenössischen Judentum nicht mehr unmittelbar evident war, wäre das Verständnis von Mt 13,24ff neu akzentuiert worden, zumal eine Deutung der Texte auf innergemeindliche Konflikte auf der Hand lag.

[67] δελφύς ist die Gebärmutter bzw. die Leibesfrucht, die sie gebiert. ἀ-δελφύς ließe sich wiedergeben mit „von einer (d.h. der gleichen) Mutter geboren". Im Plural auch von Geschwistern verschiedenen Geschlechts, ἀδελφοί sind Geschwister; KLAUCK, Gemeinde zwischen Haus und Stadt, S. 114f.

[68] Für Jünger Jesu Mt 12,49f; 23,8; 25,40; 28,10. Für ein Gemeindeglied Mt 18,15.

[69] Mt 5,22ff; 7,3ff; 18,15.21.35. Volks- bzw. Glaubenszugehörigkeit wäre eine weitere Bedeutung von ἀδελφός, die im Mt so nicht erscheint. Oder kann für Mt eine Entsprechung von Nächster und Glaubensbruder postuliert werden? Differenzierende Redeweise (אָח/ἀδελφός und רֵעַ/πλησίον) lag im Judentum vor, die Mt in 5,43; 19,19; 22,39 gebraucht.

[70] Etwa die Anrede des Herodes an Pilatus, EvPe 2,5.

[71] Vgl. Mt 5,47; 18,15ff; 23,8; 25,40. Dieser Umgang miteinander muss sich nicht unterscheiden von dem der jüdischen Umwelt (5,47), mit der er den Gebotsgehorsam gemeinsam hat (5,43; 18,15), dem gegenüber er aber Konsequenzen aus Jesu Wort und Tat zieht (23,8; 25,40).

[72] LUZ, EKK I/2, S. 380, zu 7,3-5: „Der Hörer ist gefragt, ob er nicht genauso seine eigenen Sünde anzusehen habe." Den direkten Zusammenhang von ἁμαρτία κτλ und ἀδελφός stellt nur 18,15 her.

Der Begrifflichkeit ἁμαρτάνω κτλ im Mt gilt in der Literatur einige Aufmerksamkeit, ohne dass deren Vorkommen dem in den paulinischen oder johanneischen Schriften an Umfang und Bedeutung gleichkäme.[73] Konkret wird ἁμαρτία durch Mt innergemeindlich durchaus als existent konzediert. Sie wird aber als ein zu überwindendes Phänomen und quasi als Konflikt betrachtet, den es zu lösen gilt. Konflikte bei Mt werden dadurch überwunden, dass eine Auseinandersetzung wegen unangemessenem verbalen Umgang miteinander besser gar nicht entsteht (5,22)[74], im Streit jeweils die eigene Lebensweise nicht ausgeblendet wird (7,3ff) und der sündigende Bruder möglichst durch Ermahnung gewonnen wird (18,15). Schließlich ist der Gemeinde im Mahl (nur) bei Mt von ihrem Herrn eine Form an die Hand gegeben, Sünde zu überwinden (26,28)[75] - womit auch die Verweigerung der Sündenvergebung in der matthäischen Darstellung der Jesusgeschichte eine Erinnerung hat (27,4)[76].

5.4.3 Zur Bedeutung rechtlich orientierter Konfliktlösung im Mt

Im geregelten Umgang mit Konflikten im Mt lässt sich dessen historische Situation als inhaltliche Auseinandersetzung mit jüdischer Umwelt - deutlich bei den Themen Torah, Mission und Gericht - erkennen.[77] Formal ordnet sich die in 18,15-17 vorgeschlagene bzw. als Modell vorgegebene Konfliktlösung in den religiösen jüdischen Kontext der Zeit ein. Für den geregelten Umgang mit Konflikten greift Mt auf Material zurück, das wohl biblisch-jüdischer Überlieferung entstammt und auch sonst in judenchristlicher Tradition enthalten ist. Zur Konfliktlösung wird ein Verfahren empfohlen, das den Konfliktverursacher behandelt, wie es Gottes Gebot (präsent in der von Mt vorgelegten Auslegung durch Jesus) entspricht.[78]

---

[73] FIEDLER, Sünde und Sündenvergebung, S. 76-91, zur Jesustradition.

[74] Bei ῥακά handelt es sich um einen „häufig gebrauchten, relativ harmlosen" (zum Teil als Dienstbotenanrede üblichen) Ausdruck, nach Basilides mit „freundlicher Herablassung", LUZ, EKK I/1, S. 252.

[75] GNILKA, HThK I/2, S. 401f; ohne dass die gemeindliche Praxis dessen klar wäre (vgl. aber 1,21; 6,12; 9,2): Wie verhält sich 26,28 zu 18,15ff, wie die Möglichkeit zur Realisierung? Gilt 26,28 für jedes so eingesetzte Mahl? Wie wird die Vergebung jeweils angeeignet, wie konkret ausgedrückt?

[76] Für GNILKA, HThK I/2, S. 444f, hat das Geschehen von 27,3f alttestamentlichgesetzlichen Charakter. Einerseits feiert Judas zuvor das Mahl der Sündenvergebung mit; andererseits ist seine Selbsttötung Reaktion auf sein Unrecht (seine ἁμαρτία?), und jedenfalls das letzte Wort des Mt zum Thema.

[77] Mithilfe der genannten Themen analysiert WONG, Interkulturelle Theologie, S. 36-183, Theologie und Ekklesiologie im Mt, die versuchten, multiple Gemeindeteile darzustellen und zusammenzuführen. Vgl. auch REBELL, Zum neuen Leben berufen, S. 83f: Mt verbinde „das innergemeindliche Ideal eines kommunikativen Miteinanders" mit „Kommunikationsverweigerung nach außen".

[78] Das Recht geht hier der Konfliktlösung voraus, das Gebot bzw. seine innerge-

Es liegt in der Logik dessen, dass Mt Gemeinde als die Gruppe versteht, in der die biblische Tradition angemessen bewahrt und verwirklicht wird. Nach diesem Verständnis hebt sie sich durch ihren Umgang mit der Überlieferung von anderen Gruppen ab[79] - ohne, von Außen betrachtet, im Umgang mit Konflikten inhaltlich von anderen unterscheidbar zu sein. Erst in der weitergehenden Abgrenzung erfolgt eine trennende Unterscheidung von der jüdischen Umwelt. Diese wurde vielleicht ausgelöst durch überwiegend negative Erfahrungen der Gemeindemission. Die Gemeinde versteht sich selbst weiterhin in Kontinuität mit dem Willen Gottes. Ihr liegt weiterhin am Zusammenhang mit der jüdischen Tradition. Sie nimmt sich jetzt allerdings auch selbst als eine Gruppe wahr, welche die Grenzen des Judentums überschreitet. Vielleicht erst die Reaktion auf ihre Verkündigung hat sie erkennen lassen, dass sie als ἐκκλησία durch die βασιλεία-Botschaft Jesu ihre jüdische Existenz vertieft und zugleich einen Schritt in eine Richtung getan hat, den sie mit ihrer Israel übergreifenden Missionsperspektive dann bestätigt.[80]

5.5 Ergebnisse

Mt 18,15-17 bietet eine praxisorientierte innergemeindliche Strategie zur Lösung von Konflikten.

Mt 18,15-17 mahnt für den Fall innergemeindlicher Konflikte eine Gebotserfüllung an, die auf eine Wiedergewinnung des Sünders zielt. Die biblische Norm aus Lev 19,17 in Mt 18,15 wird nicht als Zitat markiert, an sie wird wie an geltendes Recht erinnert; ebenso an Dtn 19,15 in Mt 18,16. Die Rechtsnorm aus Lev 19,17 ist Mt wie seiner jüdischen Umwelt geläufig. Die Konfliktlösung von Mt 18,15 ist Teil der frühchristlichen Überlieferung und Mt vorgegeben, der sie dann charakteristisch und praxisorientiert erweitert.

---

meindliche Relevanz wird nicht erst im Konfliktfall entwickelt. Die entsprechende Konfliktlösung kann als Anwendung feststehender Normen gedeutet werden.

[79] Als Gruppe mit einem solchen Selbstverständnis gerät die matthäische Gemeinde dort, wo sie ihr Selbstverständnis nach Außen artikuliert (in ihrer Mission, auch im Mt selbst), in Konflikt mit anderen Gruppen und deren Ansprüchen. Aber auch dieser Konflikt ist zunächst noch ein innerjüdischer.

[80] Zur βασιλεία im Mt LINDEMANN, TRE 15, S. 209f. Mt ruft die Gemeinde auf, diesen Schritt sichtbar werden zu lassen, dabei jedoch die eigene Konstitution nicht aufzugeben. Allerdings ist es zugleich konsequent, dass Mt die innergemeindlich eingeübte Konfliktlösungsstrategie (18,15-17) auf das Judentum als umweltliche Gruppierung nicht anwendet (vgl. 13,24-30) und damit indirekt eine Differenz zwischen Gemeinde und Judentum feststellt. Neben der innergemeindlichen Konfliktlösung entsteht für den Umgang mit Konflikten mit der Umwelt eine alternative Form; vgl. auch Q 6,37f/Mt 7,1f.

Strategisches Ziel von Mt 18,15ff ist die Rückgewinnung des Konfliktverursachers. Dieser soll wegen seines Verhaltens (ἁμαρτάνω) ermahnt
werden. Das konkrete mehrstufige Konfliktlösungsverfahren trägt pro-
zessähnliche Züge. Vom Konfliktverursacher wird erwartet, dass er auf die
Ermahnung hört. Er (als ἀδελφός) kann dann als gewonnen gelten. Eine
detaillierte Darstellung (auch der Art und Weise) der Wiedereingliederung
des Bruders fehlt. Die praxisorientierte Konfliktlösung von 18,15-17 kann
als integraler Bestandteil einer umfassenden matthäischen Gemeindeordnung betrachtet werden.

Der Ausschluss eines durch Ermahnungen nicht zu gewinnenden Bruders wird in der Regel als ultima ratio von Mt 18,15-17 betrachtet. Dem
durch Ermahnung nicht zu Gewinnenden gegenüber wird ein Umgang
empfohlen, wie man ihn gegenüber einem Heiden und Zöllner praktiziert.
Aufgrund des Umgangs mit Heiden im Mt könnte dies auch als Beauftragung zur missionarischen Aktivität dem Ausgeschlossenen gegenüber verstanden werden. In jedem Fall wird der Gemeinde im Mt ihre eschatologische Qualifizierung eingeschärft, die sie jeweils angemessen wahrnehmen
und gestalten soll.

*Mt integriert diese praxisorientierte Konfliktlösungsstrategie in den Kon-
text seines Evangeliums.*

Im Kontext von c. 18 erhält 18,15-17 eine weitere Aussagerichtung. Im
Redekomplex 18,1-19,1a ist 18,15-17 Teil der Jüngerweisung Jesu. Im
Kontext von c. 18 wird 18,17cd durch 18,18 inhaltlich aufgewertet und
18,15-17 durch 18,21f qualitativ entgrenzt. Im Rahmen des Mt wird die
Rede Jesu an seine Jünger zur Anrede der Gemeinde. Der innergemeindliche Umgang mit Konflikten wird mit einem βασιλεία-gemäßen Umgang
der Gemeindeglieder untereinander identifiziert.

Eine Spannung von 18,15-17 zu anderen thematischen Äußerungen im
Mt besteht nicht. Die Parabel 13,24-30 und die Deutung 13,36-43 könnten
vom Misserfolg der Gemeindemission im Kontext des zeitgenössischen
Judentums geprägt sein. Im Rahmen der religiösen Verortung im bzw. Abgrenzung des Mt kam es in der Gemeinde möglicherweise zu Auseinandersetzungen, auf die 13,24-30.36-43 reagieren. Mt strebt in dieser Situation - im Unterschied etwa zu 1QS (anders CD) - nicht die Abschottung
nach Außen an, sondern ruft zu missionarischer Aktivität auf. Daneben
stellt auch das ekklesiologische Verständnis (Kirche als corpus mixtum)
eine mögliche Interpretation dar. Anhand der Begrifflichkeit von ἀδελφός
und ἁμαρτία κτλ zeigt sich, dass Konfliktlösung im Mt darauf zielt,
ἁμαρτία in der Gemeinschaft wo möglich zu überwinden.

Mt 18,15-17 lässt sich als jüdische Äußerungen zum Thema lesen.

Verschiedene Texte zum Thema Konfliktlösung aus jüdischer bzw. juden-christlicher Tradition sind jeweils als Auslegung der Norm aus Lev 19,17f verstehbar. Mt 18,15-17 verwendet Lev 19,17LXX als Rechtsnorm zur Konfliktlösung. Auch Texte aus CD/1QS beziehen u.a. Lev 19,17 auf das Normengefüge ihrer Gruppe; sie drohen für den konkreten Einzelfall der Normverletzung mit detaillierten Sanktionen. In TestGad wird Lev 19,17 als unbedingte Norm zur Durchführung von Konfliktlösungen gedeutet, die eventuell sogar eine Vermeidung der Konfliktlösung nahe legt.

Die christliche Überlieferung Mt 18,15-17 wäre auch in jüdischem Kontext passend. Der Text lässt sich als ein Modell von Konfliktlösung lesen, das in der Form und mit den Mitteln halachischer (auch eschatologisch orientierter) Mahnung gestaltet ist. Der Text übernimmt Elemente juden(-christlicher) Überlieferung zum Thema. Er kommt ohne explizite Christologie aus, was der Rahmen c. 18 einholt; dort wird die Einzelfallregelung 18,15-17 zum Modell für Jesusjünger. Im Rahmen des Mt wird dann auch die Einbettung des Textes in die Eschatologie und die Ekklesiologie des Evangeliums deutlich.

In Mt 18,15-17 sind Konfliktlösung und rechtliche Regelung miteinander verbunden.

Mt 18,15-17 nimmt mit Lev 19,17 und Dtn 19,15 Normen der Torah auf. Die biblischen Normen wirken in Mt 18,15f als rechtliche Regelungen: Dtn 19 dient der Begründung des Verfahrensverlaufs, Lev 19 ist dessen Grundsatznorm. Die biblischen Normen gehören auch im zeitgenössischen Judentum in den Zusammenhang von Konfliktlösung, sie sind auch dort gelegentlich rechtlich konnotiert. Mt verwendet aber nicht alle möglichen Normen zur Konfliktlösung (vgl. Dtn 13; Jos 7). Insgesamt funktioniert Mt 18,15-17 als dreigestuftes Prozessverfahren und vermittelt den Eindruck einer innergemeindlichen Konfliktbewältigungsstrategie kasuistischer Prägung.

Im Mt und darüber hinaus hat Mt 18,15-17 selbst als Norm zur Konfliktlösung gewirkt. Mt 18,15-17 lässt sich mit anderen Konfliktlösungen im Mt verbinden, wie sich an der Verwendung der Begriffe ἁμαρτία κτλ und ἀδελφός dort zeigen lässt. Insgesamt dominiert das Konfliktlösungsmodell Mt 18,15-17 die thematisch verwandte Q-Überlieferung des Logions der Größe im Dienen. Die Aufnahme von Mt 18,15-17 an verschiedenen Stellen frühchristlicher Literatur (vgl. I Tim 5; Did) belegt die Verwendung der Stelle als Konfliktlösungsstrategie. Und weitere Wirkungsgeschichte von Mt 18 zeigt die Möglichkeit eines rechtlichen Textverständnisses, das später im Rahmen bischöflichen Schiedsgerichts und dann auch beim Verfahren gegen Luther wirksam wurde.

Kapitel 6

„Wie kommt es, dass ihr Gott versucht?"
Judenchristlich geprägte Konfliktlösungen in Act

6.1 Vorbemerkung

> Die Geschichte der ältesten Gemeinde zu schreiben, von ihren Nöten und Konflikten zu berichten ... wer das tat, mußte schon fähig sein, umlaufende Geschichten über die Apostel mit erkundeten Nachrichten zu verbinden und diesen verschiedenartigen Stoffen durch eigene Arbeit einheitliche Ausrichtung, Würde und Weihe zu verleihen.[1]

Unabhängig von der Beantwortung der Frage, ob die Apostelgeschichte in ihrer Entstehungssituation damit zutreffend beschrieben ist, die in Komposition und Redaktion von Act zu erkennende Intention des Lukas verdient besondere Aufmerksamkeit. Durch Hans Conzelmann wurde für das Verständnis des lukanischen Doppelwerkes die Kategorie der gegliederten Zeit und ihrer Erstreckung herausgestellt. Lukas hat sein Werk mit Gliederungssignalen versehen, die eine Periodisierung der Zeit erkennen lassen.[2] Daneben ist nach Michael Wolter für die lukanische Darstellung die Bestimmung der βασιλεία zentral. Kann sie aus einem jüdischen, auf Jerusalem bezogenen Konzept verstanden werden oder ist hier eine Neuorientierung erforderlich?[3] Die Frage nach der heilsgeschichtlichen Kontinuität zum Judentum und den Verheißungen Israels - und vor allem den innergemeindlichen Konflikten darum - steht damit im Vordergrund.[4]

---

[1] DIBELIUS, Apostelgeschichte als Geschichtsquelle, S. 91f.

[2] Gliederungselemente: Auftreten des Täufers Lk 16,16; 3,20f; Diabolos/Satan-Figur Lk 4,14; 22,3.31; Act 5,3. Die Gliederung ergibt folgende Zeiten: die Zeit Israels; die Zeit des Wirkens Jesu als eigentliche Heilszeit; die Zeit seit der Erhöhung des Herrn als Zeit der Kirche; CONZELMANN, Mitte der Zeit, S. 9.172-174. Vgl. HÜBNER, Biblische Theologie 3, S. 122f, zu Kritik und Modifizierungen.

[3] Zum Hintergrund WOLTER, 'Reich Gottes' bei Lukas, S. 548f: Erfahrung der Scheidung der Gemeinden statt Restitution Israels; Neuausrichtung auf Rom statt auf das zerstörte Jerusalem; Einbeziehung der Heiden. ALEXANDER, Acts, S. 15-44, zu Grundtypen einer Ausrichtung der Act als Apologie.

[4] Lukas hat nach WOLTER, 'Reich Gottes' bei Lukas, S. 549-551.562, Kontinuität gerade durch die exklusive Bindung der βασιλεία an Verkündigung und Person Christi erreicht. Mit dieser Bindung hat Lukas die Anfänge der Christentumsgeschichte als normativ für die weitere Entwicklung gekennzeichnet.

6.2 Act 5,1-11

6.2.1 Vorbemerkung

Der Umgang mit Besitz in der frühen Christengemeinde in Jerusalem ist in Act 2,44f und in 4,32-5,11 umfassend dargestellt.[5] In 4,32-5,1 folgen auf das Summarium 4,32-35 zwei illustrierende Abschnitte.[6] Wem Grund und Boden oder überhaupt nennenswerter Besitz zur Verfügung stand, verkaufte im Bedarfsfall der Gemeinde[7] einen Teil dessen und übergab den Verkaufserlös in einem symbolischen Akt den Zuständigen, den Aposteln.[8] Damit ist nach Lukas eine grundlegende Verhaltensnorm im Miteinander der Gemeinde in Jerusalem benannt, die sich in der Gemeinde beispielhaft verwirklicht findet. Das Handeln von Barnabas in 4,36f kann entsprechend als normgemäß gelten. Das Verhalten von Hananias unter Mitwisserinschaft der Sapphira 5,1-11 wird als normwidrig kenntlich, an ihm wird der Umgang der Gemeinde mit dem Normverstoß sichtbar.[9]

6.2.2 Act 5,1-11

Formal ist in Act 5,1ff die Verwendung von Motiven der Wundergeschichte zu erkennen. Inhaltliche Beobachtungen legen nahe, auch an ein Gerichtsverfahren zu denken. 5,1-10a wiese dabei mit Tathergangsschilderung 5,1f, Verhör 5,8, Anklagerede 5.3.4a.9a, Urteilsverkündigung 5,4b.9b und Urteilsvollzug 5,5.10a zentrale Prozesselemente auf.[10]

---

[5] Der sprachliche Zusammenhang von 4,32-5,11 ist evident. Formal bestehen markante Unterschiede: 4,32-35 ist Summarium, 4,36f Einzelnotiz, 5,1-11 Straf- bzw. Normenwunder.

[6] ὑπάρχω in 4.32.34.37; das Fehlen des Begriffes in 5,1f (vgl. aber 5,4) stört den Zusammenhang nicht, der durch die Struktur klar ist. 4,36f und 5,1-11 beziehen sich zunächst auf 4,34f. Erst im Verlauf von 5,1ff wird deutlich, dass ein Fehlverhalten gegen die Norm, die 4,34f wiedergibt, auch mit der Charakteristik von 4,32f verbunden ist. 4,32-35 könnte im zweiten Teil aus 4,36f und 5,1ff geformt sein.

[7] Verkaufsobjekte sind: κτῆμα in 5,1 als Besitzung bzw. Grundstück, in 2,45 allgemeiner als Besitz/Habe; χωρίον in 4,34; 5.3.8. ἀγρὸς in 4,37 als Feld vor der Siedlung; οἰκίαι in 4,34 als Gebäude innerhalb einer Siedlung. χωρίον wird verwendet, wenn es sich um Besitz handelt, mit dem eine bestimmte, namentlich bekannte Person in Verbindung steht.

[8] 4,35.37; 5,2. Zu Füßen legen als Akt der Herrschaftsübertragung und -bezeichnung (Ps 8,7; 110,1; II Sam 22,39) schwingt hier mit. Zum situativen Charakter des Verkaufs vgl. 2,45; 4,35: καθότι ἄν τις χρείαν εἶχεν. Die Tempusform lässt das Vorgehen als wiederholbare Handlung deutlich werden. Als Unterschied zu 1QS VI,24f; CD IX,22 ist hervorzuheben, dass dort beim Eintritt in die Gemeinschaft alle Besitztümer der Gemeinschaft übereignet wurden; MEURER, Das Recht, S. 85f.

[9] Zur Frage der Norm in Act 5 vgl. JERVELL, KEK 3, S. 196: „Hananias und Saphira täuschen Besitzverzicht und Gesetzesgehorsam vor". Welche Toranorm wäre hier im Blick?

[10] 5,1-2 Exposition I (1 Vorgeschichte, 2 Tathergang), 5,3-5a Prozess I (3 Anklagerede, 4 Plädoyer, 5a Urteilsvollzug), 5,5b.6 Epilog I, 5,7 Exposition II, 5,8-10a Prozess II (8 Verhör, 9ab Plädoyer, 9c Urteilsspruch, 10a Urteilsvollzug), 5,10b.11a Epilog II, 5,11b Epilog III.

6.2.2.1 Formale Betrachtung

Rudolf Bultmann hat Act 5,1-11 als apophthegmatische Wundergeschichte aus der palästinensischen Gemeindeüberlieferung klassifiziert.[11] Mithilfe der Überlegungen zu den Betrachtungsweisen urchristlicher Wundergeschichten von Gerd Theißen ist 5,1-11 konkreter als bestrafendes Normenwunder zu bestimmen.[12] Bei einem Vergleich mit dem Motivinventar von Wundergeschichten zeigt sich allerdings durch synchronische Betrachtungsweise, dass 5,1-11 nur zentrale und finale Motive der Gattung aufweist, einige Teile sich auch kaum in die Form einfügen.[13] In diachronischer Betrachtung ist die Weiterentwicklung der Erzählung mit der Tendenz ihrer Entfaltung zu beobachten.[14] Formelemente eines Gerichtsprozesses in 5,1-5.8-10a weisen auf die Affinität der Überlieferung hin. Für Act 5,1ff könnte formkritisch eine Integration von Elementen des Prozessberichts in die Gattung der Wundergeschichte vermutet werden. Die Möglichkeit zur Verbindung der Gattungen ergibt sich aus der Thematik der Normverletzung und ihrer Bestrafung.[15]

6.2.2.2 Logik, Hintergrund und Deutung der Konfliktlösung

Für die Frage nach Konfliktlösung durch etwaige rechtliche Regelungen ist Act 5,1-11 inhaltlich zu befragen: hinsichtlich der am Ende konkret erreichten Konfliktlösung, der dieser Konfliktlösung zugrunde liegenden Normen und der theologischen Konfliktdeutung, die sichtbar ist im Reden vom Wirken von ὁ σατανᾶς bzw. τὸ πνεῦμα.

Die Logik der Konfliktlösung

Für Lukas steht die Konfliktlösung von 5,1-11 nicht im Widerspruch zur Aussage von 4,32, die auf den ersten Blick die Existenz von Konflikten in

---

Aber worin bestand das genaue Vergehen? Aus 5,2 lässt sich ableiten, dass der Verkaufserlös geteilt und getrennten Bestimmungen zugeführt wurde; anders 5,8, dort ist die Deklaration des Teilbetrags als Gesamtsumme Grund der Anklage.

[11] BULTMANN, Geschichte, S. 223-260.254.435. Kritik bereits an der formalen Zuschreibung bei BERGER, Formgeschichte, S. 30.

[12] THEISSEN, Wundergeschichten, S. 114-120; vgl. Mk 12,12ff.

[13] Zentrale Motive der Gattung: 5,1-2 szenische Einleitung, 5,7a szenische Vorbereitung, 5,9c Wunder wirkendes Wort. Finale Motive der Gattung: 5,5a.10ab Wunderkonstatierung, 5,5b.11 Admiration, 5,6.10c Wunderdemonstration. Auffällig ist das Fehlen von Motiven, die sich auf 5,3f.8(f) beziehen.

[14] Vgl. THEISSEN, Wundergeschichten, S. 176, zu erwartende Tendenzen: Raffung, Entfaltung und Affinität; Raffung fehlt in Act 5. Szenische Zweiheit in 5,1ff.7ff, Verdeutlichung des Normverstoßes 5,4 und Ausweitung der Reaktion 5,6 in 5,11 dienen der Dramatisierung.

[15] Literarkritisch wäre eine Grunderzählung 5,1-6* denkbar. Vgl. CONZELMANN, HNT 7, S. 45: „volkstümlich märchenhafte Vordopplung", lukanische Bearbeitung ist in der Betonung des Geistes 5,3.9 namhaft zu machen.

der Gemeinde überhaupt bestreitet. 5,1-11 könnte als Bekräftigung von 4,32 gedeutet werden, insofern aufgezeigt wird, wie auftretende Konflikte so gelöst werden, dass die Gemeinde zum üblichen Zustand, den 4,32 beschreibt, zurückkehrt.[16] Dass 5,1ff zugleich über 4,32 auch hinausweist, wird daran sichtbar, dass diesem Konflikt neben finanziellen Hintergründen auch eine theologische Dimension zugeschrieben wird.[17]

Unabhängig davon, für wie realistisch, historisch oder idealtypisch die geschilderte Konfliktlösung zu halten ist, der Konflikt wird im Handlungsverlauf durch das wirkmächtige Wort aus dem Mund des Petrus entschieden.[18] In der theologischen Reflexion in 5,3f.8f wird durch Petrus die Konfliktverursachung eigens thematisiert, ihre Notwendigkeit bestritten und die Eigenmächtigkeit der Konfliktverursacher samt deren Konsequenzen hinterfragt. Durch ein Wunder wird der Konflikt gelöst, durch theologische Reflexion die Konfliktlösung erklärt, die in die Wundererzählung eingefügt ist. Diese Zuordnung von Wundererzählung und theologischer Reflexion legt die Erwägung nahe, ob beide auch miteinander - vorlukanisch? - entstanden sind oder ob eine gewachsene Struktur vorliegt, die von Lukas in die vorliegende Form gebracht wurde.

Die Reaktion in 5,5f.10b.11a bezieht sich inhaltlich auf die Konfliktlösung, kaum auf die theologische Reflexion. Erst die Reaktion von 5,11b ist so zu verstehen, dass sie Wundergeschichte und theologischer Reflexion gleichermaßen gilt. In 5,3f wird das Problem der Fremdbestimmung des Hananias durch ὁ σατανᾶς angesprochen, in 5,8f erscheint dies kontrastiert mit der Bestimmung der Gemeinde durch τὸ πνεῦμα, welche dazu führt, dass die Gemeinde ihrer religiösen Pflicht den zu Tode Gekommenen gegenüber nachkommt und zudem auf das wunderhafte Geschehen in ihrer Mitte als göttlichem Machterweis angemessen reagiert.[19]

Anhand der Rolle des Petrus - in Konfliktlösung und theologischer Reflexion Sprecher und damit Wortführer - wird seine Stellung in der Gemeinde wie unter den Aposteln deutlich sichtbar.[20] Da die Spendenverwal-

---

[16] 4,32-35 kann als ideale Szene zum Umgang der Gemeinde (nur mit Finanzen?) gelten; 4,36f ist Anwendung, 5,1-11 die Antithese zu 4,36. Konflikte um finanzielle Aspekte gemeinsamen Lebens haben für eine Gruppe, die in der Phase Aufbaus und der Konsolidierung vor Ort steht, oft große Bedeutung.

[17] Manifest in πνεῦμα, καρδία und σατανᾶς. Auch aus sprachlichen Gründen wird man Lukas für denjenigen halten, der die Konfliktlösung als theologische Aufgabe und Leistung der Gemeinde darstellt.

[18] 5,5.10 ἀκούων δέ ist Reaktion auf 5,9c ἐξοίσουσίν σε. Vgl. RICHTER REIMER, Frauen, S. 47f; nicht die Worte des Petrus töten, sondern die sündige Tat, die entlarvt wird.

[19] 5,6.10b gehört formal zur Demonstration des Wunders, die dem Admirationsmotiv (kaum zufällig) vorausgeht. Zu φόβος noch Act 2,43; 19,17; weiter auch 9,31; WEISS, Zeichen und Wunder, S. 81f.

[20] Petrus in Act 1,13.15ff an der Spitze der Jünger; c. 2ff.10f als Gemeindeleiter und

tung nach 4,35.37 und 5,2 in den Händen der Apostel lag, kann Petrus formal, analog zu einem neuzeitlichen Staatsanwalt, für die Untersuchung des Finanzgebarens des Ehepaares als zuständig gelten. Die Erzählung lässt ihn zudem als Urteilsverkünder agieren. Die theologische Reflexion des Abschnittes unterstützt beides dadurch, dass das Vorgehen des Petrus kaum anders als mithilfe seiner „Affinität zum Pneuma"[21] zu verstehen ist.

Biblische Verstehenshintergründe der Konfliktlösung

Das Verstehen von Tun und Ergehen von Menschen verdankt sich verschiedenen Kategorien, unter denen für die frühchristliche Zeit vor allem der Gebrauch der Bibel zur Deutung von Ereignissen zu nennen ist. Zudem steht frühchristlichen Theologen die Möglichkeit offen, Tun und Ergehen von Menschen anhand der Kategorie des Wunders zu beschreiben. Wundergeschichten erzählen herausragende Akte im Erleben der Menschen, die Alltag und Normalität hinter sich lassen. In Verbindung der beiden genannten Kategorien mag man versuchen, für Wunder in frühchristlicher Überlieferung biblische Verstehenshintergründe zu erkennen.

Act 5,1-11 ist als eine Überlieferung denkbar, die Strukturen bzw. Motive aus Lev 10LXX, Jos 7LXX und III Reg 14LXX verarbeitet.[22] Für die Art der Verarbeitung könnte man Dtn 17,8-13 heranziehen. Dort wird auch für außergewöhnliche Eigentumsdelikte ein Verfahren mit höchstrichterlicher Entscheidung am Jerusalemer Tempel angeordnet.[23]

Auf welcher Stufe der Überlieferung Act 5,1-11 vor einem solchen Hintergrund verstanden wurde - in der endgültigen Fassung; verbunden mit der theologischen Reflexion 5,3f.9; bei einer etwaigen schriftlichen Fixierung von 5,1-6* - ist nicht zu klären. Wahrscheinlich erscheint die Verbindung von konkretem Konflikt, erfahrener Konfliktlösung und biblischem Lösungsmodell zusammen mit der theologischen Reflexion. Demnach könnten theologische Reflexion und biblischer Bezug sich gegenseitig beeinflusst haben.

Missionsinitiator; c. 3, 5 und 9 als Wundertäter; c. 4 und 12 als verfolgter Jünger; c. 8 als apostolischer Gesandter.

[21] DIETRICH, Petrusbild, S. 237. Das im Vergleich zu Mk/Mt positivere Petrusbild in Lk/Act entspricht den idealen Zügen des Gemeindebildes dort; CONZELMANN, HNT 7, S. 45.

[22] Für mögliche biblische Hintergründe vgl. Lev 10LXX Zweiheit der Personen 10,1; Sterben qua göttlicher Intervention 10,2a; Abtransport der Leichen 10,4f. Vgl. Jos 7LXX ἐνοσφίσατο 7,1; Aktivität einer Führerfigur 7,16; Konfliktlösung qua Prozessführung 7,19ff; Schuldspruch als Gottesurteil 7,25. Vgl. III Reg 14LXX Tatbestand Betrugsversuch 14,2.4; Beteiligung der Frau 14,4ff; prophetische Wissen 14,6; Überführung 14,8b-11; Prophetenwort 14,12.17; Sterben im Haus 14,17; Erfüllung der Begräbnispflicht 14,18a. Vgl. MARGUERAT, La mort, S. 222-225: Act 5,1-11 als Midrasch zum Sündenfall Gen 3.

[23] In 17,12 wird die Strafe begründet mit der Norm „das Böse in deiner Mitte ausrotten". Vgl. Dtn 17,13aLXX καὶ πᾶς ὁ λαὸς ἀκούσας φοβηθήσεται; ganz ähnlich Act 5.5.11.

Die theologische Deutung des Konflikts

Für die theologische Reflexion der durch Hananias und Sapphira übertretenen Norm innergemeindlichen Verhaltens sind die Begriffe ὁ σατανᾶς und τὸ πνεῦμα aus 5,3f.9 zu beachten. Sie legen nahe, für Act 5 an ein Fehlverhalten zu denken, das die Zugehörigkeit der Konfliktverursacher zur Gemeinde unmöglich macht.

ὁ σατανᾶς κτλ erscheint bei Lukas traditionell als Machtfaktor, unter anderem im Zusammenhang mit von Dämonen gewirkten Krankheiten.[24] Einfluss und Bedeutung von ὁ σατανᾶς als Bedrohung der Menschen sind zwar begrenzt, beginnend mit der Versuchung bis zum Verrat aus der Zeit des Wirkens Jesu ausgeschlossen wird ὁ σατανᾶς κτλ im Doppelwerk aber gerade für Jünger Jesu zur Gefahr.[25]

In 5,3 erlangt ὁ σατανᾶς dadurch Bedeutung, dass ἡ καρδία - der Ort, an dem sich die Ausrichtung eines Menschen zeigt bzw. sich die Begegnung des Menschen mit Gott realisiert - von ihm erfüllt wird. Dieser für das lukanische Doppelwerk singuläre Vorgang steht im Gegensatz zu dem, was 2,4 für die Gemeinde wiedergibt und 4,32 bestätigt: Gemeindeglieder sind dadurch charakterisiert, dass τὸ πνεῦμα ihr Herz erfüllt. Bei Hananias und Sapphira ist das, wie ihr Tun zeigt, ganz verkehrt. In 5,3.9 wird so eine theologische Deutung der niederschmetternden Konsequenzen des Fehlverhaltens vorgelegt. In 5,4 wird dazu mithilfe der Kategorie der Lüge nicht gegen Menschen, sondern gegen Gott bzw. gegen Gottes Geist[26] implizit auch eine Antwort auf die Frage gegeben, wie es zu einem derartigen Fehlverhalten in der Gemeinde kommen konnte.[27]

6.2.3 Zusammenfassung

Die Konfliktlösung angesichts eines Falles finanzieller Unregelmäßigkeit in der Gemeinde in Act 5,1-11 erfolgt in Form eines bestrafenden Normenwunders, dem Prozessstrukturen zugeordnet werden können. Konfliktlösung und rechtliche Regelung gehören also eng zusammen. Lukas wendet dabei die für den Umgang mit Besitz in der Gemeinde in Geltung stehende Norm auf das inkriminierte Verhalten an und deklariert dieses als

---

[24] Lk 11,14-23; 13,10-17; vgl. Lk 8,12; Act 10,38. Dazu auch διάβολος in Lk 4,2f.6.13; 8,12; Act 10,38; 13,10; jeweils wohl synonym zu σατανᾶς.

[25] Etwa Lk 22,31, dort exemplarisch Simon; machtlos ist σατανᾶς nicht, vgl. Act 26,18.

[26] τὸ πνεῦμα κυρίου 5,9 dürfte synonym zu τὸ πνεῦμα τὸ ἅγιον 5,3 sein, vgl. Jes 63,10f; Ps 50,13; u.ö; Lk 4,18/Jes 61, auch Lk 2,26; 3,22; 10,21; Act 1,16; 2,33; 8,39.

[27] Mit der Verwendung von πειράζω für Fehlverhalten gegen Gott wird aus dem Ergehen des Täters auf die Schwere des Vergehens geschlossen; vgl. Lk 4,2 Versuchung Jesu durch den διάβολος; Act 15,10 Warnung vor Versuchung des Geistes, als Sprecher tritt Petrus auf. Zur bewusst falschen Besitzangabe in Qumran vgl. 1QS VI,24f: Ein Jahr Ausschluss als Strafe; CD IX,21f: Nachweis durch zwei Zeugen.

Fehlverhalten. Juristisch betrachtet läge ein Fall von Unterschlagung vor, der aus dem Verschweigen des Gesamterlöses bzw. der Deklaration eines Teilerlöses als Gesamtsumme herrührt und der in der Gemeinde gültigen Norm zum Umgang mit Besitz widerspricht.

Im Kontext der Wundergeschichte wurde dem Ergehen von Hananias und Sapphira durch Lukas eine theologische Interpretation zuteil, zu der vielleicht auch die Verbindung des Geschehens mit der Person des Petrus gehörte, der als Pneumatiker exemplarisch für die Gemeinde steht. Das wunderliche Ergehen des Paares wurde dabei vom biblischen Horizont her als Strafwunder verstanden. Über der Betonung der theologischen Dimension des Geschehens tritt der Charakter der Erzählung als potentielle rechtliche Konfliktregelung eher in den Hintergrund. Tatsächlich schließt die Unverfügbarkeit des Wunders eine Interpretation von Act 5,1-11 als allgemeine Konfliktlösungsstrategie, die etwa als Vorbild für weitere Konfliktlösungen betrachtet werden könnte, eigentlich aus. Die theologische Interpretation, an ihrer Sprache als lukanisch identifizierbar, kategorisiert das Fehlverhalten von Hananias und Sapphira, das beide noch in der Verhandlung ihres Falles vor Petrus durchhalten, mithilfe des Dualismus von σατανᾶς und πνεῦμα. Darin ist für die Konfliktlösung nur ein entweder/oder zu erwarten, ein vergleichender Ausgleich oder Wiedergutmachung des entstandenen Schadens kommen als Konfliktlösung nicht in Frage. Die Unterschlagung gilt letztlich als Versuch, den Geist Gottes zu versuchen, was den Tod der Konfliktverursacher zur Konsequenz hat.

6.3 Act 15,1-35*

6.3.1 Vorbemerkung

Mit Apostelkonzil und Aposteldekret[28] ist in Act 15,1-35*[29] eine Schaltstelle der lukanischen Darstellung der Geschichte des frühen Christentums erreicht. Alle seit c. 9 bedeutsamen Akteure sind an dieser Stelle versammelt und treten hier zum Teil letztmalig in Erscheinung.[30] Auch aufgrund der dargestellten Inhalte gewinnt man den Eindruck, dass am Ende in 15,35 grundsätzliche Entscheidungen getroffen und durchgesetzt sind. Dass mindestens für Lukas - für Paulus ergibt sich aus Gal eine alternative

---

[28] Zur Begriffsdiskussion SCHNEIDER, HThK V/2, S. 189-192.

[29] Act 15,34 gehört nicht zum ursprünglichen Text, der Vers erklärt die Differenz zwischen 15,33 und 15,40. Für eine semantische Analyse des gesamten Textes vgl. JÜRGENS, Zweierlei Anfang, S. 106-198.

[30] Vgl. CONZELMANN, HNT 7, S. 90: „In Jerusalem wird die Kontinuität durch Jakobus dargestellt, in der heidenchristlichen Kirche durch Paulus". Mit c. 15 beginnt vom Umfang des Gesamttextes her die zweite Hälfte von Act.

Sicht - die Festlegungen des Aposteldekretes in Jerusalem allgemein verbindlich sind, lässt vielleicht dessen Verwendung in 21,25 erkennen. Für
Apc 2,14.20.24 ist noch zu klären, ob das Aposteldekret als Norm im Hintergrund steht, die gegebenenfalls eine Verbreitung über die in Act 15,23
genannten Gegenden hinaus gefunden hätte.

6.3.2 Act 15,1ff

Die Exposition Act 15,1-3.4f stellt die Problemlage in Antiochia dar und
führt nach Jerusalem. Dort soll über den Konflikt entschieden werden. Mit
15,6-29, den konkreten Verhandlungen in Jerusalem, Berichten und Bewertungen der Situation samt Beschlussvorlage und Beschlussfassung,
kommt der Entscheidungsprozess in den Blick, der zur Konfliktlösung
geführt hat. Im Epilog 15,30-35* wird die Durchführung der Konfliktlösung in Antiochia berichtet, deren Verbindlichkeit damit gezeigt ist.

Konfliktfeld in Antiochia und Jerusalem ist allgemein betrachtet die
Frage der Grenze der Gemeinde bzw. Möglichkeit und Bedingungen der
Zugehörigkeit für Heiden zu ihr, wozu jeweils Position und Gegenposition
genannt werden. Da Position und Gegenposition durch Gruppen in den
Gemeinden vertreten erscheinen, wird deutlich, dass es sich beim Konflikt
nicht um Auseinandersetzungen zwischen einzelnen Gemeindegliedern
mit abweichender Meinung zu den betreffenden Fragen handelt, sondern
um unterschiedliche Positionen, womöglich wechselnde Mehrheiten und
grundsätzliche Fragen des Gemeindeaufbaus im frühen Christentum.

Behandelt werden in Act 15 noch einmal die Fragestellungen der Heidenmission, der Notwendigkeit der Beschneidung von Heidenchristen und
der Regelung des Zusammenlebens von Juden- und Heidenchristen in einer Gemeinde. Diese Sachverhalte werden nacheinander angesprochen. In
diesen Fragen spiegelt sich neben dem Selbstverständnis der Gemeinde
auch die Abgrenzung zur jüdischen Umwelt als Problem. Die seit Act 10ff
gestellte Frage nach der Beschneidung ist eine Konsequenz der Entscheidung zur Heidenmission, die allerdings - wie die Frage einer etwaigen
Verunreinigung von Judenchristen bei einer Tischgemeinschaft mit Heidenchristen - schon seit Act 10f.13f beantwortet ist. Act 15 fasst hier zusammen. Die Frage nach dem Zusammenleben von Juden- und Heidenchristen schließt an die Entscheidung zur beschneidungsfreien Heidenmission an. Sobald in 15,22.28f die Frage des Zusammenlebens von Juden-
und Heidenchristen für alle verbindlich geregelt ist, sind in der Logik der
Darstellung die seit Act 10 thematisierten Probleme endgültig gelöst.[31]

---

[31] M.E. geht es Act 15 um eine mit biblischen Verheißungen begründete Zusammenfassung der Entwicklung. Im Rückblick auf Act 10f wird deutlich, dass der Übergang zu be-
schneidungsfreier Heidenmission und innergemeindlicher Gemeinschaft von verschiedensten
Vertretern der Gemeinden erkannt und bestätigt wird. Vgl. WEHNERT, Reinheit, S. 74-81:

Act 15,1-5

Für Act 15,1-35* insgesamt ist die Verarbeitung von Traditionen nicht auszuschließen. 15,1-5 erscheint allerdings als von Lukas gestaltete Exposition. Durch die Darstellung wird verdeutlicht, dass die Beschneidungsforderung nicht auf eine einzelne Gemeinde beschränkt ist.[32] Und mit der Beschneidungsforderung steht schon jetzt die Frage nach der Bedeutung des mosaischen Gesetzes im Raum, dem sie entnommen ist.[33] Zur Verdeutlichung der Dringlichkeit schreibt Lukas der Beschneidungsforderung einen doppelten Ausgangsort zu. Mit der Hinwendung der Konfliktparteien aus Antiochia nach Jerusalem wird deutlich, dass vergleichbare Positionen in Sachen Beschneidung (15,5; 15,1 für Antiochia pars pro toto?), Heidenmission (15,7b-11) und Tischgemeinschaft (15,20) auch dort vertreten wurden und zum innergemeindlichen Konflikt eskalierten.

Act 15,1-5 versammelt die Protagonisten, gibt aber zugleich eine Stellungnahme ab zugunsten der Position, die Petrus, Barnabas und Paulus[34] vertreten. Nicht nur dass diese mit Namen genannt werden, während ihre Kontrahenten allenfalls am Rande erwähnt bzw. nur durch ihre Forderung gekennzeichnet sind.[35] Für die jeweiligen Aktivitäten judäischer und pharisäischer Gruppen verzeichnet Lukas durchgängig negativ qualifizierte Reaktionen, für die von Paulus, Barnabas und Petrus in der Regel positive.[36] Deshalb wäre zu fragen, ob nicht schon mit 15,3, der fortgesetzten

---

15,1ff als Kompendium, in dem mit Beschneidungsforderung, Tischgemeinschaft und Enthaltungsklauseln geschichtliche Vorgänge bewahrt sind.

[32] Die Lokalisierung von 15,1f erfolgt aus 14,26-28. Einige Judäer - 15,24 will die Identifizierung mit Jerusalem ausschließen - fordern die Beschneidung bekehrter Heiden. Die Judenchristen in Phönizien/Samarien akzeptieren die von Paulus/Barnabas vertretene Position.

[33] In Lk/Act wird ἔθος mit dem mosaischen Gesetz identifiziert; RADL, Gesetz in Apg 15, S. 169-174. δεῖ ist Ausdruck des Zwanges des Gesetzes/der Sitte; für den Sprecher von 15,5b schwingt die göttliche Bestimmung solchen Tuns mit. Die Beschneidung verpflichtet zur künftigen Übernahme der Torah. Sie war gegen Widerstände der Umwelt durchzuhalten, wurde auch zwangsweise vollzogen. Lk bestätigt die Beschneidung für Juden (1,59; 2,21; vgl. Gen 17,12LXX) und verbindet sie mit der Namensgebung; Act 11,2ff regelt den Umgang mit Nichtbeschnittenen, fordert nicht ihre Beschneidung. Nach 16,3 nimmt Paulus die Beschneidungsmöglichkeit an Timotheus wahr. 21,21 ist Rückverweis auf den Konflikt in Jerusalem, dabei wird der Vorwurf von 15,1.5 erneuert und in 21,25 die Lösung von 15,22-29 zitiert. Zur Bedeutung der Beschneidung nach 70 ist auf das Kastrationsverbot Hadrians zu verweisen, dessen Ausdehnung auf die Beschneidung den Aufstand gegen Rom mit ausgelöst hat.

[34] Vgl. zur Reihenfolge: 11,30; 12,25; 13,1.2.7 Barnabas und Saulus; 14,12 Barnabas, Paulus; 15,12.25 Barnabas und Paulus; 13,43.46.50; 15,2.22.35 Paulus und Barnabas.

[35] Die Pharisäer standen für die Ausweitung levitischer Reinheit des Tempelkults auf den Alltag, v.a. in Hinsicht auf Tischgemeinschaft; NEUSNER, Judentum, S. 42-68; DEINES, Pharisäer, S. 40ff. Setzen die Pharisäer von Act 15,5 diese Ausweitung auf Heidenchristen fort?

[36] Negativ: 15,2; vgl. 15,7. Positiv: 15,3b.4; vgl. 14,27; 15,12.13a.22; anders aber in 15,4f. Man wird Jakobus - so die lukanische Intention - eine vermittelnde Position zuweisen.

Heidenmission durch Barnabas und Paulus und dem diese befürwortenden Votum phönizischer und samaritanischer Judenchristen[37] der Konflikt um die Heidenmission auch in Act 15 entschieden ist. Mag auch das Votum in Jerusalem noch ausstehen, die Dramaturgie der Ereignisse zeigt bereits an, in welche Richtung die Entscheidung fällt. Der Gegenpartei bleibt in der Logik der Darstellung kein inhaltliches Argument, sondern nur die formale Berufung auf die mosaische Torah und deren bleibende Gültigkeit.

Act 15,6.7a

Insofern eine neue Gruppe handelnd auftritt, wirken die Verse 15,6.7a wie eine neue Exposition.[38] Man muss für 15,6ff m.E. nicht an eine „gesonderte Sitzung der Gemeindeleitung"[39] denken. Lukas zeigt durch die steigernde Wiederaufnahme von 15,2 die Aktualität des Konflikts auch für Jerusalem. Die Konfliktlösung von c. 15 ist also als Grundsatzentscheidung für die Gemeinden zu verstehen.

Act 15,7b-11

Die Konfliktlösung wird in zwei Reden erreicht, der des Petrus Act 15,7b-11 und des Jakobus 15,13b-21, samt Akklamation sowie Durchführung per Brief in 15,12f.22ff.

Die Petrusrede mit den zustimmenden Reaktionen in 15,12.13a.14[40] bietet inhaltlich keine neuen Aspekte.[41] Lukas erinnert mit der Frage τί πειράζετε τὸν θεόν an Act 5,9: Wer angesichts der Gabe des Geistes denen aus den Heiden eine Last auferlegte, stünde in der Gefahr, wie Hana-

---

[37] Von denen eine judenchristliche Identität zu erwarten wäre, vgl. explizit für Phönizien Act 11,19. 8,14-17; 9,31 setzt die Existenz einer ἐκκλησία in Samaria voraus, vgl. 1,8.

[38] Der Rückblick auf 15,2a (οὐκ ὀλίγες) lässt 15,6.7b als Steigerung (πολλῆς) verstehen. Ortswechsel zwischen 15,5 und 6 ist wahrscheinlich, aber nicht zwingend; ἀπόστολοι καὶ πρεσβύτεροι sind in 15,6 von 15,2 her als bekannt vorausgesetzt. Zu πρεσβύτεροι in Act vgl. noch 11,30; 14,23.

[39] ZMIJEWSKI, RNT, S. 565. Dafür, dass der Konflikt alleine im Kreis von ἀπόστολοι ἀπόστολοι/πρεσβύτεροι gelöst wird, fehlen Hinweise im Text; nach 15,22 - anders 15,2.23? - ist die versammelte Gemeinde an der Durchführung von 15,19f beteiligt, sie ist vielleicht in 15,12 mit τὸ πλῆθος gemeint.

[40] Dass das Schweigen den Eindruck bekundet, den die Rede gemacht habe, ist spekulativ; WEISER, ÖTK 5/2, S. 381. Das Schweigen anerkennt jedenfalls die Legitimität der beschneidungsfreien Heidenmission.

[41] Darauf, dass Petrus hier paulinische Theologie - σωθῆναι 15,11 statt δικαιωθῆναι 13,38 - formuliere, ist oft hingewiesen worden; ZMIJEWSKI, RNT, S. 566f. Inhaltlich ist die Vorstellung des Gesetzes als einer Last, die Menschen nicht zu tragen vermögen, weder paulinisch noch petrinisch noch allgemein jüdisch. Zum Gesetz als ζυγός im Sinne eines belastenden Joches Mt 11,29f; zur Beschreibung der Sklavenexistenz I Tim 6,1; vgl. Gal 5,1 (ζυγός δουλείας). Im Judentum, nachempfunden in Mt 11,29f, gilt das Joch der Torah (Studium) oder der Gebote (Observanz) als Befreiung Gottes von wirklichen Lasten.

nias und Sapphira (wissentlich?) normwidrig zu handeln[42] - womit die
Gesetzesfreiheit als grundlegende Norm von Gemeindeleben und Gemeindeentwicklung bereits vorausgesetzt erscheint, die nach 15,1 durchgesetzt
werden sollte bzw. deren Legitimität in 15,5 sogar in theologischer Redeweise bestritten wurde.[43]

Act 15,12

Der Bericht und die Reaktion auf den Bericht in Act 15,12 bestätigt, dass
die missionarische Praxis der Gemeinde in Antiochia, vertreten durch
Barnabas und Paulus, die Beschneidungsfrage hinter sich gelassen hat. In
theologischer Reflexion wird diese Mission, wie schon in 15,3 präludiert,
als zeichen- und wunderhaftes[44] Handeln Gottes gedeutet.

Act 15,13-19

In der Rede von Jakobus in 15,13b-21 wird die Frage nach dem Zusammenleben in der Gemeinde und biblischen Normen dafür thematisiert. Für
das Zusammenleben in der Gemeinde gilt grundsätzlich: Gottes Handeln
hat die Gemeinschaft aus Juden und Heiden zu λαός τοῦ ὀνόματι αὐτοῦ
gemacht. Dies ist schon in den biblischen Verheißungen vorgesehen. Die
durch beschneidungsfreie Heidenmission erfolgende Integration der Heiden in das Gottesvolk bzw. die Konstituierung des Gottesvolkes aus Ju-
den- und Heidenchristen entspricht dem Willen Gottes und stimmt mit
dem überein, was als eschatologisches Heil des Gottesvolkes in der Bibel
überliefert ist. Zum Nachweis dessen verwendet die Rede Teile aus Am
9,11f, Jer 12,15 und Jes 45,21a.[45] Das Hinzukommen der Heiden zum Got-

---

[42] Weitere Bezüge zu c. 5: καθαρίσας τὰς καρδίας αὐτῶν 15,9; ἐν τῇ καρδίᾳ σου 5,4;
auch die in 15,12 führende Rolle des Petrus. Vgl 15,7: ἀφ' ἡμερῶν ἀρχαίων, Petrus nimmt
nicht den Bericht aus 15,4 auf, sondern die (eigene?) Jerusalemer Missionspraxis. Die Formulierung ließe sich auch auf Gottes erwählendes Handeln an seinem Volk überhaupt beziehen.

[43] Die als formale Konstruktion δεῖ + Infinitiv könnte von Lukas stammen; vgl. 25,10.

[44] Zu σημεῖα καὶ τέρατα in differenter Reihenfolge: Act 2,19/Joel 3LXX durch Gott;
2,22 durch Jesus; 2,43 und 5,12 durch die Apostel; 4,30 von Gott erbeten; 6,8 durch Stepha-
nus; 7,36 im Rückblick auf Mose; 14,3 und 15,12 durch antiochenische Missionare. Vgl.
WEIß, Zeichen und Wunder, S. 117, sie bestätigen die Missionsverkündigung.

[45] Vgl. den Kontext von Am 9,11f im MT: 9,11 Heilswort für Juda, 12 Strafwort gegen
Edom; Kontext in LXX: Heilswort für Juda und für die Völker, durch Umdeutung in 12
(אָדָם/ἀνθρώπον statt אֱדוֹם und שׁ־דר/ζητέω statt ירשׁ). Act 15,16f variiert Am 9,11fLXX mit Jer
12,15LXX. Vgl. CD VII,15f, auch 4Qflor 1,11f: Die Erfüllung von Am 9,11 geschieht durch
den Davididen zusammen mit שׁדוֹרֵ התוֹרָה, überhaupt sind alle, welche die Gebote halten,
Ausdruck der Verheißungserfüllung, da die Bücher des Gesetzes als zerfallene Hütte Davids
gelten. Act 15,17 liefert den Schriftbeweis für die Neukonstitution des Gottesvolkes, das für
Lukas ein Gottesvolk aus Juden- und Heidenchristen ist. Nach BAUCKHAM, James and the
gentiles, S. 172-184, handelt es sich um eine schon von jüdischer Exegese vorgenommene
Auslegung, die Lukas in 15,19f von einer in 15,29 verwendeten Vorlage her modifiziere.

tesvolk ist dabei in das Bild des eschatologischen Tempelbaus bzw. der erneuten Aufrichtung der Hütte Davids durch Gott integriert.[46]

Die Reflexion auf die biblischen Verheißungen war im Erzählzusammenhang von Act 15 durch die antiochenische Missionspraxis akut geworden. Petrus hatte in 15,10f für die Mission die Forderung der Torahobservanz der Heiden negativ beantwortet und so die Frage akut werden lassen, ob eine bleibende Verbindung zur biblischen Überlieferung noch gegeben ist, wo doch die Praxis der Heidenmission an dieser zentralen Stelle nicht am ἔθος τῷ Μωϋσέως festhält.[47] Gegen diese Interpretation der Beschneidung stellt Jakobus in 15,15 zur Legitimation der beschneidungsfreien Heidenmission den Zusammenhang mit der prophetischen Überlieferung der Schrift heraus: τούτῳ συμφωνοῦσιν. Gott ist bleibend der Gott τῶν πατέρων ἡμῶν, der seinem Volk durch die Propheten Heil zugesagt hat. Gottes Heil für sein Volk manifestiert sich gegenwärtig in der Wirkung seines Geistes und zeigt sich in der Erfüllung von οἱ λόγοι τῶν προφητῶν noch über die Grenzen Israels hinaus. 15,19 stellt den ersten Teil des Urteils des Jakobus in der Sache dar.[48] Gott hat die Heiden zum Volk Gottes hinzugefügt, deren Beschneidung ist nicht geboten.

Act 15,20f.29

Der zweite Teil des Urteils in Act 15,20 macht klar: Die mosaische Überlieferung ist dadurch aber nicht prinzipiell hinfällig geworden, zusammen mit den Propheten bringt sie weiterhin den Heilswillen Gottes zum Ausdruck. Sie bietet mit den Enthaltungsforderungen eine Norm, die Integration von Heiden in das Gottesvolk zu realisieren, die sich explizit an die Heiden wendet. Zur Verdeutlichung der bis in die Gegenwart anerkannten Geltung der Überlieferung fügt 15,21 den Altersbeweis an.[49]

In den Enthaltungsforderungen - nach späterer rabbinischer Tradition Teil der noachidischen Gebote,[50] als Normen etwa in Ex 34 und Lev 17f

---

[46] BAUCKHAM, James and the Jerusalem church, S. 457, denkt an ein Selbstverständnis der Gemeinde als eschatologischer Tempel. Kritisch dazu WALTER, Die »als Säulen Geltenden«, S. 78-92.

[47] Vgl. Gen 17,9f; die Beschneidung vollzieht die Bundesverpflichtung. Zielt Act 15 eher auf Reinheit denn auf Heiligkeit? KLINGHARDT, Gesetz und Volk Gottes, S. 109-113.

[48] Ist κρίνω juristische Sprache, gar Synhedrialentscheidung, oder nur Folgerung mit Vorschlagscharakter (Act 13,46; 16,15; 26,8)? Liegt eine rechtliche Regelung vor?

[49] Die Probleme, die Act 15,20f.29 als Torah für Heiden bietet, sind beträchtlich, zumal schon der Bezug auf 15,10 problematisch ist. Mit HÜBNER, Biblische Theologie 3, S. 134f, könnte es in 15,20f.29 darum gehen, „dass an Mose wenigstens im Prinzip festgehalten wird".

[50] MÜLLER, Tora für die Völker, S. 87-136. Es handelt sich um sechs der sinaitischen Gebote, die mit dem Verbot des Fleischessens vom lebenden Tier auch Noahs Nachkommen aufgetragen sind: Götzendienst, Gotteslästerung, Gerichtsbarkeit, Mord, Unzucht, Raub. Der Bezug des רָּ auf sie ist umstritten; FINSTERBUSCH, Thora, S. 27f.31f. Eine frühe Form der

erwähnt[51] - wird das Zusammenleben der bekehrten Heiden mit Juden sowohl in spezifischen, als auch in elementaren Lebenssituationen geregelt. Formulierte Grundhaltung ist ἀπέχεσθαι: Man hat sich des ἀλίσγημα zu enthalten bzw. nach 15,29 von εἰδωλόθυτος, d.h. keine Teilhabe an heidnischen Mahlzeiten bzw. am dortigen Verzehr von Opferfleisch.[52] Man hat sich der πορνεία zu enthalten, d.h. keine Ehe zwischen Verwandten.[53] Man hat sich des πνικτόν zu enthalten, d.h. kein Verzehr von Tierfleisch, das nicht regulär geschlachtet wurde.[54] Und man hat sich des αἵμα zu enthalten, d.h. grundsätzlich kein Blutkonsum.[55]

Act 15,22-28

Die Enthaltungsforderungen, deren Observanz für Heidenchristen um des gemeindlichen Zusammenlebens mit Judenchristen willen nötig ist, werden nach 15,22 als Konfliktlösung für Antiochia durch den Beschluss der versammelten Autoritäten - Apostel, Presbyter, Gemeinde - anerkannt. Die Aufforderung ihrer Beachtung erfolgt in Briefform.[56]

In diesem Brief werden daneben Barnabas und Paulus samt Delegation durch 15,25f besonders hervorgehoben, geradezu rehabilitiert.[57] Ihre Kontrahenten konnten sich in Jerusalem mit der Beschneidungsforderung nicht

---

Klauseln ist nicht belegt, ihre Herleitung von Lukas kommt aber auch nicht in Frage. Zum Verständnis biblischer Reinheitsgesetze in der frühen Kirche WENDEBOURG, Reinheitsgesetze, S. 149-170: Auslegung durch Allegorisierung; keine positive Aufnahme vor dem 3. Jh., dann allmähliche Formulierung von Reinheitsnormen v.a. für Kleriker.

[51] Die Vorschriften gelten nach Lev 17f dem Israelit wie dem גֵּר; Lev 18,5 spricht vom אָדָם, der sie einhalten soll, um zu leben. ESLER, Community and gospel, S. 97-99.106f.

[52] Vgl. τῶν εἰδώλων Act 15,20 bzw. τῶν τῶν εἰδωλοθύτων 15,29 im NT: Act 21,25; I Kor 8,1.4.7.10; 10,19; Apc 2,14.20; vgl. Did 6,3. Im AT wurde Lev 17,1-9 durch Dtn 12 gedeutet und nicht mehr auf profane Schlachtung bezogen. ἀλισγέω im NT nur Mk 9,46 v.l.

[53] Zu πορνεία κτλ Lev 18,6-18.26; Lev 18 nennt als Tabubereich jede Blutsverwandschaft, auch der des Schwiegervaters; vgl. I Kor 5,1. In Apc 2,21; 14,8; 17,2.4; 18,3; 19,2 Abfall von Gott, die Bedeutung wird hellenistisch in der Auseinandersetzung mit orientalischen Kulten üblich.

[54] Im NT nur noch Act 21,25; PHILIP, Quelques notes, S. 593-596. Bei Nichtausströmen des Bluts beim Sterben erstickt das Leben im Blut des Sterbenden. αἵμα und πνικτόν hängen in der Textüberlieferung eng zusammen: Codex D und etliche Minuskeln lassen in 15,20 καὶ τοῦ πνικτοῦ und in 15,29 καὶ πνικτῶν aus und ergänzen am Ende die zum Teil. negativ formulierte goldene Regel, vgl. Mt 7,12Q; Lk 6,31Q; anders Act 21,25. D hat das Aposteldekret für Zeiten, in denen die Tischgemeinschaft zwischen Juden- und Heidenchristen nicht mehr aktuell war, bewahrt; WEHNERT, Reinheit, S. 26-29.

[55] Zu αἵμα so im AT vgl. Gen 9,4; Lev 3,17; 7,26f; 17,10ff; 19,26; Dtn 12,16.23f; 15,23.

[56] Griechischen Briefform mit Präscript (subscriptio, adscriptio, Grußformel χαίρειν, vgl. Act 23,26; Jak 1,1), Briefcorpus (vgl. Act 23,27-30; Jak, 1,2ff) und Schlussgruß (vgl. Act 23,30 v.l.); KLAUCK, Briefliteratur, S. 315-321. Zur Schriftform für rechtliche Gültigkeit CRÜSEMANN, Tora, S. 404-407.

[57] 15,25 ἀγαπητοί ἡμῶν als ehrende Bezeichnung; vgl. auch Röm 16,4.

durchsetzen. Allerdings wurde mit der Würdigung der mosaischen Tradition ihr Anliegen gewahrt. Die Jerusalemer Konfliktlösung soll in Antiochia rezipiert werden. Das zu erreichen ist Aufgabe der Delegierten und Briefüberbringer Judas Barsabbas und Silas.[58]

*Act 15,30-35***

Die Verse erweisen den Erfolg der Konfliktlösung auch in Antiochia, der aber nicht fraglos eintritt, sondern sich der prophetischen Rede der Delegierten verdankt. Deren Darlegung des Briefinhalts und seine Erläuterung διὰ λόγου πολλοῦ führen zur Paraklese der Gemeinde, die sich in Freude äußert.[59] Damit ist eine Inklusion mit 15,1f hergestellt.[60]

6.3.3 Zusammenfassung

Die Konfliktlösung von Act 15 folgt der lukanischen Perspektive. Act hat darauf verzichtet, einen Bericht von einzelnen Ereignissen in Antiochia und Jerusalem zu geben, sondern hat zentrale Fragen der frühen Gemeindegeschichte (wie Heidenmission, Beschneidung und Zusammenleben in der Gemeinde) zusammengefasst dargestellt. Zugleich hat er damit die Frage nach der Geltung der Torah thematisiert. Der innere Zusammenhang der Fragen ergibt sich im Blick auf die Kontinuität von Gemeinde und Israel. Stehen die Gemeinden angesichts ihrer Öffnung für Heiden überhaupt noch in Kontinuität mit dem Bundesvolk, wenn die Gemeinden dabei auf die Beschneidungsforderung verzichten? Ist ihre Öffnung zu den Heiden unter der Prämisse des Verzichts auf die Beschneidungsforderung biblisch-theologisch begründbar? Act 10f.13 verweist für die Heidenmission auf das Kontinuität stiftende Handeln Gottes. Act 15 stellt die Legitimität der antiochenischen Heidenmission heraus, indem die Übereinstimmung der Ereignisse mit dem erklärten Gotteswillen festgestellt wird, wie er auch in den Verheißungen bei den Propheten insgesamt (repräsentiert von Jeremia, Amos und Jesaja) dokumentiert ist.

Wie das Handeln Gottes - endzeitliche Erfüllung prophetischer Heilsankündigung - an den Gemeindemissionaren zeigt, ist eine Notwendigkeit zur Beschneidung von Heiden biblisch-theologisch nicht mehr zu begründen. Die von Gott zum Erfolg geführte missionarische Praxis der Gemeinden hat die Preisgabe der Beschneidungsforderung zur Konsequenz. Damit ist auch die Frage der Legitimität der Heidenmission klar. Gott selbst hat

---

[58] Judas Barsabbas nur hier im NT, vgl. Act 1,23; zu Silas vgl. Act 15,40; 16,19.25.29; 17,4.10.14.15; 18,5. Besteht die Delegation nur aus Judenchristen?

[59] ROLOFF, NTD 5, S. 234.

[60] Markiert durch: κατῆλθοντες 15,1, κατῆλτον 15,30; γενομένης δέ στάσεως καὶ ζητήσεως οὐκ ὀλίγης 15,2, ἀναγνότος δέ ἐχάρησαν ἐπὶ τῇ παρακλήσει 15,31 und durch διδασκεῖν 15,1.35.

in seinem Handeln die Mission entgrenzt und hat keinen Unterschied gemacht zwischen denen aus dem Volk Israel und denen aus den Heiden.
Beide sind nun Teil des Volkes seines Namens.

Widerspricht aber diese beschneidungsfreie Heidenmission nicht dem
mosaischen Gesetz, das die Beschneidung zur Eingliederung in das Bundesvolk doch vorschreibt? In der Forderung der Beschneidung ist das Gesetz für die aus den Heiden nicht mehr bindend.[61] Für das Miteinander von
Juden- und Heidenchristen in der Gemeinde liegen allerdings mit den Enthaltungsforderungen Normen - als Paränese; als rechtliche Regelung? -
vor, deren traditioneller Charakter neben und unabhängig von ihrem Weiterwirken im frühen Christentum auch im späteren rabbinischen Judentum
herausgestellt wird.

6.3.4 Act 15,1-35* auf dem Hintergrund von Gal 2

Lukas hat in Act 15 Ereignisse zusammengestellt, die Paulus - abgesehen
von einigen Unstimmigkeiten im Detail[62] - in Gal 2 bietet.[63] Zur historischen Rekonstruktion der Ereignisse wird in der Regel die lukanische Darstellung durch Paulus korrigiert. Da Paulus in Gal 2,6 konstatiert ἐμοὶ γάρ
οἱ δοκοῦντες οὐδὲν προσανέθεντο, ist die Frage nach dem Stellenwert
des Aposteldekrets als Konfliktlösung gestellt, die beim antiochenischen
Zwischenfall nach Gal 2,11-14 offensichtlich nicht verwendet wird.

Warum wird der antiochenische Zwischenfall von Lukas vor und nicht -
wie chronologisch wahrscheinlicher - nach dem Apostelkonzil behandelt?
Bei Paulus ist kein Aposteldekret erwähnt.[64] Gibt es dennoch Hinweise auf
seine Tradition?

6.3.4.1 Der antiochenische Zwischenfall bei Lukas

Lukas überträgt in Act 15,1-5 das Geschehen von Antiochia nach Jerusalem: Er berichtet in 15,1f von einem Konflikt in Antiochia, der zwar nicht
mit dem übereinstimmt, was Gal 2,11-14 überliefert, aber vielleicht doch

---

[61] BLASCHKE, Beschneidung, S. 318-322, unterscheidet das Gottesfürchtigen- (in der Diaspora, kein Zwang zu Konversion und Beschneidung) vom Proselytenmodell (in Israel, Beschneidung erforderlich), Letzteres könnten die Gegner in Act 15 vertreten haben, Paulus und
Jerusalemer Gemeindeleitung das Erstere. Aber müsste dieser Konflikt dann nicht auch im
zeitgenössischen Judentum präsent sein?

[62] Gegenüber Titus wurde nach Gal 2,1-3 keine Beschneidungsforderung erhoben; ist für
ihn in Act 15 Silas als Antiochener (und Heidenchrist) eingefügt? Vgl. Gal 2,4 die Bewertung
der Gegenpartei als ψευδάδελφοι und die Differenz der Motivation in Gal 2,2 und Act 15,2.

[63] WEHNERT, Reinheit, S. 263-275. Vgl. dazu auch SCHNELLE, Muß ein Heide Jude werden, S. 93-109.

[64] Forschungsgeschichte zu Gal 2,11-14 bei WECHSLER, Geschichtsbild und Apostelstreit, S. 281-295. VOUGA, HNT 10, S. 64: Paulus liefert einen Gegenbericht, die Adressaten
sind bereits informiert.

den antiochenischen Zwischenfall verarbeitet. Durch eine Umstellung in der Reihenfolge gewönne Lukas eine Motivation für das Erscheinen der Antiochener in Jerusalem, die mit Gal 2,2 verbunden werden kann: die Suche nach dem Konsens mit den Jerusalemern bezüglich der beschneidungsfreien (Act 15) bzw. gesetzesfreien Heidenmission (Gal 2; Act 15). Auch korreliert das Ergebnis des Jerusalembesuchs: jedenfalls in Hinsicht auf den Verzicht auf die Beschneidung in Act 15 (grundsätzlich; vgl. aber 16,3) mit Gal 2,3 (für Titus). An Petrus werden zudem die Ebenen der lukanischen Darstellung erkennbar: In Antiochia nach Gal 2,11f den Konflikt mit Paulus auslösend, erscheint er in Act 15,7 unvermittelt und stellt sich mit 15,7-11 vollständig auf die Seite der - nach Lukas - paulinischen Position. Die aus Gal 2,11-14 bekannte Situation, die in Antiochia zum Konflikt führte, wäre für Lukas inhaltlich nach Act 15,36ff kaum unterzubringen gewesen, bedeutete der Konflikt doch eine teilweise Zurücknahme dessen, was 15,10f.19 erreicht hatte.

Lukas überliefert zwar die Konfliktlösung, die das Aposteldekret bietet, nennt aber nicht die Konfliktsituation, für die es eine Lösung sein sollte. Er subsumiert damit den antiochenischen Zwischenfall unter die Situation von 15,1f, als ob das Aposteldekret darauf eine Antwort wäre. Der antiochenische Zwischenfall ist nach dieser Überlegung als entscheidender Konflikt der frühen Gemeindegeschichte nicht verschwiegen, sondern der Konfliktlösung des Apostelkonzils untergeordnet bzw. in sie eingebettet.

6.3.4.2 Apostelkonzil und Aposteldekret bei Lukas und Paulus

Die Darstellungen von Act 15 bzw. Gal 2 lassen sich auf ein Ereignis beziehen und stimmen in zentralen Fragen auch in dessen Ergebnissen überein. Weder wurde Paulus und der von ihm verantworteten heidenchristlichen Mission etwas auferlegt, noch wurden in Jerusalem die durch die antiochenische Mission erreichten Heidenchristen belastet. Die Beschneidung als heilsnotwendiger Akt kommt für Heidenchristen nicht in Frage, ihr Verzicht ist legitim, die Behauptung ihrer theologischen Notwendigkeit kann nicht mehr erhoben werden. Auch die von Paulus in Gal 2,10 intendierte, von Lukas hier nicht und später nur am Rande erwähnte Kollekte ist nicht als Auflage zu betrachten, die der Richtigkeit der Feststellung von Gal 2,6 entgegensteht.[65]

Die bei Paulus nicht erwähnten Klauseln von Act 15,20.29 widersprechen aber doch der Feststellung von 15,19 μὴ παρενοχλεῖν.[66] Und damit

---

[65] Gal 2,9 könnte eine Art Vertragsverabschiedung darstellen; BETZ, Galaterbrief, S. 190f. Vgl. STOWASSER, Konflikte, S. 66: Der Handschlag besiegle lediglich die gemeinsame Entscheidung in Jerusalem. War er also dafür üblich? Warum wird er dann erwähnt?

[66] MÜLLER, Die noachidische Tora, S. 261f, will anhand der Stichworte Unzucht, Götzendienst und Feindschaft, Hader, Missgunst, die bis zu Blutvergießen führen, in Lasterkata-

tritt ein grundsätzliches Problem zutage: Hinsichtlich der Bedeutung des mosaischen Gesetzes für das Zusammenleben in den Gemeinden ergeben sich zwischen Lukas und Paulus konfliktträchtige Verschiebungen in der Wahrnehmung.[67] Eine Auflage vollständiger Torahobservanz für die aus den Heiden liegt in der Logik von Act 15 (mit Gal 2) zwar nicht vor; eine Zurückweisung der Weisungen der Torah für eine innergemeindliche Konfliktsituation und deren Lösung aber auch nicht. Nur dass Act 15,19f.28f mehr ist (und mehr sein will) als eine Norm für etwaige Konfliktlösungen, wie man sie etwa in I Kor 5,1 erkennen könnte. Das Aposteldekret erhebt jedenfalls in seiner lukanischen Fassung vielmehr den Anspruch, eine grundsätzliche Regel für das Zusammenleben in der Gemeinde zu sein und als solche Konflikte nicht eigentlich zu lösen, sondern sie zu verhindern.[68]

Nur am Rande vermerkt seien Spuren möglicher weiterer Tradition der Enthaltungsforderungen aus Act 15,20.29. Zwar ist Act 21,25 zum Beleg des Aposteldekrets als eine selbständige frühchristliche Tradition nicht geeignet. Die Erwähnung der noachidischen Gebote dürfte hier redaktionell in den Zusammenhang des paulinischen Nasiräats gestellt worden sein.[69] Und auch die in Apc 2,14.20 zu lesenden Vorwürfe εἰδωλόθυτος und πορνεῦσαι an die Gemeinden in Pergamon und Thyatira, die an zwei der Enthaltungsbestimmungen des Aposteldekrets erinnern, können kaum als frühe Belege für dessen Wirkungsgeschichte gedeutet werden, wenn auch sprachliche Anklänge von Apc 2,24f an Act 15,28 in diese Richtung weisen könnten.[70] In der frühchristlichen Literatur haben sich allerdings insgesamt Spuren der Wirkungsgeschichte von Act 15 und seiner Enthaltungsforderungen erhalten.[71]

---

logen wie Gal 5,19-21 Teile einer universellen noachidischen Tora erkennen. Aber πορνεία und εἰδωλολατρία für Blutvergießen findet sich dort nicht; vgl. I Kor 8-10; Röm 14f.

[67] Vgl. die Verwendung von Dtn 10,17 neben Gal 2,6 in Act 10,34f (Petrus) und von Jes 49,6 (Paulus, Barnabas) in Act 13,41. Verbindet Jakobus in 15,15ff Propheten und Gesetz?

[68] FINSTERBUSCH, Thora, S. 65: „In Übereinstimmung mit dem Apostelkonzil ... konnten Petrus und andere Judenchristen den religiösen Status der Heidenchristen soweit akzeptieren, dass ... sogar gemeinsame Mahlzeiten möglich waren.“ Jakobusleute unterbanden dies mit dem Hinweis, das Apostelkonzil bedeute nicht, dass Judenchristen ihre Lebensweise aufgeben sollten, wogegen Paulus dann die Rechtfertigung durch das Kreuz Christi stellte. Erst durch den antiochenischen Zwischenfall wurde die Problematik des Zusammenlebens in der Gemeinde grundsätzlich erkannt; CONZELMANN, Geschichte, S. 74. Vgl. auch das Claudiusedikt, das Cassius Dio 60,6,6 überliefert, insofern es Juden befiehlt, bei ihrer überkommenen Lebensweise zu bleiben, τῷ δέ δή πατρίῳ βίῳ χρωμένους ἐκέλευσε, vgl. auch Ant XIV,194; XIV,213; LegGai 157. Väterliche Gesetze im NT: Gal 1,14; Act 22,3; 28,17.

[69] JERVELL, KEK 3, S. 527: „Dazu kommt, dass hier von dem Dekret in einer Weise erzählt wird, als sei dieses dem Paulus unbekannt.“

[70] CHARLES, ICC, S. 74; zur patristischen Interpretation WEHNERT, Reinheit, S. 189.

[71] Vgl. Did 6,3. Zur Wirkungsgeschichte bis in das 18. Jh. MÜLLER, Tora für die Völker, S. 200-237; für Apologeten und Kirchenväter WEHNERT, Reinheit, S. 192-208.

6.4 Eine Kollekte für Jerusalem

6.4.1 Vorbemerkung

Die Auseinandersetzungen um Paulus bei seinem letzten Besuch in Jerusalem stellen eine Art retardierendes Moment in der Darstellung der Geschichte des frühen Christentums bei Lukas dar. In Jerusalem wird Paulus Jahre nach der Übereinkunft von Act 15 wieder mit dessen Forderungen konfrontiert.[72] Die bei Paulus deutlicher thematisierte Kollekte, auf die Lukas kaum erkennbar Bezug nimmt,[73] zeigt, wie konfliktträchtig das angeblich durch Act 15 geregelte Miteinander von Juden- und Heidenchristen in Jerusalem ist. Bei Lukas wird das so - warum? - nicht sichtbar.

6.4.2 Kollektenhinweise in Act 11,29f, 20,4, 21,17 und 24,17

Die Kollektenspuren in Act sind von der lukanischen Darstellungstendenz deutlich gekennzeichnet, sodass zugrunde liegende historische Fakten davon kaum abgehoben werden können. Immerhin kann die von Lukas vorgestellte Aufnahme des Kollektenwerks in Jerusalem betrachtet werden. Es zeigt sich dabei, dass Konflikte um die Kollekte, wie sie gerade für deren Übergabe nach Röm 15,30-32 eigentlich zu erwarten waren, in der Darstellung des Lukas bewusst übergangen werden.

Act 11,29f

Act 11,30 benennt einen Besuch von Saulus in Jerusalem, der in den paulinischen Briefen nicht erwähnt wird.[74] Betrachtet man die Funktion des Besuches, so stellt sich die Frage, ob Lukas hier möglicherweise aus älterem Überlieferungsmaterial und Notizen des letzten Jerusalembesuchs des Paulus einen Besuch zur Übergabe der Kollekte konstruiert.[75] Im Summarium 11,27-30 nennt 11,29 die Sammlung und 11,30 ihre Überbringung.[76] Die selbstverständlich zu erwartende Annahme der Sammlung wird nicht

---

[72] Vgl. BECKER, Paulus, S. 483, als Indizien der veränderten Situation: Hinrichtung des Jakobus nach einer Anklage wegen Gesetzesübertretung, synagogaler Druck, da bis 66 das zelotische Element erstarkte, dazu der Beschluss, Gaben von Nichtjuden nicht anzunehmen.

[73] Vgl. KOCH, Kollektenbericht, S. 388f: „Alle Globaltheorien für die Darstellung der Paulusreisen in Apg 13-28 sind höchst problematisch. Das gilt sowohl für die Annahme eines durchlaufenden Itinerars als auch für die Annahme einer rein lukanischen Gestaltung".

[74] Zu Fragen der Historizität einer antiochenischen Kollekte bzw. einer Quelle, in der 11,29f mit 15,3ff u.a. durch Verwendung des πρεσβύτερος-Begriffs verbunden wäre PESCH, EKK V/1, S. 356f.

[75] Deutet das verwendete διακονία in 11,29 auf paulinische Tradition? Vgl. Act 12,25; I Kor 16,15; II Kor 8,4; 9,1.13; Röm 15,31; LÜDEMANN, Das frühe Christentum, S. 143.

[76] Überträgt 11,29 das idealtypische Vorgehen 4,32-37 auf den Umgang zwischen Antiochia und Jerusalem, was gegen 11,29 als Einzelnotiz spräche? So PESCH, EKK V/1, S. 357f.

eigens notiert, sondern erst in 12,25 nachgereicht. Eine Kollekte wie die von 11,29 ist nach Lukas kein einmaliges Unternehmen. Eine ähnliche διακονία wie die des Paulus bei seinem letzten Jerusalembesuch hätte es nach der Darstellung des Lukas bereits Jahre zuvor gegeben. Und auch nicht nur Saulus/Paulus ist nach Lukas in dieser Hinsicht aktiv gewesen, er steht in Sachen Kollekten in Act hinter Barnabas nur an zweiter Stelle.

Act 20,4

Eine Verbindung der Begleiterliste des Paulus - auf der Reise von Griechenland durch Mazedonien, seit Troas mit den in Act 20,4 genannten Personen - mit der Kollekte ist nur indirekt gegeben.[77] Auf der Erzählebene von Act 20,4 ist die Liste der Mitarbeiter nicht mit dem Ziel einer Kollektenüberbringung verbunden, da eine Kollekte nicht erwähnt wird. Alleine schon aus dem Vorhandensein einer Notiz über Paulusbegleiter auf einer Reise zur Kollektenübergabe auf die Kollektenreise selbst zu schließen ist nicht hilfreich, weil mit der Perspektive der lukanischen Darstellung auch der Blickwinkel der Adressaten von Act bestimmt wird. Die Adressaten können 20,4 nicht als Kollektennotiz erkennen, mag darin auch eine historische Erinnerung an die Kollekte bewahrt sein.

Act 21,17

Innerhalb des Summariums Act 21,15-17 könnte 21,17 - Reminiszenz der positiven Stellung des Paulus in Jerusalem - auf die freundliche Aufnahme der Kollekte durch die Gemeinde in Jerusalem hinweisen, ohne diesen Sachverhalt ausdrücklich zu nennen.[78] Spätestens in 21,21ff scheint die Stimmung in Jerusalem deutlich von Misstrauen geprägt, sobald die Position des Paulus zum Gesetz Thema wird.[79] Dabei greift 21,25 in einer Weise auf 15,29 zurück, als wären die Bestimmungen für Paulus neu.

Act 24,17

Für einen Rückblick auf die Ereignisse von 21,17ff kommt der lukanische Paulus in Act 24,17-19 zu Wort, wobei er nun eine Kollekte für Jerusalem

---

[77] Vgl. treffend DIBELIUS, Reden, S. 151f: Die Kollekte „wird nie an ihrem Ort erwähnt, auch nicht 20,4, wo die den Paulus begleitenden Gesandten der Gemeinden genannt werden, die ihre Funktion wahrscheinlich überhaupt nur der Kollekte zu danken haben“. Für Act 20,4 ist die Bedeutung der Siebenzahl eines ansehnlichen Gefolges bemerkenswert.

[78] Spricht auch die Verwendung von διακονία in 21,19 für eine positive Aufnahme der Kollekte? Vgl. aber auch διακονία für den Auftrag zur Verkündigung an Paulus in 20,24. Formal haben 15,4ff und 21,17ff Parallelen im Aufbau: Auf Ankunft und Aufnahme 15,4/21,17 folgen Begegnung u.a. mit Ältesten 15,6/21,18, Rechenschaftsbericht 15,12/21,19 und Zustimmung durch die Versammelten 15,12a/21,20.

[79] Der Übergang von 21,17 zu 18 ist hart: τῇ δέ ἐπιούσῃ, CONZELMANN, HNT 7, S. 131.

anspricht.[80] An dieser als ἐλεημοσύνη bezeichneten Gabe will Lukas die unproblematische Stellung des Paulus zum Tempel deutlich machen.

Implizit verteidigt sich Paulus nach Lukas gegen eine Distanzierung von der Vereinbarung von Act 15. Mit den Jerusalemern ist er sich nach lukanischer Darstellung in der Beachtung zentraler Anforderungen väterlicher Frömmigkeit praktisch einig.[81] Das Almosen von 24,17 gerät dabei zu einem Hinweis auf die bleibende Unterordnung der heidenchristlichen Mission unter die Jerusalemer Autorität der christlichen Gemeinde. Und das Almosen dient dem Nachweis einer bestehenden Verbindung der Heidenchristen mit den Judenchristen in Jerusalem.[82]

6.5 Das Nasiräat des Paulus

6.5.1 Vorbemerkung

Der Konflikt im Zusammenhang mit dem Nasiräat des Paulus in Jerusalem wird in Act 24,17ff dort vermerkt, wo nach Röm 15,30-32 mit einem Konflikt um die Kollekte zu rechnen wäre. Deren Ablieferung wird in der lukanischen Darstellung des letzten Jerusalemaufenthalts von Paulus nicht ausdrücklich erwähnt. Stattdessen rückt mit ἡ εὐχή eine religiöse jüdische Praxis eigener Art in den Blick.[83]

Nach Num 6,1-21LXX sind Männer und Frauen, die sich als Nasiräer Gott für eine bestimmte Zeit besonders in Dienst stellen, verpflichtet, sich von Wein und allem, was mit diesem zu tun hat, fernzuhalten, ihre Haare frei wachsen lassen und sich nicht durch den Kontakt mit Totem zu verunreinigen.[84] Nach Ablauf der festgelegten Zeit eines solchen Nasiräats wa-

---

[80] Problematisch an der Annahme, in 24,17 sei an die Kollekte gedacht, ist die Verwendung von ἐλεημοσύνη, das für die Kollekte sonst nicht erscheint.

[81] Die Differenz zwischen jüdischem Volk als Adressat der ἐλεημοσύνη und Jerusalemer Gemeinde als Empfängerin der Kollekte muss nicht stören, für Lukas repräsentiert die Gemeinde das zur heilsgeschichtlichen Vollendung gelangte Israel; WEISER, ÖTK 5/2, S. 630.

[82] Ein Grundsatzkonflikt um die Bedeutung des Tempels sollte nach Lukas angesichts der bleibenden Kontinuität zwischen Juden, Juden- und Heidenchristen nicht bestehen. Die durch Paulus betonte Kontinuität des frühen Christentums als jüdischer Religion wird auch vor römischen Behörden festgestellt.

[83] Einführend BIETENHART, CBL, Sp. 953f.

[84] Vorgesehen waren in pharisäischer Zeit mindestens 30 Tage, im AT ist auch lebenslanges Nasiräat bekannt, vgl. Ri 13 Samson; I Sam 1,11 Samuel. Zur Frage der Enthaltsamkeit Num 6,3f; Grenze war der Weingenuss des Quantums der Größe einer Olive, vermutlich bestand das Verbot des Weingenusses für die Nasiräer auch am Passahfest. Zu Fragen der Verunreinigung Num 6,6f, das Nasiräat schloss die Erfüllung der Kinderpflicht zum Elternbegräbnis aus; bei unbeabsichtigter Verunreinigung begann nach Num 6,9-12 das Nasiräat von neuem, der Wiederbeginn bedurfte der Sühn- und Schuldopfer im Tempel am achten Tag und

ren im Jerusalemer Tempel verschiedene Opfer darzubringen, das Haupthaar zu scheren und im Opferfeuer zu verbrennen.[85] Ein Beitrag zum Nasiräat anderer war möglich: Die Betreuung ortsfremder Nasiräer galt als ein gutes Werk, die Übernahme der Kosten für mittellose Anwärter eines Nasiräates bewies Eifer für das Gesetz.[86]

6.5.2 Das Nasiräat des Paulus in Act 21,23f.26 und 24,17f

Die Analyse des paulinischen Nasiräats während seines letzten Jerusalemaufenthalts kann nur auf die Darstellung zurückgreifen, die Act 21,23f.26 und 24,17f bietet. Eine Annäherung an die historischen Hintergründe ist dabei kaum möglich, die Erhebung der lukanischen Intention ist das Ziel der angefügten Überlegungen. Auch hier wird wieder der lukanische Umgang mit Konflikten in Jerusalem sichtbar.[87]

Act 21,23f.26

In der Diskussion um das Verständnis von Act 21,23ff sind die Zeitangaben besonders zu beachten. Kann an ihnen inhaltlich geklärt werden, ob Paulus selbst das Nasiräat vollzogen bzw. sich nach levitischer Vorschrift einer siebentägigen Reinigung unterzogen hat, wie sie nach einem Auslandsaufenthalt grundsätzlich erforderlich gewesen sein könnte?[88]

Die lukanische Darstellung bleibt an dieser Stelle undurchsichtig. Hat Lukas die einschlägigen Vorschriften das Nasiräat betreffend nur nicht gut

---

des Scherens der Haare; Sanktion gegen Verstöße gegen Nasiräatsvorschriften war Geißelung (40 weniger 1). Vom Nasiräat zu unterscheiden ist die Reinigung nach Auslandsaufenthalt, auf die mit Act 21,24 ἁγνίσθητι verwiesen wird. Ἁγνίζω ist kultischer terminus technicus, wird seit der zwischentestamentlichen Literatur auch von der Gesinnung eines Menschen ausgesagt, vgl. I Joh 3,3; Jak 4,8; I Petr 1,22. Eine solche Reinigung hätte regelmäßig zu erfolgen; warum wurde sie nur hier notiert?

[85] Num 6,13-20LXX. Obwohl die Auslösung an den Tempel gebunden war, bestand das Nasiräat auch nach dessen Zerstörung weiter, eine rabbinische Lehrentscheidung trat an die Stelle der Auslösung durch Opfer.

[86] Vgl. Ant XIX,292-296 (= VI.1) über Agrippa II bei seiner Rückkehr nach Jerusalem zur Wiederherstellung des jüdäischen Königreiches. War die Übernahme des Nasiräates im Ausland möglich? Die Ausweihe dürfte immer in Jerusalem erfolgt sein.

[87] Vgl. im Überblick dazu BECKER, Paulus, S. 480: „Die biographische und anekdotische Legende um Paulus wird weiter ausgezeichnet. Man interessiert sich nicht für die historisch-theologische Seite der Reise, sondern webt das Märtyrergewand eines großen kirchlichen Blutzeugen. Dabei blickt die - längst nachapostolische - Kirche nicht nur auf diesen großen Christen der ersten urchristlichen Generation zurück, sondern weiß sich auch über das literarische Testament in Apg 20 in Kontinuität zu ihm. Doch zugleich verzeichnet man dabei den historischen Paulus: Natürlich ist er kein frommer Judenchrist."

[88] Dies wäre auch gegeben, wenn Paulus zur Auslösung anderer Nasiräer ein Opfer zu bringen hätte. Die dafür aus 21,27 zu erschließende Zeitbestimmung steht im Widerspruch zur Angabe von 21,26, nach der die Ausführung von 21,24 bereits am folgenden Tag stattfand.

genug gekannt, oder gehen die bestehenden Divergenzen zwischen lukanischer Darstellung und historischer Realität auf das Konto der Verfasserintention?[89] Kam es Lukas nur darauf an, die bleibende Verbundenheit des Paulus mit Jerusalem, mit der jüdischen Tempelfrömmigkeit bzw. mit den Judenchristen in Jerusalem zu zeigen? Angesicht des Fortgangs der Erzählung in 21,27ff drängt sich als Eindruck auf: Für einen etwaigen Nachweis der bleibenden jüdischen Lebensweise des Paulus ist das Nasiräat sogar in seiner lukanischen Darstellung nur bedingt geeignet. Auch das Nasiräat kann den folgenden Konflikt des Paulus mit jüdischen Instanzen in Jerusalem nicht verhindern, vielmehr beschwört es ihn durch den Tempelbesuch des Paulus geradezu erst herauf.[90]

In Act 21,23-26 steht die Frage im Raum, wie Judenchristen in heidenchristlicher Umgebung eine geregelte[91] Verbindung zu Jerusalem beibehalten. Die Antwort, die Act 21 gibt, geht nicht über das hinaus, was schon in Act 15 zu lesen war. Durch eifrige, d.h. gesetzestreue Lebensweise wird diese Verbindung erhalten, werden auch etwaige Konflikte um das Zusammenleben im Volk Gottes bzw. mit den Juden Jerusalems gelöst, wie Paulus mit seinem Verhalten exemplarisch zeigt. Ein Unterschied zwischen den Darstellungen der Konfliktlösungen in Act 15 und 21 besteht darin, dass das Scheitern des Nasiräats als vorgeschlagener Konfliktlösung auch in der lukanischen Darstellung offen erkennbar ist.

Act 24,17f

Nach lukanischer Darstellung verteidigt sich Paulus in Act 24 gegen Vorwürfe, die in 24,5f vorgebracht und in 24,12f schon einmal mangels Beweisen zurückgewiesen werden, und verweist dabei in 24,17f vermutlich

---

[89] Ist die von Lukas nicht erwähnte Kollektenüberbringung der Schlüssel zum Verständnis? Vgl. SCHMITHALS, ZBK.NT 3.2, S. 196: Weil „damit auch die Kollektengelder, von denen die Auslösung bezahlt sein möchte, «geheiligt» wurden. Die jüdische Behörde konnte den Judenchristen schwerlich die Annahme einer Kollekte anlasten, die teilweise dem Tempel zur Durchführung von Opfern zufloss, die in der Tora vorgeschrieben waren." Die konstruierte Jerusalemreise 18,22 könnte als Gegenstück zu 11,30 betrachtet werden. Eine Kollekte für Jerusalem (auch durch Paulus) hatte Lukas schon in 11,29f erwähnt, das paulinische Gelübde vielleicht bereits in 18,18, sodass der Kollekte Rechnung getragen wäre und die Übernahme des Gelübdes in 21,24 und 24,17f nicht überraschend käme.

[90] Ungeklärt ist auch die Frage, ob das Nasiräat nach Lukas als Entgegenkommen gegen Judenchristen zu werten ist, diese werden in 21,23ff ein letztes Mal erwähnt. Signalisiert Act mit dem Rückverweis auf 15,20.29 nicht auch die bleibende Gültigkeit des Aposteldekrets und behauptet damit, dass Paulus weiterhin die für eine judenchristliche Existenz vereinbarten maßgeblichen Normen einhält?

[91] Vgl. Act 21,24 (nur hier bei Lk/Act) στοιχεῖς parallel zu νόμος, als paulinische Sprache, die Lukas hier verwendet? Vgl. Röm 4,12; Gal 5,25; 6,15; Phil 3,16. - Gemeint ist mit στοιχεῖς bildlich die Schlachtreihe, deren Ordnung ihre Kampfkraft ausmacht. Die Bedeutung des Bilds als Hinweis auf notwendige Einigkeit in der frühchristlichen Gemeinde ist also klar.

auf sein Nasiräat. Statt - so die Sicht der Anklage - den Tempel zu enthei-
ligen ließ Paulus sich dort heiligen, statt Unruhe zu stiften, kam er den
Pflichten seiner jüdischen Religion nach.

Act 24 stellt eine Konfliktlösung dar, die deutlich apologetische Züge
trägt. Lukas lässt Paulus sich wohl nicht gegen jüdische Instanzen, sondern - prophylaktisch? - gegen Vorwürfe verteidigen, die seitens des römischen Gemeinwesens erhoben werden konnten, das auf der Erzählebene
durch seinen höchstrangigen lokalen Verwaltungsbeamten vertreten wird,
hier durch den Prokurator. Auf dieser Erzählebene „wird die Handlung
selbst nicht weitergeführt; an ihrem Ende ist die Situation des Paulus so
ungeklärt wie am Anfang"[92]. Doch die Stellung der Gemeinden ist gegenüber dem Vertreter der römischen Staatsmacht noch einmal ausdrücklich
bestimmt. Sie und mit ihnen das frühe Christentum gehören in religiöser
Betrachtungsweise bleibend zum Judentum. Deshalb können sich die frühchristlichen Gemeinden - und exemplarisch für sie Paulus - nach Lukas
leicht vor dem römischen Staat gegen den Vorwurf staatsfeindlicher Be-
strebungen (vorgebracht durch wen auch immer) verteidigen.

6.6 Ergebnisse

*Lukas stellt im Rahmen seiner Geschichte des frühen Christentums auch
einige Konflikte dar.*

Act 5,1-11 ist nach dem Summarium 4,32ff und der Beispielgeschichte
4,36f ein Exempel für unangemessenen Umgang mit Besitz in der Gemeinde. 5,1-11, auf dem Hintergrund biblischer Normen verstanden, ist
eine um Elemente eines Prozessberichts erweiterte Wundergeschichte, in
der durch Petrus τὸ πνεῦμα als normative Instanz für das Zusammenleben
wie für Konfliktlösung in der Gemeinde herausgestellt wird. Die in 5,11
erreichte Konfliktlösung hat weder realistische noch beispielhafte oder
typische Züge, sie stellt den Zusammenhang von Ergehen und Tun der
Konfliktverursacher her. Intention ist die eindringliche Warnung vor den
unentrinnbaren Konsequenzen normwidrigen Verhaltens.

In Act 15,1-35* fasst Lukas die seit c. 10 präsentierten Themen Beschneidung, Heidenmission und Tischgemeinschaft in einer einzigen Konfliktsituation abschließend zusammen. Act 15 hält als Ergebnis fest: Eine
Notwendigkeit der Beschneidung zur Einbeziehung der Heiden in das Gottesvolk besteht nicht. Die Legitimität der Heidenmission erfolgt durch die

---

[92] SCHMITHALS, ZBK.NT 3.2, S. 212. Vgl. HORN, Paulus, S. 135f, der die Aufhebung der
Torah dort für gegeben hält, wo sonst das Zusammenleben von Juden- und Heidenchristen
unmöglich würde.

Anerkennung göttlicher Wirksamkeit im Tun der Heidenmissionare und mithilfe des Schriftbeweises aus prophetischer Tradition: Der Geist hat deren Verheißung eines universalen Gottesvolkes erfüllt. Die Frage nach der Tischgemeinschaft von Juden- mit Heidenchristen wird in 15,19f.28f grundsätzlich positiv beantwortet. Die dafür vorauszusetzenden Regeln der für das Zusammenleben in der Gemeinde weiter bedeutsamen Torah sind die (traditionellen?) noachidischen Gebote.

Verstreute Hinweise zeigen Kenntnisse des Lukas von der paulinischen Kollekte. Die historisch durch die Darstellung des Paulus gesicherte Kollekte für Jerusalem ist in der lukanischen Darstellung allenfalls ein Randthema. Act 11,29f bestätigt die Existenz einer derartigen Kollekte, an der Saulus beteiligt war. Weitere mögliche Kollektennotizen in Act 20,4, 21,17 und 24,17 erschließen sich nur aus der Kenntnis der paulinischen Kollektendarstellung. Die Kollekte ist für Lukas - anders für Paulus - kein Thema, aus dem sich innergemeindliche Konflikte ergeben hätten.

Ein Nasiräat des Paulus in Jerusalem ist nur in lukanischer Darstellung überliefert. Paulus zeigt mit ihm eine typisch jüdische (und judenchristliche?) Frömmigkeitspraxis. Das Nasiräat des Paulus anlässlich seines letzten Jerusalemaufenthaltes ist in der lukanischen Darstellung in Act 21,23f.26 und 24,17 eng mit der Notiz 21,17 bzw. der Almosengabe von 24,17 verbunden. Mit dem Nasiräat hebt Lukas die konfliktfreie Verständigung des Paulus mit Judenchristen (anders als mit Juden, 21,27ff) in Jerusalem hervor.

Konfliktlösungen erfolgen für Lukas in Act nicht selten mithilfe rechtlicher Regelungen.

Konfliktlösung in Act wendet grundsätzlich traditionelle jüdische bzw. judenchristliche Regelungen an und ist als Rechtspraxis gültiger Normen zu begreifen, die in der jeweiligen Konfliktlösung bestätigt werden. Auf dem Hintergrund einer allgemeinen innergemeindlichen Regelung wird das Verhalten von Hananias und Sapphira in Act 5 als Normen verletzend betrachtet. Und auch für Paulus liegen in Act zahlreiche Beispiele vor, in denen er als an der Tradition orientierter Judenchrist kenntlich wird (vgl. so etwa bei Nasiräat und Almosen). Lukas begegnet so dem Eindruck, die christlichen Gemeinden hätten sich von ihren jüdischen Wurzeln und traditionellen, ethisch hoch stehenden Normen gelöst.

Konfliktlösung in Act entwickelt aber auch neue Normen und übt sie ein. Act 15 spiegelt Prozesse von Normentwicklung wider. Als Norm vorgegeben ist Gottes Reden in den Propheten (Am 9,11; Jer 12,15; Jes 5,21). Dieser Norm zugeordnet wird Gottes Handeln in der Geschichte der Gemeinde. Anhand der Verbindung beider im Wirken des Geistes wird die beschneidungsfreie Heidenmission als Erfüllung biblischer Verheißung erkannt. Das Aposteldekret beantwortet deshalb die Frage nach der Tischgemeinschaft von Juden- und Heidenchristen positiv und ordnet dem zugleich die prinzipielle Gültigkeit der mosaischen Überlieferung zu. Act 21,25 zeigt die für Lukas - vgl. Apc 2,14.20; 2,24? Anders Gal 2 - bleibende Gültigkeit dieser Gebote als Norm für das Zusammenleben von Juden- und Heidenchristen in der Gemeinde. Insgesamt zeigt sich Konfliktlösung bei Lukas stark an biblischer Tradition und ihren Normen orientiert, die regelmäßig besonders die Interessen von Judenchristen in der Gemeinde wahren will. Demzufolge könnte man für Act fast durchgängig von Konfliktlösung in judenchristlicher Perspektive und Prägung reden.

Konflikte werden in Act je und je verschieden gelöst. Neben ein- bzw. mehrseitigen Lösungen ist für Act auch damit zu rechnen, dass Konflikte gar nicht erst expliziert werden. Formen innergemeindlicher Konfliktlösung stellen der Extremfall des strafenden Normenwunders in Verbindung mit der Gerichtsverhandlung (Act 5), das Aposteldekret und der das Aposteldekret mitteilende Brief dar (Act 15). Act 5 als einseitige Konfliktlösung ist dadurch gekennzeichnet, dass dort eine Seite (Petrus als Vertreter der Apostel und der Gemeinde) im Recht und die andere Seite (Hananias und Sapphira) im Unrecht ist. Act 15 als mehrseitige Konfliktlösung ist dadurch gekennzeichnet, dass dort die Beteiligten im Konflikt zu einem Kompromiss (Aposteldekret) gelangen. Dass von Lukas vorhandene Konflikte nicht immer als solche dargestellt werden, ist neben dem Umgang mit dem antiochenischen Zwischenfall auch aus dem Umgang mit Nachrichten über die Kollekte des Paulus für Jerusalem zu erkennen. Insgesamt ist festzuhalten, dass Lukas an der Darstellung von Konfliktlösungen mehr interessiert ist als an der von Konflikten.

Konfliktlösung durch rechtliche Regelung ist in Act eher die Regel als die Ausnahme. Konfliktlösungen durch rechtliche Regelungen sind deutlich in 5,1-11 mit seinen Prozesselementen und in 15,28 mit seinem förmlichen Beschluss von Gemeindeleitung und Gemeinde im Konsens mit dem heiligen Geist. Auch in 21,25 als einer Erinnerung an das Aposteldekret wird der rechtlich verbindliche Charakter der Regelung erkennbar. Die verschiedenen rechtlichen Regelungen dienen Lukas zur Darstellung eines jeweils geregelten Vorgehens im Konfliktfall. Nur in Act 15,19f.28f weist die Konfliktregelung durch eine rechtliche Regelung über ihren unmittelbaren Kontext hinaus.

Kapitel 7

„Die wir doch Römer sind!"
Christen im Konflikt mit dem Imperium Romanum

7.1 Vorbemerkung

Ein Fremder war angeklagt, sich zu Unrecht das Bürgerrecht angemaßt zu haben, und Claudius verfügte nun, der Angeklagte habe während des Prozesses, je nachdem, ob der Ankläger oder der Verteidiger spreche, die Toga oder das dem Fremden zustehende und zur griechischen Tracht gehörende 'pallium' zu tragen.[1]

Standeszugehörigkeit konnte und sollte in der römischen Gesellschaft (so die offizielle Sichtweise) an der Kleidung ihrer Mitglieder abgelesen werden. Hat man sich Paulus bei öffentlichen Auftritten, etwa vor Gericht – jedenfalls in der lukanischen Darstellung, die an der Anerkennung der Rechtmäßigkeit des Christentums durch römische Behörden interessiert ist[2] - entsprechend als Bürger gekleidet zu denken? Der Inanspruchnahme des Bürgerrechts durch Paulus verdankt Act ab c. 21 ihre innere Stringenz.

Sofern in Act rechtliche Strukturen dazu genutzt werden, das frühe Christentum vor den römischen Behörden gegen potentielle oder reale Verdächtigungen zu verteidigen, sind solche für die vorgelegte Untersuchung interessant. Zwar dienen die Berufungen auf das Bürgerrecht, die Paulusprozesse und die Appellation in Act nicht innergemeindlicher Konfliktlösung. Aber sie erlauben einen Blick auf die Verwendung rechtlicher Regelungen bei Lukas, deren Funktion in Act hier zu bestimmen ist.

7.2 Paulus - ein römischer Bürger?

7.2.1 Vorbemerkung

Römischer Bürger zu sein war gerade in den östlichen Provinzen des Reiches noch in der Mitte des 1. Jahrhunderts keine Nebensächlichkeit, wie

---

[1] VRIES, Hosen trugen nur die Barbaren, S. 28.
[2] VOUGA, Geschichte, S. 259. Vgl. BORMANN, Verrechtlichung, S. 310: Lukas zeige die Tendenz, durch erzählerische Bearbeitung rechtlich relevanter Themen und durch die Einordnung ihm bekannter Vorgänge in juristisch-prozessuale Ereignisfolgen seine Quellen zu verrechtlichen.

jeder nicht nur an der konkreten Besteuerung merken konnte.[3] Auch pri-
vat- und strafrechtlich ergab sich aus dem Bürgerstatus eine Besserstel-
lung, zudem hatten auch arme Leute mit der Bürgern offen stehenden militärischen Laufbahn passable Aufstiegschancen. Anders Peregrine, die als
Bewohner der verschiedenen Provinzen mit römischen Angelegenheiten
nicht dauernd in Kontakt kommen mussten. Auch dort, wo Provinzialen zu
Macht und Einfluss kamen, war für viele von ihnen das römische Bürgerrecht auf gewöhnlichem bzw. legalem Wege unerreichbar, sofern nicht sie
selbst oder ihr Wohnort in den Genuss einer besonderen Bürgerrechtsverleihung kamen - was noch unter Augustus und Tiberius im Osten des Reiches selten genug der Fall war. Nur als Sprössling einer legitimen Ehe
zwischen einer Römerin und einem Römer besaß man das Bürgerrecht -
wie Act es Paulus zuschreibt - qua Geburt. Im NT ist von keinen anderen
Christen als von Paulus (und Silas) zu lesen, er sei Römer gewesen, mag
man dies auch von Christen in den römisch dominierten Städten Korinth
und Philippi oder der Metropole Ephesus vermuten.

Das römische Bürgerrecht verlieh einen privilegierten rechtlichen Status, für dessen Beachtung auch in den Provinzen eigene Rechtsnormen
sorgen sollten, wie sie etwa in der lex Iulia de vi publica, der lex Iulia de
vi privata und in der älteren, nur noch aus dritter Hand überlieferten lex
Porcia kodifiziert sind.[4] Demnach haftete ein Magistrat, der einen römi-

---

[3]   Zum Bürgerrecht BLEICKEN, Verfassungs- und Sozialgeschichte, S. 312-327;
SHERWIN-WHITE, Roman citizenship, S. 221-287. Zur Verleihung VITTINGHOFF, Militärdiplome, S. 282-298. Allerdings musste man nicht immer römischer Bürger sein, um als
solcher behandelt zu werden: Für Peregrine sah die (spätere) Rechtspraxis nach Gaius,
Institutiones IV,37, die Bürgerrechtsfiktion für Kläger oder Beklagten vor. Sie Bürgerrechtsfiktion diente der Prozessvereinfachung und dem Rechtsschutz.

[4]   Die leges Iuliae finden sich in den 533 veröffentlichten Digesten Justinians (D
48,6), ihre Nennung greift auf Texte von Domitius Ulpian (um 230) und Rescripte von
Aelius Marcianus (1. Hälfte des 3. Jahrhunderts) zurück; vgl. auch Julius Paulus, Sent
V,26,1. Schon bei Livius, Ab urbe condita X,9,4f wird die lex Porcia erwähnt. Das Gesetz war wohl nach dem Volkstribun P. Porcius Laeca benannt, mit ihm wurde (199 v.?)
das Provokationsrecht gegen richterliche Entscheidungen auf den Bereich der Provinzen
ausgedehnt. Die zugrunde liegende Rechtsnorm dürfte die nach dem Konsul Marcus Va-
lerius Poplicola genannte lex Valeria de provocatione (um 510 v.) gewesen sein, mit der
das Recht der Berufungsverhandlung vor einem Volksgericht eingeführt wurde. Zur lex
Porcia auch Cicero, Pro Rabirio IV 12, der den im Jahr 63 v. wegen Hochverrats angeklagten C. Rabirius verteidigt und dem Ankläger vorwirft, er wolle als Volkstribun die
vom porcischen Gesetz abgeschaffte Prügelstrafe wieder einführen. Dass das Verbot der
verberatio an Römern eine ältere Norm wiedergibt, zeigt Appian, Bell civ II,26 für die
Zeit Caesars; die lex Julia de vi publica haben ältere Normen abgelöst. Die in den Gesetzen verankerte provocatio (später: Appellation) galt in der Zeit der Republik als „das
Palladium der republikanischen Freiheit", BLEICKEN, PRE XXIII/2, Sp. 2446. Zur Problematik der Verwendung von Juristen des 2./3. Jahrhunderts für die Interpretation des
NT vgl. HARRILL, Using the Roman jurists, S. 135-138. Die genannten Zeiträume ma-

schen Bürger ohne Rücksicht auf dessen Status tötete, körperlich züchtig-
te, folterte oder dies auch nur befahl, für solche Vergehen mit Strafen bis
zur Amtsenthebung des Befehlenden.[5] Dass römisches Bürgerrecht nicht
in jedem Fall vor Rechtsbeugung (vgl. Act 16,37f; 22,25) schützte, ist allerdings gleich hinzuzufügen.

7.2.2 Römisches Bürgerrecht des Paulus?

Die neueren Paulusbiografen und -exegeten sind sich recht sicher, aber sie
sind sich in der Sache nicht einig, ob Paulus römischer Bürger war.[6] Will
man ein positives Urteil darüber auch gegenüber dem Schweigen des Paulus in eigener Sache durchhalten, muss man Letzteres erklären können.
Entscheidet man sich dafür, römisches Bürgerrecht des Paulus für unwahrscheinlich zu halten, erscheinen dadurch die jeweiligen Notizen in Act in
einem neuen Licht.

7.2.2.1 Hinweise in Paulusbriefen?

Die Angabe, Paulus sei römischer Bürger gewesen, fehlt in den paulinischen Briefen, ist weder explizit vorausgesetzt noch implizit erkennbar,
indem von einem damit verbundenen Status die Rede wäre. Paulus betont
an Stellen, die biografische Hinweise enthalten, gerade seine jüdische
Herkunft. Statt des Vermerkes, welchem tribus der welchem ordo Paulus
angehörte - die römischen Bürger in den Provinzen waren formal einem
der zehn tribus der Stadt Rom zugeordnet, die soziale Position des einzelnen in der Gesellschaft vor Ort war entsprechend hierarchisch organisiert -
findet sich in Phil 3,5 die Angabe, dass Paulus φυλῆς Βενιαμίν war, obwohl ein Hinweis auf die römischen Rechte gerade in der von Caesar gegründeten römischen Bürgerkolonie Philippi nahe liegend gewesen wäre.[7]

---

chen eine Einschätzung der Rechtslage zur Zeit des Paulus schwierig und erlauben nur
eine Annäherung: entweder aus der Republik (Rechtsform: provocatio) oder der systematischer Rechtspflege im Prinzipat im 3. Jahrhundert (Rechtsform: Appellation).

[5] Auch die ungerechtfertige Inanspruchnahme des Bürgerrechts war sanktioniert;
Arrian Epiktet III,24,41. Strafmaß dafür war neben Bürgerrechtsverlust nur das Exil.

[6] So etwa BURCHARD, Der dreizehnte Zeuge, S. 38: „die Stellen dürften Wissen
repräsentieren". Anders u.a. LINDEMANN, Paulus im ältesten Christentum, S. 65: „Die
Paulusbriefe lassen es höchst unwahrscheinlich erscheinen, dass die lukanischen Angaben über das Bürgerrecht zutreffen sind."

[7] Phil 3,2-11 unterscheidet zwischen vorchristlicher (3,5f) und christlichen Existenz
(7-10). Trifft die Geringschätzung der Herkunft auch stillschweigend das Bürgerrecht?
Vgl. BECKER, Paulus, S. 36. Im Übrigen hätte Paulus mit dem Verzicht auf die Rechtsstellung des Römers bereits in seiner vorchristlichen Zeit auf eine politische Karriere im
Magistrat seiner Heimatstadt und später wohl auch in der Staatsverwaltung bewusst verzichtet. NOETHLICHS, Der Jude Paulus, S. 83f. Unbeantwortbar ist m.E. die Frage nach
der Herkunft des Bürgerrechts spätestens in der Elterngeneration seiner Familie; die Zugehörigkeit zur jüdischen Religion wäre damit noch zu verbinden. Verleihung an einen

Jedenfalls hat Paulus, wie sich im Rückblick auf frühere Erlebnisse in Philippi in I Thess 2,2 und nach lukanischer Darstellung auch in Act 16,22f
zeigt, den Schutz, den das römische Bürgerrecht geboten hätte, hier nicht
(nach Act: noch nicht) in Anspruch genommen. Interessanterweise ist gerade für Situationen, für die eine lex Porcia und die leges Julia Schutz vor
behördlichen Übergriffen böten, von einer Inanspruchnahme durch Paulus
nicht die Rede, wie die summarische Notiz einer mehrfachen Anwendung
der Prügelstrafe gegen Paulus in II Kor 11,25 belegt. Dennoch ist in der
Forschung nur selten die Erklärung gegeben worden, Paulus habe das römische Bürgerrecht nicht beansprucht, weil er es nicht besessen habe. Und
warum sollte Lukas ein Bürgerrecht für Paulus auch behaupten?[8] Müsste
Lukas hier nicht mit besserem Wissen seiner Adressaten rechnen?

7.2.2.2 Hinweise in der Act 16,37f, 22,25-27 und 23,27

Act 16,37f

In Act 16,11-40 sind verschiedene Handlungsstränge miteinander verbunden. Nach dem Itinerar 16,11f und der Bekehrungsgeschichte 16,13-15
bilden Exorzismus, Verhaftung und Anklage wegen antirömischer Propaganda gegen jüdische Missionare, sowie deren Freispruch und Freilassung
in 16,16-24.35f.40 den Rahmen einer wunderhaften Bekehrung ihres Ker-
kermeisters in 16,25-34, an den wohl von Lukas der Einspruch gegen die
Misshandlung römischer Bürger in 16,37-39 angefügt wurde.[9]

Die Erwähnung des Bürgerstatus in Act 16,37 und die Reaktion der Behörden darauf in 16,38f lässt den Eindruck entstehen, es handle sich bei

---

Auxiliarveteran durch Caesar (an einen C. Julius Paul[l]us?) bzw. Erwerb durch die Erhebung einer ganzen Polis wie Tarsus zur colonia oder auch durch eine Einzelverleihung
wegen besonderer Verdienste um das römische Gemeinwesen sind fast sicher auszuschließen, ebenso die Freilassung des Vaters als eines jüdischen Kriegsgefangenen oder
Sklaven und die anschließende Umsiedelung durch Pompeius. Zeitlich müsste der Erwerb spätestens unter Augustus erfolgt sein, der eine Bürgerrechtsverleihung an Peregrine, bei Caesar nur für Veteranen nachgewiesen, nur zurückhaltend betrieben hat. Zu Juden in Tarsus seit Antiochus IV vgl. LENTZ, Luke's portrait, S. 32-43. Erst Claudius und
v.a. Trajan erweiterte die Bürgerrechtsverleihung auf romferne Provinzen; Verleihungen
durch den Triumvir Octavian aufgrund besonderer Verdienste sind belegt, FERENCZY,
Rechtshistorische Bemerkungen, S. 1049. Integriert Lukas sein Paulusbild in die zeitgenössische Bürgerrechtspolitik? Bürgerrechtskauf galt als anrüchig, vgl. Act 22,28.

[8] LINDEMANN, Paulus im ältesten Christentum, S. 65f: Ordnende Hand des Lukas ist
am Werk, um „der Gestalt des Paulus auf diese Weise ein noch größeres Gewicht zu ver-
leihen und zugleich der Prozessdarstellung eine spezifische Tendenz zu geben".

[9] Im Ablauf der Erzählung, die in 16,40 Freispruch und Freilassung von 16,36 aufnimmt und so der Vorbereitung von 21,27ff dient, sind die Verse 16,37-39 eher ein retardierendes Moment. Kaum kann die nächtliche Haft als ausreichende Strafe für seditio
betrachtet sein. Die Darstellung, dass die Ausweisung von 16,35 in 16,39 zur Bitte wird,
dürfte lukanische Perspektive sein.

der fraglichen Vorgehensweise der Behörden um ein Vergehen gegen die
lex Porcia an den Römern Paulus und Silas[10], die vor ein Appellationsgericht gebracht mit einer Bestrafung der Behörde enden müsste. Die von ihr
nach 16,22f veranlasste Auspeitschung - nicht allerdings die sich regelrecht anschließende Fesselung und Einkerkerung der Betroffenen bis zu
einem Urteilsspruch des zuständigen Magistrats, 16,24 - widerspräche in
eklatanter Weise dem geltenden Recht.

Zugleich ist das Vorgehen der Behörden die inhaltliche Voraussetzung
einer frühchristlichen Bekehrungsgeschichte. In dieser veranlasst der Be-
kehrte einer untergeordneten Instanz (in juristisch bedenklicher Vorwegnahme der Entscheidung seiner Vorgesetzten), die Inhaftierten freizulas-
sen, die er in sein Haus aufnimmt. Weil Paulus und Silas dann nach dem
offiziellen Freispruch durch den Magistrat auf eine Klage gegen das
rechtswidrige Verhalten der Behörden verzichten, bleibt dieses ungeahn-
det.[11] Paulus und Silas werden in dieser Darstellung von dem unterge-
schobenen antijüdischen Vorwurf aus 16,20f freigesprochen und durch ihr
eigenes Tun davon entlastet, Aufruhr zu erregen und unrömische Propaganda zu betreiben, nur weil sie in Sachen Taufe (16,15.33) und Gemeindegründung (16,40: ἀδελφοί) tätig sind. Die beiden Missionare treten in
Philippi letztlich sogar für die geltenden Gesetze zum Schutz der städti-
schen Bürger ein, ohne selbst dem Magistrat gegenüber auf dem schützen-
den römischen Recht zu bestehen.[12]

Act 22,25-28

Während eines Jerusalemaufenthaltes wird Paulus anlässlich einer (aus
römischer Sicht innerjüdischen) Auseinandersetzung um Fragen des Tempels und seiner Heiligkeit nach Act 22,24 durch einen Militär der Tem-
pelwache im Rang eines Centurio in Untersuchungshaft genommen.[13]
Durch den Centurio wird ein Prozessverfahren in die Wege geleitet, wie es
gegen Peregrine vermutlich die Regel war.[14] Erst nach seinem Einspruch

---

[10] Macht das wir in 16,37f Silas zum Römer? LAKE/CADBURY, Commentary, S. 200.
[11] Denkbare Anschuldigungen bei VAN UNNIK, Die Anklage, S. 374-385; SHERWIN-
WHITE, Roman society, S. 78-83. Vgl. ZMIJEWSKI, RNT, S. 616: „Damit widerspricht er
[Paulus, Verf.] keineswegs dem I Kor 6,7 vom ihm selbst aufgestellten Prinzip, dass man
lieber »Unrecht ertragen« solle".
[12] Vgl. STEGEMANN, Zwischen Synagoge und Obrigkeit, S. 211-215: Hier könnte die
Konfliktebene der Christen in Rom thematisiert, Philippi mit seinem römischen Charakter Abbild Roms sein.
[13] Vgl. MOMMSEN, Römisches Strafrecht, S. 242.329, der die Übereinstimmung des
weiteren Vorgehens in Act mit den leges Julia ausdrücklich feststellt. Ein Centurio war
taktischer Kommandant einer Hundertschaft, über die er Disziplinargewalt ausübte, zudem war er Mitglied im Stab der übergeordneten Einheit; NEUMANN, KP 1, Sp. 1112.
[14] Die Auspeitschung vor der Befragung des Delinquenten gehörte bereits zum Ver-

gegen die Unrechtmäßigkeit eines solchen Verfahrens wird der Untersu-
chungsgefangene dem als nächst zuständigem Befehlshaber im Rang eines
tribunus cohortis überstellt. Dieser sorgt nach 22,30-23,35 in Verbindung
mit - durchaus verfahrensadäquaten bzw. sogar von ihm für seinen Bericht
geforderten - eigenen Ermittlungen vor Ort dafür, dass der aufgrund des
angegebenen Rechtsstatus des Verhafteten zuständige Provinzstatthalter in
Caesarea maritima mit dem Fall befasst wird.[15]

Nach lukanischer Darstellung sind, insofern das Geschehen der Act ab
c. 21 vor allem vor Instanzen römischer Justiz abläuft, die Kategorien dieser Justiz als Triebfeder der Entwicklung zu erkennen, denen auf Seiten
des Paulus dessen Status als römischer Bürger entspricht. Damit hat Lukas
hier gleichsam das Referenzsystem seiner Darstellung gewechselt: Nicht
mehr die Logik jüdischen Gottes- und Weltverständnisses, gedeutet von
den Erfahrungen der frühchristlichen Gemeinde her, bestimmt die Argumentation in Act. Wenngleich diese Logik bei der Verteidigung des Paulus
im Folgenden auch unverzichtbar ist, bildet sie nicht mehr das Movens der
Darstellung. Sondern die Logik des römischen Verwaltungsapparates ist
es, in dessen gelegentlich fehlerhaftes und von Lukas so kritisch wie mit
Sympathie betrachtetes Funktionieren der Transport des Paulus nach Rom
eingezeichnet wird.[16] Für die weitere Ausbreitung des Christentums, wenn
nicht bis zu den Enden der Erde, so doch bis zum Mittelpunkt der antiken
Welt in Rom, wird diese Logik in Act entscheidend.

Act 23,27

Ab Act 24,1 nimmt der Prozess des Paulus mit dem Auftreten der Anklage
und der Verteidigung des Angeklagten vor den zuständigen Statthaltern
seinen allmählichen, bis zur Ablösung des projüdisch agierenden Statthalters Felix sehr zögerlichen Fortgang. Dabei fehlt in Act 24 die sonst den
Paulusprozess wie ein roter Faden durchziehende Unschuldserklärung des

---

hör und war bindende Vorschrift zur Behandlung von Sklaven und Peregrinen. Gegen
Sklaven wurde Geißelung (flagella) angewandt, bei Freien war unterschieden zwischen
der militärischen Stockstrafe (fustis) und der mit Riemen (virgae), die in späterer Zeit
verflochten und mit eingearbeiteten Verstärkungen (plumbatae) versehen waren und so
die Strafe lebensgefährlich machten; GROSS, KP 2, S. 560.

[15] Der tribunus militum, mit 5 weiteren Tribunen den Legionsstab bildend, war Be-
fehlshaber einer Kohorte (mit 500 bis 1000 Soldaten), die wie die Prätorianer zu Siche-
rungsaufgaben herangezogen wurde; NEUMANN, KP 5, Sp. 947f. Die Eingreifkohorte in
Jerusalem war in der Antonia stationiert, weitere fünf Kohorten in Caesarea maritima.
Klaudius Lysias (so 23,26) dürfte sein Bürgerrecht, wie am Gentilnamen ablesbar, zur
Zeit des Claudius (41-54) erworben haben; SADDINGTON, Roman personnel, S. 1416.

[16] JERVELL, KEK 3, S. 531: „Lukas räumt dem Prozess des Paulus ebensoviel Platz
ein wie seiner gesamten Missionstätigkeit." Das Bürgerrecht erscheint als Voraussetzung
dafür, mit dem Staat ein Gespräch über die Legitimität des Christentums zu führen.

Angeklagten und mit ihr die Behauptung der Schuldlosigkeit auch des frühen Christentums gegenüber antirömischen Vorwürfen.[17] 23,23-35 berichtet zuvor von vorbereitenden Maßnahmen und der Überstellung des Angeklagten von Jerusalem in die Statthalterresidenz nach Caesarea maritima. Ein darin eingebetteter Begleitbrief des ermittelnden Offiziers in 23,26-30 - zugleich Rekapitulation der Ereignisse dienend, allerdings aus lukanischer Perspektive, insofern nicht retardierend - ermöglicht es seinem Verfasser, sein Verhalten in der Sache zu würdigen.[18] So soll der Oberbefehlshaber die Schuldlosigkeit eines Angeklagten anerkennen, der nur aufgrund eines zu befürchtenden jüdischen Attentats gegen ihn in Schutzhaft bleibt. Die Entscheidung über Schuld oder Unschuld des Angeklagten ist damit nicht gefallen, sie obliegt dem Statthalter.[19]

Fazit

Das römische Bürgerrecht des Paulus steht für Lukas Act im Dienst der Auseinandersetzung mit den römischen Behörden und verleiht Paulus nach lukanischer Darstellung dort einen Status, der ihn vor Rechtsverletzungen durch jüdische Agitation bzw. vor römischen Magistraten schützen soll. Seinen Status muss Paulus vor den Behörden allerdings jeweils selbst benennen, erst dann werden ihm die daraus resultierenden Privilegien zuteil. In Act 16 und 22f dient das römische Bürgerrecht des Paulus der Verteidigung gegen ungerechtfertigte Maßnahmen von städtischem Magistrat bzw. der Provinzverwaltung. Insgesamt ist dabei die Intention der Darstellung so beherrschend, dass darstellungskritische Hintergründe und Implikationen eines römischen Bürgerrechts des Paulus ganz unklar bleiben.

7.2.3 Bürgerrechtsnachweise

7.2.3.1 Kleidung als sichtbarer Hinweis

Die Gewandung mit der Toga kann als unübersehbares Kennzeichen eines Römers gelten, mit ihr wies man sich gerade bei öffentlichen Auftritten als

---

[17] Nach den Begegnungen mit dem Statthalter in 24,1-23 und 24,24-27, an deren Ende 24,23 und 24,27 der Haftverbleib notiert wird, finden sich am Ende von 25,1-12, 25,13-22 und 25,24-26,32 in 25,11f.21 und 26,32 Hinweise auf die Appellation

[18] In 22,27 dient das Bürgerrecht dem Rechtschutz, in 23,37 ist es Hinweis auf das angemessene Behördenverhaltens. 23,37 als lukanisch gelten: Die Unschuld steht fest.

[19] 23,34f dient der Zuständigkeitsprüfung: Nach der Rechtsnorm der Verhandlung je nach Herkunftsprovinz des Angeklagten (forum domicilii) oder nach Tatort (forum delicti) wäre ein Prozess gegen einen Römer in der Heimatprovinz möglich. Die Vielzahl juristischer Begriffe in 23,27-30 ist bemerkenswert: συλλαμβάνω, ἐγκαλέω/ἔγκλημα, κατηγορέω, ἄξιος θανάτου. παραγγέλλειν lässt juristische Konnotation der Wortbedeutung nicht belegen, eher könnte militärisch geprägte Terminologie vorliegen; EGER, Rechtsgeschichtliches, S. 10.

Bürger aus.[20] Das Tragen einer Toga durch Paulus ist in der lukanischen Darstellung nicht erwähnt. Vielmehr legt sich an den genannten Stellen in Act, an denen das in Anspruch genommne römische Bürgerrecht erwähnt wird, der Eindruck nahe, dass Paulus nicht schon an seiner Kleidung (auch nicht bei offiziellen Gelegenheiten) als Römer erkennbar war. Römische Kleidung hätte ihn davor bewahrt, auf sein Bürgerrecht samt die damit verbundenen Privilegien hinweisen zu müssen.

7.2.3.2 Abschriften aus dem Geburtsregister und Namensführung

Im Zeitraum von 30 Tagen nach der Geburt eines Kindes römischer Bürger, die in legitimer Ehe verbunden waren, war diese Geburt durch die mündliche Erklärung des Vaters oder eines bevollmächtigten Vertreters in Form der professio liberorum vor den römischen Behörden am Aerarium populi romanum, in den Provinzen vor den Behörden im tabularium publicum anzuzeigen.[21] Eine professio erfolgte durch die Aussage „civis romanus esse ad Calendarium" (c r e ad C)[22], ihr wurde - unter Nennung der Namen der Eltern, des Geschlechtes des Kindes, seiner Namen, des Geburtsdatums[23], gelegentlich auch des Geburtsortes und des Wohnortes der Eltern - eine Erklärung beigegeben, dass es sich bei dem anzuzeigenden Kind um legitimen Nachwuchs handelte. Jeder Bürger konnte sich aufgrund der Angaben im öffentlich zugänglichen Kalendarium durch einen Schreiber eine testatio des ihn betreffenden Eintrags erstellen lassen, der

---

[20] SCHNEIDER/WICKUM-HÖVER, Kleider machen Römer, S 31-40. Differenzierungen innerhalb der Bürgerschaft ergaben sich durch die farbliche Gestaltung des Togasaumes. Der aus schwerer Wolle gearbeitete Stoff konnte nur mit fremder Hilfe angelegt werden, was Praktikabilität der Toga als Alltagsgewand und Tragemoral einschränkte. Nach Sueton Augustus, 40,5, hatten Aedilen dafür zu sorgen, dass wenigstens auf dem Forum Toga getragen wurde. Im Prinzipat wurde die Toga vom Pallium und von der Tunica verdrängt. Standesunterschiede wurden durch Material/Verarbeitung des Gewandes gezeigt.

[21] SCHULZ, JRS 32, S. 80-83. Anhand der zusammenfassenden Würdigung römischer Geburtsurkunden durch Fritz Scholz in den Jahren 1942/43 kann für den formalen Nachweis des Bürgerrechtes ein durch Augustus geregeltes Verfahren erkannt werden, Rechtsnormen waren die besonders finanzielle Dinge regelnde lex Papia Poppaea (benannt u.a. nach C. Papius Mutilus, Suffektkonsul 9 n.) und die Sklavenfreilassung einschränkende lex Aelia Sentia (nach Sextus Aelius Catus und C. Sentius Saturninus, Konsuln 4 n.); LEONHARD, PRE 12, Sp. 2321f; WEISS, PRE 12, Sp. 2363. Möglich war eine professio durch die Mutter oder den Großvater väterlicherseits.

[22] SCHULZ, JRS 33, S. 56f. Die professio wurde in tabula (albi) professionum quibus liberi nati sunt vermerkt. Durch die Datierung in der praescriptio des in Jahresform (29./30. August bis 28./29. August) geführten album war ein Eintrag auffindbar.

[23] Für Mädchen nomen gentile und Hauptname als cognomen verstanden; für Jungen pronomen, nomen gentile und cognomen; SHERWIN-WHITE, Roman Society, S. 153-162. Die Datierung des Eintrags folgte dem römischen, auch in den Provinzen geführten Kalender, Eintrag und Namensgebung fand traditionell am 8./9. Tag nach der Geburt statt; SCHULZ, JRS 32, S. 89.

ihm als portabler Nachweis seines Status als römischer Bürger diente.[24]
Besitz oder Vorlage eines entsprechenden Dokuments durch Paulus[25] wird
in der lukanischen Darstellung nicht erwähnt. Überhaupt wird nicht einmal
die – zur Zeit des Lukas so nicht mehr bestehende? - Problematik eines
Nachweises des römischen Bürgerrechts durch Paulus erkennbar.

7.3 Die Prozesse des Paulus vor römischen Behörden in Act

7.3.1 Vorbemerkung

Der Fortgang der frühchristlichen Geschichte bei Lukas, die seit Act 21,27
als Geschichte des Paulusprozesses geschrieben wird, erfolgt durch die
Verteidigung des Protagonisten Paulus vor römischen Behörden. Inhaltlicher Gegenstand der Verteidigung ist seit 24,5 der Vorwurf der στάσις,
nachdem bereits in 18,12-17 die Zuständigkeit römischer Behörden für -
so die Darstellung des Lukas - innerjüdische Auseinandersetzungen, konkret um Fragen des Gesetzes wie um die Bewertung der Christen als vom
Judentum abgefallene αἵρεσις, von römischer Seite selbst bestritten worden war. Zum Nachweis der Unschuld des Paulus auch in den strittigen religiösen Fragen werden von Lukas die paulinischen Verteidigungsreden
vor jüdischen Instanzen in die Verhandlungen vor dem jeweiligen Provinzstatthalter in Caesarea maritima in 23,1-6 und 26,1-23 integriert. Diese stellen thematisch die Auferstehung Jesu besonders heraus - was wiederholt jüdische Versuche der Einflussnahme auf den Prozess vor dem
Statthalter provoziert.[26]

Zuständige Instanz der paulinischen Prozesse mit ihren unter öffentliche Verfolgung fallenden Anklagen sind jeweils zunächst wie in Philippi
die örtlichen Magistrate; aufgrund der Schwere der Anklage in Korinth
und Jerusalem der mit dem amtlichen imperium ausgestattete Provinzstatthalter.[27] Für einen Prozess wie den gegen Paulus gab es im römischen
Recht eigene Formulare, die zudem durch außerordentliche, cognitio extra

---

[24] Vgl. STEGEMANN, Paulus ein römischer Bürger?, S. 214; verweist auf die Census-
Listen der Heimatstadt. Offizielle Urkunden entheben nicht des Nachweises unterwegs,
vgl. BRUCE, NIC Acts, S. 320: „did he carry this around with him wherever he went?"

[25] Paulus ist cognomen; vgl. BURCHARD, Der dreizehnte Zeuge, S. 37, mit Diskussion der möglichen Namen des Paulus, etwa L. Sergius Pau[l]lus und der Bedeutung der
hebräischen Namensform Saul. LEARY, Paul's impropter name, S. 467f.

[26] Vorwürfe wie das Verlassen jüdischer Lebensweise - Act 16,21, vgl. STEGEMANN,
Zwischen Synagoge und Obrigkeit, S. 219-226 - oder Ablehnung von Tempel (21,28f)
und Gesetz (18,13?15; 21,28) werden durch das Verhalten entkräftet (21,26; 23,3).

[27] Zur Jurisdiktion in prokuratorischen Provinzen im Unterschied zu senatorischen
vgl. ECK, Leitung und Verwaltung, S. 333-340.

ordinem genannte Verfahren im 1. Jahrhundert zunächst ergänzt, im 2. Jahrhundert durch diese ganz abgelöst wurden.[28] In der Regel wurde nach privater Anklage ein Verfahren eingeleitet, das stark von der Initiative der beteiligten Parteien abhängig war. Der Magistrat nahm im Verlauf zunächst eher polizeiliche Aufgaben zur Gewährleistung eines ungestörten Prozessverlaufs wahr. Teile der Verhandlung waren Aussagen von Belastungszeugen und das Hören weiterer Zeugen zugunsten des Angeklagten. Der Verteidigung waren weitgehende Möglichkeiten eingeräumt, ihr stand etwa das Eineinhalbfache der Redezeit der Anklage zur Verfügung, eine größere Zahl von Anwälten - bis zu sechs Rechtsbeistände waren denkbar - konnte die Interessen des Beklagten vertreten. Der Gerichtsmagistrat stellte schließlich in seinem Spruch fest, ob die zur Last gelegten Taten vom Angeklagten begangen worden waren oder nicht. Die Strafhöhe ergab sich aus dem zugrunde gelegten Gesetz bzw. aus dem darin festgeschriebenen Maß. Nur bei fiskalischen Delikten musste noch über das Strafmaß - konkret über die jeweiligen Geldstrafe - verhandelt werden.

7.3.2 Die Unzuständigkeitserklärung des Gallio - Act 18,14b-15

Nach dem Zwischenfall in der römischen Kolonie Philippi hat Paulus auch in Korinth mit Anklagen vor römischen Behörden zu tun. Nach der Darstellung von Act 18,12-17 kommt es während der Statthalterschaft des L. Iunius Annaeanus Gallio[29] in der nach ihrem Wiederaufbau stark römisch geprägten Provinzhauptstadt zu einer Anklage durch Juden, die allerdings vom Statthalter im Rang eines Prokonsuls nicht angenommen wird: Gallio erklärt im Stil einer Rechtsbelehrung, für innerjüdische Konflikte nicht zuständig zu sein.[30] Zuständig ist seine Behörde nach seiner Aussage in

---

[28] Das Strafrecht hatte sich aus dem ius privatum entwickelt, es griff ein, wo die Parteien nicht zu einer Verständigung kamen; nur für Delikte von öffentlichem Interesse waren Strafbehörden eingerichtet. Im Prinzipat wurde eine eigene Prozessordnung erarbeitet. Die Formulierung eines Straftatbestandes war dabei weniger von Bedeutung, zumal unter einen Begriff verschiedene strafbare Verhaltensweisen subsumiert werden konnten. BLEICKEN, Verfassungs- und Sozialgeschichte 1, S. 262-276.

[29] Aufgrund der Bedeutung von Act 18,12 für die absolute Chronologie des frühen Christentums erfährt L. Iunius Annaeanus Gallio (so der Name nach der Adoption [Endung -anus] durch den Senator Iunius Gallio, Ursprungsname: L. Annaeus Novatus; HANSLIK, KP 2, Sp. 686) in der Literatur eine prosopografische Würdigung; SADDINGTON, Roman personnel, S. 2420f. Gallio war 51/52 Prokonsul in Achaia und consul suffectus zwischen 53 und 55, er starb 65 durch Freitod. Zum römischen Charakter Korinths als von Caesar gegründeter colonia laus Iulia Corinthiensis TAJRA, The trial, S. 45f.

[30] Act 18,14b εἰ mit Indikativ Prasens als reale Möglichkeit, in 18,15a mit Indikativ Imperfekt als irreale Möglichkeit; PESCH, EKK V/2, S. 151. Über das Prozessrecht dieser Zeit liegen nicht genügend Hinweise vor, um alle Details zu verifizieren. Allgemein zur Entwicklung von republikanischem zu prinzipalem Strafrecht BAUMAN, Crime and punishment, S. 21-64; zum Strafrecht um 90 im Vergleich mit dem unter Claudius BAU-

18,14b für ἀδίκημα und ῥᾳδιούργημα πονερόν[31], nach 18,15a aber nicht für innerjüdische ζητήματα über λόγος, ὄνομα und νόμος.[32] Als solche versteht Gallio demnach auch die in 18,13 von jüdischer Seite vorgebrachte Anklage - etwa wegen Asebie?[33] - gegen Paulus, die für ihn aus dem Blickwinkel des zuständigen römischen Richters damit irrelevant ist, unabhängig vom konkreten rechtlichen Status des Angezeigten als römischer Bürger oder als Peregrin.

Der Abschnitt stellt für Lukas - wie noch 23,29 - den gewünschten Idealfall römischer Rechtspraxis im Umgang mit Anschuldigungen jüdischer Instanzen gegen Christen dar: Auch für die Gemeinden der Zeit des Lukas sollten strafrechtlich relevante Tatbestände nicht vorliegen, die römische Behörden zum Eingreifen veranlassen müssten.[34]

7.3.3 Der Prozess vor Antonius Felix - Act 24

Wenn der römische Provinzstatthalter mit Act 24,2-9 dem Anklagevertreter das Wort erteilt und Paulus in 24,10-21 die Möglichkeit zur ausführlichen Widerrede gibt, Antonius Felix die Verhandlung in 24,22f schließlich vertagt, somit ein typischer römischer Prozessverlauf in den Blick gerät, ist zunächst zu prüfen, wie das inhaltliche korrekte Vorgehen des Statthalters in Beziehung steht zur Unzuständigkeitserklärung römischer Behörden in innerjüdischen Streitigkeiten von 18,14b-15.[35]

MAN, S. 65-99. Prozessrechtliche Sprache in 18,14b.15: κατὰ λόγον, ἀνέχομαι als terminus technicus für eine Klage annehmen, ἀνέχεσθαι mit Gen.

[31] ἀδίκημα ist Rechtsterminus für vorsätzliches Tun; MOMMSEN, Römisches Strafrecht, S. 5; vgl. Act 25,10f; Apc 18,5. ῥᾳδιούργημα im NT nur in 18,14; von leichtsinnigem Tun; MEURER, Das Recht, S. 101f. Vgl. WANDER, Trennungsprozesse, S. 255-258: mit weiteren Verdächtigungen gegen Christen.

[32] ζήτημα im NT nur in Act 15,2 (für Beschneidung); 18,15; 23,29 (für das Gesetz); 25,19 (für die Religion/δεισιδαιμονία und die Auferstehung Jesu); vgl. 26,3 (ἔθος und ζήτημα); die lukanische Prägung als Begriff für (christlich-)jüdische Konflikte ist deutlich. Steht ὀνόματα für rechtlich relevante Personen und Begriffe, CONZELMANN, HNT 7, S. 116? Oder ist der Gottesname gemeint, Act 9,15, vgl. 15,13.17; 19,17? Steht Taufpraxis oder exorzistisches Wirken im Hintergrund, Act 16,18; 19,5.13?

[33] In der Regel wird darauf verwiesen, dass in 18,13 wohl ein Verstoß gegen römisches Recht intendiert sei, ZMIJEWSKI, RNT, S. 660. Man kann mit 18,13b ἀναπείθει .... σέβεσθαι τὸν θεόν vermuten, dass eine Anklage wegen Asebie bzw. impietas vorliegt. Als pietas gilt das pflichtgerechte Verhalten gegen Gott und Mensch, das als tugendhaft und politisch erforderlich galt; SPIRA, KP 4, Sp. 848.

[34] MEURER, Das Recht, S. 108f: Das Christentum ist, wie Lukas an seinen Vertretern Jesus und Paulus zeigt, unschuldig, sollte vor jüdischem Ränkespiel geschützt werden. Auf die römische Perspektive - Christen als jüdische, Unruhen verursachende Sekte, verweist BOTERMANN, Judenedikt, S. 176.

[35] Oft werden die Parallelen zum Prozess Jesu hervorgehoben, etwa in der Abfolge der Verhöre, der Beteiligung jüdischer Instanzen als Anklagevertreter, der Unschuld des Angeklagten, der politischen Entlastung des Christentums; STOLLE, Der Zeuge, S. 258f.

Formal beginnt der Statthalter in Caesarea die Vorführung des Angezeigten - nach erfolgter Klärung seiner Zuständigkeit als oberster Richter
der Provinz, in der ein möglicher Rechtsbruch gegangen wurde, samt Erwartung der Kläger (23,33-35) - mit der Anhörung der Anklage, die Zeugen vorstellt (24,9) und die Eröffnung eines Hauptverfahrens beantragt
(24,8).[36] Für die jüdische Seite vertritt der vielleicht schon an seinem Namen als Diasporajude kenntliche Rhetor Tertullus[37] die Anzeige vor dem
Statthalter und wählt seine Worte in den Formen ebenso bekannter wie
traditioneller Redekunst der Zeit. Paulus macht in seiner an Formalia orientierten Verteidigung geltend, dass nach seiner Einschätzung der Sachlage eine ausreichende Beweisgrundlage für eine Verurteilung keineswegs
gegeben ist (24,13), zudem wichtige Zeugen nicht geladen wurden (24,19)
und die bisher aufgetretenen Belastungszeugen kaum ausreichende Aussagen vorgelegt haben (24,20).[38]

Inhaltlich ergäbe sich nach den Kriterien von 18,14b für den Statthalter
die Möglichkeit, einer Anklageerhebung wegen weltweiter στάσεις
(24,5a) stattzugeben, während die polemische Bezeichnung als λοιμός und
die angeführten Anklagepunkte der Leitung einer innerjüdischen αἵρεσις
(24,5b) und der Entweihung des Tempels (24,6) nach 18,14b für ihn irrelevant sein müssten.[39] Mit der Nennung solcher Anklagepunkte erhält Paulus nun aber die Möglichkeit zu einer umfassenden auch inhaltlichen Verteidigung vor dem römischen Vertreter, auch nur auf sie geht Paulus interessanterweise nach der captatio benevolentiae zum Auftakt seiner Äußerungen der Reihe nach ein. Paulus nutzt die Gelegenheit zu einer Verteidigung gegen Anklagen, gegen die er sich nicht verteidigen müsste vor ei-

---

[36] LÖSCH, Dankesrede, S. 300: „Ananias der Hohepriester, die Abordnung des Syn-
hedriums, der Rhetor Tertullus benützen noch vor Beginn der eigentlichen Gerichtsverhandlung die Gelegenheit, dem Statthalter 'zum Schaden des Paulus' gewisse Aufschlüs-
se zu geben". ἐμφανίζειν als terminus technicus der Anzeige; κληθέντος für die Vorla-
dung zur Verhandlung, nicht für die Vorführung Inhaftierter.

[37] Diminutivform von Tertius; LAKE/CADBURY, Commentary, S. 297.

[38] Vgl. HOLTZ, Der Herrscher und der Weise, S. 152-154: exordium mit captatio
benevolentiae 24,2-4, narratio 24,5f, peroratio 24,8; die Apologie durch Paulus: captatio
benevolentiae 24,10b, argumentatio 24,11-19a mit den Teilen refutatio 24,11-13, proba-
tio 24,14-19a und peroratio 24,19b-21. Zu weiteren juristischen Aspekten vgl. TAJRA,
The trial, S. 118-128. Mit 24,10-21 sollte ein regelrechter Prozess im Blick sein, vielleicht noch nicht in 24,2-9. Die von Paulus angeführten Sachverhalte könnten auch Anhaltspunkte einer zukünftigen Appellation sein. Dass die Reden von Act 24 als Reden
vor Gericht viel zu kurz wären, vermerkt HAENCHEN, KEK 3, S. 628.

[39] In der Regel wird στάσις zu αἵρεσις gezogen und als ein Anklagepunkt betrach-
tet. PLÜMACHER, Lukas, S. 25: „Offensichtlich soll die weltweite Bedeutung, die das
Christentum in den Augen des Verfassers der Ag seit eh und je gehabt hat, selbst in den
Anschuldigungen seiner Feinde noch zum Ausdruck kommen." Zu λοιμός BRUCE, NIC
Acts, S. 439: für drohendes Vorgehen gegen alexandrinische Juden.

nem Gremium, vor dem er sich dafür nicht zu verantworten hätte. Deutlich wird das Ziel der Darstellung: die Unschuld des Paulus auch solchen Vorwürfen gegenüber zu verdeutlichen, bzw. entsprechend Angeklagten in einer Art Musterverteidigung eine Argumentationshilfe für einen erfolgreichen Auftritt vor Gericht zu geben.

Paulus beginnt seine Verteidigung allerdings mit formalen Einwänden: Neben der Kürze der Zeit, die er als Beleg dafür anführt, dass in ihr die zur Last gelegten Vergehen nicht zu begehen wären, nennt Paulus dabei auch die mangelnde Beweisführung des gegnerischen Rechtsvertreters. Inhaltlich korrigiert er die Fremdbezeichnung αἵρεσις durch die Selbstbezeichnung ὁδός für eine Gruppierung, der Paulus sich zurechnet, ohne Leitungsverantwortung zuzugeben. Die fragliche Gruppe wird in 24,14f kurz als innerjüdische Gruppe gekennzeichnet,[40] die den Tempel keineswegs ablehnt, vielmehr wie Paulus in 24,17f anerkanntermaßen nach bekannten jüdischen Riten lebt. Die Gruppe hebt sich durch ihre - mit 24,19 potentiell konfliktträchtige, real unverdächtige - Verkündigung der endzeitlichen Auferstehung der Toten als jüdische Sondergruppe hervor.

Eine Verteidigung des Paulus gegen den Vorwurf von στάσεις, sofern darunter ein gerade auch politisch bedeutsames Vergehen verstanden war, steht dagegen auch am Ende von Act 24,21 noch aus. Paulus dürfte diesen - für ihn möglicherweise gefährlichen - Aspekt kaum nur deshalb übergehen, weil hier die Beweislast auf Seiten der Anklage lag. Akzeptiert der Statthalter deshalb in 24,22 den Antrag, weitere Zeugen zu hören? Er vertagt jedenfalls den Prozess, zunächst nur bis auf weiteres. Wie sich bald zeigt, verschleppt er ihn, nach lukanischer Darstellung aus projüdischen Erwägungen und zugleich in Erwartung einer Bestechung von Seiten des Paulus über den historisch unrealistischen Zeitraum mehrerer Jahre.

7.3.4 Die Appellation im Prozess vor Porcius Festus - Act 25f

7.3.4.1 Vorbemerkungen

Über die rechtlichen Grundlagen der Appellation im 1. Jahrhundert ist die Forschung nur unzureichend informiert. Sowohl die Theorie einer Entwicklung des Verfahrens aus der republikanischen provocatio wie die Vorstellung einer im frühen Prinzipat statthabenden grundlegenden Neugestaltung (schon durch Octavian im Jahr 30 v.?) und letztlich auch die konkrete Durchführung einer appellatio lassen sich für den genannten Zeitraum nicht zweifelsfrei belegen.[41] Kaum wird man nur aus den lukani-

---

[40] Zu ὁδός als Selbstbezeichnung PATHRAPANKAL, Christianity as a 'way', S. 533-539: Jes 40,3 als traditionelle Grundlage; vgl. 1QS VIII,13-16/IX,16-21; Mk 1,1-3. Polemik gegen seine Person hat Paulus 24,16 mit Hinweis auf sein Gewissen beantwortet.

[41] LITEWSKI, Appellation, S. 60-96: Ableitung der Appellation aus der konkreten

schen Angaben die römische Appellationspraxis darstellen können, wie sie dort am Beispiel des Paulus vorgeführt wird. Die Differenzen der jeweiligen Perspektive sind zu groß, als dass man sie übergehen sollte.[42] Dennoch sind für eine Rekonstruktion der juristischen Hintergründe einer zu vermutenden Appellation auch Klärungen erreicht.

Die Appellation ermöglichte eine Anfechtung von zivil- wie strafrechtlichen Entscheiden durch selbst betroffene römische Bürger und diente der allgemeinen Rechtssicherheit.[43] Die formal mündlich, durch einfache Willenserklärung am Tag der Verurteilung durch die erste Instanz zu äußernde und von den Behörden zu protokollierende Appellation war nicht auf bestimmte Anfechtungsgründe beschränkt, die im Grundsatz überhaupt erst vor dem Appellationsgericht - mit Beweislast beim Appellierenden - genannt und dort geprüft werden mussten.[44]

Eine Appellation hatte suspensive Wirkung, das erstinstanzlich ergan-

---

Rechtspraxis, womöglich aus der republikanischen Appellation an den jeweiligen Ortsmagistrat; anders BLEICKEN, Senatsgericht und Kaisergericht, S. 124-158: Vermutlich lag in der Autorität des jeweiligen Princeps die treibende Kraft der Entwicklung (ohne die Entstehung der Appellation auf einen einmaligen Rechtsakt des Augustus festzulegen). Ein eigentliches Verfahren fand in republikanischer Zeit für römische Bürger in der Provinz vermutlich gar nicht statt. Für den Übergang zum Prinzipat können für Berufungsverhandlungen römischer Bürger (von Quaestoren geführte) Geschworenenhöfe angenommen werden. Zur Differenzierung für Appellation in senatorischen und in (bis zur endgültigen Befriedung wie Judaea) dem Prinzeps unterstellten Provinzen BLEICKEN, S. 149-151.154.156. Die ausgebildete Appellation ist im Prinzipat seit der Zeit Mark Aurels nachgewiesen, erst für severische Zeit ergibt sich aus den juristischen Quellen ein konsistentes Bild des ordo appellationum. M.E. ist es methodisch vertretbar, von der Systematisierung des 3. auf das 1. Jahrhundert zurückzugehen, da das Maß dieser Systematisierung mit konservativer Tendenz klarer ist als das Maß von Abbruch und Konstanz im Übergang von der Republik zum Prinzipat.

[42] LITEWSKI, Appellation, S. 62.68.81; vgl. auch BLEICKEN, Senatsgericht und Kaisergericht, S. 178-182.

[43] Möglich war auch Appellation gegen Zwischenbescheide; umstritten ist, ob sie „in jedem Prozessstadium", LITEWSKI, Appellation, S. 68, oder nur gegen Urteile zugelassen war; BLEICKEN, Senatsgericht und Kaisergericht, S. 181. Formal ergab sich durch die Appellation die Gelegenheit, Verfahrensfehler zu beseitigen, indem vor dem Caesargericht der Sachverhalt inhaltlich noch einmal verhandelt wurde.

[44] Gründe konnten sein: Verletzung von materiellem wie formalem Recht, falsche Rechtsauslegung, fehlerhafte Würdigung der Sachlage oder unrichtige Rechtsanwendung. Von Appellation ausgeschlossen waren caesarische Reskripte und Urteile, bei denen Gefahr im Verzug bestand. Die formale Zulassung einer Appellation erfolgte noch durch die erste Instanz, nach Prüfung der Qualifikation der Appellierenden und Berücksichtigung potentieller Ausschließungen, mit Nennung der Appellationsfristen. Die Appellation wurde in litterae dimissoriae apostoli dokumentiert; das Vorhandensein eines vollständigen Appellationsprotokolls war zwingend erforderlich, dies oblag der Sorge des Appellierenden. Frist- wie Formverletzung bedeutete den Verlust des Appellationsanspruches. LITEWSKI, Appellation, S. 72f.81-85.

gene Urteil war bis zum Spruch des Appellationsgerichtes nicht rechts-
kräftig.[45] Nach fristgerechter Vorlage von litterae dimissoriae durch den
Appellierenden wurde vom zuständigen Caesargericht in Rom ein Ver-
handlungstermin festgesetzt, bis zu dem sich der zuständige Richter durch
das Studium der vorliegenden Unterlagen ein Bild der Sachlage machte.
Nach mündlicher, durch Niederschrift dokumentierter Verhandlung erfolgte dann sein letztinstanzlicher Urteilsspruch. Dieser hob das Urteil der
vorgehenden Instanz auf (absolutio) oder fällte an Stelle des alten ein neues (condemnatio). Die unterlegene Prozesspartei trug die Kosten des Verfahrens und hatte zudem auch eine poena appellationis zu entrichten.[46]

7.3.4.2 Act 25,9-12

Beim Antrittsbesuch in Jerusalem wird Porcius Festus als neuer Statthalter
gleich mit dem „Fall Paulus" konfrontiert, den er den jüdischen Vertretern
in Jerusalem gegenüber wieder aufzunehmen verspricht, sobald er nach
Caesarea zurückgekehrt ist.[47] Der Rückreisenotiz in Act 25,6a folgt dann
auch in 6b unverzüglich die Vorführung des Paulus vor das Statthalterge-
richt, die - allerdings nicht lückenlose - Anklage in 25,7 und die paulinische Verteidigung in 25,8. Der jüdische Wunsch der Prozessverlegung
nach Jerusalem wird vom Statthalter als Antrag aufgefasst und Paulus zur
Einverständniserklärung vorgetragen. An dieser Stelle erfolgt - verbunden
mit der nicht erfragten Unschuldsbehauptung - die Appellation des Paulus
an das Caesargericht. Der Weg des Paulus soll nach lukanischer Perspektive nicht mehr zurückführen in die Provinz nach Jerusalem, dem religiösen Zentrum des Judentums, sondern zielt nach Rom, in das Zentrum des
römischen Staates.
    Die paulinische Appellation insgesamt entspricht nur bedingt dem als
üblich zu betrachtenden Verfahren. Der in 25,6-12 erkennbare Prozessverlauf, genauer die Prozessführung durch den Statthalter steht z.T. im Gegensatz zu dem, was als reguläres Verfahren gelten sollte.[48] Das Ansinnen

---

[45] Nachgewiesen ist suspendere als terminus technicus der Appellation erst seit Di-
okletian. LITEWSKI, Appellation, S. 82ff, spricht für frühere Zeit vom „Suspensiveffekt".
[46] LITEWSKI, Appellation, S. 92f. Die poena betrug $^{1}/_{3}$ des Streitwertes.
[47] Man kann folgern, dass die Inhaftierung, mag sie nach 24,27 auch aus Gefälligkeit
geschehen sein, nicht dem entsprach, was man auf Gegnerseite erreichen wollte.
[48] Zu c. 25 (und 26) als Dubletten von 24 LÜDEMANN, Das frühe Christentums, S.
261f.264; projüdische Haltung wird in 24,27 auch für Felix notiert, vgl. aber 25,4f.9.
Antonius Felix, Freigelassener der Claudier, galt als Günstling des Princeps und wurde
52/53 Prokurator in Palaestina, war für eine antijüdische Verwaltung (u.a. Tötung des
Hohenpriesters Jonathan) bekannt; HANSLIK, KP 1, Sp. 413. Porcius Festus war Prokurator in Judaea unter Nero, als Statthalter von 56 (oder 59/60?) bis zu seinem Tod im Amt,
seine Zeit war von Auseinandersetzungen mit Sikariern und Tempelpriestern geprägt,
sein Tod leitete eine Vakanz im Amt bis spätestens 62 ein; KIPPENBERG, KP 4, Sp. 1059.

von 25,9, den Prozess unter veränderten Rahmenbedingungen nach Jerusalem zu verlegen, wird zwar von Gutachtern als Verstoß gegen die üblichen Prozessregularien bewertet, ist allerdings als Verfahrensvorschlag nicht undenkbar.[49] Der Zeitpunkt der folgenden Appellation von 25,10.11b, in lukanischer Darstellung noch vor Abschluss des Verfahrens, ist dagegen unüblich, an keiner anderen Stelle belegt und erscheint überhaupt als grundsätzlich unwahrscheinlich. Auch ihre formale Motivation wird nicht wirklich klar. Die Appellation des Paulus wird vom Statthalter nach 25,12 nach Beratung mit dem consilium angenommen. Sie führt aber - wiederum entgegen einschlägiger juristischer Regularien - nicht zur zeitnahen Verbringung des Gefangenen vor das Caesargericht, sondern nach 25,13-26,32 zu umfangreichen weiteren juristischen Debatten des Festus mit dem jüdischen König Agrippa, an deren Ende in 26,32 erneut die ausdrückliche Feststellung der Unschuld des Angeklagten steht.

In 25,9-12 werden in Act allerdings nicht nur juristische Aspekte thematisiert, sondern diese sind mit einer theologischen Deutung verbunden. Auf die Frage des Statthalters in 25,9 nach dem eigenen Wollen des Paulus als Angeklagter und Verteidiger in einer Person antwortet dieser mit dem Verweis auf die innere Logik des ganzen Geschehens, die mit der Verwendung von δεῖ markiert wird. Auf der Erzählebene bezogen auf die Regularien des römischen Prozessrechtes signalisiert δεῖ in Act dem Leser zugleich, dass die Ereignisse als ein Geschehen zu betrachten ist, das sich aufgrund göttlicher Geschichtsmächtigkeit vollzieht.[50] Damit hat Lukas römisches Recht und göttliche Geschichtsmächtigkeit in bezeichnender Weise zueinander in Beziehung gesetzt.

7.3.4.3 Act 25,26 und 26,30f.32

In Act 25,23-26,32 tritt eine Gruppe (im römischen Prozessrecht als consilium bedeutsam) auf, die den Richter bei der Urteilsfindung zu unterstüt-

---

[49] CONZELMANN, HNT 7, S. 144: Paulus wird 25,10f mithilfe des Topos der Rechtskonformität des Handelns eines Philosophen im Prozess (Unschuldsbeteuerung; Betonung der Konformität des Handeln mit Recht und Gesetz; Bereitschaft, sich den Konsequenzen des Handelns nicht zu entziehen) dargestellt; vgl. Sokrates nach seiner Verurteilung in der Rede an die Richter Apol. 38c-40c, die Zurückweisung des Fluchtvorschlags des Kriton durch Sokrates, Kriton 49e-52d; Josephus, Vita 141. Römische Bürgerrecht, das der Appellation formal zugrunde lag, wird nach 23,27 nicht mehr erwähnt.

[50] δεῖ ist der im Gesetz geoffenbarte Wille Gottes (Act 15,5) oder überhaupt Wille Gottes (20,35; vgl. 5,29), der besonders das Leben des irdischen Jesus in seiner Niedrigkeit und seinem Leiden prägt (1,16; 3,21; 17,3). Unter solchem δεῖ steht nach Lukas die Geschichte des frühen Christentums (9,6.16; 14,22; göttliche Notwendigkeit der Romreise: 19,21; 23,11; 27,24). Vgl. WALASKAY, 'And so we came to Rome', S. 58: „divine necessity brings Paul and the gospel to Rome under the aegis of Roman law". Für BURFEIND, Paulus *muss* nach Rom, S. 75-91, trägt dies romkritische Züge.

zen hat. Ein Mitglied des consiliums ist von besonderer Bedeutung: Auch
der jüdische, aus römischer Sicht als rex socius hervorgehobene Regent
Markus Julius Agrippa II[51] soll nach 25,26 als Sachverständiger tätig werden und berät, nach 26,30f als Mitglied des consiliums, den Provinzstatthalter in juristischen Spezialfragen.[52]

Am Ende der juristischen Abläufe in 21,27-26,32 steht dann die erneute, halbamtliche Unschuldserklärung des Paulus durch Agrippa als Mitglied des consiliums, der auch der Statthalter nicht widerspricht.[53] Die
Aussage von Agrippa hat insofern besonderes Gewicht, als dieser im Paulusprozess als ein Sachverständiger fungiert, der auch die von jüdischer
Seite vorgebrachten Anschuldigungen gegen Paulus in sein Votum einbezieht,[54] wegen derer Festus in 25,20 - im Rückblick auf 25,9 - dem Vorschlag einer Verlegung nach Jerusalem aufgenommen hatte.

Die mit 27,1 endlich beginnende Verbringung des Paulus nach Rom erscheint bei Lukas nur noch als ein formaler Akt, dem Appellanten Paulus
und seinem Recht Genüge zu tun. Nach 26,32 kann Paulus (und mit ihm
das frühe Christentum insgesamt?) nach der - historisch kritisch zu wertenden, theologisch interessanten - Darstellung des Lukas in Hinsicht auf
römisches Recht wie aus der Perspektive der jüdischen Gesprächspartner
des römischen Staates als erwiesenermaßen unbedenklich gelten.[55]

---

[51] Agrippa erhielt 49/50 unter Claudius, vor seiner Regentschaft in der früheren
Tetrarchie des Philippus ab 53 (unter Nero erweitert um Orte in Peraea und Galiläa) neben dem Kleinkönigtum Chalcis ad Libanum die Aufsicht über den Tempel und das Er-
nennungsrecht der Hohenpriester. Zuvor in Rom erzogen trat er mehrfach für jüdische
Interessen ein, führte aber als römischer Vasallenkönig die Ehrentitel Φιλοκαῖσαρ und
Φιλορομαῖος. Im jüdischen Krieg kämpfte er auf römischer Seite, versuchte mehrfach
(vergeblich) zwischen den Parteien zu vermitteln. Sein Zusammenleben mit seiner verwitweten Schwester galt als anstößig. Berenike (28-79) war die Schwester von Agrippa
II. Sitz im consilium hatte sie nicht.

[52] Οἱ συγκαθημένοι 26,30 als consilium; auch προάγω 25,26 ist Prozesssprache.

[53] Nicht zu übersehen ist, dass ein Freispruch des Paulus aus dem Mund des Statthalters nicht berichtet wird, die Äußerung von 25,25-27 ist kein Urteilsspruch und zeigt
deutlich die lukanische Intention. Oder könnte im ἔκρινα πέμπειν des Festus in 25,25
ein Hinweis auf einen tatsächlichen Urteilsspruch des Statthalters aufbewahrt sein? Vgl.
STEGEMANN, Paulus ein römischer Bürger?, S. 208.

[54] Der erneute Durchgang durch den Prozess in (25,14-21 und) 25,22-26,1.24-32
nach 25,7-12 kann darum als sinnvoll gelten. Am Ende ist nicht klar, ob der Prozessbe-
richt des Statthalters nach Rom tatsächlich mit einer Unschuldsfeststellung des consiliums aus 26,31 versehen ist.

[55] Für Lukas gab zur Hinwendung zur römischen Gesellschaft kaum eine Alternative.
Das Christentum konnte so zugleich mit der Betonung jüdischen Ursprungs und bleibend
jüdischen Charakters, der die Privilegien jüdischer Existenz sichern sollte, eine prorömi-
schen Haltung einnehmen, etwa keine aufständischen Tendenzen zeigen, vergleichsweise
weniger Sonderrechte in Anspruch nehmen und insgesamt eine staatlich unauffällige E-
xistenz im kulturellen und sozialen Kontext des Imperium führen.

7.3.4.4 Nachbemerkung

Blickt man auf die in Act durch Lukas vorgestellte Konfliktsituation, wie sie im Prozess bzw. in den Prozessen des Paulus vor hochrangigen römischen Behördenvertretern zum Ausdruck kommt, erscheint die Konkurrenz des Christentums dem Judentum gegenüber als wesentlicher Faktor der Konfliktverursachung. Es lässt sich vermuten, dass auch die Intention der Darstellung wesentlich auf diese Konkurrenz bezogen ist. Der Prozess des Paulus - Musterprozess christlicher Existenz? - erweist eine potenzielle Anklage gegen Christen, etwa aufgrund von politischen Verdächtigungen u.a. wegen Aufruhr, als ungerechtfertigt. Zur Lösung innerreligiöser Auseinandersetzungen sollte sich der römische Staat nach Lukas offensichtlich für unzuständig halten bzw. für unzuständig erklären. Daran, dass der römische Staat dies auch so gesehen hat, daran sind allerdings Zweifel angebracht, die auch daraus resultieren, dass der von Lukas für das Christentum vorausgesetzte Status - vergleichbar dem des Judentums - noch nicht erreicht war und zugleich durch die Darstellung der Act erstmals überhaupt nahe gelegt wurde.

Exkurs: Lösungen von Konflikten mit dem Staat

„However proud Paul may have been of his Roman citizenship ... he recognised that the Christian's true citizenship was in heaven"[56]. Dass für letztere wie schon für paulinische Gemeinden eigene Gesetze galten, zeigen die paulinischen Briefe an verschiedenen Stellen. Wie ist damit die Aufforderung zur Unterordnung unter die Staatsmacht etwa von Röm 13 zu verbinden? Allgemeinen Charakter hat die Mahnung zur Unterordnung in I Petr 2,13-17. Lässt sich in ihr ein Modell der Zuordnung von Christ und Staat erkennen, werden dabei womöglich rechtliche Aspekte der Paränese sichtbar? Sind Röm 13,1-7 und I Petr 2,13-17 in einen Zusammenhang zu bringen mit Einschränkungen der geforderten Unterordnung, wie sie für Act 4,19, 5,29 und Apc 13,1-10 namhaft gemacht werden? Als grundsätzliche Versuche der Konfliktvermeidung wie als aktuelle Mahnungen lassen sich diese Texte als Konfliktlösungen betrachten, und - in Ansätzen - auf deren potenziellen rechtlichen Charakter hin befragen.[57]

---

[56] MARSHALL, The challenge, S. 343, der in seinem Überblick über die paulinische Stellungnahme zum Verhältnis Christ und Staat Phil 3,20, I Kor 6 und Röm 13,1-7 verbindet; vgl. auch I Clem 61.

[57] Diese Funktion der Konfliktlösung in der Gemeinde lässt sich m.E. der Paränese zuschreiben, ohne sie damit intentional umfassend zu beschreiben; vgl. POPKES, Paränese, S. 180.187f. Zur Auslegungsgeschichte von Röm 13 und Apc 13 STROBEL, Schriftverständnis, S. 241-247. Interessant ist alleine schon ein kurzer Blick auf die Verwendung der Stellen bei Euseb: Röm 13,1.7 findet sich dort im Kontext der Verteidigung des Polycarb, hist.eccl. IV,15,22; Apc 13 gehört für Euseb selbst in den Kontext des Wirkens Valerians; so Apc 13,3.5 in hist. eccl. VII,10,2f, vgl. Apc 13,18 als Zitat aus Irenaeus in hist. eccl. V,8,5f; maßgeblich scheint für Euseb dagegen Act 5,29, so jedenfalls in hist, eccl. V,24,7 im Kontext des Osterfeststreites, und hist. eccl. VII,11,5 für die Verteidigung des Dionysios von Alexandrien im Kontext der Verfolgung unter Valerian.

Röm 13,1-7[58]

Röm 13,1-7 ist „von Begriffen und Vorstellungen erfüllt ... die beweisen, dass der Abschnitt unter Voraussetzung einiger Kenntnisse des römischen Verwaltungs- und Staatsrechts geschrieben wurde."[59] Sind bereits vorpaulinisch rechtliche Regelungen der Umwelt in ein theologisch bzw. eschatologisch bestimmtes Verhältnis des Einzelnen zur Staatsmacht eingebracht worden, das von Paulus dann aufgegriffen wurde?[60] Hat Paulus seinerseits diese Verhältnisbestimmung theologisch weitergeführt? Als mögliche Entstehungsorte des Ersteren wären m.E. Diasporasynagogen denkbar, deren Stellung zur Staatsmacht ja rechtlich geregelt war. Sie könnten für eine Verbindung von rechtlicher Regelung und theologischer Deutung des Verhältnisses zum Imperium Romanum insofern ein Beispiel sein, als ihnen in rechtlicher Betrachtung durch den Staat wiederholt der juristisch relevante Status von collegia zugeschrieben bzw. zuerkannt wurde. Dieser Status als legitimer Verein wäre theologisch entsprechend interpretiert worden - wofür ein Nachweis erst noch zu führen ist.[61] Paulus hätte dies dann in sein Verständnis des Imperium Romanum integriert.

Die genuin paulinische Verhältnisbestimmung der Stellung des Gemeindeglieds zur römischen Staatsmacht samt ihrer potenziellen Erweiterung durch συνείδησις als Kategorie wird in Röm 13,5 deutlich: Die Unterordnung ist aus rechtlich-theologischen Überlegungen wie aus Gewissensgründen geboten, die verschiedenen Sichtweisen von Recht, Theologie und Gewissen sind einander zugeordnet. Diese Zuordnung wird dann in 13,6f - womöglich anhand konkreter Steuerfragen? - aktuell durchgeführt.

I Petr 2,13-17

Ob nach der allgemein gehaltenen Einleitung in I Petr 2,11f dann mit 2,13-17 eine bis 3,6 reichende Haustafel beginnt, ist in der Auslegung nicht übereinstimmend geklärt.[62] In Analogie zur Intention antiker Ökonomik hätte die Paränese von 2,13-17 eher konservativen Charakter, stünde doch die Ermahnung zur Loyalität dem Staatswesen gegenüber im Vordergrund: Werden die Mahnungen befolgt, sollten Konflikte mit dem Staat, seinen Vertretern, auch mit anderen menschlichen Ordnungen, nicht entstehen. Werden die Mahnungen nicht befolgt, droht neben dem Konflikt mit dem Staat auch eine Auseinan-

---

[58] Forschungsstand bei THEOBALD, Römerbrief, S. 306-310. Vgl. WISCHMEYER, Staat und Christen, S. 149-162, zum Unterschied von Textpragmatik und Rezeption.

[59] STROBEL, Zum Verständnis von Rm 13, S. 90: ἐξουσίαι τεταγμέναι 13,1, formelhaftes ἀρχαὶ καὶ ἐξουσία 13,2 und λειτουργός 13,6; vgl. auch Schwert 13,4 und ἔνδικος 13,4; selbstverständlich bei ὑποτάσσειν und ἀποδιδόναι. Zu φόβος in 13,7 STROBEL, Furcht, S. 58-62.

[60] Zur Echatologie in 13,3f (κρίμα, εἰς ὀργήν) vgl. WILCKENS, Römer 13,1-7, S. 217-219.

[61] SCHMELLER, Hierarchie und Egalität, S. 45f, verweist auf die Rechtsstellung der Mehrzahl von Mitgliedern; in römischen Vereinen waren vielleicht über 50 % der Mitglieder Freigelassene; so auch in Korinth? Vgl. Tertullian, Apologeticum 39, spricht noch nicht von Christengemeinden als collegia licita. Die Gemeinden (corpus 39,1; fratres 39,8; fraternitate 39,10; consortium 39,12; vgl. 39,21 mit negativer Konnotation und deshalb zurückgewiesen) kommen zu Mahlzeiten zusammen, deren geordneten und anständigen Ablauf Tertullian schildert (39,14-19). Illegitim (illicita, 39,20) wäre ein Zusammenkommen als coitio; stattdessen regt Tertullian in apologetischer Intention an, von der Versammlung der Christen entsprechend von einer curia (39,21) zu sprechen.

[62] Zur Forschung über Haus- und Ständetafeln im NT WAGENER, Ordnung, S. 15-61.

dersetzung mit der eigenen Gemeinschaft, da dann deren grundlegende Norm des Tuns des Willens Gottes übertreten wäre. Weitergehend wäre zu überlegen, inwiefern die entsprechenden Mahnungen, verstanden als Weisung zur Konfliktvermeidung, gegebenenfalls auch rechtliche Konnotationen erkennen lassen.[63]

Alternativ zur Analogie antiker Ökonomik ist I Petr 2,13-17 als eine Handlungsanweisung genuin frühchristlicher Ekklesiologie vorstellbar, die - analog zu Röm 13,1-7 - dazu auffordert, dem Willen Gottes auch vor den Organen des Staates zu entsprechen.[64] τὸ θέλημα τοῦ θεοῦ ist dabei neben διὰ τὸν κύριον[65] eine die jeweiligen Handlungen leitende Kategorie, deren Zusammenhang mit der Forderung der Unterordnung und des Rechtverhaltens dem Staat und seinen Vertretern gegenüber vorausgesetzt wird.[66] Die Nichtbeachtung der entsprechenden Mahnung stünde somit nicht nur unter dem Verdacht mangelnder Unterordnung, sondern auch unter dem Verdikt, im eigenen Handeln dem Willen Gottes nicht zu entsprechen.[67] I Petr 2,13-17 zielt letztlich darauf, Konflikte um (von Gott) geschaffene Ordnungen der Gesellschaft samt möglichen Implikationen durch rechtschaffenes Verhalten tunlichst zu vermeiden. Etwaige Sanktionen gegen Fehlverhalten werden deshalb gar nicht genannt.

Act 4,19 und 5,29

Die Maxime »Gott mehr gehorchen als Menschen« ist in Act 4,19 und 5,29 zentrales Motiv der Verteidigung der Apostel vor jüdischen Instanzen in Jerusalem.[68] Ein gebildeter antiker Leser könnte hier, in 5,29 deutlicher als schon bei 4,19, an die Apologie des Sokrates denken, die Platon überliefert. Dort nennt der angeklagte Philosoph die Maxime seines Handelns: πείσομαι δέ μᾶλλον τῷ θεῷ ἤ ὑμῖν, also zeitlebens nach Weisheit zu suchen, Mitbürger entsprechend zu ermahnen und damit Gottes Befehl gehorsam dem Gemeinwesen ein großes Gut widerfahren zu lassen.[69] Die Reaktion des Synhedri-

---

[63] Vgl. GIELEN, Tradition und Theologie, S. 37: Mithilfe des Dekalogs (etwa bei Sabbat- und Elterngebot) können Haustafelmahnungen als apodiktische Rechtssätze erkannt werden. Damit wäre der unbedingte Anspruch der Mahnungen in rechtliche Kategorien gebracht.

[64] „Der Christ steht den Regierenden frei gegenüber, und diese Freiheit manifestiert sich normalerweise in Respekt, in Unterordnung und Ehrerbietung"; SCHRAGE, Die Christen, S. 68. Zur traditionsgeschichtlichen Einordnung von I Petr 2,13-17 verweist HERZER, Petrus oder Paulus?, S. 227-244, auf Unterschiede zu deutero- und tritopaulinischer Tradition und die Eigenständigkeit der Paränese hin.

[65] Gemeint ist Gott, nicht Christus, vgl. 2,15f; ACHTEMEIER, 1 Peter, S. 182.

[66] τὸ θέλημα τοῦ θεοῦ ist in I Petr im Leiden gegenwärtig: Es ist besser, Gutes zu tun und zu leiden, wenn Gottes Wille es so fügt, als Böses (3,17; vgl. I Kor 6,7f); im Leben nach Gottes Willen verwirklicht sich christliche Existenz, die an Christi Gesinnung (d.h. Leiden) orientiert ist (4,2); im Tun des Guten erfüllt sich Gottes Wille, mag daraus auch Leiden erwachsen (4,19). Ist dieser Zusammenhang auch 2,15 gegeben? Die Verbindung zwischen Gottes Willen und christlichem Tun scheint Reaktionen der Umwelt zu zeitigen, die für I Petr als Leiden verstehbar sind. Vgl. SELWYN, Saint Peter, S. 173, „the ἀγαθοποιοῦντας clause must be taken as a pendant in apposition to τὸ θέλημα".

[67] Die These, dass I Petr 2,13 πάσῃ ἀνθρωπίνη κτίσει von einer Theologisierung menschlicher Obrigkeit (Röm 13,1) absieht, ist von daher mindestens einzuschränken.

[68] Act 3,1-5,42 ist Entfaltung von 2,41-47 in Einzelerzählungen. 4,19 und 5,29 gehören in die Reaktion auf die freimütige Verkündigung in 4,1-31 und 5,17-42.

[69] Platon, Apologie 29d-30a; vgl. ähnlich schon Sophokles, Antigone 445-455, die

ums auf diese Verteidigung ist bemerkenswert: In 4,21f folgt, nach einer Strafandrohung bei zukünftiger Nichtunterlassung, die Freilassung von Petrus und Johannes, deren Bestrafung politisch διὰ τὸν λαόν nicht durchzusetzen wäre. Und mit 5,33-42 kommt es zu einer faktischen Tolerierung der ἐκκλησία.

Berücksichtigt man, dass die Begründung der Notwendigkeit, Gott mehr zu gehorchen als Menschen in 5,29 mit δεῖ markiert ist, wird die theologische Intention der Aussage deutlich: δεῖ benennt in Lk/Act den Willen Gottes, der in der Schrift, im Gesetz oder auch in der frühchristlichen Gemeindegeschichte sichtbar wird.[70] Die Apostel sind in ihrem Handeln diesem Wollen Gottes gehorsam, mag das auch implizieren, sich gegen die Obrigkeit zu stellen - deren Reaktion bei Lukas allerdings den Aposteln Recht gibt. 4,19 und 5,29 sind auf der Erzählebene von Act 3-5 konkrete Konfliktlösungen.[71] Als grundsätzliche Konfliktlösungen für Auseinandersetzungen mit Rom sind sie nicht gedacht. Für solche Konflikte gibt es in Act andere Lösungsmodelle, wie Lukas an Paulus zeigt.

Apc 13,1-10
Apc 13 wurde immer wieder zur Begründung christlichen Widerstands gegen einen Staat herangezogen, der weltanschaulich totalitär auftritt - zeitgeschichtlich konkret im Kaiserkult.[72] Nach dem überlieferten Selbstverständnis des Imperators widersprach ein Herrscherkult - mindestens der auch für Domitian so belegte Kult post mortem - allerdings grundsätzlich der religiösen Praxis der Staatsführung. Die religiöse Deutung des Kaiserkultes ist von den Imperatoren nur zögerlich offiziell übernommen worden.[73] Konkret müssen im Kaiserkult verwendete Statuen des Imperators auch nicht als Gottesbilder verstanden werden, wie Apc 13 nahe zu legen scheint. Opfer und Gebete im Rahmen von Festen und allgemeinen Kulthandlungen „entsprechen denjenigen, die überhaupt Religionsausübung in der Antike kennzeichnen".[74]

---

unwidersprochene Antwort im Verhör, warum Antigone wissentlich Kreons Anordnungen (νόμοι), den getöteten Bruder nicht zu bestatten, übertritt: ἄγραπτα κἀσφαλῆ θεῶν νόμιμα δύνασθαι θνητὸν ὄνθ' ὑπερδραμεῖν. Später Epiktet, Diss I 30,1: ἐκείνῳ σε δεῖ μᾶλλον ἀρέσκειν ἢ τούτῳ, vgl. auch Diss I,25,13 zum rechten Umgang in Problemsituationen, der u.a. an Fragen der Wahrnehmung orientiert wird.

[70] Vgl. auch Act 25,9.

[71] Kann man aus der Situation der Verhandlung (κρίνατε 4,19) auf rechtliche Implikationen für 4,19 und 5,29 schließen? Vgl. LINDEMANN, Christliche Gemeinden, S. 122: „Dass im Sinne des Lukas das Logion [Act 5,29, Verf.] keinesfalls auf einen politischen Konflikt hinweist, zeigt sich im übrigen natürlich auch daran, dass ja in der ganzen Apostelgeschichte durchgängig festgestellt wird, es könne zwischen dem (römischen) Staat und der christlichen Verkündigung im Grunde gar keinen Konflikt geben".

[72] RIEMER, Das Tier, S. 5-62.168-172; WENGST, Pax Romana, S. 147-166.243-254.

[73] FEARS, RAC 14, S. 1047-1093. Man wird auch in der theologischen Forschung vorsichtig sein, von den späteren Äußerungen etwa des Plinius auf die Kultpraxis Domitians zu schließen. Zum biblischen Hintergrund von Apc 13,1-7 in Dan 7 FEKKES, Isaiah and prophetic traditions, S. 82-85.

[74] KLAUCK, Umwelt II, S. 62. Nachgewiesen ist Kaiserkult auch an Orten, die in Apc erwähnt werden: Ephesus, Laodizea, Pergamon, Philadelphia, Sardes, Smyrna, Thyatira - vgl. zu Thyatira Apc 2,19 mit 13,10c! Älter als christliche ist jüdische Kritik an Extremformen des Herscherkultes, vgl. etwa Weish 14,17-21. Juden waren im römischen Staat vom Kaiserkult freigestellt, man opferte stattdessen im Jerusalemer Tempel für den Prinzeps und das Imperium; LINDEMANN, Christliche Gemeinden, S. 111.

Für das Verständnis von Apc 13,1-10 ist zu betonen: „Aktiven Widerstand hat der Seher nicht im Blick. Er wäre auch schon wegen der so geringen Zahl der Christen angesichts des mächtigen Reiches von vornherein zum Scheitern verurteilt."[75] Welches Verhalten - in 13,10a.b abgrenzend[76], in 10c zustimmend angeführt - ist intendiert? Welche Implikationen hat es im Bezug auf das Verhältnis zum Staat?
In Jer 15,2bLXX - in Apc 13,10a.b aufgenommen - wird die Unabänderlichkeit des Handelns Gottes im Geschehen herausgestellt. Das jeweilige Handeln Gottes kommt jedem so zu, wie Gott es bestimmt hat. Widerstand dagegen (sollte das Handeln von einer Staatsmacht ausgeführt werden, dann gegen diese) ist nicht angebracht.[77] 13,10c fordert dazu auf, ὑπομονὴ καὶ πίστις[78] zu zeigen. Dabei ist geduldiges Glauben auch in Situationen einer gegen Gott bzw. mit eigenem religiösem Anspruch auftretenden Staatsführung zu unterscheiden vom Gehorsam gegenüber diesem Staat.[79] Die in Apc 13,10c genannte Haltung ist nicht auf Vermeidung von Konflikten aus. Aber auch im Fall eines sich als verehrungswürdige Gottheit gebärdenden Imperators ist Apc 13,10 eher eine theologische denn eine politische Aussage.

7.4 Ergebnisse

Paulus wird in Act als römischer Bürger vorgestellt.

Nach Act 16,37f verzichtet Paulus (und mit ihm Silas) in der Auseinandersetzung mit römischen Beamten in Philippi zunächst auf die Inanspruchnahme des römischen Bürgerrechts. Für Lukas ist weniger der Status des Paulus für den Ausgang des Geschehens entscheidend, als die Verkündigung und deren Wirkung wichtig sind. Aber auch diese Perspektive ist wichtig: Paulus wird als Römer dargestellt, der - post festum, doch zu Recht - gegen die Verletzung des Bürgerrechts protestiert.

Nach Act 22,25-28 und 23,27 kann Paulus als römischer Bürger im Prozess vor dem Statthalter in Caesarea ein regelgerechtes Verfahren beanspruchen. Paulus macht in Caesarea von der Schutzfunktion seines Bürgerrechts Gebrauch, als seine körperliche Integrität in Gefahr gerät. Im Verhör durch den zuständigen Militär erweist sich Paulus als der diesem

---

[75] GIESEN, RNT, S. 309.

[76] M.E. ist 13,9.10a.b selbst noch als Prophetie anzusprechen, 13,10c formuliert dann die Paränese.

[77] Kann man εἰς αἰχμαλωσία auf militärische, ἐν μαχαίρῃ auf staatliche Gewaltmittel beziehen? Dann wären Christen mit 13,10b diese aus der Hand genommen.

[78] Zur Wortkombination vgl. II Thess 1,4; Jak 1,3; v.a. Apc 14,12, dort ist ὑπομονὴ in der c. 13 aufnehmenden Engelrede 14,9-12 näherbestimmt durch das Halten der Gebote, und πίστις als πίστις Ἰεσοῦ. In 2,19f gehört beides zwar noch neben ἔργα, ἀγάπη und διακονία in den Katalog der lobenswerten Taten derer in Thyatira, macht sie aber nicht tadellos.

[79] ὑπομονὴ und πίστις benennen kein Passivum. Vgl. LINDEMANN, Christliche Gemeinden, S. 121: Apc als „geistiger, sich literarisch artikulierender Widerstand".

gegenüber im Status der römischen Gesellschaft sogar als der Höherstehende. Gleich zu Beginn des Prozesses wird so (wenn auch nur implizit) die Integrität des Paulus gewahrt.

Wie Paulus sein Bürgerrecht, das einen besonderen Rechtsschutz verleiht, nachgewiesen hätte, bleibt bei Lukas (und somit überhaupt) ganz unklar. Die möglichen Nachweise des Bürgerstatus anhand von Kleidung und mehrfacher Namensführung sind für Paulus nicht belegt. Dass Paulus den Bürgerstatus mithilfe einer amtlichen Verleihungsurkunde hätte belegen können, bleibt Vermutung. Offen ist aber auch die Frage, wie Lukas die Fiktion eines paulinischen Bürgerrechts in seiner Darstellung gegen die historische Realität hätte behaupten wollen.

Die Prozesse des Paulus vor römischen Statthaltern sollen die Unbegründetheit verschiedener Anklagen gegen Paulus und zugleich gegen das frühe Christentum erweisen.

In Act 18,14b-15 erklärt der Statthalter L. Annaeanus Gallio in für Lukas programmatischer Weise die Unzuständigkeit römischer Behörden für innerjüdische religiöse Konflikte. Darauf baut die Prozessdarstellung auf.

Im Prozess vor dem Statthalter Antonius Felix in Act 24 verteidigt sich Paulus (nur) gegen Anklagen von jüdischer Seite. In einem regelgerechten Prozess kann ihm eine Schuld nicht nachgewiesen werden. Die anschließende Prozessvertagung erscheint formalrechtlich als möglich, mit ihr wirft Lukas aber ein Zwielicht auf die Prozessführung.

In der Darstellung der Appellation des Paulus in Act 25f zeigt sich die Betrachtungsweise der Geschichte des frühen Christentums nach Lukas. Das Christentum wird von der jüdischen Mutterreligion abgehoben, das Imperium Romanum erscheint als neues Referenzsystem. Diese Darstellungstendenz hat Plausibilität v.a. für die Zeit des Lukas, der bestrebt ist, das frühe Christentum als (einzig?) legitimes Judentum zu zeigen.

Lukas intendiert, die staatliche Haltung dem frühen Christentum gegenüber an Paulus als dessen idealtypischem Vertreter zu orientieren.

Lukas zielt auf ein prorömisches Paulusbild, das Paulus als eines führenden Repräsentanten des Christentums der Zeit zeichnet. Die Darstellungsmethodik könnte man als Aktualisierung und Kontextualisierung des Paulus für die nächste Generation bezeichnen.

In seiner Darstellung gestaltet Lukas die Prozesse des Paulus zu idealtypischen Auseinandersetzungen zwischen Christentum und Staat. Paulus und in ihm das frühe Christentum stellt sich unter den Schutz römischer Justiz. Paulus und das Christentum sollen als achtenswertes Mitglied der Gesellschaft und als integrativer Teil der Bevölkerung kenntlich werden, der das bestehende Staatswesen keinesfalls in Frage stellt.

Lukas macht die theologische Dimension des ganzen Prozessgeschehens als von Gott gewirkte Geschichte deutlich. Durch die Verwendung von δεῖ in Act 25,10 markiert Lukas die gottgegebene Notwendigkeit der Abläufe. Gottes wirkt auch durch Instrumente römischen Rechts, konkret im Prozess des Paulus, durch das Bürgerrecht und dessen Schutzbestimmungen. Die lukanische Darstellung behauptet so die grundsätzliche Kompatibilität von Imperium Romanum und frühem Christentum.

Angesichts der genannten Zuordnung von frühem Christentum und römischem Staat ist auf weitere Beiträge zum Thema Christ-Staat im Neuen Testament zu achten.

Die gebotene Unterordnung jedes Menschen unter staatliche Obrigkeit nach Röm 13,1-7 kann als Analogie zur lukanischen Unbedenklichkeitserklärung des frühen Christentums gesehen werden. Röm 13,1-7 fordert implizit zur Konfliktvermeidung mit dem Staat auf. Für die Kennzeichnung der Obrigkeit wird neben theologischer auch rechtlich geprägte Terminologie aufgegriffen und zu einem allgemeinen Verständnis des Verhältnisses des Menschen zum römischen Staatswesen entfaltet.

Die gebotene Unterordnung der Christen unter die staatliche Obrigkeit in I Petr 2,13-17 kann als Weiterentwicklung von Röm 13,1-7 und als Innenseite der lukanischen Darstellung gelesen werden. Rechtlichen Aspekte werden in I Petr 2,13-17 vorausgesetzt, aber nicht eigens genannt. Die Mahnung zur Unterordnung wird durch den Verweis auf den Willen Gottes gegenüber Röm 13,1-7 noch verstärkt.

In Act 4,19 und 5,29 benennt Lukas - in der Situation der Behinderung der Verkündigung - eine Grenze der Kooperation von Christentum und behördlichem Gegenüber. Die Verteidigung der Apostel gegen jüdische Obrigkeit nimmt zur Konfliktlösung mit der Forderung Gott mehr zu gehorchen als Menschen eine populäre Maxime der Umwelt auf. Offen bleibt, ob und wie für Lukas eine derartige Verteidigung auch römischer Obrigkeit gegenüber denkbar wäre. Verwendet hat Lukas sie dort nicht.

Für Apc 13,9f ist selbst ein religiöse Verehrung fordernder Staat nicht Anlass zu gewaltsamer Konfliktlösung durch Christen. Nach Apc 13,10c haben Christen auch in Situationen der religiösen Gewaltausübung durch den Staat nicht die Möglichkeit zu Gegengewalt, sondern zeigen darin besser ὑπομονὴ und πίστις und verwirklichen so Gottes Willen.

Kapitel 8

„Ich gebe euch einen Rat"
Rechtliche Regelung von Konflikten in Korinth

8.1 Vorbemerkung

> Paul wants the Corinthian Christians to be involved in the internal judical process, but not to take their disputes to outside courts, which is precisely the opposite way of what is happening. This reveals Paul's view of Christian community.[1]

Mit dem Hinweis auf die Funktion von I Kor 5f wird die zentrale Bedeutung der Abschnitte deutlich. Um im Folgenden die Kultur der Konfliktlösung v.a. in I Kor 5,1-5 und 6,1-8 zu erfassen, ist an Tendenzen der Paulusforschung sowie an offene Fragen der Exegese von I Kor zu erinnern.[2]

Überlegungen, in I Kor eine sukzessiv entstandene, später redaktionell bearbeitete Korrespondenz des Paulus mit der Gemeinde in Korinth zu sehen, sind nicht allgemein akzeptiert.[3] Auch hinsichtlich der paulinischen Chronologie besteht Dissens: Eine Datierung des I Kor um 49, jedenfalls vor das Apostelkonzil, wird vor allem in englischsprachiger Literatur vertreten. Eine Mehrzahl deutschsprachiger Exegeten nimmt als Entstehungsdatum die Zeit um 54 an, datiert I Kor nach 48/49. Für die religionsgeschichtliche Verortung von Gegnern in Korinth wird die These prä- oder protognostischen Einflusses ergänzt durch den Hinweis auf hellenistischjüdische Weisheit. Dagegen steht die These endogener Entwicklung.[4]

8.2 I Kor 5,1-5

8.2.1 Vorbemerkung

In I Kor 5,1-5 kommt ein Fall von πορνεῖα zur Sprache, dessen Konsequenzen in Korinth nicht ganz einsichtig sind: Der Konfliktverursacher

---

[1] WITHERINGTON, Conflict in the community, S. 151.
[2] SELLIN, Hauptprobleme, S. 2940-3044. Einführung in den Umgang mit Konflikten in sozialgeschichtlicher Hinsicht bei MEEKS, Urchristentum, S. 233-287.
[3] Briefteilungshypothesen bei SELLIN, Hauptprobleme, S. 2965-2982.
[4] SCHNELLE, Einleitung, S. 87-91.93f.

soll aus der Gemeinde ausgeschlossen werden. Um nicht verloren zu gehen? Damit der Geist gerettet wird! Könnte ein derartiger Ausschluss zudem ein Beispiel sein für den Umgang mit Konflikten in der Gemeinde, in
dem eine rechtliche Regelung propagiert wird? Mag I Kor 5,1-5 in späterer
Auslegung auch so interpretiert worden sein, ein derartiges Verständnis
stößt in Text und Kontext von I Kor 5 auf Schwierigkeiten.

8.2.2 Konfliktlösung in I Kor 5,1-5

8.2.2.1 Der Kontext in I Kor 5

5,1 ist inhaltlich als Neueinsatz verstehbar. Formal fehlen dem Abschnitt
typische Einleitungsmerkmale, 4,14-21 lässt sich aber als Schluss des
Vorhergehenden betrachten, mit dem Paulus auch eine Konfliktlösung anstrebt, wie die Besuchsankündigung 4,19 zeigt. In 5,1ff formuliert Paulus
dann eine Konfliktlösung trotz persönlicher Abwesenheit.

In I Kor 5f lassen sich mehrere Teile erkennen, die durch πορνεῖα als
Leitwort aufeinander bezogen sind.[5] Auf 5,1f, die Nennung eines Miss-
standes in der Gemeinde,[6] und auf die von Paulus präjudizierte Konfliktlösung 5,3-5 folgt mit 5,6-8 die bildliche Beschreibung eines Teils des jüdischen Passahritus: Die Entfernung von altem gesäuerten Brot bzw. von
verbliebenem Sauerteig aus dem Haus steht in typologischer Entsprechung
zur gemeindlichen Konfliktlösung 5,3-5. Entfernung des alten Sauerteigs
wie Bereitstellung ungesäuerten Teiges haben ihren Bezugspunkt in Christus als geopfertem Passahlamm. Paulus zeigt im Bild die Notwendigkeit
von angemessener Konfliktlösung in der Gemeinde in Korinth auf. 5,9-11
ergänzt eine frühere Äußerung des Paulus zum Umgang mit πόρνοι: Die
Aufforderung zur Distanz von diesen hat nicht grundsätzlichen Charakter,
sondern fordert dazu auf, keine Tischgemeinschaft zu haben mit Personen,
die aufgrund ihres Verhaltens nicht zur Gemeinde gehören können, mögen
sie sich auch als Gemeindeglieder ausgeben. I Kor 5 schließt mit der zusammenfassenden Reflexion 5,12.13a und der Zitation von Dtn 17,7.[7] Mit
5,2.13b scheint ein Rahmen geschaffen, innerhalb dessen der Umgang mit
Konflikten geregelt ist. Im Verhältnis zur Umwelt ist das eschatologisch
richtende Wirken Gottes zentral, ohne dass dadurch die Kompetenz der
Gemeinde zu innergemeindlicher Konfliktlösung fraglich wäre.

---

[5] Vgl. KIRCHHOFF, Sünde gegen den eigenen Leib, S. 18-68; die negative Konnotation ist nicht gesellschaftlicher Konsens, sondern paulinische Bewertung des Verhaltens.

[6] Der Missstand wäre nicht umfassend gesehen, würde man allein das inkriminierte
Verhalten eines Gemeindeglieds (5,1) als solches betrachten. Die defizitäre Reaktion der
Gemeinde (5,2) gehört für Paulus zum Missstand als solchem hinzu.

[7] Für LINDEMANN, Schrift als Tradition, S. 209f, ist es unwahrscheinlich, „dass
Paulus mit seiner Forderung auch nur indirekt die in Dtn 17 formulierte Rechtsnorm verbunden wissen" wolle.

8.2.2.2 Zur Gliederung von I Kor 5,1-5

In 5,3-5 ist der Bezug von ἐν τῷ ὀνόματι τοῦ κυρίου [ἡμῶν] Ἰεσοῦ und von σὺν τῇ δυνάμει τοῦ κυρίου [ἡμῶν] Ἰεσοῦ mehrdeutig, eine Verbindung zu συναχθέντων ὑμῶν καὶ τοῦ ἐμοῦ πνεύματος wird ebenso erwogen wie mit παραδοῦναι.[8] Paulus erwartet jedenfalls, dass die Gemeinde im vorliegenden Fall zum gleichen Urteil kommt wie er selbst σὺν τῇ δυνάμει τοῦ κυρίου [ἡμῶν] Ἰεσοῦ. Paulus wie Gemeinde sind dem Handeln Gottes in der Wirksamkeit des Geistes zugeordnet, sie sind im πνεῦμα κυρίου miteinander verbunden und zur Übergabe des Konfliktverursachers an den Satan legitimiert. Zielt diese (nur) auf die Wiederherstellung der innergemeindlichen Gemeinschaft oder auch auf die eschatologische Wiederherstellung der Heilsteilhabe des Konfliktverursachers?[9]

5,1-5 lässt sich anhand des Leitworts πνεῦμα strukturieren. In 5,1-3 wird die Präsenz des πνεῦμα thematisiert: Für 5,1f ist zu vermerken, dass πνεῦμα für das von Paulus (deshalb?) kritisierte gemeindliche Verhalten dem Konfliktverursacher gegenüber keine Rolle spielt, in 5,3 wird Paulus als leiblich Abwesender anwesend τῷ πνεύματι dargestellt. In 5,4f wird die Wirkung des πνεῦμα thematisiert: in 5,4 als Ausdruck der Gemeinschaft des Paulus mit der Gemeinde durch die δύναμις κυρίου, in 5,5 als Wirkung auch auf den Konfliktverursacher, der dem Satan übergeben wird, damit τὸ πνεῦμα gerettet werden kann.

8.2.2.3 Intention und Inhalt von I Kor 5,1-5

In I Kor 5 ist neben einer Hilfestellung in einem konkreten Konflikt die ekklesiologische Durchdringung der Situation intendiert. Die paulinische Rede vom Wirken des Geistes in der Gemeinde könnte ein Hinweis sein auf eine defizitäre Pneumatologie in Korinth: Die Präsenz des πνεῦμα wird von Paulus der Gemeinde gegenüber nicht bestritten, allerdings wird man vermuten können, dass das ausgeprägte pneumatologische Selbstbewusstsein in Korinth eher individuelle und kaum gemeinschaftliche Züge trug.[10] Paulus betont in 5,1-5 dem gegenüber die Bedeutung des πνεῦμα für das Miteinander in der Gemeinde. Inwieweit darüber hinaus I Kor 5 als Modell für Konfliktlösung zu betrachten ist, wird dann im Zusammenhang mit I Kor 6 zu klären sein.

---

[8] Eine Übersicht über Lösungsvorschläge bei RUCK-SCHRÖDER, Der Name Gottes, S. 77f. ἐν τῷ ὀνόματι und σὺν τῇ δυνάμει in 5,4 sind m.E. parallel und weisen auf eine pneumatische Ekklesiologie.

[9] Vgl. KÄSEMANN, Sätze heiligen Rechtes, S. 73f: Indem der Sünder Satan übergeben wird, „gerät er nur auf andere Weise als bisher in die Hände seines Herrn, nämlich in den Bereich der ὀργὴ θεοῦ".

[10] So etwa I Kor 3,16f. Der Gemeinde wird ihr Defizit vorgehalten, und sie soll befähigt werden, zu dem zu gelangen, was vom Pneuma her in der Gemeinde zu gelten hat.

I Kor 5,1

Anlass des Schreibens nach Korinth sind nach 5,1 mündliche Nachrichten über einen Fall von πορνεῖα, der nach biblisch-jüdischem und wie römischem Recht als Kapitalverbrechen gelten müsste und mit der Todesstrafe zu sanktionieren wäre.[11] Als Tatbestand, der zugleich[12] im jüdischen und im römischen Recht inkriminiert war, kommt die Ehe eines Gemeindeglieds mit seiner leiblichen Mutter kaum in Frage, die Paulus vielleicht als Vergehen auch ausdrücklich genannt hätte. Eher ist an eine Beziehung, d.h. an sexuellen Verkehr mit der Stiefmutter zu denken.[13] Auch dürfte es sich - wiederum e silentio argumentiert - bei der Beteiligten nicht um ein Gemeindeglied gehandelt haben. In der Verwendung von ἔχειν wird in der Regel ein Hinweis darauf gefunden, dass es sich bei dem genannten Verhalten um eine nicht nur gelegentliche Beziehung handelte. Umstritten ist, ob der Begriff terminus technicus für eine Ehe ist.[14]

I Kor 5,2

In 5,2 nennt Paulus den Grund seiner Intervention, der auch durch die Stellungnahme der Gemeinde zu Täter und Tatbestand aus 5,1 bedingt ist. Die Gemeinde in Korinth war trotz der πορνεῖα passiv geblieben, aufgrund ihrer Selbstüberschätzung - von Paulus so qualifiziert[15] - hatte man

---

[11] Vgl. Lev 20,11LXX; Sanktion der Tat (ohne Nennung der Strafe) in Lev 18,8; Dtn 23,1; 27,20. Vgl. KREMER, RNT, S. 101: Als warnendes Beispiel galt im Judentum Ruben, der mit einer Nebenfrau Jakobs schlief; Gen 35,22; 49,3f; vgl. TestRub 3,10-15. Zu (späterem) römischem Recht in diesem Fall Gaius, Institutiones I,63; die Institutiones (um 160) waren eine weit verbreitete und sehr einflussreiche elementar-systematische Darstellung des römischen Privatrechts; MAYER-MALY, KP 2, Sp. 660. I,48-141 behandelt das Recht der Personen, qui in potestate sunt (I,51-107), qui in manu sunt (I,108-115b), qui in mancipio sunt (I,116-123) sowie Modi der Unterwerfung unter fremde Gewalt; qui in potestate sind Sklaven (I,52-54) und eheliche Kinder (I,55). Deutlich wird der Bezug des Rechts auf den Schutz der Nachkommenschaft, was kaum mit I Kor 5,1 in Verbindung steht; vgl. auch Act 15,20.29.

[12] Aufgrund dieser Parallelisierung könnte man die Argumentation des Paulus der (im Vergleich zur liberaleren Auslegung Rabbi Eliezers, gestorben um 90, und später Rabbi Meirs) traditionelleren (späteren) jüdischen Auslegung zuweisen, die Rabbi Akiba (gestorben um 135) vertritt und die das heidnische Recht als hier jüdischer Rechtsprechung entsprechend darstellt; NEUSNER, Judentum, S. 90-96.

[13] Nach biblischem Recht war eine Verbindung mit der verwitweten, geschiedenen oder mit dem Vater verheirateten Stiefmutter sanktioniert, die Stiefmutter war zeitlebens (unabhängig vom Ableben des Mannes) der leiblichen Mutter rechtlich gleichgestellt. Nach liberaler rabbinischer Tradition war eine derartige Ehe für einen Proselyten oder einen Sklaven dagegen vielleicht möglich.

[14] Der Sprachgebrauch in I Kor 7,2.12f.29 lässt auch 5,1 technisch auffassen. Vgl. BECKER, Paulus, S. 418: Paulus ist am allgemeinen Ethos der Umwelt orientiert.

[15] πεφυσιομένοι als Gegnerprofil in I Kor. 4,6: man soll von Paulus und Apollos

nicht einmal auf die Auswirkungen des Verhaltens auf das Ganze der Gemeinde geachtet. Oder hatte die Gemeinde das entsprechende Verhalten samt einer etwaigen theologischen Legitimation, im Namen Jesu zu handeln, gar - bona fide - akzeptiert, oder wenigstens doch toleriert? Hat man in Korinth vielleicht keinen Anlass gesehen, handelnd einzugreifen, weil man den Täter, die Tat oder sich selbst außerhalb des (jüdischen?) Gesetzes stehend dachte und eine Straftat nicht erkennen konnte?[16]

Die Gemeinde hätte nach Paulus jedenfalls richtig auf die πορνεῖα reagiert, wenn sie den Täter umgehend aus ihrer Mitte entfernt hätte, wie dies biblische Normen vorsehen. Die Entfernung einer Person aus einer Gruppe lässt an Dtn 17,7LXX und Jes 52,11LXX denken.[17] In Dtn 17,2-7 wird der Umgang mit der Fremdgötterverehrung - die eine Bundesübertretung darstellt - eingeübt, und der Vollzug der Todesstrafe durch die Zeugen und das ganze Volk dem Täter gegenüber angeordnet. In Jes 52,10-12, Liturgie einer Prozession, Analogie zum Weg aus dem Exil, wird zur Vermeidung von Verunreinigung aufgerufen. Der biblische Hintergrund von ἀρθῇ ἐκ μέσου ὑμῶν verweist auf die Identität stiftende Funktion der Abgrenzung für die Gemeinschaft. Dtn 17 könnte von Paulus in I Kor 5 als rechtliche Regelung für den fraglichen Gemeindekonflikt betrachtet worden sein.

I Kor 5,3

In 5,3 stellt Paulus seine Beurteilung des Sachverhalts dar. 5,3 ist „kein bloßer Rat"[18], aber auch kaum Vorwegnahme des gemeindlichen Urteils oder gar substituierendes Handeln des apostolischen Gemeindegründers für eine versagende Gemeinde.[19] Durch seine Anwesenheit per Brief ergibt

---

lernen; 4,18f: einige haben sich aufgeblasen und behauptet, Paulus würde seinen angekündigten Besuch nicht realisieren; 8,1 und 13,4: Erkenntnis macht aufgeblasen, Liebe nicht; vgl. Kol 2,18. Bemerkenswert bleibt, dass Paulus in I Kor 5 nicht von ἁμαρτία (oder auch ἁμαρτίαι) spricht; vgl. 6,18.

[16] Wie würde der Gemeinde dann plausibel, dass πορνεῖα einen Verstoß gegen für sie gültige Rechtsnormen darstellt? Nach WOLFF, ThHK 7, S. 101f, müsste ein Verfahren nach Gal 6,1 (vgl. Mt 18,15) angestrengt worden sein. Paulus geht dann aber anders vor.

[17] Dtn 17,7bLXX: καὶ ἐξαρεῖς τὸν πονηρὸν ἐξ ὑμῶν αὐτῶν; Jes 52,11bLXX: ἐξέλθατε ἐκ μέσου αὐτῆς ἀφορίσθητε, οἱ φέροντες τὰ σκεύη κυρίου· Zu ἀρθῇ ἐκ μέσου ὑμῶν auch II Kor 6,17; vgl. Kol 2,14 für soteriologisches Handeln Christi; Mk 13,49 Scheidung in Böse-Gerechte; Act 17,33 Trennung nach der Areopagrede; Act 23,10 Entfernung des Paulus zum Schutz vor jüdischer Aggression.

[18] SCHRAGE, EKK VII/1, S. 373. Eine Zweiteilung des Rechtsaktes (Verurteilung des Täters, vgl. I Kor 5,3; Verkündung des Strafmaßes, vgl. I Kor 5,5) wäre auch in römischer Rechtspraxis denkbar; KUNKEL, Rechtsgeschichte, S. 64-73. Vgl. BAMMEL, Rechtsfindung in Korinth, S. 279f: Mit Rechtsbegriffen gespickte Ausdrucksweise, ἀρθῇ ἐκ μέσου als Latinismus aus römischer Rechtssprache, συνάγεσθαι für die Zusammenkunft zu Beratung und Gericht, κέκρικα für die Urteilsabgabe.

[19] Man wird besonders beachten, dass die Aktivität der Gemeinde in Korinth in 5,4

sich die Möglichkeit einer gemeinsamen Aktivität des Paulus mit der Gemeinde in der fraglichen Angelegenheit.[20]

Zur Zeit der Abfassung von I Kor 5,1-5 hat Paulus das Urteil - κέκρικα - stellvertretend für die Gemeinde bereits gefällt, das er nun anhand des Briefes gemeinsam mit der Gemeinde in Korinth durchführen will; zumal nach Paulus zu erwarten ist, dass die Gemeinde im vorliegenden Fall mit dem Brief zur gleichen Beurteilung des Sachverhalts kommt wie er selbst.

I Kor 5,4

In 5,4 weist Paulus die Gemeinde mit einer als Parenthese konstruierten Nebenbemerkung auf die gegenseitige Gemeinschaft hin, die durch eine theologische Reflexion unterstrichen wird: Die in Korinth womöglich liturgisch gebrauchte, jedenfalls feierliche Anrufung des Namens Jesu[21] verweist vermutlich auf den besonderen Charakter einer (gottesdienstlich?[22]) versammelten Gemeinde als Gemeinschaft der δύναμις κυρίου.[23]

δύναμις, zunächst einfach Fähigkeit von Geschaffenem, bezeichnet die Grundgesetze des Funktionierens der kosmischen Ordnung, die im hellenistischen Denken auch durch personifiziert gedachte dämonische Naturkräfte erfolgen kann, welche zu kennen man sich bemühen sollte.[24] Im frühen Christentum ist Christus Träger der δύναμις θεοῦ, ohne dass damit eine Identifizierung der dem Christus gegebenen Kraft mit der Kraft Gottes vorläge, jedenfalls wird die sonst übliche populäre Gleichsetzung von δύναμις und Wirkung der δύναμις hier vermieden.[25] Das einzelne Ge-

---

als Zusammenwirken mit Paulus und dass in 5,13 das erforderliche Tun als Handlung der Gemeinde beschrieben wird.

[20] KLAUCK, Briefliteratur, S. 155f, zu antiken Texten zum Anwesenheitstopos.

[21] In synpotischer Überlieferung erfolgte sie im Rahmen von Wundergeschichten, vgl. Mk 9,38-40; Mt 7,22/Lk 13,26f; Lk 10,17; Act 1,24; 3,6; 4,7.10; 16,18; 19,13-17. Vgl. BULTMANN, Theologie, S. 51: Wurde der Name Jesu als Exorzismus verwendet?

[22] Für eine nichtgottesdienstliche Versammlung könnte man alternative Terminologie bemühen: συνάγεσθαι κτλ in I Kor nur hier, vgl. sonst συνέρχεσθαι, etwa in 11,17; 14,23. Für nichtgottesdienstliche Gemeindeversammlung (jüdisch) Act 13,43; (christlich) Jak 2,2.

[23] Die κύριος-Anrufung in der Gemeinde wird nicht nur eine Art Einlassbedingung sein, die als ein Passwort fungierte; ebenso wenig ist sie auf eine Ermöglichung der Wirksamkeit der δύναμις κυρίου zu beschränken; in I Kor 1,10 und II Kor 1,20 sind Anrufungen auch im Gebet an Gott zu finden.

[24] Im hellenistischen Judentum ist diese Vorstellung eschatologisch gefasst und durch die Integration in die Schöpfungsvorstellung abgesichert. Dort wird auch die Tendenz sichtbar, den Gottesnamen zu vermeiden bzw. mit dem Begriff δύναμις zu umschreiben und die Vorstellung der δύναμις zu hypostasieren, vgl. Mk 14,62; Mt 26,64 im Mund Jesu. Ausdruck dieser Hypostase im Judentum ist u.a. die Torah auf. Sie auch in I Kor 5,4 zu finden liegt m.E. nicht nahe.

[25] Paulus verortet die δύναμις θεοῦ im Wort vom Kreuz, die in seiner Verkündi-

meindeglied hat konsequent durch die Taufe und damit durch die Verleihung des πνεῦμα Anteil an der Wirkung der δύναμις θεοῦ. Paulus erinnert die Gemeinde daran und betont neben seiner Zusammengehörigkeit mit der Gemeinde in 5,3 deren Gemeinschaft mit dem κύριος.

I Kor 5,5

Das Urteil über den Konfliktverursacher wird in 5,5 durch παραδοῦναι τὸν τοιοῦτον τῷ σατανᾷ ausgesprochen. Die Frage nach der Herkunft der Wendung wird in der Forschung unterschiedlich beantwortet: In Analogie zu antiken sakralen Riten - etwa der Weihe von Menschen an Unterweltgottheiten - vermutete ältere religionsgeschichtliche Auslegung, angeregt durch Zauberpapyri und Fluchtäfelchen,[26] auch für I Kor 5,5 einen feierlichen Devotionsakt.[27] Formgeschichtliche Auslegung hat die Stelle im Rahmen des exorzistischen Handelns der Gemeinde gedeutet, die das Handeln des irdischen Jesus aufnimmt und weiterführt.[28] Redaktionsgeschichtliche Untersuchungen erkennen in 5,5 eine Konsequenz aus der Gleichsetzung der Gemeinde mit dem Jerusalemer Tempel, welche die „Bewahrung der Gemeinde in ihrer Reinheit und Heiligkeit"[29] erfordert. Zudem ist auch biblischer Hintergrund namhaft gemacht worden.[30]

Mit παραδίδωμι kann im Rahmen einer rechtlichen Entscheidung die Überstellung eines Gefangenen an eine Behörde, namentlich die Überstellung Jesu bezeichnet werden.[31] In theologischer Perspektive ist es bezogen auf die Unterstellung unter das eschatologische Gerichtshandeln Gottes.[32]

---

gung fortwirkt: Christus ist qua πνεῦμα gegenwärtig. In I Kor 5,4 wird δύναμις θεοῦ als δύναμις Jesu identifiziert.

[26] Zum Material KLAUCK, Umwelt I, S. 179-184. Vgl. UMBACH, In Christus getauft, S. 111: Kultischer Fluch, der durch den physischen Tod vor dem ewigen Tod bewahrt. Hat er auch rechtliche Folgen?

[27] Das Vorgehen in I Kor 5 sollte der Gemeinde jedenfalls bekannt sein, vgl. so auch I Kor 16,20.

[28] Vgl. KÄSEMANN, Sätze heiligen Rechts, S. 74, der davon ausgeht, dass auch der Ausschluss „das Geschehen der Taufe nicht annullieren" kann.

[29] ROLOFF, Kirche, S. 114. Versteht sich die biʿarta-Formel aus Dtn (nicht in der Quelle P!) von daher? Nach DION, Tu feras disparaître, S. 321-349, verwendet Dtn mit der Formel eine alte Rechtsform.

[30] SOUTH, A critique, S. 550f, denkt an Hi 1,12 (δίδωμι in die Hände Satans) bzw. 2,6 (παραδίδωμι an Satan) und bestreitet die Vorstellung des Fluches mit Todesfolge samt Ableitungen aus AT (Dtn 27,15-26), Judentum (birkat ha-minim) oder Umwelt. Aber welche Funktion hat die Übergabe?

[31] Mk 14,10par; 15,1.15par; Lk 23,25; vgl. auch Mt 10,17; Act 12,4.

[32] Röm 1,24ff; Act 7,42/Am 5,25ff; vgl. Eph 4,19; dazu auch Stellen, die von der Machtstellung Jesu als Messias/Gottessohn reden: Mt 11,27; Lk 10,22; I Kor 15,24. Zur Gefährlichkeit dieser Unterstellung unter Gottes Gericht Joh 19,30; Act 15,26; I Kor 13,3; II Kor 4,11; vgl. Gal 2,20; Röm 8,32; Eph 5,25. Sonderüberlieferung liegt vor, wo

In I Kor 5,5 und I Tim 1,20 ist in Umkehrung dessen die Überstellung des Konfliktverursachers unter die Macht von σατανᾶς gemeint,[33] sein Wirken kann konkret spürbar werden.[34]

Die Folge der Überstellung des Konfliktverursachers unter die Macht von σατανᾶς wird ambivalent geschildert: εἰς ὄλεθρον τῆς σαρκός[35] und ἵνα τὸ πνεῦμα σωθῇ ἐν τῇ ἡμέρα τοῦ κυρίου.[36] Der leibliche Tod des Konfliktverursachers[37] - oder doch nur schwere Strafen im irdischen Leben des Betroffenen? - beendet die Gemeinschaft mit der δύναμις κυρίου wie mit der korinthischen Gemeinde.

8.2.3 Das Verbot der Stiefmutterehe bei Philo

Zum besseren Verständnis der Bewertung des Sachverhalts von I Kor 5,1 im religiösen Kontext der Zeit ist ein Seitenblick auf die fragliche Norm in jüdischer Theologie hilfreich, wie sie Philo von Alexandrien repräsentiert. Die Hauptwerke der 36 erhaltenen Schriften Philos sind der Interpretation der Torah gewidmet und nutzen dazu bevorzugt die Gattung des Kommentars.[38] In seiner Gesetzesauslegung vermittelt Philo durch Verwendung verschiedener Traditionen zwischen biblischer Schöpfungstheologie, stoischer Ethik und populärer Philosophie.

Für die theologische Position, auf die Paulus mit I Kor reagiert, ist immer wieder auf hellenistisch-jüdische Weisheit verwiesen worden.[39] Ein Vergleich von I Kor 5,1f mit der Auslegung des entsprechenden Dekalog-

---

παραδίδωμι verwendet wird, um die Weitergabe religiöser Tradition zu bezeichnen, so Mk 7,13; Act 6,14 in halachischer Überlieferung; bei Paulus für gemeindliche Überlieferung: Röm 6,17; I Kor 11,2.23; 15,3; vgl. auch Lk 1,2; Act 16,4; Jud 3; II Petr 2,21.

[33] SOUTH, A critique, S. 551, verweist auch auf I Tim 1,19f.

[34] σατανᾶς bei Paulus: I Thess 2,18; I Kor 7,5; II Kor 2,11; 11,14; 12,7; Röm 16,20; διάβολος fehlt; vgl. πειράζων I Thess 3,5; Βελιάρ II Kor 6,15. Zu Reiseverhinderung durch das Wirken Satans I Thess 2,18, vgl. Röm 1,13; zu Krankheit Phil 2,25-30.

[35] ὄλεθρος bei Paulus: I Thess 5,3; 6,9; I Kor 5,5; vgl. II Thess 1,9; I Tim 6,9. Jeweils eschatologisch geprägt, z.T. unter Aufnahme alttestamentlichen Kontextes in I Kor 10,10/I Chr 21,12.15; Hebr 11,28/Ex 12,22f. Pagan begegnet es für Tod bzw. für Vernichtung und deren Grund wie Pest u.a; rabbinisch ist Satan (auch mithilfe des Todesengels) Vollstrecker des Strafurteils Gottes.

[36] ἵνα σωθῇ ist Zweck des Handelns, ὄλεθρον τῆς σαρκός Konsequenz. Zur Diskussion, worauf πνεῦμα zu beziehen ist, KLINGHARDT, Sünde und Gericht, S. 61-63.

[37] LINDEMANN, HNT 9/I, S. 126-128. Steht auch Act 5 in dieser Traditionslinie? Vgl. SCHRAGE, EKK VII/1, S. 376, der auf die mortificatio zur Läuterung des Betroffenen bei den Kirchenvätern verweist.

[38] Zur Übersicht über die Werke und zur Einführung MAIER, Zwischen den Testamenten, S. 83-88. Philo hatte einen fortlaufenden Kommentar zur Torah geplant: Nach de opificio mundi und den Lebensbeschreibungen de Abrahamo und de Josepho bildet de decalogo dessen Mitte; MACH, TRE 26, S. 524.

[39] SELLIN, Hauptprobleme, S. 3021f.

teils bei Philo ist sinnvoll: Im Buch III der vier Bücher περὶ τῶν ἐν μέρει διαταγμάτων bzw. De specialibus legibus legt Philo das nach hebräischer Zählung siebte - in den LXX sechste - Gebot zunächst auf die Frage des Ehebruchs, dann im Rahmen des Verbotes der Ehe mit der Mutter aus.[40]

8.2.3.1 SpecLeg III,20f

Das Verbot der Ehe mit der Schwiegermutter dient bei Philo dem Schutz der Mutter und folgt unmittelbar dem Verbot der Ehe mit der Mutter (SpecLeg III,13-19).[41] Die angeblich aus Persien stammende Sitte vornehmer Kreise, dass der Sohn nach dem Tod des Vaters die Mutter ehelicht, wird von Philo als ἀνοσιούργημα gewertet,[42] dessen Konsequenzen sich etwa am Ergehen von Oidipus von Theben[43] oder an der Ehe eines fürstlichen Stiefsohnes mit seiner Stiefmutter in Persien absehen lassen: Die Folge sind Leid und Unglück, das sich besonders in Krieg, Tod und Zerstörung manifestiert.[44] So verwirklicht sich für Philo die strafende göttliche Gerechtigkeit, die den Frevel solcher Ehe an den Tätern heimsucht und an allen, die solches Verhalten billigen.[45]

Das Verbot der Ehe mit der Stiefmutter in SpecLeg III,20f wird als Bemühung eingeführt, einem derartigen Verhalten schon dadurch entgegenzuwirken, dass das Verbot der Ehe mit der Mutter auch auf die Stiefmutter ausgeweitet wird: Einerseits ist ἡ τιμή des Vaters, die bereits im bibli-

---

[40] Philo folgt der Reihenfolge im Dekalog der LXX, in denen das entsprechende Gebot an sechster Stelle, d.h. als wichtigstes Gebot des zweiten Teiles an dessen Beginn stand. Ungeklärt ist die Überlieferungsgestalt der LXX, die Philo vorlag; Kenntnis des Hebräischen (über die Benutzung von Handbüchern der Etymologie hinaus) darf nicht vorausgesetzt werden; MACH, TRE 26, S. 524.527.

[41] Der Stoff zum Umgang mit weiblichen Verwandten folgt biblischer Anordnung: Lev 18,7/SpecLeg III,13-19 Mutter; 18,8/III,20-21 Stiefmutter; 18,9/III,22-25 leibliche Schwester; 18,10-17/III,26 entfernte Verwandte; 18,18/III,27-28 Schwester der Frau; 18,19/III,32-36 Menstruierende; 18,22/III,37-42 Päderastie; 18,23/III,43ff Sodomie. 18,20f ist unberücksichtigt, III,29-31 bietet weiteres Material.

[42] Vgl. II Makk 7,34; 8,32; sowie IV Makk 12,11. In SpecLeg III,19 mit ἀσεβέω, vgl. I Tim 1,9.

[43] Ein Frevel erfolgte dabei nach Philo trotz Unwissenheit (κατ᾽ ἄγνοιαν). Bei Eurypides ist der Stoff im Drama Phoinissen (um 410) verarbeitet und im Vergleich zur Überlieferung im thebanischen Sagenkreis anhand des Motivs des seligen Endes des Oidipus umgearbeitet; STOESSL, KP 2, Sp. 440f.

[44] Philo greift aus dem thebanischen Sagenkreis dessen militärisch-destruktive Züge heraus, SpecLeg III, 16: Folgende innere und auswärtige Kriege, Zerstörung der größten Städte der Region, Vernichtung von Truppen, Tötung von Feldherren, völliges Verderben für einen großen Teil der Landbevölkerung.

[45] ἡ δίκη, SpecLeg III,19. In der Personifizierung der δίκη als Göttin in der tragischen Dichtung erscheint sie neben dem höchsten Gott; in früherer Zeit wurde Unrecht u.a. im Bild ihrer Verschleppung beschrieben; BERNEKER, KP 2, Sp. 25. Bei Philo tritt ἡ δίκη als heimsuchende Gerichtsinstanz auf.

schen Kontext wichtig ist, bei Mutter und Stiefmutter gleichermaßen zu achten. τιμή dem Vater gegenüber ist Vater und Mutter zu erweisen, die Mutter ist auch nach dem Tod des Vaters bleibend durch sie geschützt. Andererseits zeigt nach Philo schon an der Sprachlogik, dass Stiefmutter und Mutter zusammengehören: μητρυιᾶς καὶ μητρὸς ὄνομα συγγενές. Die Bezeichnung der Stiefmutter mit einem Begriff, der dem Wortfeld Mutter zugehört, belegt demnach, dass eine Stiefmutter Anteil hat an der Stellung der Mutter und dass der Umgang mit ihr zu orientieren ist an dem Verhalten, das ein Sohn der Mutter gegenüber üben soll.

8.2.3.2 All III,148-150

In seiner allegorischen Auslegung der fraglichen Norm nimmt Philo zwar den Ehebruch, nicht aber das Verbot der Ehe mit der Stiefmutter in den Blick.[46] Im Rahmen der Kommentierung von Gen 3,14 in All III,65-181 warnt Philo im Rahmen von allgemeinen Überlegungen zu ἡδονή und ἐπιθυμία auch vor Folgen eines möglichen Ehebruchs. Dabei geht die Darstellung Philos in All III,148-150 von einer eheähnlichen Verbindung von λόγος und ψυχή im Menschen aus, die von ἡ ψυχή im Fall der Hingabe an ἡ ἐπιθυμία aufgehoben bzw. aufgebrochen werden würde.[47]

8.2.3.3 Paulus und Philo

Philos Auslegung des Verbots der Ehe mit der Stiefmutter unterscheidet sich von dem Verständnis, das I Kor 5,1 erkennen lässt. Philo setzt die Gültigkeit der Rechtsnorm voraus, seine Auslegung zielt auf eine Vermeidung von Konflikten. Paulus hingegen fordert die Gültigkeit der fraglichen Norm in der Gemeinde in Korinth mit dem Hinweis auf bekannte (jüdische?) Rechtsnormen und biblische Verfahrensvorschläge ein. In einem rechtlich verbindlichen Verfahren der Übergabe an σατανᾶς wird in I Kor 5 der Konfliktverursacher aus der Gemeinde entfernt, seine Normverletzung sanktioniert. Durch das Zusammenwirken von Paulus und Gemeinde in diesem Fall wird die frühere Passivität der Gemeinde aufgehoben. Bei Philo hat das Verbot als Rechtsnorm sowohl in wörtlicher wie in allegorischer Auslegung Verweischarakter, es dient dem Schutz der leiblichen Mutter bzw. ist Hinweis auf das Verhältnis von λόγος und ψυχή im Menschen. Eine besondere Nähe zwischen Philo und Paulus ist mit alledem nicht erkennbar, ebenso wenig eine Beziehung der Auslegung Philos zu einer in Korinth gegebenenfalls vertretenen Position.

---

[46] Eine allegorische Auslegung Philos von Lev 18 ist nicht erhalten, vgl. aber Νόμων ἱερῶν ἀλληγορίαι bzw. legum (sacrarum) allegoriarum libri als eine Zusammenstellung verschiedener Abhandlungen, die mit Gen 2,1 einsetzt und bis 3,19 erhalten ist. Darin ist hier vor allem die Auslegung zu 3,14 interessant.

[47] ὁ λόγος und ist rechtmäßiger Gemahl – ἀνὴρ νομικός - der ψυχή des Menschen.

Exkurs: Die proicio Marcionis nach Tertullian

Die Schriften von Quintus Septimus Florens Tertullianus sind eine reiche Quelle für die Zeit der Auseinandersetzung des Christentums mit Kultur und religiöser Umwelt des Christentums. Mit Tertullian kann die Zeit der Apologeten als abgeschlossen gelten, die ein Interesse daran hatten, auch dem Gemeinwesen gegenüber innerchristliche Konfliktsituationen und deren geregelte Bewältigung zu thematisieren und dabei auf die bestehende innergemeindliche (Rechts-)Ordnung hinzuweisen.[48] Der Hinweis auf Tertullians Darstellung des Umgangs mit Marcion erlaubt einen Blick auf eine prominente innergemeindliche Konfliktlösung rechtlicher Art im 2. Jahrhundert. Der reiche Christ Marcion aus Pontus am Schwarzen Meer wurde von der Gemeinde in Rom regelrecht hinausgeworfen.[49] Marcion selbst wird den Ausschluss als endgültigen Bruch mit der entstehenden Großkirche betrachtet haben, er gründete danach eine eigene Kirche.[50]

praesc. 30,2f
Tertullian nennt hier drei Stationen der Begegnung der Gemeinde mit Marcion, deren zweite jedenfalls rechtliche Qualität hat. Berichtet wird ein Geldgeschenk über 200 000 Sesterzien,[51] Marcions perpetuum discidium,[52] sowie der Versuch Marcions, den Ausschluss rückgängig zu machen.[53] In Rom ist an Marcion das auch sonst bekannte, rechtlich verbindliche Verfahren des discidium geübt worden, das gleichbedeutend war mit dem Ausschluss aus der Gemeinde. Umgekehrt wäre Marcion, hätte er paenitentiam confessus geübt, auch in die Gemeinde wieder aufgenommen worden.[54]

Marc. I,1,6 und IV,4,3
Marcion konnte zuerst als Christ gelten. Seine prima fides drückte sich in seiner prima calore aus, die konkret wurde in der Übereignung eines großen Geldbetrags an die Gemeinde in Rom.[55] Tertullian sieht das Ergehen Marcions und seines Geldes aufeinander

---

[48] Apol. 21,1: sub umbraculo religionis licitae. Tertullian ist Apologet und Antignostiker. Zu Tertullian als Juristen BECK, Römisches Recht, S. 39-132.

[49] proiectam, Marc. IV,4,3. Vgl. bei Tertullian HARNACK, Marcion, S. 16*-23*.

[50] ALAND, TRE 22, S. 90. Zur Datierung dieser Gründung Marc. I,19,2: 115 Jahre und sechs Monate nach dem Auftreten Christi im 15. Jahr des Tiberius; vgl. Lk 3,1. Damit käme das Jahr 144 in Frage.

[51] Vgl. Marc. IV,4,3. Zum Gegenwert vgl. STEGEMANN/STEGEMANN, Sozialgeschichte, S. 45-48.

[52] discidium hat rechtliche Aspekte, als discidium civile wird die Scheidung bezeichnet; vgl. orbitas für die Trennung durch Tod, GEORGES, Handwörterbuch II, Sp. 1379f; übertragen gebraucht: Zerwürfnis.

[53] Vgl. die Doppelung juristischer Terminologie: perpetuum discidium relegatus. Eine Verurteilung zum relegatus war die mildeste Verbannungsart, bei der man Bürgerrechte behielt. Die versuchte Wiederaufnahme in praesc. 30,3, historisch kaum glaubwürdig, bezeugt deren Denkbarkeit.

[54] praesc. 30,3; vgl. paen. 9: delictum confitemur, satisfactio confessione, pacem recepturus. Tertullian kennt weitere Vorgehensweisen im Konfliktfall, die Begriffe sind keine termini technici.

[55] Marc. I,1,6 erwähnt die primam illius fidem, die in der Vergangenheit mit der fides nobis zusammenstimmte. Die zeitliche Abfolge ist für Tertullian wichtig: Früheres (fides catholica, Lk in der Überlieferung der Großkirche) ist Späterem (dem Abfall Mar-

bezogen: Mit Marcion kam dessen pecunia in die Gemeinde, mit ihm verließ es sie wieder. Als die Gemeinde Marcion hinauswarf, warf man mit ihm sein Geld hinaus.[56] Grund für diese proicio war der vorangegangene Abfall Marcions a nostra ueritate, von der hier auch von Tertullian noch so genannten - christlichen Wahrheit.[57]

Apol. 39,4 und 44,3

Tertullian veröffentlichte gegen Ende 197 eine Apologie, die er an antistides und praesides richtete, also an römische Provinzialobrigkeiten.[58] Von ihnen erwartet er in Verbindung mit etwaigen Anklagen gegen Christen Maßnahmen zu deren Schutz.[59]
Nach 39,1ff[60] sind die christlichen Gemeinden corpus, nicht factio.[61] Als solcher sind sie konstituiert durch conscientia religionis, disciplinae unitate und spei foedere.[62]

---

cions, dem revidierten Lk) überlegen. In diesem Zusammenhang wären von Tertullian erwähnte litteris Marcions von Interesse, in denen Marcions Rechtgläubigkeit bestätigt sein würde; vgl. Marc. IV,4,3 epistolam.

[56] proicio bezeichnet den konkreten Vorgang des Werfens oder Gießens bzw. das Ausstrecken und vorgestreckt sein; von Personen darüber hinaus zur Beschreibung der Aussetzung von Kindern. Seine reflexive Verwendung hat gelegentlich, die passive in der Regel wertenden Charakter. Die Bedeutung bei Tertullian alterniert zwischen „Verbannen"/"Verweisen" und der des konkreten Hinauswerfens einer Realie, beschreibt Tertullian damit doch den Umgang der Gemeinde mit Marcion wie mit seiner pecunia.

[57] desciso bezeichnet den Vorgang des sich Lossagens vom Vertrags- und Bündnispartner. Übertragener Gebrauch wird durch abstrakte Näherbestimmung (mit a veritate als „abweichen von") signalisiert. Bei Tertullian wird so ein Trennungsvorgang zum Schlechten hin beschrieben, konkret a ueritate in haeresim. Durch posteaquam + Indikativ Imperfekt ist das Verhalten als andauernd gekennzeichnet.

[58] Zuständig bei quaesitiones perpetuae (und somit gegebener Ort einer Apologie) antistides in Apol. 1,1; praesides in Apol. 9,6; 30,7; 44,2; 50,12. Vgl. Euseb, hist. eccl. V,5,5: gerichtet an den Senat: Zitate bei Euseb v.a. aus Apol. 5, hist. eccl. II,2,4-6 zur Stellung des Tiberius zum Christentum; II,25,4 Nero; III,20,7 Domitian; vgl. III,33,3 zu Apol. 2 (Plinius Secundus).

[59] Vgl. Apol. 1,1 nicht ungekannt verurteilt werden als eine Rechtswegegarantie? Tertullian geht nur auf politisch relevante Vorwürfe ein: Majestätsbeleidigung und Verachtung der Gottheiten. Defizite seitens der Behörden macht Apol. bei Fragen der Prozessorganisation namhaft. Der Hinweis auf die Prozessführung ist verbunden mit der positiven Darstellung (Glaube, Ethik, Philosophie) des Christentums.

[60] Zum Inhalt von Apol. 28-44: 28-30 Gebet für den Imperator, nicht Opfer; 31-36 dies trägt zum Staatswohl bei, anerkennt nicht andere Götter; 37-39 Dank steigender Anzahl von Christen, deren Gemeinden zu Unrecht als illegale Organisationen betrachtet werden, gibt es weniger Staatsfeinde; 40-41 illegal sind eher für Christenverfolgung Verantwortliche; 42-45 Christen schaden nicht, sie sind nützlich.

[61] Vgl. 39,1: ego ipse negotia christianae factionis. Definiert ist eine factio als ein Verein derer, die zu gemeinsamem Handeln zusammenhalten, im Unterschied zu pars als Organisation; factio ist oft mit negativer Wertung versehen; vgl. Apol. 38,1 <il>licitam factiones; 39,21.

[62] Mit der Entfaltung dessen stellt Tertullian in Apol. 39,1ff zugleich die Gemeinde in ihrer Struktur vor: Innere Verbundenheit im Glauben drückt sich besonders im Gebet und in gottesdienstlicher Versammlung aus. Die Gemeinsamkeit der Lehre wird geübt in Form der Einschärfung der Gebote.

Durch die Hervorhebung etwaiger Konflikte lösender Maßnahmen in der versammelten Gemeinde wird deren Ordnung hervorgehoben, die im Übrigen exhortationes, castigationes et censura divina als Mittel der Konfliktbewältigung kennt.[63] Bei gravierenden Konflikten ist auch ein Ausschluss möglich, der je nach Schwere des konstatierten Vergehens (z.T. als Sünde betrachtet) abgestuft erscheint.[64]

In 44,3 sind nur indirekt Hinweise auf Konfliktlösungen zu finden.[65] In c. 44 verwendet Tertullian die schon zuvor bei ihm erkennbare Argumentationstechnik, die Form der Anklagerede aufgreifend selbst die Rolle eines Anklägers zu übernehmen.[66] Anschuldigungen gegen Christen werden so auf das römische Gemeinwesen zurückgespiegelt.[67] Den Beleg für die Richtigkeit dessen liefert die Empirie: Die Behauptung, dass unter den Verbrechern keine Christen zu finden sind - es sei denn, sie wären Verbrecher, weil sie Christen sind[68] - kann nach Tertullian aus den vorhandenen Akten verifiziert werden.[69]

---

[63] Würden communicatione orationis und conventus das gleiche Tun benennen, so wäre die Versammlung als Gottesdienst erkennbar. Ibidem verweist jedenfalls auf das gemeindliche coimus; vgl. 44,2 coimus in coetum et congregationem; 44,3 coimus ad litterarum divinarum commemorationem. Bemerkenswert ist, dass hier die eschatologische Dimension des gemeindlichen Handelns keinesfalls aufgegeben ist, vgl. Apol. 39,4 futuri iudicii praeiudicium.

[64] Eine Wiederaufnahme wird nicht notiert; in Pud. 2-3 bestreitet Tertullian diese als Möglichkeit der Kirche, verweist aber auch auf Gottes Erbarmen als Kriterium. Zum konkreten Vorgehen im Konfliktfall: Der Exhomologese in der Gemeinde (zum Begriff bei Tertullian vgl. Paen. 9-11, Pud. 2-3) folgt gegebenenfalls ein Schuld- bzw. Urteilsspruch (wessen?), der zum Ausschluss führt. Später ist auch eine Versöhnung in Form des Bußakts möglich, der die Versöhnung mit Gott stiftet. Wo die Kirche diese Versöhnung verweigern muss (so dann als Montanist), bleibt nur, auf ein nachträgliches Vergeben Gottes zu hoffen.

[65] 44,3: nemo illic Christianus, nisi plane tantum Christianus; aut, si et aliud, iam non Christianus.

[66] Bei einer Verteidigungsrede ist die Unrechtmäßigkeit der Anschuldigungen zu erweisen. Durch die Verwendung einer Anklagerede kann Tertullian darüber hinausgehen und kommt für die Christen zu dem Ergebnis: Nos ergo soli innocentes, 45,1; mit theologischer Begründung: a deo adocti. Zum Aufbau der Verteidigung 44,2-45,1: Zeugenaufrufung; hier Prozessakten, 44,2 contestamur actus. Darstellung der Anklage; hier verschiedene Schuldtitel; 44,2 tot variis criminum elogiis recensentur, u.a. sicarius, manticularius, sacrilegus, corruptor, lavantium praedo. Vgl. das Rechtsgutachten, hier zugunsten der Christen, die nicht zu den genannten Gruppen gehören, in 44,3 nemo illic Christianus und den Antrag auf Freispruch, da die Christen nicht eo ipso als Verbrecher zu verurteilen sind in 45,1 nos ergo soli innocentes.

[67] Das Forum der Untersuchung ist identisch, 9,6; 30,7; 44,2; 50,12; beurteilende Instanz sind die praesidetis, 44,2; die Identifikation von Anklage und Richter ist m.E. als Fiktion zu erkennen.

[68] Wenn sie suo titulo verurteilt werden; vgl. 1,4: iniquitatis odii erga nomen Christianorum. Interessant wäre ein Vergleich mit dem Vorgehen des Plinius in Bythinien am Anfang des 2. Jahrhunderts.

[69] Die Berücksichtigung der Religionszugehörigkeit zeigt: nemo illic Christianus. Strafmaßnahmen sind nach 44,3 carcer, metalla (bzw. condemnatio in metallum) munerarii (Schwertkampf); bestiae (vgl. 40,2). Würde doch ein Christ straffällig, so wäre dessen Christsein problematisch: iam non Christianus.

Ausblick

Nach der Abwendung von der Großkirche, an der ihn angeblich die Laxheit des römischen Klerus besonders abstieß, nach seiner Hinwendung zum Montanismus und dessen rigoristischer Ethik fand Tertullians Polemik in seiner ehemaligen Kirche ein neues Ziel.[70] Aber noch in ihrer Reaktion auf die Radikalisierung der Bußvorstellung Tertullians antwortete die Großkirche - via negationis - auf einen Impuls Tertullians. Diese Reaktion führte schließlich zur Durchsetzung einer innerkirchlichen Bußorganisation als zentraler Form der amtlichen Konfliktlösung in der Großkirche. Letztlich war damit dann auch der Ansatz zur Konfliktlösung entscheidend verändert worden, den Paulus in I Kor 6 empfohlen hatte.

8.3 I Kor 6,1-8

8.3.1 Vorbemerkung

Auf die Frage, ob man Konflikte mit rechtlichen Mittel regeln solle, erfolgt in I Kor 6,1-8 eine doppelte Antwort. Der Aufforderung, innergemeindliche Konfliktlösung nicht vor außergemeindlichen Instanzen zu suchen, sondern vielleicht ja selbst dafür Geeignete zu haben, folgt die Maxime, besser Unrecht zu leiden, als Unrecht zu tun. Wurde die Mahnung zum Verzicht auf Rechtsdurchsetzung vor heidnischen Richtern in der Alten Kirche noch kontrovers diskutiert: die spätere Ausprägung der für innerkirchliche Fälle institutionalisierten Bußgerichtsbarkeit hat hier gewichtige Argumente gerade für ihre Sache gesehen. Die Maxime des Vorrangs von Unrechtleiden - in der Alten Kirche positiv aufgenommen - wurde so letztlich nicht zum Grundsatz innergemeindlicher und innerkirchlicher Konfliktlösung, auch in der zeitgenössischen Auslegung nicht: „Fast alle wehren sich dagegen, aus dem Rechtsverzicht ein Gesetz zu machen - zu Recht!"[71]

8.3.2 I Kor 6,1-8

8.3.2.1 Der Kontext von I Kor 6

I Kor 6,1-8 ist Teil eines größeren Textkomplexes, der mit 5,1ff beginnen dürfte, in dem Paulus auf verschiedene, wohl mündliche Nachrichten aus Korinth eingeht.[72] Eine genauere Gliederung von I Kor 5f hat zu berück-

---

[70] Eine Weiterentwicklung Tertullians könnte an der Bußvorstellung in Paen. 9-11 (Zugehörigkeit zur Großkirche) und Pud. 2-3 (als Montanist) gezeigt werden; vgl. Euseb, hist. eccl. V,28,8-12.

[71] SCHRAGE, EKK VII/1, S. 425. Zum Verständnis von I Kor 6 in der Kirchengeschichte im Überblick VISCHER, Auslegungsgeschichte, S. 123-130.

[72] Ὅλως ἀκούεται 5,1; solche Information ist wohl von der in 1,11 vermerkten Benachrichtigung ὑπὸ τῶν Χλόης zu unterscheiden. Vgl. auch den in 5,9 erwähnten Brief

sichtigen, dass den einzelnen Abschnitten zum Umgang der Gemeinde mit πορνεῖα in 5,1-5, mit κρίνεσθαι ἐπὶ τῶν ἀδίκων in 6,1-8 und mit der Maxime πάντα μοι ἔξεστιν in 6,12-20 in 5,6-8, 5,9-13 und 6,9-11 jeweils theologische Reflexionen beigeordnet sind, die sich in 5,9.12 und 6,9a auch ausdrücklich auf die Stichworte der Abschnitte beziehen.

8.3.2.2 Zur Gliederung von I Kor 6,1-8

In 6,1-3 wird in logischen Zweischritten argumentiert: Die Bestreitung der Zuständigkeit heidnischer Richter für innergemeindliche Konflikte erfolgt durch den Schluss a maiore ad minus: Die einmal die Welt richten werden sind nun erst recht kompetent, Geringfügige(re)s zu richten; sie richten sogar einmal Engel, also nun erst recht Alltägliches. 6,4f gibt Antwort auf die sich anschließende Frage nach angemessenen innergemeindlichen Richtinstanzen: Statt der - ironisch angemerkten, die Gemeinde beschämenden - Verwendung gering Geachteter als Richtende sollte sich in Korinth doch ein Weiser für diese Aufgabe finden lassen. 6,6-8 nimmt dann die Anfrage aus 6,1 auf, die von mit rechtlichen Mitteln ausgetragenen Konflikten ausgegangen war und bewertet diese Tatsache grundsätzlich negativ, zumal sie unter Gemeindegliedern erfolgt. Dem wird der Rechtsverzicht als Verhaltensnorm entgegengestellt und letztlich ein Verhalten angemahnt, das nicht Unrecht tut und raubt, sondern eher noch Unrecht und Raub erleidet.

8.3.2.3 Zur Intention von I Kor 6,1-8

Der Abschnitt lässt sich beschreiben als Darstellung eines Umgangs mit Konflikten, zu denen Paulus eine Reihe von rhetorischen Anfragen formuliert. Die weitestgehende Anfrage zielt darauf, auf innergemeindliche Konfliktlösung durch rechtliche Instanzen überhaupt zu verzichten. Diese Anfrage dürfte auch die paulinische Position in dieser Sache wiedergeben. Dem nachgeordnet ist der Vorschlag, mit innergemeindlichen Konflikten ein qualifiziertes Gemeindeglied zu befassen, jedenfalls nicht heidnische Richter anzurufen.

Dass hinter dem von Paulus angefragten Verhalten von 6,1.4.5 ein konkretes Vorgehen und Vergehen von Gemeindegliedern steht, ist gelegentlich vermutet worden.[73] Die generelle Kritik von 6,1-8 könnte aber auch auf generell geübtes Verhalten zielen, das Paulus zum Anlass nimmt, eine differenzierte Argumentation zum innergemeindlichen Umgang mit Kon-

---

und die Beantwortung von Anfragen in den jeweils mit περὶ δέ (7,1.25; 8,1; 12,1; 16,1) eingeleiteten Abschnitten.
[73] Etwa KLAUCK, NEB.NT 7, S. 44, der genauer eine „Vermögens- oder Erbschaftsstreitigkeit" zugrunde liegen sieht. Diese Perspektive ist besonders von I Kor 6,7f her (und 6,9f?) gewonnen.

flikten vorzutragen, die sich von in der Umwelt geübtem Verhalten der
Rechtsdurchsetzung vor Gericht abgrenzt und dafür zugleich eine philosophische Maxime aus dieser Umwelt aufnimmt.

8.3.2.4 I Kor 6,1-3

Ansatzpunkt von I Kor 6,1-3 ist eine Behauptung von Inkompetenz, insofern es für Juden angezeigt war, die Durchsetzung eigener Rechtsansprüche gegen Juden nicht bei Nichtjuden zu suchen, zumal für innerjüdische
Konflikte in der Torah eigene Rechtsnormen kodifiziert vorlagen.[74] Paulus
bezieht durch die Verwendung von τολμᾶν hier eine entsprechende - po-
lemisch-ironische - Position[75] und erinnert zugleich an die eschatologisch
zu fassende richterliche Kompetenz der Gemeindeglieder, die durch diese
Kompetenz als οἱ ἅγιοι von οἱ ἄδικοι abgehoben werden.[76] Die eschatologische Dimension christlicher Existenz sollte das Verhalten derart prägen, dass Gemeindeglieder davon absehen, außerhalb der Gemeinde Recht
zu suchen. Vielleicht ist die Anfrage von 6,1f in Korinth auch deshalb erforderlich, weil in den innergemeindlichen Streitigkeiten in Korinth der
Versuch gemacht wurde, Außenstehende zur Konfliktlösung heranzuziehen? Bzw. ist solches Verhalten so zu erklären, dass Gemeindeglieder einer (theologisch nicht eigens reflektierten) Tendenz folgten, auch nach ihrer Taufe weiterhin heidnische Gerichte zu bemühen?[77] Für judenchristliche Gemeindeglieder, denen die eschatologische richterliche Kompetenz
auch gegenüber Nichtisraeliten bekannt gewesen sein sollte, ist die Anfrage von 6,1 nicht wie für Heidenchristen in der Gemeinde ein Nachweis defizitärer Selbstbetrachtung, sondern eine mahnende Erinnerung. Für Heidenchristen liegt Paulus dagegen an einer Korrektur ihres Denkens.[78]

Die Ausdehnung der richterlichen Kompetenz der Gemeindeglieder auf
das eschatologische Gericht über Engel in 6,3 zielt nicht auf die Explikati-

---

[74] In rabbinischer Tradition gibt es ein ausdrückliches Verbot, bei nichtjüdischen Instanzen Rechtsansprüche geltend zu machen, parallel dazu erfolgte eine begrenzte staatliche Anerkennung innerjüdischer Gerichtsbarkeit, vgl. Act 9,2; 18,12-16; 22,19; 26,11.

[75] Vgl. LINDEMANN, HNT 9/I, S. 135.

[76] Οὐκ οἴδατε ὅτι legt die Herkunft des Erinnerten nicht fest. Zum eschatologischen
Gericht vgl. Dan 7,22 [LXX]; Weish 3,8: 1QpHab 5,4; äthHen 99,12; 95,3. Zu richterlicher Kompetenz über den Kosmos vgl. u.a. äthHen 38,5; 48,9; 95,3; 96,1; 98,12. Im AT
ist ἄδικός, wer göttliches Recht nicht achtet; zu οἱ ἅγιοι vgl. I Kor 1,2; [14,33;] 16,15;
κλητοῖς ἁγίοις im Briefpräscript Phil 1,1; II Kor 1,1; Röm 1,7.

[77] Vgl. MITCHELL, Rich and poor, S. 586, I Kor 6 sei „part of the larger problem of
social division in the Corinthian community, i.e., upper status people were taking lower
status people to court" und führt dabei v.a. die Bedeutung von σοφός und die Kategorie
shame für Mitglieder der Oberschicht an.

[78] Vgl. DINKLER, Problem der Ethik bei Paulus, S. 213: Paulus konnte auf Verständnis rechnen, da hellenistische Mysterienvereine stellenweise eine ähnliche Praxis übten.

on frühchristlicher Eschatologie,[79] ihre Bedeutung wird durch die Logik von 6,2f klar: Mit dem Schluss a maiore ad minus, von richterlicher Kompetenz sogar über Engel auf entsprechende Kompetenz für βιωτικά gibt sich Paulus das Stichwort für die Argumentation in 6,4f.

8.3.2.5 Zum Verhältnis von 6,2f zu 5,12f

Wie ist solche in I Kor 6,2f erwartete richterliche Kompetenz mit 5,12f zu vereinbaren, dass nämlich gemeindliche Rechtsprechung auf οἱ ἔσοι bezogen sein soll, οἱ ἔξοι dagegen der Jurisdiktion Gottes zugewiesen bleiben?[80] Wird nicht in 5,12 eine richterliche Kompetenz der Gemeinde gegenüber der Welt gerade bestritten, die in 6,2f dann scheinbar aufgewiesen wird?[81] Einer einfachen zeitlichen Differenzierung, wonach 6,2f auf das Eschaton, 5,13 dagegen auf die Gegenwart zu beziehen ist, steht die unklare Verbform in 5,13 - futurisches κρινεῖ oder präsentisches κρίνει? - entgegen.[82] Insgesamt sind die verschiedenen Aspekte des richterlichen Handelns Gottes und der Gemeinde aber nicht als Antithesen zu betrachten. Richterliche Kompetenz kommt der Gemeinde nicht in Gegensetzung, sondern in Zuordnung zu Gottes Handeln zu. Das richterliche Handeln der Gemeinde hat sich in innergemeindlichen Konflikten zu bewähren, in ihm wird im Übrigen auch Gottes richterliches Handeln repräsentiert sein.

8.3.2.6 I Kor 6,4-6

In 6,4-6 verweist Paulus die Frage nach innergemeindlicher Konfliktlösung an innergemeindliche Instanzen. Die Argumentation bleibt im Bild der Gerichtssituation von 6,1-3, das mit ἐξουθενημένους ἐν τῇ ἐκκλησίᾳ - wieder heidnische Richter?[83] - ergänzt wird. Beachtenswert ist m.E. eine

---

[79] Für jüdisch-apokalyptische Bilder vom Gericht Gottes über die gefallenen Engel vgl. Jes 24,21; äthHen 10,4-6.11-13; 91,15; ApcBar (syr) 56,13; Jub 5,6; 1QH X 34ff.

[80] Zu οἱ ἔξοι als Bezeichnung der außerhalb der Gemeinde Stehenden I Thess 4,12; vgl. auch Kol 4,5. Ist der Singular von 5,12 exklusiv für Paulus? Er weist zurück auf 5,3 und zielt darauf, den Konflikt nicht außergemeindlich zu erweitern; kaum dürfte an ein Vorgehen gegen den Ausgeschlossenen auch vor heidnischen Rechtsinstanzen zu denken sein, die sich nun selbst für das Vergehen 5,1 interessieren.

[81] Vgl. zum Zusammenhang in c. 5f LINDEMANN, HNT 9/I, S. 120.122: Thematische Verbindung von I Kor 5 (grundsätzlich) und 6 (konkret).

[82] Dass 5,13 nicht eschatologisch, sondern aktuell gedacht sei, steht in Spannung zu 4,5, wo sich Paulus das Richten der eigenen Person verbittet und richterliche Kompetenz dazu dem κύριος zuweist.

[83] Allerdings muss man dafür - gegen die eigentliche Wortbedeutung von καθίζετε - die in I Kor 6,4 genannte Bezugnahme auf Richter als eine „Inanspruchnahme" dieser interpretieren. Nach STEIN, Rechtshändel, S. 87f, weist die Terminologie aber eher auf Einsetzung in eine „von dem Betroffenen ... zuvor nicht innegehabte" richterliche Funktion. 6,4 geht über 6,1 hinaus, zumal Paulus mit ἐξουθενημένους eine Wertung nennt, die ἄδικοι in 6,1 entgegensteht.

Auslegung, die ἐξουθενημένοι als Gemeindeglieder bestimmt:[84] Anhand
der Verwendung von σοφός in 6,5 - „ironische Anspielung auf das prätentiöse Weisheitstreben der Korinther"[85] - und von ἐξουθενέω bei Paulus
auch sonst[86] könnte man vermuten, dass auch in 6,4 mit Ironie zu rechnen
ist. Sind am Ende gar Paulus bzw. seine Mitarbeiter gemeint? Dann läge
angesichts der korinthischen Verhältnisse für Paulus die Frage nahe, ob
die Korinther, wenn sie schon mit Streitigkeiten unter Gemeindegliedern
beschäftigt sind, nicht jemand mit der Konfliktlösung beauftragen wollten,
der selbst in diesen Fragen kompetent und zugleich nicht außergemeindliche Instanz ist. Einen solchen jedenfalls kann die Gemeinde trotz des verschiedentlich geäußerten Anspruchs, σοφός zu sein, nicht aufweisen, wie
ihr Handeln in 6,1 erkennen lässt. Paulus dagegen könnte entsprechend
fungieren (und tut dies in 6,1-8 bereits).

8.3.2.7 I Kor 6,7f

I Kor 6,7f zeigt Paulus in dieser Funktion, wenn er das Verhalten in Korinth grundsätzlich bewertet.[87] Durch das Fehlen des angemessenen Verhaltens, das im Verzicht auf Rechtsmittel bestanden hätte, hat die Gemeinde eine Niederlage erlitten.[88] Eine für solchen Verzicht maßgebliche,
über die Gemeinde hinaus anerkannte Norm, die alternativ zum prozessualen Vorgehen der Gemeinde in innergemeindlichen Konfliktsituationen
hätte Verwendung finden können, dürfte allgemein bekannt sein: Sie findet sich explizit als philosophische Maxime: Unrechtleiden ist besser als
Unrecht tun, die als Sentenz des Sokrates überliefert wurde und in stoischer Ethik etwa von Seneca, Minucius Felix und später auch Epiktet aufgegriffen wird. Paulus rät der Gemeinde in Korinth, diese Maxime als
Verhaltensgrundlage zu nehmen.[89]

---

[84] Etwa WEISS, KEK V, S. 148.

[85] CONZELMANN, KEK 5, S. 135. LINDEMANN, HNT 9/I, S. 137, macht auf Dtn
1,16LXX als etwaigen Hintergrund von 6,5 aufmerksam. Sonst scheinen biblische Hintergründe zu fehlen.

[86] Nach I Kor 1,28 hat Gott das gering Geachtete erwählt; nach 16,11 soll Timotheus
nicht gering geachtet werden, da er wie Paulus das Werk des Herrn treibt. Paulus und
sein Wort sind in Korinth nach II Kor 10,10 ohne Gewicht, da sie gering geachtet werden, wogegen der Apostel nach Gal 4,14 trotz leiblicher Defizite nicht gering geachtet
wurde. Nur I Thess 5,20 erscheint das Verb nicht mit Bezug auf Paulus. Bedürfte ein
Bezug auf heidnische Richter in I Kor 6,1 nicht einer expliziten Erklärung?

[87] Oder ist 6,1-6 Zugeständnis an die korinthische Situation und 6,7f eigentliche
paulinische Position, die aber nicht als allgemeines Prinzip gelten soll?

[88] Vgl. ἡττάομαι im NT nur passiv; ἥττημα nur in Röm 11,12 und I Kor 6,7.

[89] Nach LINDEMANN, Die paulinische Ekklesiologie, S. 76, erinnert I Kor 6,7 an Mt
5,39f. Dass Paulus selbst handelt, wie er es hier fordert, könnte Phlm 8ff belegen: So soll
Philemon an Onesimus handeln. Zur entsprechenden Grundhaltung (amicus domini) in
Phlm FITZMYER, AncB, S. 17-23.

8.3.3 Die Maxime vom Vorrang des Unrechtleidens vor dem Unrecht tun

8.3.3.1 Unrechtleiden ist besser als Unrecht tun (Sokrates)

In Auseinandersetzung mit dem bekannten Sophisten Gorgias von Leotinoi und dessen Schülern Polos von Akragas und mit Kallikles kommt Sokrates zu dem Urteil, dass Unrecht tun (ἀδικεῖν) gegenüber Unrechtleiden (ἀδικεῖσθαι) das größere Übel ist.[90] Der Umgang mit Unrecht ist dabei weniger vom Willen es zu tun oder zu erleiden geprägt, sondern entscheidend vom Vermögen, auch im Unrechtleiden tugendhaft zu sein.[91]

Im Gespräch mit Polos hatte Sokrates das Unrecht tun als Größtes aller Übel (τῶν κακῶν) behauptet und sich gegen den Einwand verteidigt, dass Unrechtleiden ein größeres Übel als jenes sei.[92] Auch den Einwand, es ließen sich Beispiele anführen - etwa von Machthabern, die Unrecht tun, aber glücklich sind, solange und sofern sie nicht bestraft werden - kann Sokrates nicht gelten lassen. Denn von denen, die Unrecht tun, sind diejenigen, die dafür bestraft werden, weniger Unglückselige (ἀθλίους) als diejenigen, die nicht bestraft werden. Unrecht tun ist nämlich nicht nur das Hässlichere (αἰσχρόν), sondern auch das Schlimmere (κάκιον) von beiden.[93]

---

[90] Gorgias 509c, das Vorige zusammenfassend. Zur Grobgliederung: 447a-449c Exposition; 449c-462b Dialog mit Gorgias über Rhetorik; 462b-481b Dialog mit Polos über Rhetorik als Kunst/Übung, über die Macht der Redner und das Unrecht angesichts dessen, was Redner bewirken können; 481b-506c Dialog mit Kallikles über die Philosophie angesichts dieses Unrechts, auch über Konsequenzen für den Redner; 506b-527a Zusammenfassung der sokratischen Ansichten; 527a-e Schlussmahnung. Zur Position des Gorgias vgl. Plato Gorgias 452e-453a: Ansatz seiner Rhetorik war, dass eine Rede, wenn sie Affekte richtig ansprach, jede gewünschte Wirkung hervorrufen könnte, zusammengefasst in der Wendung ἥττω λόγον κρεῖττω ποιεῖν: Gegenstand der Auseinandersetzung mit platonischer bzw. sokratischer Philosophie war wohl die Frage, wozu eine Rhetorik führen muss, die um vordergründiger Erfolge willen Wahrheit und ἀρετή missachtet. Vgl im NT neben I Kor 6,7 (Vorordnung des Unrecht tun vor dem Unrechtleiden als ἥττημα ὑμῖν) auch I Petr 3,17f samt der theologischen Begründung des Vorrangs des Tuns des Guten vor dem Schlechten als τὸ θέλημα τοῦ θεοῦ.

[91] Gorgias 509d-513c. Das Vermögen, mit Unrecht umzugehen, kommt v.a. Staatsmännern zu, die kein Unrecht erleiden: Falls sie ihrer Aufgabe, die Menschen zur Tugend zu führen, gerecht werden, geschieht kein Unrecht; falls nicht, können sie nicht als gute Staatsmänner gelten; Gorgias 513c-520e.

[92] Gorgias 469b. Polos vertritt hier eine Extremposition. Vgl. Sokrates auf die Frage, was er vorziehen würde, Unrecht leiden oder tun: Keines von Beiden; müsse er aber wählen, so Unrecht zu leiden, Gorgias 469c; beachtlich ist die Wiederaufnahme dessen in Gorgias 473a und 474b.

[93] Gorgias 474c. Hässliches ist wie Schönes hässlich bzw. schön immer in Beziehung auf etwas. Hässliches ist aus Unlust und Übel zu erklären, Schönes durch Lust und das Gute. Etwas ist demnach hässlicher als anderes, wenn es dieses an Unlust oder Übel übertrifft. Unrecht tun hat vor dem Unrecht leiden weder einen Vorzug an Unlust noch an Übel. Da Unrecht tun anerkanntermaßen hässlicher ist als Unrechtleiden, kann Unrechtleiden nicht übler sein als Unrecht tun. Am Ende der Argumentation steht in Gorgi-

Werden die, die Unrecht tun bestraft, so widerfahren ihnen nur gerechte (δίκαια) und damit schöne Dinge (καλά).[94] Es muss darum nach Sokrates als größtes Übel gelten, für Unrecht tun nicht bestraft zu werden.

Im weiteren Gesprächsgang muss Sokrates den Vorrang von Unrecht leiden auf der Grundlage des Gegensatzes von Natur und Gesetz verteidigen, den Kallikles als Postulat einbringt: Von Natur aus sei doch Unrecht leiden übler, vom Gesetz aus gilt allerdings Unrecht tun als übler, Schwache sind davor durch das Recht zu schützen.[95] Sokrates bestreitet diesen Gegensatz von Natur und Gesetz: Wenn das Würdige (τὸ κρεῖττον), das Bessere (τὸ βέλτιον) und das Stärkere (τὸ ἰσχυρότερον) als Bezeichnungen für das Gleiche gelten könnten (wie auch Kallikles annimmt), die Mehrzahl aber von Natur aus stärker ist als ein einzelner und die Mehrzahl die Gesetze bestimmt, so könnte doch die Mehrzahl bestimmen, dass Unrecht tun unschöner ist als Unrecht leiden. Für Sokrates führt eine solche Argumentation zwar in Aporien, aber sie zeigt, dass auch nach der Natur Unrecht tun unschöner ist als Unrecht leiden - und den Vorrang von Unrechtleiden nach dem Gesetz hatte nicht einmal Kallikes bestritten.[96]

8.3.3.2 Es ist erbärmlicher zu schaden (Seneca)

Der Grundsatz vom Unrechtleiden, das dem Unrecht tun vorzuziehen ist, kehrt in der Philosophie wieder, deren ethische Konsequenzen Lucius Annaeus Seneca der Jüngere in den Ethikbriefen an Lucilius notiert.[97]

In Brief 95 denkt Seneca über die menschliche Lebensführung nach. Grundlegend ist dabei, dass zur vita beata das richtige Handeln gehört, dieses durch entsprechende Vorschriften (praecepta) veranlasst wird. Zur vita beata gehören demnach notwendig auch Vorschriften.[98] Diese unter-

---

as 475e erneut: Kein Mensch will letztlich lieber Unrecht tun als Unrechtleiden: κάκιον γὰρ τυγχάαει ὄν.

[94] Gorgias 476d-479e. Im Anschluss daran zieht Sokrates im Rückgriff auf das Thema des Dialogs Folgerungen für den Nutzen der Rhetorik; Gorgias 480a-481b.

[95] Gorgias 482c-486d. Sokrates spielt in seiner Entgegnung die begrifflichen Differenzierungen seines Gegners gegeneinander aus; PFLEGER, Sokrates, S. 44-46.

[96] Gorgias 489a. Auch mit der Theorie, es gebe nicht absolute, sondern nur zweckgebundene Werte lässt sich der Grundsatz nicht aus den Angeln heben: Kallikles muss zugestehen, dass die Identifikation des Würdigen mit dem Besseren und mit dem Einsichtsvolleren (φρονιμώτερον) in Aporien führt. Vgl. im Übrigen auch Aristoteles in Kategorien 4 (1b,27), ποιεῖν und πασχεῖν als die beiden letzten der zehn Kategorien, die zur Verständigung grundsätzlich zu beachten sind.

[97] Begonnen wurde das Werk ca. 57; es handelt sich um 124 Briefe in 20 erhaltenen Büchern. Vgl. zur Struktur der Briefe: Rahmen (etwa 95,1-3) Behauptung (95,4.7.13), Berichtigung (95,4-6.8-12.14-43), Ermahnung (95,47-73), Rahmen (95,73). Zur Argumentation FUHRMANN, Seneca, S. 130-139.

[98] Ep. 95,4. Seneca wendet sich dagegen, dazu einzig praecepta heranzuziehen. Die Erfahrung zeige doch, dass niemand alle erfüllt; die Philosophie kennt daneben auch

teilt Seneca in solche für den Umgang mit Göttern, der Menschen untereinander und für den Umgang mit Dingen.[99]
Der Umgang der Menschen untereinander ließe sich mit zahlreichen
Vorschriften regulieren, Minimalmaxime sollte aber doch sein, dem nicht
zu schaden, dem man nutzen müsste.[100] Für weitergehende Regeln sollte
man davon ausgehen, dass alle wie Glieder eines großen Körpers (membra
corporis magni; 95,52) zusammengehören. Darum hat die Natur durch die
Einpflanzung gegenseitiger Liebe die Menschen in der Gesellschaft zu einem Leben in Billigkeit und Recht (aequum iustumque) befähigt. In einem
solchen Zusammenleben wäre es dann aber erbärmlicher, zu schaden, als
Schaden zu erleiden. Und in ihm ist die gegenseitige Hilfestellung das angemessene Verhalten für den Menschen, »dem Menschliches nicht fremd
sein kann«[101].

8.3.3.3 Unrecht tun für schlimmer halten (Musonius)

In den erhaltenen Exzerpten der Diatriben des römischen Stoikers Claudius Musonius Rufus[102] findet sich eine Reflexion darüber, dass auch Frauen
philosophieren sollten.[103] Die allgemeinen Eigenschaften einer guten Frau

---

decreta. 95,10: praecepta beziehen sich auf einzelne Situationen, im Unterschied zu decreta, die das ganze Leben betreffen; 95,12.44. Zwischen diesen Bestimmungen stellt Seneca in 95,13-43 die Entwicklung philosophischer Reflexion dar, ausgehend von der Behandlung der Vorschriften in antiqua sapientia als Weisheit der Alten (95,13f), hin zur
Entwicklung von Lehrsätzen etwa der Heilkunst (95,15-29) und Philosophie (95,29-43).

[99] Zum Umgang mit Göttern Ep. 95,47-50. 95,49 formuliert den Lehrsatz zur Wirkung der Götter auf menschliches Handelns: nec accipere iniuriam queunt nec facere;
Götter sind wesensmäßig dazu bestimmt, Wohltaten zu erweisen, nicht zu schaden; wer
nicht schadet, kann auch nicht Schaden nehmen. Wichtige Vorschrift für Menschen im
Umgang mit Göttern ist, sie glaubend zu verehren, 95,50. Zum Umgang mit Menschen
95,51-53; mit Dingen 95,54, hier ist jeweils der Einzelfall zu prüfen. Abschließend wird
in 95,55-73 die Notwendigkeit philosophischer Erkenntnis erörtert.

[100] Non nocere cui debeas prodesse, Ep. 95,51.

[101] Homo sum, humani nihil a me alienum puto, Ep. 95,53, als Zitat von Seneca auf-
geommen im Bild der Steine, die sich im Bauwerk eines Bogens gegenseitig stützen und
so die Kohärenz der menschlichen Gemeinschaft abbilden. Der Ausspruch findet sich
schon im Werk Heautontimorumenos des Publius Terentius Afer, geboren 195 in Kar-
thago, gestorben 159; er thematisierte v.a. ethische Probleme, die er mit Toleranz behandelt wissen wollte; MARIOTTI, KP 5, Sp. 599-604. Mit der Sentenz begegnet Terentius Chremes der Aufforderung von Menedemus, sich nicht in sein Leben einzumischen.

[102] Nach Musonius sollte die Philosophie überhaupt alles regeln, Wesentliches und
Unwesentliches. Entsprechend finden sich bei Musonius gerade im Bereich der Ethik
spezielle Aspekte des Verhaltens.

[103] Frauen sind von den Göttern (παρὰ θεῶν) mit derselben Vernunft (λόγος) ausges-
tattet wie Männer, kommen von Natur aus (φύσει) in vieler Hinsicht Männern gleich; da
Philosophieren ein Versuch ist, ein sittliches Leben zu führen, steht die Philosophie
Frauen nicht weniger wohl an als Männern.

entsprechen dem, was für die Philosophie wichtig ist: Gefordert sind
Haushaltsführung, Zucht und die Beherrschung von Leidenschaften. Wer
dies erfüllt, lebt ein tugendhaftes Leben, sei der Betreffende ein Mann, sei
sie eine Frau. Und auch von einer Philosophin ist dann zu erwarten, dass
sie sich gebunden weiß an die Grundregeln der Philosophie, besonders an
die Maxime, Unrecht tun für schlimmer zu halten als Unrechtleiden.[104]

8.3.3.4 Warum lasst ihr euch nicht lieber Unrecht tun? (Paulus)

Auch Paulus verwendet die Maxime von Unrechtleiden, das den Vorzug
verdient vor Unrecht tun: Er ergänzt sie durch den Hinweis auf die besondere Gemeinschaft der Gemeinde in Korinth[105] und lässt dadurch ihre Gültigkeit auch für Gemeindeglieder erkennen. Bei innergemeindlichen Streitigkeiten zu prozessieren liegt für Paulus auf einer Linie mit Unrecht tun.
Das Defizit der Gemeindeglieder, das darin liegt, überhaupt derart ausge-
tragene Streitigkeiten untereinander zu haben, trifft die Parteien möglicher
Konflikte gleichermaßen, unabhängig vom Ausgang des Verfahrens.

Alternativ bietet sich ein Verzicht auf Rechtsmittel und Prozessführung
in der Gemeinde an, ohne dass dies wie etwa Q 6,37f mit der möglichen
Schwäche der eigenen Position begründet wäre. Paulus grenzt das innergemeindlich gebotene Verhalten so erneut davon ab, vor τῶν ἀδίκων
Recht zu suchen. Zu solchen würden sich die Gemeindeglieder gegenseitig
machen, lösten sie ihre Streitigkeiten durch rechtliche Regelungen statt
durch Rechtsverzicht. Mit der Anwendung der Maxime auf die Situation
der Gemeinde in Korinth durch καὶ τοῦτο ἀδελφούς in 6,8 verleiht Paulus ihr eine ekklesiologische Dimension. Behält man im Blick, dass die
Aufforderung zum Rechtsverzicht in der Gemeinde nicht als Aufgabe eines Einzelnen formuliert wird, sondern für alle Gemeindegliedern gilt,
kann diese Aufforderung abschließend gegen den Vorwurf des weltfrem-
den Idealismus, der ihr gegenüber nicht nur gelegentlich erhoben worden

---

[104] Τὸ μέν ἀδικεῖν τοῦ ἀδικεῖσθαι χρεῖον νομίζειν. Ähnlich später auch Epiktet
(55 bis ca. 135). Seine Diatriben wenden sich an Rat suchende Laien und fragen, was
dem Menschen als Aufgabe gestellt ist. Epiktet formuliert dies im Zusammenhang mit
dem Streben nach ἐλευθηρία und deren sozialer Bedingungen: Wer in Frieden leben
will, muss Streit vermeiden, wie etwa das Vorbild des Sokrates im geduldigen Gespräch
mit Kallikles und Polus lehren kann, Diss. IV,5,3; Sokrates war dazu in der Lage, weil er
nicht nach mehr strebte als nach dem, was τὸ ἴδιον für ihn war, IV,5,4. Wer gelernt hat,
was ihm zukommt und was fremd ist, IV,7, für den gibt es keinen Grund für Streit, er
kann mit Ungerechtem umgehen und so den Täter des Unrechts belehren: Unrecht ist un-
gerecht nur für den, der es tut, μεγάλη βλάβη τῷ ἀδικοῦντι αὐτὴ ἡ ἀδικία, IV,10.
[105] Vgl. auch II Kor 7,2(.12): Paulus von sich als einer, der kein Unrecht tut (sondern
Unrecht leidet?); Gal 4,12. Vgl. CONZELMANN, KEK 5, S. 135: Paulus konkretisiert die
Maxime. Zu sokratischer Tradition bei Paulus (v.a. in II Kor 10-13) zusammenfassend
BETZ, Der Apostel Paulus, S. 138-148.

ist, in Schutz genommen werden.[106] Paulus ist hier und überhaupt in I Kor bemüht, womöglich übersteigerten Idealismus in Korinth auf den Boden der Ekklesiologie zurückzuholen.

8.4 Die Kollekte für Jerusalem

8.4.1 Vorbemerkung

Dass mit der Kollekte, die Paulus in von ihm gegründeten Gemeinden organisiert hat, auch Konflikte etwa bei ihrer konkreten Durchführung in Korinth wie bei ihrer Übergabe in Jerusalem verbunden waren, ist eine nahe liegende Erwartung, wenn man die Kollektennotizen in I/II Kor und die letzte Erwähnung der Kollekte in Röm 15,25-28.30f in den Blick nimmt. Die historische Rekonstruktion von Organisation und Durchführung der Kollekte kann aufgrund von Hinweisen in I/II Kor und Gal wahrscheinlich machen, dass die Kollekte mehrfach im Mittelpunkt von Konflikten des Paulus mit Gemeinden stand, aber auch zur Lösung von Konflikten dort gedient haben könnte.

8.4.2 Organisation und Durchführung der Kollekte nach Paulus

Im Zusammenhang mit der Regelung, von der Gal 2,9f berichtet, hat Paulus in von ihm gegründeten Gemeinden eine λογεία organisiert, die er als διακονία für die Armen der Heiligen in Jerusalem versteht.[107]
In I Kor 16,1-4, der Erwähnung einer in Galatien bereits fortgeschritten Kollekte,[108] wird vielleicht noch ein Teil des ursprünglichen Organisationsplans der Kollektierung auch in Korinth sichtbar: Jeweils am ersten Tag der Woche soll von den Gemeindegliedern über einen längeren Zeitraum Geld zurückgelegt werden. Die Gemeinde hatte die so gesammelten Gelder selbständig zu verwalten und erst bei vollständiger Sammlung in Jerusalem abzugeben.[109] Nicht lange nach der grundsätzlichen Regelung

---

[106] SCHRAGE, EKK VII/1, S. 425.

[107] Ist die Verpflichtung zur finanziellen Unterstützung der Judenchristen in Jerusalem Teil des Apostelkonzils oder „Gabe und Spende", BECKER, Paulus, S. 271f? Vertretene Positionen bei GNILKA, Paulus, S. 156-158. λογεία vgl. I Kor 16,1f; διακονία vgl. I Kor 16,15; II Kor 8,4; 9,1.12f; Röm 15,31. Zum Überblick über den Ablauf GEORGI, Der Armen zu gedenken, S. 30-90; BETZ, 2. Korinther 8 und 9, S. 251-256.

[108] GEORGI, Der Armen zu gedenken, S. 30-33, legt nahe, dass Paulus als selbständiger Missionar zunächst an eine Durchführung der Kollekte nicht gedacht habe, im I Thess fehle entsprechend jede Erwähnung. Nach der Vereinbarung von Jerusalem sei Paulus in Galatien an das Werk gegangen (Gal 2,10), durch den antiochenischen Zwischenfall sei die Kollekte für Paulus dann kein Thema mehr gewesen.

[109] Die Darstellung in I Kor 16 lässt vermuten, dass die Gemeinde schon früher von

einer Kollekte war das Kollektenwerk allerdings ins Stocken geraten, stand vielleicht sogar vor dem Scheitern. Als Antwort des Paulus - etwa auf Entwicklungen in der Gemeinde in Korinth - könnte sich die Kollekte dann als (rechtlich konnotierte?) Konfliktlösung geradezu angeboten haben: Mit ihr gestanden die Sammelnden zu, dass die paulinische Verkündigung nicht ohne die Jerusalemer Zeugen denkbar gewesen wäre, eine Kollekte für Jerusalem würde also vom Gedanken einer Dankesgabe getragen sein. In Galatien jedenfalls war die Kollekte wohl in diesem Sinn (wieder) aufgenommen worden, an ihr zeigte sich vielleicht auch die Aussöhnung des Paulus mit der Gemeinde dort.

Ob daraufhin in Korinth mit der Kollekte wieder begonnen wurde, bleibt unklar. II Kor 12,18 lässt vielleicht erkennen, dass Titus zusammen mit einem weiteren Bruder im Auftrag des Paulus inzwischen in Sachen Kollekte in Korinth aktiv war. Auch die Frage, wie weit die Sammlung deswegen - oder trotzdem? - gekommen ist, muss offen bleiben. Jedenfalls haben bald neue Probleme die Kollekte überschattet, an einen Abschluss war deshalb sicher nicht zu denken. Aufgrund dieser wohl nicht nur in Korinth auftretenden Schwierigkeiten[110] stand das Sammlungsprojekt also noch einmal still, zur Behebung der Probleme wurde das vorgeschlagene Vorgehen zur Kollektensammlung erneut verändert.

Diese Modifizierung wird in II Kor 8.9 vorgenommen. Die Sammlung, die Paulus dem Vernehmen nach nun selbst nach Jerusalem zu bringen gedachte, sollte rechtzeitig zum Eintreffen des Paulus in der Gemeinde in Korinth abgeschlossen sein.[111] Durch die überraschende und erstaunlich hohe Beteiligung von Gemeinden der als eher ärmlich geltenden Provinz Makedonien hatte das Kollektenwerk insgesamt neuen Schwung erhalten.[112] Auch waren die Schwierigkeiten des Paulus durch die Benennung von Delegierten der beteiligten Gemeinden - quasi als dort gewählte Kassenprüfer - anscheinend weitgehend ausgeräumt.[113] Die dreiköpfige Delegation wird der Gemeinde empfohlen, sie soll das schon vor Jahresfrist begonnene Sammlungswerk in Korinth dem dortigen Reichtum entsprechend betreiben und abschließen. Da auch die makedonische Sammlung

---

der Kollekte erfahren und Paulus nach seinen konkreten Vorstellungen zu ihrer Durchführung gefragt hatte.

[110] Opposition in Korinth wegen des Vorwurfs der Veruntreuung von Geldern, vgl. II Kor 12,18?

[111] II Kor 2,16; 8,18-24. Vgl. zur Forschung THRALL, ICC, S. 520-594.

[112] Denkbar ist die Beteiligung der Gemeinde in Philippi, vgl. Phil 4,10-20. Delegierte aus Philippi fehlen aber in Act 20,4. Zu weiterer Beteiligung (Ephesus?) vgl. Tychikus und Trophimus in Act 20,4.

[113] II Kor 8,16-19.20f.22f. Gerade in Ernennung und Bevollmächtigung der Delegaten erkennt BETZ, 2. Korinther 8 und 9, S. 147-153, rechtliche Konnotationen, die weitere Konflikte vermeiden sollen.

beendet ist, steht dann der Überbringung der gesamten Kollekte nach Jerusalem keine Hinderung mehr im Weg.

In Röm 15,30-32 erweckt Paulus dann allerdings den Eindruck, dass mit einer dankbaren Annahme der Kollekte in Jerusalem nicht ohne weiteres zu rechnen ist. Konventionell werden Adressaten in der Schlussparänese eines Briefes um allgemeine oder konkrete Fürbitte für den Briefabsender gebeten.[114] Paulus betont diese Bedeutung der Paränese durch die Verwendung von συναγωνίζομαι in Röm 15,30 allerdings auffällig deutlich.[115] Bezieht man die in 15,31a genannte Gefahrensituation auf die zuvor schon in 15,25.28a und dann in 31b erwähnte Kollektenübergabe, so lässt sich als Inhalt des gemeinsamen Ringens von Gemeinde und Apostel die Befürchtung des Paulus vermuten, die Kollektenübergabe könne in einem Konflikt münden und am Ende, trotz Bereitschaft der Gemeinde in Jerusalem, die Kollekte anzunehmen, doch scheitern.[116] Der von Paulus erwartete Konflikt in Jerusalem läuft wohl auf eine Auseinandersetzung mit Juden hinaus. Die erhoffte Konfliktlösung besteht für Paulus darin, selbst in der Auseinandersetzung keinen Schaden zu nehmen, sondern aus ihr gerettet zu werden.[117]

8.5 Ergebnisse

In I Kor 5,1-5 ist eine konkrete Konfliktsituation im Blick, die Paulus gemeinsam mit der Gemeinde lösen will.

Paulus reagiert auf das ihm bekannt gewordene Verhalten eines Gemeindegliedes, das wohl mit der Stiefmutter in ehelicher (d.h. sexueller) Gemeinschaft lebt. Solches Verhalten musste Paulus zufolge nach römischem wie jüdischem Recht als Verstoß gegen geltende Rechtsnormen verstanden und entsprechend geahndet werden. Paulus benennt das Verhalten des Gemeindegliedes als πορνεία.

---

[114] I Thess 5,25; vgl. Phlm 22; Kol 4,18; II Thess 3,1.

[115] Hapax legomenon, vgl. Kol 4,12. Für ἀγωνίζομαι κτλ überwiegt im NT die Bedeutung des Kampfes (bei Paulus in Phil 1,30; I Thess 2,2; in Röm als Metapher?), die des Wettkampfes (I Kor 9,25; Hebr 12,1; vgl. II Kor 7,1-4) tritt dagegen zurück. Gemeint sein könnten in Röm 15,30 weniger konkrete Gegner, eher wird vielleicht das Gebet als Form der Spiritualität eingeübt.

[116] Die Verwendung von εὐπρόσδεκτος legt nahe, dass Paulus die Annahme erwartet hat, vgl. Röm 15,16; II Kor 6,2. Zu Ablehnungen von Kollekten vgl. bei Jos Bell II,409f: Auf Anregung von Oberbefehlshaber Eleasar verhinderten Priester im Jahr 66 (gegen den Widerstand des Hohenpriesters und lokaler Aristokratie) die Annahme von - sonst gern gesehene - Gaben (δῶρον) von Heiden/Nichtjuden an den Tempel - und die Durchführung der Caesaropfer (θυσία), was für die Römer ein Kriegsgrund war.

[117] Eine Beschreibung der Konfliktlösung ist das nicht; ῥύομαι (ἀπο) vgl. Mt 6,13.

Paulus kritisiert besonders die Untätigkeit der Gemeinde angesichts des offenkundig normwidrigen Verhaltens. Diese Untätigkeit kontrastiert Paulus in 5,2 mit der gemeindlichen Selbsteinschätzung: Die Passivität erweist die Gemeindeglieder als πεφυσιομένοι. Als Reaktion angemessen gewesen wäre der Ausschluss des Konfliktverursachers aus der Gemeinde. Die Konfliktlösung von 5,5 vollzieht diesen Ausschluss.

Ein inhaltlicher Widerspruch zwischen 5,1-5, 5,12f und 6,1-8 besteht nicht, es sind jeweils verschiedene Perspektiven im Blick. Paulus zielt in I Kor 5 auf Wiederherstellung der Gemeinschaft mit der Gemeinde in Korinth wie auf die eschatologische Rettung von τὸ πνεῦμα. Die Konfliktlösung von 5,5 mit ihrem dynamischen Zusammenwirken von Gemeinde und Apostel im Namen des κύριος kann als genuin frühchristlich gelten. Oder ist eine Ableitung aus antiker Weihe- bzw. Fluchtraditionen möglich?

In I Kor 6 ist ein Konflikt im Blick, bei dessen Bearbeitung Paulus den Rechtsverzicht als grundsätzlich angemessenes Verhalten der Konfliktlösung herausstellt.

Paulus reagiert in I Kor 6 auf die Praxis von Gemeindegliedern, innergemeindliche Konflikte von paganen Instanzen lösen zu lassen. Das von Paulus kritisierte Vorgehen dürfte ein Verhalten gewesen sein, das die eigenen ethischen und ekklesiologischen Implikationen nicht ausreichend im Blick hatte. I Kor 6 ist zugleich Problemanzeige und -lösung.

Paulus betont in I Kor 6 die richterliche Kompetenz der Gemeindeglieder, die bei innergemeindlichen Auseinandersetzungen wahrgenommen werden soll. Paulus erinnert an die Kompetenz der Gemeindeglieder, im eschatologischen Gericht Gottes als Richtende über ὁ κόσμος und sogar über Engel aufzutreten. Daraus folgert Paulus die Kompetenz, erst recht in alltäglichen Dingen - d.h. bei innergemeindlichen Auseinandersetzungen - richterlich tätig zu sein. Die gegenwärtig nicht wahrgenommene Kompetenz wirft einen Schatten auf den in Korinth vertretenen Anspruch, σοφός zu sein, und wirft vielleicht ein neues Licht auf die verbreitete Einschätzung des Paulus als ἐξουθενημένους.

Paulus empfiehlt der Gemeinde in Korinth den Verzicht auf die innergemeindliche Durchsetzung eigener Rechtsansprüche als grundsätzliche Regel. Der empfohlene Rechtsverzicht hat in der philosophische Maxime, besser Unrecht zu leiden als Unrecht zu tun, wie in der stoischen Klugheitsregel besser Schaden zu erleiden als zu schaden bezeichnende Parallelen (vgl. aber auch Mt 5,39f). Von Gemeindegliedern in Korinth ist inhaltlich nicht weniger zu erwarten als dieser Standard stoisch philosophischer Ethik.

Insgesamt ist Paulus in I Kor 5 und 6 jeweils an praktikablen Konfliktlösungen für Korinth interessiert.

In I Kor 5 und 6 wird der paulinische Umgang mit Rechtsnormen beson-
ders deutlich. Paulus verwendet zu Konfliktlösung biblische, frühjüdische
und philosophische Normen.

Die Geltung alttestamentlich-biblischer und frühjüdischer Rechtsnormen
in I Kor 5 ist evident, die fraglichen Normen werden allerdings nicht explizit genannt. Paulus subsumiert das Tun des Konfliktverursachers unter
den Tatbestand Lev 18,8. Die Konfliktlösung erinnert an das Verfahren,
das aus Dtn 17,7 bekannt sein könnte. Ergänzend dazu subsumiert Paulus
das inkriminierte Verhalten unter den Begriff πορνεῖα und verweist auf
heidnisches - hier römisches - Recht. Der Vergleich der für I Kor 5,1 in
Frage kommenden Rechtsnorm mit deren Auslegung bei Philo lässt im
Übrigen kein einheitliches Verständnis beider bei den verschiedenen Autoren erkennen.

Auch die Geltung einzelner pagan-philosophischer Normen in I Kor 6
ist evident. Daneben stehen Normen, die aus frühjüdischer Tradition entstammen. Die Geltung der frühjüdisch (und dann auch frühchristlich) tra-
dierten Norm richterlicher Kompetenz über κόσμος und Engel wird von
Paulus in 6,2f vorausgesetzt. Auch die Maxime des Vorrangs von Unrechtleiden vor Unrecht tun steht für 6,7f nicht in Frage.

Auch die Geschichte der Sammlung einer Kollekte für Jerusalem durch
Paulus ist als eine Geschichte von Konflikten darstellbar.

Da die Rekonstruktion der historischen Ereignisse um die Kollekte anhand der
Notizen in I Kor 16,1-4, II Kor 8.9, Gal 2,9 und Röm 15,30-32 hypothetisch
bleibt, sind daraus kaum Schlüsse auf Konfliktlösung durch rechtliche Regelungen zu ziehen. Vor allem in der Gemeinde in Korinth ist die Kollekte als
Konfliktpotenzial denkbar. Eine Konfliktlösung durch rechtliche Regelung
könnte sich in II Kor 8,20-22 zeigen. Für die Kollektenübergabe in Jerusalem
rechnet Röm 15,30-32 mit einem möglichen Konflikt. Die von Paulus erwartete Konfliktlösung hat vor allem theologische Weiterungen.

Kapitel 9

„Der sei verflucht!"
Rechtliche Hintergründe von ANAΘEMA

9.1 Vorbemerkung

Segen und Fluch gehören zu den religiösen Urgegebenheiten der Menschheit ... Segen und Fluch stehen aber auch in einer besonderen Beziehung zum Recht. Hier wie dort wird durch einen Wahrspruch eine Wirklichkeit geschaffen, die sozial von hoher Bedeutung ist.[1]

Wer einen Fluch spricht, weiß sich mit seiner Sicht der Dinge ganz im Recht, auch wenn er Recht nicht bekommen hat. Der Fluch würde sonst auf ihn zurückfallen, da er ihn zu Unrecht ausgesprochen hätte. Eine Verfluchung gilt dem, der eigentlich im Unrecht ist, nur dafür anders nicht zu bestrafen ist. Mit dem Fluch greifen Betroffene in Konfliktsituationen aber nicht zu Selbsthilfe. Sie stellen das Ergehen des Gegners der Macht der Gottheit bzw. ihrem Recht anheim, das sie auf der eigenen Seite wissen.

In modernem Verständnis ist ein Zusammenhang von Fluch und Recht nicht einleuchtend. Solches Verstehen vermutet für die antike Betrachtung einer Verfluchung in der Regel magische Vorstellungen - die, so die Erwartung, mit Jesus bzw. im Christentum eigentlich überwunden sein sollten. Eine Verfluchung gehört aber, daran soll hier erinnert werden, in hellenistisch-jüdischer und frühchristlicher Literatur in den Kontext dessen, was an rechtlichen Vorstellungen zur Konfliktlösung dieser Zeit begegnet. Der Fluch dient in der Antike allgemein dem Schutz von Menschen, Gegenständen oder Vereinbarungen, hat aber auch Bedeutung zur Bekräftigung von Aussagen vor Gericht und des eigenen Wortes überhaupt.[2] In frühchristlicher Literatur begegnet der Fluch ausdrücklich, etwa bei Paulus, als ἀνάθεμα. Eine Verfluchung lässt sich als rechtliche Regelung von Konflikten interpretieren. Flüche sind nach formaler Logik Rechtsnormen, konkret religiös begründete Verwerfungsurteile.

---

[1] WIEFEL, Fluch, S. 211. Nicht selten gelten religiöse Ordnungen im Vergleich zu Rechtsordnungen als weniger fortgeschritten; so etwa LATTE, Heiliges Recht, S. 112.
[2] Einführung zum Fluch in der Antike bei SPEYER, RAC 7, Sp. 1160-1288. Zum Fluch als Form von Magie GRAF, Gottesnähe und Schadenzauber, S. 108-157. Eine Verwendung im Prozess ist bei offenem Ausgang möglich; RÜPKE, Religion, S. 166-171.

9.2 Flüche bei Paulus

Die Verwendung des hier zu untersuchenden ἀνάθεμα κτλ beschränkt sich auf Belege in paulinischen Briefen und einzelne weitere Nennungen. Dabei dienen - abgesehen vom eigentlichen Gebrauch wie in klassischer Form in Lk 23,11 - Nomen und Verb im NT der auch sonst üblichen Selbstverfluchung zur Bekräftigung des eigenen Redens (Mk 14,71; Act 23,12.14.21; Röm 9,3; vgl. Apc 22,18f). Paulus kennt nach überwiegender Meinung der Forschung darüber hinaus in I Kor 16,22 formelhaften Gebrauch besonders im Rahmen der gemeindlichen Mahlfeier (Did 10,6; vgl. I Kor 11,27f.29; Hebr 13,10-15; I Clem 34). Nicht leicht zuzuordnen sind I Kor 12,3 und Gal 1,8f, sofern man hier nicht ebenfalls eucharistischen Kontext nahe liegen sieht.

9.2.1 Vorklärungen

In der Regel wird zum Verständnis des Fluches bei Paulus dessen Vorkommen zugestanden und für seine Funktion etwa in Gal auf die Intensivierung der Auseinandersetzung mit Gegnern, für I Kor auf eucharistischen Kontext verwiesen. Aber damit sind noch nicht alle für das Verständnis des Fluches bei Paulus wichtigen Klärungen erreicht.

Grundsätzlich wird ἀνάθεμα, hellenistische Nebenform von ἀνάθημα mit der ursprünglichen konkreten Bedeutung Weihegeschenk, allgemeinem Sprachgebrauch folgend als Aussonderung für Gott samt der entsprechenden Devotion verstanden. Entscheidend für die weitere Interpretation der Wortbedeutung ist der nicht unproblematische Schluss, dass eine derartige Aussonderung für Gott konkret bedeutet, dass das Ausgesonderte der Vernichtung verfällt.[3] Als Indiz der weiteren jüdisch-christlichen Begriffsentwicklung gilt die sich allmählich differenzierende Orthografie zwar noch nicht in den LXX, wohl aber im NT: ἀνάθημα erscheint dort in der Bedeutung eines Weihegeschenks, ἀνάθεμα in der Bedeutung Verfluchung. Allerdings ist die genannte Entwicklung vermutlich nicht einlinig verlaufen, weshalb ihr Nachweis im einzelnen schwierig bleibt: Dass der paulinische Sprachgebrauch von ἀνάθεμα nicht einfach aus den LXX zu erheben ist, zeigt der Hinweis darauf, dass dort חרם I mit ἀνάθεμα (35x),

---

[3] Für die Antike ist die negative Bedeutung außerhalb jüdischer bzw. christlicher Verwendung nur durch eine Bleitafel von Megara belegt; vgl. DEISSMANN, Licht vom Osten, S. 74, der dort hellenistisch-jüdischen Einfluss vermutet. Für sakrale Rechtsformen in der griechischsprachigen Antike (terminologisch uneinheitlich) vgl. LATTE, Heiliges Recht, S. 61-88: Seit den ältesten Belegen wird besonders die Gefährdung des Gemeinwesens mit einem Fluch als sakraler Strafform belegt. Mit der Ausprägung und Stabilisierung der Polisverfassung tritt diese Funktion zurück. Der Fluch wurde damit zunehmend ein Mittel der Rechtsdurchsetzung eines Einzelnen.

aber häufiger mit ἀφορίζω (2x) oder Begriffen für zerstören, vernichten, erschlagen, vertilgen (39x) wiedergeben ist.[4] Auch ein formgeschichtlicher Bezug zu biblischen Fluchsprüchen bleibt hypothetisch, da die LXX in Fluchformeln gerade nicht ἀνάθεμα, sondern ἐπικατάρατος als Wiedergabe von ארור verwenden.[5]

Für die Fragen der konkreten Bedeutung einer Verfluchung ist ebenso noch keine Klarheit erreicht: Ist das Fluchwort eine Art Strafurteil, verfügt bzw. vollzieht es als Rechtsmittel den Ausschluss aus der Gemeinschaft der Christen? Oder ist es eine Bitte an Gott, den Verfluchten zu richten und müsste damit als Instrument gelten, das der menschlichen Rechtsprechung letztlich entzogen ist?[6]

9.2.1.1 Flüche als Rechtsnormen zur Konfliktlösung

I Kor 16,22 und Gal 1,8 sind nach formkritischer Betrachtung als kasuistische Rechtssätze klassifizierbar.[7] Kasuistisch formuliertes Recht im AT - und im NT - ist charakterisiert durch ein Streben nach „Ausgleich der Ansprüche im Verhältnis von Mensch zu Mensch"[8]. Konsequent sollten auch I Kor 16,22 und Gal 1,8f wie Röm 9,3 nicht als illegitimer Schadenszauber zur Durchsetzung von Eigeninteressen verstanden werden.[9] Selbst wenn I Kor 12,3b - bei aller Unklarheit der vermutlichen Gegenposition - in Korinth real praktiziert worden wäre: Paulus könnte dem inhaltlich niemals zustimmen und stellt das traditionelle Bekenntnis als Antithese des Fluches vor. Darin bestätigt sich ein Verständnis des Fluches als Rechtssatz, der Verwendung findet, wenn mit anderen Mitteln ein Rechts-

---

[4] ἀνάθεμα in LXX für חֵרֶם in Lev 27,28f; Dtn 7,26; 13,15.17; Jos 6,16f; 7,1.11-13; 22,20; I Chr 2,7; für חָרְמָה Num 21,3; Ri 1,17; für חרם I hifil Dtn 20,17; für חֵרֶם Sach 14,11. Vgl. ἀναθεματίζειν für חרם I hifil/hofal Num 18,14; 21,2f; Dtn 13,15; 20,17; Jos 6,20; Ri 1,17; 21,11; I Reg 15,3; IV Reg 19,11; I Chr 4,41; II Esr 10,8. חרם I im AT meint die religiöse Handlung, bei der über Feinde im Krieg (zur Vernichtung) Gott geweiht werden, auch allgemein die Weihe an Gott bzw. die Todesstrafe, die besonders bei Abfall vom Glauben zu verhängen war.

[5] Wäre diese Konstruktion (vgl. Gal 3,10) auch I Kor 16,22; Gal 1,8f zu erwarten?

[6] Ersteres scheint sich von Gal 1,8f her nahe zu legen; zu Letzterem STUHLMACHER, Evangelium I, S. 69: Paulus flucht „im Namen Gottes und von der eschatologischen neuen Warte des Evangeliums her".

[7] LIEDKE, Gestalt und Bezeichnung, S. 153. Die unwahrscheinliche These eines kultischen Sitzes im Leben diskutiert SCHOTTROFF, Fluchspruch, S. 199-230.

[8] ALT, Ursprünge, S. 23. Zur Kritik daran vgl. GERSTENBERGER, »Apodiktisches« Recht, S. 10-14.

[9] Zur rechtlichen Funktion SCHOTTROFF, Fluchspruch, S. 232: „Mit der Eindämmung der ungerichtlich-privaten Deliktsahndung ... durch den Willen zu geregelter Gerichtsbarkeit bleibt der Fluch der behelfsmäßigen Verwirklichung und Sicherung von Rechtsansprüchen, die anderweitig nur schwer oder überhaupt nicht verwirklicht oder gesichert werden konnten, auch weiterhin vorbehalten."

bruch oder auch nur ein Fehlverhalten nicht verhindert bzw. nicht sanktioniert werden könnte. Der Fluch hätte so die Funktion, geheim begangene, unaufgeklärte weil unaufklärbare Straftaten zu sanktionieren bzw. überhaupt solche Rechtsverletzungen zu bearbeiten, die anders durch menschliche Rechtsinstanzen nicht verhandelt werden würden. Der Fluch ist quasi eine ultima ratio der Rechtsprechung, die von Gott die Wahrung der Rechtsordnung erwartet. Funktion solcher ultima ratio samt der mit ihr verbundenen Drohung dürfte zudem der Versuch sein, Konflikte erst gar nicht zum Austrag kommen zu lassen, sondern sie möglichst zu vermeiden, indem mit einem Fluch über jeden potentiellen Täter gedroht wird.

9.2.2 I Kor 12,3

In der sprachlich annähernd parallelen Konstruktion von I Kor 12,3b und 3c[10] erscheint ἀνάθεμα Ἰεσοῦς als Gegenbegriff zu κύριος, wird der Fluch über Jesus dem Bekenntnis zum Kyrios entgegengestellt. Da sich Fluch und Bekenntnis gegenseitig ausschließen, erscheint der Fluchende aus der Gruppe derer, die das Bekenntnis sprechen, ausgegliedert. Beweis der Unmöglichkeit des Fluches und Ermöglichungsgrund des Bekenntnisses ist πνεῦμα θεοῦ (12,3b) bzw. πνεῦμα ἅγιον (12,3c).[11]

9.2.2.1 Verfluchung Jesu durch christliche Gnostiker?

Die Verfluchung Jesu in I Kor 12,3b ist von Walter Schmithals als innerchristliche Position verstanden worden, die der irdischen Existenz Jesu keine Bedeutung beimisst, sie eigentlich ablehnt und - in ekstatischem Überschwang? - sogar verflucht.[12] Liegt es nicht nahe, dass eine innerchristliche Gruppe die irdische Existenz Jesu im Blick auf seine Herrschaft als Christus für problematisch gehalten hat und damit ganz im Sinn späterer gnostischer Interpretationen eine Befreiung des Menschen aus irdischer Existenz und deren Begrenzungen propagiert?[13]

---

[10] εἰ μὴ ἐν πνεύματι ἁγίῳ dürfte hier betont nachgestellt sein. Dass die Parallelität nicht ganz durchgeführt ist, könnte anzeigen, dass die Formulierung nicht traditionell, sondern paulinisch ist. Zur Tradition des κύριος-Bekenntnisses in 12,3 ERIKSSON, Traditions, S. 110-114.

[11] Die Betonung der Unvereinbarkeit von Fluch und Geist Gottes ist keine Steigerung der Vereinbarkeit des Kyriosbekenntnisses mit dem Heiligen Geist. Zur Frage nach dem potentiellen realen Hintergrund der Verfluchung Jesu (gegenwärtige oder vergangene Gemeindepraxis; vergangene heidnische Praxis; Gegnerposition; paulinische Komplementärbildung) vgl. SELLIN, Hauptprobleme, S. 3009.

[12] SCHMITHALS, Gnosis, S. 117-122.330-333; vgl. I Joh 2,22; 4,2; 5,6; vgl. Origenes, Contra Celsum VI 28 über Orphiten; Irenaeus haer. I 31,1 über Kainiten und III 16 über Valentinianer. Vgl BROX, 1 Kor 12,3, S. 103-111, vermutet basilidianische Gnosis, vgl. Dtn 21,23, insofern der am Holz Hängende (d.h. hier der Gekreuzigte) verflucht wird.

[13] Die These der gnostischen Christologie bzw. Jesulogie ist u.a. durch den Hinweis

Der konkrete Vollzug dessen müsste sich in einer - insgesamt konfliktträchtigen - Verfluchung Jesu niedergeschlagen haben. In der Logik dieser
Position würde Paulus mit I Kor 12,3 der Christologie dieser Gruppe eine
Pneumatologie entgegenhalten, die das Bekenntnis zum Kyrios in Jesus als
grundlegend für den Nachweis des Geistbesitzes kennzeichnet. E silentio
wäre mit dem Hinweis auf das Bekenntnis möglichen Gegnern der Geistbesitz abgesprochen. Die Jesusverfluchung der Gegner wäre damit durch
eine paulinische Position beantwortet, die eine gemeinsame Bekenntnis-
grundlage mit den Gegnern bestreitet, wie sie eigentlich durch das gemeinsame - vorpaulinisch der Taufe zugehörige, in Korinth gottesdienstlich verwendete? - hellenistische Bekenntnis κύριος Ἰεσοῦς gegeben ist.
Die von Paulus zurückgewiesene Jesusverfluchung muss dabei nicht als
Äußerung der Betroffenen quasi aus Versehen und ohne jede rechtliche
Qualität verstanden werden. Sofern das Kyriosbekenntnis als Instrument
zur Kennzeichnung des rechten Geistes verwendet ist, kann Paulus der Jesusverfluchung den Rang eines Bekenntnisses zuschreiben. Fluch und Bekenntnis wären demnach analoge Verfahrensweisen mit rechtlicher Qualität, indem sie über die Zugehörigkeit zur Christengemeinde in Korinth o-
der zu einer davon unterschiedenen Gruppe mit eigenem Bekenntnis entscheiden. Als Konfliktlösung verstanden grenzt der Vollzug der Jesusverfluchung diejenigen, die sie aussprechen, aus der Gemeinde aus. Paulus
verdeutlicht dies, indem er die Jesusverfluchung als Bekenntnis benennt,
das im Gegensatz zum christlichen Bekenntnis steht.

9.2.2.2 Die Verfluchung Jesu als Unmöglichkeit

Wenn Paulus in I Kor 12,3b keine eigentliche gegnerische Position wiedergibt, eine solche möglicherweise karikiert, sie aber nicht identifiziert
werden kann, vielleicht auch von Paulus nur konstruiert wird - ist I Kor
12,3 dann als Irrealis zu interpretieren? Die Verfluchung Jesu würde dann
als undenkbar zu verstehen sein, sie wäre entsprechend nicht mit einer
noch so abwegigen Christo- bzw. Jesulogie möglich.[14] Für die Gemeinde
in Korinth hätte der (ihr traditionell bekannte?)[15] Fluch keine weitere Bedeutung als die Signalisierung einer realen Unmöglichkeit und käme als
Konfliktlösung nicht in Frage.[16]

---

bestritten worden, dass eine vorchristliche oder frühchristliche Gnosis nicht belegt sei.
Konsequent wurde für I Kor mit nichtchristlichen Gegnern gerechnet und 12,3b als gegnerische Position bestritten; so etwa ORR/WALTER, First Corinthians, S. 277.

[14] Vgl. die ältere Interpretation bei WEISS, KEK V, S. 294-297, welche die Verfluchung im Grenzbereich gemeindlicher Ekstase klassifiziert.

[15] Vgl. MALY, 1 Kor 12,1-3, S. 84-86, Die Verfluchung ist dann dem heidnischen
Einst der Korinther zuzuordnen, das Kyriosbekenntnis dem Jetzt, ihrem Christsein.

[16] Die Bedeutung des Fluches als Rechtssatz entspricht der von I Kor 16,22, sofern

Dagegen lässt sich zunächst der Kontext der Stelle anführen: In 12,1 wird eine Erörterung περὶ τῶν πνευματικῶν begonnen. Wäre es geschickt, wenn Paulus diese Erörterung gleich mit einer irrealen Frage beginnt? Oder kann man vermuten, dass Paulus damit zunächst ein Einvernehmen mit der Gemeinde in Korinth herstellt, um darauf die weitere Argumentation aufzubauen? In 12,4-11 schließt sich ein Abschnitt an, der zwischen verschiedenen, zweifellos realen Positionen zu vermitteln sucht. Dabei wird die einigende Funktion des πνεῦμα herausgestellt und zugleich mit diesem nach 12,3 die Bedeutung der Christologie im dort zitierten Bekenntnis, das dieses πνεῦμα zu sprechen lehrt. In diesem Zusammenhang könnte 12,4-11 positive (reale) Explikation der (irrealen) Negation von 12,3bc sein.[17]

9.2.2.3 Ertrag

Paulus kontrastiert die Verfluchung Jesu - sofern es eine derartige Verfluchung durch christliche Gnostiker bzw. in Ekstase innerhalb der (zum Abendmahl?) versammelten Gemeinde in Korinth realiter gab - in I Kor 12,3c durch den Hinweis auf die Unmöglichkeit eines solchen Fluches. Geistbesitz, Kyriosbekenntnis und Verfluchung Jesu schließen sich aus. Für den Fluch als Rechtsform gilt in theoretischer wie praktischer Konsequenz: Er fiele auf den zurück, der ihn gegen Jesus ausspräche. Die Verfluchung Jesu bewirkte aufgrund der Feststellung, dass sie nicht im Geist Gottes gesagt sein kann, die Manifestation fehlenden Geistes beim Verflucher und hätte letztlich die Bestreitung seiner Zugehörigkeit zur Gemeinde zur Konsequenz.[18] Sofern Paulus den Fluch als Irrealis markiert, ist der Fluch kein realer Selbstausschluss. Paulus zeigt an ihm als Rechtsnorm die Bedeutung des Bekenntnisses auf. Der Fluch dient also der Konfliktlösung durch rechtliche Regelungen in der Gemeinde in dem Sinn, dass in I Kor 12,3 anhand eines konkreten Fluches dessen potentielle rechtliche Konsequenzen ins Auge gefasst werden.

9.2.3 I Kor 16,22

Der Fluch von 16,22 taucht im Kontext des Briefschlusses überraschend auf. Für sein Verständnis mit entscheidend ist die Bestimmung seines Zusammenhangs mit 16,19-24*.

---

auch dort der Fluch als (rechtliche) Unmöglichkeit erkennbar wird. Der Fluch - und jede Rechtsnorm? - scheidet also als Mittel zur Durchsetzung des Kyriosbekenntnisses aus.

[17] KLAUCK, NEB.NT 7, S. 86: Kontrastbildung, die nicht aus der Luft gegriffen ist, sondern in einer Art Schocktherapie den Adressaten die Konsequenzen eines pneumatologischen Denkens vor Augen führt.

[18] FEE, ICC, S. 581. Zu bemerken bleibt, dass der Fluch als Rechtsform nicht neu, sondern doch wohl als eine der Gemeinde bekannte Fluchpraxis angesprochen ist.

9.2.3.1 Das Gemeindemahl als Kontext der Verfluchung?

Folgt man der von Günther Bornkamm vorgelegten Analyse des Schlusses von I Kor, so folgen im typischen Aufbau den Grüßen (I Kor 16,19-21) mit ἀνάθεμα und μαράνα θά (16,22) liturgische Formeln. Schon 16,20 gilt Bornkamm dabei als Beginn der sich an die Korintherbrieflesung regelmäßig anschließenden Mahlfeier der Gemeinde, bei der der Fluch „die Unwürdigen vom Genuss des Sakraments" ausschließen soll[19]. Im Zusammenhang mit Did 10,6 wird für I Kor eine Liturgie mit den Teilen Einladungs- bzw. Ausschlussformel, Maranatha und Amen als Gemeindeantwort rekonstruiert, wozu auch der heilige Kuss gehört. Der Fluch wäre so konkrete Konfliktlösung mit der Konsequenz der Nichtzulassung eines den Herrn nicht Liebenden zum Gemeindemahl.

Dass mit dem Eigenhändigkeitsvermerk von I Kor 16,21 ein Element der typischen Briefschlusskonvention vorliegt, das in die genannte Abfolge kaum stimmig eingepasst werden kann, ist ein Argument gegen diese Interpretation als traditionelle, zum Teil vorpaulinische Abendmahlsliturgie. Warum sollte der Briefschluss durch die Abendmahlsliturgie ersetzt bzw. von ihr durchbrochen sein, statt an diese angefügt oder von ihr gefolgt zu werden? Am plausibelsten dürfte eine Interpretation sein, die diese Briefschlusskonvention und den Fluch miteinander verbindet.[20] Der mit dem Gebetsruf herbeigerufene kommende Herr wird den Fluch am Verfluchten Wirklichkeit werden lassen. Wenn hier die gemeindliche Mahlfeier anschlösse, ergäbe sich ein problematischer Zusammenhang: Der Fluch samt Fluchfolge müsste aktuell im Gemeindemahl vollzogen gedacht werden, da dieses durch das Kommen des Herrn ausgezeichnet ist.[21]

9.2.3.2 Der Fluch als Teil der Briefkonvention?

Kann für die Verbindung von ἀνάθεμα und μαράνα θά doch nicht die Liturgie herangezogen werden, ist die Frage nach Herkunft und Zusammen-

---

[19] BORNKAMM, Zum Verständnis des Gottesdienstes, S. 124, wobei die Formeln „die voraufgehende Mahlzeit" beschließen „und die von ihr abgehobene eigentliche eucharistische Handlung" einleiten sollen. Aber gehen Brieflesung und (Sättigungs-)Mahlzeit zeitlich parallel? Es ist m.E. petitio principii, für den Gottesdienst nach I Kor 16,20-23 eine Normalform anzunehmen, wenn diese ohne I Kor 16 nicht belegt werden kann.

[20] Zum Briefschluss von I Kor vgl. KLAUCK, Briefliteratur, S. 232; ROLLER, Formular, S. 196f.

[21] Eine Doppelung des Kommens im Abendmahl und zum eschatologischen Gericht dürfte ausgeschlossen sein, wenn dies die Präsenz im Abendmahl abwertet. Hat man zwischen eucharistischer und eschatologischer Bitte zu entscheiden? Paulus spricht den Fluch als Möglichkeit an, doch ist wahrscheinlich, dass es sich dabei um eine Menschen nicht zugängliche Möglichkeit handelt. Insofern ist I Kor 16,22 wirklich eine „Formel aus der Sphäre heiligen Rechtes", BORNKAMM, Zum Verständnis des Gottesdienstes, S. 125: der Vollzug des Fluches ist dem himmlischen Richter vorbehalten.

gehörigkeit beider neu zu stellen.[22] Der Sitz im Leben des μαράνα θά in der Liturgie ist nur aus Did 10,6 bekannt, die Verwendung des Gebetsrufs im Briefschluss ist in Apc 22,20 - dort in griechischer Übersetzung - belegt. Kultischer Sitz im Leben ist zwar für den Fluch denkbar, dessen Verwendung im Zusammenhang mit dem Segen zum Abschluss einer Reihe von Mahnungen bzw. zur Bekräftigung von rechtlichen Vorschriften kann in den biblischen Rechtscorpora beobachtet werden. Am wahrscheinlichsten ist aber die Verwendung des Fluchs als traditionelle Bekräftigung von Schlussmahnungen wie der von I Kor 16,13, an die Paulus in 16,24 mit dem Stichwort ἀγάπη anknüpft. Allerdings gibt es für eine derartige Fluchverwendung in antiker Briefliteratur keine Parallele.[23]

Aus der Stellung im Kontext des Briefschlusses ergibt sich als sinnvolle Funktionsbestimmung die zunächst seltsame Warnung vor der Lieblosigkeit dem Herrn gegenüber. Dass hier der Fluch verwendet wird, leuchtet aber ein, insofern sich das fluchwürdige Verhalten auf ein Verhalten dem Herrn gegenüber bezieht, wie es I Kor 12,3 im Blick ist. Dort wird deutlich, dass das Kyriosbekenntnis, das auch I Kor 16,22 voraussetzt, mit dem Fluch unvereinbar ist. 16,22 schärft am Briefende - ähnlich wie 12,3 für den Gottesdienst? - die Unmöglichkeit eines Kyriosbekenntnisses ein, das nicht die Liebe zu ihm zur Folge hätte.

9.2.3.3 Ertrag

Der Fluch von I Kor 16,22 ist eine der Gemeinde in Korinth vertraute, ihr vielleicht aus der Liturgie oder auch sonst (wie sich schon von 12,3 her vermuten lässt) bekannte verbindliche Form. Der Fluch hat im Briefschluss die Funktion, auf die Unmöglichkeit eines Kyriosbekenntnisses zu verweisen, das nicht von der Liebe zum Herrn begleitet wird. Er markiert nicht einmal eine ultima ratio christlichen Redens, sondern liegt jenseits dessen, was für Gemeindeglieder möglich ist. Indirekt ist der Fluch zugleich Mahnung und via negationis dann auch eine Art Rechtsnorm: Wer den Herrn bekennt, ihn jedoch nicht liebt, wäre der Verfluchung verfallen. In diesem Fall (und nur in ihm?) wäre der Fluch angemessene Rechtsnorm und Redeweise. Eine Sanktion dieser Negation erwartet Paulus vom Herrn, nicht von der Gemeinde.

---

[22] Da auch das in I Kor 16,22b folgende μαράνα θά in Apc 22,20 eine Entsprechung hat, könnte die Reihenfolge dort (wie in I Kor; Did 10,6?) traditionell sein. Did 10,6 zeigt, dass dort Bußruf und Maranatha in die Mahlfeier hineingehören.

[23] Allenfalls die Kanonisationsformel von Apc 22,18f könnte hier genannt werden; LOHMEYER, HNT 16, S. 181. Vgl. KRAFT, HNT 16a, S. 282: Sicherungsformel, die jede Veränderung des Textbestands mit der Anwendung des ius talionis bedroht. Könnte I Kor 16,22 als Sicherungsformel verstanden werden? Vgl. ERIKSSON, Traditions, S. 279-298, zu 16,22 als Teil einer peroratio am Briefschluss.

9.2.4 Gal 1,8f

In der Auslegung werden zwei Verwendungen von ἀνάθεμα in Gal 1,8.9 unterschieden: Die Selbstverfluchung des Paulus (samt der Mitabsender von 1,2?) wie die Engelverfluchung von 1,8 gelten als Eventualis bzw. als Irrealis, die Verfluchung der Irrlehrer von 1,9 als effektiver Realis.[24] Erwogen wird auch, ob 1,8 ein bei früherer Gelegenheit ausgesprochener Fluch sein könnte, der in 1,9 dann realisiert wird. Als biblische Referenztexte sind u.a. Dtn 13 und Jos 6f zu beachten. Paulus hebt durch Gal 1,8f den besonderen Charakter des verkündeten Evangeliums hervor.[25]

9.2.4.1 Gal 1,8f in biblischer Tradition

Zum Verständnis des Fluches als Rechtssatz ist für Gal 1,8f auch auf die Stellung im Kontext hingewiesen worden: Fluch (1,8f) und Segen (6,16) umgreifen das Briefcorpus[26] und könnten seinen Inhalt als heiliges Recht qualifizieren. In biblischen Rechtscorpora begegnen Abschlüsse durch Segen und Fluch,[27] eine Rahmung von Rechtssätzen durch Segen und Fluch ist aber unüblich und auch für Gal als Brief unwahrscheinlich.

Nach Calvin Roetzel hat Paulus in Gal 1,6ff die Form prophetischer Gerichtsrede verwendet und so eine Struktur mit den Teilen introduction (6-7a), offense (7b), punishment (8c), offense (9b), punishment (9c) und einer hortatory conclusion (11) geschaffen.[28] Diese Deutung der Struktur von Gal 1,6-9, sonst als Anklage (Scheltwort) und Gerichtsankündigung (Drohwort) gedeutet, sollte in Gal 1,8ab.9a.10 charakteristisch erweitert bzw. eigentümlich durchbrochen sein, da die Gerichtsankündigung dort in der singulären Form eines Fluches erscheint. Angeredet sind in Gal 1,6-9 auch nicht Verkündiger eines anderen Evangeliums, sondern die Gemein-

---

[24] BETZ, Galaterbrief, S. 111: „Prinzipiell ist der Fluch gegen jeden Leser des Briefes gerichtet, der unter die in den Versen 8a, 9c gestellten Bedingungen fällt." Vgl. MORLAND, The rhetoric of curse, S. 239, wonach sich Gal 3,10 als nachgeschobene Begründung mit 1,8f verbindet und sich dadurch das Objekt der Verurteilung ändert: Dtn 27,26 „those who in practice do not keep the law"; Gal 3,10 „those who do not practice faith". Ist Gal 3 christologische Explikation von Gal 1?

[25] Vgl. VOUGA, HNT 10, S. 23: Es geht in Gal 1,8 nicht um Konkurrenz, sondern um die Unterscheidung des Evangeliums von menschlichen Überlieferungen (Gal 1,11f). Das wird durch die Fluchform betont, die christologische Implikationen hat.

[26] BETZ, Galaterbrief, S. 70f.109; Gal als magischer Brief, für dessen Form auf Zauberpapyri zu verweisen sei; die Anwendung von Segen/Fluch setze zudem eine rechtliche Konfliktsituation voraus.

[27] Ex 23,20ff; Dtn 27f; Lev 26; CRÜSEMANN, Tora, S. 15: Am Beginn steht jeweils ein Altargesetz, die Corpora erscheinen durch Kult bzw. kultische Präsenz Gottes gerahmt. Die bei BETZ, Galaterbrief, S. 110f, genannten Texte zeigen die Funktion des Fluches am Schluss von (Rechts-)Texten.

[28] ROETZEL, The judgement form, S. 309.

den in Galatien. Die Form der prophetischen Gerichtsrede würde, betrachtet man Adressaten und Form ihrer Gerichtsankündigung, zweifach atypisch verwendet sein, was als unwahrscheinlich gelten muss.[29] Als zentrale Texte zum Verständnis von ἀνάθεμα in LXX können Jos 6f und Dtn 13 gelten. Jos 6,17f gibt den Befehl an Israel zum Vollzug des Bannes an Jericho wieder, 6,21 berichtet die Durchführung dessen. 7,1 berichtet von der Bannmissachtung Achans, 7,11-13 fordert in Form einer Gottesrede die Auslieferung des durch Achan angeeigneten Gebannten und befiehlt den Bann an Achan. Die Verfehlung Achans gilt im Übrigen nicht als Tat eines Einzelnen, sondern wird der Gesamtgruppe zugeschrieben.[30] Der Bann gehört nach Jos 6f in den Tun-Ergehen-Zusammenhang, seine Durchführung soll in Israel zur Abschreckung dienen. Der Bann u.a. an der Stadt Jericho zielt auf den Schutz Israels vor religiösen Praktiken, deren Aneignung bzw. Durchführung Götzendienst wäre.[31]

Aufgrund eines Vergleichs des jeweiligen Fehlverhaltens - Dtn 13,13-16 Aufruf zum Götzendienst, Gal 1,8f Predigt eines anderen Evangeliums - hat Roy E. Ciampa überlegt, ob Paulus θεός aus Dtn 13,14LXX durch den missionstheologischen terminus technicus εὐαγγέλιον ersetzt und damit letztlich auch für Gal 1 den deuteronomischen Sinnzusammenhang des Fluches verwendet hätte.[32] Schwierigkeiten muss einer solchen Interpretation neben dem Numeruswechsel von Dtn 13,14 (θεοῖς ἑτέροις) in Gal 1,6 (εἰς ἕτερον εὐαγγέλιον) die Konsequenz bereiten, die in Dtn 13,16 formuliert ist, wenn dort der Vollzug des Bannes nicht nur diejenigen, die zum Götzendienst aufrufen, sondern (idealerweise; realistisch?) alles Leben der jeweils betroffenen Stadt umfassen soll.

Aus der beschriebenen Funktion des Fluches als Bann oder als Gerichtsankündigung wird jedenfalls seine normierende Bedeutung deutlich: Dass es sich beim Bann in der deuteronomisch-deuteronomistischen Tradition um eine Rechtsnorm handelt, zeigt seine Verwendung als Sanktion

---

[29] Vgl. MÜLLER, Prophetie und Predigt, S. 197-200: Gal 1,9 wird dort als „Fluchwunsch" verstanden, der irdisches Gemeinderecht ersetzen soll, Paulus ist Richtender und Vollstrecker zugleich.

[30] Vgl. auch Jos 22,20; Dtn 7,26; der Bann ist Ausdruck des Fluches wegen mangelndem Gebotsgehorsam. Der Bannvollzug an Achan wird Jos 7,20-26 berichtet.

[31] So auch schon Dtn 7,25f; 20,18. Zum Bann an feindlichen Städten vgl. Num 21,2f für Kanaaniter/ihre Städte; Dtn 20,17 als Regel für Kriegführung, Ri 1,17 für die Kanaaniterstadt Zefat; Ri 21,11 an Jabesch in Gilead; Dtn 13,15-18 als drohende Strafe bei Götzendienst auch in Israel. Zum rechten Umgang mit Gebanntem in Israel vgl. auch Lev 27,28f; Num 18,14.

[32] CIAMPA, The presence and function of scripture, S. 83; der auch Dtn 13,6-10 nennt; vgl. I Kor 5,13. Zum Bezug auf Dtn 13LXX schon MORLAND, The rhetoric of curse, S. 153: „Paul has alluded to deuteronomic traditions, but chanced them at one important point, substituting the law with the gospel".

bei Bannverletzungen. Sofern sich Gal 1,8f auf die biblische Verwendung von ἀνάθεμα bezieht, hat dies innergemeindlich präventive Funktion, soll dem Schutz vor fremden - in Gal jüdischen oder judenchristlichen? - religiösen Praktiken dienen. Sofern Gal 1,8f als Teil der frühchristlichen prophetischen Gerichtsrede verstanden werden könnte, konkret Teil der Gerichtsankündigung wäre, ergäbe sich über die genannte normative Funktion hinaus auch eine exekutive Funktion des Fluches, indem er vollzieht, wozu er verurteilt bzw. zu vollziehen droht, wovor er warnt.

9.2.4.2 Der Fluch als Ausdruck der Intensivierung

Dass Gal 1,8 und 1,9 inhaltlich eng zusammengehören, ist auch sprachlich unübersehbar. Das Verhältnis beider Verse zueinander wird in der Regel als das von Irrealis und Realis beschrieben, um die Verfluchung des Engels und die Selbstverfluchung des Paulus vom Fluch über die Boten eines anderen Evangeliums zu unterscheiden. Möglich ist aber auch eine die Verse aufeinander beziehende Identifizierung: Wer ein anderes Evangelium bringt, wird verflucht, selbst wenn er ein Engel vom Himmel oder gar Paulus selbst wäre.[33] In 1,9 sind wohl Gegner des Paulus in den Blick genommen, deren Aktivität in der Verkündigung eines anderen Evangelium besteht, die deswegen notwendig von Paulus verflucht werden müssen. Solchem Anliegen dient nach dieser Interpretation von Gal 1,8f gerade schon 1,9 und auch der Brief als Ganzer.[34] Bereits in Gal 1 scheint also die Auseinandersetzung des Paulus mit den Gegnern durch die Verfluchung auf einem Höhepunkt angekommen, auf dem es nur noch die Entscheidung zugunsten von Paulus (oder zugunsten der Gegner) gibt. Der Fluch des Paulus ist demnach bereits ultima ratio, markiert die Grenze des überhaupt Sagbaren, zeigt aber auch die Qualität der Konfliktsituation zwischen Paulus und den Gegnern.

Weitergehend meint Dieter Lührmann, in Gal 1,8b mit dem Engel vom Himmel kein erdachtes irreales Beispiel einer Legitimation zur Verkündigung eines anderen Evangeliums zu finden, sondern eine reale, den Adressaten des Gal womöglich im Vergleich zu Paulus imponierende(re) Legitimation.[35] Diese Auslegung verdient auch deshalb Beachtung, weil sie die logische wie die inhaltliche Reihenfolge von Gal 1,8f berücksichtigt. Gal 1,8a ist grundsätzlicher Vorsatz zu 1,8b.9, der Fluch von 1,8b.9 erscheint als Konkretion der in 1,8a genannten - als irreal gedachten - Möglichkeit. Paulus kann selbstverständlich für sich und seine Verkündigung ausschließen, dass 1,8a Wirklichkeit wird. Der Fluch von 1,8b.9 will weitere

---

[33] Vgl. dazu auch BORSE, RNT, S. 49: „Bei der Verurteilung der Irrlehrer gilt kein Ansehen der Person."

[34] Das ist in letzter Konsequenz von BETZ, Galaterbrief, S. 103, gesehen worden.

[35] Vgl. Gal 4,13f: Der kranke Paulus - aufgenommen wie ein Engel.

Möglichkeiten ausschließen: solche, die übermenschliche Dimensionen betreffen, sollten in 1,8b nicht Gegner mit ihren Ansprüchen gemeint sein; etwaige konkrete gegnerische Positionen in Gemeinden in Galatien, in 1,8b Paulus gegenüber, in 1,9 der Gemeinde gegenüber; letztlich jede denkbare gegnerische Position. Mit dem Fluch würde Paulus an ein Rechtsmittel denken, das von Gott erwartet, einzuschreiten. Damit hätte eine Auseinandersetzung um das Evangelium in Gal 1,8f einen in rechtlicher Perspektive kaum überbietbaren Höhepunkt erreicht. Der Fluch könnte aber auch, nicht nur im Fall irrealer Gegner, als präventive Maßnahme verstanden werden, mithilfe derer Paulus die Gemeinden vor Verkündigern eines anderen Evangeliums schützen will.[36] Dann würde der Fluch auch der Vermeidung von Konflikten um die Verkündigung des Evangeliums nicht nur durch Paulus dienen.

9.2.4.3 Ertrag

Paulus beschreibt in Gal 1,8f eventuelle Verfehlungen im Zusammenhang mit der Verkündigung des Evangeliums und markiert die Verkündigung eines anderen Evangeliums durch die Sanktionierung mit dem Fluch als (von ihm) sonst nicht zu sanktionierenden Straftatbestand. Formal greift Paulus mit den Fluchsätzen von Gal 1,8f auf kasuistisches Recht zurück. Der Fluch dient - auch in Gal 1,9? - der Konfliktvermeidung. Sprachlich besteht durch die Verwendung von ἀνάθεμα eine Verbindung zum Bann, wie er in Jos 6fLXX und Dtn 13LXX verstanden wird: Der Bann dient dort - wie in Gal 1,8f? - dem Schutz vor fremden religiösen Praktiken.

9.2.5 Röm 9,3

In Röm 9,3 gebraucht Paulus den Fluch als Mittel der Bekräftigung der Aussage. Er bewegt sich damit in den konventionellen Bahnen antiker Redeweise. Wie weitgehend dieses Mittel der Bekräftigung nun aber eingesetzt werden kann, zeigt gerade Röm 9,3. Auch hier ist die Frage nach Realitätsgehalt, erkennbaren rechtlichen Implikationen und sich daraus ergebender Funktion des Fluchs als Konfliktlösung zu stellen.

9.2.5.1 Der Gebetswunsch des Paulus: Selbstverfluchung?

Gleich zu Beginn von Röm 9-11 und der Klage um Israel in 9,1-5 stellt Paulus in 9,1 die Wahrhaftigkeit seiner folgenden Aussage durch die dreifache Bekräftigung[37] heraus, dass Trauer und Schmerz ihn bewegen. Von

---

[36] Zum irrealen Charakter des Fluchs VOUGA, Der Galaterbrief, S. 243-258: Gal als „fiktiver Brief"?

[37] SCHMITHALS, Römerbrief, S. 327: Triadische Beteuerung, verbunden mit der Formel Christus-Gott-Geist. Vgl. einfach in II Kor 1,23; 11,31; Gal 1,20; vgl. II Kor 2,17; 12,19; doppelt in II Kor 12,6.

Anfang an ist mit dem Verweis auf das Reden ἐν Χριστῷ - neben der Benennung der Gewissensinstanz ἐν πνεύματι ἁγίῳ - der Gemeindebereich
zur Bekräftigung dessen herangezogen, was in dieser Form eine emphati-
sche und einmalig pathetische Aussage des Paulus ist.[38] Die Selbstverfluchung von 9,3 bekräftigt die Wahrhaftigkeit des Intendierten, das konkret
in der durch eine Verfluchung vollzogene Trennung von Christus bestehen
dürfte. Wie Mose[39] wünschte Paulus, den Fluch stellvertretend - süh-
nend?[40] - auf sich zu nehmen. Wobei hier keine reale Gebetsbitte, sondern
ein von Paulus bereits als unerfüllbar gewusster Gebetswunsch geäußert
wird.[41] Und auch bereits aus Ex 32,32f wäre zu ersehen, dass eine derartige Stellvertretung, sogar durch Mose, als unmöglich gelten muss. Mit ihrer Verwirklichung dürfte Paulus auch nicht gerechnet haben.

9.2.5.2 Die gewünschte Selbstverfluchung als Rechtsnorm?

Kann ein Gebet, das in die Form der Selbstverfluchung gekleidet ist, als
Rechtsnorm verstanden werden? Wenn vorausgesetzt wird, dass ein Fluch
rechtliche Regelungen vertritt, die sonst nicht durchsetzbar wären, darf
man diese Frage bejahen. Zugleich ist daran zu erinnern, dass ein Fluch
die materielle Rechtsdurchsetzung aus der Sphäre menschlicher Gerichtsbarkeit ausgliedert und der Gottheit überlässt. Damit korrespondiert die
Sprechweise des Paulus in Röm 9,3, die zu verstehen ist als Bitte an Gott,
das gewünschte Verhalten zu ermöglichen. Fluch und Gebet sind demnach
parallel zu denken, weil beide ihre Durchführung bzw. Erfüllung von Gott
erwarten; beide markieren Endpunkte Menschen möglichen Verhaltens,
indem sie erwarten, dass Gott das kommende Geschehen herbeiführt. Dieses kommende Geschehen ist als Rechtsdurchsetzung zu begreifen, das der
Fluchende bzw. Betende Gott anheim gestellt hat.

Begrenzt wird dieses Verständnis durch die inhaltliche Zurückweisung
des Fluches in Röm 9,3. Wenn zudem der Fluch bei Paulus sonst bzw. oft
als irreal zu interpretieren ist, bedeutet dies für die Interpretation des Fluches als Rechtsnorm, dass an dieser Stelle - in fachfremder Terminologie
gesprochen - eine Zwangsnorm[42] vorliegt. Der unmögliche Charakter der

---

[38] KÄSEMANN, HNT 8a, S. 247f.

[39] Ex 32,32LXX spricht von der Vergebung des Abfalls bzw. Götzendienstes, in
32,33 wird eine Stellvertretung bei individuellem Verschulden abgelehnt.

[40] Für BRUN, Segen und Fluch, S. 127f, belegt ἀνάθεμα in 9,3 eine unkultische
Stellvertretung.

[41] Zur Frage Wunsch oder Gebet MOO, NIC, S. 558.

[42] Vgl. LAMNEK, Theorien, S. 22f: Bei einer Zwangsnorm sind Geltungsgrad und
Sanktionsbereitschaft in der jeweiligen Gesellschaft zwar hoch, ihr Wirkungsgrad bleibt
aber gering, weil die Norm trotz Bejahung von einer Mehrzahl und deren Drohung mit
Sanktion von Einzelnen nicht als das Verhalten leitend akzeptiert wird. Eine Zwangsnorm ist eine Norm jeweils für diejenigen, die von ihr abweichen.

gewünschten Selbstverfluchung macht ihren Charakter als Rechtsnorm nicht zunichte, transformiert sie allerdings von einer selbstverständlich gültigen Norm – soziologisch: eine Idealnorm - in eine eigentlich gültige und mit Sanktionen versehene, aber unwirksame Norm.

9.2.5.3 Ertrag

Für eine Hinwendung seiner jüdischen Schwestern und Brüder zu Christus wäre Paulus bereit, stellvertretend für sie den Fluch und damit die Trennung von Christus auf sich zu nehmen. Diese Bereitschaft drückt Röm 9,3 als Wunsch des Paulus im Gebet aus. Dieses Ansinnen - das Paulus selbst als unmöglich weiß - erscheint in der zeitgenössisch bekannten, auch rechtlich als verbindlich zu betrachtenden Form der Selbstverfluchung. Mit ihr wird die Dringlichkeit des Anliegens unterstrichen. Auch wenn die gewünschte Selbstverfluchung irreal ist, wird sie dadurch nicht unwirksam. In moderner Terminologie wäre sie als Zwangsnorm zu klassifizieren, die als Norm trotz ausbleibender Wirkung weiterhin gültig ist.

9.2.6 Zusammenfassung

Die Flüche bei Paulus sind den Gemeinden vermutlich aus ihrer Umwelt als Formen rechtlicher Regelung bekannt, die von Paulus auf dem Hintergrund deuteronomisch-deuteronomistischer Bannvorstellungen rezipiert worden sein dürften.[43] Allgemein dienen sie - ob als Rechtsnormen verstanden oder nicht - zur Bekräftigung der jeweiligen Aussage, werden bei Paulus allerdings noch einmal eigens akzentuiert. Mit den Flüchen in I Kor 12,3, 16,22, Gal 1,8f und Röm 9,3 werden Redeweisen verwendet, die inhaltlich durchgängig als irreal interpretierbar sind. Flüche, wie an den genannten Stellen erkennbar, sollten für Paulus aus unterschiedlichen Gründen nicht wirksam werden: Der konkrete Fluch soll im Kontext der Verkündigung präventiv wirken (Gal 1,8f). Der Fluch markiert überhaupt die Grenze des Menschen für sich und andere Möglichen (I Kor 12,3; Röm 9,3). Er erscheint in Form der Verfluchung Jesu als Gegenbekenntnis zum Christusbekenntnis (I Kor 12,3). Und er kann als Ausdruck des Gegenteils zur Zugehörigkeit zur Gemeinde verstanden werden, sofern er bedeutet, dass man den Herrn nicht liebt (I Kor 16,22). Der jeweilige Fluch ist zwar eine konkrete Rechtsnorm, dient aber nur via negationis dazu, Verhalten auszugrenzen, das als irreal zu betrachten ist.

---

[43] Vgl. MORLAND, The rhetoric of curse, S. 172-179. Die Herausstellung des „covenantal context of curse" bei Morland ließe sich verbinden mit den rechtlichen Implikationen des Fluches, verstanden als Rechtsform, die etwa Dtn als Verstehenshintergrund heranzieht. Segen und Fluch sind dort Formen der Herstellung von Verbindlichkeit der Bundestreue Israels. Für das NT wäre - trotz Vergleichbarkeit in der Funktion - der irreale Charakter des Fluches als Rechtsnorm zu betonen.

9.3 Ergebnisse

Der Fluch als Rechtsnorm begegnet bei Paulus an verschiedenen Stellen.
In I Kor 12,3 wird eine Verfluchung Jesu, die als rechtlich relevante Redeweise gedacht ist, von Paulus als Irrealis christlichen Redens gekennzeichnet. Möglicherweise aus dem Mund christlicher Gnostiker stammend ist die Verfluchung Jesu nach Paulus nicht dem Geist Gottes gemäß. Der Fluch erscheint via negationis als rechtsverbindliches Bekenntnis. Vielleicht eine Gegenposition karikierend, wahrscheinlich paulinisches Konstrukt und für Paulus Antithese zum Kyriosbekenntnis, hat der Fluch keine positive rechtliche Funktion. Rechtsfolge der Verfluchung Jesu wäre nach I Kor 12,3 der qua Fluch vollzogene Selbstausschluss: Verfluchung und Kyriosbekenntnis schließen sich aus, das Kyriosbekenntnis ist aber konstitutiv für die Zugehörigkeit zur Gemeinde.

Nach I Kor 16,22 ist der eigentlich unmögliche Fall, dass ein Mitglied der Gemeinschaft den Herrn nicht liebt, mit dem rechtsverbindlichen Ausschluss aus dieser Gemeinschaft qua Verfluchung bedroht. Als vielleicht traditionellen Teil der Abendmahlsliturgie verortet Paulus den Fluch in den Machtbereich des kommenden Herrn. Als Teil des Briefschlusses gehört der Fluch in die usuellen Warnungen der Gemeinde vor Fehlverhalten. Zudem dürfte es sich bei einem derartigen Fluch um ein eigentlich undenkbares Verhalten handeln. Rechtsfolge des Fluches wäre der Ausschluss aus der Mahlgemeinschaft bzw. ist der Ausschluss aus der Gemeinde durch den zum Gericht kommenden Christus.

In Gal 1,8f verwendet Paulus mit der Verfluchung aller, die ein anderes Evangelium verkündigen, eine traditionelle biblische Bannvorstellung als Rechtsnorm. Paulus erinnert in Gal 1,8f inhaltlich an die Vorstellung vom Bann, der nach Dtn 13LXX u.a. bei Abfall des Volkes zum Götzendienst zu vollziehen ist. Die Verfluchung von Gal 1,8f ist auch in Gal 1,9 irreal verstehbar, da das mit dem Fluch zu sanktionierende Verhalten - die Verkündigung eines anderen Evangeliums - nicht nur für Menschen eine Unmöglichkeit ist, wie Paulus ausdrücklich feststellt. Mit dem Fluch als kasuistischem Rechtssatz greift Paulus zu einer Rechtsdurchsetzung, die menschlichem Handeln entzogen einzig und allein Gottes Tun zugeschrieben werden kann.

Die von Paulus in Röm 9,3 von Gott erbetene Verfluchung ist als rechtlich verbindliches Handeln um der jüdischen Geschwister willen verstehbar. Eine derartige Selbstverfluchung ist zugleich grundsätzlich undenkbar, wie auch der Verweis auf die Mosetradition aus Ex 32 zeigt. Sie dient, wenn sie wie in Röm 9,3 als verbindliche Aussage erfolgt, der Bekräftigung des Gesagten. Die Selbstverfluchung des Paulus ist aber doch eine Unmöglichkeit des Redens, so erwünscht sie ihm im Ergebnis auch erscheinen könnte. Die Selbstverfluchung hätte die (rechtsverbindliche) Trennung des Paulus von Christus zugunsten seiner jüdischen Schwestern und Brüder und deren Zugehörigkeit zu Christus zu Folge. Die Qualifizierung der Rechtsfolge als Irrealis macht die Selbstverfluchung nicht ungültig, sondern zeigt ihren besonderen Charakter.

Flüche als Rechtsnormen haben an verschiedenen Stellen ihrer Verwendung in den paulinischen Briefen jeweils die gleiche Funktion.

Flüche sind traditionell wie bei Paulus ultima ratio der Rechtsdurchsetzung, sie dienen der Konfliktlösung in den Fällen, in denen diese anders nicht mehr möglich ist. In I Kor 12,3 bzw. 16,22 kann der Fluch derer, die Jesus verfluchen bzw. über die, die den Herrn nicht lieben, wohl nicht einmal mehr als ultima ratio gelten. In Gal 1,8f ist der Fluch über Verkünder eines anderen Evangeliums ultima ratio der Rechtsprechung, da solche Verkündigung eine Verfehlung am Evangelium wäre. In Röm 9,3 ist die Selbstverfluchung des Paulus um der Zugehörigkeit seiner jüdischen Geschwister zu Christus willen nur dann ultima ratio paulinischen Redens, wenn durch die Selbstverfluchung ihre Zugehörigkeit vielleicht doch herbeigeführt werden könnte. Der Fluch gehört für Paulus insgesamt wohl in den Kontext der Sicherung von Bekenntnis und Verkündigung.

Es ist zu prüfen, ob Flüche von Paulus nicht durchweg zur Kennzeichnung eines Irrealis verwendet werden und damit einer Strategie von Konfliktvermeidung dienen. Der Fluch über Jesus (I Kor 12,3) ist für die, die Christus als Kyrios bekennen ebenso unmöglich wie die Aussage, dass diese den Kyrios nicht lieben (I Kor 16,22). Auch ein anderes Evangelium kann von keinem Menschen (angefangen bei Paulus) oder himmlischen Wesen verkündet werden (Gal 1,8f). Ebenso wird das Heilshandeln Christi nicht dadurch umgekehrt, dass einer sich stellvertretend für andere verflucht (Röm 9,3).

Die Flüche bei Paulus lassen sich von ihrer Funktion für die betroffene Gemeinschaft her als Strategien zur Konfliktvermeidung interpretieren. Sie dienen dem Schutz der Gemeinschaft ebenso wie der Abschreckung ihrer Mitglieder vor potentiellem Fehlverhalten. Erst dann, wenn Flüche als Konfliktvermeidungsstrategien nicht greifen, müssten sie als Konfliktlösungen wirksam werden, innerhalb derer die Sanktion von Fehlverhalten Gott übertragen wird, um doch noch eine - den Menschen und ihren Möglichkeiten nicht mehr zugängliche - Sanktion zu erreichen (so etwa auch I Kor 5,5?).

Kapitel 10

„Dass du dich daran hältst ohne Vorurteil"
Das Amt zur Konfliktlösung im ersten Timotheusbrief

10.1 Vorbemerkung

> Die Aufgaben, die Tim und Tit zu erfüllen haben, sind durchaus denen eines Statthalters einer Provinz ähnlich ... Die literarische Gestalt, in die diese Aufträge in den Past gekleidet sind, ist daher den Anordnungen, Dekreten, Edikten und genauen Anweisungen vergleichbar, die die Verwaltung hellenistischer Regierungen in Form brieflicher Korrespondenz ergehen ließ.[1]

Sind die ausführenden Organe in I Tim und Tit terminologisch entsprechend als Amtsträger (v.a. οἱ πρεσβύτεροι und ὁ ἐπίσκοπος) zu identifizieren und als Funktionäre der lokalen Gemeindeverwaltung in Analogie zu kommunalen Beamten vorzustellen? Dieser mögliche Zusammenhang wird im Blick zu behalten sein, wenn die Past in der Traditionsgeschichte und der Entwicklung des Imperium Romanum verortet werden.

Am Ende des 1. Jahrhunderts prägen sich v.a. in den Städten des Imperium Romanum allmählich neue Formen der Verfassung gesellschaftlicher Gruppen aus.[2] Deren Organisation wird in den Past insofern übernommen, als in der Leitungsstruktur die jüdisch-synagogale Ältestenverfassung mit einer episkopalen Hierarchie verbunden wird, die auch in Vereinen begegnet. Deshalb kann die Betonung einer Gemeindeordnung „mit fähigen und gewissenhaften Gemeindeleitern"[3] in den Past als Antwort auf die Herausforderungen ihrer Zeit und Situation betrachtet werden. Den Gemeindeleitern wird die Aufgabe innergemeindlicher Konfliktlösung zugewiesen.[4]

---

[1] LOHSE, Entstehung, S. 61. Vgl. SPICQ, Les épitres pastorales, S. 34: „La *Lettre* n'est pas autre chose que la transmission au lion et par écrit des décision de l'autorite; qu'il s'agisse du roi ou d'un haut functionaire, son *epistolè* est un *entolè*".

[2] So PLÜMACHER, Identitätsverlust, S. 10-25, für Kleinasien. Die verstärkte Gründung von Vereinen war im Übrigen auch eine Reaktion auf mangelnde Aufstiegschancen in der Polis, die einen Zugang zu kommunalen Leitungsämtern auch für Menschen öffnete, die nicht der Oberschicht angehörten.

[3] OBERLINNER, HThK XI 2/1, S. XXXVIII.

[4] Indirekt erheben Past den Anspruch, der als Ort kenntlich zu werden, an „dem sich deren Erwartungen und Idealvorstellungen hinsichtlich des menschlichen Gemeinschaftslebens realisieren"; ROLOFF, EKK XV, S. 214. Vgl. POPKES, Paränese, S. 98-102.

10.2 Gemeindeleitung und Konfliktlösung

10.2.1 I Tim 1,20

Mit 1,20 endet das Exordium des I Tim, in das traditionell, wie im Neuen Testament auch in Paulusbriefen ersichtlich, eine Danksagung gehört. Diese Danksagung zu Beginn des Schreibens bietet Gelegenheit, auf das - in der Regel dankenswerterweise gute - Verhältnis des Absenders zu den Adressaten zu sprechen zu kommen.[5] Innerhalb von I Tim 1,3-20 wird nach dem Präscript 1,1f im Proömium mit 1,3-7 die Beauftragung des Adressaten zur Intervention gegen gewisse Leute und ihre anderen Lehren vorangestellt und in 1,8-11 die Bedeutung des Gesetzes für eine gesunde (d.h. hier: die eigene) Lehre aufgewiesen. Erst in 1,12-17 folgt ein Dank, der sich aber nicht auf das Verhältnis von Autor und Adressat bezieht, sondern auf die Indienstnahme des fiktiven Autors Paulus zur Verkündigung des Evangeliums. Mit 1,18-20 schließt das so erweiterte Proömium, indem es wieder das Verhältnis des Autors zu Timotheus thematisiert und die folgenden Anweisungen durch die Erinnerung an die frühere παραγγελία vorbereitet, die der Autor in I Tim 2,1-6,2 inhaltlich einschärft.

Teil der Erinnerung ist auch das Scheitern mancher Leute im Glauben, deren Verhalten im Bild des Schiffes in Seenot beschrieben wird: Die Betroffenen haben den Glauben über Bord geworfen.[6] In 1,19b.20 werden mit Hymenaios und Alexander zwei Männer namentlich genannt, die exemplarisch für Abfall vom Glauben und zugleich für den sog. paulinischen Umgang mit solchem Abfall stehen.[7] Bei beiden dürfte es sich um Gemeindeglieder gehandelt haben, die aus der Gemeinde ausgeschlossen wurden.[8] Grundsätzlich ist aufgrund der verwendeten Begrifflichkeit davon auszugehen, dass dabei ein für derartige Vorkommnisse in der Gemeinde anerkanntes Verfahren durchgeführt wurde. Gerade die knappe Terminologie lässt erkennen, dass an eine bekannte Vorgehensweise - eine rechtliche Regelung? - erinnert wird; dafür könnte formal an I Kor 5 zu denken sein. Allerdings darf nicht erwartet werden, dass die Erwähnung des vergleichbaren Vorgehens von I Tim 1,20 sich auf alle Einzelheiten erstreckt, die aus der Darstellung in I Kor 5 erkennbar werden.[9] Als mar-

---

[5] VOUGA, Der Brief, S. 8-16.46-58.

[6] HASLER, ZBK.NT 12, S. 17.

[7] In 1,20 ist es fiktiv Paulus, der das Geschehen veranlasste; zu den Namen vgl. II Tim 2,17; 4,14.

[8] Positionen bei Oberlinner, HThK XI 2/1, S. 56f. Zur Argumentation von 1,19b-20 vgl. DONELSON, Pseudepigraphy, S. 103.106f: inductive und illustrative paradigm.

[9] TRUMMER, Paulustradition, S. 139. Formal wird nur zu εἰς ὄλεθρον τῆς σαρκός in 1,20 keine Parallele deutlich. Wird hier der Einzelfall sichtbar?

kanter Unterschied ist die in I Tim 1,20c genannte pädagogische Funktion der Übergabe an den Satan zur Umkehr des Betroffenen bedeutsam. Parallel dazu erwartet I Kor 5,5 die eschatologische Rettung von τὸ πνεῦμα. Das jeweils mit ἵνα eingeleitete Ziel des Handelns ist wohl vergleichbar: Es geht um Rückgewinnung des Betroffenen durch erzieherisch wirkende Züchtigung (I Tim)[10] bzw. um Rettung im eschatologischen Gericht (I Kor 5)[11]. Grundsätzliche Unterschiede bestehen in dem jeweils der Übergabe an den Satan vorausgehenden Fehlverhalten und in der Erwartung einer Verhaltensänderung durch die Betroffenen.

Hält man das jeweilige Vorgehen in I Kor 5,5 und I Tim 1,20 für formal identisch, ergibt sich, dass dieses Vorgehen unabhängig vom jeweiligen Vergehen und damit als Norm zur Konfliktlösung betrachtet wurde. Die in I Kor 5,1f umschriebene sexualethische Verfehlung des Einzelnen, auch das für Paulus skandalöse Schweigen der Gemeinde dazu, bewegen sich auf einer Ebene, die von der in I Tim 1,19 im Bildwort beschriebenen Irrlehre unterschieden ist.[12] Dennoch kommt es zu einer vergleichbaren Konfliktlösung, die für I Tim modellhaften Charakter trägt und dort auch rechtlich verbindlich ist.

I Tim 1,18 gibt die Legitimation zur Konfliktlösung ausdrücklich an die Gemeindeleitung weiter, Paulus teilt in I Kor 5,3-5 solche Legitimation ausdrücklich der Gemeinde in Korinth mit und erwartet ihren Nachvollzug. Durch die Aufnahme von I Kor 5 in I Tim 1,20 dürfte deutlich sein, dass die Gemeindeleitung der Past „ein Modell für das Vorgehen der Gemeindeleiter in analogen Fällen"[13] kennt. Tun und Ergehen von Hymenaios und Alexander sind nicht nur ein abschreckendes Beispiel und pädagogische Maßnahme zur Rückgewinnung der Betroffenen, sondern als ermahnende Erinnerung eine verbindliche Anweisung für die Gemeindeleitung, zu handeln wie die korinthische Gemeinde - auf paulinische Empfehlung hin - in I Kor 5 bzw. wie der fiktive Paulus in I Tim 1,20.[14]

---

[10] SPICQ, Les épitres pastorales, S. 354. Tit 2,12 und II Tim 2,25 belegen auch die Bedeutung „anleiten".

[11] Sofern die Rettung des Täters im Blick ist; I Tim scheint Paulus in I Kor 5 so verstanden zu haben. Zum möglichen paulinischen Verständnis vgl. Kapitel 8, S. 139 in dieser Untersuchung. Vgl. HOULDEN, The pastoral Epistles, S. 62: „Outside the circle of God's faithful, Satan still rules".

[12] Denkt man an die fundamentale Kritik des Paulus an der Gemeinde in I Kor 5, die das Verhalten von 5,1 überhaupt nicht als Vergehen erkennt und konsequent auch nicht verfolgt, könnte 5,1 Konsequenz einer (korinthischen?) Gesetzeslehre sein, die noch bzw. auch in I Tim 1,7 kritisiert ist.

[13] ROLOFF, EKK XV, S. 106. Vgl. auch die Rezeption von I Tim 1,19f in pud. 13.

[14] Die Mahnung gilt im Kontext der Adressatenfiktion in I Tim neben Gemeindegliedern auch der Gemeindeleitung. Zu beachten ist I Kor 5,5 als erinnerte Norm in I Tim 1,20. Diese Tradierung verweist auf ein Verständnis als Rechtsnorm.

10.2.2 I Tim 3,1-7

Anders als die Abgrenzung es vorsieht, die von NT Graece[27] vorgeschlagen wird, sollte man πίστις ὁ λόγος[15] in I Tim 3,1a m.E. zum Folgenden ziehen: Durch die Beglaubigungsformel wird eine Sentenz über das Amt von ὁ ἐπίσκοπος eingeleitet, die sonst unverbunden zum Vorhergehenden stünde. Eine Gliederung mit 3,1a als Einleitung ergibt als Struktur von 3,1-7 eine Ringkomposition.[16]

Nach der Parenthese in 3,5 und dem zusammenfassenden Bildwort in 3,4 ist mit 3,6f ein Neueinsatz markiert. 3,6 - sprachliche und strukturelle Parallele zu 3,7 - greift auf 3,3a zurück,[17] während 3,7 dann 3,2a aufnimmt. Durch diese Ergänzung von 3,1b.2f.4f in 3,6f kommt 3,4f mit seiner Analogie von οἶκος und ὁ ἐπίσκοπος als Mitte einer Komposition zu stehen, die mit verschiedenen Voraussetzungen für das fragliche Amt gerahmt erscheint. Inhaltlich lässt sich für 3,1-7 eine Erweiterung der ursprünglich wohl nicht ekklesiologischen Argumentation von 3,1b.2f durch 3,4 behaupten, bzw. die Anwendung von 3,1b-4 auf die ἐκκλησία in 3,5 und die theologisierende Interpretation des Textes in 3,6-7, ohne dass dies literarkritisch zu verifizieren wäre. Auch in 3,1b.2f ist mit verarbeiteter Tradition zu rechnen.[18]

Formal liegt in 3,2f ein Katalog mit mehr oder weniger spezifischen Anforderungen an ὁ ἐπίσκοπος vor, dessen Form und Funktion an bekannte antike Berufspflichtenlehren erinnert. Jedenfalls hat Martin Dibelius den Feldherrnspiegel eines Strategen namens Onosander (in den Quellen Onasander genannt) und Lukians Abhandlung über die Tanzkunst als Referenztexte für I Tim angegeben.[19]

Exkurs: Antike Berufspflichtenlehren

Neben dem für den Vergleich mit I Tim 3,2f länger bekannten Feldherrenspiegel des Onasander und einer Berufspflichtenlehre für Mimen bei Lukian ist auch eine Pflichten-

---

[15] Langform πίστις ὁ λόγος καὶ πάσης ἀποδοχῆς ἄξιος, I Tim 1,15; 4,9. Kurzform πίστις ὁ λόγος, II Tim 2,11; Tit 3,8. Vgl. SCHLARB, Die gesunde Lehre, S. 209: Die Zuordnung von 3,1a hängt „am Verständnis der Formel als Zitateinleitung - als Bekräftigungsformel schließt sie 211-15 passend ab."

[16] 3,1a Beglaubigungsformel; 1b Zitat einer Sentenz über ὁ ἐπίσκοπή; 2-3 traditionelle und spezifische Anforderungen an ὁ ἐπίσκοπος; 2a.3a personale Voraussetzungen; 2b.3b funktionale Voraussetzungen; 4 Bildwort vom οἶκος und zusammenfassende Voraussetzungen; 5 Parenthese zum Stichwort 3,4 οἶκος; 6-7 weitere spezifische Anforderungen; 6 mögliches Hindernis; 7 weitere personale Voraussetzung.

[17] μὴ + Adjektiv: 3,6 μὴ νεόφυθον - 3,3 μὴ πάροινον.

[18] Nach ROLOFF, EKK XV, S. 150f, gehört auch μιᾶς γυναικὸς ἄνδρα zu einer Vorlage. Traditionell könnten sein u.a. φιλόξενος und διδακτικός, μὴ πάροινος und μὴ πλήκτης, vgl. Tit 1,7-9.

[19] DIBELIUS, HNT 13, S. 41f.116f; VÖGTLE, Tugend- und Lasterkataloge, S. 79f.

lehre für Hebammen beim Mediziner Soranus von Ephesus für die Erhebung von Inhalt und Funktion antiker Berufspflichtenlehren interessant.[20] Und weitere vergleichbare Berufspflichtenlehren ließen sich finden.

Die wichtigsten Eigenschaften eines Στρατηγικός (Onasander)

In der Einleitung des militärtheoretischen Traktats gleichen Namens aus der Mitte des 1. Jahrhunderts wird ein Strategenspiegel mit verschiedenen für den Beruf zentralen Eigenschaften vorgestellt und werden so die Erfordernisse des Strategenamtes benannt.[21] Der Einleitung folgen allgemeine Ratschläge für militärische Operationen und Hinweise zum Verhalten in besonderen Situationen.

Die angeführten, für das Amt wenig charakteristischen Eigenschaften werden in der angeschlossenen Kommentierung auf die speziellen Anforderungen des Berufes bezogen: Zu dem für ein Strategenamt geforderten Lebensalter etwa wird mit Hilfe des Stichwortes ἀλόγιστος ausgeführt: Übertriebene Kühnheit der Jugend ist ebenso zu vermeiden wie für das Alter anzunehmende Gebrechlichkeit. Ähnlich für die Frage nach σώφρων, wichtigste Eigenschaft des Strategen: Allzu üppigen Drang nach Genuss, der sich der Logik der ἡδονή verdanken würde, gilt es zu meiden.[22] Und die Unbestechlichkeit, begründet in der Eigenschaft ἀφιλάργυρος, empfiehlt sich deshalb für den Strategen, weil die sonst zu befürchtende Trübung der Urteilskraft und Freiheit in ethischen Entscheidungen durch Geld aus warnenden Beispielen allgemein bekannt ist.[23]

Die Fähigkeiten eines guten Mimen (Lukian von Samosata)

Vom Allgemeinen zum Besonderen und umgekehrt wird in der Schrift Περὶ ὀρχήσεως[24] argumentiert, die dem Satiriker und Wanderredner Lukian zugeschrieben wurde. Die kleine Schrift in Dialogform handelt von der Tanzkunst, ihrer Herkunft, ihrer Verwendung; und auch von dem, der sie ausübt.[25] Aus den für den Beruf nötigen Eigenschaf-

---

[20] Parallelen ergeben sich für σώφρων (I Tim 3,2; Tit 1,8; Onasander I,1; Soranus I 3-5), κόσμιος (I Tim 3,2; Soranus I,3-5), ἐγκρατῆ (Tit 1,8; Onasander I,1) und ἀφιλάργυρος (I Tim 3,3; Onasander I,1; Soranus I 3-5). Zu νηφάλιος I Tim 3,2 vgl. νήπτης Onasander I,1, νήφουσα Soranus I 3-5; zu μὴ νεόφυτος I Tim 3,6 vgl. Tit 1,5, μήτε νέος μήτε πρεσβύτερος Onasander I,1, οὐ πάντως νέαν Soranus I 3-5; zu τέκνα ἔχοντα ἐν ὑποταγῇ vgl. Tit 1,6, πατέρα παίδων Onasander I,1.

[21] Nach dem Proömium fasst I,1-25 das Auswahlverfahren für den Strategen in den Blick; II,1-5 benennt die Eigenschaften des guten Strategen und III,1-3 die Bedeutung seines Stabes. In IV,1-XLII,26 werden Kriegsvorbereitung, taktisches und persönliches Verhalten beschrieben. Aufgrund der Widmung an Q. Veranius Romanus (Konsul 49? Gest. 59 n.) ist eine Abfassung um 50 wahrscheinlich. Ein Στρατηγός ist militärischer Befehlshaber und zugleich Beamter mit Zivilkompetenzen (Ausbildung der Jugend, Versorgung der Bevölkerung, Diplomatie). Unter römischer Herrschaft war er den Prokuratoren unterstellt und nahm zivile Aufgaben wahr; VOLKMANN, KP 5, Sp. 388-391.

[22] Zu σώφρων als Berufspflicht VÖGTLE, Tugend- und Lasterkataloge, S. 81.

[23] Die Berufspflichten sind untereinander unabhängig; LOCK, ICC, S. 36. Es ist ein Grundbestand von Begriffen identifizierbar, der im philosophischen Lehrbetrieb eingeübt wurde, vgl. (Pseudo-)Plato, Def. 22 φρόνησις, Def. 28 ἐπιείκεια, Def. 111 σώφρων.

[24] Text auch bei DIBELIUS, HNT 13, S. 118. Nicht zu verwechseln ist die Schrift mit Libians ὕπερ ὀρχηστῶν, die dem Verfasser von Περὶ ὀρχήσεως vermutlich vorlag. Die satirischen Dialoge Lukians werden in die 60er Jahre datiert; HELM, PRE 13, Sp. 1727.

[25] Zur Disposition der Schrift c. 35: über die Tanzkunst 7-34; über die Tänzer 35-85.

ten[26] wird auf menschliche Qualitäten zurück geschlossen: Der lobenswerte Mime bewirkt, dass diese sich in den Darbietungen mit ihren Empfindungen und Stimmungen wieder finden, indem er wie ein Spiegel die Empfindungen der Menschen zurückwirft.[27] Inhaltlich wird hier ein typisches Verständnis von Tanzkunst und ihrer Funktion sichtbar. Letztlich realisiert sich dabei die delphische Maxime Γνῶτι σεαυτὸν, haben der Mime und seine Tanzkunst pädagogische Funktion.

Ausbildung und Praxis guter Hebammen (Soranus von Ephesus)
Der Arzt Soranus, seiner Schulzugehörigkeit nach Methodiker, praktisch aber ein gemäßigter Vertreter der medizinischen Richtung, die die Lehrbarkeit der Medizin in kurzer Zeit propagierte, wirkte im Rom der Zeit um 100, einer Zeit raschen Bevölkerungswachstums, Ärztemangels und rückständiger medizinischer Versorgung.[28] In seiner vier Bücher umfassenden Schrift Γυναικεῖα nennt er neben berufstechnischen Fertigkeiten auch ethische Anforderungen an Hebammen, deren Ausbildungs- und Berufsalltag er im Blick hat.[29] Indirekt wird deutlich, dass ihr Berufsstand die Versorgungslücke schliessen muss, die durch den nicht kurzfristig zu behebenden Ärztemangel entstanden ist. Soranus listet die Vorbedingungen auf, die erbracht werden müssen, um Hebamme zu werden und formuliert die Anforderungen, Hebamme zu sein. Die Anforderung, κόσμιος etwa wird in der Ausbildung zur Hebamme verortet, ehrbares Verhalten gehört zu den Voraussetzungen, um die Ausbildung gut absolvieren zu können.[30] σώφρων und ἀφιλάργυρος gehören in den Bereich dessen, was eine praktische Hebamme auszeichnet: Sie muss in der Lage sein, auch in schwierigen Situationen besonnen zu reagieren und sie sollte sich zum Beispiel nicht verleiten lassen, nur aus finanziellen Erwägungen einer Behandlungsmethode den Vorzug zu geben.

10.2.2.1 I Tim 3,2f als Berufspflichtenlehre

Eine enge inhaltliche Verbindung von I Tim 3,2f zu einer einzelnen antiken Berufspflichtenlehre lässt sich nicht erkennen. Es gibt zwischen I Tim 3,2f und dem Anforderungsprofil an einen Strategen nicht nennenswert engere Bezüge als etwa zwischen I Tim 3,2f und den Qualifikationen von Hebammen bzw. den wünschenswerten Fähigkeiten eines Mimen. Die jeweils geforderten Pflichten der verschiedenen Berufe und die zwischen einzelnen Topoi der Berufspflichtenlehren erkennbaren Übereinstimmungen dürften sich im Rahmen dessen bewegen, was für antike Berufspflichten überhaupt gelten kann. Zu beachten bleibt, dass I Tim 3,2f sinnvoll in

---

[26] Weitere Beispiele „philosophischer Paränese" bei BETZ, Lukian, S. 183-211.

[27] Im Tanz werden durch Schritt, Stellung und Handbewegungen „Freude, Schmerz, Verehrung, Lebenslust geformt, Handlungen nachgeahmt, kriegerische oder enthusiastische Stimmungen erzeugt", GROSS, KP 5, Sp. 513. Eigener Tanz war in Rom selten, Tanzgruppen wurden in der Regel gemietet. Tänzer hatten geringes Ansehen, waren unfrei; vgl. aber auch die Hetairen, die u.a. im Tanz geübt waren.

[28] KUDLIEN, KP 5, Sp. 283; KUDLIEN, KP 3, S. 1270f; vgl. auch KIND, PRE 2,3, Sp. 1113-1130.

[29] Zur Textüberlieferung KIND, PRE 2,3, Sp. 1118f.

[30] Ziel des Kataloges ist es, eine unsachgemäße Berufsausübung möglichst auszuschließen, die auf Ausbildungsdefizite bzw. mangelnde Berufseignung zurückgeht.

die Reihe der Berufspflichtenlehren einzuordnen ist und überhaupt vielfältige - allgemeine - terminologische Überschneidungen zu verschiedenen Berufen und ihren professionellen Anforderungen aufweist, also als eine berufs- bzw. tätigkeitsbezogene Standesethik verstehbar wird.

10.2.2.2 Gründe für die Verwendung einer Berufspflichtenlehre

Aufgrund der Zusammengehörigkeit von I Tim und Tit und der vermutlichen Entstehung von Tit nach I Tim ist die Differenz des sprachlichen Inventars in I Tim 3,2f und Tit 1,7-9 interessant. Die Skepsis neuerer Ausleger, für die Past „auf die gemeindespezifischen Anforderungen und Erwartungen, die mit dem Amt des Episkopen zur Zeit der Past verbunden waren, rückzuschließen"[31] ist m.E. nur bedingt berechtigt. Die Übernahme einzelner Motive und Vorstellungen aus antiker Berufsethik in I Tim könnte damit begründet worden sein, dass das Übernommene als allgemein bewährt galt und nicht nur für einzelne Berufe anerkannt war, sondern grundsätzlich als Anforderung für - modern gesprochen - Führungs- und Ausbildungspositionen betrachtet wurde. Mit einer analogen Verwendung in den Past erfolgte die (weitere) Öffnung ihrer christlichen Gemeinden für Traditionen populärer Philosophie vor allem der stoischen Richtung. Damit wollten christliche Gemeinden wie die der Past nach Außen offensichtlich den Eindruck einer bekannten und angemessenen inneren Struktur gerade im Bereich der Gemeindeleitung wecken.

Als Umwelt ist die Gesellschaft des ausgehenden ersten Jahrhunderts anzusprechen, konkret das Imperium Romanum auf dem Höhepunkt seiner Machtentfaltung und kulturellen Entwicklung in Geschichtsschreibung und Dichtung. Zugleich ist zu verweisen auf die gerade auch in dieser Zeit zunehmende Ausbreitung orientalischer Religionen und die Ausprägung synkretistischer Religiosität auch im Westen des Imperiums. Allerdings war der Lebensstandard der Bevölkerung und die starke Position des Militärs, auch die Standards der politischen und kommunalen Verwaltung spätestens seit Trajan nur noch durch Reformen und durch immer weitergehende wirtschaftliche Expansion aufrecht zu halten. Die politische Führung war deshalb in dieser Situation besonders gefordert.

Wird so die staatliche Bereitschaft der Anerkennung östlicher Religionen verständlich, die sich in das Gefüge des Gemeinwesens integrierten, ist zugleich die Notwendigkeit begründbar, neu wahrgenommene Gruppierungen auf Verträglichkeit für das Imperium einzuschätzen. Die Politik Trajans und Hadrians im Osten des Imperiums, besonders in Syrien bzw. Palästina zeigt: Gegen störende Entwicklungen wurde mit verwaltungstechnischen und, wo nötig, auch mit polizeilichen bzw. militärischen Mit-

---

[31] OBERLINNER, HThK XI 2/1, S. 110.

teln rigoros vorgegangen. Religiöse Formen, die eine Stabilisierung der Herrschaft versprachen, erfuhren hingegen Duldung und im Einzelfall sogar Förderung von höchster Stelle. Die jeweilige Religionsgemeinschaft hatte sich in einer staatskonformen Struktur zu organisieren und dies möglichst öffentlich nachzuweisen.[32]

Die Öffnung der Past für Traditionen ihrer Umwelt lässt sich als logische Antwort auf die skizzierte Entwicklung verstehen. Daneben wird es dafür auch innergemeindliche Gründe gegeben haben. Die Antworten der vorangegangenen Generationen auf theologische und ethische Fragen behalten ihre Gültigkeit und werden durch ihre angemessene Tradition sichergestellt.[33] Ein wichtiges Kriterium der Traditionssicherung ist für die Past mit ὁ ἐπίσκοπος gegeben. Aufgrund des allgemeinen bzw. grundsätzlichen Charakters der in I Tim 3,2f genannten Pflichten kann man behaupten, dass ὁ ἐπίσκοπος als Gemeindeleiter nicht hinter das zurückfallen darf, was in antiken - interessanterweise: berufsbezogenen - Leitungsämtern Standard ist. Die Anforderungen beschreiben auch im Detail, was von Menschen in führender kommunaler Funktion, von Menschen mit pädagogischen Aufgaben bzw. vom Vorsteher einer lokalen Organisation erwartet werden kann.[34] ὁ ἐπίσκοπος wird damit letztlich nicht nur als Amtsträger vorgestellt, der innergemeindlich auf Ordnung sieht. Er ist zugleich Repräsentant der Gemeinde nach Außen, insofern an ihm christliche Ethik in hervorragender Weise abzulesen ist.

10.2.2.3 Die Berufspflichten des ἐπίσκοπος nach I Tim 3,2f

In I Tim 3 lässt sich die Aufnahme von Begriffen aus antiken Berufspflichtenlehren, deren Umprägung in christlichem Kontext, sowie die Verbindung verschiedener Bedeutungen einzelner Begriffe zu neuen Sinnzusammenhängen nachweisen.[35]

Die in I Tim 3,2f erstgenannte Bestimmung ἀνεπίλημπτος (εἶναι) ist ein Abgrenzungsbegriff, der gegen mögliche Vorwürfe unangreifbar machen soll.[36] Die für das Amt unspezifische Anforderung kann als Vorbemerkung zu den folgenden Bestimmungen gelesen werden. Auch die Bestimmung μιᾶς γυναικὸς ἄνδρα dürfte keine spezielle Norm darstellen.[37]

---

[32] LOOKS, Das Anvertraute bewahren, S. 483f, belegt eine entsprechende Verwendung von I Tim 3.

[33] WOLTER, Pastoralbriefe als Paulustradition, S. 254f. Die Tradition tritt an die Stelle eigener Konfliktlösungen und erhält damit als Norm quasi rechtliche Bedeutung.

[34] Generischer Singular in I Tim 3,2; anders I Tim 3,8ff; Tit 1,5f.

[35] Zu paränetischen Vokabeln FIORE, The function of personel example, S. 10-21.

[36] Im NT nur noch I Tim 5,7 und 6,14, von herausgehobenen Personen. SCHENK-ZIEGLER, Correctio fraterna, S. 376: Tadellose Lebensführung wird jedem Amtsträger (Presbyter Tit 1,6; Episkopos I Tim 3,2; Diakon I Tim 3,10) zugeschrieben.

[37] Zum Wiederheiratsverbot für Kleriker, wie es seit Tertullian (nicht mit dessen

Die in der Auslegung überwiegend vertretene Deutung als Forderung der Einehe wie auch jede andere Deutung hat zu beachten, dass der von Paulus bevorzugte Eheverzicht hier nicht wiederholt wird.[38] Dass ὁ ἐπίσκοπος überhaupt verheiratet sein soll, ist nicht weniger bemerkenswert als die Aussage, dass eine etwaige Wiederheirat nach Scheidung oder Tod der Gattin für einen Amtsträger nicht in Frage käme.

νηφάλιος knüpft sowohl an christlich-eschatologische wie an allgemeine Begrifflichkeit von Berufspflichtenlehren an. Versteht man den Begriff von der Bewährung des Glaubens im alltäglichen Leben her, so erscheint die eschatologische Naherwartung umgeformt zu einer ethischen Norm, wie sie auch der Umwelt vertraut ist. Zugleich wird dabei auf praktischer Ebene die mögliche Verbindung von christlicher (auch jüdischer) Eschatologie und populärer Ethik sichtbar, die Past womöglich propagiert.

σώφρων und κόσμιος werden mit I Tim 3,2 in die christliche Sprachtradition eingeführt.[39] Die Verwendung in antiken Berufspflichtenlehren lässt eine Prägung der Begriffe, die vermutlich zusammengehören, nicht erkennen. Sie dürften als allgemeine Maxime, Maß zu halten, ausgehend von platonischer Philosophie zum Standart der Ethik gehören und für verschiedenste Personengruppen bzw. Aufgaben gefordert worden sein.[40]

Nach dieser Ergänzung christlicher Ethik durch Material aus antiker Berufspflicht folgt mit der Aufforderung φιλόξενος (εἶναι) eine spezifische Norm, die als traditionelles Merkmal christlicher Existenz gelten kann. Bei Paulus ist die Gastfreundschaft in der Paränese verortet, sie wird später mit Gemeindeleitung verbunden.[41] Für das allgemeine Verständnis der Zeit, etwa auch für das antike Judentum, hat die Gastfreundschaft zudem religiösen Charakter, insofern sie Ausdruck der Gottesfurcht ist.[42]

διδακτικός gilt in der Umwelt als eine Tugend, die durch Lehre erworben wird.[43] Die Kompetenz zur Lehre lässt auf einen Amtsträger schließen, der sein Amt tugendhaft führt, da gerade die Vermittlung von Lehre eigene Tugend erfordert. In der neueren Auslegung des Begriffes wird ὁ ἐπίσκοπος eine besondere Kompetenz zur Lehre zugeschrieben und damit

---

montanistischer Strenge, die es auch auf Laien ausdehnte) vertreten wurde, ROLOFF, EKK XV, S. 155.

[38] I Kor 7,1-2.7; vgl. I Kor 4,3; Mt 19,12.

[39] σώφρων im NT nur noch in Tit 1,8; 2,2.4.5.12; κόσμιος nur noch I Tim 2,9; 3,2; vgl. 2,9 v.l.

[40] Vgl. dazu auch den allgemeinen Tugendkatalog bei Musonius, Diatriben 16.

[41] Röm 12,13: τὴν φιλοξενίαν διώκοντες. Phlm 22: ἅμα δέ καὶ ἑτοίμαζέ μοι ξενίαν·Herm sim IX 27,2; Mand 8,10. φιλόξενος im NT nur I Tim 3,2, Tit 1,8; I Petr 4,9.

[42] Als Vorbild gilt in der Regel Abraham; vgl. Gen 18; I Clem 10,7.

[43] Bei Philo für Abraham; DIBELIUS/CONZELMANN, HNT 13, S. 43. Im NT nur noch in II Tim 2,24.

zugleich auf die Differenz zu den Anforderungen an ὁ διάκονος verwiesen,[44] sowie die Lehre mit Tit 1,9 und II Tim 2,24 grundsätzlich für die anstehende Auseinandersetzung mit Irrlehrern und zur Gemeindeunterweisung durch ὁ ἐπίσκοπος herangezogen.

Dass μὴ πάροινος und μὴ πλήκτης schon in der Empirie zusammengehören, ist evident.[45] Die weisheitliche Aufforderung, übermäßigen Weingenuss zu meiden, ist kaum auf ὁ ἐπίσκοπος zu begrenzen oder speziell auf diesen zu beziehen, auch wenn die Forderung so nur für sein Amt erscheint. Für Personen in Leitungsverantwortung und Führungsposition sind die genannten Anforderungen allerdings selbstverständlich. Kriterium für das gemeindeleitende Handeln soll, statt einer eventuellen Unkontrollierbarkeit durch den Weinkonsum, das Gehörige - ἐπιεικής - sein. In der profanen antiken Ethik, auch jüdisch philosophischer und neutestamentlicher Provinienz, ist das Angemessene zugleich das Vernünftige.[46] Wie ἄμαχος ist ἐπιεικής keine spezifische Anforderung an ὁ ἐπίσκοπος, sondern gilt ihm wie jedem Gemeindeglied, ihm allerdings vorrangig in seiner besonderen Funktion für die Gemeinde.[47]

Bei den in Frage stehenden bzw. nicht in Frage kommenden Verhaltensweisen geht es im Grunde um den Verzicht auf Durchsetzung von Eigeninteressen. Dies wird deutlich an der Bestimmung ἀφιλάργυρος, die als Qualifikation zum Verzicht auf persönliche Bereicherung zu verstehen ist.[48] Eine Vorteilsnahme durch Akzeptanz finanzieller Zuwendung könnte nach nicht nur antiker Logik zu einem Ansehensverlust von Amt und Tätigkeit in der Öffentlichkeit führen und das Ansehen des Berufsstandes bzw. der von ihm repräsentierten Gesamtgruppe überhaupt beschädigen[49]; und auch das ὁ ἐπίσκοπος als Vermögensverwalter seiner Gemeinde zukommende Vertrauen wäre hiervon betroffen.[50]

---

[44] Zur Berufspflichtenlehre der διάκονοι I Tim 3,8-13.

[45] Vgl. spekulativ HOLTZ, ThHK 13, S. 77, der eine spezifische Verbindung zur Abendmahlsausteilung behauptet. πάροινος, πλήκτης im NT nur I Tim 3,3; Tit 1,7.

[46] Vgl. II Kor 10,1; Phil 4,5. Jak 3,17. Nach FUHRMANN, Seneca, S. 193, bekommt ἐπιείκεια durch die clementia-Theorie für öffentliche Ämter bei Sokrates neben der ethischen eine juristische Komponente: Seneca „verwendete ihn im Sinne von »Billigkeit« - für ein Verhalten, das nicht immer auf der buchstäblichen Anwendung der jeweils einschlägigen Norm bestehe, das Kulanz und Nachgiebigkeit zu zeigen bereit sei." Davon zu unterscheiden ist die in LXX übliche Begriffsbestimmung als Milde oder Nachsicht des Hochstehenden bzw. Herrschers, auch Gottes; im NT so nur Act 24,4; I Petr 2,18.

[47] ἄμαχος und ἐπιεικής nur in I Tim 3,3; Tit 3,2; sie interpretieren sich gegenseitig.

[48] Im NT noch Hebr 13,5 (Ps 117,6LXX). Für I Tim 3,3 wird auch an die paulinische Vorstellung der Verkündigungsfinanzierung zu erinnern sein, vgl. II Kor 2,17.

[49] Vgl. Hebr 13,5 allgemein von Christen Ἀφιλάργυρος ὁ τρόπος.

[50] DIBELIUS/CONZELMANN, HNT 13, S. 45: Der ἐπίσκοπος der Past ist deshalb „kein Fürsorgebeamter und Kassenverwalter, sondern ein bedeutender Repräsentant der Gemeinde, auch nach außen".

10.2.2.4 Die Aufgaben des ἐπίσκοπος in I Tim 3,4f.6f

I Tim 3,4f leistet eine theologische Weiterführung des in 3,2f dargelegten Materials.[51] Die Analogie des antiken οἶκος mit ἡ ἐκκλησία als οἶκος θεοῦ, die 3,4f vorbringt, gehört in die Logik des Schlusses a minore ad majus, hier vom Verhalten in der häuslichen Umwelt auf die Bewältigung der öffentlichen Aufgabe. Dieser logische Zusammenhang kann als eine Art goldener Regel der Qualifizierung zum christlichen Leitungsamt betrachtet werden - und durch die ekklesiologische Interpretation und die konkrete Umsetzung dessen verdient ein solches Amt auch eine ausdrückliche theologische Würdigung.[52]

Die Form der Umsetzung ist die der Analogiebildung, die auch die Differenz beider aufeinander anzuwendender Sachverhalte einbezieht.[53] Inhaltlich liegt in 3,4f ein Schluss vor, bei dem die Fähigkeit des Vorstands eines Hauswesens verglichen wird mit der - größeren - Leitungsaufgabe in einer christlichen Gemeinde. In der Logik der Argumentation wird nicht die Höherqualifikation von ὁ ἐπίσκοπος verlangt, sondern die Mindestqualifikation des Vorstands eines Hauswesens für ihn eingefordert.

I Tim 3,6f führt über 3,4f inhaltlich hinaus. μὴ νεόφυτος[54] und weitere Forderungen dürften Ausdruck der Verbindung verschiedener Leitungsmodelle sein. Bei der Verbindung von palästinischer Presbyterial- und hellenistischer Episkopal-Diakonalverfassung setzt sich Letztere allgemein durch, einzelne Aspekte des presbyterialen Verfassungssystems bleiben aber erhalten: Lange Glaubenserfahrung ist dort ein wichtiges Kriterium für die Besetzung des Leitungsamts; hieraus wird μὴ νεόφυτος als Anforderung erklärbar. Für die episkopale Leitung ist die Frage der Außenwirkung durch einen guten Leumund bedeutsam; hieraus wird μαρτυρίαν καλὴν ἔχειν als Forderung erklärbar. Eine von einem Ungeeigneten ausgeübte Leitungsfunktion, auch eine durch äußerliche Anfeindungen beeinträchtigte Amtsführung[55] wäre von Übel, sie fiele zurück auf die Gemein-

---

[51] 3,5 könnte Kommentar zu 3,4 und im Text nicht ursprünglich sein; seine ekklesiologische Intention (ἐκκλησία = οἶκος) ist aber von 3,15 her gesichert. Past ordnen sie in der Gemeindeleitung Gemeinde- und Hausordnung einander zu und heben so die potentielle Spannung zwischen beiden auf.

[52] LIPS, Glaube - Gemeinde - Amt, S. 96f.143-145. Zum Haus als Leitmetapher zur Beschreibung frühchristlicher Entwicklung (v.a. im 2. Jahrhundert) LÖHR, Das antike Christentum, S. 249-251.

[53] Vgl. ROLOFF, EKK XV, S. 159, wonach in I Tim „freilich das Wissen davon nicht in Vergessenheit gerät, dass der eigentliche Hausherr Gott selbst ist".

[54] Hapax legomenon im NT; ROLOFF, EKK XV, S. 160, mit Stellen für das Bild von Gemeinde als heiliger Pflanzung, gekoppelt mit dem Bild des heiligen Baumes in 1QH; vgl. I Kor 3,5-9; Kol 2,7.

[55] Sprachlich markiert mit παγίδα τοῦ διαβόλου I Tim 3,7. Vgl. I Tim 6,9 und II Tim 2,26.

de, in der der Betroffene amtiert. Konsequent wird eine derartige Beeinträchtigung des Amtsträgers der Gemeinde in eine theologische Linie mit dem κρίμα τοῦ διαβόλου gestellt.[56]

10.2.2.5 Zwischenergebnis

Insgesamt dürften die Anforderungen an den ἐπίσκοπος in der Regel weniger pragmatische als grundsätzliche bzw. allenfalls prohibitive Funktion haben. Wenn sich die Past der Umwelt gegenüber in ihrem Leitungsamt derart als (berufs-)standesgemäß ausweisen, wird die Rücksicht auf die Anforderungen und Begriffe der Umwelt zum Maßstab der Darstellung. In I Tim 3,1b-7 wird signalisiert, dass die Besetzung und Ausübung der Leitungsfunktion in einer christlichen Gemeinde nicht gänzlich verschieden ist von den Anforderungen, die für die Leitungsämter anderer gesellschaftlicher Gruppen bedeutsam sind. Interessant ist darüber hinaus noch die Ebene der Vergleichbarkeit des Leitungsamtes mit Ämtern in antiken Vereinen und mit Berufspflichten der Tätigkeiten verschiedener Stände.

Für das Leitungsamt einer christlichen Gemeinde ist allenfalls die spezifische Zusammenstellung der verschiedenen einzelnen Anforderungen an die Gemeindeleitung von besonderer Bedeutung, weniger aussagekräftig sind die Anforderungen als Solche. Zu einer theologischen Durchdringung des Materials aus Berufspflichtenlehren und antiker Ethik überhaupt kommt es dabei kaum. I Tim 3,1bff legt keine Amtstheologie vor, sondern beschränkt seine theologische Interpretation auf eine Darstellung der Gemeinde als οἶκος θεοῦ, analog zum antiken Hauswesen. In diesem Leitbild übernimmt ὁ ἐπίσκοπος die Funktion des pater familias, der im Zusammenhang mit seiner regelrechten Eignung zum Amt eine konfliktfreie und so auch rechtlich geregelte Amtsführung erwarten lässt.[57]

10.2.3 I Tim 5,19f.21

Für die inhaltlichen Bestimmungen von I Tim 5,19.20 (und 21?) lässt sich Verarbeitung traditionellen Materials vermuten, konkret die Verwendung von Dtn 19,15 in I Tim 5,19. Auch sollte die Begrifflichkeit in 5,20 mit ἁμαρτάνω und ἐλέγχω auf bekannte Vokabeln der Konfliktlösung zurückgreifen.[58] Insgesamt ist eine frühchristliche Tradition denkbar, die in-

---

[56] διάβολος hier im eigentlichen Wortsinn, nicht nur auf einen „Verleumder" zu beziehen; DIBELIUS/CONZELMANN, HNT 13, S. 44. Der Genitiv ist ein genitivus objectivus.

[57] Die Vereinheitlichung der Gemeindeleitung erfolgte durch Zusammenfassung verschiedener Hausgemeinden samt Leitung zum Leitungsamt der Gesamtgemeinde, vgl. ROLOFF, EKK XV, S. 176f.

[58] Vgl. BARTSCH, Anfänge urchristlicher Rechtsbildungen, S. 99ff, der die Wirkung auf spätere Kirchenordnungen untersucht und von daher auf in 5,17-22 genannte Regeln für Presbyter schließt.

haltlich dem entspricht, was grundsätzlich in Q 17,3 bzw. ausführlich in Mt 18,15-17 überliefert ist. Womöglich lassen sich die genannten Stellen als Hintergrundfolie zum besseren Verständnis von 5,19-21 lesen und ist I Tim 5,19 als inhaltlich präzisierende Fortschreibung bzw. als strukturelle Anwendung von Mt 18,15-17 interpretierbar.[59]

10.2.3.1 I Tim 5,19f.21 auf dem Hintergrund von Mt 18,15-17

Der in Mt 18,15b genannte Versuch einer Konfliktlösung, konkret die auf Umkehr eines sündigenden ἀδελφός zielende Motvation zur Wiedergewinnung durch Ermahnung wird im Zusammenhang von I Tim 5,19f nicht erwähnt.[60] Dennoch dürfte I Tim 5 nicht nur eine Schutzbestimmung, quasi eine „begrenzte Immunität"[61] für Presbyter darstellen. In I Tim 3,1b-7 und Tit 1,6-9 sind die Anforderungen an gemeindeleitende Ämter und Amtsträger derart eindeutig beschrieben, dass ein Fehlverhalten eines Gemeindeleiters nicht vorkommen sollte. Bereits die Qualifikation zum Amt kann als ausreichender Schutz für Amtsträger und Amt gelten.[62] Erst auf der Ebene der fruchtlosen Ermahnung - die Situation von Mt 18,16a - kommt bei der Konfrontation des Sündigenden mit zwei/drei Zeugen in I Tim die Ebene der Gemeindeleitung (ὁ ἐπίσκοπος, als Zeuge oder als Richter) in den Blick; in Mt 18,16 war hier eine von der Gemeinde getragene Konfliktlösung angestrebt worden.

Für den Bezug auf Mt 18,15-17 spräche auch die Frage nach dem Zusammenhang von I Tim 5,19 und 5,20. Geht man auch für 5,20 von einer Beziehung auf Mt 18 aus,[63] so ergibt sich der Zusammenhang beider Verse ohne Schwierigkeiten: Das ἁμαρτάνειν des Gemeindeglieds, hier eines Presbyters, ist als fortgesetztes, Ermahnungen nicht zugängliches Handeln verstehbar.[64] Nach einer - in I Tim allerdings nicht erwähnten - Ermahnung durch den einzelnen und nach der Ermahnung vor Zeugen auf dem

---

[59] Für 5,18b ist Bezug auf Mt 10,10 möglich. Vgl. LINDEMANN, Paulus im ältesten Christentum, S. 137: „Offenbar hat sich der Verfasser bemüht, die Struktur der Gemeindeleitung aus der Schrift herzuleiten, wobei er möglicherweise auch Mt schon autoritativen Charakter beimaß".

[60] Aufgrund der Bestimmung Mt 18,15, dieses Gespräch unter vier Augen zu führen, wäre eine Einbeziehung des Gemeindeleiters nur zu erwarten, wo er selbst die Verfehlung bemerkt hätte.

[61] JEREMIAS, NTD 9, S. 33.

[62] In Tit 1,6 ist z.b. für den Presbyter gefordert, die Kindererziehung so vorzunehmen, dass eine κατηγορία ἀσωτίας ἢ ἀνυπότακτα für diese nicht in Frage kommt.

[63] Vermittelt über I Kor 6,1.5: ὁ ἐπίσκοπος verstanden als σοφός?

[64] Alternativ wäre auch eine Zuordnung der Verse möglich, die 5,19 eine hypothetische Situation schildern lässt und 5,20 das reale Vorkommen. Auch das wäre mit Mt 18,15-17 zu verbinden, insofern Mt 18 reale Konfliktlösung für den hypothetischen Fall eines uneinsichtigen ἀδελφός ist.

Hintergrund von Dtn 19,15 in 5,19b wäre im Verfahren nach Mt 18,15-17 die Gemeindeöffentlichkeit als Forum der Ermahnung im Blick.[65] I Tim 5,20 spricht dazu nicht wie Mt 18,17 von ἡ ἐκκλησία, wohl aber mit πάντων von einer offensichtlich analogen Gruppe. Handelnde Person der Zurechtweisung auf dieser Ebene ist nicht wie in Mt 18 der betroffene ἀδελφός, sondern ὁ ἐπίσκοπος. Ungenanntes Ziel der Ermahnung ist wie bei Mt 18 die Rückgewinnung des Sünders. Ausdrückliches Ziel der Ermahnung ist die in I Tim 5,20b mit ἵνα angefügte Wirkung. Das φόβος-Motiv zielt kaum auf ein abschreckendes Beispiel,[66] sondern weist hin auf ein Erschrecken der Menschen angesichts von disziplinären Maßnahmen, durch die in der Gemeinde die Ordnung wiederhergestellt wird und die damit ihre Legitimität vor Gott erweisen.[67]

Auch I Tim 5,21 lässt sich als weiterführende Bezugnahme auf Mt 18 interpretieren. Der in I Tim angeredete Gemeindeleiter wird hier durch die Aussage dreier Zeugen[68] bzw. Instanzen in die traditionelle, stark theologisierte - idealtypische? Modellhafte? - Konfliktlösung einbezogen: Gott, Christus Jesus und die auserwählten Engel können als Zeugen dafür angesehen werden, dass der Gemeindeleiter ermahnt wurde, die Angelegenheiten - ταῦτα - entsprechend der in I Tim 5,19f vorgegebenen, auch mit Mt 18,15-17 zu verbindenden Norm zu regeln.[69]

10.2.3.2 Die gemeindeleitenden Ämter von I Tim 5,19f.21

I Tim 5,17-22 nimmt die Presbyter in den Blick: 5,17f καλῶς προεστῶτες πρεσβύτεροι, 5,19f.21 ἁμαρτάνοντες (πρεσβύτεροι). 5,22ff enthält dazu noch einzelne Weisungen zum Thema - in 5,22 etwa im Zusammenhang

---

[65] Nicht die Presbyterversammlung, wie oft wegen 5,19 gefolgert wird, τοὺς ἁμαρτῦνοντας können auch Presbyter sein, aber nicht als alleiniger Personenkreis. ἐνώπιον + πάντων wird jeweils zu ergänzen sein durch ἀνθρώπων. οἱ λοιποί muss sich nicht auf die zuvor genannte Gruppe beziehen; als innergemeindlicher Abgrenzungsbegriff für Presbyter von Gemeinde ist λοιποί ungeeignet. Vielmehr scheint er positiv eine breitere Öffentlichkeit anzusprechen, vgl. Phil 1,13; Mt 22,6; I Kor 7,12.

[66] Der Sprachgebrauch von φόβος lässt hier - dem einzigen Vorkommen in Past - Gottesfurcht als Bedeutung vermuten, d.h. nicht Angst vor Bloßstellung, sondern theologisch qualifizierte Furcht.

[67] Vgl. etwa auch Act 5,11, Apc 11,13. Unklar ist, wie καί in I Tim 5,20 zu verstehen ist. Rückt es λοιποί in die Nähe derer, die Furcht haben, weil sie sündigten, oder bezieht es sich auf Außenstehende?

[68] STETTLER, Christologie, S. 208f, legt als traditionellen Hintergrund des formelhaften Zeugenaufrufs von 5,21a die Menschensohntradition nahe, vermittelt u.a. durch äthHen 39,5-7; 51,3f; 61,8-10. In Mt 18,15 (und von daher in I Tim?) ist für die Mehrzahl der Zeugen an biblische Tradition zu denken.

[69] Vgl. ROLOFF, EKK XV, S. 312f, macht für die Trias Gott - Christus - Engel liturgische Tradition wahrscheinlich. Das schließt m.E. eine Interpretation des Vorgehens im Sinn von Mt 18 nicht aus, würde sogar die Theologisierung des Modells unterstreichen.

mit der Amtseinsetzung von οἱ πρεσβύτεροι[70] - und ist zu 5,19f zu ziehen. Geht es im Kontext von 5,17f.19f.21.22 um das Amt der Presbyter, um den sachgemäßen Umgang mit ihrer Amts(ein)führung? Unter Verweis auf 5,1 ist der doppelte Charakter der Bezeichnung ὁ πρεσβύτερος zu berücksichtigen, die in 5,1 aufgrund des Kontextes als Altersbezeichnung gelten kann. Für I Tim 4,14; 5,17.19 und Tit 1,5 ist aber titularer Gebrauch „für die Träger des gemeindeleitenden Amtes" anzunehmen.[71]

In der Fachdiskussion über die Verfassung der frühchristlichen Gemeinden und ihre Ämter hat Günter Bornkamm die zunächst inhaltlich weiterführende These vertreten, „dass beide Ämter in den Pastoralbriefen überhaupt identisch sind"[72]. Dennoch gehen diese Ämter in der Gemeinde nicht gänzlich ineinander auf. Zwar wird durch wechselseitige Ordination in 4,14 und 5,22 die Verbindung Beider deutlich erkennbar. Der Gebrauch der Genera allerdings lässt die Presbyter als Gruppe bzw. als Kollegium in der Gemeinde auftreten, ὁ ἐπίσκοπος als singuläres Amt der (gesamten?) Gemeinde erscheinen. Die Forschung ist von daher zu der prägnant formulierten Einsicht gelangt, dass in der Gemeinde alle Bischöfe Presbyter, aber nicht alle Presbyter Bischöfe waren.[73]

10.2.3.3 Zwischenergebnis

Die Verbindung der episkopal-diakonalen Struktur mit der Gemeindeleitung durch repräsentierende Älteste ist in den Past angestrebt, aber noch nicht erreicht.[74] Als Spitze der Gemeindeorganisation soll in der gesamten Gemeinde offensichtlich ὁ ἐπίσκοπος in Analogie zu einem Hausvater als Vorstand der Gemeinde amtieren. In dem Stadium der Strukturverschmelzung, das Past repräsentieren, erscheinen die Ältesten nicht aus dem Amt gedrängt, οἱ πρεσβύτεροι und ὁ ἐπίσκοπος sind (für eine Übergangszeit?) einander zugeordnet. Ein entscheidender Vorrang des Letzteren könnte im übrigen in der Legitimierung zur διδαχή liegen, wie sie sich aus der Qualifikation διδακτικός in I Tim 3,2 ergibt. Die Anforderungen an das Amt von ὁ ἐπίσκοπος und die Vorstellung der Gemeinde als οἶκος θεοῦ verweisen auf die intendierte Außenwirkung der Past, insofern damit signalisiert wird, dass die christliche Gemeinde eine ähnlichen Gruppen vergleichbare Struktur hat, deren Leitung traditionell geregelt ist.[75]

---

[70] Zur Diskussion, ob in 5,22 Bußritus oder Ordinationshandlung vorliegt, vgl. LIPS, Glaube - Gemeinde - Amt, S. 174-177.

[71] LIPS, Glaube - Gemeinde - Amt, S. 108-111.

[72] BORNKAMM, ThWNT VI, S. 667.

[73] BROX, RNT, S. 151.

[74] Vgl. Phil 1,1; Act 20,17; Tit 1,5-9. ROLOFF, Ansätze kirchlicher Rechtsbildungen, S. 128.

[75] I Tim sakralisiert Normen seiner Umwelt nicht, sondern setzt sie in Analogie zur

10.2.4 Analoge Leitungsämter in antiken Vereinen?

Die These, dass frühchristliche Gemeinden mindestens in den Städten des Imperium Romanum in ihrer Sozialstruktur - allerdings wohl kaum in ihrer Selbsteinschätzung[76] - als antike Vereine betrachtet wurden, ist zwar nicht neu, gleichwohl nicht leicht zu belegen.[77] Eine juristisch eindeutige, umfassende Klassifizierung der Vereine ist im Imperium Romanum erst in der zunehmend bürokratisierenden Verwaltung des 3. Jahrhunderts erfolgt. Der Tatbestand tres faciunt collegium, den der Jurist Neratius Priscus d. J. am Ende des 1. Jahrhunderts zur Klassifizierung von Vereinen wiedergibt, ist womöglich Ausdruck auch antiker Klassifizierungsprobleme. Das Sinken der Mitgliederzahl einer als Verein anerkannten Gruppe unter die genannte Zahl hatte jedenfalls ihre Auflösung als Verein zur Folge.[78]

Die Betrachtung christlicher Gemeinden als Vereine bedarf - wie die Wahrnehmung des antiken Vereinswesens überhaupt - geographischer und religionsgeschichtlicher Differenzierung. Für die Organisation von Vereinen liegen aus der Zeit des frühen Prinzipats nur für westliche Reichsteile und für das ägyptische Vereinswesen verwertbare Informationen vor. Eine Übertragung der Daten auf den ganzen Osten des Imperiums ist kaum möglich. In der Forschung wird deshalb für den Nachweis der Weg eingeschlagen, das Material durch Beschreibung möglichst vieler analoger Phänomene und ihrer Zusammenhänge aufzuarbeiten.[79]

Gemeinde. Konfliktlösung, und diese noch mit rechtlicher Regelung, spielt hier deshalb allenfalls indirekt eine Rolle.

[76] Ein Nachweis des Vereinscharakters per jeweiliger Selbstbeschreibung und -bezeichnung scheitert an uneinheitlicher Terminologie und defizitärem Kriterienkatalog bzw. an der Disparatheit des überlieferten Materials; dabei gilt die Zeitenwende als Blütezeit des Vereinswesens, PEKÁRY, KP 5, Sp. 1188. Vgl. ÖHLER, Römisches Vereinsrecht, S. 61: Vereine wurden geduldet, wenn sie nicht auffielen.

[77] Ältere Inschriften sind gesammelt und geographisch geordnet bei WALTZING, Ètude historique III, S. 1ff; eine erste Klassifizierung der Organisationen findet sich bei WALTZING, Ètude historique IV, S. 1ff.

[78] Neratius war Mitglied im consilium und als Nachfolger Trajans im Gespräch; der juristischen Schulrichtung nach wohl ein Vertreter der Kasuistik, MAYER-MALY, KP 4, Sp. 67. Vgl die Vorschläge zur Systematisierung der Vereine, geordnet nach Gattungsbezeichnungen, bei KLINGHARDT, Gemeinschaftsmahl, S. 35-41: allgemein als Verein τὸ κοινόν; θιασῶται/θίασος als Festverein; ἐρανισταί als Speiseclubs; ὀργεῶνες Opfergenossenschaften; ähnlich συσσίτιον; ἑταιρία; vgl. auch Künstlerzusammenschlüsse. In lateinischer Terminologie: collegia; etwa collegia tenuorum; collegia funeraticia (Begräbnisvereine); dazu Kult-, Mysterien- und Stiftungsvereine, gentilische Familienorganisationen und semitische Kultgenossenschaften, am Alter orientierte Vereinigungen (Epheben, Jugendvereine, Gerusien u.a.); Berufsvereine (Beamte, Gewerbetreibende, Seeleute, Kaufleute, Jäger u.a.).

[79] KLINGHARDT, Gemeinschaftsmahl, S. 43; Fixpunkt der Charakterisierung der Gruppen ist jeweils die Orientierung an einem Mahl.

10.2.4.1 Jüdische Vereine als Vergleichsgruppe?

Für christliche Gemeinden bietet sich am ehesten der Vergleich mit als Vereinen organisierten jüdischen Gemeinden an. Auch dieser Vergleich ist allerdings nicht unproblematisch. Man kann nämlich die vor allem für das Diasporajudentum geläufige Gleichsetzung von Ortsgemeinde und religiöser Gemeinschaft für das Gebiet des aramäisch sprechenden Judentums in Palästina gerade nicht voraussetzen. Die Forschung muss hier vielmehr die Synagogenorganisation einzelner privater Gruppen und Landsmannschaften, etwa in Jerusalem, vom anderswo zu findenden einheitlichen territorialen Verwaltungssystem nach den Kriterien der allgemeinen römischen Kommunalverwaltung bzw. von entsprechenden Synagogenorganisationen der Gemeinden (quasi als Vereine) unterscheiden.

Die Verfassung jüdischer Gemeinden in der Diaspora bietet dagegen ein einheitliche(re)s Bild. Sieht man einmal von der Zeit ihrer vermuteten Entstehung ab, für die etwa in den großen Städten des Imperiums eine Analogie zu antiken Vereinen nicht nahe liegt, so scheint für den römischen Staatsapparat die Selbstorganisation jüdischer Diasporagemeinden grundsätzlich vergleichbar zu der antiker Vereine zu sein. Etwaige Privilegien jüdischer Organisationen lassen sich jedenfalls auf der Grundlage ihrer Existenz als Vereine oder in Analogie zu solchen gut verstehen.[80] In der weiteren Entwicklung der jüdischen Gemeinden in der Diaspora sind neben der strukturellen Annäherung an antike Vereine zwei weitere grundsätzliche Tendenzen zu veranschlagen, die auch für die Situation der christlichen Gemeinden in dieser Zeit wie etwa die der Past grundsätzlich interessant sein könnten: Innere Geschlossenheit der Diasporagemeinden und bewusst gepflegte Beziehung zum Mutterland verbinden sich mit der Bereitschaft, sich für Einflüsse der an den Gemeinden und ihrer Religion interessierten Umwelt zu öffnen.[81]

Christliche Gemeinden profitierten bis an das Ende des 1. Jahrhunderts in starkem Maß von der staatlichen Duldung jüdischer Religionsgemeinschaften und deren Privilegierung zur Selbstverwaltung. Sie wurden vermutlich nicht anders wahrgenommen dann als jüdische „religiöse Genossenschaften"[82]. Auch dort, wo frühchristliche Gemeinden nicht weiter im

---

[80] Auch unter den Diasporagemeinden muss man weiter differenzieren: Die römischen Synagogengemeinden u.a. in der Zeit des Claudius standen etwa nicht unter zentraler Leitung wie die Gemeinden in Alexandria, sondern waren einzeln organisiert. Juden war seit Caesar (und unter Augustus?) das Recht zur Vereinsbildung ausdrücklich zugeschrieben worden; BOTERMANN, Judenedikt, S. 51f.

[81] MAIER, Zwischen den Testamenten, S. 242. Vgl. zur Gemeinschaft von Chirbet Qumran in Analogie zu hellenistischen Vereinen SCHEUERMANN, Gemeinde im Umbruch, S. 87-93.

[82] Vgl. LIEBENAM, Geschichte und Organisation, S. 268; oft wird als Analogie auch

Schutzraum des Judentums, verbunden mit dessen Beurteilung von Seiten des Staates, existierten, sondern als vom Judentum zu unterscheidende Gemeinden betrachtet wurden, änderte sich an solcher Außenwahrnehmung zunächst wohl wenig. Erst mit der rechtlich vom Judentum differenzierenden und neu qualifizierenden Beurteilung des Christentums etwa unter dem Prinzeps Trajan wird ein am konkreten Einzelfall orientiertes, einer ausdifferenzierten Verwaltungsstruktur verdanktes Verhalten staatlicher Organe akut, das etwa auch beim Umgang mit Hetairienvereinen an den Tag gelegt wurde: Staatsgefährdende Aktivitäten führen zur Beurteilung und zur Behandlung von Vereinigungen als illicita, zu einer entsprechenden staatlichen Aufmerksamkeit auf ihre weiteren Aktivitäten und zu einem umgehenden Einschreiten durch die Polizeigewalt.[83]

Dabei konnten die Bezeichnungen ὁ ἐπίσκοπος und οἱ πρεσβύτεροι in den Past der Umwelt gegenüber den Eindruck erwecken, dass die Leitung dort durch auch sonst bekannte Verwaltungsbeamte in vertrauten Händen lag. Gerade für Problemsituationen in Sachen Rechtsprechung und Finanzverwaltung wird dadurch verdeutlicht, dass es mit den Ämtern in der Gemeinde eine schon anderswo erprobte und unverdächtige Leitung gab.

10.2.4.2 ὁ ἐπίσκοπος

Das Amt kennt verschiedene Ausformungen, die nebeneinander bestehen. Die Funktion erscheint schon früh als die eines Aufsehers[84] und bald auch eines permanent oder zeitweise tätigen Verwaltungsfachmanns, der etwa nach einem siegreich beendeten kriegerischen Konflikt zur Machtübernahme in die unterlegene Stadt gesandt wurde und dort - wie in Erythrasi und Mytilene - auch Aufgaben der Gerichtsbarkeit zu übernehmen hatte. οἱ ἐπισκοποί als Beamte mit Aufsichts- und Verwaltungsaufgaben sind wiederum aus verschiedenen Epochen etwa aus Ägypten und Kleinasien bzw. Ephesus - dem fiktiven Abfassungsort von I Tim, vgl. I Tim 1,3 - bekannt, ohne dass diese Funktionen im einzelnen klar wären. Kommunale Beamte mit vermutlich ähnlichen Funktionen sind u.a. in Ehreninschriften von Rhodos belegt.[85] Und (späte) Inschriften aus Syrien zeigen, dass das Amt - wie im römischen cursus honorum üblich - es mit sich bringen konnte, als Leiter der örtlichen Baukommission zu fungieren, die öffentliche Gebäude und örtliche Heiligtümer errichtete und pflegte.[86]

---

auf jüdische collegia tenuiorum verwiesen, da gerade in der Zeit Nervas (96-98) verstärkt Begräbnisvereine gegründet wurden.

[83] Die Terminologie erscheint so dann erst bei Tertullian, Apol. 39.

[84] So die Bedeutung der Götter als Schutzpatrone bei Homer; die kynisch-stoische Philosophie hatte dann besonders dem Kyniker diese Funktion zugewiesen.

[85] Vereinszweck: Fürsorge für das Apollo-Heiligtum als kommunale Aufgabe.

[86] Die Nähe zum Amt der Praetoren als erster Stufe eines römischen cursus honorum

10.2.4.3 ὁ πρεσβύτερος

Bemerkenswert ist die bereite Streuung der Terminologie, die einen echten Vergleich sehr erschwert. Aus der Perspektive der Umwelt der Past sind die Bezeichnungen ὁ πρεσβύτερος und οἱ πρεσβύτεροι in ihrem titularen Gebrauch sowohl für Repräsentanten jüdischer Synagogalverfassung als auch auf dem Hintergrund antiker Kommunalverwaltung und des antiken Vereinswesens verwendbar, dort etwa für Leitungsfunktionen in Seniorenbünden, Ausschüssen und Kollegien. Erstere hatten in der kommunalen Verfassung der jeweiligen jüdischen Ortsgemeinde die Funktion von Gemeindeleitung und Disziplinargewalt in einem vermutlich siebenköpfigen Gremium, waren damit analog zum Synagogenvorstand der jüdischen Kultusgemeinden in Palästina organisiert. In Hinsicht auf Zweite ist für das Verwaltungswesen der Umwelt aufgrund nur vereinzelter Belege kaum ein Gesamtbild möglich, das eine Einordnung erlaubt.[87] Die Verwendung des Begriffes als Amtsbezeichnung einer Magistratsfunktion etwa in Sparta lässt noch darauf schließen, dass der dortige πρεσβύτερος die Leitung des Kollegiums innehatte. Im Vereinswesen schließlich ist diese Begrifflichkeit durchgängig für die Kennzeichnung antiker Seniorenbünde belegt, ohne dass dabei eine Leitungsfunktion mit angesprochen sein dürfte.[88] οἱ πρεσβύτεροι im Amt haben demnach Funktionen, wie sie auch das Amt ὁ πρεσβύτερος erkennen lässt. Letzteres ist regelmäßig gerade für den Lebensraum der Ägäis nachzuweisen, ersteres ist im Osten und im Zusammenhang mit jüdischen Gemeinden belegt.

10.2.4.4 Würdigung

Die Gemeinde der Past lässt Strukturen erkennen, die analog auch in der Umwelt begegnen. In Außenperspektive betrachtet sollten frühchristliche Gemeinden strukturell auch gar nicht als Gemeinschaft sui generis erscheinen, sondern sind im Rahmen dessen verstehbar, was an Organisation und Gemeindeleitung auch anderswo bekannt gewesen ist.[89] Entsprechend sollen die christlichen Gemeinden nach Past auch aus dieser Perspektive wahrgenommen und verstanden werden. Daneben steht in den Past aber auch die theologische Deutung der Strukturen mithilfe der Tradition.

---

ist deutlich. Für das Vereinswesen etwa auf Mykonos oder Thera zeigt sich Vergleichbares; POLAND, Vereinswesen, S. 377. Die Beispiele sind ebenso zufällig wie bezeichnend.

[87] Vgl. KARRER, Ältestenamt, S. 152-188, spricht sich gegen Ableitung aus jüdischen Institutionen und paganen Hausgemeinden und für judenchristliche Herkunft aus.

[88] Für ägyptische Vereine hellenistischer und römischer Zeit sind Älteste als Funktionäre identifizierbar; vgl. SAN NICOLÒ, Ägyptisches Vereinswesen, S. 169-178.

[89] Ein ähnliches Verfahren dürfte im Prozess der Adaption antiker Haustafelethik in Eph zu erkennen sein. Ob sich so der Übergang von einer offen strukturierten zur hierarchisch verfassten Gemeinde vollzieht? Vgl. GIELEN, Tradition und Theologie, S. 555.

10.3 Ergebnisse

In den Past werden verschiedene Amtsstrukturen einander zugeordnet.

Die Gemeindeleitung der Past durch οἱ πρεσβύτεροι wird weiterentwickelt, indem diesen die bereits bekannte Leitung durch ὁ ἐπίσκοπος vorgeordnet wird. Die Verbindung der Leitungsstrukturen zeigt sich unter anderem an dem Umgang mit Konflikten in der Gemeindeleitung. Der Vorrang von ὁ ἐπίσκοπος zur Leitung der Gemeinde wird durch die Angemessenheit episkopaler Gemeindeleitung auch im Blick auf die Umwelt begründet. Der Vorrang wird dadurch unterstrichen, dass paulinische Tradition (I Tim 1,20) herangezogen wird, um mit ihr eine traditionelle rechtlich verbindliche - nach I Tim 1,18 in Zukunft durch ὁ ἐπίσκοπος zu erreichende - Konfliktlösung in Erinnerung zu rufen.

Die presbyteriale und episkopal-diakonale Struktur lässt einen Vergleich mit Leitungsfunktionen etwa im antiken Vereinswesen, in staatlicher und kommunaler Verwaltung zu. Die innergemeindliche Feststellung der Amtspflicht von ὁ ἐπίσκοπος erfolgt in I Tim 3,1b-7 durch Verwendung von typischem Material antiker Berufspflichtenlehren. Ein Vergleich der Ämter von ὁ ἐπίσκοπος wie ὁ πρεσβύτερος mit dem Material, das auch im antiken Vereinswesen, in kommunaler oder staatlicher Verwaltung bekannt ist, weist beide Titel als eine mögliche Bezeichnung von Leitungsaufgaben aus. Past verdeutlichen mit ihrer (u.a. Konflikten vorbeugenden) Leitungsstruktur, dass die christliche Gemeinde als eine angemessen organisierte Gemeinschaft anzusehen ist.

Die Past verwenden verschiedene traditionelle Konfliktlösungen, dazu auch passende Normen aus ihrer Umwelt.

In I Tim 1,20 und 5,19f.21 werden traditionelle Konfliktlösungen thematisiert bzw. vorausgesetzt. In I Tim 3,2f (und Tit 1,6f) wird Material aus der Umwelt übernommen, das in Hinsicht auf die gemeindeleitenden Ämter der Konfliktvermeidung dient. Die Aufnahme der konkreten Konfliktlösung von I Kor 5,1-5 in I Tim 1,20 verweist auf den Traditionszusammenhang mit paulinischer Literatur. In I Tim 3,2ff (bzw. Tit 1,6) wird durch Verwendung verschiedener Topoi antiker Berufspflichten die Qualifikation des Amtsträgers herausgestellt, sollen so potenzielle Konflikte um das Amt vermieden werden.

Die für I Tim 5,19f mögliche Aufnahme des Konfliktlösungsmusters, das in Mt 18,15-17 entwickelt wurde, könnte I Tim als Teil der frühchristlichen Überlieferung ausweisen, die nicht auf paulinische Literatur beschränkt ist. Konfliktlösung ist in I Tim traditionell und rechtlich orientiert: Die Rechtmäßigkeit des jeweiligen Handelns zur innergemeindlichen

Konfliktlösung wird durch Tradition verbürgt. Eine an Tradition orientierte Konfliktlösung übernimmt hier die Aufgaben von Konfliktlösungen
durch rechtliche Regelung.

In I Tim werden Konflikte grundsätzlich durch Übernahme traditioneller und konventioneller Normen gelöst. Neue Konfliktlösungen werden
nicht (mehr) entwickelt. Die Past greifen vorliegende Normen und Modelle auf, um auf deren Basis mit möglichen Konflikten umzugehen. Das im-
plizite Verständnis der jeweiligen Tradition als Rechtsnorm wird nicht eigens begründet, ihre Gültigkeit erscheint evident. Paulinische Tradition
zur Konfliktlösung wird etwa in 1,20 vorausgesetzt. Nichtchristliche Traditionen werden wie in 3,2f.4f.6f einem neuen Kontext angepasst. In
5,19f.21 könnte Mt 18,15-17 verwendet worden sein. Die Past wären
demnach insgesamt als Modell dafür zu betrachten, wie Konfliktlösungen
verschiedener Traditionen miteinander verknüpft werden.

Kapitel 11

„Weist einander zurecht"
Die gottesdienstbezogene correctio der Didache

11.1 Vorbemerkung

> Ließen sich ... in den kleinen Gemeinden des frühen 2. Jahrhunderts Streitigkeiten
> einzelner Gemeindeglieder untereinander noch auf mehr oder weniger informelle
> Weise schlichten, so mußten mit dem Anwachsen der Gemeinden immer differenzier-
> tere Verfahren bis hin zu einer eigenen innergemeindlichen Gerichtsbarkeit entwi-
> ckelt werden[1].

Die unter anderem dazu erstellten Kirchenordnungen des 2. und 3.
Jahrhunderts sind ein Übergangsphänomen. Bis zur Durchsetzung maß-
geblicher frühchristlicher Schriften als neutestamentlicher Kanon waren
sie entwicklungsbegleitend. Die zeitlich am Beginn dieses Übergangs stehende Didache[2] hat dabei besondere Bedeutung.[3] Mit der Etablierung eines Synodenwesens für überregionale Kirchenfragen im 3. und reichswei-
ter Synodentätigkeit zur Kirchenorganisation ab dem 4. Jahrhundert waren
für Fragen interner Konfliktbewältigung und Kirchenorganisation Ent-
scheidungsinstanzen gegeben, die zur jeweiligen Problemlösung unter anderem auf die kanonischen Modelle der Konfliktlösung zurückgriffen. Die
gesammelten und weiter überarbeiteten Kirchenordnungen dienten dabei
als ergänzende Materialsammlungen und rechtliche Entscheidungshilfen.[4]
Der Umgang mit innergemeindlichen Konflikten erscheint in Did auf
den ersten Blick wenig formalisiert, wodurch der Eindruck entstehen kann,
man habe es mit einer frühen bzw. von einer überschaubaren Gemeinde
praktizierten Konfliktlösung zu tun, die sich von (späteren) überregionalen
Strukturen zum Umgang mit innergemeindlichen Verfehlungen abhebt.

---

[1] SCHÖLLGEN, FC 1, S. 15.
[2] Zum Titel Act 2,42 und Euseb, hist.eccl. III 25,4. Zur altkirchlicher Bezeugung
und Textkritik NIEDERWIMMER, KAV 1, S. 15-47; auch SCHÖLLGEN, FC 1, S. 85-93.
[3] VOKES, Life and order, S. 228f: „In the last quarter of the nineteenth century Did
became almost a key turning point in judgement about the evolution of the church".
[4] Vgl. MAY, TRE 19, S. 2f, zu Phasen der Rechtsentwicklung in der Kirche: Ge-
wohnheitsrecht einzelner christlicher Gemeinden, ergänzt durch teil- oder gesamtkirch-
lich getroffene Synodenentscheidungen; dazu dann Anordnungen der Päpste und Rechts-
sammlungen, die sich auf apostolische Autorität beriefen.

Allerdings zeigt eine eingehende Analyse, dass Did insgesamt ein Dokument der dritten oder vierten Generation darstellt. Der in ihr festzustellen-
de Umgang mit Konflikten lässt eine bereits aus verschiedenen Quellen
traditionell gewordene Konfliktlösung erkennen, die sich vorgegebener
Autorität verdankt.[5] Dennoch gilt in der Forschung das „ganz allgemeine
und natürliche Bedürfnis einer jungen Gemeinschaft, die in ihr entstandenen Ordnungen festzulegen"[6] weiterhin als ein Grund der Entstehung der
Did als Kirchenordnung, die nicht gesamtkirchliche Verhältnisse regeln,
sondern örtliche Gegebenheiten behandeln und die dazu hilfreiche Tradition weitergeben wolle. Konkrete Textarbeit wird zeigen, wie sich in Did 1-
16[7] traditionelle und aktuelle Konfliktlösung zueinander verhalten und
inwieweit dabei auch rechtliche Regelungen zu finden sind.

11.2 Did 4,3

Aufgrund der Verwendung einer Überlieferung des Zwei-Wege-Traktats in
Did 1-6 ist ein Bezug auf die Gemeinde des Verfassers - wenn überhaupt
vorliegend - schwer zu belegen. Im vielleicht ursprünglich jüdischen Trak-
tat müsste sich die in 4,3a.b genannte Mahnung auf das Lehrhaus und seine Schülerunterweisung bezogen haben, die Mahnung, keine Spaltungen
hervorzurufen, wäre an diese Schüler gerichtet.[8] Im Kontext von Did gilt
die Mahnung nun der ἐκκλησία[9] und Christen als ihren Mitgliedern.

σχίσμα bezeichnet zunächst einen Riss oder eine Spalte in natürlichem
Material, wird übertragen und verallgemeinernd auf einen erreichten Zustand bezogen.[10] Das Hervorbringen einer derartigen Spaltung durch Men-

---

[5] Bedeutung für die Geschichte der frühchristlichen Literatur kommt Did weiter
deshalb zu, weil in ihr in bemerkenswerter Weise Traditionen verarbeitet werden. Für
die Frage nach der normierenden Funktion von Rechtstraditionen aus AT, zeitgenössi-
schem Juden- und frühem Christentum steht der Beitrag der Did noch im Hintergrund; zu
alttestamentlichen Rechtstraditionen VOKES, Life and Order, S. 218.

[6] VIELHAUER, Geschichte, S. 276. Vgl. auch für NIEDERWIMMER, KAV 1, S. 14,
liegt die „Erstellung eines Reglements für eine geschlossene Kultgemeinde in der Natur
der Sache".

[7] Gliederung: Did 1,1-6,3 (ursprünglich jüdischer?) Zwei-Wege-Traktat zur Kate-
chese; 7,1-10,7 Agende zu Taufe, Fasten, Gebet und Mahl; 11,1-15,4 Kirchenordnung;
16,1-8 (ursprünglicher?) eschatologischer Ausblick. Kann in Did zwischen Tradition und
Redaktion so geschieden werden, dass eine konkrete Gemeindesituation deutlich wird?

[8] Vorausgesetzt ist dabei Parteibildung nach Lehrmeinung; vgl. I Kor 3,3f. Zu Did
4,3 in nahezu wörtlicher Parallele Barn 19,12a: οὐ ποιήσεις σχίσμα, εἰρηνεύσεις δέ
μαχομένους συναγωγόν. Ist in Barn 18-20 ein jüdischer Archetyp von Did bewahrt? So
WENGST, SUC II, S. 21. Vgl. später Optavius von Mileve, contra Parmen I, 21 und III, 7.

[9] Vgl. DREWS, Untersuchungen zur Didache, der 4,3 mit Kol 3,13-15 parallelisiert.

[10] Mt 9,16; Mk 2,21; Herm 71,1; 85,3 von Spalten in natürlichen Materialien. Da die

schen wird ganz allgemein mit dem Verb ποιέω benannt.[11] In Did 4 ist im Zusammenhang mit der Warnung vor Spaltung kein Hinweis auf Gemeindesituation verbunden.[12]

Eine konkretere Erfassung der Situation wird möglich, wenn man die in 4,14b folgende Bestimmung der Befriedung von Kämpfenden mit heranzieht. Dabei geht es weniger um Kampf mit realen Waffen, sondern um die Auseinandersetzung durch Wortgefechte.[13] In 4,3b wird die Beendigung solchen Streits als Ziel der Konfliktlösung vorgestellt.[14]

Anhand der weiteren Anweisungen in 4,3cd könnte man für die Gemeinde der Did ein allgemein geartetes Richteramt behaupten, dem auch die jeweilige Konfliktbearbeitung zukommt. Allerdings ist von Amtsträgern und Funktionären der Gemeinde nicht die Rede: κρινεῖς δικαίως meint im Zusammenhang wahrscheinlich gerade nicht einen bestimmten Gemeindejuristen, der in der Gemeinde zur Schlichtung beauftragt wäre, sondern zielt auf die Angeredeten[15], d.h. auf alle Gemeindeglieder. Mit der Forderung zur gerechten Urteilsbildung ist auch sonst traditionell kein Amt, sondern Gottes Handeln gemeint.[16]

Ist Gott gerecht und spricht er Menschen gerecht, so kann in der Gemeinde gerecht als Maßstab gelten, wie er sich besonders an der folgenden Aufforderung zur Vermeidung der προσωπολημψία zeigt.[17] Positiv geht es dabei um Begrüßungsverhalten des Höherrangigen dem Niederrangigen gegenüber.[18] Daraus entstanden ist die Warnung vor parteilichem Rich-

---

LXX und die lateinische Sprache den Ausdruck nicht kennen, wird der griechische Ausdruck als Fremdwort übernommen und geht schließlich ins Kirchenlatein über; GEROSA, Exkommunikation, S. 322f. Verwendung im NT: Mk 1,10; 15,38 im Zusammenhang mit Person und Wirken Jesu; vgl. I Kor 10; 11,18; 12,25; Act 14,4; 23,7; Joh 7,43; 9,16; 10,19 von Meinungsverschiedenheiten; I Clem 46,9; 49,5.

[11] ποιέω und σχίσμα in Barn 19,12; Did 4,3; Herm 75,4. ποιέω führt einen Zustand herbei: Eph 2,15; Jak 3,18 Frieden. Act 15,3 Freude. Negativ in Röm 16,17 Skandalon; vgl. Act 24,12; I Kor 10,13.

[12] Aus Herm 75,4 wird deutlich, dass auch innere Gründe für das äußere Geschehen der Spaltung mitspielen, vgl. die Verwendung von διψυχέω, das auch Did 4,4 erwähnt; vgl. Barn 19,12.

[13] μάχομαι vom Kampf ohne Waffen, im Wortstreit, wie ihn u.a. Past zurückweisen: II Tim 2,23f; Tit 3,9f; vgl. Joh 6,52; Jak 4,1f; TestRub 3,4; TestJud 16,3; TestBenj 6,4.

[14] Barn 19,12 ist hier konkreter (Verwendung von συναγαγών). Ähnlich wie in Did 14,2 bedeutet Streit die (räumliche) Trennung der Parteien, die Barn 19 aufheben will.

[15] Es geht um correctio fraterna; RORDORF/TUILIER, La doctrine, S. 159.

[16] Vgl. in I Petr 2,23 ist die Sprechweise vom κρινεῖς δικαίως Teil des Redens von Gott. Vgl. Ps 144,17; Dtn 32,4LXX: Gott als gerechter Richter; so auch Apc 16,5; Joh 17,25. Dieses Reden wurde nicht erst in Did auf Gemeinde übertragen; vgl. Dtn 1,16 eingesetzte Richter; Prov 31,9 richtender König.

[17] I Petr 1,17 so vom Richten Gottes; vgl. Röm 2,5.

[18] Konkret darum, als ein Zeichen der Wertschätzung das Antlitz des zur Begrüßung Niedergefallenen hochzuheben. Im NT Röm 2,11; Eph 6,9; Kol 3,25; Jak 2,1; vgl. auch

ten.[19] Auf eine bevorzugte Behandlung durch zuvor angestrebte Partei-
lichkeit des Richtenden, erreicht durch Bestechung, sollte man sich nicht
nur bei Gott keinesfalls verlassen. Denn Gott handelt keineswegs je nach
προσωπολημψία, sondern ohne Ansehen der Person. In frühchristlicher
Literatur findet eine Übertragung dessen auf die Missionspraxis und das
konkrete Zusammenleben in der Gemeinde statt.[20] Did 4,3c.d steht in dieser Traditionslinie, beansprucht solche Maßstäbe des Verhaltens auch für
die konkrete Gemeinde; und die Gemeinde für solche Maßstäbe.

Als Zielbestimmung von Did 4,3 wird ἐλέγχω genannt.[21] Im Zusammenhang mit Prozess und Gerichtsverfahren stehend verweist das Verb
auf den überführenden Charakter der Zurechtweisung.[22] Solche Zurechtweisung erfolgt durch die Gemeindeglieder.

11.3 Did 4,14

Die Inklusion von Did 4,14c mit 1,2a schließt den ersten Abschnitt Did
1,2a-4,14b innerhalb des 2-Wege-Traktats ab. 4,14 sollte in diesem Kontext als Epilog zu lesen sein. Zudem ist auf die enge sprachliche Verbindung von 4,14 mit 14,1 hinzuweisen: Hier wie dort steht das geforderte
Bekenntnis von Verfehlungen absolut, etwaige Konkretionen werden jeweils nicht ausdrücklich benannt. Allerdings haben beide Teile unterschiedliche Funktion. 14,1 dürfte die allgemeine, im Singular gehaltene
Schlussmahnung von 4,14 auf eine konkrete - konfliktträchtige? - Situation in der Gemeinde anwenden.[23] Jedenfalls greift Did in 14,1 Terminologie aus 4,14 auf und parallelisiert ἐν ἐκκλησίᾳ und κατὰ κυριακὴν δέ
κυρίου συναχθέντες.[24] Ist diese Struktur richtig gesehen, so ist für Did
4,12-14 insofern ein Gedankenfortschritt erreicht, als dann auch für diesen

---

die Wendungen in Gal 2,6; Mt 22,16; Mk 12,14; Lk 20,21; Jud 16. Vgl. DASSMANN,
„Ohne Ansehen der Person", S. 477-478: Die Vorstellung ist biblisch (נשׂא פנים), sie
stammt nicht etwa aus philosophischer Ethik.

[19] Lev 19,15; Mal 2,9; Sir 4,22.27; Polyk 6,1. - Zwischentestamentlich als Warnung
vor einem Verhalten gemäß προσωπολημψία vor Gott, dem Richter im Endgericht; so
etwa Ab 4,22; Jub 33,18.

[20] Etwa Gal 6,2; Act 10,34. Die Maßstäbe Gottes gelten schon jetzt im Umgang mit
innergemeindlichen Konflikten.

[21] So schon Mt 18,15; Did 2,7; Lev 19,17LXX.

[22] Joh 16,8ff; vgl. Hos 5,9; Jer 2,19. im NT noch I Kor 14,24: Überführung durch
geistbegabte Prophetie; in Jak 2,9 hat auch das Gesetz diese Funktion - wie Did 4,12-14?

[23] Oder soll der Vermerk ἐν ἐκκλησίᾳ dies schon in 4,14 leisten? NIEDERWIMMER,
KAV 1, S. 145, hält ihn für einen Zusatz des sog. Didachisten. Vgl. in Barn 19,12 sind
Did 4,3a und 4,14 verbunden.

[24] Sprachliche Brücke sind die Begriffe (προ)ἐξομολογέω und παραπτώματα.

Abschnitt die Frage nach innergemeindlichen Konflikten und ihren angemessenen Lösungen etwa durch rechtliche Regelungen zu stellen ist.

Überblickt man die in 4,12-14 genannten ethischen Grundprobleme,
wird deutlich, dass sich παραπτώματα nicht ausschließlich auf den zwi-
schenmenschlichen Bereich oder den Bereich coram deo beziehen. Vielmehr wird ein umfassender Gebotsgehorsam angemahnt. Zugleich rechnet
die Mahnung - realistischerweise[25] - mit mangelhafter Erfüllung eines solchen Gebotsgehorsams bzw. übt den richtigen Umgang auch ein. Kommt
es zwischen der Forderung nach Gebotsgehorsam und ihrer defizitärer Erfüllung zum Konflikt, bedarf es einer Hilfestellung für die Betroffenen
durch die Gemeinde. Did 4,14 legt diese Hilfestellung in Form einer Konfliktlösungsstrategie vor: Das öffentliche Bekenntnis in der gottesdienstlichen[26] Gemeindeversammlung trägt dem Konflikt zwischen Gebotsforde-
rung und mangelnder Gebotserfüllung beim Einzelnen Rechnung.

Als Ziel des Bekenntnisses wird 4,14b die Vermeidung der συνείδησις
πονηρά formuliert. Durch die attributive Näherbestimmung des Substan-
tivs wird die theologische Einsicht, dass das Gewissen eines Menschen
davon zeugt, wes Geistes Kind er ist, noch verstärkt.[27] Grund guten Gewissens (d.h. guten Wissens über sich selbst[28]) ist nicht allein der Lebenswandel eines Menschen, sondern zunächst das vorausgegangene Heilshandeln Gottes.[29] Der Hinweis auf συνείδησις πονηρά lässt eine grundsätzlich ungute, seiner christlichen Existenz unangemessene Ausrichtung dieses Menschen vermuten.[30] Angesichts dessen käme konkret eine Teilnahme am gottesdienstlichen Gebet der Gemeinde für den Betroffenen nicht
in Frage, solange jedenfalls dieser der συνείδησις πονηρά zugrunde liegende Konflikt nicht gelöst ist.

Die theologische Reflexion anhand des Begriffes συνείδησις hat an
dieser Stelle Schutzfunktion. Geschützt werden indirekt das Selbstbild der
Gemeinde und direkt das Selbstbild des Betroffenen.[31] Zur Wiederherstel-

---

[25] Vgl. in Jer 31,31-34 und Ez 36,26f wird als Summe der Prophetie formuliert, dass
zur Forderung der Gebotsobservanz die Ermöglichung dieser Forderung durch Gott gehört. Vgl. aber auch im NT: Gal 2,16; Phil 3,3-9 und Röm 3,23f.

[26] Did 4,14; 14,1. Vgl. WINDISCH, HNT Barnabasbrief, S. 402, zu Barn 19,12: Häus-
liche Andacht.

[27] Gewissen als Ausweis eigentlicher Zugehörigkeit Röm 2,15; 9,1; I Kor 10,29; II
Kor 1,12 u.ö. Der Begriff wird durch Paulus via hellenistische Popularphilosophie in die
christliche Literatur eingeführt.

[28] Act 23,1; I Tim 1,5.19; I Petr 3,16; I Clem 41,1. Vom reinen Gewissen dann I
Tim 3,9; II Tim 1,3; I Clem 45,7; vgl. auch IgnTrall 7,2.

[29] I Petr 3,21; Hebr 9,14.

[30] Hebr 10,22; Barn 19,12; vgl. I Kor 8,7: συνείδησις ἀσθενής; vgl. Act 24,16.

[31] Vgl. NIEDERWIMMER, KAV 1, S. 146, zu 4,14: Beichtspiegel für confessio und
conversio; erst nach dem Sündenbekenntnis ist ein Gebet guten Gewissens möglich.

lung eines adäquaten Selbstbildes steht diesem das Bekenntnis der Übertretungen in der versammelten Gemeinde zur Verfügung, der Gemeinde
verhilft ein solches Bekenntnis zur Wahrung ihres Charakters als Gemeinschaft, in der die Gebote bewahrt und das Gebet angemessen vollzogen
wird. So dient das einem Einzelnen gegenüber angemahnte Verhalten in
4,14 zugleich der Gemeinde.

11.4 Did 14,1-3

Ist bisher kenntlich geworden, dass für Did eine innergemeindliche Konfliktlösung durchaus erforderlich und üblich ist - ohne dass konkrete Hintergründe im Einzelnen deutlich wären - vertieft sich das Bild für 14,1-3:
Hier und in 15,3f wird nun sichtbar, wie eine Konfliktlösung, die etwa in
Did 2,7 wie in 4,3f.14 als bekannt vorausgesetzt wird, konkreter vorzustellen ist. Nach 14,1-3 sollen etwaige ungelöste Konfliktsituationen im Rahmen des sonntäglichen Gottesdienstes behandelt werden. Konfliktlösung
ist in diesem Zusammenhang Sache einzelner Konfliktparteien wie Sache
der Gemeinde, die zur Konfliktlösung um der Reinheit der gemeindlichen
Opfer willen auffordert.

Did 14,1

Nach m.E. wahrscheinlichster Interpretation von Did 14,1 kommt hier die
Situation des sonntäglichen Gottesdienstes der Gemeinde in den Blick.[32]
Trifft dies zu, so ist zunächst das Verhältnis des Abschnittes zu Did 9-10
zu beachten,[33] da dort die - ebenfalls sonntägliche - Mahlfeier der Gemeinde thematisiert ist. Did 9-10 bietet eine nähere Charakterisierung der
gemeindlichen Mahlpraxis unter dem Aspekt der Mahlgebete, während
Did 14,1-3 auf den sonntäglichen Gottesdienst in Hinsicht auf innergemeindliches Konfliktpotenzial bzw. auf traditionelle rechtlich geregelte
Lösungsmöglichkeiten innergemeindlich Konflikte Bezug nimmt.[34]
    Für die Untersuchung der in 14,1 vorgestellten Konfliktsituation ist zu-
nächst die inhaltliche Bedeutung von κατὰ κυριακὴν κυρίου zu erheben.
Dabei fällt die Weglassung des nach κυριακὴν eigentlich zu erwartenden
ἡμέρα[35] nicht ins Gewicht, diese zeigt vielmehr eine technische Verwen-

---

[32] Positionen bei VOKES, Life and order, S. 223f.

[33] AUDET, Didachè, S. 460, schreibt den Abschnitt einem Redaktor zu. Dagegen NIE-
DERWIMMER, KAV 1, S. 234: redaktionell, aber keine Dublette zu Did 9f.

[34] In Did 9f.14 liegt keine umfassende Beschreibung von Sonntagsgottesdienst bzw.
Mahlfeier vor.

[35] Die Langform findet sich in Apc 1,10; zur Verkürzung der Sprachform vgl. Jer
52,12LXX, Ev.Petr. 9,35; 12,50. RORDORF/TUILIER, La doctrine, S. 64-65, schlagen im

dung des Begriffs. Der Auferstehungstag kann schon in frühchristlicher Zeit als Versammlungstag der Gemeinden gelten. συνάγω wird in 14,1 ohne Näherbestimmung des Ortes verwendet, an dem die Versammlung stattfindet. Ein Zusammenhang mit einer gemeindlichen sonntäglichen Mahlfeier ist damit nicht direkt hergestellt, dürfte allerdings nahe liegen.[36] Mit 14,1b ist bereits der Zielpunkt der Argumentation von Did 14,1-3 erreicht. προ- ἐξομολογέω und παραπτώματα sind Begriffe aus traditioneller Sprache für innergemeindliche Konfliktlösung.[37] An eine explizite Beichtpraxis[38] wird man für die Gemeinschaft der Didache allerdings nicht denken müssen. Ob allein das Sündenbekenntnis konfliktlösenden Charakter hatte oder an weitergehende Versöhnungsrituale zu denken ist, ist vom Wortlaut des Textes her nicht zu entscheiden.[39] Ohne dass klar würde, an welche Konfliktsituationen zu denken ist und welche Bedeutung das Auftreten von Konflikten in der Gemeinde für das gemeindliche Miteinander hat: Did 14,1b lässt ein der Gemeinde offensichtlich vertrautes reguläres Verfahren zur Konfliktbewältigung vermuten, das auf dem öffentlichen Bekenntnis von in 14,1 allgemein formulierten Verfehlungen beruht.

Zielbestimmung der Konfliktlösung von Did 14 ist nicht explizit die Gestaltung eines verbesserten innergemeindlichen Miteinanders oder eine zukünftige Konfliktvermeidung. Die Konfliktlösung dient nach der Sicht von Did in erster Linie der Gewährleistung der Reinheit des gemeindlichen Opfers.[40] An welche Verwendungsweise der Begrifflichkeit hier auch

---

Kontext von Gal 4,8-11, Kol 2,16f und Ign Magn 9,1f vor, dass gegen judenchristliches Interesse am Sabbat als Tag des biblischen κύριος der Sonntag als Herrentag festgeschrieben werde. Zur späteren Wortverwendung auch Euseb, hist.eccl. IV 26,2. Eine gottesdienstliche Feier am Herrentag bezeugen I Kor 16,2; Joh 20,26; Barn. 15,9. Die Identität von Auferstehungs- und Herrentag ist nicht von Anfang an klar; vgl. DUGMORE, Lord's day, S. 276f, mit Argumenten für eine Deutung von κυριακή als Ostertag.

[36] Zum Auferstehungstag als Versammlungstag Act 20,7; Barn 15,9. Zu absolutem συνάγω Act 11,26 u.ö.; mit πρός Mt 13,2 u.ö. Die Wortbedeutung ist jeweils kontextuell gefärbt, hat im profanen Griechisch ihren Sitz im Vereinsleben, vgl. etwa den Verein der Verehrer des höchsten Zeus, der die Vereinsmitglieder davor warnt, σχίσματα herbeizuführen; KLAUCK, Umwelt I, S. 49-58.

[37] προεξομολογέω nur Did 14,1. ἐξομολογέω Did 4,14, I Clem 51,3. ἐξομολογέω im NT: Sünden bekennen Mk 1,5 par; Mt 3,6; Jak 5,16. Sündenbekenntnis ablegen Act 19,18; Röm 14,11; I Clem 5,21f; II Clem 8,3. Preisen, lobend bekennen Mt 11,15; Lk 10,21 u.a. Zum Plural παραπτώματα vgl. Mt 6,14, dort ist das Verhältnis der Menschen untereinander (6,14a) verbunden mit dem Verhältnis zu Gott (6,14b; vgl. 18,35v.l.); weiter Röm 4,25; 5,16; II Kor 5,19; Eph 2,1.

[38] Vgl. POSCHMANN, Paenitentia secunda, S. 88-97, unterscheidet geringfügige Verfehlungen (4,14?) und schwerere Sünden (14,2?).

[39] Gab es eine Instanz zur Annahme des Bekenntnisses in der Gemeinde? Vgl. Mt 16,19; Joh 20,23.

[40] Nach LIETZMANN, Messe, S. 82, gab es verschiedene Verwendungsweisen von θυσία als Begrifflichkeit für die Eucharistiefeier des 2. und 3. Jahrhunderts: Gebete,

zu denken ist, die Bedeutung der Gemeinde ordnenden Maßnahme für das Opferverständnis ist in jedem Fall evident. Ethik und Kult erscheinen miteinander verbunden, der regelrechte Kult setzt ein innergemeindlich geregeltes Miteinander voraus.[41]

Did 14,2

Hatte Did 14,1 einen allgemeinen, in seiner konkreten Durchführung wenig spezifischen Umgang mit Übertretungen nahe gelegt, so bietet 14,2 eine etwa aus Mt 5,23f dem Inhalt nach bekannte, sprachlich neu gefasste Regelung für das Miteinander der Gemeindeglieder.[42] Solange ein Konflikt mit einem Nächsten besteht, sind die am Konflikt Beteiligten von der Teilnahme am Gottesdienst ausgeschlossen.[43]

Nach 14,1 und 14,2 hat ein Konflikt zwischen Gemeindegliedern Auswirkungen auf deren Verhältnis zur Gemeinde. Entsprechend ist eine Konfliktlösung nicht nur im Miteinander der Betroffenen zu suchen, sondern auch coram ekklesiam - nicht per ekklesiam - zu betreiben. Sofern Konflikte aus der gemeindlichen Mahlgemeinschaft ausschließen, bedarf die Wiederherstellung dieser Gemeinschaft eines eigenen Aktes. 14,2a.c legt durch die Parallelisierung von πᾶς und absolut gebrauchtem διαλλαγῶσιν nahe, an ein Versöhnungsgeschehen zu denken, das die Konfliktbeteiligten zu handeln auffordert.[44]

Als Zielbestimmung der Konfliktlösung erscheint auch in 14,2 die Gewährleistung der Reinheit des Opfers der Gemeindeglieder, von dem in

---

Brot und Wein, die Handlung am Altar selbst als Analogon des Todesopfers Christi. Zur Terminologie im NT: profan schlachten Mt 22,4; Lk 15, 23.27.30; Act 10,13; 11,7; das Passahlamm schlachten Mk 14,12; Lk 22,7; I Kor 5,7; morden Joh 10,10; terminus technicus für heidnisches Opfer Act 14,13.18; I Kor 10,10. Nach Hebr 13,15f ist das Bekenntnis das einzige Gott wohlgefällige Opfer; vgl. Röm 12,1f; I Petr 2,5.

[41] NIEDERWIMMER, KAV 1, S. 238: Die Teilnahme an der θυσία fordert „die sittliche Reinheit als kultische Reinheit"; so auch Lk 11,41; vgl. aber Tit 1,15. Der ethische Anspruch, der Gemeinschaft mit Christus im Leben zu entsprechen, bleibt dabei aktuell.

[42] ἀμφιβολία und διαλλάσσομαι bei den Apostolischen Vätern nur hier. In einer Konfliktsituation ist oft (aus Sicht dessen, der in ihr steckt) eigentlich jede Reaktion falsch. Gerade Passivität soll aber nach der Konfliktlösung von Did 14,2 aufgehoben werden, das Gespräch mit dem Kontrahenten gesucht werden. Mit ἑταῖρος sind mögliche Konfliktpartner nicht auf die Gemeinde begrenzt. ἑταῖρος ist in Mt 26,50 Anrede an die Jünger, in Mt 20,13; 22,15 aber auch Anrede an eine namentlich unbekannte Person.

[43] συνέρχεσται hier nicht gemeinsame Reisetätigkeit (Joh 11,33; Lk 23,55; Act 25,17 u.ö.) oder geschlechtliches Zusammenkommen (I Kor 7; Mt 1,18), sondern sich versammeln, vgl. Mk 3,20 vom ὄχλος, Mk 14,53 von den ἀρχιερεῖς; Joh 18,20 synagogale Versammlung; I Kor 14,26 gottesdienstliche Versammlung; vgl. I Kor 11,18, Act 5,16; Act 1,6 nachösterlich um den Auferstandenen.

[44] Vgl. Mt 5,23f. Zu Did 14,2 im Verhältnis zu Mt 5,23f vgl. KÖSTER, Überlieferung, S. 214.

kultischer Terminologie gehandelt wird.[45] Mit dem Vollzug der Konfliktlösung vor der Gemeinde wird die wiederhergestellte Eignung des Einzelnen zur Teilnahme am Opfer der Gemeinde kenntlich.[46]

Did 14,3

Die Nennung des Opfers der Gemeinde wird in Did 14,3 abschließend
durch Schriftbeweis - freies Zitat aus Mal 1,11b.14b[47] - legitimiert.[48] Das
Stichwort dafür findet sich mit den Begriffen θυσία und καθαρά schon in
14,1, wobei in Did die eschatologische Dimension des Geschehens aus
Mal 1 durchgehalten ist. So wird auch für die christliche Gemeinde die
Bedeutung des Opfers - in neuem Kontext: als Regelung im Rahmen von
innergemeindlicher Konfliktlösung - hervorgehoben.

Die zeitliche (und auch räumliche) Bestimmung des Vollzugs des Opfers aus Mal 1 ist in Did 14 in der Gegenwart der eschatologischen Existenz der Gemeinde identifiziert. Dadurch wird eine Kontinuität der Forderung Gottes an seine Gemeinde aufgezeigt, ihm auch hier und jetzt angemessen zu opfern. Der Erfüllung dieser Forderung dient auch die innergemeindliche Konfliktlösung, die dem Vollzug des Opfers vorangeht.

11.5 Did 15,3

Allgemein wird in Did 15,3f mit einer Überlieferung gerechnet, die erst
dem Verfasser der Didache zuzuschreiben ist[49] und auch inhaltlich auf
seine Gemeinde bezogen werden kann. Diese Einschätzung wird ergänzt
durch den Hinweis auf die Tradition ἐν τῷ εὐαγγελίῳ: Immer noch wird
von Interpreten der Stelle vorgeschlagen, den Begriff (wie in Did 8,2 und
11,3) auch in 15,3 eher inhaltlich als viva vox zu bestimmen und nicht als
Hinweis auf eine überlieferte Textvorlage zu verstehen.[50] Auch die viva

---

[45] Das jeweilige Verständnis von κοινόω ist im NT eine Folge der jeweiligen Betrachtungsweise; vgl. Act 10,14.28; Röm 14,14; Mk 7,1-23. Kultische Unreinheit gibt es
christlich nicht, wohl die subjektive Einschätzung von Unrein-Sein. Oder entspricht die
Zielbestimmung der in Did 14,2 angemahnten Versöhnung jüdisch-pharisäischer Sicht?

[46] Parallel dazu 14,1, dort ist vom θυσία ἡμῶν die Rede.

[47] Did 14,3 bietet frühchristlich erstmals ein Zitat von Mal 1,10ff; NIEDERWIMMER,
KAV 1, S. 239f. Hintergrund in Mal 1,14a: Verflucht ist, der ein unreines Opfer bringt,
obwohl er ein gutes Opfer bringen könnte.

[48] Erst Did 15,3f ist wieder eine Konfliktlösung im Blick, kaum schon in 15,1f.

[49] NIEDERWIMMER, Der Didachist, S. 264f. Vgl. als altkirchlichen Beleg für eine
frühe lateinische Version der Did (nicht nur des 2-Wege-Traktats) in De aleatoribus 4
ein freies Zitat von Did 15,3/14,2.

[50] Inwieweit kann für 15,3f (und Did?) noch mit umfangreicher mündlicher Tradition gerechnet werden? Eine trennende Unterscheidung zwischen viva vox als mündlicher

vox evangelii dürfte sich in diesem Zusammenhang als Überlieferung verstehen lassen, die auf entsprechenden – zum Teil schriftlichen - Traditionen basiert. Deshalb spricht viel dafür, gerade in 15,3f an eine schriftliche Vorlage aus einem Evangelium zu denken; zumal mit dem Matthäusevangelium eine derartige Vorlage wahrscheinlich zu machen ist und für Did 15,3f konkret an Mt 18,15-17 gedacht werden kann.[51] Mit Mt liegt für Did demnach eine normierende Instanz auch zur rechtlichen Regelung innergemeindlicher Konfliktsituationen vor.

Strukturell wird aus 15,3 eine Konfliktlösung erkennbar, die den Gemeindegliedern die Aufgabe der correctio zuweist. ὀργή und εἰρήνη markieren deren Grenzen.[52] ὀργή verweist auf die soteriologische Zieldimension gemeindlichen Miteinanders, zur Überantwortung an Gottes ὀργή soll das Verhalten einzelner Gemeindeglieder wie die darauf reagierende correctio nicht führen.[53] Der Verweis auf εἰρήνη bestätigt, dass es nicht darum geht, die Zugehörigkeit von Gemeindegliedern, die abweichendes Verhalten zeigen, zur Gemeinde grundsätzlich und dauerhaft zu bestreiten. Die Ermöglichung einer weiteren Zugehörigkeit wird vielmehr durch Zurechtweisung gewährleistet.[54]

Zur Benennung konkreter, durch innergemeindliche correctio zu regelnder Vergehen verwendet 15,3 den durchgängig religiös qualifizierten Allgemeinbegriff ἀστοχέω,[55] der allenfalls indirekt zwischenmenschlich

---

Predigt Jesu (Did 8,2?) und absolutem Gebrauch (Did 15,3) leuchtet auch wegen der Parallelität der Stellen nicht ein. In Did dürfte Heilsverkündigung ebenso wie schriftliche Vorlage gemeint sein, so Barn 8,3/Mt 28,18-20; anders Barn 5,9. Auch Did 11,3 muss nicht als mündliche Verkündigung verstanden werden, sondern kann von Mt 10,40f her gelesen werden. Mit LINDEMANN, Paulus im ältesten Christentum, S. 174, ist in 8,2; 11,3; 15,3f mit εὐαγγέλιον ein Buch gemeint. TUCKETT, Synoptic tradition, S. 197-230.

[51] VOKES, Life and order, S. 221. Bezüge auf Mt 5,22; 18,15ff sind evident.

[52] ὀργή im NT: Mt 3,7; Lk 3,7; Röm 1,18 u.ö.; vom Zorn Gottes Röm 3,5f; 5,9; I Thess 1,9f; Gottes Gerechtigkeit bewahrt davor. Vgl. zur anthropologischen Redeweise: Nach I Tim 2,8; Tit 1,7 (vgl. Eph 6,4) soll sich der Mensch (für den Gottesdienst) vom Zorn frei machen; so auch Did 15,3. εἰρήνη im NT: im Makarismus Mt 5,9; in Mt 10,12f; Lk 10,5; anders Mk 10,34. Als Gruß auf dem Weg Mk 5,34; Lk 7,50; 8,48, jeweils nach der Begegnung mit Person und Wirken Jesu, die Weggang in Frieden ermöglicht. Aufforderung zu εἰρηνεύειν in Röm 12,18; II Kor 13,11; I Thess 5,13. Nachpaulinisch v.a. II Tim 2,22: vorbildhaftes Streben des Gemeindeleiters nach εἰρήνη.

[53] Mt 5,22; 18,33, vgl. auch 22,7. Mt 5 beschreibt wie Did 15,3 negative, Mt 18 wie Did 15,3 positive Seiten der Ermahnung. Vielleicht spielt auch allgemeines Verständnis von ὀργή mit herein, das - so etwa TestGad VI - menschlichen Zorn vermeiden will.

[54] Oder steht auch der permanente Ausschluss aus der Gemeinde im Hintergrund? Did reflektiert nicht das Misslingen seiner Konfliktbewältigungsstrategie. Polemik gegen Irrlehre tritt überhaupt nicht in Erscheinung; 16,3f ist als Futurum formuliert; hinter 6,1 wird man kaum konkrete Personen vermuten dürfen; 12,1 setzt weiter eine grundsätzliche Offenheit - ἐν ὀνόματι κυρίου - auch nach Außen voraus.

[55] Allgemein wird mit dem Begriff in der frühchristlichen Literatur der Abfall vom

relevantes Verhalten beschreiben dürfte. Undeutlich ist, wie der jeweils konkrete Tatbestand eines Fehlverhaltens konstatiert wurde.[56] Klar erkennbar wird nur die Notwendigkeit einer konkreten Maßnahme gegen die Verfehlung in Form der Zurechtweisung.[57]

Die Sanktion abweichenden Verhaltens besteht in der temporären Verweigerung innergemeindlicher Kommunikation mit dem Konfliktverursacher. Solche Sanktion zielt (wie Mt 18) auf die Wiederherstellung der Kommunikation mit der Person, die sich verfehlt hat. Voraussetzung dafür ist deren Abkehr vom konfliktträchtigen Verhalten.[58]

11.6 Konfliktlösung durch rechtliche Regelung in der Didache?

Für die Fragestellung der Untersuchung ist die Bilanz für die Didache auf den ersten Blick unergiebig. Die rechtliche Zuspitzung der Fragestellung nach innergemeindlicher Konfliktlösung scheint den Texten fremd. So ist die verwendete Terminologie in Did jeweils auf Gottesdienst als gemeindliche Versammlung oder auch auf einzelne Teile gottesdienstlicher Versammlung bezogen und erscheint dadurch geprägt. Eine auch rechtliche Bedeutung der Begrifflichkeit ist daneben nicht mit genügender Sicherheit wahrscheinlich zu machen. Eine rechtliche Interpretation innergemeindlicher Konflikte und besonders der gemeindlichen Kommunikation in Konflikten ist allenfalls indirekt möglich[59] und bleibt deshalb thetisch. In Did wird Konfliktlösung eng auf die Gemeinde bezogen und so dargestellt: Ei-

---

Glauben bezeichnet: ἀστοχέω in I Tim 1,6; 6,21; II Clem 17,7 in Verbindung zum Glauben, II Tim 2,18 in Verbindung mit Wahrheit. In Did 15,3 dürfte eine abschwächende Wortbedeutung anzunehmen sein.

[56] Sollte doch absolutes ἀστοχέω im Vordergrund stehen? Dann läge darin bzw. in der Entfernung aus der Gemeindeversammlung das inkriminierte Verhalten. War gerade die Beteiligung an Gemeindeversammlungen fraglich? Das würde mit Did 4,2 einen Blick auf die Gemeindeorganisation ermöglichen.

[57] ἐλέγχω Did 2,7; 4,3; 15,3; bei den Syn nur Lk 3,19 und Mt 18,15; vgl. I Kor 14,24; Eph 5,1. Eine konkrete beurteilende Instanz für eine correctio wird nicht genannt.

[58] Offensichtlich ist Mt 18,15-17 als eine Did bekannte Konfliktlösung angesprochen, die auch Did 10,6 aufscheint und dort im Zusammenhang mit dem Mahl dessen Empfang ausdrücklich vorgeordnet ist; nur in 10,6 und 15,3 wird in Did μετανοέω verwendet. Zu μετανοέω als terminus technicus im NT LÖHR, Umkehr und Sünde, S. 139-148. In Did 15,3 könnte Mt 18,15-17 konkret angewandt worden sein, noch erweitert um die Forderung des Abbruches der Kommunikation bis zur Konfliktlösung.

[59] Wenngleich Did formal als Kirchenordnung verstanden wurde, was impliziert, dass ihr Inhalt Normcharakter haben soll. Einzelne Maßnahmen, besonders Abbruch und Wiederaufnahme der Kommunikation im Zusammenhang mit Konflikten und ihrer Bewältigung konnten durchaus als Rechtsnormen zur Regelung des gemeindlichen Miteinanders interpretiert werden.

ne vorgängige Klärung zwischen etwaigen Kontrahenten ebenso wie der konkrete Gottesdienstverlauf zur Wiederaufnahme der Kommunikation. Was in Did mahnend hervorgehoben wird, dürfte der Gemeinde nicht neu sein, es wird ihr als normativ vorgestellt und noch einmal eingeschärft.[60] Mit Did liegt in Hinsicht auf den Umgang mit Konflikten eine Aufnahme der Tradition vor, die Mt 18,15-17 repräsentiert. Allerdings wird diese Tradition im Mt deutlicher als rechtliche Regelung kenntlich als in Did, wo sie zu einem Verfahren entwickelt wurde, das um den Gottesdienst der Gemeinde als Mitte kreist.

11.7 Ergebnisse

Die Didache lässt ein Modell gemeinde- und gottesdienstbezogener Konfliktbewältigung erkennen.

Bei Konflikten unter Gemeindegliedern hat die jeweilige Konfliktbewältigung Bedeutung nicht nur für die Konfliktbeteiligten, sondern auch für die Gemeinde. Die jeweilige Konfliktlösung bezieht sich auf die Gemeinde, weil dadurch die Reinheit ihres gottesdienstlichen Opfers gewährleistet wird. Sie hilft dem betroffenen Gemeindeglied dazu, nicht mit schlechtem Gewissen mit seinem Gebet im Gottesdienst vor Gott zu kommen. Innergemeindliche Konflikte schließen die Beteiligten für die Zeitdauer des Konflikts von Mahlfeier und Gebet der Gemeinde aus.

Die Gemeinde nimmt die jeweilige Konfliktlösung qua Schuldbekenntnis der Betroffenen wahr. Als Ort des Schuldbekenntnisses liegt die sonntägliche Mahlfeier der Gemeinde nahe. Durch das Bekenntnis ist der Bekennende wieder zum Gottesdienst zugelassen. Eine konkrete liturgische Form des Schuldbekenntnisses ist nicht deutlich. Die vorgängige Konfliktlösung zwischen den Konfliktbeteiligten ist in Did nicht im Blick.

Entscheidende Instanz bei Konflikten Einzelner ist die Gemeinde. Handelnd tätig qua Bekenntnis vor der Gemeinde sind die Konfliktbeteiligten. Die Beurteilung von Konflikten in der Gemeinde ist am Maßstab richterlicher Neutralität (Kriterium: ohne Ansehen der zu beurteilenden Person) orientiert. Damit verbunden ist der Maßstab des eschatologischen Handelns Gottes im Endgericht, das diesem Kriterium zugrunde liegt. Die Beurteilung ist zudem an der Reinheit des gemeindlichen Opfers orientiert.

---

[60] Bemerkenswert bleibt für Did die Aufnahme und Interpretation verschiedener Traditionen, dabei v.a. die Überlieferung des Mt und biblischer Tradition. Auffällig ist, dass die sonst im Zusammenhang mit Konfliktlösung zu beobachtende Aufnahme paganer Vorstellungen für die sonst stark an Tradition orientierte Did (vgl. anders etwa zeitgleich I Clem) offensichtlich nicht nahe liegt.

Die Didache begründet ihr Modell gemeinde- und gottesdienstbezogener Konfliktlösung durch verschiedene traditionelle Konfliktlösungen.
Did übernimmt Einzelvorstellungen des 2-Wege-Traktats. Durch die Verwendung des Traktats übernimmt Did auch dessen Konfliktlösungen jüdischer bzw. judenchristlichen Tradition, die in Did zugleich ekklesiologisch interpretiert werden. Mit in diesen Zusammenhang gehört die Verwendung von Mal 1 als Kriterium für den gemeindlichen Gottesdienst. Did beruft sich zudem auf die im Evangelium gegebene Tradition. Diese Tradition ist als Mt zu identifizieren. Zur gemeindeorientierten Konfliktlösung werden dabei Vorstellungen aus Mt 5,23f und 18,15-17 verwendet. Mt kann deshalb für Did als normative Tradition zur gemeindebezogenen Konfliktbearbeitung gelten.

Die Traditionen stehen nicht in Konkurrenz zueinander, sie sind durch den jeweiligen Gemeindebezug in Did miteinander verbunden. Did verarbeitet im Umgang mit Konflikten in der Gemeinde Traditionen aus AT (Mal 1), Judentum (2-Wege-Traktat, vgl. TestGad) und frühem Christentum (Mt). Did steht damit in judenchristlicher Tradition, in der alttestamentlich-biblische Prophetie, jüdische Ethik und judenchristliche Eschatologie verbunden sind. Die Reinheit des Opfers der Gemeinde, das Sündenbekenntnis zur Ermöglichung der Gemeinschaft und die Warnung vor unangemessenem Verhalten, das zum Ausschluss führt, sind als ekklesiologisch interpretierte, auf den Gottesdienst der Gemeinde bezogene Kontexte von Konfliktlösung in Did bestimmbar.

Did entwirft kein neues Gesamtbild von Konfliktlösung in der Gemeinde und hat deshalb im Rahmen frühchristlicher Literatur nur begrenzte Bedeutung. Interessant ist die Mittelpunktstellung des Gottesdienstes in Did, dem auch der Umgang mit Konflikten zugeordnet ist. Ein Blick auf die Wirkungsgeschichte der Did zeigt diese als Schrift von hoher Bedeutung vor allem im Bereich der frühchristlichen Kirchenordnung.[61]

---

[61] Did wird aufgenommen u.a. in der Apostolischen Kirchenordnung (um 300; vgl. Did 1-4) und in den Constitutiones Apostolorum (um 380; vgl. Did in c. 7. Ab dem 4. Jahrhundert wurden die Kirchenordnungen gesammelt weitergegeben. Zur Übersicht STEIMER, Vertex traditionis, S. 5-9. Für die Wirkungsgeschichte der Didache ist die syrische Didaskalia interessant, Didask 5: ὁ ἐπίσκοπος soll Verkehr mit einem überführten Sünder abbrechen, wenn dieser in Gottlosigkeit verharrt. Didask 6: Einen Ausgeschlossenen, der Buße tut, soll er in Liebe wiederaufnehmen; gegebenenfalls ist ein bis zu 7-wöchiges Fasten zu verhängen. Didask 10: Bei der Behandlung von Streitsachen ist Mt 18 als Richtschnur zu verwenden, es soll ohne Ansehen der Person verfahren werden. Didask 13: ὁ ἐπίσκοπος soll zum fleißigen Gottesdienstbesuch ermahnen. Vgl. auch Didask 25: Über Did hinausgehend (vgl. Mt 18,17) wird die Situation erfolgloser correctio reflektiert: Wer nicht vom Irrtum zurückkehrt, soll als Häretiker ausgeschlossen werden.

Kapitel 12

„Wiederherstellung der Ordnung!"
Sakralrechtliche Konfliktlösung im ersten Clemensbrief

12.1 Vorbemerkung

Unter den ersten Flaviern, Vespasian und dessen Sohn Titus, hatte das Christentum die Aristokratie Roms erobert ... Flavius Klemens, Konsul im Jahr 95 und Sohn des älteren Bruder Vespasians, scheint Christ gewesen zu sein ... Die beiden Söhne des Flavius Klemens ... wären normalerweise Nachfolger Domitians gewesen, der sie, da er selbst kinderlos war, adoptiert hatte. Doch das tragische Ende Domitians machte die Hoffnungen der beiden jungen Männer auf den Thron zunichte.[1]

In relativer Nähe stehend zur der hier - aus historischer Perspektive geurteilt unwahrscheinlichen - Domitiannachfolge lenkt I Clem die Aufmerksamkeit auf die Metropolen Rom und Korinth. Die westliche Überlieferung des 2. Jahrhundert hat den anonymen I Clem entweder mit einem Mitglied der Familie der Flavier oder einem gleichnamigen, hochrangigen Mitglied der römischen Christengemeinde in Verbindung gebracht.[2] Auch die Handschriftenüberlieferung zeugt vom hohen Ansehen der Schrift.[3]

Als „Sendschreiben der Gemeinde in Rom an die in Korinth, mit dem sie in die inneren Angelegenheiten dieser Gemeinde eingriff"[4], ist I Clem in der Debatte zwischen Rudolph Sohm und Adolf (von) Harnack betrachtet worden. In der Bewertung des Briefes als Maßnahme konkreter Kirchenpolitik bzw. römischer Gemeindediplomatie war die Bedeutung des I Clem für das Wesen der Kirche im Blick.[5]

Für die Auslegung von I Clem ist zu berücksichtigen, dass der konkrete Konflikt in der Gemeinde nicht eigens dargestellt wird.[6] In Korinth waren

---

[1] COLSON, Klemens, S. 7. Vgl. Notizen über die Hinrichtung des Flavius Clemens bei Euseb hist. eccl. III,16ff. Eine Christenverfolgung wird in I Clem nicht sichtbar.

[2] Belege bei LINDEMANN, HNT 17, S. 12f.

[3] I Clem 1,1-57,6/64-65,2 ist im Codex Alexandrinus hinter Apc eingeordnet, 1,1-26,2 im Copticus Argentinensis bei Jak und Joh, im Syriacus zusammen mit II Clem zwischen Katholischen und Paulusbriefen. Zur Textüberlieferung LONA, KAV 2, S. 13-19.

[4] VIELHAUER, Geschichte, S. 530. Zu Sohm/Harnack vgl. auch Kapitel 2, S. 11-14.

[5] Vgl. zur Forschungsgeschichte FUELLENBACH, Ecclesiastical office, S. 25-117.

[6] Setzt das eine unstrittige Beurteilung der Situation zwischen den verschiedenen Konfliktbeteiligten voraus? Der Verfasser von I Clem ergreift Partei für eine Seite.

nach I Clem durch die Gemeinde bzw. durch Gemeindeglieder die Presbyter abgesetzt worden,[7] ohne dass diese den Konflikt auslösende Absetzung mit dem ethischen Verhalten der Amtsträger begründet worden wäre.[8] Ziel der Intervention durch I Clem[9] ist die Wiedereinsetzung der Presbyter. Verbunden mit der Empfehlung der Auswanderung an die, die der Grund für die στάσις[10] waren, wird die umgehende Rückkehr der Gemeinde zu ihrer ursprünglich von Gott gegebenen τάξις[11] erwartet. Damit ist dann innergemeindlich ἡ εἰρήνη wiederhergestellt.[12]

I Clem zielt auf eine konkrete, einzelne Gemeinde in Korinth, will nicht übergemeindliche Angelegenheiten regeln. Als Motivation für das Eingreifen in den Konflikt wird in der Forschungsdiskussion in neuerer Zeit eine correctio Christiana gesehen, der ein römischer Primatsanspruch schwerlich zugeordnet werden kann.[13] Für diese correctio ist zu beachten, dass in ihr neben dem Verweis auf παράδοσις[14] auch gemeindliche, apostolisch begründete Praxis pietatis angeführt und zudem philosophische Ethik in der Argumentation geltend gemacht wird.[15] Als geistiger Hintergrund der in I Clem erkennbaren Traditionen ist überhaupt auf eine hellenistisch geprägte Umwelt zu verweisen, wie sie sich aus alttestamentlicher Überlieferung der LXX, jüdischen Auslegungen der hellenistischen Synagoge und der Verwendung umweltlicher rhetorischer Argumentation der hellenistischen Philosophie erkennen lässt. Für den Umgang mit dem konkreten Konflikt ist nach den verschiedenen Normen und ihrer traditionsgeschichtlichen Herkunft zu fragen.

---

[7] I Clem 3,3; kaum sind οἱ νέοι verantwortlich. 44,3f.6; 47,6 sieht die Gemeinde als Handelnde.

[8] I Clem 44,3f. Die ab c. 40 betriebene Wiederherstellung der ursprünglichen Ordnung zielt darauf, diese früher bestehende Ordnung endgültig zu legitimieren. Auch den Antagonisten der Presbyter in Korinth wird offensichtlich zu keinem Zeitpunkt Christlichkeit abgesprochen; I Clem 54,2f.

[9] Samt dreiköpfiger (den Verfasser einschließender?) Delegation aus Rom, die den Erfolg der Intervention in Korinth dokumentieren soll, I Clem 65,1.

[10] I Clem 2,6; 3,2; 14,2; 46,9; 51,1; 54,2; 57,1; 63,1; vgl. 1,1; 51,3. ἀκαταστασία 3,2; 14,1; 43,6. σχίσμα 2,6; 3,2; 54,2 u.ö., ἔρις/ζῆλος 3,2; 5,5; 6,4; 14,1f u.ö., im NT vgl. Gal 5,19f; Jak 3,16.

[11] ταγ- κτλ in I Clem 38,1; 40,1-4; 42,2; 57,1f; 58,2; 60,1; 61,1; 65,1.

[12] I Clem 2,2; 15,1; 19,2; 54,2; 61,1; 63,2.4; 64; 65,1 u.ö. Gegenbegriff: στάσις, vgl. in Did: ὀργή, vgl. I Clem 13,1; 39,7; 63,2. Zur Wirkung des Konflikts 3,2 πόλεμος, αἰχμαλωσία und 46,5.

[13] LONA, KAV 2, S. 84.

[14] I Clem 7,2. Aus dem Kontext wird deutlich, dass alttestamentlich-biblische Tradition (LXX), jesuanische Verkündigung wie urchristliche Christologie gemeint sein kann.

[15] I Clem 20 u.ö. Vgl. KNOCH, Clemens Romanus, S. 14: Die allen Gemeinden gemeinsame Grundlage bildete die apostolische Glaubensüberlieferung; dazu die Heilige Schrift des Alten Bundes und die überkommenen sakramentalen, kultischen, moralischen und hierarchisch-disziplinären Ordnungen.

Im inhaltlichen Überblick lässt sich für I Clem ein zweigliedriger Aufbau erkennen,[16] dem Teile des Briefformulars und der Redegestaltung zugeordnet werden können, ohne dass eine geprägte Form vorläge. Deutlich ist der formale Briefcharakter[17] der Schrift.

Prägnante Hinweise auf die konkrete Konfliktsituation und den Lösungsvorschlag von I Clem finden sich im Proömium (1,1), in der insinuatio (2,6), und der causa (3,2). Weitere Erwähnungen folgen im zweiten Hauptteil (40,1; 41,1; 48,1; 54,1-2).

12.2 I Clem 1,1

Die Aufzählung von I Clem 1,1 erweckt auf den ersten Blick den Eindruck, zahlreiche Informationen über die Gemeindesituation in Korinth zu bieten. Zunächst ist deshalb die Frage zu stellen, ob die genannten Sachverhalte als Wiedergabe von Tatsachen zu verstehen ist oder ob mit traditionellen Formulierungen gerechnet werden sollte.[18]

Zentralbegriff des Proömiums in 1,1 ist die Feststellung von στάσις in der Gemeinde.[19] In I Clem ist für στάσις ein allgemeiner, unkonkreter Gebrauch zu konstatieren, der Konflikt in Korinth dürfte eine Auseinandersetzung von verschiedenen Positionen markieren, die grundsätzlich nicht miteinander vereinbar sind. Dies zeigt auch die Verwendung der entsprechenden Adjektive μιαρός [20] und ἀνόσιος[21].

---

[16] Präscript mit Briefadresse und Segenswunsch; Proömium 1,1 mit Deutung der konkreten Situation; insinuatio 1,2-3,1a mit Rückblick auf die geordnete Vergangenheit; causa 3,1b-6 mit Istzustand der Gemeinde; exhortatio generalis 4-39 mit allgemeiner Paränese; exhortatio specialis 40-58 mit der konkreten Konfliktsituation in Korinth; Schlussteil als Liturgie 59-61 mit Gemeindegebet; recapitulatio 62 mit Zusammenfassung der Mahnungen; Eschatokoll 63-65 mit Überbringerempfehlung und Gruß.

[17] Vgl. LINDEMANN, HNT 17, S. 13f: ἔντευξις als „Bitte um amtliche Verfügung".

[18] Vgl. BEYSCHLAG, Clemens Romanus, S. 171-193: Der Verfasser habe die Vorfälle in Korinth mit Hilfe einer Überlieferungsschablone interpretiert, vgl. 1,1; 46,5-9; 47,5-7.

[19] Allgemein bezeichnet στάσις (Be-)Stehendes, abgeleitet davon ist das Abstraktum Bestand bzw. Existenz; vgl. Hebr 9,8. In frühchristlicher Literatur findet sich besonders dessen aktionale Verwendung Aufstand im Sinn einer Empörung, im NT so Mk 15,7/Lk 23,19 Barrabas; Act 19,40 Silberschmiede in Ephesus. Die Bedeutung des Begriffen wird diskutiert, vgl. WILSON, Clement, S. 39-45, der einen politischen Hintergrund vermutet. Bei innerreligiösen Konflikten ist στάσις als Bezeichnung für Streit verschiedener Fraktionen zu verstehen; vgl. Act 15,2; 23,7.10; 24,5.

[20] μιαρός eigentlich farbig Bemaltes, negativ mit Blut(schuld) Behaftetes; besudelt; verallgemeinernd mit moralisierender Tendenz. Vgl. Hebr 12,15: Befleckung durch Abwendung von der Gnade; Joh 18,28; Jud 8; Tit 1,15f allgemein vom Lebenswandel.

[21] ἀνόσιος unheilig/gottlos, wird im NT von Personen, nicht wie in I Clem 1,1 von Sachen oder Handlungen ausgesagt; I Tim 1,9; II Tim 3,2; vgl. I Clem 45,4 pietätlos.

In 1,1 gibt I Clem erste Hinweise auf eine innergemeindliche, aus seiner Sicht gravierende Konfliktsituation mit verschiedenen Fraktionen. In diesem Konflikt tritt der Verfasser als Gegenpartei auf, die sich in Korinth gegen die Gruppe derer, die den Zwist ausgelöst haben, durchsetzen soll. Die Gründe für den entstandenen Konflikt werden einseitig auf Seiten der Gegner gesehen, deren Handeln entsprechend qualifiziert ist.[22] I Clem will aber selbst kein σχίσμα in der Gemeinde hervorrufen.

12.3 Vergangenheit und Gegenwart der Gemeinde in I Clem 1-3

In I Clem 1-3 alternieren Kritik und positive Aussagen über Situation und Personen in Korinth. Als vertiefende Begründung zu 1,1 lässt I Clem in 1,2-3,1a eine captatio benevolentiae folgen, die ihm in 3,2 als Gegenbild zum Ist-Zustand der Gemeinde dient.

12.3.1 I Clem 2,6

Die vergangene Befindlichkeit der Gemeinde in Korinth dient als Folie für das konkret zu beurteilende Verhalten im gegenwärtigen Konflikt. I Clem legt eine - fiktive?[23] - Charakterisierung der Gemeinde in Korinth vor. Der Verweis auf die Vergangenheit wird in 2,6 dazu genutzt, die Veränderung des Zustands zum gegenwärtig Negativen herauszustellen.[24] Zugleich erlaubt die Verwendung von βδελυκτόν[25], die Qualifizierung der Gegenwart durch I Clem genauer einzuordnen: Begriff und Phänomen gehören in den Bereich des Kultes bzw. in die deuteronomisch-deuteronomistische Kritik

---

[22] Zur Bewertung in I Clem 1,1: προπετῆ unbesonnen, überstürzt, vorschnell; vgl. Act 19,36 (dort auch στάσις); I Tim 3,4 (im Lasterkatalog). αὐθάδη selbstgefällig, eigenmächtig, rücksichtslos, eine Steigerung im Ton, auch in Lasterkatalogen (Did 5,1, vgl. auch 3,6; Barn 20,1); vgl. II Petr 2,10 (dort auch στάσις); zum Bischofsamt wären solche Leute nach Tit 1,7 jedenfalls nicht geeignet.

[23] I Clem hat die aktuelle Situation im Blick und spiegelt gerade in 2,6 insgesamt das Selbstverständnis der Korinther wider. Zur Beziehung von I Clem 3,2 zu I Kor LINDEMANN, Paulus im ältesten Christentum, S. 181. Zum Bezug auf Herm sim IX 22,1f BEYSCHLAG, Clemens Romanus, S. 193.

[24] In der Quantität, wenn für früher von πάντες (2,1f.4) geredet wird, für den jetzigen Zustand zu differenzieren ist zwischen verschiedenen Gruppen (3,3), die Einheit also verloren gegangen ist. Andererseits dadurch, dass zuvor positiv gefüllte Begriffe/Situationen (2,3.4) negativ qualifiziert werden (3,2). Antithesen fallen weiter auf bei den Begriffen στάσις (2,6; 3,2) und εἰρήνη (2,2; 3,4).

[25] βδελυκτόν dient zur Kennzeichnung der στάσις in Korinth; es bezeichnet, was mit Gott nicht in Berührung gebracht werden darf, weil es Gott erzürnt, vgl. Lk 16,15 über selbstgerechte Pharisäer. Vgl. LINDEMANN, HNT 17, S. 31: σχίσμα sei aufgrund der scharfen Kritik an σχίσματα von I Kor 1,10 überraschend. I Clem 1,1 zeigt, dass σχίσμα dort nicht so konkretisiert wird wie in I Kor.

an falschem Kult, der als Götzendienst bewertet wird.[26] Solches Verhalten wird in der Auslegung von Dan 9 im NT[27] konsequent personifiziert und auf eine Gegenfigur zu Gott selbst oder Christus bezogen.[28]

Dennoch vorkommendes, als παραπτώμασιν bezeichnetes (Fehl-) Verhalten führte in der Vergangenheit zu Missstimmung in der Gemeinde. Ausgedrückt wird dies dadurch, dass mit πενθέω eine geprägte Terminologie verwendet wird.[29] Auch sonst ist hier mit traditionellem Umgang mit Konflikten zu rechnen. Ein angemessenes Verhalten der Gemeinde mit sich schwer verfehlenden Gemeindegliedern könnte in der Zeit des I Clem in Korinth schon aus I Kor 5,2 herausgelesen worden sein: Die Gemeinde nimmt Fehlverhalten bedauernd wahr und steht für dessen Korrektur ein. Dabei identifizierte sie in der Vergangenheit Fehlverhalten als Mängel[30] bei sich selbst, indem sie diese als ἴδια beurteilte.[31] Damit differenzierte die Gemeinde - für I Clem richtig - nicht zwischen dem, was ihr insgesamt zukommt und dem, was einzelne ihrer Glieder betrifft.[32]

12.3.2 I Clem 3,2f

Zum Verständnis von I Clem 3,2f als Darstellung der Gegenwart in Korinth ist vorrangig die Frage des Bezugs von ἐκ τούτου zu klären. I Clem 3,1b zitiert frei aus Dtn 32,15LXX,[33] hat aber auch den Kontext der Stelle

---

[26] Dtn 29,16 (Moab), III Reg 11,6.33 (Salomo), IV Reg 23,13 (Josias Reform), Apc 17,4f; 21,27. Zu beachten ist, dass solches Verhalten den Ausschluss aus dem Kult nach sich zieht. Vgl. auch Röm 2,22 Kritik an einer Existenz, die sich auf das Gesetz beruft, sich aber nicht adäquat verhält.

[27] Dan 9,27 im NT in Mt 24,15; Mk 13,14 τὸ βδέλυγμα τῆς ἐρημώσεως. Vgl. weiter Dan 11,31; 12,11; dort erscheint Kult und Apokalyptik miteinander verbunden.

[28] Tit 1,16 von Unreinen und Ungläubigen; vgl. Apc 21,8; so auch in I Clem? Man kann zur inhaltlichen Füllung ein möglichst weit entferntes, das Gegenteil zur Hinwendung zu Gott beschreibendes Verhalten annehmen, das für I Clem keine auch noch so entfernte Verhaltensmöglichkeit darstellt.

[29] Vgl. I Esr 8,69; II Esr 10,6, und auch Mt 5,4. Daneben (zusammen mit πενθέω) ist auch κλαίω zu nennen, II Esr 18,9; Mk 16,10; u.ö.

[30] ὑστερήματα Mängel; im Singular ein Defekt, der verschwinden muss, damit Vollkommenheit erreicht wird, vgl. I Tim 3,10; Herm vis III 2,2. Vgl. daneben das Bedeutungsspektrum des Mangels im Gegensatz zum Überfluss bzw. das Fehlen von etwas/jemand, etwa von finanzieller Unterstützung in I Clem 38,2; II Kor 9,12; 8,14; 11,9. Lk 21,4; so für ein Fehlen von jemandem etwa in I Kor 16,17.

[31] κρίνω hier als halten (für), Act 13,46; vgl. 26,8.

[32] Vgl. so auch Act 4,32. Oder ist mit ἴδια gemeint, was jedem Gruppenmitglied eigentümlich ist, so Lk 6,44; Joh 10,3f; u.ö.?

[33] Vgl. HAGNER, The use, S. 64f: „rendered freely, perhaps from memory". Jedenfalls finden sich in I Clem 3,1b veränderte Wortstellungen, Auslassungen und Zusätze Vgl. zum Kontext Dtn 32,7-21: 32,7-14 Gottes segnende Begleitung (Vergangenheit); 32,15a die Situation des Abfalls (Gegenwart); 32,15b Konkretion: Götzendienst; 32,19-21 Gerichtsankündigung (Zukunft).

mit im Blick.[34] In I Clem 3,2f wird dann Dtn 32,15a (mit 32,15b-18) auf die Situation in Korinth angewandt: Durch ein entsprechendes Fehlverhalten Einzelner in der Gegenwart bricht die Gemeinde mit ihrer guten Vergangenheit und zieht sich das Gericht zu. Die in I Clem 3,2 genannten Geschehnisse sind in ihrem Schriftbezug primär als Tatfolgen[35] anzusprechen, die analog zu Dtn 32 Strafcharakter haben. Auch aus I Clem 3,2 kann deshalb nur indirekt auf konkrete Konflikte verursachende Taten in Korinth zurück geschlossen werden. Immerhin kommt durch Dtn 32 auch für I Clem Gott als der in den Blick, der das Gericht durch Abwendung von seinem Volk zu vollziehen droht. Diese Tatfolge erreicht nicht nur die Täter, sondern trifft auch die Gemeinde.

Für das damit vorliegende Verständnis von I Clem 2,6 und 3,2 muss es bei der abschießenden Feststellung bleiben, dass die näheren Umstände des Konflikts und seiner Lösung aus den Texten nicht deutlich werden.

12.4 Ermahnung zur Konfliktlösung in I Clem 40ff

Der zweite Hauptteil des Briefes thematisiert den konkreten Konflikt in Korinth und trägt zugleich das Konzept von I Clem zur Konfliktbewältigung vor. Zuvor war in den allgemeinen Ermahnungen von c. 4-39, dargestellt anhand von Vorbildern aus der Schrift, keine konkrete Konfliktsituation als Hintergrund der Paränese erschienen. I Clem 40ff greift durch theologische Konkretionen der Bereiche Gottesdienst (c.40) und Gemeindeordnung (c. 41) in ihrer apostolischen Setzung (c. 42-47) verschiedene Themen der Gemeindesituation auf. Der Verfasser leitet daraus mithilfe des Kriteriums der Ordnung neben konkreten auch allgemeine Vorschläge zum Umgang mit Konflikten in der christlichen Gemeinde ab (c. 48-58).

12.4.1 I Clem 40,1

Gegen die in der Gemeinde aufgetretene, bereits im Proömium erwähnte στάσις κτλ wird, beginnend in I Clem 40,1, eine Terminologie mit dem Wortstamm τασσ- und seinen Derivate als Hinweis auf Gottes Ordnung

---

[34] Dtn 32,15a/I Clem 3,1b wird gerahmt von der Beschreibung der Vergangenheit Dtn 32,7-14/I Clem 2,1-3,1a (vgl. weiter auch I Clem 1,2-3) und der Konkretion Dtn 32,15b-18/I Clem 3,2f. Den Abschluss findet die kleine Einheit in Dtn 32,19-21/I Clem 3,4, der Ankündigung der Zukunft als Ankündigung des Gerichtes. Zudem wird in Dtn 32,16 das Thema Eifersucht aufgenommen, das auch in I Clem 3,2 erscheint, dort in veränderter Terminologie Dtn 32,16LXX ἐπ' ἀλλοτρίοις, vgl. I Clem 1,1; I Clem 3,2 ζῆλος. Vgl. auch I Clem 2,2 βδελυγτόν, in Dtn 32,16LXX ἐν βδελύγμασιν. Insgesamt wird die Gemeinde in Korinth mit dem Subjekt von Dtn 32 (Israel) in Beziehung gesetzt.

[35] ἐκ τούτου, vgl. I Clem 3,3 οὕτως und 3,4 διὰ τοῦτο.

in der Welt und ausdrücklich auch als Hinweis auf die Ordnung der Kultgemeinde gestellt.[36]

Im Zusammenhang von I Clem 40-42 rahmt der Hinweis auf die alttestamentlich-biblische Kultordnung (40,2-4) und der Rückgriff auf die neutestamentliche Norm der Aposteleinsetzung durch Christus (42) die Anwendung des Ordnungsbegriffes auf die Situation in Korinth. Weiter wird aus der paganen Umwelt die Armeeordnung[37] als Vergleich herangezogen. Jeder hat auf seinem Posten Dienst zu tun, in einer militärischen Formation wie in der christlichen Gemeinde.

Zur Anwendung der Ordnungskategorie auch im innergemeindlichen Bereich hatte I Clem 39 weisheitliche Deutungsmuster des menschlichen Ergehens aus Hiob 4 und 15 herangezogen,[38] die in c. 40,1 auf die christliche Gemeinde gerichtet werden: Gotteserkenntnis bewirkt Heil, Unkenntnis führt zu Gericht und Tod. Da die Gemeinde in Korinth durch die Schrift und deren Christuszeugnis der wahren Gotteserkenntnis teilhaftig wurde, ist für sie die Teilhabe am Heil die logische Konsequenz. Hat die Gemeinde nämlich einmal Gott und die von ihm gestiftete Ordnung erkannt, kann sie nichts anderem als Gott und dieser Ordnung bei sich Raum geben. Entsprechend liegt im Vorblick auf die Konfliktlösung mit I Clem 40,1 schon fest, dass es darum gehen muss, die ursprüngliche Ordnung auch in der Gemeinde wieder herzustellen.

12.4.2 I Clem 41,1

Für I Clem 41 ist die dreimalige Anrede ἀδελφοί[39] bezeichnend. Diese Redeform soll stilbildend für die Klärung von Fragen innergemeindlicher Ordnung sein, deren apostolische Herkunft im Folgenden thematisiert wird. Eine solche, Unterschiede zwischen Gemeindegliedern bewusst nicht beachtende Anrede steht für I Clem nicht im Gegensatz zum Folgenden, in dem es um unterschiedliche Funktionen in der Gemeinde geht.

---

[36] Für τάξις ist auf Bedeutungsaspekte wie Reihenfolge, Ordnung und Zustand hinzuweisen. Reihenfolge im NT nur Lk 1,8 vom Dienstturnus im Jerusalemer Tempel. Ordnung im NT I Kor 14,40; der Ordnungsaspekt wird im NT in der Regel auf die Gemeinde bezogen und dort als Zustand erwartet. τάξις ist so Kriterium der Bewertung der Gemeinde, deren Struktur in den Blick genommen wird, deren Stifter der δεσπότης ist. In profaner Literatur wird τάξις oft auch auf die Armee und deren Schlachtaufstellung oder auch die politische Struktur bezogen. In zwischentestamentlicher Literatur wird die τάξις hervorbringende Tätigkeit von δεσπότης dem Subjekt Gott zugewiesen. Zustand im NT Kol 2,5 wohlgeordnet; Hebr 5,6.10; 6,20; 7,11.17 vom Priestertum.

[37] Vgl. JAUBERT, Thèmes lévitiques, S. 193-203, stellt die Bedeutung von τάξις im Kontext der liturgisch-levitischen Ordnung des Tempelgottesdienstes dar; vgl. so Lk 1,8.

[38] Verwendung von Hi 4,16-18; 15,15f*; 4,19-5,5* in I Clem 39.

[39] 41,1.2.4. Bemerkenswert bleibt der Einbezug auch der Konfliktverursacher in diese Bezeichnung, vgl. 54,1-5.

In 41,1 erfolgt eine paränetische Anwendung der Ordnungskategorie von 40,1. Deren Näherbestimmung in 41,2 durch den Opferbegriff - unter Betonung des einzig legitimen Kults am Opferaltar des Jerusalemer Tempels - legt nahe, für c. 41 an liturgische Funktion zu denken, die demnach analog dem Opfervollzug in Jerusalem zu sehen wäre. In 41,3 wird die Strafandrohung bei Zuwiderhandlung gegen den ausdrücklichen Gotteswillen angefügt, der sich auf den alttestamentlichen Kult ebenso beziehen kann wie auf die in der christlichen Gemeinde gültige Gottesdienst- bzw. Gemeindeordnung.[40]

Von zentraler Bedeutung ist die Wendung ἐν τῷ ἰδίῳ τάγματι aus 41,1. Sie erinnert an die eschatologisch geprägte Terminologie von I Kor 15,23, mithilfe derer die endzeitliche Auferstehung der Menschen in der richtigen Reihenfolge in Bezug auf die Parusie Christi beschrieben wurde.[41] Im Hintergrund schwingt zudem das Bild einer militärischen Formation mit, für deren Funktionieren insgesamt das Funktionieren jedes ihrer Teile vorausgesetzt ist. I Clem stellt sich Gemeinde als derart geordnete Größe vor und bleibt damit insgesamt im Rahmen dessen, was der Gemeinde in Korinth traditionell vertraut gewesen sein dürfte.[42] Eigentümlich ist in diesem Zusammenhang der Verweis auf eine militärische Struktur, deren Funktion durch ihre Ordnung festgelegt ist: Ungeordnet wäre eine Armee funktionslos, jedem ihrer Teile ist eine bestimmte Aufgabe zum Funktionieren des Ganzen zugeteilt.[43] Konfliktlösung in Korinth soll nach I Clem entsprechend dadurch erfolgen, dass mit der Ordnung auch das Funktionieren des Ganzen wiederhergestellt wird.

Wenngleich I Clem 41,1 keine ausdrückliche sakrale Deutung der gemeindlichen Ordnung und des Amtes vornimmt - dieses sogar nur unausgesprochen in Analogie zum alttestamentlichen Tempeldienst anführt, ist nicht zu übersehen, dass damit implizit neben der alttestamentlichen Kult-

---

[40] 41,4 mahnt in einer Regel, die an Mt 25,14-30 bzw. Lk 19,11-27 erinnert.

[41] In der vorfindlichen wie in der zukünftigen Welt (auch in der Gemeinde in Korinth) garantiert τάξις/τάγμα ihr Funktionieren. Stichwort dazu ist ἀγάπη, vgl. etwa I Clem 49 und I Kor 13.

[42] Vgl. WENGST, Pax Romana, S. 142-145, kontrastiert die hierarchisch-militärische Ordnung und die Gleichrangigkeit verschiedener Glieder des Leibes in I Kor 12,12-27. Weitere geprägte Begrifflichkeit in I Clem 41,1: εὐαρεστείτω τῷ θεῷ Gen 6,9/Hebr 11,6; Gen 5,22.24/Hebr 11,5; Subjekt dessen ist Gott, so Röm 12,1f; 14,18; II Kor 5,9; Phil 4,18; aber auch der κύριος Eph 5,10; in I Clem noch 49,5; 62,2; 64; vgl. auch in 21,1; 35,5; 60,2; 61,2. ἐν ἀγαθῇ συνειδήσει Act 23,1 (Paulus vor dem Hohen Rat); I Tim 1,5 (Ziel der Unterweisung), I Petr 3,21 (Bitte an Gott darum), vgl. I Tim 1,19; I Petr 3,16; I Clem 1,3; 34,7. Verwendung findet eine solche Begrifflichkeit in der Regel in paränetischer Rede und zur Verteidigung gegen unberechtigte Anschuldigungen. Vgl. auch τὸν ὡρισμένον κανόνα in I Clem 1,3; 7,2; in übertragenem Gebrauch Gal 6,16; Phil 3,16 v.l.; in I Clem 41,1 in technischem Gebrauch.

[43] Vgl. I Clem 37,5 τῷ σώματι, ohne auf σῶμα Χριστοῦ I Kor 12,27 zu beziehen.

organisation auch die christliche Gemeinde sakralrechtlich organisiert vorgestellt wird. Der Verstoß gegen die Ordnung wird als Störung der göttlichen Ordnung betrachtet. Nicht von ungefähr taucht hier der Kanonbegriff auf, der Befugnisse und Grenzen der Ämter in der Gemeinde bemisst[44] und so wesentlich zur Konfliktlösung beiträgt. Die kirchliche Ordnung, die sich etwa im gemeindlichen Amt ausdrückt, ist nach I Clem 15-22 von Gott in der Schöpfung dem Kosmos grundgelegt, wurde nach I Clem 40 seinerzeit nur im alttestamentlichen Kult verbindlich abgebildet und wird nach I Clem 41-44 nun auch in der Kirche verwirklicht.[45]

12.4.3 I Clem 48,1

In allgemeiner Anknüpfung an vorhergehende Argumentation[46] thematisiert I Clem 48 den Vollzug der innergemeindlichen Konfliktlösung. Der zuletzt in 46,9 und 47,7 mit seiner Außenwirkung benannte Zustand der Gemeinde soll umgehend verändert werden.

Mit ἐξαίρω verwendet I Clem zur Herbeiführung solcher Entwicklung in 48,1a eine der Gemeinde schon bekannte Redeweise. In I Kor 5,13 war von Paulus seinerseits eine Exkommunikationsformel aus Dtn 17,7 zitiert worden,[47] die formalrechtlich bereits als Teil einer Urteilsvollstreckung gelten kann: Sie dürfte erst nach einer bereits festgestellten Rechtsverletzung vollzogen worden sein. ἐξαίρειν τοῦτο als Imperativ mit Selbstaufforderungscharakter akzentuiert das angestrebte Verhalten als ein gemeinschaftliches, I Clem schließt sich in der Aufforderung zur Unterlassung von Fehlverhalten und der angestrebten Versöhnungsbitte an Gott mit seinen Adressaten zusammen.[48]

Zusätzlich zur Aufforderung des Unterlassens von Fehlverhalten wird in 48,1b von der Gemeinde die ebenso traditionelle Huldigung Gottes im Gebet erwartet. Solche Huldigung vor dem δεσπότης, in unmittelbarem Zusammenhang mit seinem Auftreten erfolgend, wird von der synoptischen Praxis her zu verstehen sein, dem Wundertäter Jesus die gebotene

---

[44] OHME, Kanon ekklesiastikos, S. 244. Κανών bei den Apostolischen Vätern nur in I Clem 1,3; 7,2; 41,1; der Begriff begegnet hier neben dem NT erstmals im Zusammenhang mit einem Konflikt.

[45] Vgl. ROLOFF, Ansätze kirchlicher Rechtsbildungen, S. 328: Für I Clem ist „die Kirche in ihrer äußeren Gestalt und Verfassung Abbild einer von Gott dem Kosmos eingestifteten heiligen Ordnung".

[46] οὖν knüpft an c. 40-45 und 46f an. Sprachlich ist dies zudem durch die Verwendung des Plural deutlich, vgl. so auch in 40,1; 41,1.4; 46,1.4.6f.

[47] Vgl. Dtn 19,19; 22,21.24; 24,7. Schon bei Paulus erscheint die Formel durch den Gebrauch des Futur als Nachahmung eines Prohibitiv gesteigert. Ist I Clem 48,1 von I Kor her zu interpretieren?

[48] τοῦτο verweist allgemein auf die Situation; vgl. I Clem 3,2 in vergleichbarer Verwendung. 47,7 nimmt 1,1 auf und steigert zu einer Gefahr, die Zögern nicht zulässt.

Ehre zu erweisen.[49] Die Huldigung nimmt die Erkenntnis vorweg, zu der das Tränengebet in I Clem 48,1 führen soll: δεσπότης ἵλεως γενόμενοῦ.[50] Das sich vollziehende Versöhnungsgeschehen wird als ἐπικαταλλαγῇ[51] umschrieben. Das verweist darauf, dass das Handeln der Gemeinde im Zusammenhang mit dem Handeln Gottes zu verstehen ist, welches dazu führt, dass es zu φιλαδελφία[52] in der Gemeinde kommt. Die Versöhnung zwischen Menschen ist Tat Gottes, der die Gemeinde mit ihrem Tun nachkommen soll. Die Wiederherstellung der innergemeindlichen Ordnung ist Tat der Gemeinde, indem diese die Ordnung Gottes auf sich bezieht und ihr zu entsprechen sucht. In der geordneten Gemeinde korrespondieren die mit den Begriffen Ordnung und Versöhnung markierten Sachverhalte.[53] Und im Verlauf der Darstellung von I Clem wird erkennbar, dass auch die Gruppe der Aufrührer einen weitergehenden Beitrag zur Konfliktlösung zu leisten hat.

12.4.4 I Clem 54,1-2

Die dreifache rhetorische Frage von I Clem 54,1 wirkt wie ein Tugendkatalog.[54] Seine Fortsetzung in 54,2 macht deutlich, dass es um einen Verhaltenskatalog in Sachen Konfliktlösung geht, der von den Angeredeten - eigene Ansprüche aufgreifend? - ein entsprechendes Verhalten erwartet: Wer στάσις καὶ ἔρις καὶ σχίσματα auslöst, dem wird der Weg ins Exil nahe gelegt - wodurch er verdeutlicht, genannte Tugenden zu besitzen.

γενναῖος, sonst allgemein zur Charakterisierung von Märtyrern herangezogen, dürfte in I Clem als Beschreibung des Christseins zu verstehen sein.[55] ἔσπλαγχνος ist ein gängiger Begriff der frühchristlichen Gemein-

---

[49] Im NT vor Jesus Mk 3,11; 5,33; Lk 8,28.47 als Geste der Huldigung nach einer wunderbaren Tat.

[50] I Clem 2,3; vgl. 61,2; ἵλεως ist Prädikat der Höherstehenden, auch Prädikat der antiken Götter; herbeigeführt wird es durch den Kult der Gottheit. Im NT erscheint es nur in Hebr 8,12 (Zitat Jer 31,34).

[51] Hapax legomenon. Zu unkultischer Verwendung von καταλλαγή κτλ in aniker und z.t. auch in christlicher Literatur vgl. BREYTENBACH, Versöhnung, S. 40-104.

[52] Vgl. I Thess 4,9; Röm 12,10; Hebr 13,1. I Clem 47,5 zeigt, dass φιλαδελφία Teil des früheren, lobenswerten Zustands der Gemeinde war.

[53] In I Clem 51-53 wird die vorher benannte Konfliktlösungsstrategie konkret. Für die beteiligten Parteien in Korinth ist ἐξομολογέομαι vor Gott das angemessene Tun; vgl. dazu I Clem 26,2; 48,2; 61,3: preisen; 51,3; 52,1f; Did 4,14; Barn 19,12: bekennen. Ist in 51,3; 52,1f ein gottesdienstliches Bekennen gemeint? Aus dem Kontext von I Clem 52 und dem Zusammenhang von 52,1-4 wird deutlich, dass die Bekenntnisse als (kultische?) gottesdienstliche Vollzüge zu denken sind.

[54] Vgl. LONA, KAV 2, S. 553: Ironisches Spiel in 54,1-2; der Rat zur Auswanderung ist „nicht allein ein Zeichen von edlem Gemüt, sondern folgt auch der Entscheidung der Gemeinde".

[55] I Clem 5,1: gegenwärtiges Geschlecht; 5,6: Paulus; 25,3: Phönix.

deparänese.[56] Bei beiden Begriffen geht es offenkundig um Eigenschaften, die von Christen erwartet werden. Und auch πεπληροφορημένος,[57] wenngleich keine derart geprägte Wendung, lässt sich durch Rückbezug etwa auf 42,3 als Verweis auf eine Glaubensexistenz coram deo verstehen, wie sie von den Aposteln vorgelebt worden ist. Der Verweis auf ein Erfülltsein mit Liebe dient der Paränese: Die Angesprochenen sollen in ihrem Verhalten dem genannten Beispiel nachkommen. Damit ist die grundsätzliche Konfliktlösung beschrieben, die im Folgenden praktisch zu füllen ist.

Mit 54,2 erfolgt der Konfliktlösungsvorschlag des I Clem für die Konfliktverursacher. Durch den Wechsel der Sprechweise als erste Person Singular soll eine Identifikation der Angeredeten ermöglicht werden, die nur nachsprechen müssen: ἐκχωρῶ ἄπειμι.

Zur Erleichterung der Identifikation mit der Position des I Clem kommt neben der Sprechweise der traditionelle pagane Charakter der Formulierung.[58] Unter anderen Cicero kennt den Gedanken, „dass der Patriot sich selbst exilieren soll, wenn er dadurch dem Vaterlande den Frieden zurückzugeben vermag“.[59] In I Clem wird eben dies von jedem erwartet, dessen Handeln zum Konflikt in der Gemeinde geführt hat. Ob solches Exil selbst gewählt ist oder auferlegt wurde, ist nicht entscheidend.[60] Im Kontext der Argumentation von I Clem ist, wenn überhaupt, von freiwilliger Auswanderung zu reden, sodass deutlich ist, dass es für I Clem keine Alternative zur von ihm vorgeschlagenen Konfliktlösung gibt, zugleich die Gemeinde per Beschlussfassung an der Exilierung beteiligt ist.[61] Zudem geht I Clem von einem freiwilligen Weggang der Konfliktverursacher aus.

---

[56] ἔσπλαγχνος von Gott gesagt I Clem 29,1; allgemein von Menschen 54,1, von Amtsträgern IgnPol 5,2; 6,1. Im NT steht ἔσπλαγχνος im Kontext der Gemeindeparänese, gehört zusammen mit Demut I Petr 3,8, mit Sündenvergebung Eph 4,32, mit Liebe I Petr 3,8 und I Clem 54,1.

[57] Hier mit Genitiv ἀγάπης; Kol 4,14: Dativ, wenn πληροφορέω von Personen gesagt wird. Vgl. sachlich parallel zu 54,1 auch 53,5, von Mose gesagt.

[58] Im NT ἄπειμι nur Act 17,10, die Weiterreise von Paulus/Silas nach Beröa. Verbunden mit ἐκχωρῶ nur I Clem 54,2. In I Clem 3,4; 15,2; 24,3 ist ἄπειμι Zustandsbeschreibung. Die davon abweichende Verwendung in 54,2; 55,1 zeigt, dass Tradition vorliegen könnte. Das ius exilii galt nur für Angehörige der vornehmen Stände und dürfte die bemerkenswerte Ausnahme geblieben sein.

[59] Cicero, Pro Tullio Annio Milone Oratio 93. Vgl. ZIEGLER, Studien, S. 91, verweist auf Senecas Bearbeitung des antiken Stoffes der Medea-Sage, vgl. Vers 270: Dort befiehlt der König Kreon von Korinth der Medea, sie solle durch ihren Weggang die Bürger von Korinth befreien.

[60] I Clem 54,3 zeigt, dass ein Exilsort nicht vorgeschrieben war.

[61] Inschriftenbelege für Beschlüsse der Gemeindeversammlungen bei KNOPF, Clemensbriefe, S. 131; vgl. Act 14,4. In der Gemeindebezeichnung πλήτους ist deren Mitentscheidung deutlich; πλήτους noch in Act 6,5; 15,12.30; IgnSmy 8,2; I Clem 53,5. Act 19,9 von der Synagogengemeinde.

12.5 Konfliktlösung durch rechtliche Regelung in I Clem

Für die Fragestellung der Untersuchung ergibt sich nach dem Durchgang durch relevante Texte des I Clem als klares Ergebnis: I Clem strebt - angesichts eines übergemeindlich beachteten Konflikts in Korinth - für die dortige Gemeinde eine Konfliktlösung an, die als (Wieder-)Errichtung einer sakralrechtlich verstanden Amtsstruktur in Korinth interpretiert werden kann. I Clem stellt diese Konfliktlösung als Wiederherstellung der von Gott gestifteten Ordnung dar. In verschiedenen Analogien wird in I Clem der Rechtscharakter der Gemeindeordnung deutlich, im Bild der militärischen Formation ebenso wie im Verweis auf den einzig legitimen alttestamentlichen Opferkult im Jerusalemer Tempel.

Die Berücksichtigung der verwendeten Begrifflichkeit bestätigt diesen Befund. Allerdings ist die Terminologie nicht so eindeutig rechtlich geprägt, dass insgesamt wie im Detail der rechtliche Charakter der Konfliktlösung für Korinth unbestreitbar wäre. Gerade dort, wo I Clem mit Mitteln frühchristlicher Paränese argumentiert, bleiben die Wortbedeutungen allgemein. Nicht einmal die zur Beschreibung der Verfassung der Gemeinde verwendete Begrifflichkeit von στάσις bzw. τάξις ist eindeutig rechtlich konnotiert. Die m.E. zu favorisierende sakralrechtliche Interpretation des Befundes in I Clem stellt demnach zwar nur eine mögliche Textinterpretation dar - für die aber spricht, dass I Clem später als Ausdruck eines römischen Primatsanspruchs, d.h. eines Vorranges zur Vermittlung in überregional virulenten Streitfällen, interpretiert wurde.[62]

Wird diese Interpretation durch die Einsicht in Frage gestellt, dass I Clem seine Konfliktlösung für die Gemeinde in Korinth nicht in rechtlich verbindlicher Form, sondern als Briefparänese vorträgt? Der potentiell rechtliche Charakter dieser Paränese wäre erst noch zu beschreiben.[63]

12.6 Ergebnisse

I Clem fordert im konkreten Konflikt um die Presbyter in Korinth die Gemeinde dort zum Ende von στάσις *und zur Herstellung von* τάξις *auf.*

Die Gemeinde in Korinth soll zur ursprünglichen Ordnung zurückfinden. Gottes versöhnendes Handelns führt die Gemeinde zur τάξις zurück. Die

---

[62] Ob dieses Konfliktlösungsmodell samt theologischen Prämissen auch für dessen Gemeinde in Geltung stand? Vgl. den Brief des Dionysius an Soter in Rom, Euseb, hist. eccl. IV,23,11 und V,6,1-3.

[63] Vgl. POPKES, Paränese, S. 176f, zum Verhältnis von Autorität und Anspruch in der Paränese bzw. zu einem theologischen Verständnis von Paränese als Recht.

Gemeinde stellt die ursprüngliche Ordnung wieder her, indem sie Gott ihre
Verfehlungen bekennt und ihm im Gebet huldigt. I Clem verzichtet auf die
Androhung von Strafmaßmahmen im Fall der Zuwiderhandlung. Eine al-
ternative Konfliktlösung zur eigenen gibt es für I Clem nicht.

Die Konfliktverursacher bestätigen die Wiederherstellung der Ordnung
in der Gemeinde dadurch, dass sie freiwillig ins Exil gehen. Die philosophische Vorstellung des freiwilligen Exils um des Friedens der Heimat
willen ist antik geläufig und nach I Clem, wo nötig, auch für Christen in
der Ordnung. Bemerkenswert an der Konfliktlösung von I Clem ist, dass
die Konfliktverursacher für I Clem ἀδελφοί sind und als solche zum rechten Verhalten ermahnt werden können.

Die im Vorfeld abgesetzten Presbyter werden wieder in ihr Amt eingesetzt. Da I Clem die Konfliktgründe in Korinth als bekannt voraussetzt ist
die Frage nach einer Abschaffung des Presbyteramts nicht beantwortbar.

I Clem selbst stellt externe Konfliktlösung dar, der in der Gemeinde
bzw. durch die Konfliktbeteiligten aufgegriffen werden soll. Sprachform
der Konfliktlösung des I Clem ist die Paränese. Die Logik der Konfliktlösung in I Clem folgt der Vorstellung einer sakralrechtlichen Gemeindeordnung, deren Wiederherstellung den Konflikt beendet.

*I Clem legitimiert seine Konfliktlösung für Korinth durch Rückgriff auf
verschiedene Traditionen.*

Die Argumentation von I Clem verwendet Vorstellungen aus verschiedenen Quellen. I Clem zieht auch sonst in frühchristlicher Literatur verwendete Schriftstellen aus Torah (u.a. Dtn 17,7; 32,15-18) und Ketubim (u.a.
Hi 4; 15; Dan 9,27) heran, ebenso neutestamentliche Überlieferung (v.a. I
Kor; u.a. 5,2.13; 15,23). Besonders wichtig ist das Kriterium des apostolischen Ursprungs der Gemeindeämter, deren Einsetzung durch Christus für
I Clem in der Schrift angekündigt ist. Ergänzend zur theologischen Redeweise kennt I Clem auch eine Argumentation mit Mitteln stoischer Philosophie, wie sie etwa bei Cicero oder Seneca überliefert ist. Damit wird die
theologische Argumentation verstärkt (τάξις) und ergänzt (Exilierung).
Durch die Verwendung von Sprachmaterial aus verschiedenen Traditionen
vermittelt I Clem zwischen der christlichen Gemeinde und ihrer Umwelt
und hält zugleich den Bezug der Gemeinde auf ihre religiösen Ursprünge
fest. Dem korrespondiert auf inhaltlicher Ebene, dass der Konflikt in Korinth nach I Clem auch in seiner Außenwirkung beachtlich ist.

Durch Bezug auf die Vergangenheit der Gemeinde gibt sich I Clem die
Möglichkeit - auf Kosten der Konkretheit der Darstellung - die Gegenwart
der Gemeinde wertend in den Blick zu nehmen. I Clem beschreibt die
Vergangenheit als ungetrübt positiv, die Gegenwart der Gemeinde als ausgesprochen negativ. Die zur Beschreibung der gegenwärtigen Situation in

Korinth verwendete Sammelbegrifflichkeit der Zustände von στάσις καὶ ἔρις καὶ σχίσματα erweist sich als allgemeine, unkonkrete Beschreibung. Und auch der zur Begründung für die Wiederherstellung der Gemeindeordnung verwendete Begriff der τάξις ist mehrdimensional.

Die in I Clem erkannte Konfliktlösung kann als eine Konfliktlösung durch rechtliche Regelung verstanden werden; sie hat jedenfalls so gewirkt.

Auf der inhaltlichen Ebene kann die Konfliktlösung von I Clem als theologisch-rechtliche Regelung verstanden werden. Die Wiederherstellung der ursprünglich von Gott geschaffenen Ordnung als Ziel der Konfliktlösung des I Clem ist als sakralrechtliche Regelung zu verstehen. Die Wiederherstellung der Ursprungsordnung in der Gemeinde geschieht durch Gott und wird durch die Konfliktbeteiligten aufgenommen. Die in I Clem verwendete Begrifflichkeit ist für sakralrechtliche Interpretationen offen.

Auf der formalen Ebene wird die inhaltlich mögliche sakralrechtliche Interpretation des Befundes nicht widerlegt. Die Briefform des I Clem und die Form der Konfliktlösung durch Paränese in I Clem stehen einer sakralrechtlichen Interpretation der Konfliktlösung zunächst entgegen. Briefform wie Paränese als frühchristliche Kommunikationsformen sind aber mit sakralrechtlichen Vorstellungen formal vereinbar.

Die in I Clem vorgelegte Konfliktlösung erzielte als rechtlich relevante Konfliktlösungsstrategie über die konkrete Situation in Korinth hinaus Wirkung. In der Wirkungsgeschichte des I Clem ist Clemens von Rom als fiktiver Briefschreiber mit rechtlicher Autorität zur Vermittlung in innerkirchlichen Streitigkeiten versehen.

Kapitel 13

Zusammenfassung

13.1 Vorbemerkung

Spätestens seit den Aufsätzen von Ernst Käsemann ist die Frage des Verhältnisses zwischen Einheit und Vielfalt der frühchristlichen Überlieferungssysteme und des ntl. Kanons akut gestellt worden. Die Diskussion scheint die Form einer Zugposaune angenommen zu haben. Entweder versucht man, die einzelnen Stimmen und Aussagen innerhalb des NT untereinander zu harmonisieren, um die Einheit zu retten. Oder man betont ihre Vielheit und geht das Risiko ein, die frühchristliche Identität zu zerstückeln.[1]

In dieser Zuordnung von Einheit und Vielfalt erscheint die frühchristliche Überlieferung geradezu auffallend modern bzw. postmodern.[2] Doch muss man die beobachteten Phänomene nicht übertragen: Vermutlich gehört die frühchristliche Vielfalt bereits zur historischen Ursprungssituation des Christentums. Ernst Käsemann hat jedenfalls die produktive Vielfalt innerhalb der frühchristlichen Schriften betont, die später als Kanon rezipiert wurden.[3] Diese Vielfalt sollte auch in der Zusammenfassung dieser Untersuchung deutlich werden.

13.2 Ergebnissicherung

13.2.1 Ergebnissicherung in synchroner Betrachtung

Das Logion von Größe im Dienen ist nach Herkunft wie inhaltlicher Bedeutung ein wichtiger Teil der synoptischen Tradition. Durch die Vorstellung der eigenen Gemeinschaft als Gegenwelt zur vorfindlichen Wirklich-

---

[1] VOUGA, Problem der Selbstdefinition, S. 487. Vgl. VOUGA, S. 491, schlägt eine anthropologisch-soteriologische Verbindung von Einheit und Vielfalt vor.

[2] Kann man die frühchristliche Überlieferung mit der gegenwärtigen Reflexion der Gesellschaft verbinden? Für eine kritische Rezeption der gegenwärtigen Situation der Kirche im westlichen Europa vgl. etwa KUNSTMANN, Optionsgesellschaft, S. 86-161.

[3] KÄSEMANN, Begründet der Kanon die Einheit der Kirche?, S. 124-133. Vgl. auch FELDTKELLER, Identitätssuche, S. 202-208, zieht die Begriffe christlicher Identität und innerchristlicher Pluralität für die Beschreibung der Situation des frühen Christentums heran, um die Inkulturation der christlichen Gemeinden in ihre Umwelt zu beschreiben.

keit der Umwelt werden mit der Umwertung der jeweiligen Norm, manifest an der grundsätzlichen Verwendung von διακ- κτλ, weltliche Herrschaftsstrukturen in der christlichen Gemeinde als irrelevant und innergemeindliche Konflikte etwa um Macht und Herrschaft als unangemessen zurückgewiesen. Verhaltensnorm in der christlichen Gemeinschaft ist das jesuanischem Vorbild verpflichte Dienen.[4]

Der Logienquelle folgend soll die Lösung allgemeiner zwischenmenschlicher Konflikte möglichst durch eigenen Rechtsverzicht bestimmt sein oder wenigstens durch innergemeinschaftliche Zurechtweisung erfolgen, die zu Umkehr führt. Dabei werden in Q eschatologische, weisheitliche Motive und ethische Logik miteinander verschränkt: Der zur Vermeidung eigener Verurteilung im eschatologischen Gericht Gottes gebotene Rechtsverzicht der Jünger Jesu ist als Verhalten im Alltag Anderen gegenüber angemessen und klug.[5]

Über sein aus der frühchristlichen Spruchüberlieferung aufgenommenes Material hinaus kennt das Matthäusevangelium auch eine usuelle Konfliktlösung, die für innergemeindliche Konflikte (ἁμαρτάνειν) einen dreifachen, prozessähnlichen Instanzenweg vorschreibt. Ziel der Konfliktlösung ist die Wiedergewinnung eines sündigen Gemeindeglieds. Bei dessen fortgesetztem Fehlverhalten aufgrund mangelnder Umkehrbereitschaft ist in letzter Konsequenz auch der Ausschluss des Konfliktverursachers aus der ἐκκλησία denkbar.[6]

Die lukanische Darstellungstendenz der Apostelgeschichte lässt an vielen Stellen Konflikte nur im Hintergrund erkennen. Die einzelnen, oft fragmentarischen Konfliktgeschichten sind zwar jeweils charakteristisch verschieden, können jedoch aufeinander bezogen werden. Die jeweilige Lösung der Konflikte erscheint Lukas besonders wichtig, sie wird ausführlicher dargestellt als das Konflikte auslösende Verhalten. Sie wird in der

---

[4] Mk 9f wendet sich gegen weltliche Vorstellungen von Herrschaft im Jüngerkreis und etabliert den Anspruch einer grundsätzlichen Konfliktvermeidung. Mt und Lk/Act beanspruchen in ihrer jeweiligen Rezeption dessen (Mt 18,1-5; 20,20-28; vgl. 23,11; Lk 9,46-48; 22,24-27) für die Gemeinde jeweils eigenständige Modelle von Konfliktlösung, die rechtliche Konsequenzen haben. Lukas entwirft durch terminologische Vereinheitlichung ein integratives Konzept zur Verständigung von Jüngerkreis und Umwelt, das die Verbindung von Tischdienst und Verkündigung zum Grundsatz hat. Die Logienquelle (Q 7,28) leistet durch die Logik von der Größe in der βασιλεία zudem eine Verbindung von Täufer- und Jesustradition.

[5] Q 6,37f.41f; 12,58f legen nahe, rechtzeitig außergerichtliche Verständigung zu suchen. Die Notwendigkeit interner Zurechtweisung wird in Q 17,3 angemahnt. Usuelle Konfliktlösungen wie in Q 17,3 finden sich in Mt 5,25f; 7,1-5; Lk 6,37f.41f; 12,57-59.

[6] Mt 18,15-17; vgl. 1QS/CD. Die verwendeten Rechtsnormen zur Konfliktlösung finden sich in Lev 19,17LXX und Dtn 19,17LXX. Für den Umgang mit der Außenwelt schlägt Mt 13,24-30.36-43 im Horizont der Naherwartung den Verzicht auf eine Konfliktlösung durch rechtliche Regelung auch gegenüber der jüdischen Umwelt vor.

Regel entweder mit außergewöhnlichen oder traditionellen (in der Regel jüdischen bzw. judenchristlichen) Mitteln erreicht.[7]

Nach der Apostelgeschichte sind Christen im Imperium Romanum - allen voran und exemplarisch Paulus - immer wieder vor den Rechtsinstanzen dieses Staatswesens, d.h. vor verschiedenen Gerichten in den Provinzen aufgetreten. Dabei hat sich nach Lukas regelmäßig gleich auch die Unrechtmäßigkeit der Anklagen gegen Christen (wie gegen Paulus) erwiesen. Besonders Paulus wird von Lukas zudem (wohl einem integrierenden Konzept dienend) als römischer Bürger dargestellt, der die Ausrichtung des Christentums nach Rom propagiert. Zugleich zeigt Lukas besonders an den Konflikten des Paulus in Jerusalem dessen bleibende Verbundenheit mit der jüdischen Religion.[8]

Paulus antwortet im ersten Korintherbrief auf den konkreten wie auf einen usuellen Umgang mit Konflikten in der Gemeinde in Korinth, der Brief I Kor ist Konfliktlösung für ihm bekannt werdende Situationen vor Ort. Wo möglich, sind Konflikte innergemeindlich zu bearbeiten. Dazu kann auch ein Ausschluss eines Konfliktverursachers gehören. Besser wäre freilich, es gelänge, auf rein gerichtlich zu erreichendes Recht in der Gemeinde zu verzichten. Das könnte allerdings bedeuten, auch einmal Unrecht zu leiden als es selbst zu tun.[9]

---

[7] Act 5,1-11 erfolgt die Konfliktlösung im Kontext eines prozessähnlichen Strafverfahrens durch ein (in apostolisch-pneumatischer Autorität vollzogenes) Strafwunder, das abschreckend wirkt. In 15,1-35* wird für die Frage des Zusammenlebens von Juden- und Heidenchristen durch eine zentrale Versammlung in Jerusalem mit dem Aposteldekret in 15,20.29 eine praktikable wie rechtlich verbindliche Lösung gefunden. Rechtliche Norm sind in diesem Fall die noachidischen Gebote, deren Einhaltung die Identität der christlichen Gemeinde aus Juden- und Heidenchristen gewährleisten soll. Später dürfte das Aposteldekret zur usuellen Konfliktlösung geworden sein, vgl. Apc 2,14.20. Auch die Kollekte, nach Gal 2 in Jerusalem vereinbart, könnte zuerst eine aktuelle Konfliktlösung gewesen sein, vgl. I Kor 16,1-4, II Kor 8f; Röm 15,31 und Act 11,29f, 20,4; 21,17; 24,17.

[8] Programmatisch in Act 18,14b-15, indirekt in c. 24 und 25f; wobei das römische Bürgerrecht des Paulus der apologetischen Tendenz der Darstellung dient. Lukas präsentiert hier eine Konfliktlösung, die wesentlich auf der Appellation des Paulus an das Caesargericht in Rom beruht. Auf der Grundlage des (von Act postulierten?) römischen Bürgerrechts des Paulus wird ein Musterprozess des Staates gegen Christen geführt. Er dürfte eine ideale rechtlich geregelte Konfliktlösung darstellen; nur dass deren Erfolg zweifelhaft bleibt, wie auf staatlicher Seite Maßnahmen zur Zeit Trajans zeigen. Zur Einordnung der Paulusprozesse vgl. Act 4,19; 5,29; Röm 13,1-7; I Petr 2,13-17; Apc 13,1-10.

[9] In I Kor 5,1-5 kritisiert Paulus die Untätigkeit der Gemeinde angesichts eines klaren Normverstoßes, konkret in Form des (nicht nur im religiösen Bereich inkriminierten) Verbots einer ehelichen Gemeinschaft mit der Schwiegermutter. Paulus will gemeinsam mit der Gemeinde den Betreffenden dem Satan übergeben und τὸ πνεῦμα retten. Vergleichbar dazu ist vielleicht der Ausschluss des Marcion aus der Gemeinde in Rom, den Tertullian überliefert. In I Kor 6,1-8 empfiehlt Paulus den Verzicht auf Konfliktlösungen durch rechtliche Regelung in der Gemeinde, gesteht höchstens ein innergemeindliches

Flüche sind frühchristlich als traditionelle Rechtsnormen bekannt, werden im NT aber selten verwendet. Sie stellen jeweils eine ultima ratio von Konfliktlösung dar, indem sie die Sanktion von Fehlverhalten aus menschlicher Verfügbarkeit ausgrenzen und sie letztinstanzlich Gott und Gottes Gerechtigkeit anheim stellen. In frühchristlichen Kommunikationssituationen finden sich Flüche bei Paulus. Sie sind bei ihm regelmäßig Mittel zur Bekräftigung eigener Aussagen.[10]

Der erste Timotheusbrief ordnet im Kontext einer doppelten Leitungsstruktur der christlichen Gemeinde verschiedene Modelle zur Konfliktlösung einander zu. Die (neue?) episkopal-diakonale Struktur der Gemeindeleitung hat den Vorrang vor der (älteren?) presbyterialen, die aber erhalten bleibt. Insgesamt wird der traditionelle Charakter von Gemeindeleitung herausgestellt. In I Tim wird die Tradition selbst zur Konfliktlösung, umweltoffene Tradition wird zur Norm dann auch für Konfliktlösungen. Die Gemeinde erscheint so auch der Umwelt als in verschiedener Hinsicht traditionell geordnetes, nicht zu Konflikten neigendes Gemeinwesen.[11]

Auch die Didache kennt ein ausgebildetes System innergemeindlicher Konfliktbewältigung, bei der rechtliche Aspekte inhaltlich wie strukturell bedeutsam sind. Did übernimmt verschiedene Traditionen, darunter biblische Normen, zudem zeitgenössische jüdische und frühchristliche Vorstellungen (v.a. aus Mt). Did steht damit bleibend in jüdischer bzw. judenchristlicher Tradition von Konfliktlösung und vermittelt diese Tradition den Kirchenordnungen der folgenden Jahrhunderte.[12]

Schiedsgericht zu, dessen Kompetenz aber außer Frage stehen müsste. Zur Begründung verweist Paulus auf die (auch anderswo bekannte und zeitgenössisch u.a. in der Philosophie empfohlene) Maxime vom Unrecht leiden hin, das besser ist als Unrecht tun.

[10] ἀνάθεμα in I Kor 16,22, Gal 1,8f und Röm 9,3 lässt sich von daher interpretieren, vielleicht auch I Kor 12,3. Theologischer Bezugspunkt ist das Christusbekenntnis bzw. das Evangelium von Christus, dessen Inhalt gewahrt bleiben muss. Eine Verfluchung funktioniert nach der Logik der Abschreckung, sie soll präventiv wirken und dient der Vermeidung von Konflikten. Traditionshintergrund ist der Bann, der sich u.a. in Jos 6.7LXX und Dtn 13LXX findet. Die Gemeinde in Korinth könnte den Fluch in der Mahlliturgie verwendet haben, für Paulus gehört er zur konventionellen Briefkommunikation.

[11] In den Past werden mit οἱ πρεσβύτεροι und ὁ ἐπίσκοπος verschiedene Amtsstrukturen aufeinander bezogen, die sich analog u.a. in kommunalen Strukturen oder in Leitungsämtern antiker Vereine bzw. in Verfassungen jüdischer Diasporasynagogen finden. I Tim 1,20 verwendet das Modell der Konfliktlösung in Form der Übergabe an Satan aus I Kor 5. I Tim 5,19f.21 könnte auf die Konfliktlösung durch mehrstufigen Instanzenweg aus Mt 18,15-17 zurückgreifen. I Tim 3,2ff entwickelt (u.a. mithilfe antiker Standesethik) Anforderungen an das episkopale Leitungsamt der Gemeinde und seiner Rolle bei innergemeindlichen Konfliktlösungen. Die verschiedenen Normen und Konfliktlösungen werden durch die apostolische Autorität des fiktiven Briefverfassers bzw. des von ihm eingesetzten ὁ ἐπίσκοπος koordiniert.

[12] Auf Fehlverhalten Einzelner reagiert die Gemeinde nach Did (4,3.14; 14,1-3; 15,3) in Form innergemeindlicher correctio mit dem Ausschluss des Konfliktverursa-

Der erste Clemensbrief spricht in die konkrete Situation einer (aus seiner Sicht: unrechtmäßigen) Absetzung von Presbytern in Korinth, hinter der möglicherweise die Abschaffung des Presbyteramtes steht. I Clem strebt neben der Wiedereinsetzung der Presbyter (bzw. des Amtes, das er als ursprünglich qualifiziert) auch die freiwillige Exilierung der Konfliktverursacher an. Mit der Intervention in Korinth gehört I Clem in eine frühe Phase der Ausbildung eines römischen Führungsanspruchs zu Konfliktlösung auch durch rechtliche Regelungen hinein.[13]

13.2.2 Ergebnissicherung in diachroner Betrachtung

Zum Charakter der Konfliktlösungen

Innerhalb des dargestellten Umgangs mit Konflikten und den darin enthaltenen verschiedenen Formen von Konfliktlösung durch rechtliche Regelung lassen sich Zusammenhänge und Beziehungen feststellen. Man kann die verschiedenen Texte anhand ihres jeweiligen Umgangs mit Konflikten klassifizieren und sie danach ordnen, ob die in ihnen jeweils angestrebte Konfliktlösung aktuellen Anlass hat oder von grundsätzlicher bzw. allgemeiner Bedeutung ist.

Neben aktuellen kommen in den frühchristlichen Gemeinden usuelle Konfliktlösungen vor, die z.T. als Konfliktlösungsstrategien interpretiert werden können. Auch werden aktuelle zu usuellen Konfliktlösungen entwickelt. Zudem haben Aufforderungen zur Konfliktvermeidung in der frühchristlichen Literatur eine breite Textbasis. In aktuellen Konflikten entstanden, werden sie zu grundsätzlichen Konfliktvermeidungsstrategien.

Im Unterschied zu aktuellen Konfliktlösungen, die an vielen Stellen durch rechtliche Regelungen erfolgen, lassen Konfliktlösungsstrategien solche Regelungen eher in den Hintergrund treten. Der Blick auf ihre weitere Wirkung und Verwendung lässt aber deutlich werden, dass ihnen im Lauf der Zeit quasi rechtlicher Charakter zugeschrieben wurde. Der Rückblick auf die frühchristlichen Texte und ihre Kontexte zeigt die Verwendung zahlreicher verschiedener Formen von Konfliktlösung.

---

chers aus dem Gottesdienst der Gemeinde bis zur erreichten Konfliktlösung. Für eine erneute Teilnahme an der gemeindlichen Versammlung (zum Mahl?) ist ein eigenes Ritual vorgesehen. Vorausgesetzte Norm ist die biblische Forderung der Reinheit der Opfer. Für die Form innergemeindlicher Konfliktlösung erinnert Did an Mt; vgl. Mt 18,15-17.

[13] Vgl. die Konfliktsituation in I Clem 1,1; 2,6 und 3,2; Konfliktlösung in 40,1; 41,1; 48,1 und 50,1-2. Die Konfliktlösung legitimiert I Clem durch Rückgriff u.a. auf I Kor 5, auf stoische Traditionen der Ordnung und durch Verweis auf die Ordnung Gottes. Neben der Wiedereinsetzung der Presbyter empfiehlt I Clem den Konfliktverursachern den Weg ins Exil. Norm für die Wiedereinsetzung der Presbyter ist die (von I Clem im AT erkannte) Tradition ihrer Einsetzung durch Christus; Hintergrund für die Forderung des Exils ist die zeitgenössische Rechtspraxis bei Fehlverhalten gegen den Staat.

Aktuelle Konfliktlösungen und ihre weitere Verwendung

Aktuelle Konfliktlösungen sind in I Kor 5,1-5 und Act 15,1-35* zu erkennen. I Kor 5 hat deutliche sakralrechtliche Implikationen, Act 15 führt mit dem Aposteldekret zu rechtlichen Regelungen, die überregional Bedeutung erlangen sollen.

Ein Weiterwirken der genannten aktuellen Konfliktlösungen bzw. ihre Entwicklung zu usuellen Lösungen ist in I Tim 1,20 (I Kor 5) und Apc 2,14.20 (Act 15) deutlich. Grund ihrer weiteren Verwendung war neben ihrer formalen Autorität auch ihre Praktikabilität für das innergemeindliche Miteinander.

Ursprünglich usuelle Konfliklösungen

Allgemeine, nicht erst im konkreten Konflikt zu dessen Lösung gefundene und formulierte Vorgehensweisen, die demnach auch als strategische Lösungen für grundsätzlich mögliche zukünftige Konflikte gedacht gewesen sein könnten, liegen in Mt 18,15-17, I Kor 6,1-8 und I Tim 3,2f vor. Die jeweilige Konfliktlösung reagiert nicht erst auf eine Situation, vielmehr soll sie in einem tatsächlich einmal eintretenden Konfliktfall als bereits feststehender Lösungsweg beschritten werden.

Mt 18,15-17 formuliert für mögliche Konfliktfälle (ἐὰν ἁμαρτήσῃ [εἰς σέ] ὁ ἀδελφός σου) einen mehrstufigen Instanzenweg zur Rückgewinnung des Konfliktverursachers. An dessen Ende kann auch die Trennung vom Konfliktverursacher von der Gemeinde stehen.[14] Ob eine spätere Wiederaufnahme des Ausgeschlossenen möglich ist, wird nicht ausgesagt.

I Kor 6,1-8 legt der Gemeinde in Korinth nahe, im Konfliktfall darauf zu verzichten, Anderen um des eigenen Rechts willen möglicherweise Unrecht zuzufügen, sondern lieber Unrecht zu erleiden, als Unrecht zu tun.

In I Tim 3,2f soll durch die Verwendung eines Tugendkatalogs sichergestellt werden, dass die zur Gemeindeleitung erforderlichen Eigenschaften und Fähigkeiten auch beim ἐπίσκοπος zu erwarten sind.

Weiterentwicklung zu Konfliktvermeidungsstrategien

Versuche, mögliche innergemeindliche Konflikte so zu lösen, dass sie möglichst gar nicht erst auftreten, Konflikte also besser zu vermeiden, sind besonders in Texten aus der Logienquelle (ohne Q 17,3), in Mk 9f par (mit Mt 13,11), in Act 5,1-11, in der paulinischen Verwendung von ἀνάθεμα (mit I Kor 12,3?) und in I Tim 3,1-7 zu erkennen. Auch die Darstellung der Prozesse des Paulus vor römischen Behörden nach der Apostelgeschichte des Lukas kann man dazu zählen, die zeigen will, dass mit

---

[14] Belege dafür sind neben Hinweisen im Text auch in I Tim 5,19f.21 und in Did 14,1-3 und 15,3 zu finden, vgl. auch 1QS/CD.

Paulus ein im Sinn der Anklage Unschuldiger und im Sinn des römischen Rechts Privilegierter vor Gericht steht. Konfliktvermeidungen sind auch als usuelle Konfliktlösungen verstehbar, deren umfassende Bezeugung in verschiedenen Texten, Schriftengruppen und Traditionszusammenhängen bemerkenswert ist. Der Aufruf zur Konfliktvermeidung nimmt in der frühchristlichen Überlieferung breiten Raum ein.

Alle genannten Konfliktvermeidungsstrategien könnten eine aktuelle oder auch eine usuelle Konfliktlösung weiterentwickelt haben. Vermeidungsstrategien versuchen, aufgrund befürchteter Weiterungen oder aufgrund grundsätzlicher Bewertungen von Konflikten Auseinandersetzungen innerhalb der Gemeinden nicht erst aufkommen zu lassen. Sonst müssten theoretisch für alle nur denkbaren Konflikte jeweils neu aktuelle Lösungen gefunden werden.[15]

Vielfältige Formen von Konfliktlösung bei Lukas

Das lukanische Doppelwerk bietet ein besonders buntes Bild möglichen Umgangs mit Konflikten, was auch daran liegen mag, dass Act als Darstellung frühchristlicher Gemeindegeschichte viele Konflikte zu beschreiben hatte. Der Sachverhalt sagt zugleich etwas darüber aus, wie sich Lukas Konfliktlösung in einer christlichen Gemeinde in idealer Weise vorstellt.

In Act findet im Hintergrund der Texte sich eine Vielzahl von rechtlichen Regelungen zur Konfliktlösung. Das lukanische Doppelwerk kennt zudem Konfliktlösungsversuche, die aber aus historischer Perspektive vermutlich als gescheitert gelten müssen: Sowohl die Kollekte für Jerusalem als auch der Prozess des Paulus vor römischen Instanzen müssen aus heutiger historischer Sicht wohl anders eingeordnet werden, als Lukas dies in seiner Darstellung nahe legt. Und auch das Nasiräat des Paulus kann nicht als gelungene Konfliktlösung betrachtet werden. Die Kollekte für Jerusalem, sofern sie für die Auslösung von Nasiräern in Jerusalem verwendet wurde, wäre diametral entgegengesetzt zu den paulinischen Äußerungen in den Briefen zu verstehen. Über die Akzeptanz eines solchen Vorgehens bei der Kollektenübergabe bei Paulus kann man nur spekulieren. Und auch der Paulusprozess, der bei Lukas die Unschuld des Angeklagten bei

---

[15] Für Q und Mk gilt dies uneingeschränkt. Für Mt und Lk/Act ist der Zusammenhang mit dort außerdem überlieferten Konfliktlösungen (Mt 18,15-17 als Ergänzung zu Q 17,3) zu beachten. In I Tim 3,1-7 wird durch Adaption des Tugendkatalogs für die Gemeinde sichergestellt, dass keine Konflikte um die Amtsführung auftreten. Im Übrigen können auch Konfliktvermeidungsstrategien als rechtliche Regelungen gelten. Nicht selten dienen rechtliche Implikationen oder Rechtsstrukturen als Verstehenshintergrund, vor dem eine Konfliktvermeidung erst sinnvoll wird. Als Alternativen zur ihr erscheinen eine drohende Verurteilung im Gericht (Q: im Endgericht oder vor irdischen Richtern; Act 5: vor der Gemeinde; vgl. I Kor 5,5) oder eine Angleichung an die Logik der Umwelt von Herrschaft und Macht (Mk 9f par).

nahezu jeder Gelegenheit herausstellt, wird historisch anders zu beurteilen sein, als dass eine Freilassung des Paulus nur durch dessen Appellation verhindert wurde: Das römische Rechtssystem der Zeit, eher an konkreter Rechtspraxis als an allgemeiner Rechtstheorie orientiert, würde damit gleichsam auf den Kopf gestellt werden.

Die genannten Konfliktsituationen werden von Lukas so dargestellt, als wären sie nicht nur aktuell gelöst worden, sondern als könnten sie in idealler Weise innerhalb der sich weiter entwickelnden christlichen Gemeinden zugleich usuelle Konfliktlösungen sein.

Modelle für Konfliktlösungen

Zusammenfassend lässt sich festhalten: In der frühchristlichen Literatur erkennbare aktuelle Konfliktlösungen werden in der Regel zu usuellen Konfliktlösungen weiterentwickelt bzw. als Konfliktlösungsstrategien tradiert. Als Alternative dazu erscheint nur der (ältere) Versuch der Konfliktvermeidung.

Schon im 1. Jahrhundert wurden zahlreiche Modelle der Konfliktlösung auch durch rechtliche Regelungen entwickelt. Auf einige dieser Modelle wurde in verschiedenen Traditionszusammenhängen wieder zurückgegriffen. Frühzeitig wurde nicht mehr nach aktuellen Konfliktlösungen gesucht, sondern man hat sich - mit Ausnahme von Act 21ff und I Tim 3 - mit der Weitergabe von Modellen aus den Synoptikern bzw. paulinischen Briefen begnügt.

Für den Umgang mit Konflikten kommt frühchristlich nicht nur ein einziges maßgebliches Modell zur Anwendung. Auch wird kein einzelnes Modell - etwa das jesuanische - zum Paradigma rechtlicher Regelung für Konfliktlösung in christlichen Gemeinden oder von Konfliktlösung überhaupt. Vielmehr wurden mehrere Modelle offensichtlich nebeneinander tradiert, an denen sich die spätere Entwicklung orientiert hat. Kriterium für das Aufgreifen einzelner früher Konfliktlösungen dürfte die Praktikabilität der jeweiligen Konfliktlösung im neuen Kontext gewesen sein. Vor allem aber wurde die Autorität beachtet, mit der die Konfliktlösung im Einzelfall verbunden war.

Zeitliche und räumliche Differenzierungen

Durch eine geographische Verortung der verschiedenen Schriften und Tradenten, in denen Konfliktlösungen durch rechtliche Regelungen erscheinen, ist kein einheitliches Gesamtbild für Konfliktlösung durch rechtliche Regelung im frühen Christentum erkennbar. Im Blick auf die regionale Anbindung der einzelnen frühchristlichen Schriften und ihrer jeweiligen Konfliktlösung durch rechtliche Regelung sind keine signifikanten Zusammenhänge auszumachen.

Daneben können die in breitem Konsens der Forschung rekonstruierten Zeiten der Abfassung der jeweiligen Schriften aufgenommen werden, um zu prüfen, ob sich im Überblick über die verschiedenen in der Untersuchung behandelten Texte ein chronologischer Zusammenhang verschiedener Konfliktlösungen und ihrer rechtlichen Regelungen ergibt.

Für die Zeit vor 70 fallen Versuche der Konfliktvermeidung auf (Dienen, Rechtsverzicht in Q), die später so kaum mehr begegnen, vielmehr eingeordnet erscheinen in eine Mehrzahl möglicher Handlungsweisen (v.a. Mt). Auch die grundsätzliche Position des Paulus (I Kor 6) lässt sich mit anderen Konfliktlösungsmodellen zusammenordnen. Bereits in I Kor finden sich weitere konkrete Konflikte, die sich der Lösung durch Nichtbeachtung oder gar durch Rechtsverzicht - aufgrund der Schwere des Vergehens (so etwa I Kor 5)? - entziehen.

In den Evangelien und der Apostelgeschichte begegnen ab 70 verschiedene Modelle von Konfliktlösung, die als traditionelle Übernahme (Mk), als eigenständige Weiterentwicklungen synoptischer Tradition (Mt/Lk) oder als genuin lukanische Darstellungen frühchristlicher Konflikte (Act) zu bewerten sind.

Außerhalb der Evangelien zeigt sich insgesamt die vorrangige Tendenz der Adaption von Tradition (I Tim, Did) bzw. die Bekräftigung der Tradition (I Clem) auch in Sachen Konfliktlösung durch rechtliche Regelung. Das ist insofern nicht überraschend, als die Evangelien selbst traditionelles wie eigenes Material zur innergemeindlichen Konfliktlösung bieten.

13.2.3 Mögliche Entwicklungslinien frühchristlicher Konfliktlösungen

Normen aus biblischer Tradition

Anhand der verwendeten Normen lassen sich in den untersuchten frühchristlichen Texten verschiedene Entwicklungslinien namhaft machen. Eine auf biblische bzw. jüdische Normen bezogene Tradition ist sogar mit mehreren Entwicklungslinien in der frühchristlichen Literatur vertreten. Der Rückbezug auf diese Normen dominiert auch zahlenmäßig die verwendeten rechtlichen Regelungen zur Konfliktlösung und lässt die Bedeutung der Torah als Rechtsquelle des Christentums sichtbar werden.[16]

Eine erste solcher Linien führt über Mt 18,15-17 zu I Tim 5,19f.21 und zu Did 15,3 und könnte Parallelen etwa in 1QS/CD haben. Diese Tradition von Konfliktlösungen durch rechtliche Regelungen bezieht sich auf zentrale Texte rechtlicher Provenienz wie Lev 19,17LXX und Dtn 19,15LXX.

---

[16] Bei der Verwendung biblischer Tradition (in der Regel aus LXX) ist in einigen Fällen ein zwischentestamentliches Bindeglied auszumachen, das die frühchristliche Interpretation einzelner Torahnormen bestätigt. Die entsprechende Konfliktlösung ist demnach vielleicht auch als jüdisches Vorgehen zur Konfliktbewältigung zu verstehen.

Die Wirkungsgeschichte dieser Traditionslinie zeigt sich - vermittelt durch Kirchenordnungen - seit der zweiten Hälfte des 2. und besonders im 3. Jahrhundert in der Ausbildung des kirchlichen Bußinstituts.

Eine weitere Linie kann von Lev 18,8LXX zu I Kor 5 und I Tim 1,20 (und I Clem?) erkannt werden, deren zwischentestamentliche Existenz allerdings nicht klar zu verorten ist, jedenfalls nicht über Philos Torahauslegung führt. Wäre TestGad früh zu datieren, könnten hier TestGad IV und VI in den Blick genommen werden.

Die Verwendung der biblisch bekannten Form des Strafwunders in Act 5,1-11 ist als solche noch kein eigenständiger Beleg für eine traditionelle Art der Konfliktlösung, zumal in Act 5 die theologische Interpretation des Lukas die Darstellung dominiert und der biblische Bezug nicht über Anspielungen auf Dtn 17LXX hinausreicht. Dass sich eine vergleichbare Entwicklungslinie - von Lev 17fLXX und Ex 34,15fLXX her, vermittelt womöglich durch noachidische Gebote - zur Konfliktlösung in Act 15 nachweisen lässt, ist nicht zweifelsfrei zu belegen, m.E. aber wahrscheinlich. Ein Weiterwirken der Konfliktlösung von Act 15,20.28f ist in Apc 2,14.20 erkennbar und könnte so das Aposteldekret als rechtliche Regelung ausweisen.[17]

Klar ist die Verwendung des - traditionell religiös konnotierten - Fluches als sakralrechtliche, auch biblische Norm in Form des ἀνάθεμα u.a. in Gal 1,8f (vgl. I Kor 5,5?), deren Verständnis des Verweises auf Jos 7fLXX und Dtn 13,13ffLXX bedarf. Allerdings weist die Verfluchung keine erkennbar weitergehende Tradierung in frühchristlicher Literatur auf, sie wird erst später zum Fachbegriff einer großkirchlichen Praxis, die sich dann aber aus anderen Quellen speist.

Normen aus dem Mund Jesu

Eine weitere - im Umfang gegenüber der Aufnahme biblischer Normen nachzuordnende - Entwicklung, die frühchristlich in klaren Spuren (via Jüngerkreis und das Logion von der Größe im Dienen zu Mk 9f; via Q zur Warnung vor eigener Verurteilung) verläuft, kommt angesichts der Vorstellung des nahen Gerichtes Gottes zum Ergebnis der Angemessenheit von Konfliktvermeidung.

Norm im Hintergrund ist die Erwartung des eschatologischen Gerichtes, an dem sich das menschliche Verhalten in der Gegenwart orientieren muss. Eine im Gericht drohende Verurteilung wird vermieden, wenn es gelingt, jetzt schon nicht Unrecht zu tun. Dazu ist es sinnvoll und dient es eigener Sicherheit, nicht auf möglichem eigenem Recht zu beharren.

---

[17] Mit dem Nasiräat als Konfliktlösung in 21,23f.26 und 24,17f gehört Act zu den Schriften, die zur Konfliktlösung biblische Normen (vgl. Num 6LXX) aufgreifen.

Diese Argumentation verdient Beachtung, zumal die damit präferierte Konfliktlösung durch Rechtsverzicht in Mt und Lk an herausragender Stelle überliefert wird und durch ihren Charakter als Lehre bzw. Jüngerauftrag Jesu in der Wirkungsgeschichte besondere Autorität erlangt hat.

Normen aus dem Bereich der Umwelt

Ein dritter, nicht umfassend vertretener aber inhaltlich bemerkenswerter Traditionsvorgang ist gekennzeichnet durch die Aufnahme von paganen Vorstellungen über Konfliktlösung durch rechtliche Regelung. I Kor 6,1-8, I Tim 3,2f und I Clem gehen darin formal parallel und nehmen jeweils Wertungen populärer Ethik stoischer Provenienz auf, die rechtliche Regelungen von Konflikten betreffen.

Die philosophische Maxime, dass Unrecht leiden besser ist als Unrecht tun, die Verwendung und Weiterentwicklung von Normen einer ständischen Ethik für das Amt der Gemeindeleitung wie die gemeinantike Vorstellung des freiwilligen Exils der Konfliktverursacher sind in ihrer christlichen Verwendung als usuelle Konfliktlösungen zu verstehen. I Tim ergänzt dieses Bild noch die Verwertung von Strukturen des antiken (auch des jüdischen) Vereinswesens, Act 21ff durch die Verwendung von Elementen des regulären Strafverfahrens vor staatlichen Instanzen nach den Normen römischen Rechts.

Zusammenfassende Würdigung der verwendeten Normen

Betrachtet man die jeweils zur Konfliktlösung herangezogenen Rechtsnormen, kann man zwischen biblischen bzw. biblisch-jüdischen und Normen der Umwelt differenzieren. Und auch die Normen, die im Verlauf der synoptischen Tradition Jesus selbst zugeschrieben werden, können davon inhaltlich unterschieden werden. Vereinfacht gesagt legt die biblische Tradition ein geregeltes Verfahren zur Konfliktlösung nahe, während jesuanische Tradition und Tradition von Normen aus der Umwelt daneben auch den - als rechtliche Regelung via negationis verstehbaren - Rechtsverzicht als Handlungsoption erscheinen lassen. Allerdings findet sich auch in biblisch-jüdischer Tradition die Empfehlung des Rechtsverzichts, TestGad IV und VI interpretiert Lev 19LXX jedenfalls entsprechend weisheitlich. Und auch in der Jesus zugeschriebenen (Q 17,3; Mt 18,15*; Lk 17,3) und in der Normtradition der Umwelt (I Tim 3) werden Vorstellungen von geregelten Konfliktlösungsverfahren verwendet, die frühchristlich breite Wirkung (etwa in I Tim 5 und Did) haben.

13.2.4 Zur Bedeutung von Konfliktlösungen durch rechtliche Regelungen

Die Eingrenzung des Themas der Untersuchung auf Konfliktlösungen durch rechtliche Regelungen hatte pragmatische Gründe, sollte aber auch

einen inhaltlichen Einblick in verschiedene frühchristliche Gemeindesituationen und deren etwaige Entwicklungen durch innergemeindliche Konfliktlösungen ermöglichen. Im Rückblick zeigt sich die Berechtigung der
Einschränkung auch inhaltlich.

Von Anfang an wurde vermutet, dass innergemeindliche Konflikte und
ihre jeweiligen rechtlichen Regelungen Auskunft geben können über den
jeweiligen Entwicklungsstand der betreffenden Gemeinde, konkret über
die vorhandene soziale Kompetenz im Umgang mit Fehlverhalten und
auch über die von daher realisierten Ansätze zur Konfliktlösung. Gerade
gelingende Konfliktlösung durch rechtliche Regelung ist als Faktor für die
Weiterentwicklung der jeweiligen Gemeinde bedeutsam. Allerdings ist
hier keine paradigmatische Entwicklung von Gemeinden zu konstatieren.
Zur Konfliktlösung gibt es in den frühchristlichen Gemeinden verschiedene Möglichkeiten rechtlich geregelten Handelns.

Konfliktvermeidung als Handlungsalternative

Eine Grundtendenz wird im Rückblick auf das 1. Jahrhundert allerdings
deutlich. Am Beginn der nachösterlichen christlichen Gemeindegeschichte
stehen verschiedene Versuche, innergemeindliche Konflikte möglichst zu
vermeiden. Diese Versuche beziehen ihre Logik vermutlich aus Gedanken
der frühchristlichen Eschatologie ebenso wie aus der alltäglichen Erfahrung einer möglichen Eskalation von ungelösten oder nicht rechtzeitig ge-
lösten Konflikten. Zudem ist solche Konfliktvermeidung der Aufforderung
verpflichtet, die eigene Gemeinde als einen Raum eigengesetzlicher Gemeinschaft zu gestalten, sie etwa als Gegenwelt zu einer machtpolitisch
strukturierten (oder auch nur so erlebten) Umwelt zu organisieren und darin auch einen eigenen Umgang mit konfliktträchtigem Streben nach Rang
und Größe zu entfalten.

Der Ansatz eschatologisch motivierter Konfliktvermeidung, wenngleich
er nicht lange alleine bestanden hat, ist noch in späterer Zeit nicht aus der
Vielzahl der Möglichkeiten innergemeindlicher Konfliktlösung ausge-
schieden worden. Vielmehr wurde auch dieser Ansatz eines alternativen
Verständnisses von Konflikten und Konfliktlösung als mögliches Modell
weitertradiert, das zudem als Jesusüberlieferung autorisiert war. Man wird
diesem, mit der Zeit als ergänzungsbedürftig erkannten Ansatz nicht einfach mangelnde Praktikabilität vorhalten dürfen, muss aber zugleich auf
seine spätere Einbettung in weitergehende usuelle Konfliktlösungen und
Konfliktlösungsstrategien hinweisen.

Der skizzierte Ansatz der Konfliktvermeidung, den v.a. Mk bevorzugt,
erscheint als singuläre Konfliktlösung - jedenfalls auf Dauer verwendet -
problematisch. Trotz seiner Realitätsferne wird er in Mk aber nicht - wie
in Mt und Lk u.a. mithilfe von Q und weiterem Material - durch alternati-

ve Modelle zur Konfliktlösung ergänzt. Dieser Ansatz scheint im frühen Christentum dann keine weitere eigenständige Verbreitung gefunden zu haben. Die Weiterverwendung des Logions von Größe im Dienen sollte darauf zurückzuführen sein, dass das Logion neben Mk auch bei Mt und Lk, dort aber im Kontext weiterer Ansätze zur Konfliktlösung (jeweils als Wort aus dem Mund Jesu) überliefert wurde.

Eine analoge Entwicklung lässt sich für Paulus konstatieren: Vor das Modell des Verzichts auf rechtliche Regelung innergemeindlicher Konflikte in I Kor 6 tritt die Extremfallregelung von I Kor 5. Dazu gesellen sich gerade in I Kor weitere konkrete Handlungsoptionen für verschiedene innergemeindliche Konfliktlagen, die für ein Gesamtbild von I Kor noch zu untersuchen wären.

Konfliktlösungen durch rechtliche Regelung

Neben dem Ansatz der Konfliktvermeidung steht das Erfahrungswissen, dass in einzelnen Fällen Konfliktvermeidung angesichts real vorkommenden Fehlverhaltens unmöglich ist. Solchens Wissen geht über konkrete Erfahrung mit Konflikten noch hinaus, es verarbeitet auch theologische Einsichten - etwa angesichts einer veränderten eschatologischen Erwartung. Aus diesem Wissen heraus rät Paulus in I Kor 6, innergemeindlich wo möglich wie bei βιωτικά auf Recht zu verzichten. Paulus kennt daneben etwa in I Kor 5 für gravierendes Fehlverhalten sakralrechtliche und quasi-juristische Vorgehensweisen, die in der Gemeinde aktuell zur Konfliktlösung führen. Analog weiten auch Mt und Lk den innergemeindlichen Umgang mit Konflikten auf zusätzliche Lösungen aus, die in Act besonders vielfältige rechtliche Regelungen implizieren.

Auch solche integrierten Modelle sind nicht immer zukunftsfähig gewesen, auch sie reagieren auf konkrete Umstände der Zeit und (v.a. der jüdisch beeinflussten) Gesellschaft. Mag auch Paulus in Act als ebenso typischer wie idealer Christ erscheinen: Die Konflikte um Paulus will Lukas gerade nicht als typisch gelten lassen. An den Konflikten zeigt Lukas, dass ein Christ wie Paulus Auseinandersetzungen wie in Jerusalem auslösen mag, juristisch aber als unbedenklich gelten kann und zugleich selbst auch immer für eine rechtlich geregelte Lösung dieser Konflikte eintritt.

13.2.5 Versuch einer theologischen Einordnung

Spezifisch christliche Konfliktlösungen?

Zunächst ist die weitere Verwendung von biblischen Normen auch in frühchristlichen Kontexten zu nennen. Besonders in Act 15 und 21ff finden sich derartige Konfliktlösungen, die Lukas für die bleibende Verbindung des (aus seiner Sicht) paulinischen Christentums mit Jerusalem nutzbar macht, und auch Mt 18,15-17 dürfte dazu zu zählen sein. Sind diese Konfliktlösungen deshalb nicht spezifisch christlich, weil sie biblisch-jüdische Normen zu ihrer Konfliktlösung durch rechtliche Regelung heranziehen? Konsequenterweise müssten dann - folgte man einer solchen Betrachtung konsequent - einige der wirkungsgeschichtlich bedeutsamsten frühchristlichen Konfliktlösungen als nicht spezifisch christlich beschrieben werden.

Die biblischen Normen, die in frühchristlichen Texten als rechtlich verbindlich betrachtet werden, entstammen in der Regel dem Pentateuch. Dass zahlreiche weitere Rechtsnormen des zweiten und dritten Teils des Tanach nicht Verwendung finden, dürfte z.T in der anders gearteten Verbindlichkeit der Nebiim bzw. Ketubim begründet liegen, zugleich aber die Entstehungssituation des jüdischen Kanons widerspiegeln.

Die Frage nach einem spezifisch christlichen Umgang mit Konflikten kann für den frühchristlichen Kontext nicht absehen von dem jüdischen Umgang mit Konflikten in dieser Zeit - die biblische Tradition in ihrer zeitgenössischen jüdischen Auslegung liefert den für das Verständnis des frühen Christentums nötigen Rahmen. Frühchristliche Konfliktlösung unterscheidet sich letztlich von jüdischer Konfliktlösung der Zeit allenfalls durch die Verwendung einzelner Normen, nicht durch die Form von Konfliktlösung überhaupt, auch nicht durch die grundsätzliche Verwendung von Normen biblischer Tradition. Auch das Logion von Größe im Dienen stellt keine Ausnahme dar. Es entstammt zwar dem Jüngerkreis, ist aber wohl auf die innerjüdische Abgrenzung dieses Jüngerkreises von Johannes dem Täufer zurückzuführen.[18]

Konfliktlösung und Ekklesiologie

Betrachtet man die genannten Konfliktlösungen als theologisch zu deutende Lebensäußerungen christlicher Gemeinden bzw. als Aussagen frühchristlicher Theologen, so zeigen sich in den verschiedenen Zusammenhängen von Konfliktlösungen durch rechtliche Regelungen verschiedene theologische Denkmuster. Konfliktlösungen durch rechtliche Regelungen gehören in den Bereich frühchristlicher Ekklesiologie und Ethik. In der Regel dienen Konfliktlösungen (im aktuellen Fall eines auftretenden Konflikts) dem Miteinander in der Gemeinde und (nach gelungener Lösung) der Stärkung ihrer Identität und Gemeinschaft. Mit den Konfliktlösungen werden Wege gesucht, gefunden und beschritten, das gemeindliche Miteinander konfliktfrei(er) zu gestalten. Womöglich finden sich auch des-

---

[18] Ist ein spezifisch christlicher Umgang mit Konflikten erst dort namhaft zu machen, wo durch Verwendung eigens entwickelter Normen ein Schritt über das zeitgenössische Judentum hinaus erfolgt, bzw. dort, wo tradierte Normen in bisher nicht gekannter Weise interpretiert werden? Eine derartige Verwendung findet sich vielleicht nur in der Spruchüberlieferung von Größe im Dienen, die dann aber gerade in Mt und Lk um Konfliktlösungen ergänzt wird, die ihrerseits nicht spezifisch christlich sein dürften.

halb in den frühchristlichen Texten zahlreiche Konflikte, weil deren jeweiligen Lösungen für die Tradenten der Texte und Textgruppen für weitergehende Konfliktlösungen wichtig waren.

Werden innergemeindliche Konflikte als ekklesiologisch relevante Anforderung an die jeweilige Gemeinde erkannt und entsprechend qualifiziert, so gilt eine Gemeinschaft nicht etwa als defizitär, weil in ihr Konflikte auftreten. An keiner Stelle verliert sie deswegen explizit ihren Charakter als Gemeinde. Eher gilt es als Manko, wenn Konflikte in der Gemeinde nicht wahrgenommen bzw. nicht angemessen geregelt werden.
Und wenn auch zur Konfliktlösung im Einzelfall oder grundsätzlich
durchaus differente Wege beschritten werden, bleibt doch die Rückgewinnung des Sünders oft genug das Ziel der Bemühungen zur Konfliktlösung.
Um einer solchen Rückgewinnung willen werden auch extreme Mittel wie
Fluch und Ausschluss des Betroffenen aus der Gemeinde angewandt, die
jeweils ultima ratio sind.

Konfliktlösung und Ethik

In jedem untersuchten Fall wird in der jeweils anstehenden Konfliktlösung
das Fehlverhalten Einzelner nicht verschwiegen (anders wäre die Konfliktsituation wohl heute auch gar nicht mehr deutlich) oder marginalisiert,
sondern konstatiert und gelegentlich als Sünde etikettiert. Gegebenenfalls
kann gerade in Konflikten und durch Konfliktlösungen die bleibende Verbundenheit der christlichen Gemeinde und ihrer Theologie mit der jüdischen Mutterreligion ausgedrückt werden. Dafür greifen frühchristliche
Theologen in starkem Maß auf biblisch-jüdische Normen zurück, deren
Autorität sich aus der Zugehörigkeit zum Pentateuch bzw. dem Tanach,
weiterer zwischentestamentlicher Literatur und frühchristlicher Überlieferung begründet. Eher selten wird die christliche Gemeinde selbst (etwa in
Form der Forderung nach ihrer Reinheit) zum Maßstab für Konfliktlösung.

Eine grundlegende Debatte über die Geltung biblisch-jüdischer Normen
zur Konfliktlösung ist in den frühchristlichen Texten nicht zu finden.
Womöglich hat die Bestreitung ihrer Gültigkeit in I Kor 5 einen Konflikt
gerade erst ausgelöst, wenn dort etwa die Abrogation traditioneller biblisch-jüdischer Normen der Sexualmoral für die christliche Gemeindeglieder betrieben bzw. toleriert worden ist. Nicht vorzufinden ist eine grundsätzliche Ablehnung jüdischer Normen.

Die Gültigkeit biblischer Normen ist frühchristlich weit verbreitet. Immer wieder werden die biblisch-jüdischen Normen durch gemeindliche
Vorschläge zur Konfliktlösung oder durch Modelle aus der Umwelt ergänzt. Substituiert werden sie eigentlich nicht. Ihre konkrete Durchsetzung
mag im Einzelfall aber durchaus verschieden sein von der in anderen (jüdischen) Gemeinschaften (wie etwa in Qumran).

Dennoch wird frühchristlich nicht jede denkbare Norm der Torah zur Lösung von Konflikten herangezogen. Der Rückgriff auf biblische Normen, der in der frühchristlichen Überlieferung getroffen wird, stellt eine eigene Auswahl dar. Die Auswahlkriterien, soweit sie überhaupt erkennbar sind, legen weder eine grundsätzliche Ablehnung der Torah nahe, noch belegen sie deren unbedingte Gültigkeit in allen möglichen Situationen. Vielmehr dürften sich bei der Auswahl verschiedene Kriterien (Kanonizität, Plausibilität, Gewohnheit, …) miteinander verbunden haben.

Konfliktlösung und Eschatologie

Gerade in den Fällen, in denen frühchristlich einer Konfliktvermeidung das Wort geredet wird, zeigt sich eine enge Beziehung verschiedener Konfliktlösungsmodelle zum Bereich der frühchristlichen Eschatologie. Nur wenn mit dem Kommen Gottes zum eschatologischen Gericht gerechnet wird, kann ernsthaft erwogen werden, auch auf interimistische Konfliktlösung zu verzichten. Der eschatologische Gerichtshorizont darf deshalb in den Mahnungen zur Klugheit nicht ausgespart werden, um den Aussagen nicht ihre innere theologische Logik zu rauben. Darauf hätte auch eine Verwendung solcher Mahnung in der Gegenwart zu achten.

Die Konfliktvermeidung hat mit der Verfluchung als ultima ratio der Konfliktlösung in der Regel die betont eschatologische Perspektive gemein. Die Konfliktlösung ist dabei letztlich der Verfügungsgewalt menschlichen Handelns entzogen und wird der Gerechtigkeit des Kommenden übertragen. Dass mit der Konfliktvermeidung zugleich ein Impuls für rechtzeitige alltägliche Konfliktlösung intendiert ist, gehört zu dieser Logik hinzu. Konfliktvermeidung hat die Tendenz, zum rechtzeitigen Einlenken im Konflikt zu motivieren und ist nicht nur eine individuelle, sondern auch eine sozialethische bzw. moralische Verhaltensweise.

Konfliktlösung, Schöpfung und Weisheit

Eher am Rande tritt auch eine frühchristliche Schöpfungstheologie als Denkkategorie zur Konfliktlösung auf. Wenn mit weisheitlichem Welt- und Menschenverständnis zur Konfliktvermeidung geraten wird, steht dahinter die Vorstellung, dass die Schöpfung Gottes der gerechten Ordnung gehorcht, nach der sie geschaffen wurde. Menschliche Maßnahmen zur Wiederherstellung innergemeindlicher Ordnung nach vorhergehenden Auseinandersetzungen und Konflikten (so explizit in I Clem) gehören in diese Logik hinein. Rechtliche Regelungen sind hier als Normen für schöpfungsgemäßes Verhalten zu verstehen. Klugheit im Miteinander der Geschöpfe besteht darin, Konflikte so rechtzeitig zu lösen, dass sie nicht eskalieren und in ihren Folgen und Weiterungen auf den zurückfallen, der sich um Konfliktlösung bemüht hat.

Wenngleich der theologische Horizont der Weisheit in Konfliktlösungen etwa durch rechtliche Regelungen kaum eigens thematisiert wird, ist er dort doch (wie wohl in biblischer Weisheit durchgängig) vorauszusetzen. Durch die gelegentliche Verbindung von Weisheit mit Eschatologie (gerade in Q) oder auch die gelegentlich propagierte Trennung beider Betrachtungsweisen der Welt wird die theologische Aussagekraft dieses Modells zur Konfliktlösung noch verstärkt.

Konfliktlösung und Christologie

Bemerkenswert ist schließlich die anfangs allenfalls am Rande stattfindende Verortung der Begründung von Konfliktlösungen durch rechtliche Regelungen innerhalb der Christologie. Alle Konfliktlösungen der synoptischen Evangelien sind als Worte Jesu überliefert und stehen im Kontext der Jesusgeschichte. Doch auch hier existieren verschiedene Modelle zur Konfliktlösung. Ein Einheit stiftendes, mit jesuanischer Autorität versehenes Modell zur innergemeindlichen Konfliktlösung ist nicht erkennbar.

Auch dort, wo etwa von der Grundhaltung der Größe im Dienen geredet wird - für die Jesu Vorbild maßgeblich ist und die noch am Ehesten für eine Rückfrage nach dem historischen Jesus in Frage kommt - geht es nicht um eine Nachahmung jesuanischen Verhaltens, sondern wird um des Dienens willen gehandelt. Bereits früh haben christliche Theologen im Dienen Jesu Größe erkannt und beschrieben. Diese Einsicht hat das entsprechende Verhalten in der Jesusnachfolge zum Kriterium innergemeindlicher Konfliktlösung gemacht.[19]

13.2.6 Einheit und Vielfalt frühchristlicher Modelle zur Konfliktlösung

Am Ende der Würdigung als signifikant betrachteter Stellen frühchristlicher Literatur zum Thema Konfliktlösungen durch rechtliche Regelungen steht kein einheitliches Bild, das sich dann auch noch in die Gegenwart übertragen ließe. Vielmehr ist für Gesamtergebnis der Untersuchung eine weitere Einschränkung erforderlich, die um Hinweise auf die Bedeutung der vielfältigen Modelle zur innergemeindlichen Konfliktlösung im frühen Christentum ergänzt werden muss.

Hermeneutische Einschränkung

Gerade in Hinsicht auf den Aspekt des Themas, der die Untersuchung in den rechtsgeschichtlichen Kontext stellt, ist festzustellen: Mit den gewonnenen Ergebnissen ist keine frühchristliche Rechtsgeschichte zu beschrei-

---

[19] Gerade an der Spruchüberlieferung von Größe im Dienen werden exemplarisch die Grenzen einer derartigen Konfliktlösung erkennbar. Die Macht terminologisch verschleiernde Wirkungsgeschichte von Mk 9f ist vielleicht schon im NT so angelegt.

ben. Die Quellen ermöglichen nicht einmal einen Überblick über die Normen, die im frühen Christentum in den Gemeinden in Geltung standen. Nicht selten sind die verwendeten Rechtsnormen nur indirekt zu erschließen und verdanken ihre Thematisierung der jeweiligen Konfliktsituation. Die Frage, welche Normen zur Konfliktlösung innergemeindlich zur Verfügung standen wird keinesfalls von daher zu beantworten sein, welche Normen bzw. rechtliche Regelungen eine Untersuchung zu erkennen oder auch nur wahrscheinlich zu machen vermag.

Biblisch-jüdische Normen als Horizont

Noch einmal ist die fast durchgängige Bezogenheit der frühchristlichen Texte auf das Judentum bzw. die LXX als sich allmählich durchsetzende heilige Schrift zu betonen. Auch dort, wo jüdische Vorstellungen durch einzelne Aussagen christlicher Theologen modifiziert werden, steht fest: Jüdische Rechtsnormen werden weitgehend übernommen, gelten in der Regel auch fraglos dort, wo jüdische Religion in ihren Verhaltenserwartungen durch christliche Theologen aufgenommen und anhand von Person und Werk des Jesus von Nazareth neu interpretiert wird.

Die tatsächlich verwendeten Normen stellen eine Auswahl relevanter biblischer Normen dar. Der Zugriff auf sie folgt nicht einer erkennbaren Logik. Er könnte durch aktuelle Notwendigkeiten eher als durch grundsätzliche Überlegungen zur Geltung der Torah und ihrer Anwendung zur Konfliktlösung durch rechtliche Regelung erfolgt sein.

Jesuanische Autorität als Zentrum?

Auf Jesus zurückgeführte Normen haben frühchristlich zweifellos zentrale Bedeutung auch für die Weiterentwicklung einer Gemeinde und ihres Selbstverständnisses. In Hinsicht auf rechtliche Regelungen sind sie im Allgemeinen jedoch wenig aussagekräftig. Als Jesusworte überlieferte Logien oder auch Textzusammenhänge und daraus abgeleitete Normen stellen in den synoptischen Evangelien zwar den Rahmen jeder Auseinandersetzung innerhalb der christlichen Gemeinden dar. Auch wird die jeweilige Konfliktlösung nicht selten als Wort aus dem Mund Jesu markiert und so mit besonderer Autorität versehen. Dennoch hat keine so gestaltete Konfliktlösung frühchristlich den Rang eines normativen Vorgehens im innergemeindlichen Konfliktfall erreicht. Auch fehlt ein Wort des Herrn als vorbildlich geregelte Konfliktlösung.[20]

---

[20] Gerade die in Q überlieferten Konfliktlösungen gelten nicht selten als ursprüngliches Modell von christlicher Konfliktlösung, das womöglich auf Jesus selbst zurückgeführt wird; vgl. so KOLLMANN, Jesu Verbot des Richtens, S. 170-186. Dennoch entsteht durch die Trennung eines vorösterlichen Verbots des Richtens und nachösterlicher Gemeindedisziplin der Eindruck einer allmählichen Abwendung von den jesuanischen Ur-

Das Liebesgebot als übergeordnete Norm?

Eine ipsissima vox Jesu - konkret etwa in Form des für Konflikte und ihre
Lösung als Norm geltenden Liebesgebots - ist nicht zu erkennen. Das Gebot der Nächstenliebe in seiner biblischen Fassung wird allerdings ausdrücklich an einer Stelle abgeführt (Mt 18,15), wenn es dort auch im Hintergrund stehen bleibt. Nur verdankt sich diese Stelle eben eher biblisch-
jüdischer als jesuanischer Tradition: Mt 18,15-17 dürfte keine historische
Erinnerung an ein Jesuswort beinhalten, sondern ist deutlich erkennbar für
die Situation einer sich entwickelnden nachösterlichen Gemeinde gestaltet.

Die untersuchten Konfliktlösungen und Lösungsmodelle der frühchristlichen Gemeinden lassen nirgendwo einen Antagonismus von Liebe und
Recht erkennen. Vielmehr kann die biblische Verhaltenserwartung der
Liebe zum Volksgenossen, zum Bruder oder zum Nächsten gerade auch
dazu verwendet werden, einen möglichst geregelten Umgang mit Konfliktverursachern in der Gemeinde zu etablieren. Und die in verschiedenen
anderen Texten vorzufindende Erwartung des Verzichts auf eigene
Rechtsansprüche wird dort an keiner Stelle durch die Forderung eines derartigen (etwa als biblisch oder jesuanisch reklamierten) Liebesgebots begleitet oder gar gestützt. Selbst das Vorkommen eines solchen Zusammenhangs in TestGad zeigt bei genauer Betrachtung: Die Vermeidung einer
sonst womöglich eskalierenden Konfliktlösung dient dort dazu, vor eigenem Sündigen im Prozess der Konfliktlösung zu bewahren. Sie hat zudem
eine individualistische Tendenz, ein Bezug auf eine Gemeinde ist in ihr
nicht erkennbar.

Vielfalt und Einheit der Modelle

Da die verschiedenen Modelle zur Konfliktlösung im frühen Christentum
fast durchweg auf biblisch-jüdische bzw. judenchristliche Vorstellungen
zurück bezogen sind, zudem durch der Umwelt entlehnte Modelle ergänzt
werden, ist die Ausprägung der Konfliktlösungen durch rechtliche Regelungen insgesamt als Traditionsvorgang zu verstehen und ist als Entwick-
lungsprozess interpretierbar.

Eine solche theoretische Einordnung des Themas der Untersuchung in
den Bereich der Traditions- und Entwicklungsgeschichte des frühen Christentums hat theologische Konsequenzen. Sie weist hin auf die frühchristliche theologische Erkenntnis, dass die Entstehung christlicher Gemeinden
Ergebnis des Handelns Gottes und ihr Bestehen als Teil der fortgesetzten
Geschichte Gottes mit den Menschen, der Welt und besonders mit Israel
zu betrachten ist. Der fortgesetzte Rückgriff auf biblische, als bleibend

---

sprüngen. Normative Ursprünge sind nicht rekonstruierbar. Und auch Modelle der Zeit
nach 70 bieten überzeugende Ansätze zu Konfliktlösung durch rechtliche Regelung.

rechtlich relevante verstandene Normen zur Konfliktlösung in frühchristlichen Texten ist Ausdruck dieser Einsicht, legitimiert sie andererseits auch immer wieder: Auf biblische Tradition wird zurückgegriffen, weil diese Tradition als bleibend gültig erkannt worden ist.

Für die frühchristlichen Tradenten war es in der Reflexion des Heilshandelns Gottes an Jesus von Nazareth und durch den Geist Christi an den Glaubenden selbstverständlich, sich in die heilsgeschichtliche Tradition Israels und der biblischen Tradition zu stellen, die zudem durch die Existenz der frühchristlichen Gemeinden legitimiert war.[21] Der Rückbezug auf biblische bzw. jüdische Normen zur Konfliktlösung verdeutlicht die Kontinuität der frühchristlichen Konfliktlösungsmodelle zu Modellen in den LXX und im zwischentestamentlichen Judentum. Frühchristliche Konfliktlösungen durch rechtliche Regelungen stehen deshalb in der Rechtsfolge der biblischen Tradition. Durch die Berücksichtigung auch anderer Traditionen, etwa der Umwelt, die sie für konkrete Konfliktlösungen heranziehen bzw. als grundsätzliche Stellungnahmen zum Thema Konfliktvermeidung verwenden, erreichen sie auch neue Formen von Konfliktlösung.

Die jeweils entwickelten, z.T auch neuen Konfliktlösungen haben auch darin ihre Legitimität, dass Neuem (und damit etwaigen neuen Wegen der Konfliktlösung) frühchristlich ein Neues schaffendes Handeln Gottes vorausgeht, das dem damit verbundenen Wirken seines Geistes entspricht.[22]

Daneben sollte nur das Alte in seiner Bedeutung für Konfliktlösungen nicht vergessen oder gering geachtet werden. Gerade an Konfliktlösungen durch rechtliche Regelungen zeigt sich die bleibende Verbundenheit des Neuen mit dem Alten.[23] Zwar kann nicht jeder frühchristliche Lösungsansatz in Sachen Konfliktlösung durch rechtliche Regelung im 1. Jahrhundert (wie in späterer Zeit) als allgemein überzeugend gelten.[24] Die Aufga-

---

[21] Eine traditionsgeschichtliche Einordnung des Themas der Untersuchung verweist implizit auch auf den Anspruch der frühchristlichen Theologen, Gemeinde vor Ort als Ausdrucksform der endzeitlichen Gemeinde Gottes zu verstehen. Deshalb müssen auch die innergemeindlichen Konfliktlösungen durch rechtliche Regelungen den Anspruch erfüllen, das endzeitliche Gottesvolk zu repräsentieren.

[22] Dazu gehört, dass frühchristliche Theologen die neue Geschichte Gottes in Jesus Christus als Heil schaffendes Handeln Gottes begreifen, das sich in der weiteren Geschichte der Gemeinden durch die bleibende Präsenz des Geistes Gottes manifestiert. Dieser Erkenntnis haben sich frühchristliche Theologen auch dadurch gestellt, dass sie innergemeindliche Konfliktlösungen durch rechtliche Regelungen überliefert haben.

[23] Bei einer Gesamtsicht der frühchristlichen Konfliktlösungen könnte man von einem an Tradition orientierten und zugleich dynamischen Zusammenhang sprechen.

[24] Die Gesamtheit der verschiedenen frühchristlichen Konfliktlösungen durch rechtliche Regelungen ist inhaltlich umfassender als der neutestamentliche Kanon, dem I Clem und Did mit ihren Konfliktlösungen nicht zugehören. Die im Kanon repräsentierten Modelle zur Konfliktlösung durch rechtliche Regelung geben allerdings die Vielfalt der frühchristlichen Konfliktlösungen m.E. bereits angemessen wieder.

be, über die Kontinuität des Handelns Gottes an seinem Volk zu ekklesiologisch relevanten Aussagen zu kommen, diese Kontinuität auch im innergemeindliche Miteinander in Konfliktfällen zu suchen und deshalb in den
Gemeinden im Konfliktfall rechtliche Regelungen zur Hand zu haben,
wurde im 1. Jahrhundert aufgenommen und so verwirklicht, dass davon
bis heute spürbare Wirkungen ausgehen.

13.3 Ausblick

Am Ende steht nicht ein besonderes paradigmatisches Modell zur Konfliktlösung in der Gemeinde bzw. zur Konfliktlösung durch rechtliche Regelung in der Kirche. Weder eine bestimmte frühchristlich durchgeführte
Konfliktlösung durch rechtliche Regelung noch etwa eine erst postmodern
entwickelte Konfliktlösung kann gegenwärtig als Ideal des innerkirchlichen - oder auch des gesellschaftlichen - Umgangs mit Konflikten gelten.
Betont werden soll nur noch einmal: Konfliktlösungen in Kirche und Gemeinde heute, auch solche durch rechtliche Regelungen, können nicht auf
einen Zusammenhang mit der frühchristlichen Überlieferung verzichten,
als ob nicht auch dort mögliche und maßgebliche Modelle für den gegenwärtig angemessenen Umgang mit Konflikten zu finden wären. Ebenso
wenig können Konfliktlösungen in Kirche und Gemeinde heute darauf
verzichten, gegenwärtig diskutierte bzw. innergesellschaftlich bereits er-
folgreich angewandte Formen von Konfliktlösung durch rechtliche Regelungen zur Kenntnis zu nehmen und sie modifiziert auf innerkirchliche
Konflikte anzuwenden.

Literaturverzeichnis

Die Abkürzungen - auch der biblischen Bücher, der außerkanonischen Schriften, der Texte von Qumran, Philo und Josephus - folgen dem Abkürzungsverzeichnis der Theologischen Realenzyklopädie, zweite überarbeitete und erweiterte Auflage, zusammengestellt von Siegfried Schwertner, Berlin, New York 1994. Die Abkürzungen klassischer griechischer Quellen folgen dem Abkürzungsverzeichnis von A Greek-English Lexicon, compiled by Henry George Liddell and Robert Scott. A new edition, revided and augmented throughout by Henry Stuart Jones, with a revised supplement, Oxford 1996. Die Abkürzungen spätantiker christlicher Quellen folgen dem Abkürzungsverzeichnis von Lampe, Geoffrey W. H.: A patristic Greek Lexicon, tenth impression, Oxford 1991.

1 Quellen

1.1 Bibel

Biblia Hebraica Stuttgartensia, quae antea cooperantibus Albrecht Alt, Otto Eißfeldt. Paul Kahle ediderant Rudolf Kittel, editio funditus renovata, ediderunt Karl Elliger et Wilhelm Rudolph, Stuttgart 1977.

Deuteronomium, edidit John William Wevers, adiuvante Udo Quast, in: Septuaginta. Vetus Testamentum Graecum. Auctoritate Academia Scientiarum Gottingensis editum, volumen III,2, Göttingen 1977.

Huck, Albert: Synopse der drei ersten Evangelien mit Beigabe der johanneischen Parallelstellen. Synopsis of the First three Gospels with addition of the Johannine parallels, 13. Auflage, völlig neu bearbeitet von Heinrich Greeven, Tübingen 1981.

Isaias, in: Septuaginta. Vetus Testamentum Graecum. Auctoritate academiae litterarum Gottingensis editum, volumen XIV, edidit Joseph Ziegler, zweite, durchgesehene Auflage, Göttingen 1967.

Leviticus, edidit John William Wevers, adiuvante Udo Quast, in: Septuaginta. Vetus Testamentum Graecum, auctoritate academia scientiarum Gottingensis editum, volumen II,2, Göttingen 1986.

Novum Testamentum Graecae post Eberhard et Erwin Nestle editione vicesima septima revisa communiter ediderunt Barbara et Kurt Aland, Johannes Karavidopoulos, Carlo M. Martini, Bruce M. Metzger, apparatum criticum novis curis elaboraverunt Barbara et Kurt Aland una cum studiorum textus Novi Testamenti Monasterii Westphaliae, Stuttgart 1993.

Septuaginta. Id est Vetus Testamentum graece iuxta LXX interpretes, edidit Alfred Rahlfs, volumen I. leges et historiae, volumen II. liberi poetici et prophetici, editio nona, Stuttgart 1971.

Synopsis quattuor evangeliorum. Locis parallelis evangeliorum apocryphorum et patrum adhibitis edidit Kurt Aland, editio teria decima revisa, Stuttgart 1985.

1.2 Antikes Judentum

Charles, Robert Henry: The Greek version of the Testaments of the Twelve Patriarchs, edited from nine MSS together with the version of the Armenian and Slavonic versions and some Hebrew fragments, dritte, unveränderte Auflage, Darmstadt 1966.

Flavii Iosephi antiquitatum Iudaicum libri XX, in: Flavii Josephi opera, edidit et apparatu critico instruit Benedictus Niese, volumen I-IV, Berolini 1887-1890.

Flavius Josephus: De bello Judaico. Der jüdische Krieg, Band I. Buch I-III, herausgegeben und mit einer Einleitung sowie mit Anmerkungen versehen von Otto Michel und Otto Bauernfeind, dritte Auflage, Darmstadt 1982.

Habicht, Christian: 2. Makkabäerbuch, JSHRZ I. Historische und legendarische Erzählungen, Lieferung 3, Gütersloh 1976.

Klauck, Hans-Josef: 4. Makkabäerbuch, JSHRZ III. Unterweisung in lehrhafter Form, Lieferung 6, Gütersloh 1989.

Lohse, Eduard: Die Texte aus Qumran, hebräisch und deutsch, mit masoretischer Punktation, Übersetzung, Einführung und Anmerkungen, München 1971.

Maier, Johann: Die Qumran-Essener. Die Texte vom Toten Meer, Band I, UTB 1862, München, Basel 1995, Band II, UTB 1863, München, Basel 1995, Band III, UTB 1916, München, Basel 1996.

Philonis legatio ad Gaium, in: Philonis Alexandrini opera quae supersunt, ediderunt Leopoldus Cohn et Paulus Wendland, volumen VI, edidit Leopoldus Cohn et Sigofredus Reiter, Berolini 1915, S. 155-223.

Philonis legum allegoriarum libri I-III, in: Philonis Alexandrini opera quae supersunt, ediderunt Leopoldus Cohn et Paulus Wendland, volumen I, edidit Leopoldus Cohn, Berolini 1896, S. 61-169.

Philonis de decalogo, in: Philonis Alexandrini opera quae supersunt, ediderunt Leopoldus Cohn et Paulus Wendland, volumen IV, edidit Leopoldus Cohn, Berolini 1902, S. 269-307.

Philonis de specialibus legibus libri I-IV, in: Philonis Alexandrini opera quae supersunt, ediderunt Leopoldus Cohn et Paulus Wendland, volumen V, edidit Leopoldus Cohn, Berolini 1906, S. 1-265.

1.3 Frühchristliche Quellen

Achelis, Hans; Flemming, Johannes: Die ältesten Quellen des orientalischen Kirchenrechts, zweites Buch. Die syrische Didaskalia, TU 25/2, Leipzig 1904.

Die Apostolischen Väter. Griechisch-deutsche Parallelausgabe auf der Grundlage der Ausgaben von Franz Xaver Funk/Karl Bihlmeyer und Molly Whitaker, mit Übersetzungen von Martin Dibelius und Dietrich-Alex Koch neu übersetzt und herausgegeben von Andreas Lindemann und Henning Paulsen, Tübingen 1992.

Clemens von Rom. Epistola ad Corinthios. Brief an die Korinther, übersetzt und eingeleitet von Gerhard Schneider, FC 15, Freiburg, Basel, Wien, Barcelona, Rom, New York 1994.

De aleatoribus, in: S. Thasci Caecili Cypriani opera omnia, rescensvit et commentario critico instrvxit Gvilelmvs Hartel, pars III, CSEL 3/3, S. 92-104.

Didache (Apostellehre). Barnabasbrief. Zweiter Klemensbrief. Schrift an Diognet, eingeleitet, herausgegeben, übertragen und erläutert von Klaus Wengst, SUC II, Darmstadt 1984.

Didache. Zwölf-Apostel-Lehre, übersetzt und eingeleitet von Georg Schöllgen, FC 1. Zwölf-Apostel-Lehre. Apostolische Überlieferung, Freiburg, Basel, Wien, Barcelona, Rom, New York 1991, S. 23-139.

Didaskalia et constitutiones apostolorum, edidit Franciscus Xaverius Funk, volumen I, Paderborn 1905, Torino 1979, S. 1-385.

Geerlings, Wilhelm: Traditio Apostolica. Apostolische Überlieferung, FC 1. Zwölf-Apostel-Lehre. Apostolische Überlieferung, Freiburg, Basel, Wien, Barcelona, Rom, New York 1991, S. 143-313.

Neutestamentliche Apokryphen in deutscher Übersetzung, von Edgar Hennecke begründete Sammlung, herausgegeben von Wilhelm Schneemelcher, erster Band. Evangelien, sechste Auflage, Tübingen 1990, zweiter Band. Apostolisches. Apokalypsen und Verwandtes, fünfte Auflage, Tübingen 1989.

Padres Apostólicos, edición bilingüe completa, Introductiones, notas y versión española por Daniel Ruiz Bueno, cuerta edicion, Madrid 1974.

Rordorf, Willy; Tuilier, André: La doctrine des douze apôtres (Didachè). Introduction, texte, traduction, notes, appendics et index, SC 248, Paris 1978.

Schmidt, Carl: Das koptische Didache-Fragment des British Museum, in: ZNW 24, Giessen 1925, S. 81-99.

1.4 Pagane Autoren

Appian: The civil wars, in: Ders., Roman history, with an English translation by Horace White, volume III, LCL 56, reprinted, London, Cambridge 1972, volume IV, LCL 5, reprinted, London, Cambridge 1979.

Aristoteles: Kategorien, in: Ders., Kategorien. Hermeneutik oder vom sprachlichen Ausdruck (De interpretatione), Porphyrius, Einführung in die Kategorien des Aristoteles (Isagoge), Pseudo-Aristoteles, Einteilungen (Divisiones), Pseudo-Platon, Begriffsbestimmungen (Definitiones), herausgegeben, übersetzt, mit Einleitungen und Anmerkungen versehen von Hans Günter Zekl, Darmstadt 1998, S. 1-93.

Cicero, Marcus Tullius: The speeches. Pro lege Manilia. Pro Caecina. Pro Cluentio. Pro Rabirio. Perduellionis, with an English translation by H. Grose Hodge, LCL 198, reprinted, Cambridge/Massachusetts, London 1966.

Deissmann, Adolf: Licht vom Osten. Das Neue Testament und die neuentdeckten Texte der hellenistisch-römischen Welt, vierte, völlig neu bearbeitete Auflage, Tübingen 1923.

The Digest of Justinian, latin text edited by Theodor Mommsen, with the aid of Paul Krueger, English translation edited by Alan Watson, volumen IV, Philadelphia/Pennsylvania 1985.

Cassii Dionis Cocceiani historiarum Romanarum quae supersunt, edidit Ursulus Philippus Boisevain, editio secunda lucis ope expressa, volumen I-VI, Berolini 1955, volumen V, Berolini 1969.

Diogenes Laertius: Lives of eminent philosophers, with an English translation by Robert D. Hicks, volume I, LCL 184, Cambridge/Massachussetts, London 1972, volume II, LCL 185, Cambridge/Massachussetts, London 1970.

Epictetus: The discourses as reported by Arrian, the manual and fragments, with an English translation by William Abbot Oldfather, volume I. discourses Book I/II, LCL 131, Cambridge/Massachusetts, London 1967, volume II. discourses Book III/IV, the manual and fragments, LCL 218, Cambridge/Massachusetts, London 1978.

Eusebius von Caesarea: Werke, zweiter Band. Die Kirchengeschichte, erster Teil. Bücher I bis V, in: Die griechischen christlichen Schriftsteller der ersten drei Jahrhunderte, herausgegeben im Auftrag der Kirchenväter-Commission der königlich-preussischen Akademie der Wissenschaften von Eduard Schwartz, Leipzig 1903.

Fontes iuris romani antejustiniani, in usum scholarum ediderunt Salvator Riccobono, Giovanni Baviera, Contardo Ferrini, Guiseppe Furlani, Vincentius Arangio-Ruis, pars I. leges iterum edidit Salvator Riccobono, editio altera acta et emendata, Florentinae 1968.

Gai institutiones, secundum codicis Veronensis apographum studemundianum et reliquias in Aegypte repertas, iterum edidit Martin David, in: Studia Gaiana, ediderunt Martin David, Robert Feenstra, Hein L.W. Nelson, volumen I, Leiden 1964.

Gregor der Große: Homiliae in Evangelia. Evangelienhomilien, erster Teilband, FC 28/1, Freiburg, Basel, Wien, Barcelona, Rom, New York 1997, zweiter Teilband, FC 28/2, Freiburg, Basel, Wien, Barcelona, Rom, New York 1998.

Livius, Titus: Livy, with an English translation, volume IV. Books VIII-X, translated by Benjamin O. Foster, LCL 191, reprinted, Cambridge/Massacusetts, London 1982.

Titi Livi Ab urbe condita libri, bearbeitet von W. Weissenborn und H. J. Müller, dritter Band. Buch VI-X, dritte Auflage, verbessert von Wilhelm Weissenborn, unveränderter Nachdruck, Berlin 1980.

Lukian: ΑΛΕΞΑΝΔΡΟΣ Η ΨΕΥΔΟΜΑΝΤΙΣ. Alexander the false prophet, in: Lucian, with an English translation by Austin M. Harmon, volume IV, LCL 162, reprinted, London, Cambridge 1969, S. 173-253.

Ders.: ΠΕΡΙ ΟΡΧΗΣΕΩΣ. The dance, in: Lucian, with an English translation by Austin M. Harmon, volume V, LCL 302, reprinted, London, Cambridge 1972, S. 209-289.

Ders.: De saltatione, in: Ausgewählte Schriften des Lucian, erklärt von Julius Sommerbrodt, Band 3, zweite Auflage, Berlin 1878, S. 138-187.

ΟΝΑΣΑΝΔΡΟΥ ΣΤΡΑΤΗΓΙΚΟΣ. Onasander, The general, in: Aeneas Tacticus. Asclepiodotus. Onasander, with an English translation by members of the Illinois Greek club, LCL 156, reprinted, Cambridge, London 1986, S. 341-527.

S. Optati Milevitani libri VII, rescensvit et commentario critico indicibvsqve instrvxit Carolvs Ziwsa, accedvnt decem monvmenta vetera ad donatistarvm historiam pertinentia, CSEL 26, S. 1-182.

Origenes: In Lucam homiliae. Homilien zum Lukasevangelium, zweiter Teilband, übersetzt und eingeleitet von Hermann-Josef Sieben SJ, FC 4/2, Freiburg, Basel, Wien, Barcelona, Rom, New York 1992.

Platon: ΑΠΟΛΟΓΙΑ ΣΩΚΡΑΤΟΥΣ - Des Sokrates Verteidigung, in: Platon. Werke in acht Bänden, herausgegeben von Gunther Eigler, zweiter Band, zweite, unveränderte Auflage, Darmstadt 1977, S. 1-69.

Ders.: ΓΟΡΓΙΑΣ [ἡ περὶ ῥητορικῆς, ἀνατρεπτικός]. Gorgias, bearbeitet von Heinz Hofmann, griechischer Text von Alfred Croiset, Louis Bodin, Maurice Croiset et Louis Méridier, deutsche Übersetzung von Friedrich Schleiermacher, in: Platon, Werke in acht Bänden, herausgegeben von Gunther Eigler, zweiter Band, dritte, unveränderte Auflage, Darmstadt 1990, S. 269-503.

Ders.: ΚΡΙΤΟΝ - Kriton, in: Platon, Werke in acht Bänden, herausgegeben von Gunther Eigler, zweiter Band, zweite, unveränderte Auflage, Darmstadt 1977, S. 71-107.

Ders.: ΝΟΜΩΝ Α-Ζ-ΙΒ - Gesetze Buch VII-XII, in: Platon, Werke in acht Bänden, herausgegeben von Gunther Eigler, achter Band, zweiter Teil, zweite, unveränderte Auflage, Darmstadt 1977, S. 1-511.

ΠΟΛΥΒΙΟΥ ΙΣΤΟΡΙΑΙ. Polybii Historiae, editionem a Ludovico Dindorfio curatam, retractavit Theodorus Buettner-Wobst, BSGRT, volumen I, editio altera, Lipsiae 1905, volumen II, editio altera, Lipsiae 1924, volumen III, editio altera, Lipsiae 1943, volumen IV, editio stereotypa editionis prioris, Lipsiae 1906, volumen V, editio stereotypa editionis prioris, Lipsiae 1906, Stuttgart 1967.

Pseudoplaton: Begriffsbestimmungen (Definitiones), in: Aristoteles, Kategorien. Hermeneutik oder vom sprachlichen Ausdruck (De interpretatione), Porphyrius, Einführung in die Kategorien des Aristoteles (Isagoge), Pseudo-Aristoteles, Einteilungen (Divisiones), Pseudo-Platon, Begriffsbestimmungen (Definitiones), herausgegeben, übersetzt, mit Einleitung und Anmerkungen versehen von Hans Günter Zekl, Darmstadt 1998, S. 233-245.

Römisches Recht in einem Band: Zwölftafelgesetz. Gaius Institutionen. Aus den Digesten. Cicero, Rede für Sextus Roscius aus Ameria, Cicero, Aus den zwei Büchern Rhetorik, ausgewählt, aus dem Lateinischen übersetzt, eingeleitet und kommentiert von Liselot Huchthausen, Auswahl und Übersetzung der Digesten von Gottfried Härtel, Bibliothek der Antike. Römische Reihe, vierte Auflage, Berlin, Weimar 1991.

250 *Literaturverzeichnis*

Rüstow, Wilhelm; Köchly, Hermann August Theodor: Griechische Kriegsschriftsteller, Band II 1, Asklepiodotos' Taktik, Band II 2, des Byzantiner Anonymus Kriegswissenschaft, Neudruck der Ausgabe 1855, Leipzig 1969.

Seneca, Lucius Annaeus: Ad Lucilium epistulae morales LXX-CXXIV, [CXXV]. An Lucilius. Briefe über Ethik 70-124, [125], übersetzt, eingeleitet und mit Anmerkungen versehen von Manfred Rosenbach, in: Ders., Philosophische Schriften, vierter Band, herausgegeben von Manfred Rosenbach, zweite, durchgesehene Auflage 1987.

Sophokles: Antigone, übersetzt und herausgegeben von Norbert Zink, Stuttgart 1981.

Soranos D'Éphèse: Maladies des femmes, tome I. livre I, texte établi, traduit et commenté Paul Burguière, Danielle Gourevitch, Yves Malinas, CUFr, Paris 1988.

Suetonius, C. Tranquillus: Caesarenleben, herausgegeben und erläutert von Max Heinemann, mit einer Einleitung von Rudolf Till, Stuttgart 1957.

C. Sventoni Tranqvilli opera, volumen I. De vita caesarvm libri VIII, BSGRT, recensvit Maximilianvs Ihm, editio minor, editio stereotypa editionis prioris (MCMVIII), Stvttgardiae 1878.

Temkin, Owsei: Soranus' gynecology, translated with an Introduction, with the assistance of Nicholson J. Eastman, Ludwig Edelstein and Alan F. Guttmacher, Baltimore, London 1956.

Dittenberger, Wilhelm: Sylloge inscriptiones Graecarum, dritter, unveränderter photomechanischer Nachdruck der dritten Auflage Leipzig 1921-24, Hildesheim, Zürich, New York 1982.

Publius Terentius Afer: The self-tormentor, in: Terence, with an English translation by John Sargeaunt in two volumes, volume I, LCL 22, London 1979, S. 113-229.

Hoppe, Henricus: Quinti Septimi Florentis Tertulliani apologeticum, in: CSEL 69, Vindobonae, Lipsiae 1939, S. 1-121.

Quinti Septimi Florentis Tertulliani opera, ex recensione Aemilii Kroymann, pars III, CSEL 47, Vindobonae, Lipsiae 1906.

Tertullian: De praescriptione haereticorum, herausgegeben von Erwin Preuschen, SQS, erste Reihe, drittes Heft, zweite, neubearbeitete Auflage, Tübingen 1910.

Ders.: De paenitentia, in: Tertullian, De paenitentia. De pudicitia, herausgegeben von Erwin Preuschen, SQS, erste Reihe, zweites Heft, zweite, neubearbeitete Auflage, Tübingen 1910, S. 1-17.

Thucydides: History of the Peloponnesian war, Books I and II, with an English translation by Charles Forster Smith, LCL 108, London, Cambridge 1969.

Waltzing, Jean-Pierre: Ètude historique sur les corporations professionnelles chez les Romains. Depuis les orgines jusqu'à la chute de l'Empire d'‘Occident. tome III. recueil des inscriptions grecques et latines relatives aux corporations des Romains, Louvain 1899, Nachdruck Hildesheim, New York 1970.

1.5 Quellen aus der Reformation und der katholischen Reform

Die Auslegung der Reformatoren. Gemeinsam mit Ulrich Asendorf, Samuel Lutz und Wilhelm Neusner herausgegeben von Gerhard Friedrich, TNT 3, Göttingen 1984.

Die Bekenntnisschriften der evangelisch-lutherischen Kirche, herausgegeben im Gedenkjahr der Augsburger Konfession 1930, neunte Auflage, Göttingen 1982.

Calvin, Jean: Les ordonnances ecclésiastique de 1561, Calvin-Studienausgabe, herausgegeben von Eberhard Busch, Alasdair Heron, Christian Link, Peter Opitz, Ernst Saxer, Hans Scholl, Band 2. Gestalt und Ordnung der Kirche, Neukirchen-Vluyn 1997, S. 227-279.

Dokumente zur causa Lutheri (1517-1521), 2. Teil. Vom Augsburger Reichstag 1518 bis zum Wormser Edikt 1521, herausgegeben und kommentiert von Peter Fabisch und Erwin Iserloh, CCath 42, Münster 1991.

Luther, Martin: Annotationes in aliquot capita Matthaei. 1538, in: WA 38, Weimar 1912, S. 443-668.

Ders.: Grund und Ursach aller Artikel D. Martin Luthers, so durch römische Bulle unrechtlich verdammt sind. 1521, in: WA 7, Weimar 1897, S. 299-457.

Ders.: Matthäus 18-24 in Predigten ausgelegt. 1537-1540, Predigten Martin Luthers über etzliche Capittel des Evangelisten Matthei, in: WA 47, Weimar 1912, S. 232-627.

Ders.: Predigten des Jahres 1929, in: WA 29, Weimar 1904, S. 1-691.

Ders.: Ein Sermon von dem Bann. 1520, in: WA 6, Weimar 1888, S. 61-75.

Ders.: Vom Bann, in: WA Tr 5. Nr. 5477, Weimar 1919, S. 175.

Ders.: Wochenpredigten über Matth. 5-7. 1530/32, das fünfte, sechste und siebend Capitel S. Matthei gepredigt und ausgelegt. 1532, in: WA 32, Weimar 1906, S. 299-544.

Luthers acta Augustana 1518 deutsch. Dokumente vom letzten Gespräch Roms mit Luther in Augsburg vor seiner Exkommunikation, ausgewählt und eingeleitet von Klaus-Peter Schmid, Augsburg 1982.

Melanchthon, Philipp: Aufruf an die Wittenberger Studentenschaft, der Verbrennung der päpstlichen Rechts- und anderer Bücher beizuwohnen, in: Martin Luther, Warum des Papstes und seiner Jünger Bücher von D. Martin Luther verbrannt sind. Beigabe I, WA 7, Weimar 1897, S. 183.

S. Petri Canisii doctoris ecclesiae meditationes seu notae in evangelicas lectiones, editionem criticam curavit Fridericus Streicher SJ, pars prima. meditationes de dominicis. tempus adventus, nativitatis domini, paschatis, Societas Iesu selecti scriptores a partibus societatis eiusdem editi, S. Petrus Canisius doctor ecclesiae, tomus II, secunda editio, Darmstadt 1957.

1.6 Neuzeitliche Quellen

Die Barmer theologische Erklärung. Einführung und Dokumentation, herausgegeben von Alfred Burgsmüller und Rudolf Weth. Mit einem Geleitwort von Klaus Engelhardt, fünfte, bearbeitete und ergänzte Auflage, Neukirchen-Vluyn 1993.

Codes iuris canonici [Auctoritate Ioannis Pauli PP. II promulgatus]. Codex des kanonischen Rechtes, lateinisch-deutsche Ausgabe mit Sachverzeichnis, herausgegeben im Auftrag der Deutschen und der Berliner Bischofskonferenz, der Österreichischen Bischofskonferenz, der Schweizer Bischofskonferenz sowie der Bischöfe von Bozen-Brixen, von Luxemburg, von Lüttich, von Metz und Straßburg, zweite, verbesserte und vermehrte Auflage, Kevelaer 1984.

Constitutio dogmatica de ecclesia. Dogmatische Konstitution über die Kirche, in: LThK 12, zweite, völlig neu bearbeitete Auflage, Freiburg, Basel, Wien 1966, S. 137-347.

Härle, Wilfried; Leipold, Heinrich (Hrsg.): Lehrfreiheit und Lehrbeanstandung, Band 1. Theologische Texte, Band 2. Kirchenrechtliche Dokumente, Reader Theologie. Basiswissen - Querschnitte - Perspektiven, herausgegeben von Manfred Baumotte und Stephan Wehowsky, Gütersloh 1985.

2 Hilfsmittel

Aland, Kurt; Aland, Barbara: Der Text des Neuen Testaments. Einführung in die wissenschaftlichen Aufgaben sowie in Theorie und Praxis der modernen Textkritik, zweite, ergänzte und erweiterte Auflage, Stuttgart 1989.

Ausführliches deutsch-lateinisches Handwörterbuch, aus den Quellen zusammengetragen und mit besonderer Bezugnahme aus Synonymik und Antiquitäten mit Berücksichtigung der besten Hilfsmittel ausgearbeitet von Karl Ernst Georges, zwei Bände, 14. Auflage, Hannover 1976.

Berger, Adolf: Encyclopedic dictionary of Roman law, part 2, TAPhS 43, Philadelphia 1953.

Blaise, Albert: Dictionnaire latin-français des auteurs chrétiens, revu spécialement pour le vocabulaire théologique par Henri Chirat, Turnhaut/Belgique 1954.

Blass, Friedrich; Debrunner, Albert: Grammatik des neutestamentlichen Griechisch, bearbeitet von Friedrich Rehkopf, 16., durchgesehene Auflage, Göttingen 1984.

Clavis Patrum Apostolicorum. Catalogum vocum in libris patrum qui dicuntur apostolici non raro occurrentum adiuvare Ursula Früchtel congenit, contulit, conscripsit Henricus Kraft, München 1963, Darmstadt 1964.

A Concordance to the Septuagint and the other Greek versions of the Old Testament (including the apokryphal Books) by Edwin Hatch and Henry A. Redpath, assisted by other scholars, volume I/II, unveränderter Nachdruck der 1897 in Oxford erschienenen Ausgabe, Graz 1954.

Concordantia in Patres Apostolicos, curavit Angel Urbán, pars II. Concordantia in Didachen (Doctrina duodecim apostolorum), AlOm A 164, Hildesheim, Zürich, New York 1993, pars III. Primae epistulae Clementis ad Corinthios concordantia, AlOm A 164, Hildesheim, Zürich, New York 1996.

Concordantiae Veteris Testamenti Hebraicae atque Aramaicae secundum textum Masoreticum a Paulo Kahle in Biblia Hebraica edidit Rudolfus Kittel curatum. Adiuvante Leonhardo Rost composuit et manu scriptsit Gerhardus Lisowsky, editio tertia emendata opera Hans Peter Rüger, Konkordanz zum Hebräischen Alten Testament, nach dem von Paul Kahle in der Biblia Hebraica edidit Rudolf Kittel besorgten masoretischen Text, unter verantwortlicher Mitarbeit von Leonhard Rost ausgearbeitet und geschrieben von Gerhard Lisowsky, dritte verbesserte Auflage besorgt von Hans Peter Rüger, Stuttgart 1993.

Exegetisches Wörterbuch zum Neuen Testament, herausgegeben von Horst Balz und Gerhard Schneider, drei Bände, zweite Auflage, Stuttgart, Berlin, Köln 1992.

The Gospel of Matthew and the Sayings Source Q. A cumulative bibliography 1950-1995, compiled by Frans Neirynck, Jozef Verheyden, R. Corstjens, BEThL 140, two volumes, Leiden 1998.

A Greek-English Lexicon, compiled by Henry George Liddell and Robert Scott. A new edition, revided and augmented throughout by Henry Stuart Jones, with a revised supplement, Oxford 1996.

Griechisch-deutsches Wörterbuch zu den Schriften des Neuen Testaments und der frühchristlichen Literatur von Walter Bauer, sechste, völlig neu bearbeitete Auflage im Institut für neutestamentliche Textforschung Münster, unter besonderer Mitwirkung von Viktor Reichmann herausgegeben von Kurt Aland und Barbara Aland, Berlin, New York 1988.

Das Heilige Land. Antike Münzen und Siegel aus einem Jahrtausend jüdischer Geschichte, Texte von Bernhard Overbeck unter Zugrundelegung der wissenschaftlichen Bestimmungen durch Yaakov Meshorer, Katalog der Sonderausstellung 1993/4 der staatlichen Münzsammlung München, München 1993.

Kloppenborg, John S.: Q paralleles. Synopsis, critical notes and Concordance, Foundation & Facets. New Testament, Sonoma 1988.

Konkordanz zu den Qumrantexten, in Verbindung mit P. Albert-Marie Denis O.P. vom Neutestamentlichen Seminar der Universität Louvain, Reinhard Deichgräber, Werner Eiss, Gert Jeremias und Heinz-Wolfgang Kuhn von der Qumranforschungsstelle im Wissenschaftlich-Theologischen Seminar der Universität Heidelberg, herausgegeben von Karl Georg Kuhn, Göttingen 1960.

Konkordanz zum Novum Testamentum Graece von Nestle-Aland, 26. Auflage und zum Greek New Testament, third edition, herausgegeben vom Institut für neutestamentliche Textforschung und vom Rechenzentrum der Universität Münster, unter besonderer Mitwirkung von Horst Bachmann und Wolfgang A. Slaby, dritte Auflage, Berlin, New York 1987.

Lampe, Geoffrey W. H.: A patristic Greek Lexicon, tenth impression, Oxford 1991.

D. Martin Luthers Evangelien=Auslegung, herausgegeben von Erwin Mülhaupt, dritter Teil. Markus= und Lukasevangelium (Mark. 1-13; Luk. 3.-21), vierte Auflage, Göttingen 1968.

Neirynck, Frans: Q-Synopsis. The double tradition passages in Greek, SNTA 13, Leuven 1988.

Polag, Athanasius: Fragmenta Q. Textheft zur Logienquelle, zweite, durchgesehene Auflage, Neukirchen-Vluyn 1982.

Schenk, Wolfgang: Kommentiertes Lexikon zum vierten Evangelium. Seine Textkonstituenten in ihren Syntagmen und Wortfeldern, text-theoretical Studies of the New Testament I, Lewiston/New York, Queenston/Ontario, Lampeter/Wales 1993.

Ders.: Die Sprache des Matthäus. Die Text-Konstituenten in ihren makro- und mikrostrukturellen Relationen, Göttingen 1987.

Schmoller, Alfred: Handkonkordanz zum griechischen Neuen Testament, korrigierter Nachdruck der siebten Auflage von 1938, Stuttgart 1982.

Schulz, Siegfried: Griechisch-deutsche Synopse der Q-Überlieferungen, zu: Siegfried Schulz, «Q - Die Spruchquelle der Evangelisten», Zürich 1972.

Schwertner, Siegfried M.: IATG^2. Internationales Abkürzungsverzeichnis für Theologie und Grenzgebiete. Zeitschriften, Serien, Lexika, Quellenwerke mit biographischen Angaben, zweite, überarbeitete und erweiterte Auflage, Berlin, New York 1992.

Strack, Hermann Leberecht; Billerbeck, Paul: Das Evangelium nach Matthäus erläutert aus Talmud und Midrasch, Das Evangelium nach Markus, Lukas und Johannes und die Apostelgeschichte erläutert aus Talmud und Midrasch, Exkurse zu einzelnen Stellen des Neuen Testaments. Abhandlungen zur Neutestamentlichen Theologie und Archäologie, zweite, unveränderte Auflage, München 1954.

Texte zur Umwelt des Neuen Testaments, herausgegeben von Charles Kingsley Barrett, zweite, erweiterte deutsche Ausgabe herausgegeben von Claus-Jürgen Thornton, Tübingen 1991.

Umwelt des Christentums, in Verbindung mit Günther Hansen, Günter Haufe, Harald Hegermann, Karl Matthiae, Helmut Ristow, Hans-Martin Schenke herausgegeben von Johannes Leipold und Walter Grundmann, Band I. Darstellung des neutestamentlichen Zeitalters, sechste Auflage, Berlin 1982.

Vollständige Konkordanz zum griechischen Neuen Testament, unter Zugrundelegung aller modernen kritischen Textausgaben und des textus receptus, in Verbindung mit Harald Riesenfeld, H.-V. Rosenbaum, Christian Hannick, B. Bonsack, neu zusammengestellt unter der Leitung von Kurt Aland, Band I, zwei Teilbände, Berlin, New York 1983.

Vollständige Konkordanz zum griechischen Neuen Testament, in Verbindung mit Horst Bachmann und Wolfgang A. Slaby herausgegeben von Kurt Aland, Band II. Spezialübersichten, Berlin, New York 1978.

Weeber, Karl-Willhelm: Alltag im Alten Rom. Ein Lexikon, dritte Auflage, Düsseldorf 1997.

3. Sekundärliteratur

Achtemeier, Paul J.: 1 Peter. A Commentary on First Peter, Hermeneia, Minneapolis 1996.

Ådna, Jostein: Die heilige Schrift als Zeuge der Heidenmission. Die Rezeption von A-mos 9,11-12 in Apg 15,16-18, in: Evangelium - Schriftauslegung - Kirche, Festschrift für Peter Stuhlmacher zum 65. Geburtstag, herausgegeben von Jostein Ådna, Scott J. Hevemann und Otfried Hofius in Zusammenarbeit mit Gerlinde Feine, Göttingen 1997, S. 1-23.

Ders.: James' position at the summit meeting of the Apostles and the Elders in Jerusalem (Acts 15), in: The Mission of the Early Church to Jews and Gentils, edidet by Jostein Ådna, Hans Kvalbein, WUNT 127, Tübingen 2000, S. 125-161.

Aland, Barbara: Entstehung, Charakter und Herkunft des sog. Westlichen Textes untersucht an der Apostelgeschichte, in: EThL 62, Leuven-Louvain 1986, S. 5-65.

Dies.: Marcion. Versuch einer neuen Interpretation, in: ZThK 70, Tübingen 1973, S. 420-447.

Dies.: Art. Marcion/Marcioniten, in: TRE 22, Berlin, New York 1992, S. 89-101.

Alexander, Loveday: The Acts of the Apostles as an apologetic text, in: Apologetics in Roman empire. Pagans, Jews, and Christians, edited by Mark Edwards, Martin Goodman, Simon Price, in assaciation with Christopher Rowland, Oxford 1999, S. 15-44.

Allison, Dale C.: The Jesus tradition in Q, Harrisburg/Pennsylvania 1997.

Alkier, Stefan: Urchristentum. Zur Geschichte und Theologie einer exegetischen Disziplin, BHTh 83, Tübingen 1993.

Alt, Albrecht: Die Ursprünge israelitischen Rechts, in: Ders., Kleine Schriften zur Geschichte des Volkes Israel, erster Band, München 1959, S. 278-332.

Alvarez Cineira, David: Die Religionspolitik des Kaisers Claudius und die paulinische Mission, HBS 19, Freiburg, Basel, Wien, Barcelona, Rom, New York 1999.

Anderson, Jeff S.: The social Function of Curses in the Hebrew Bible, in: ZAW 110, Berlin, New York 1998, S. 223-237.

Arrington, French L.: The Acts of the Apostles. An Introduction and Commentary, Peabody/Massachusetts 1988.

Arzt, Peter: The „epistolary introductory thanksgiving" in the papyri and in Paul, in: NT 36, Leiden 1994, S. 29-46.

Audet, Jean-Paul: La Didachè. Instructions des apôtres, EtB, Paris 1958.

Augenstein, Jörg: Das Liebesgebot im Johannesevangelium und in den Johannesbriefen, BWANT 134, Stuttgart, Berlin, Köln 1993.

Aune, David E.: Revelation 1-5, Word Biblical Commentary 52, Dallas/Texas 1997.

Ders.: Revelation 6-16, Word Biblical Commentary 52B, Nashville 1998.

Baasland, Ernst: Der 2. Klemensbrief und die frühchristliche Rhetorik. 'Die erste christliche Predigt' im Lichte der neueren Forschung, in: ANRW II 27.1, Berlin, New York 1993, S. 78-157.

Bammel, Ernst: Rechtsfindung in Korinth, in: Ders., Judaica et Paulina. Kleine Schriften II, mit einem Nachwort von Peter Pilhofer, WUNT 91, Tübingen 1997, S. 279-285.

Ders.: Der Text von Apostelgeschichte 15, in: Kremer, Jacob, Les Actes des apôtres. Traditions, rédactions, théologie, BEThL 48, Louvain 1979, S. 439-446.

Barclay, John M. G.: Jews in the Mediterranean Diaspora. From Alexander to Trajan (323 BCE - 117 CE), Edinburgh 1996.

Bardke, Hans: Der gegenwärtige Stand der Erforschung der in Palästina neu gefundenen hebräischen Handschriften, 44. Die Rechtsstellung der Qumran-Gemeinde, in: ThLZ 86, Berlin 1961, Sp. 93-104.

Barrett, Charles Kingsley: Das Evangelium nach Johannes, KEK Sonderband, Göttingen 1990.

Barth, Gerhard: Auseinandersetzungen um die Kirchenzucht im Umkreis des Matthäus-evangeliums, in: ZNW 69, Berlin, New York 1978, S. 158-177.

Barth, Karl: Kirchliche Dogmatik, zweiter Band. Die Lehre von Gott, erster Halbband, Zollikon-Zürich 1946, vierter Band. Die Lehre von der Versöhnung, zweiter Teil, Zollikon-Zürich 1955, dritter Teil, zweite Hälfte, Zollikon-Zürich 1959.

Ders.: Die Ordnung der Gemeinde. Zur dogmatischen Grundlegung des Kirchenrechts, München 1955.

Bartsch, Hans-Werner: Die Anfänge urchristlicher Rechtsbildungen. Studien zu den Pastoralbriefen, ThF 34, Hamburg-Bergstedt 1965.

Ders.: Traditionsgeschichtliches zur »goldenen Regel« und zum Aposteldekret, in: ZNW 75, Berlin, New York 1984, S. 128-132.

Batten, Alicia: Patience breeds wisdom: Q 6:40 in Context, in: CBQ 60, Washington 1998, S. 641-656.

Bauckham, Richard: James and the gentiles (Acts 15.13-21), in: History, Literature, and Society in the Book of Acts, edited by Ben Witherington, Cambridge 1996, S. 154-184.

Ders.: James and the Jerusalem Church, in: The Book of Acts in its First century setting 4. The Book of Acts in its Palestinian setting, edited by Richard Bauckham, Grand Rapids/Michigan 1995, S. 415-480.

Ders.: The Theology of the Book of the Revelation, New Testament Theology, Cambridge 1993.

Baudler, Georg: Das Kreuz. Geschichte und Bedeutung, Düsseldorf 1997.

Bauer, Walter: »Jedermann sei untertan der Obrigkeit«, in: Ders., Aufsätze und kleine Schriften, herausgegeben von Georg Strecker, Tübingen 1967, S. 263-284.

Ders.: Das Johannesevangelium, HNT II,2, dritte, verbesserte und vermehrte Auflage, Tübingen 1933.

Ders.: Rechtgläubigkeit und Ketzerei im ältesten Christentum, BHTh 10, zweite, durchgesehene Auflage mit einem Nachtrag, herausgegeben von Georg Strecker, Tübingen 1964.

Bauernfeind, Otto: Die Apostelgeschichte, in: Ders., Kommentar und Studien zur Apostelgeschichte, mit einer Einleitung von Martin Hengel, herausgegeben von Volker Metelmann, WUNT 22, Tübingen 1980.

Bauman, Richard A.: Crime and punishment in ancient Rome, London, New York 1996.

Beale, Gregory K.: John's use of the Old Testament in Revelation, JSNT.S 166, Sheffield 1998.

Beasley-Murray, George R.: John, Word Biblical Commentary 36, Waco/Texas 1987.

Beck, Alexander: Römisches Recht bei Tertullian und Cyprian. Eine Studie zur frühen Kirchenrechtsgeschichte, Nachdruck der Ausgabe Halle (Saale) 1930, vermehrt um rechtsgeschichtliche Anmerkungen des Verfassers, Aalen 1984.

Becker, Carl: Tertullians Apologeticum. Werden und Leistung, München 1954.

Becker, Jürgen: Paulus. Der Apostel der Völker, dritte Auflage, Tübingen 1998.

Ders.: Untersuchungen zur Entstehungsgeschichte der Testamente der zwölf Patriarchen, AGJU VIII, Leiden 1970.

Ders.: Das Urchristentum als gegliederte Epoche, SBS 155, Stuttgart 1993.

Beckheuer, Burkhard: Paulus und Jerusalem. Kollekte und Mission im theologischen Denken des Heidenapostels, EHS.T 611, Frankfurt am Main, Berlin, Bern, New York, Paris, Wien 1997.

Behrends, Okko: Der Zwölftafelprozeß. Zur Geschichte des römischen Obligationenrechts, GRWS 92, Göttingen 1974.

Bellen, Heinz: Art. Ἐπίσκοποι, in: KP 2, München 1979, Sp. 323.

Bergemann, Thomas: Q auf dem Prüfstand. Die Zuordnung des Mt/Lk-Stoffes zu Q am Beispiel der Bergpredigt, FRLANT 158, Göttingen 1993.

Berger, Klaus: Formgeschichte des Neuen Testaments, Heidelberg 1984.

Ders.: Jesus als Nasoräer/Nasiräer, in: NT 38, Leiden 1996, S. 323-335.

Ders.: Die sog. «Sätze heiligen Rechts» im N.T. Ihre Funktion und ihr Sitz im Leben, in: ThZ 28, Basel 1972, S. 305-330.

Ders.: Theologiegeschichte des Urchristentums. Theologie des Neuen Testaments, zweite, überarbeitete und erweiterte Auflage, Tübingen, Basel 1995.

Bergmeier, Roland: Loyalität als Gegenstand paulinischer Paraklese. Eine religionsgeschichtliche Untersuchung zu Röm 13,1ff. und Jos. B.J. 2,140, in: Ders., Das Gesetz im Römerbrief und andere Studien zum Neuen Testament, WUNT 121, Tübingen 2000, S. 131-143.

Ders.: Die Loyalitätsparänese Röm 13,1-7 im Rahmen von Römer 12 und 13, in: Bergmeier, Roland, Das Gesetz im Römerbrief und andere Studien zum Neuen Testament, WUNT 121, Tübingen 2000, S. 144-160.

Ders.: „Und deinen Feind hassen", in: Bergmeier, Roland, Das Gesetz im Römerbrief und andere Studien zum Neuen Testament, WUNT 121, Tübingen 2000, S. 122-128.

Bernard, John H.: A critical and exegetical Commentary on the Gospel of St. John, in two volumes, ICC, edited by A. H. McNeile, Edinburgh 1976.

Berne, Eric: Spiele der Erwachsenen. Psychologie der menschlichen Beziehungen, 313.-324. Auflage, Reinbek bei Hamburg 1993.

Berneker, Erich: Art. Βλάβης δίκη, in: KP 1, München 1979, Sp. 912.

Ders.: Art. Δεσμωτήριον, in: KP 1, München 1979, Sp. 1496-1497.

Ders.: Art. Dike, in: KP 2, München 1979, Sp. 24-26.

Ders.: Art. Ἐπιβολή, in: KP 2, München 1979, Sp. 302.

Ders.: Art. Klopes graphe (κλοπῆς γραφή) und dike (δίκη), in: KP 3, München 1979, Sp. 256-257.

Bernhard, Hans: Konfliktbewältigung im Führungsalltag, in: Kälin, Karl; Müri, Peter, Sich und andere führen. Psychologie für Führungskräfte und Mitarbeiter, mit Beiträgen von Hans Bernhard, Karl Blöchlinger, Rolf Fink, Eric Marcus und Eugen Schmid, mit einem Vorwort von Prof. Dr. Francois Stoll, Psychologisches Institut der Universität Zürich, siebte Auflage, Thun 1993, S. 148-175.

Besemer, Christoph: Mediation. Vermittlung in Konflikten, eine Veröffentlichung der Stiftung Gewaltfrei Leben, Königsfeld und der Werkstatt für Gewaltfreie Aktion Baden, vierte Auflage, Heidelberg, Freiburg 1997.

Best, Ernest: First Peter, NCeB, London 1971.

Betz, Hans Dieter: Der Apostel Paulus und die sokratische Tradition. Eine exegetische Untersuchung zu seiner „Apologie" 2 Korinther 10-13, BHTh 45, Tübingen 1972.

Ders.: A Commentary on the Sermon on the Mount, includig the Sermon on the Plain (Matthew 5:3-7:27 and Luke 6:20-49), Hermeneia, Minneapolis 1995.

Ders.: Der Galaterbrief. Ein Kommentar zum Brief des Apostels Paulus an die Gemeinden in Galatien, aus dem Amerikanischen übersetzt und für die deutsche Ausgabe redaktionell bearbeitet von Sibylle Ann, München 1988.

Ders.: Lukian von Samosata und das Neue Testament. Religionsgeschichtliche und paränetische Parallelen. Ein Beitrag zum corpus Hellenisticum novi testamenti, TU 76, Berlin 1961.

Ders.: Studien zur Bergpredigt, Tübingen 1985.

Ders.: 2. Korinther 8 und 9. Ein Kommentar zu zwei Verwaltungsbriefen des Apostels Paulus, aus dem Amerikanischen übersetzt und für die deutsche Ausgabe redaktionell bearbeitet von Sibylle Ann, Gütersloh 1993.

Betz, Otto: Art. Beschneidung II. Altes Testament, Frühjudentum und Neues Testament, in: TRE 5, S. 716-722, Berlin, New York 1980.

Betz, Otto; Riesner, Rainer: Jesus, Qumran und der Vatikan. Klarstellungen, vierte Auflage, Gießen, Basel, Wien 1993.

Beyschlag, Karlmann: Clemens Romanus und der Frühkatholizismus. Untersuchungen zu 1 Clem 1-7, BHTh 35, Tübingen 1966.

Ders.: 1. Clemens 40-44 und das Kirchenrecht, in: Reformatio und Confessio. Festschrift für D. Wilhelm Maurer zum 65. Geburtstag am 7. Mai 1956, herausgegeben von Friedrich Wilhelm Kantzenbach und Gerhard Müller, Berlin, Hamburg 1965, S. 9-22.

Ders.: Marcion von Sinope, in: GK 1, Stuttgart, Berlin, Köln, Mainz 1984, S. 69-81.

Bietenhart, Hans: Art. Nasiräer, Nasiräat, in: CBL, sechste Auflage, Stuttgart 1989, S. 953-954.

Bigg, Charles: A critical and exegetical Commentary on the Epistles of Saint Peter and Saint Jude, ICC 67/68.72, Nachdruck der Ausgabe Edinburgh 1902, Edinburgh 1978.

Blaschke, Andreas: Beschneidung. Zeugnisse der Bibel und verwandter Texte, TANZ 28, Tübingen, Basel 1998.

Bleicken, Jochen: Augustus. Eine Biographie, zweite Auflage, Berlin 1998.

Ders.: Senatsgericht und Kaisergericht. Eine Studie zur Entwicklung des Prozessrechtes im frühen Prinzipat, AAWG.PH 53, Göttingen 1962.

Ders.: Die Verfassung der Römischen Republik. Grundlagen und Entwicklung, UTB 460, siebte, völlig überarbeitete und erweiterte Auflage, Paderborn, München, Wien, Zürich 1995.

Ders.: Verfassungs- und Sozialgeschichte des Römischen Kaiserreiches. Band 1, UTB 838, vierte Auflage 1995 mit neuem Literaturverzeichnis, Paderborn, München, Wien, Zürich 1995, Band 2, UTB 839, dritte, verbesserte Auflage mit neuem Literaturverzeichnis, Paderborn 1994.

Ders.: Art. provocatio, in: PRE 23/2, Halbband 46, München 1959, Sp. 2444-2463.

Blomberg, Craig L.: The Christian and the Law of Moses, in: Marshall, Ian Howard; Peterson, David: Witness to the Gospel. The Theology of Acts, Grand Rapids/Michigan, Cambridge/United Kingdom 1998, S. 397-416.

Bockmuehl, Markus: Jewish and Christian public Ethics in the Early Roman empire, in: Tolerance and intolerance in Early Judaism and Christianity, edited by Graham N. Stanton and Guy G. Stroumsa, Cambridge 1998, S. 342-355.

Ders.: The Noachide commandments and New Testament Ethics. With special reference to Acts 15 and Pauline halakhah, in: RB 102, Paris 1995, S. 72-101.

Böcher, Otto: Die Johannesapokalypse, EdF 41, vierte, durchgesehene und mit einem neuen Nachtrag versehene Auflage, Darmstadt 1998.

Börschel, Regina: Die Konstruktion einer christlichen Identität. Paulus und die Gemeinde von Thessalonich in ihrer hellenistisch-römischen Umwelt, BBB 128, Berlin, Wien 2001.

Bohren, Rudolf: Das Problem der Kirchenzucht im Neuen Testament, Zürich 1952.

Boismard, Marie-Émile; Lamouille, Arnaud: Synopse des quatre èvanglies en Français, tome III. L'èvangile de Jean, Paris 1977.

Dies.: Les Actes des deux apôtres, I. Introduction, textes, EtB 12, II. Le sens des récits, EtB 13, III. Analyses littéraires, EtB 14, Paris 1990.

Bormann, Günther; Bormann-Heischkeil, Sigrid: Theorie und Praxis kirchlicher Organisation. Ein Beitrag zum Problem der Rückständigkeit sozialer Gruppen, Beiträge zur soziologischen Forschung 3, Opladen 1971.

Bormann, Lukas: Die Verrechtlichung der frühesten christlichen Überlieferungen im lukanischen Schrifttum, in: Religious propaganda and missionary competition in the New Testament world. Essays honoring Dieter Georgi, edited by Lukas Bormann, Kelly Del Tredici, Angela Standhartinger, NT.S. 74, Leiden, New York, Köln 1994, S. 283-311.

Bornkamm, Günther: Enderwartung und Kirche im Matthäusevangelium, in: Das Matthäus-Evangelium, herausgegeben von Joachim Lange, WdF 525, Darmstadt 1980, S. 223-264.

Ders.: Zum Verständnis des Gottesdienstes bei Paulus, in: Bornkamm, Günther, Das Ende des Gesetzes. Paulusstudien, Gesammelte Aufsätze 1, BEvTh 16, München 1952, S. 113-132.

Ders.: Art. πρεσβύς, πρεσβύτηὒ, συμπρεσβύτερος, πρεσβυτήριον, πρεσβεύω, in: ThWNT VI, Stuttgart 1959, S. 651-683.

Borse, Udo: Der Brief an die Galater, RNT, Regensburg 1984.

Ders.: Kompositionsgeschichtliche Beobachtungen zum Apostelkonzil, in: Borse, Udo, Studien zur Entstehung und Auslegung des Neuen Testaments, herausgegeben von Regina Börschel, SBAB 21, Stuttgart 1996, S. 119-139.

Borth, Wilhelm: Die Luthersache (Causa Lutheri) 1517 - 1524. Die Anfänge der Reformation als Frage von Politik und Recht, Tübingen 1970.

Botermann, Helga: Das Judenedikt des Kaisers Claudius. Römischer Staat und *Christiani* im 1. Jahrhundert, Hermes.E 71, Stuttgart 1996.

Bousset, Wilhelm: Die Offenbarung Johannis, KEK XVI, Neudruck der sechsten, neubearbeiteten Auflage 1906, Göttingen 1966.

Bover, José M.: Si peccaverit in te frater tuus .... Mt 18,15. Un caso interessante de critica textual, in: EstB 12, 1953, S. 195-198.

Bovon, François: Aktuelle Linien lukanischer Forschung, in: Ders., Lukas in neuer Sicht. Gesammelte Aufsätze, BThSt 8, Neukirchen-Vluyn 1985, S. 9-43.

Ders.: Das Evangelium nach Lukas, 1. Teilband. Lk 1,1-9,50, EKK III/1, Neukirchen-Vluyn, Zürich 1989, 2. Teilband. Lk 9,51-14,35, EKK III/2, Neukirchen-Vluyn, Zürich 1996.

Bradshaw, Paul Frederick: Art. Kirchenordnungen I. Alte Kirche, in: TRE 18, Berlin, New York 1989, S. 662-670.

Brändle, Rudolf; Stegemann, Ekkehard W.: Die Entstehung der ersten 'christlichen Gemeinde' Roms im Kontext der jüdischen Gemeinden, in: NTS 42, Cambridge 1996, S. 1-11.

Brandenburger, Egon: Gerichtskonzeptionen im Urchristentum und ihre Voraussetzungen, in: SNTU.A 16, Linz 1991, S. 5-54.

Brandt, Edwin: Konflikte als Testfall für die Gemeinschaft am Evangelium, in: Gemeinschaft am Evangelium. Festschrift für Wiard Popkes zum 60. Geburtstag, herausgegeben von Edwin Brandt, Paul S. Fiddes und Joachim Molthagen, Leipzig 1996, S. 19-36.

Brennecke, Hanns Christof: Ecclesia est in re publica, id est in imperio Romano. Das Christentum in der Gesellschaft an der Wende zum »konstantinischen Zeitalter«, JBTh 7. Volk Gottes, Gemeinde und Gesellschaft, Neukirchen-Vluyn 1992, S. 209-239.

Brent, Allen: The imperial cult and the development of Church Order. Concepts and images of Authority in Paganism and Early Chriatianity before the age of Cyprian, Supplements to VigChr 45, Leiden, Boston, Köln 1999.

Bretone, Mario: Geschichte des römischen Rechts. Von den Anfängen bis zu Justinian, München 1992.

Breytenbach, Cilliers Jan: Versöhnung. Eine Studie zur paulinischen Soteriologie, WMANT 60, Neukirchen-Vluyn 1989.

Bring, Ragnar: Der Brief des Paulus an die Galater, Berlin, Hamburg 1968.

Brodie, Thomas L.: The Gospel according to John. A literary and theological Commentary, New York, Oxford 1993.

Broski, Magen: Qumran - die archäologische Erforschung. Ein Überblick, in: Qumran. Ein Symposion, herausgegeben von Johannes B. Bauer, Josef Fink und Hannes Galter, GrTS 15, Graz 1993, S. 63-72.

Brown, Raymond E. The Gospel according to John, volume 1. I-XII, AncB 29, reprinted, London 1988, volume 2. XIII-XXI, AncB 29,1, reprinted, London 1984.

Brox, Norbert: ANATHEMA ΙΕΣΟΥΣ (1 Kor 12,3), in: BZ.NF 12, Paderborn 1968, S. 103-111.

Ders.: Der erste Petrusbrief, EKK XXI, vierte, durchgesehene und um Literatur ergänzte Auflage, Zürich, Neukirchen-Vluyn 1993.

Ders.: Art. Petrusbriefe, in: TRE 26, Berlin, New York 1996, S. 308-319.

Bruce, Frederick Fyvie: The Acts of the Apostles. The Greek text with Introduction and Commentary, third revised and enlarged edition, Grand Rapids/Michigan, Leicester 1990.

Ders.: The Book of the Acts, NIC, Grand Rapids/Michigan 1990.

Ders.: The Gospel of John, reprinted, Grand Rapids/Michigan 1984.

Brun, Lyder: Segen und Fluch im Urchristentum, SNVAO.HF, Oslo 1932.

Brunner, Gerbert: Die theologische Mitte des ersten Klemensbriefs. Ein Beitrag zur Hermeneutik frühchristlicher Texte, FTS 11, Frankfurt 1972.

Bucher, Anton A.: Bibel-Psychologie. Psychologische Zugänge zu biblischen Texten, Stuttgart, Berlin, Köln 1992.

Buisson, Ludwig, Die Entstehung des Kirchenrechts, in: ZRG, Kanonische Abteilung LII, Weimar 1966, S. 1-175.

Bultmann, Rudolf: Die Geschichte der synoptischen Tradition. Mit einem Nachwort von Gerd Theißen, zehnte Auflage, Göttingen 1995.

Ders.: Theologie des Neuen Testaments, neunte Auflage, durchgesehen und ergänzt von Otto Merk, Tübingen 1984.

Burchard, Christoph: Der dreizehnte Zeuge. Traditions- und kompositionsgeschichtliche Untersuchungen zu Lukas' Darstellung der Frühzeit des Paulus, FRLANT 103, Göttingen 1970.

Ders.: Paulus in der Apostelgeschichte, in: ThLZ 100, Berlin 1975, Sp. 881-895.

Burg, Wibren van der: Zwei Modelle von Recht und Moral, in: Ethik und Gesetzgebung, Probleme - Lösungsveruche - Konzepte, herausgegeben von Alberto Bondolfi und Stefan Grotefeld, erste Auflage, Stuttgart, Berlin, Köln 2000, S. 23-41.

Burgmann, Hans: Die Geschichte der Essener von Qumran und „Damaskus", Kraków, Offenburg 1990.

Burfeind, Carsten: Paulus *muß* nach Rom. Zur politischen Dimension der Apostelgeschichte, in: NTS 46, Cambridge 2000, S. 75-91.

Burton, Ernest DeWitt: A critical and exegetical Commentary on the Epistle to the Galatians, ICC 55, Edinburgh 1977.

Cadbury, Henry J.: Roman Law and the trial of Paul, in: The beginnings of Christianity, part I. The Acts of the Apostles, edited by Frederick J. Foakes-Jackson and Kirsopp Lake, volume V. Additional notes to the Commentary, edited by Kirsopp Lake and Henry J. Cadbury, London 1933, S. 297-338.

Campenhausen, Hans von: Die Begründung kirchlicher Entscheidungen beim Apostel Paulus. Zur Grundlegung des Kirchenrechts, SHAW.PH Jahrgang 1957 2. Abhandlung, zweite, ergänzte Auflage, Heidelberg 1965.

Ders.: Kirchliches Amt und geistliche Vollmacht in den ersten drei Jahrhunderten, BHTh 14, zweite, durchgesehene Auflage, Tübingen 1963.

Ders.: Tertullian, in: GK 1, Stuttgart, Berlin, Köln, Mainz 1984, S. 97-120.

Carruth, Shawn: The database of the international Q Project. Q 12:49-59, 'children against parents', by Albrecht Garsky and Christoph Heil, 'judging the time', by Thomas Hieke, 'settling out of court', by Josef E. Amon, Dokumenta Q. Reconstructions of Q through two centuries of Gospel research excerpted, sorted, and evaluated, general editors James M. Robinson, Paul Hoffmann, John S. Kloppenborg, Leuven 1997.

Dies.: Strategies of Authority: A redactional Study of the charakter of the Speaker in Q 6:20-49, in: Conflict and invention. Literary, rhetorical, and social Studies on the sayings Gospel Q, edited by John S. Kloppenborg, Valley Forge/Pennsylvania 1995, S. 98-115.

Catchpole, David R.: The quest for Q, Edinburgh 1993.

Ders.: Reproof an Reconciliation in the Q community. A Study of the tradition-history of Mt 18,15-17.21-22/Lk 17,3-4, in: SNTU.A 8, Linz 1983, S. 79-90.

Chantraine, Heinrich: Art. Leptos, in: KP 3, München 1979, Sp. 582.

Ders.: Art. Quadrans, in: KP 4, München 1979, Sp. 1283f.

Charles, Robert Henry: A critical and exegetical Commentary on the Relevation of St. John, with Introduction, notes, and indices, volume I, ICC 73, Edinburgh 1975.

Childs, Brevard Springs: Die Theologie der einen Bibel, Band 1. Grundstrukturen, Freiburg, Basel, Wien 1994, Band 2. Hauptthemen, Freiburg, Basel, Wien 1996.

Christ, Karl: Die Römer. Eine Einführung in ihre Geschichte und Zivilisation, dritte, überarbeitete Auflage, München 1994.

Ciampa, Roy E.: The presence and function of scripture an Galatians 1 and 2, WUNT 2/102, Tübingen 1998.

Clarke, Andrew D.: Secular and Christian leadership in Corinth. A social-historical and exegetical Study of 1 Corinthians 1-6, AGJU 18, Leiden, New York, Köln 1993.

Collins, Adela Yarbro: Crisis and catharsis: The power of the Apocalypse, Philadelphia/Pennsylvania 1984.

Colson, Jean: Klemens von Rom, Stuttgart 1982.

Colpe, Carsten: Art. Iulius. 109.-111., in: KP 2, München 1979, Sp. 1543-1544.

Conzelmann, Hans: Die Apostelgeschichte, HNT 7, zweite, verbesserte Auflage, Tübingen 1972.

Ders.: Der erste Brief an die Korinther, KEK 5, zwölfte Auflage, zweite, überarbeitete und ergänzte Auflage dieser Auslegung, Göttingen 1981.

Ders.: Der geschichtliche Ort der lukanischen Schriften im Urchristentum, in: Das Lukas-Evangelium. Die redaktions- und kompositionsgeschichtliche Forschung, herausgegeben von Georg Braumann, WdF 153, Darmstadt 1974, S. 236-260.

Ders.: Die Mitte der Zeit. Studien zur Theologie des Lukas, BHTh 17, fünfte Auflage, unveränderter Nachdruck der vierten, verbesserten und ergänzten Auflage, Göttingen 1964.

Cousar, Charles B.: Galatians, Interp., Atlanta 1982.

Craddock, Fred B.: First and second Peter and Jude, Westminster Bible Companion, edited by Patrick D. Miller and David L. Bartlett, Louisville/Kentucky 1995.

Crüsemann, Frank: Die Tora. Theologie und Sozialgeschichte des alttestamentlichen Gesetzes, München 1992.

Cullmann, Oscar: Der Staat im Neuen Testament, HewL, zweite, unveränderte Auflage, Tübingen 1961.

Dahl, Nils Ålstrup: Das Volk Gottes. Eine Untersuchung zum Kirchenbewußtsein des Urchristentums. Mit einem Vorwort zum Neudruck, zweite, unveränderte Auflage, fotomechanischer Nachdruck der ersten Auflage Oslo 1941, Darmstadt 1963.

Daly, Lloyd William; Oldfather, William Abbot: Art. Onasander, in: PRE 35, Stuttgart 1939, Sp. 403-405.

Dassmann, Ernst: Entstehung und theologische Begründung der kirchlichen Ämter in der frühen Kirche. Ein zusammenfassendes Schlußwort, in: Ders., Ämter und Dienste in den frühchristlichen Gemeinden, Hereditas. Studien zur alten Kirchengeschichte, herausgegeben von Ernst Dassmann, Hermann-Josef Vogt, Band 8, Bonn 1994, S. 225-233.

Ders.: Hausgemeinde und Bischofsamt, in: Dassmann, Ernst, Ämter und Dienste in den frühchristlichen Gemeinden, Hereditas. Studien zur alten Kirchengeschichte, herausgegeben von Ernst Dassmann, Hermann-Josef Vogt, Band 8, Bonn 1994, S. 74-95.

Ders.: „Ohne Ansehen der Person", in: Staat, Kirche, Wissenschaft. Festschrift zum 65. Geburtstag von Paul Mikat, herausgegeben von Dieter Schwab, Dieter Giesen, Joseph Liste, Hans-Wolfgang Strätz, Berlin 1989, S. 475-491.

Ders.: Sündenvergebung durch Taufe, Buße und Märtyrerfürbitte in den Zeugnissen frühchristlicher Frömmigkeit und Kunst, MBTh 36, Münster 1973.

Ders.: Weltflucht oder Weltverantwortung. Zum Selbstverständnis frühchristlicher Gemeinden und zu ihrer Stellung in der spätantiken Gesellschaft, JBTh 7. Volk Gottes, Gemeinde und Gesellschaft, Neukirchen-Vluyn 1992, S. 189-208.

Davies, Philip R.: The birthplace of the Essenes. Where is «Damaskus», in: RdQ 14, Paris 1989/1990, S. 503-519.

Ders.: The Damascus covenant. An interpretation of the „Damaskus dokument", JSOT.S 25, Sheffield 1983.

Davies, William David: Reflections on aspects of the Jewish background of the Gospel of John, in: Exploring the Gospel of John. In honor of D. Moody Smith, edited by R. Alan Culpepper and C. Clifton Black, Louisville/Kentucky 1996, S. 43-64.

Davies, William David; Allison, Dale C.: A critical and exegetical Commentary on the Gospel according to Saint Matthew, volume I. Introduction and Commentary on Matthew I-VII, ICC 47,1, Edinburgh 1988, volume II. Matthew VIII-XVIII, ICC 47,2, Edinburgh 1991.

Deichgräber, Reinhard: Art. Formeln, liturgische II. Neues Testament und Alte Kirche, in: TRE 11, Berlin, New York 1983, S. 256-263.

Deines, Roland: Die Pharisäer. Ihr Verständnis im Spiegel der christlichen und jüdischen Forschung seit Wellhausen und Graetz, WUNT 101, Tübingen 1997.

Deißmann-Merten, Marieluise: Art. Verres. 2, in: KP 5, München 1979, Sp. 1207-1209.

Delahaye, Jean-Paul; Mathieu, Philippe: Altruismus mit Kündigungsmöglichkeit, in: Spektrum der Wissenschaft. Digest: Kooperation und Konkurrenz. Eine Auswahl von Artikeln zum Thema, herausgegeben von Andreas M. Ernst, Heidelberg 1998, S. 82-88.

Delling, Gerhard: Der Bezug der christlichen Existenz auf das Heilshandeln Gottes nach dem ersten Petrusbrief, in: Neues Testament und christliche Existenz. Festschrift für Herbert Braun zum 70. Geburtstag am 4. Mai 1973, herausgegeben von Hans Dieter Betz und Luise Schottroff, Tübingen 1973, S. 95-113.

Ders.: Römer 13,1-7 innerhalb der Briefe des Neuen Testaments, Berlin 1962.

Delobel, Joël: Le texte de l'Apocalypse. Problèmes de méthode, in: L'apocalypse Johannique et l'apocalyptique dans le Nouveau Testament, par Jan Lambrecht, BEThL 53, Leuven 1980, S. 151-166.

Derrett, J. Duncan M.: Judgement and 1 Corinthians 6, in: NTS 37, Cambridge, New York, Port Chester, Melbourne, Sydney 1991, S. 22-36.

Dexinger, Ferdinand: 45 Jahre Qumran - ein kritischer Forschungsbericht, in: Qumran. Ein Symposion, herausgegeben von Johannes B. Bauer, Josef Fink und Hannes Galter, GrTS 15, Graz 1993, S. 29-62.

Ders.: Art. Judentum, in: TRE 17, Berlin, New York 1988, S. 331-377.

Dias, Patrick: Vielfalt der Kirche in der Vielzahl der Jünger, Zeugen und Diener, mit einem Vorwort von W. A. Visser't Hooft, ÖF.E II, Freiburg, Basel, Wien 1968.

Dibelius, Martin: Die Apostelgeschichte als Geschichtsquelle, in: Ders., Aufsätze zur Apostelgeschichte, herausgegeben von Heinrich Greeven, FRLANT 60, fünfte, durchgesehene Auflage, Göttingen 1968, S. 91-95.

Ders.: Das Apostelkonzil, in: Dibelius, Martin, Aufsätze zur Apostelgeschichte, herausgegeben von Heinrich Greeven, FRLANT 60, fünfte, durchgesehene Auflage, Göttingen 1968, S. 84-90.

Ders.: Der erste christliche Historiker, in: Dibelius, Martin, Aufsätze zur Apostelgeschichte, herausgegeben von Heinrich Greeven, FRLANT 60, fünfte, durchgesehene Auflage, Göttingen 1968, S. 108-119.

Ders.: Die Pastoralbriefe, HNT 13, zweite, völlig neu bearbeitete Auflage, Tübingen 1931.

Ders.: Die Pastoralbriefe, HNT 13, dritte Auflage, neu bearbeitet von Hans Conzelmann, Tübingen 1955.

Ders.: Die Reden der Apostelgeschichte und die antike Geschichtsschreibung, in: Dibelius, Martin, Aufsätze zur Apostelgeschichte, herausgegeben von Heinrich Greeven, FRLANT 60, fünfte, durchgesehene Auflage, Göttingen 1968, S. 120-162.

Ders.: Rom und die Christen im ersten Jahrhundert, in: Das frühe Christentum im römischen Staat, herausgegeben von Richard Klein, WdF 267, zweite, unveränderte Auflage, Darmstadt 1982, S. 47-105.

Ders.: Die Stellung des Bischofs in den Pastoralbriefen, in: Das kirchliche Amt im Neuen Testament, herausgegeben von Karl Kertelge, WdF 439, Darmstadt 1977, S. 470-474.

Ders.: Stilkritisches zur Apostelgeschichte, in: Dibelius, Martin, Aufsätze zur Apostelgeschichte, herausgegeben von Heinrich Greeven, FRLANT 60, fünfte, durchgesehene Auflage, Göttingen 1968, S. 9-28.

Die Didache. Erklärt von Kurt Niederwimmer, KAV 1, herausgegeben von Norbert Brox, Georg Kretschmar und Kurt Niederwimmer, Göttingen 1989.

Dietrich, Wolfgang: Das Petrusbild der lukanischen Schriften, BWANT 94, Stuttgart, Berlin, Köln, Mainz 1972.

Dillmann, Rainer: Das Eigentliche der Ethik Jesu. Ein exegetischer Beitrag zur moraltheologischen Diskussion um das Proprium einer christlichen Ethik, TTS 23, Mainz 1984.

Dinkel, Christoph: Kirche gestalten - Schleiermachers Theorie des Kirchenregiments, SchlA 17, Berlin, New York 1996.

Dinkler, Erich: Das Bema in Korinth. Archäologische, lexikographische, rechtsgeschichtliche und ikonographische Bemerkungen zu Apostelgeschichte 18,12-17, in: Ders., Signum Crucis. Aufsätze zum Neuen Testament und zur christlichen Archäologie, Tübingen 1967, S. 118-133.

Ders.: Zum Problem der Ethik bei Paulus - Rechtsnahme und Rechtsverzicht (1 Kor 6,1-11), in: Dinkler, Erich, Signum Crucis. Aufsätze zum Neuen Testament und zur christlichen Archäologie, Tübingen 1967, S. 204-240.

Dion, Paul-Eugène: «Tu feras disperaîte le Mal du Milieu de toi», in: RB 86, Paris 1980, S. 321-349.

Dix, Gregory: Jurisdiction in the Early Church. Episkopal and papal, reprinted, London 1975.

Dodd, Charles Harold: Das Gesetz der Freiheit. Glaube und Gehorsam nach dem Zeugnis des Neuen Testaments, München 1960.

Dörner, Dietrich: Die Logik des Mißlingens. Strategisches Denken in komplexen Situationen, Reinbek bei Hamburg 1989.

Dörrie, Heinrich: Art. Epiktetos 1, in: KP 2, München 1979, Sp. 313-314.

Ders.: Art. Gorgias (Gorgíaß), in: KP 2, München 1979, Sp. 848-850.

Ders.: Art. Kalliklles (Kalliklñß), in: KP 3, München 1979, Sp. 70-71.

Ders.: Art. Musonius, in: KP 3, München 1979, Sp. 1496-1497.

Ders.: Art. Polos, in: KP 4, München 1979, Sp. 981.

Ders.: Art. Pythagoras. 1 C. Der nachklassische Pythagoreismus, in: PRE 24, Stuttgart 1963, Sp. 268-277.

Dohmen, Christoph: Zur Gründung der Gemeinde von Qumran (1QS VIII-IX), in: RdQ 11, Paris 1982/1984, S. 81-96.

Dombois, Hans: Das Recht der Gnade. Ökumenisches Kirchenrecht I, FBESG 20, zweite Auflage, Witten 1969.

Donelson, Lewis R.: Pseudepigraphy and ethical argument in the Pastoral Epistles, HUTh 22, Tübingen 1986.

Dornier, Pierre: Les épitres Pastorales, SBi, Paris 1969.

Doskocil, Walter: Der Bann in der Urkirche. Eine rechtsgeschichtliche Untersuchung, MThS.K 11, München 1958.

Ders.: Art. Exkommunikation, in: RAC 7, Stuttgart 1969. Sp. 1-22.

Dschulnigg, Peter: Die Erzählung über Hananias und Saphira (Apg 5,1-11) und die Ekklesiologie der Apostelgeschichte, in: Theologica et Jus canonicum. Festgabe für Heribert Heinemann zur Vollendung seines 70. Lebensjahres, herausgegeben von Heinrich J. F. Reinhardt, Essen 1995, S. 59-71.

Dreier, Ralf: Art. Recht, Rechtstheorien, in: EKL 3, dritte Auflage, Göttingen 1992, Sp. 1445-1455.

Drews, Paul: Apostellehre (Didache), HNTA, Tübingen 1904, S. 256-283.

Ders.: Untersuchungen über die sogenannte clementinische Liturgie in Rom, in: Drews, Paul, Studien zur Geschichte des Gottesdienstes, Band II und III, Tübingen 1906, S. 47-56.

Ders.: Untersuchungen zur Didache, in: ZNW 5, Giessen 1904, S. 53-79.

Dugmore, Clifford W.: The influence of the synagogue upon the divine office, ACC XLV, Westminster 1964.

ders: Lord's day and easter, in: Neotestamentica et patristica. Eine Freundesgabe, Herrn Oscar Cullmann zu seinem 60. Geburtstag überreicht, NS.S VI, Leiden 1962, S. 272-281.

Dulckeit, Gerhard; Schwarz, Fritz; Waldstein, Wolfgang: Römische Rechtsgeschichte. Ein Studienbuch, achte, neu bearbeitete Auflage mit 4 Tafeln und einer Übersichtskarte, München 1989.

Dunn, James D. G.: A Commentary on the Epistle to the Galatians, BNTC, London 1993.

Ders.: Paul's Epistle to the Romans. An Analysis of structure and argument, in: ANRW II 25.4, Berlin, New York 1987, S. 2842-2890.

Ders.: In search of common ground, in: Ders., Paul and the Mosaic Law. The third Durham-Tübingen research symposium on earliest Christianity and Judaism (Durham, September, 1994), WUNT 89, Tübingen 1996, S. 309-334.

Ders.: The Theology of Paul the apostle, Grand Rapids/Michigan, Cambridge 1998.

Dupont-Sommer, André: Die essenischen Schriften vom Toten Meer, unter Zugrundelegung der Orginaltexte übersetzt von Walter W. Müller, Tübingen 1960.

Earle, Ralph: 1 Timothy. 2 Timothy, EBC 11, Grand Rapids 1978, S. 339-418.

Ebner, Martin: Jesus - ein Weisheitslehrer? Synoptische Weisheitslogien im Traditionsprozeß, HBS 15, Freiburg, Basel, Wien, Barcelona, Rom, New York 1998.

Eck, Werner: Die Leitung und Verwaltung einer prokuratorischen Provinz, in: Ders., Die Verwaltung des römischen Reiches in der hohen Kaiserzeit. Ausgewählte und erweiterte Beiträge, Arbeiten zur römischen Epigraphik und Altertumskunde Band 1, herausgegeben von Renate Frei-Stolba und M. A. Speidel, Basel 1995, S. 327-340.

Eckey, Wilfried: Die Apostelgeschichte. Der Weg des Evangeliums von Jerusalem nach Rom, Teilband 1. Apg 1,1-15,35, Neukirchen-Vluyn 2000.

Ders.: Das Markusevangelium. Orientierung am Weg Jesu. Ein Kommentar, Neukirchen-Vluyn 1998.

Eger, Otto: Rechtsgeschichtliches zum Neuen Testament, Basel 1919.

Eggenberger, Christian: Die Quellen der politischen Ethik des 1. Klemensbriefes, Zürich 1951.

Ego, Beate: „Maß gegen Maß". Reziprozität als Deutungskategorie im rabbinischen Judentum, in: Das Drama der Barmherzigkeit Gottes. Studien zur biblischen Gottesrede und ihrer Wirkungsgeschichte in Judentum und Christentum, SBS 183, herausgegeben von Ruth Scoralick, Stuttgart 2000, S. 193-217.

Elliot, John H.: The Rehabilitation of an exegetical step-child. 1 Peter in recent research, in: Perspectives on First Peter, edited by Charles H. Talbot, NABPR.SS 9, Macon/Georgia 1986, S. 3-16.

Elliott, Neil: Romans 13:1-7 in the context of imperial propaganda, in: Paul and empire. Religion and power in Roman imperial society, edited by Richard A. Hosley, Harrisburg/Pennsylvania 1997, S. 184-204.

Ellis, Edward Earle: The Old Testament in Early Christianity. Canon and interpretation in the light of modern research, WUNT 54, Tübingen 1991.

Ellul, Jacques: Apokalypse. Die Offenbarung des Johannes - Enthüllung der Wirklichkeit, Neukirchen-Vluyn 1981.

Ders.: Die theologische Begründung des Rechtes, BEvTh 10, München 1948.

Eriksson, Anders: Traditions as rhetorical proof. Pauline Agumentation in 1 Corinthians, CB.NT 29, Stockholm 1998.

Erlemann, Kurt: Die Datierung des ersten Klemensbriefes - Anfragen an eine communis opinio, in: NTS 44, Cambridge 1998, S. 591-607.

Ders.: Endzeiterwartungen im frühen Christentum, Tübingen, Basel 1996.

Erler, Adalbert: Kirchenrecht. Ein Studienbuch, fünfte, verbesserte Auflage, München 1983.

Ernst, Josef: Das Evangelium nach Lukas, RNT, sechste, überarbeitete Auflage, Regenburg 1993.

Esler, Philip Francis: Community and Gospel in Luke-Acts. The social and political motivations of Lukan Theology, MSSNTS 57, Cambridge 1987.

Evans, Christopher Francis: Saint Luke, TPI New Testament Commentaries, London, Philadelphia 1990.

Evans, Craig A.: A Note on ἐγκύπτειν in *1 Clement*, in: VigChr 38, Leiden 1984, S. 200-201.

Ders.: The twelve thrones of Israel. Scripture and politics in Luke 22:24-30*, in: Chilton, Bruce; Evans, Craig A., Jesus in context. Temple, purity, and restoration, AGJU 39, Leiden, New York, Köln 1997, S. 455-479.

Fears, J. Rufus: Art. Herrscherkult, in: RAC 14, Stuttgart 1988, Sp. 1047-1093.

Fee, Gordon D.: The First Epistle to the Corinthians, NIC 7, reprinted, Grand Rapids/Michigan 1988.

Fekkes, Jan: Isaiah and prophetic traditions in the Book of Revelation. Visionary antecedents and their development, JSNT.S 93, Sheffield 1994.

Feldmeier, Reinhard: Die Christen als Fremde. Die Metapher der Fremde in der antiken Welt, im Urchristentum und im 1. Petrusbrief, WUNT 64, Tübingen 1992.

Feldtkeller, Andreas: Identitätssuche des syrischen Urchristentums. Mission, Inkulturation und Pluralität im ältesten Heidenchristentum, NTOA 25, Freiburg/Schweiz, Göttingen 1993.

Ferenczy, Endre: Rechtshistorische Bemerkungen zur Ausdehnung des römischen Bürgerrechts und zum *ius Italicum* unter dem Prinzipat, in: ANRW II 14, Berlin, New York 1982, S. 1017-1058.

Fiedler, Peter: Jesus und die Sünder, BET 3, Frankfurt/Main, Bern 1976.

Ders.: Sünde und Sündenvergebung in der Jesustradition, in: Sünde und Erlösung im Neuen Testament, herausgegeben von Hubert Frankemölle, QD 161, Freiburg im Breisgau 1996, S. 76-91.

Fiedrowicz, Michael: Apologie im frühen Christentum. Die Kontroverse um den christlichen Wahrheitsanspruch in den ersten Jahrhunderten, Paderborn, München, Wien, Zürich 2000.

Finsterbusch, Karin: Die Thora als Lebensweisung für Heidenchristen. Studien zur Bedeutung der Thora für die paulinische Ethik, StUNT 20, Göttingen 1996.

Fiore, Benjamin: The function of personal example in the socratic and Pastoral Epistles, AnBib 105, Rome 1986.

Fisher, Edmund Warner: Soteriology in First Clement, Claremont/Michigan 1974/1977.

Fitzmyer, Joseph A.: The Gospel according to Luke, volume I. I-IX, AncB 28, Garden City/New York 1981, volume II. X-XXIV, AncB 28,1, New York, London, Toronto, Sydney, Aukland 1985.

Ders.: Romans. A new translation with Introduction and Commentary, AncB 33, New York, London, Toronto, Sydney, Auckland 1993.

Ford, Josephine Massyngberde: Revelation, AncB 38, Garden City/New York 1975.

Forestell, J. Terence: As ministers of Christ. The christological dimension of ministry in the New Testament. An exegetical and theological Study, New York, Mahwah 1991.

Fraling, Bernhard: Aspekte ethischer Hermeneutik in der Schrift, in: Heilsgeschichte und ethische Normen, herausgegeben von Hans Rotter, QD 99, Freiburg, Basel, Wien 1984, S. 15-63.

Frank, Karl Suso: Maleachi 1,10ff in der frühen Väterdeutung. Ein Beitrag zu Opferterminologie und Opferverständnis in der alten Kirche, ThPh 53, Freiburg 1978, S. 70-78.

Frankemölle, Hubert: Johannes der Täufer und Jesus im Matthäusevangelium. Jesus als Nachfolger des Täufers, in: NTS 42, Cambridge 1996, S. 196-218.

Ders.: Matthäus-Kommentar 1, erste Auflage, Düsseldorf 1994, Matthäus-Kommentar 2, erste Auflage, Düsseldorf 1997.

Frederick, Stephen Carter: The theme of obedience in the First Epistle of Peter, Ann Arbor/Michigan, London/England 1982.

Freund, Richard A.: The decalogue in Early Judaism and Christianity, in: The function of scripture in Early Jewish and Christian tradition, edited by Craig A. Evans and James A. Sanders, JSNT.S 154, SSEJC 6, Sheffield 1998, S. 124-141.

Friedrich, Johannes; Pöhlmann, Wolfgang; Stuhlmacher, Peter: Zur historischen Situation und Intention vom Röm 13,1-7, in: ZThK 73, Tübingen 1976, S. 131-166.

Fritz, Kurt von: Art. Pythagoras. 1 A. Pythagoras von Samos, 1 B. Pythagoreer. Pythagoreismus, in: PRE 24, Stuttgart 1963, Sp. 172-268.

Frör, Hans: Konflikt-Regelung. Kybernetische Skizzen zur Lebensberatung, in: ganz praktisch - anleitungen, München 1976.

Fuellenbach, John: An Evaluation of the recent theological Diskussion of First Clement. The question of the primacy of Rome, Washington 1977.

Ders.: Ecclesiastical office and the primacy of Rome. An evaluation of recent theological discussion of First Clement, SCA 20, Washington 1980.

Fuhrmann, Manfred: Seneca und Kaiser Nero. Eine Biographie, Berlin 1997.

Fung, Ronald Y. K.: The Epistle to the Galatians, NIC 9, Grand Rapids/Michigan 1988.

Funk, Franz Xaver von: Die apostolischen Konstitutionen. Eine literar-historische Untersuchung, Rottenburg 1891.

Gärtner, Hans: Art. Gorgias 2, in: KP 2, Mümchen 1979, Sp. 850

Ders.: Art. Sophokles, in: KP 5, München 1979, Sp. 271-280.

Ganser-Kerperin, Heiner: Das Zeugnis des Tempels. Studien zur Bedeutung des Tempelmotivs im lukanischen Doppelwerk, NTA 36, Münster 2000.

Garland, David E.: Reading Matthew. A literary and theological Commentary on the First Gospel, London 1993.

Gealy, Fred D.: The First and the second Epistles to Timothy and the Epistle to Titus. Introduction. Exegesis, IntB XI, New York, Nashville 1955, S. 343-551.

Gebauer, Roland: Paulus als Seelsorger. Ein exegetischer Beitrag zur Praktischen Theologie, CThM.BW 18, Stuttgart 1997.

Geisau, Hans von: Art. Oidipus, in: KP 4, München 1979, Sp. 252-254.

Gehring, Roger W.: Hausgemeinde und Mission. Die Bedeutung antiker Häuser und Hausgemeinschaften von Jesus bis Paulus, BWM 9, Giessen 2000.

Gemünden, Petra von: Vegatationsmetaphorik im Neuen Testamant und seiner Umwelt. Eine Bildfelduntersuchung, NTOA 18, Freiburg/Schweiz, Göttingen 1993.

Georgi, Dieter: Der Armen zu gedenken. Die Geschichte der Kollekte des Paulus für Jerusalem, zweite, durchgesehene und erweiterte Auflage, Neukirchen-Vluyn 1994.

Ders.: Die Gegner des Paulus im 2. Korintherbrief. Studien zur religiösen Propaganda in der Spätantike, WMANT 11, Neukirchen-Vluyn 1964.

Gerke, Friedrich: Die Stellung des ersten Clemensbriefes innerhalb der Entwicklung der altchristlichen Gemeindeverfassung und des Kirchenrechts, TU 47,1, Leipzig 1931.

Gerosa, Libero: Exkommunikation und freier Glaubensgehorsam. Theologische Erwägungen zur Grundlegung und Anwendbarkeit der kanonischen Sanktionen, Paderborn 1995.

Gerstenberger, Erhard S.: »Apodiktisches« Recht - »Todes«Recht? In: Gottes Recht als Lebensraum. Festschrift für Hans Jochen Boecker, herausgegeben von Peter Mommer, Werner H. Schmidt, Hans Strauß, unter Mitarbeit von Eckart Schwab, Neukirchen-Vluyn 1993, S. 7-20.

Gielen, Marlis: Tradition und Theologie neutestamentlicher Haustafelethik. Ein Beitrag zur Frage einer christlichen Auseinandersetzung mit gesellschaftlichen Normen, BBB 75, AM.T, Frankfurt am Main 1990.

Giesen, Heinz: Die Offenbarung des Johannes, RNT, Regenburg 1997.

Ders.: Das römische Reich im Spiegel der Johannes-Apokalypse, in: Giesen, Heinz, Studien zur Johannesapokalypse, SBAB 29, Stuttgart 2000, S. 100-213.

Giet, Stanislas: L' énigme de la didachè, PFLUS 149, Paris 1970.

Gill, David W. J.: Acts and the urban èlites, in: The Book of Acts in its First Century setting, volume 2. The Book of Acts in its Graeco-Roman setting, edited by David W. J. Gill and Conrad Gempf, Grand Rapids/Michigan 1994, S. 105-118.

Gnilka, Joachim: Das Evangelium nach Markus, 2. Teilband. Mk 8,27-16,20, EKK II/2, vierte Auflage, Zürich, Neukirchen-Vluyn 1994.

Ders.: Die frühen Christen. Ursprünge und Anfang der Kirche, HThK.S VII, Freiburg, Basel, Wien 1999.

Ders.: Die Kirche des Matthäus und die Gemeinde von Qumrân, in: BZ 7, Paderborn 1963, S. 43-63.

Ders.: Das Matthäusevangelium. I. Teil. Kommentar zu Kap. 1,1 - 13,58, HThK I/1, Freiburg, Basel, Wien 1986, II. Teil. Kommentar zu Kap. 14,1 - 28,20 und Einleitungsfragen, HThK I/2, zweite Auflage, Freiburg, Basel, Wien 1992.

Ders.: Paulus von Tarsus. Apostel und Zeuge, HThK.S VI, Freiburg, Basel, Wien 1996.

Ders.: Der Philipperbrief, HThK X/3, vierte Auflage, Freiburg, Basel, Wien 1987.

Goldhahn-Müller, Ingrid: Die Grenze der Gemeinde. Studien zum Problem der zweiten Buße im Neuen Testament unter Berücksichtigung der Entwicklung im 2. Jh. bis Tertullian, GTA 39, Göttingen 1989.

Goldstein, Horst: Paulinische Gemeinde im ersten Petrusbrief, SBS 80, Stuttgart 1975.

Goppelt, Leonhard: Der erste Petrusbrief, KEK 12/1, herausgegeben von Ferdinand Hahn, achte Auflage, erste Auflage dieser Neubearbeitung, Göttingen 1978.

Ders.: Die Herrschaft Christi und die Welt, in: Goppelt, Leonhard, Christologie und Ethik. Aufsätze zum Neuen Testament, Göttingen 1968, S. 102-136.

Gordon, Robert P.: Targumic parallels to Acts XIII 18 and Didache XIV 3, in: NT 16, Leiden 1974, S. 285-289.

Gräßer, Erich: An die Hebräer, 3. Teilband. Hebr 10,19-13,25, EKK XVII/3, Zürich, Neukirchen-Vluyn 1997.

Graf, Fritz: Gottesnähe und Schadenszauber. Die Magie in der griechisch-römischen Antike, München 1996.

Groß, Rudolf: Art. Tabularium, in: KP 5, München 1979, Sp. 485.

Gross, Walter Hatto: Art. Flagellum, in: KP 2, München 1979, Sp. 560.

Ders.: Art. Tanz, Tanzkunst, in: KP 5, München 1979, Sp. 513f.

Ders.: Art. Toga, in: KP 5, München 1979, Sp. 879-880.

Gründel, Johannes; Oyen, Hendrik van: Ethik ohne Normen? Zu den Weisungen des Evangeliums, KÖS 4, Freiburg, Basel, Wien 1970.

Grünwald, Klaus: Auge um Auge, Zahn um Zahn? Das Recht im Alten Testament, Mainz 2002.

Grundmann, Siegfried: Art. Sohm, in: RGG 6, dritte, völlig neu bearbeitete Auflage, Tübingen 1962, Sp. 116-117.

Gundel, Hans Georg: Art. Gavius, in: KP 2, München 1979, Sp. 704.

Gundry, Robert Horton: In defense of the Church in Matthew as a *corpus mixtum*, in: ZNW 91, Berlin, New York 2000, S. 153-165.

Ders.: Matthew. A Commentary on his literary and theological art, Grand Rapids 1983.

Gundry Volf, Judith M.: Paul and perseverance. Staying in and falling away, WUNT 2/37, Tübingen 1990.

Gustafson, James M.: Moral discernment in the Christian life, in: Norm and Context in Christian Ethics, edited by Gene H. Outka, Paul Ramsey, New York 1968, S. 17-36.

Guthrie, Donald: The Pastoral Epistles. An Introduction and Commentary, TNTC 14, eleventh print, Grand Rapids/Michigan 1980.

Guttenberger Ortwein, Gudrun: Status und Statusverzicht im Neuen Testament und seiner Umwelt, NTOA 39, Freiburg/Schweiz, Göttingen 1999.

Guy, Fritz.: The `Lord's day' in the letters of Ignatius to the Magnesians, in: AUSS 2, 1964, S. 1-17.

Haacker, Klaus: Der Brief des Paulus an die Römer, ThHK 6, Leipzig 1999.

Ders.: Der Werdegang des Apostels Paulus. Biographische Daten und ihre theologische Relevanz, in: ANRW II 26.2, Berlin, New York 1995, S. 815-938.

Hadorn, Wilhelm: Die Offenbarung des Johannes, ThHK XVIII, Leipzig 1928.

Haenchen, Ernst: Die Apostelgeschichte, KEK 3, 16. Auflage, siebte, durchgesehene und verbesserte Auflage dieser Neubearbeitung, Göttingen 1977.

Ders.: Der Weg Jesu. Eine Erklärung des Markus-Evangeliums und der kanonischen Parallelen, zweite, durchgesehene und verbesserte Auflage, Berlin 1968.

Härtel, Gottfried; Pólay, Elemér: Römisches Recht und Römische Rechtsgeschichte. Eine Einführung, Weimar 1987.

Hagner, Donald Alfred: Balancing the old and the new. The Law of Moses in Matthew and Paul, in: Interp. 51, Richmond/Virginia 1997, S. 20-30.

Ders.: The use of the Old and New Testaments in Clement of Rome, NT.S 34, Leiden 1973.

Hainz, Josef: Die Anfänge des Bischofs- und Diakonenamtes, in: Kirche im Werden. Studien zum Thema Amt und Gemeinde im Neuen Testament, in Zusammenarbeit mit dem Collegium Biblicum München herausgegeben von Josef Hainz, München, Paderborn, Wien 1976, S. 91-107.

Hahn, Ferdinand: Christologische Hoheitstitel. Ihre Geschichte im frühen Christentum, fünfte, erweiterte Auflage, Göttingen 1995.

Ders.: Frühjüdische und urchristliche Apokalyptik. Eine Einführung, BThSt 36, Neukirchen-Vluyn 1998.

Hanslik, Rudolf: Art. Antonius. II. Kaiserzeit, in: KP 1, München 1979, Sp. 413-415.

Ders.: Art. Gallio, in: KP 2, München 1979, Sp. 686.

Ders.: Art. Papius, in: KP 4, München 1979, Sp. 493-494.

Hanson, Antony Tyrrell: The Pastoral Epistles, NCBC, Grand Rapids 1982.

Harnack, Adolf von: Einführung in die alte Kirchengeschichte. Das Schreiben der römischen Kirche an die Korinthische aus der Zeit Domitians (I. Clemensbrief), Leipzig 1929.

Ders.: Entstehung und Entwickelung der Kirchenverfassung und des Kirchenrechts in den ersten zwei Jahrhunderten. Nebst einer Kritik der Abhandlung R. Sohms „Wesen und Ursprung des Katholizismus" und Untersuchungen über „Evangelium", „Wort Gottes" und das trinitarische Bekenntnis, Leipzig 1910, S. 121-186.

Ders.: Die Lehre der zwölf Apostel nebst Untersuchungen zur ältesten Geschichte der Kirchenverfassung und des Kirchenrechts, TU II 1/2, dritte Auflage 1893.

Ders.: Marcion. Das Evangelium vom fremden Gott, eine Monographie zur Geschichte der Grundlegung der katholischen Kirche, TU 45, zweite, verbesserte und vermehrte Auflage, Leipzig 1924.

Ders.: Die urchristliche Litteratur bis Euseb, erster Theil. Die Überlieferung und der Bestand, Leipzig 1893.

Harrill, Albert: Using the Roman jurists to interpret Philemon, in: ZNW 90, Berlin, New York 1999, S. 135-138.

Harrington, Daniel J.: The Gospel of Matthew, Sacra Pagina Series 1, Collegeville Minnesota 1991.

Harris, Gerald: The Beginnings of Church Discipline. 1 Corinthians 5, in: NTS 37, Cambridge, New York, Port Chester, Melbourne, Syndey 1991, S. 1-21.

Harris, Jay M.: From inner-biblical Interpretation to early-rabbinic exegesis, in: HBOT I/1, in co-operation with Chris Brekelmans and Menahem Haran edited by Magne Saebø, Göttingen 1996, S. 256-269.

Harris, Thomas A.: Ich bin o.k. Du bist o.k. Wie man über seinen Schatten springen lernt, erste Auflage, Reinbek bei Hamburg 1973.

Hasler, Victor: Die Briefe an Timotheus und Titus (Pastoralbriefe), ZBK.NT 12, Zürich 1978.

Hatch, Edwin: Die Gesellschaftsverfassung der christlichen Kirchen im Alterthum. Acht Vorlesungen, vom Verfasser autorisirte Uebersetzung der zweiten durchgesehenen Auflage, Oxford 1882, besorgt und mit Excursen versehen von D. Adolf Harnack, Gießen 1883.

Hausmaninger, Herbert: Art. Collegium, in: KP 1, München 1979, Sp. 1553-1554.

Havelaar, Henriette: Hellenistic parallels to Acts 5.1-11 and the problem of conflicting interpretations, in: JSNT 67, Sheffield 1997, S. 63-82.

Havener, Ivan: Q. The Sayings of Jesus, with a reconstruction of Q by Athanasius Polag, GNS 19, Wilmington/DeLaware 1987.

Hays, Richard B.: The moral vision of the New Testament. Community, cross, new creation. A contemporary Introduction to New Testament Ethics, San Francisco 1996.

Ders.: Scripture-shaped community. The problem of method in New Testament Ethics, Interp. 44, Richmond/Virginia 1990, S. 42-55.

Heckel, Johannes: Lex Charitatis. Eine juristische Untersuchung über das Recht in der Theologie Martin Luthers, zweite, überarbeitete und erweiterte Auflage, Köln, Wien 1973.

Heggelbacher, Othmar: Geschichte des frühchristlichen Kirchenrechts bis zum Konzil von Nizäa 325, Freiburg/Schweiz 1974.

Heichelheim, Fritz M.: Art. Kalendarion, in: KP 3, München 1979, Sp. 58.

Heil, John Paul: Narrative progression of the parables discouse in Matthew 13:1-52, in: Carter, Warren; Heil, John Paul: Matthew's parables. Audience-oriented perspectives, CBQ.MS 30, Washington 1998, S. 64-95.

Ders.: Parable of the unforgiving forgiven servant in Matthew 18,21-35, in: Carter, Warren; Heil, John Paul: Matthew's parables: audience-oriented perspectives, CBQ.MS 30, Washington 1998, S. 96-123.

Heiligenthal, Roman: Methodische Erwägungen zur Analyse neutestamentlicher Gemeindekonflikte, in: ZRGG 48, Leiden 1996, S. 97-113.

Ders.: »Petrus und Jakobus, der Gerechte«. Gedanken zur Rolle der beiden Säulenapostel in der Geschichte des frühen Christentums, in: Zeitschrift für Neues Testament. Das Neue Testament in Universität, Kirche, Schule und Gesellschaft, herausgegeben von Stefan Alkier, Kurt Erlemann, Roman Heiligenthal, Tübingen und Basel 1999, S. 32-40.

Ders.: Strategien konformer Ethik im Neuen Testament am Beispiel von Röm 13. 1-7, in: NTS 29, Cambridge, London, New York, New Rochelle, Melbourne, Sydney 1983, S. 55-61.

Helm, Rudolf: Lucian und Menipp, Nachdruck der Ausgabe Leipzig 1906, Hildesheim 1967.

Ders.: Art. Lukianos, in: PRE 13, Stuttgart 1927, Sp. 1725-1777.

Hemer, Colin J.: The Book of Acts in the setting of Hellenistic history, edited by Conrad H. Gempf, WUNT 49, Tübingen 1989.

Hengel, Martin: The pre-christian Paul, second impression, London, Philadelphia 1996.

Ders.: Zur urchristlichen Geschichtsschreibung, zweite, ergänzte Auflage, Stuttgart 1984.

Henten, Jan Willem van: The Maccbean martyrs as saviours of the Jewish people. A Study of 2 and 4 Maccabees, JSJ.S 57, Leiden 1997.

Herms, Eilert: Das Kirchenrecht als Thema der theologischen Ethik, in: ZevKR 28, Tübingen 1983, S. 199-277.

Ders.: Die Ordnung der Kirche, in: Ders., Erfahrbare Kirche. Beiträge zur Ekklesiologie, Tübingen 1990, S. 102-118.

Ders.: Theologische Ethik und Rechtsbegründung, in: Ethik und Gesetzgebung, Probleme - Lösungsversuche - Konzepte, herausgegeben von Alberto Bondolfi und Stefan Grotefeld, erste Auflage, Stuttgart, Berlin, Köln 2000, S. 43-64.

Herrenbrück, Fritz: Jesus und die Zöllner. Historische und neutestamentlich-exegetische Untersuchungen, WUNT 2/41, Tübingen 1990.

Herrmann, Elisabeth: Ecclesia in re publica. Die Entwicklung der Kirche von pseudostaatlicher zu staatlich inkorporierter Existenz, Europäisches Forum 2, Frankfurt am Main, Bern, Cirencester/U.K. 1980.

Herz, Peter: Der römische Kaiser und der Kaiserkult. Gott oder primus inter pares? In: Menschwerdung Gottes - Vergöttlichung von Menschen, herausgegeben von Dieter Zeller, NTOA 7, Freiburg/Schweiz, Göttingen 1988, S. 115-140.

Herzer, Jens: Petrus oder Paulus? Studien über das Verhältnis des ersten Petrusbriefes zur paulinischen Tradition, WUNT 103, Tübingen 1998.

Heusler, Erika: Kapitalprozesse im lukanischen Doppelwerk. Die Verfahren gegen Jesus und Paulus in exegetischer und rechtshistorischer Analyse, NTA 38, Münster 2000.

Hickling, Colin J. A.: Conflikting motives in the redaction of Matthew. Some considerations on the sermon on the mount and Matthew 18:15-20, TU 126, Berlin 1982, S. 247-260.

Hoffmann, Paul: Mutmaßungen über Q. Zum Problem der literarischen Genese von Q, in: The sayings source Q and the historical Jesus, edited by Andreas Lindemann, BEThL 158, Leuven 2001, S. 255-288.

Ders.: Tradition und Situation. Studien zur Jesusüberlieferung in der Logienquelle und den synoptischen Evangelien, NTA 28, Münster 1995.

Hoh, Josef: Die kirchliches Busse im II. Jahrhundert. Eine Untersuchung der patristischen Busszeugnisse von Clemens Romanus bis Clemens Alexandrinus, BSTRG 22, Breslau 1932.

Holl, Karl: Tertullian als Schriftsteller, in: Ders, Gesammelte Aufsätze zur Kirchengeschichte III. Der Westen, Tübingen 1928, S. 1-12.

Hollander, Harm W.; Jonge, Marinus de: The testaments of the twelfe patriarchs. A Commentary, SVTP VIII, Leiden 1985.

Holm, Nils G.: Einführung in die Religionspsychologie, UTB 1592, München, Basel 1990.

Holstein, Günther: Die Grundlagen des evangelischen Kirchenrechts, Tübingen 1928.

Holtz, Gottfried: Die Pastoralbriefe, ThHK 13, fünfte Auflage, Leipzig 1992.

Holtz, Gudrun: Der Herrscher und der Weise im Gespräch. Studien zu Form, Funktion und Situation der neutestamentlichen Verhörgespräche und der Gespräche zwischen jüdischen Weisen und Fremdherrschern, ANTZ 6, Berlin 1996.

Hommel, Hildebrecht; Ziegler, Konrat: Art. Rhetorik, in: KP 5, München 1979, Sp. 1396-1414.

Horak, Franz: Art. Ulpianus, in: KP 5, München 1979, Sp. 1042-1043.

Horn, Friedrich Wilhelm: Glaube und Handeln in der Theologie des Lukas, GTA 26, zweite, durchgesehene Auflage, Göttingen 1986.

Ders.: Kyrios und Pneuma bei Paulus, in: Paulinische Christologie. Exegetische Beiträge, Hans Hübner zum 70. Geburtstag, herausgegeben von Udo Schnelle und Thomas Söding in Verbindung mit Michael Labahn, Göttingen 2000, S. 59-75.

Ders.: Paulus, das Nasiräat und die Nasiräer, in: NT 39, Leiden 1997, S. 117-137.

Ders.: Der Verzicht auf die Beschneidung im frühen Christentum, in: NTS 42, Cambridge 1996, S. 479-505.

Horster, Detlef: Postchristliche Moral. Eine sozialphilosophische Begründung, erste Auflage, Hamburg 1999.

Houlden, James Leslie: Ethics and the New Testament, Edinburgh 1992.

Ders.: The Pastoral Epistles. I and II Timothy, Titus, PNTC, London 1976.

Huber, Wolfgang: Gerechtigkeit und Recht. Grundlinien christlicher Rechtsethik, zweite, durchgesehene und vermehrte Auflage, Gütersloh 1999.

Hübner, Hans: Biblische Theologie des Neuen Testaments, Band 1. Prolegomena, Göttingen 1990, Band 2. Die Theologie des Paulus und ihre neutestamentliche Wirkungsgeschichte, Göttingen 1993, Band 3. Hebräerbrief, Evangelien und Offenbarung, Epilegomena, Göttingen 1995.

Hultgren, Arland J.: I-II Timothy, Titus, ACNT, Augsburg 1984.

Hummel, Reinhart: Die Auseinandersetzung zwischen Kirche und Judentum im Matthäusevangelium, BEvTh 33, München 1966.

Hunzinger, Claus-Hunno: Beobachtungen zur Entwicklung der Disziplinarordnung der Gemeinde von Qumran, in: Qumran, herausgegeben von Karl Erich Grötzinger, Norbert Ilg, Hermann Lichtenberger, Gerhard-Wilhelm Nebe, Hartmut Pabst, WdF 410, Darmstadt 1981, S. 249-262.

Ders.: Die jüdische Bannpraxis im neutestamentlichen Zeitalter, Göttingen 1954.

Hyldahl, Niels: Paul and Hellenistic Judaism in Corinth, in: The New Testament and Hellenistic Judaism, Peder Borgen, Søren Giversen editors, Peabody/Massachusetts 1997, S. 204-216.

Isaac, Benjamin: Military diplomas and extraordinary levies for campaigns, in: Ders.: The Near East under Roman rule, selected papers. Mn. 177, Leiden, New York, Köln 1998, S. 427-434.

Jackson, Bernard S.: „Two or three witnesses", in: Ders., Essays in Jewish and comparative legal history, SJLA 10, Leiden 1975, S. 153-171.

Jaubert, Annie: Les sources de la conception militaire de l' Église en 1 Clement 37, VigChr 18, Amsterdam 1964, S. 74-84.

Dies.: Thèmes lévitiques dans la prima Clementis, VigChr 18, Amsterdam 1964, S. 193-203.

Jeremias, Joachim: Die Briefe an Timotheus und Titus, NTD 9, neunte Auflage, Göttingen 1968.

Ders.: Die Sprache des Lukasevangeliums. Redaktion und Tradition im Nicht-Markusstoff des dritten Evangeliums, KEK Sonderband, Göttingen 1980.

Jervell, Jacob: Die Apostelgeschichte, KEK 3, 17. Auflage, erste Auflage dieser Auslegung, Göttingen 1998.

Ders.: Paul in the Acts of the Apostles, in: Kremer, Jacob, Les Actes des apôtres. Traditions, rédaction, théologie, BEThL 48, Louvain 1979, S. 297-306.

Jessen, Otto: Art. Episkopos, in: PRE 6, Stuttgart 1909, Sp. 199.

Jörs, Paul: Art. Aelius. 88, in: PRE 1. Erster Halbband, Stuttgart 1893, Sp. 523-525.

Johnson, Luke Timothy: The Gospel of Luke, Sacra Pagina Series 3, Collegeville/Minnesota 1991.

Jonge, Marinus de: Die Paränese in den Schriften des Neuen Testaments und in den Testamenten der Zwölf Patriarchen, in: Neues Testament und Ethik. Für Rodolf Schnackenburg, herausgegeben von Helmut Merklein, Freiburg, Basel, Wien 1989, S. 538-550.

Joubert, Stephan: Paul as benefactor. Reciprocity, strategy and theological reflection in Paul's collection, WUNT 2/124, Tübingen 2000.

Jürgens, Burkhard: Zweierlei Anfang. Kommunikative Konstruktionen heidenchristlicher Identität in Gal 2 und Apg 15, BBB 120, Berlin, Bodenheim bei Mainz 1999.

Kähler, Christoph: Recht und Gerechtigkeit im Neuen Testament. Gemeindewirklichkeit und metaphorischer Anspruch im Matthäusevangelium, in: Recht - Macht - Gerechtigkeit, herausgegeben von Joachim Mehlhausen, Veröffentlichungen der Wissenschaftlichen Gesellschaft für Theologie 14, Göttingen 1998, S. 337-354.

Kälin, Karl: Die transaktionale Analyse im Führungsalltag, in: Kälin, Karl; Müri, Peter, Sich und andere führen. Psychologie für Führungskräfte und Mitarbeiter, mit Beiträgen von Hans Bernhard, Karl Blöchlinger, Rolf Fink, Eric Marcus und Eugen W. Schmid, mit einem Vorwort von Prof. Dr. Francois Stoll, Psychologisches Institut der Universität Zürich, siebte Auflage, Thun 1993, S. 29-97.

Käsemann, Ernst: Amt und Gemeinde im Neuen Testament, in: Ders., Exegetische Versuche und Besinnungen, erster Band, sechste Auflage, Göttingen 1970, S. 109-134.

Ders.: An die Römer, HNT 8a, vierte, durchgesehene Auflage, Tübingen 1980.

Ders.: Begründet der neutestamentliche Kanon die Einheit der Kirche? in: Das Neue Testament als Kanon. Dokumentation und kritische Analyse zur gegenwärtigen Diskussion, herausgegeben von Ernst Käsemann, Göttingen 1970, S. 124-133.

Ders.: Römer 13,1-7 in unserer Generation, in: ZThK 56, Tübingen 1959, S. 316-376.

Ders.: Sätze heiligen Rechtes im Neuen Testament, in: Käsemann, Ernst, Exegetische Versuche und Besinnungen, zweiter Band, sechste Auflage, Göttingen 1970, S. 69-82.

Ders.: Urchristliche Konflikte um die Freiheit der Gemeinde, in: Käsemann, Ernst, Kirchliche Konflikte, Band 1, Göttingen 1982, S. 37-45.

Karrer, Martin: Das urchristliche Ältestenamt, in: NT 32, Leiden 1990, S. 152-188.

Kaye, Bruce N.: Acts' portrait of Silas, in: NT 21, Leiden 1979, S. 13-26.

Kerr, A. J.: Matthew 13.25, Sowing *zizania* among another's wheat. Realistic or artificial? In: JThS 48, Oxford 1997, S. 108-109.

Kertelge, Karl: Einleitung, in: Das kirchliche Amt im Neuen Testament, herausgegeben von Karl Kertelge, WdF 439, Darmstadt 1977, S. 1-15.

Ders.: Gemeinde und Amt im Neuen Testament, BiH X, München 1972.

Kim, Byung-Mo: Die paulinische Kollekte, TANZ 38. Tübingen, Basel 2002.

Kind, Hans: Art. Soranos, in: PRE Zweite Reihe. Halbband 3, Stuttgart 1929, Sp. 1113-1130.

Kingsbury, Jack Dean: The parables of Jesus in Matthew 13. A Study in redaction-criticism, Richmond/Virginia 1969.

Kinzig, Wolfram: Novitas christiana. Die Idee des Fortschritts in der Alten Kirche bis Euseb, FKDG 58, Göttingen 1994.

Kippenberg, Hans, G.: Art. Porcius. 4., in: KP 4, München 1979, Sp. 1059.

Kirchgässner, Alfons: Erlösung und Sünde im Neuen Testament, Freiburg 1950.

Kirchhoff, Renate: Die Sünde gegen den eigenen Leib. Studien zu pórnh und porneía in 1 Kor 6,12-20 und dem soziokulturellen Kontext der paulinischen Adressaten, StUNT 18, Göttingen, Zürich 1994.

Kirchschläger, Walter: Die Anfänge der Kirche. Eine biblische Rückbesimmung, Graz, Wien, Köln 1990.

Ders.: Die Entwicklung von Kirche und Kirchenstruktur zur neutestamentlichen Zeit, in: ANRW II 26.2, Berlin, New York 1995, S. 1277-1356.

Klauck, Hans-Joseph: Die antike Briefliteratur und das Neue Testament. Ein Lehr- und Arbeitsbuch, UTB 2022, Paderborn, München, Wien, Zürich 1998.

Ders.: 1. Korintherbrief, NEB.NT 7, Würzburg 1984.

Ders.: Gemeinde ohne Amt? Erfahrungen mit der Kirche in den johanneischen Schriften, in: Klauck, Hans-Joseph, Gemeinde · Amt · Sakrament · Neutestamentliche Perspektiven, Würzburg 1988, S. 195-222.

Ders.: Gemeinde zwischen Haus und Stadt. Kirche bei Paulus, Freiburg, Basel, Wien 1992.

Ders.: Gespaltene Gemeinde. Der Umgang mit den Sezessionisten im ersten Johannesbrief, in: Klauck, Hans-Joseph, Gemeinde · Amt · Sakrament. Neutestamentliche Perspektiven, Würzburg 1989, S. 59-68.

Ders.: Die religiöse Umwelt des Urchristentums, Band 1. Staat- und Hausreligion, Mysterienkulte, Volksglaube, Stuttgart, Berlin, Köln 1995, Band 2. Herrscher- und Kaiserkult, Philosophie, Gnosis, KStTh 9,1/2, Stuttgart, Berlin, Köln 1996.

Ders.: Das Sendschreiben nach Pergamon und der Kaiserkult in der Johannesoffenbarung, in: Kauck, Hans-Joseph, Alte Welt und neuer Glaube. Beiträge zur Religionsgeschichte, Forschungsgeschichte und Theologie des Neuen Testaments, NTOA 29, Freiburg, Göttingen 1994, S. 115-143.

Kleinfeller, Georg: Art. Strafprozeß, in: PRE Zweite Reihe. Halbband 4, Stuttgart 1932, Sp. 162f.

Klinghardt, Matthias: Gemeinschaftsmahl und Mahlgemeinschaft. Soziologie und Liturgie frühchristlicher Mahlfeiern, TANZ 13, Tübingen 1996.

Ders.: Gesetz und Volk Gottes. Das lukanische Verständnis des Gesetzes nach Herkunft, Funktion und seinem Ort in der Geschichte des Urchristentums, WUNT 2/32, Tübingen 1988.

Ders.: Sünde und Gericht von Christen bei Paulus, in: ZNW 88, Berlin, New York 1997, S. 56-80.

Kloppenborg, John S.: The formation of Q. Trajectories in ancient wisdom collctions, Studies in antiquity and Christianity, Philadelphia 1987.

Kmiecik, Ulrich: Der Menschensohn im Markusevangelium, fzb 81, Würzburg 1997.

Knoch, Otto B: Im Namen des Petrus und Paulus. Der Brief des Clemens Romanus und die Eigenart des römischen Christentums, in: ANRW II 27.1, Berlin, New York 1993, S. 3-54.

Knopf, Rudolf: Die Briefe Petri und Judä, KEK XII, siebte Auflage, Göttingen 1912.

Ders.: Der erste Clemensbrief untersucht und herausgegeben, TU 20, Leipzig 1899, S. 1-194.

Ders.: Kenntnis und Verwendung des Matthäus-Evangeliums bei den Apostolischen Vätern, in: Studien zum Matthäusevangelium. Festschrift für Wilhelm Pesch, herausgegeben von Ludger Schenke, SBS, Stuttgart 1988, S. 157-177.

Ders.: Die Lehre der zwölf Apostel. Die zwei Clemensbriefe, HNT Ergänzungsband. Die apostolischen Väter I, Tübingen 1920.

Koch, Dietrich-Alex: »Alles, was ἐν μακέλλῳ verkauft wird, eßt ...«. Die *macella* von Pompeji, Gerasa und Korinth und ihre Bedeutung für die Auslegung von 1Kor 10,25, in: ZNW 90, Berlin, New York 1999, S. 194-219.

Ders.: Kollektenbericht, 'Wir'-Bericht und Itinerar. Neue (?) Beobachtungen zu einem alten Problem, in: NTS 45, Cambridge 1999, S. 367-390.

Köhler, Wolf-Dietrich: Die Rezeption des Matthäusevangeliums in der Zeit vor Irenäus, WUNT 2/24, Tübingen 1987.

Körtner, Ulrich H. J.: Evangelische Sozialethik. Grundlagen und Themenfelder, UTB 2107, Göttingen 1999.

Köster, Helmut: Synoptische Überlieferung bei den Apostolischen Vätern, TU 65, Berlin 1957.

Koet, Bart J.: Why did Paul shave his hair (Acts 18,18)? Nazirate and temple in the Book of Acts, in: The centrality of Jerusalem. Historical perspectives, edited by Marcel Poorthius and Safrai Chana, Kampen 1996, S. 128-142.

Kolberg, Josef: Verfassung, Kultus und Disciplin der christlichen Kirche nach den Schriften Tertullians, Braunsberg, Würzburg 1886.

Kollmann, Bernd: Jesu Verbot des Richtens und die Gemeindedisziplin, in: ZNW 88, Berlin, New York 1997, S. 170-186.

Ders.: Jesus und die Christen als Wundertäter. Studien zu Magie, Medizin und Schamanismus in Antike und Christentum, FRLANT 170, Göttingen 1996.

Konradt, Matthias: Christliche Existenz nach dem Jakobusbrief. Eine Studie zu seiner soteriologischen und ethischen Konzeption, StUNT, Göttingen 1998.

Kouri, Erkki I.: Tertullian und die römische Antike, SLAG A 21, Helsinki 1982.

Krämer, Peter: Theologische Grundlegung des kirchlichen Rechts. Eine rechtstheologische Auseinandersetzung zwischen H. Barrion und J. Klein im Licht des II. Vatikanischen Konzils, TThSt 33, Trier 1977.

Kraft, Heinrich: Die Offenbarung des Johannes, HNT 16a, Tübingen 1974.

Ders.: Art. Marcion, in: RGG 4, dritte, völlig neu bearbeitete Auflage, Tübingen 1960, Sp. 740-742.

Kraft, Robert A.: The teaching of the Lord to the gentiles by the twelfe Apostles (the Didache), in: The apostolic fathers, edited by Jack N. Sparks, second print, Nashville 1978, S. 303-319.

Kratz, Reinhard Gregor: Rettungswunder. Motiv-, traditions- und formkritische Aufarbeitung einer biblischen Gattung, EHS.T 123, Frankfurt am Main, Bern, Las Vegas 1979.

Kraus, Thomas J.: Eine vertragsrechtliche Verpflichtung in Phlm 19. Duktus und juristischer Hintergrund, in: Steht nicht geschrieben? Studien zur Bibel und ihrer Wirkungsgeschichte, Festschrift für Georg Schmuttermayr, herausgegeben von Johannes Frühwald-König, Ferdinand R. Prostmeier, Reinhold Zwick, Regensburg 2001, S. 187-200.

Kraus, Wolfgang: Zwischen Jerusalem und Antiochia. Die „Hellenisten", Paulus und die Aufnahme der Heiden in das endzeitliche Gottesvolk, SBS 179, Stuttgart 1999.

Ders.: Wer war schuld an Jesu Tod? Die Rolle der Juden und der Römer in den Passionsgeschichten der Evangelien, in: Glaube und Erfahrung. Festschrift für Friedrich Lemke, herausgegeben von Helmut Fox und Roman Heiligenthal, Landauer Universitätsschriften. Theologie, Band 3, erste Auflage, Landau 1998, S. 207-228.

Kreider, Eugene Charles: Matthew's contribution to the eschatological-ethical perspective in the life of the Early Church. A redaction-critical Study of Matthew 18, Ann Arbor/Michigan 1982.

Kremendahl, Dieter: Die Botschaft der Form. Zum Verhältnis von antiker Epistolographie und Rhetorik im Galaterbrief, NTOA 46, Freiburg/Schweiz, Göttingen 2000.

Kremer, Jacob: Der erste Brief an die Korinther, RNT, Regensburg 1997.

Kudlien, Fridolf: Art. Methodiker, in: KP 3, München 1979, Sp. 1270f.

Ders.: Art. Soranos, in: KP 5, München 1979, Sp. 283.

Kübler, Bernhard: Art. Strafgelder, in: PRE Zweite Reihe. Halbband 4, Stuttgart 1932, Sp. 155-162.

Kümmel, Werner Georg: Kirchenbegriff und Geschichtsbewußtsein in der Urgemeinde und bei Jesus, zweite Auflage, Göttingen 1968.

Künzel, Georg: Studien zum Gemeindeverständnis des Matthäus-Evangeliums, CThM.BW 10, Stuttgart 1978.

Kuhn, Heinz-Wolfgang: Ältere Sammlungen im Markusevangelium, StUNT 8, Göttingen 1971.

Ders.: Neuere Wege in der Synoptiker-Exegese am Beispiel des Markusevangeliums, in: Bilanz und Perspektiven gegenwärtiger Auslegung des Neuen Testaments. Symposion zum 65. Geburtstag von Georg Strecker, herausgegeben von Friedrich Wilhelm Horn, BZAW 75, Berlin, New York 1995, S. 60-90.

Kunkel, Wolfgang: Römische Rechtsgeschichte. Eine Einführung, Böhlau-Studien-Bücher. Grundlagen des Studiums, achte, unveränderte Auflage, Köln, Wien 1978.

Kunstmann, Joachim: Christentum in der Optionsgesellschaft. Postmoderne Perspektiven, Weinheim 1997.

Kuss, Walter: Der Römerbrief, RNT, erste Lieferung. Röm 1,1 bis 6,11, Regensburg 1957, zweite Lieferung. Röm 6,11 bis 8,19, zweite, unveränderte Auflage, Regensburg 1963, dritte Lieferung. Röm 8,19 bis 11,36, Regenburg 1978.

Lake, Kirsopp; Cadbury, Henry J.: English translation and Commentary, in: The Beginnings of Christianity, part I. The Acts of the Apostles, edited by Fredrick J. Foakes-Jackson and Kirsopp Lake, volume IV, London 1933, S. 1-350.

Lambrecht, Jan: Paul's boasting about the Corinthians. A Study of 2 Cor. 8:24-9:5, in: NT 40, Leiden, Boston, Köln 1998, S. 352-368.

Lamnek, Siegfried: Theorien abweichenden Verhaltens. Eine Einführung für Soziologen, Psychologen, Juristen, Politologen, Kommunikationswissenschaftler und Sozialarbeiter, UTB 740, sechste Auflage, München 1996.

Lampe, Peter: Die stadtrömischen Christen in den ersten beiden Jahrhunderten. Untersuchungen zur Sozialgeschichte, WUNT 2/18, zweite Auflage, überarbeitet und ergänzt, Tübingen 1989.

Lange, Joachim: Einführung, in: Das Matthäus-Evangelium, herausgegeben von Joachim Lange, WdF 525, Darmstadt 1980, S. 1-40.

Larcher, Chrysostome: Le livre de la sagesse ou la sagesse de Salomon, EtB 5, drei Bände, Paris 1983/1985.

Latte, Kurt: Heiliges Recht. Untersuchung zur Geschichte der sakralen Rechtsformen in Griechenland, Neudruck der Ausgabe Tübingen 1920, Aalen 1964.

Ders.: Römische Rechtsgeschichte, HAW V.4, zweiter, unveränderter Nachdruck der 1967 erschienenen zweiten unveränderten Auflage, München 1992.

Lattke, Michael: Verfluchter Inzest: War der „Pornos" von 1Kor 5 ein persischer „Magos"? In: Peregrina curiositas. Eine Reise durch den *orbis antiquus*, zu Ehren von Dirk Van Damme herausgegeben von Andreas Kessler, Thomas Ricklin, Gregor Wurst, NTOA 27, Freiburg, Göttingen 1994, S. 29-55.

Leary, T. J.: Paul's improper Name, in: NTS 38, Cambridge, New York, Port Chester, Melbourne, Sydney 1992, S. 467-469.

Leith, John H.: Art. Kirchenzucht, in: TRE 19, Berlin, New York 1990, S. 173-176. 183-191.

Lentz, John Clayton: Luke's portait of Paul, MSSNTS 77, Cambridge 1993.

Leonhard, Rudolf.: Art. lex Aelia Sentia, in: PRE 12, Stuttgart 1925, Sp. 2321-2322.

Levine, Étan: The targums, their interpretative character and their place in Jewish text tradition, in: HBOT I/1, in co-operation with Chris Brekelmans and Menahem Haran edited by Magne Saebø, Göttingen 1996, S. 323-331.

Lichtenfeld, Manacnuc Mathias: Georg Merz - Pastoraltheologe zwischen den Zeiten. Leben und Werk in Weimarer Republik und Kirchenkampf als theologischer Beitrag zur Praxis der Kirche, LKGG 18, Gütersloh 1997.

Liebenam, Wilhelm: Zur Geschichte und Organisation des römischen Vereinswesens. Drei Untersuchungen, Neudruck der Ausgabe Leipzig 1890, Aalen 1964.

Liebs, Detlef: Art. Iulius. B. Literarische Persönlichkeiten 14. I. Paulus, in: KP 2, München 1979, Sp. 1550-1551.

Liedke, Gerhard: Gestalt und Bezeichnung alttestamentlicher Rechtssätze. Eine formgeschichtlich-terminologische Studie, WMANT 39, Neukirchen-Vluyn 1971.

Lietzmann, Hans: An die Korinther I.II, HNT 9, ergänzt von Werner Georg Kümmel, fünfte, durch einen Literaturnachtrag erweiterte Auflage, Tübingen 1969.

Ders.: Kleine Schriften I. Studien zur spätantiken Religionsgeschichte, herausgegeben von Kurt Aland, in: TU 67, Berlin 1958, S. 141-185.

Ders.: Messe und Herrenmahl. Eine Studie zur Geschichte der Liturgie, AKG 8, unveränderter Nachdruck der dritten Auflage, Berlin 1955, Berlin 1967.

Lightfoot, Robert Henry: St. John's Gospel. A Commentary, edited by Christopher Francis Evans, fifth edition, Oxford 1956.

Lindemann, Andreas: Die biblischen Toragebote und die paulinische Ethik, in: Ders., Paulus, Apostel und Lehrer der Kirche, Studien zu Paulus und zum frühen Paulusverständnis, Tübingen 1999, S. 91-114.

Ders.: Christliche Gemeinden und das römische Reich im ersten und zweiten Jahrhundert, in: WuD 18, Bielefeld 1985, S. 105-133.

Ders.: Die Clemensbriefe, HNT 17, Die Apostolischen Väter I, Tübingen 1992.

Ders.: Der erste Korintherbrief, HNT 9/I, Tübingen 2000.

Ders.: Die Kirche als Leib. Beobachtungen zur „demokratischen" Ekklesiologie bei Paulus, in: Lindemann, Andreas, Paulus, Apostel und Lehrer der Kirche, Studien zu Paulus und zum frühen Paulusverständnis, Tübingen 1999, S. 132-157.

Ders.: Mose und Jesus Christus. Zum Verständnis des Gesetzes im Johannesevangelium, in: Das Urchristentum in seiner literarischen Geschichte. Festschrift für Jürgen Becker zum 65. Geburtstag, herausgegeben von Ulrich Mell und Ulrich B. Müller, BZNW 100, Berlin, New York 1999, S. 309-334.

Ders.: „Nehmet einander an". Paulinisches Kirchenverständnis und die Zukunft des Christentums, in: Lindemann, Andreas, Paulus, Apostel und Lehrer der Kirche, Studien zu Paulus und zum frühen Paulusverständnis, Tübingen 1999, S. 158-179.

Ders.: Die paulinische Ekklesiologie angesichts der Lebenswirklichkeit der christlichen Gemeinde in Korinth, in: The Corinthian correspondence, edited by Reimund Bieringer, BEThL 125, Leuven 1996, S. 63-86.

Ders.: Paulus im ältesten Christentum. Das Bild des Apostels und die Rezeption der paulinischen Theologie in der frühchristlichen Literatur bis Marcion, BHTh 58, Tübingen 1979.

Ders.: Die Schrift als Tradition. Beobachtungen zu den biblischen Zitaten im ersten Korintherbrief, in: Schrift und Tradition. Festschrift für Josef Ernst zum 70. Geburtstag, herausgegeben von Kurt Backhaus und Franz Georg Obergaßmair, Paderborn, München, Wien, Zürich 1996, S. 199-225.

Ders.: Art. Herrschaft Gottes/Reich Gottes IV. Neues Testament und spätantikes Judentum, in: TRE 15, Berlin, New York 1986, S. 196-218.

Linton, Olof: Das Problem der Urkirche in der neueren Forschung. Eine kritische Darstellung, Nachdruck der Ausgabe Uppsala 1932, Meisenheim ohne Jahr.

Lips, Hermann von: Glaube - Gemeinde - Amt. Zum Verständnis der Ordination in den Pastoralbriefen, FRLANT 122, Göttingen 1979.

Ders.: Weisheitliche Traditionen im Neuen Testament, WMANT 64, Neukirchen-Vluyn 1990.

Litewski, Wieslaw: Die römische Appellation in Zivilsachen. Ein Abriß, I. Prinzipat, in: ANRW II 14, Berlin, New York 1982, S. 60-96.

Loader, William R. G.: Jesus's attitude towards the Law. A Study of the Gospels, WUNT 2/97, Tübingen 1997.

Lock, Walter: A critical and exegetical Commentary on the Pastoral Epistles (I & II Timothy and Titus), ICC, Nachdruck der Ausgabe Edinburgh 1924, Edinburgh 1973.

Löhr, Helmut: Umkehr und Sünde im Hebräerbrief, BZNW 73, Berlin, New York 1994.

Löhr, Winrich Alfried: Kanongeschichtliche Beobachtungen zum Verhältnis von mündlicher und schriftlicher Tradition im zweiten Jahrhundert, in: ZNW 85, Berlin, New York 1994, S. 234-258.

Lösch, Stephan: Die Dankesrede des Tertullus. Apg 24,1-4, in: ThQ 112, Augsburg 1931, S. 295-319.

Lohmeyer, Monika: Der Apostelbegriff im Neuen Testament. Eine Untersuchung auf dem Hintergrund der synoptischen Aussendungsreden, SBB 29, Stuttgart 1995.

Lohse, Eduard: Die Entstehung des Neuen Testaments, ThW 4, vierte, durchgesehene und ergänzte Auflage, Stuttgart, Berlin, Köln, Mainz 1983.

Ders.: Paulus. Eine Biographie, München 1996.

Ders.: Theologische Ethik des Neuen Testaments, ThW 5,2, Stuttgart, Berlin, Köln, Mainz 1988.

Lona, Horacio E.: Der erste Clemensbrief, KAV 2, Göttingen 1998.

Ders.: Rhetorik und Botschaft in I Clem 49, in: ZNW 86, Berlin, New York 1995, S. 94-103.

Long, William Rudolf: The trial of Paul in the Book of Acts. Historical, literary, and theological considerations, Ann Arbor/Michigan 1985.

Looks, Carsten: Das Anvertraute bewahren. Die Rezeption der Pastoralbriefe im 2. Jahrhundert, Münchner Theologische Beiträge, München 1999.

Ludwig, Günther Wolfram: Tertullian's Ethik, Leipzig 1885.

Lüdemann, Gerd: Das frühe Christentum nach den Traditionen der Apostelgeschichte. Ein Kommentar, Göttingen 1987.

Ders.: Paulus, der Heidenapostel, Band I. Studien zur Chronologie, FRLANT 123, Göttingen 1980.

Lührmann, Dieter: Der Brief an die Galater, ZBK.NT 7, erste Auflage, Zürich 1978.

Ders.: Das Markusevangelium, HNT 3, Tübingen 1987.

Ders.: Die Redaktion der Logienquelle, WMANT 33, Neukirchen-Vluyn 1969.

Luhmann, Niklas: Das Recht der Gesellschaft, erste Auflage, Frankfurt am Main 1993.

Ders.: Soziale Systeme. Grudriß einer allgemeinen Theorie, erste Auflage, Frankfurt am Main 1984.

Luz, Ulrich: Das Evangelium nach Matthäus, 1. Teilband. Mt 1-7, EKK I/1, dritte, durchgesehene Auflage, Zürich, Einsiedeln, Köln, Neukirchen-Vluyn 1992, 2. Teilband. Mt 8-17, EKK I/2, zweite, durchgesehene Auflage, Zürich, Braunschweig 1996, 3. Teilband. Mt 18-25, EKK I/3, Zürich, Düsseldorf, Neukirchen-Vluyn 1997.

Ders.: Die Jesusgeschichte des Matthäus, Neukirchen-Vluyn 1993.

Ders.: Matthäus und Q, in: Von Jesus zum Christus. Christologische Studien. Festgabe für Paul Hoffmann zum 65. Geburtstag, herausgegeben von Rudolf Hoppe und Ulrich Busse, BZNW 93, Berlin, New York 1998, S. 201-215.

Mach, Michael: Art. Philo von Alexandrien, in: TRE 26, Berlin, New York 1996, S. 523-531.

Maddox, Robert: The purpose of Luke-Acts, FRLANT 126, Göttingen 1982.

Maier, Johann: Geschichte der jüdischen Religion. Von der Zeit Alexander des Grossen bis zur Aufklärung mit einem Ausblick auf das 19./20. Jahrhundert, Berlin, New York 1972.

Ders.: Jüdische Auseinandersetzung mit dem Christentum in der Antike, EdF 177, Darmstadt 1982.

Ders.: Zwischen den Testamenten. Geschichte und Religion in der Zeit des zweiten Tempels, NEB.AT Ergänzungsband 3, Würzburg 1990.

Maier, Johann; Schubert, Kurt: Die Qumran-Essener. Texte der Schriftrollen und Lebensbild der Gemeinde, UTB 224, München, Basel 1973.

Malina, Bruce J.: Early Christian groups. Using small group formation theory to explain Christian organisations, in: Modelling Early Christianity. Social-scientific Studies of the New Testament in its context, edited by Philip F. Esler, London, New York 1995, S. 96-113.

Ders.: Die Welt des Neuen Testaments. Kulturanthropologische Einsichten, Stuttgart, Berlin, Köln 1993.

Malina, Bruce J.; Rohrbaugh, Richard L.: Social science Commentary on the synoptic Gospels, Minneapolis 1992.

Maly, P. Karl: 1 Kor 12,1-3, eine Regel zur Unterscheidung der Geister? In: BZ.NF 10, Paderborn 1966, S. 82-95.

Marguerat, Daniel: La mort d´Ananias et Saphira (Ac 5.1-11) dans la stratégie narrative de Luc, in: NTS 39, Cambridge 1993, S. 209-226.

Mariotti, Scevola: Art. Terentius, in: KP 5, München 1979, Sp. 599-604.

Marsh, John: Saint John, SCM pelican commentaries, London 1977.

Marshall, Ian Howard: First Peter, IVP New Testament Commentary series 17, Downers Grove/Illinois, Leichester/England 1991.

Marshall, Laurence H.: The challenge of New Testament Ethics, London 1966.

Martin, Troy W.: Metaphor and composition in 1 Peter, SBL.DS 131, Atlanta/Georgia 1992.

Martyn, James Louis: Galatians. A new translation with Introduction and Commentary, AncB 33A, New York, London, Toronto, Sydney, Auckland 1997.

Mason, Steve: Flavius Josephus und das Neue Testament, UTB 2130, Tübingen, Basel 1997.

May, Gerhard: Art. Kirchenrechtsquellen I, in: TRE 19, Berlin, New York 1990, S. 1-44.

Mayer-Maly, Theo: Art. Accusatio, in: KP 1, München 1979, Sp. 31.

Ders.: Art. Digesta, in: KP 2, München 1979, Sp. 16-19.

Ders.: Art. Gaius.1, in: KP 2, München 1979, Sp. 660-662.

Ders.: Art. Neratius. 4, in: KP 4, München 1979, Sp. 67.

McIver, Robert Kerry: The parable of the weeds among the wheat (Matt 13:24-30, 36-43) and the relationship between the kingdom and the Church as portrayed in the Gospel of Matthew, in: JBL 114, Atlanta/Georgia 1995, S. 643-659.

Medicus, Dieter: Art. Civitas, in: KP 1, München 1979, Sp. 1198-1199.

Meeks, Wayne A.: The moral World of the First Christians, LEC 6, Philadelphia 1986.

Ders.: Urchristentum und Stadtkultur. Die soziale Welt der paulinischen Gemeinden, Gütersloh 1993.

Meijering, Eginhard P.: Tertullian contra Marcion. Gotteslehre in der Polemik, adversus Marcionem I-II, PP 3, Leiden 1977.

Merk, Otto: Handeln auş Glauben. Die Motivierungen der paulinischen Ethik, MThSt 5, Marburg 1968.

Merklein, Helmut: Das kirchliche Amt nach dem Epheserbrief, StANT 33, München 1973.

Ders.: Sinn und Zweck von Röm 13,1-7. Zur semantischen und pragmatischen Struktur eines umstrittenen Textes, in: Neues Testament und Ethik. Für Rudolf Schnackenburg, herausgegeben von Helmut Merklein, Freiburg, Basel, Wien 1989, S. 238-270.

Metso, Sarianna: The textual development of the Qumran community rule, StTDJ 21, Leiden, New York, Köln 1997.

Mette, Hans Joachim: Ius civile in artem redactum, Göttingen 1954.

Metzger, Bruce M.: Der Kanon des Neuen Testaments. Entstehung, Entwicklung, Bedeutung, erste Auflage, Düsseldorf 1993.

Metzger, Marcel: Art. Konstitutionen, (Pseud-) Apostolische, in: TRE 19, Berlin, New York 1990, S. 540-544.

Metzner, Rainer: Die Rezeption des Matthäusevangeliums im 1. Petrusbrief. Studien zum traditionsgeschichtlichen und theologischen Einfluß des 1. Evangeliums auf den ersten Petrusbrief, WUNT 2/74, Tübingen 1995.

Meurer, Siegfried: Das Recht im Dienst der Versöhnung und des Friedens. Studie zur Frage des Rechts nach dem Neuen Testament, AThANT 63, Zürich 1972.

Michaels, J. Ramsey: 1 Peter, Word Biblical Commentary 49, Waco/Texas 1988.

Michel, Otto: Der Brief an die Römer, KEK IV, 13., ergänzte Auflage, Göttingen 1966.

Mikat, Paul: Der „Auswanderungsrat" (1 Clem 54,2) als Schlüssel zum Gemeindeverständnis im 1. Clemensbrief, in: Geschichte, Recht, Religion, Politik. Beiträge von Paul Mikat, herausgegeben von Dieter Giesen und Dietlinde Ruthe, erster Band, Paderborn, München, Wien, Zürich 1984, S. 361-373.

Ders.: Die Bedeutung der Begriffe Stasis und Aponoia für das Verständnis des 1. Clemensbriefes, VAFLNW 155, Köln, Opladen 1969.

Mitchell, Alan Christopher: I Corinthian 6:1-11. Group boundaries and the courts of Corinth, Ann Arbor/Michigan 1986.

Ders.: Rich and poor in the courts of Corinth. Litigiousness and status in 1 Corinthians 6.1-11, in: NTS 39, Cambridge 1993, S. 562-586.

Moll, Helmut: Die Lehre von der Eucharistie als Opfer. Eine dogmengeschichtliche Untersuchung vom Neuen Testament bis Irenäus von Lyon, Theoph. 26, Bonn 1975.

Molthagen, Joachim: Rom als Garant des Rechts und als apokalyptisches Ungeheuer. Christliche Antworten auf Anfeindungen durch Staat und Gesellschaft im späten 1. Jahrhundert n. Chr., in: Gemeinschaft am Evangelium. Festschrift für Wiard Popkes zum 60. Geburtstag, herausgegeben von Edwin Brandt, Paul S. Fiddes und Joachim Molthagen, Leipzig 1996, S. 127-142.

Mommsen, Theodor: Die Rechtsverhältnisse des Apostels Paulus, in: ZNW 2, Giessen 1901, S. 81-96.

Ders.: Römisches Staatsrecht, dritter Band, erster Teil, vierte Auflage, unveränderter, photomechanischer Nachdruck der dritten Auflage, HAW, Graz 1952.

Ders.: Römisches Strafrecht, Systematisches Handbuch der deutschen Rechtswissenschaft, herausgegeben von Karl Binding, Abteilung 1. Teil 4, zweiter Neudruck der Ausgabe Leipzig 1899, Aalen 1990.

Ders.: Römisches Strafrecht. Stellenregister, bearbeitet von Jürgen Malitz, Kommission für Alte Geschichte und Epigraphik des Deutschen Archäologischen Instituts, München 1982.

Moo, Douglas J.: The Epistle to the Romans, NIC, Nachdruck, Grand Rapids/Michigan, Cambridge/U.K. 1998.

Morland, Kjell Arne: The rhetoric of curse in Galatians. Paul confronts another Gospel, Emory Studies in Early Christianity 5, Atlanta/Georgia 1995.

Morris, Leon: The Gospel according to John, NIC 4, revised edition, Grand Rapids/Michigan 1999.

Mounce, Robert H.: The Book of Revelation, NIC 27, reprinted, Grand Rapids/Michigan 1980.

Moyise, Steve: The Old Testament in the Book of Revelation, JSNT.S 115, Sheffield 1995.

Mühlsteiger, Johannes: Zum Verfassungsrecht der Frühkirche, in: ZKTh 99, Tübingen 1977, S. 129-155.257-285.

Müller, Klaus: Die noachidische Tora. Ringen um ein Weltethos, in: FrRu NF 4, Freiburg 1996, S. 250-262.

Ders.: Tora für die Völker. Die noachidischen Gebote und Ansätze zu ihrer Rezeption im Christentum, SKI 15, Berlin 1994.

Müller, Markus: Vom Schluß zum Ganzen. Zur Bedeutung des paulinischen Briefkorpusabschlusses, FRLANT 172, Göttingen 1997.

Müller, Ulrich B.: Prophetie und Predigt im Neuen Testament. Formgeschichtliche Untersuchungen zur urchristlichen Prophetie, StNT 10, Gütersloh 1975.

Munck, Johannes: The Acts of the Apostles, AncB 31, revised by William Foxwell Albright and Christopher S. Mann, New York 1976.

Mußner, Franz: Der Galaterbrief, HThK IX, Freiburg, Basel, Wien 1974.

Neirynck, Frans: Recent developments in the Study of Q, in: Logia. Les paroles de Jésus - The sayings of Jesus, edited by Joël Delobel, Tjitze Baarda, BEThL 59, Leuven 1982, S. 29-75.

Ders.: The Symbol Q = Quelle, ALBO V,31, Louvain 1978, S. 119-125.

Neuenzeit, Paul: Das Herrenmahl. Studien zur paulinischen Eucharistieauffassung, StANT 1, München 1960.

Neumann, Alfred Richard: Art. Centuria. Centurio, in: KP 1, München 1979, Sp. 1111-1112.

Ders.: Art. Onasandros, in: KP 4, München 1979, Sp. 300.

Ders.: Art. Tribunus 1.-5., in: KP 5, München 1979, Sp. 946-948.

Neusner, Jakob: «By the testimony of two witnesses» in the Damaskus document IX,17-22 and in pharisaic-rabbinic Law, in: RdQ 8, Paris 1972/1975, S. 197-217.

Ders.: Judentum in frühchristlicher Zeit, Stuttgart 1988.

Ders.: The hermeneutics of the Law in rabbinic Judaism: mishnah, midrash, talmuds, in: HBOT I/1, in co-operation with Chris Brekelmans and Menahem Haran edited by Magne Saebø, Göttingen 1996, S. 303-322.

Niederwimmer, Kurt: Der Didachist und seine Quellen, in: Ders.: Quaestiones theologicae. Gesammelte Aufsätze, herausgegeben von Wilhelm Pratscher und Markus Öhler, BZNW 90, Berlin, New York 1998, S. 243-266.

Ders.: Textprobleme der Didache, in: Niederwimmer, Kurt, Quaestiones theologicae. Gesammelte Aufsätze, herausgegeben von Wilhelm Pratscher und Markus Öhler, BZNW 90, Berlin, New York 1998, S. 128-141.

Nielsen, Anders E.: The purpose of the Lukan writings with particular reference to eschatology, in: Luke-Acts. Scandinavian perspectives, edited by Petri Luomanen, SESJ 54, Helsinki, Göttingen 1991, S. 76-93.

Noack, Christian: Gottesbewußtsein. Exegetische Studien zur Soteriologie und Mystik bei Philo von Alexandria, WUNT 2/116, Tübingen 2000.

Noethlichs, Karl Leo: Der Jude Paulus - ein Tarser und Römer?, in: Rom und das himmlische Jerusalem. Die frühen Christen zwischen Anpassung und Ablehnung, herausgegeben von Raban von Haehling, Darmsradt 2000, S. 53-84.

Noorda, Sijbolt S.: Scene as summary. A proposal for reading Acts 4,32-5,16, in: Kremer, Jacob, Les Actes des apôtres. Traditions, rédaction, théologie, BEThL 48, Louvain 1979, S. 475-483.

Noyes, Morgan P.: The First and the second Epistles to Timothy and the Epistle to Titus. Exposition, in: IntB XI, New York, Nashville 1955, S. 374-551.

Oberlinner, Lorenz: Die Pastoralbriefe, erste Folge. Kommentar zum ersten Timotheusbrief, HThK XI/2, Freiburg im Breisgau 1994.

Öhler, Martin: Die Aufforderung zur Nachahmung als Gemeindeethik im nachpaulinischen Schrifttum und bei den apostolischen Vätern, in: Die Kirche als historische und eschatologische Größe. Festschrift für Kurt Niederwimmer zum 65. Geburtstag, herausgegeben von Wilhelm Pratscher und Georg Sauer, Frankfurt, Berlin, New York, Paris, Wien 1994, S. 89-100.

Ders.: Römisches Vereinsrecht und christliche Gemeinden, in: Zwischen den Reichen. Neues Testament und Römische Herrschaft. Vorträge auf der ersten Konferenz der European Associations for Biblical Studies, herausgegeben von Michael Labahn, Jürgen Zangenberg, TANZ 36, Tübingen, Basel 2002, S. 51-71.

Ohme, Heinz: Kanon ekklesiastikos. Die Bedeutung des altkirchlichen Kanonbegriffs, AKG 67, Berlin, New York 1998.

Onuki, Takashi: Sammelbericht als Kommunikation. Studien zur Erzählkunst der Evangelien, WMANT 73, Neukirchen-Vluyn 1997.

Orr, William F.; Walther, James Arthur: First Corinthians. A new translation, Introduction with a Study of the life of Paul, notes, and Commentary, AncB 32, Garden City/New York 1976.

Overbeck, Bernhard; Klose, Dietrich O. A.: Antike im Münzbild. Eine Einführung, zweite Auflage, München 1987.

Pantle-Schieber, Klaus: Anmerkungen zur Auseinandersetzung von ἐκκλησία und Judentum im Matthäusevangelium, in: ZNW 80, Berlin, New York 1989, S. 145-162.

Pao, David W.: Acts and the Iaianic new exodus, WUNT 2/130, Tübingen 2000.

Pathrapankal, Joseph: Christianity as a 'way' according to the Acts of the Apostles, in: Kremer, Jacob, Les Actes des apôtres. Traditions, rédaction, théologie, BEThL 48, Louvain 1979, S. 533-539.

Patte, Daniel: The Gospel according to Matthew. A structural Commentary on Matthews faith, Philadelphia 1987.

Paulsen, Henning: Aufgaben und Probleme einer Geschichte der frühchristlichen Literatur, in: Ders., Zur Literatur und Geschichte des frühen Christentums. Gesammelte Aufsätze, herausgegeben von Ute E. Eisen, WUNT 99, Tübingen 1997, S. 396-411.

Ders.: Die Briefe des Ignatius von Antiochia und der Brief des Polycarb von Smyrna, zweite, neubearbeitete Auflage der Auslegung von Walter Bauer, HNT 18, Die Apostolischen Väter II, Tübingen 1985.

Ders.: Von der Unbestimmtheit des Anfangs. Zur Entstehung von Theologie im Urchristentum, in: Paulsen, Henning, Zur Literatur und Geschichte des frühen Christentums. Gesammelte Aufsätze, herausgegeben von Ute E. Eisen, WUNT 99, Tübingen 1997, S. 284-300.

Paverd, Frans von de: Disciplinarian procedures in the Early Church, in: Studies in Early Christianity. A collection of scholarly essays, edited by Everell Fergusson, with David M. Scholer and Paul Corby Finney, volume 16. Christian life. Ethics, morality, and discipline in the Early Church, New York, London 1993, S. 267-292.

Pearson, Birger A.: Did the Gnostics curse Jesus?, in: JBL 86, Philadelphia/Pennsylvania 1967, S. 301-305.

Pekáry, Thomas: Art. Vereinswesen, in: KP 5, München 1979, Sp. 1188-1189.

Perrot, Charles: Les premières législations canoniques dans le Nouveau Testament, in: Bibel und Recht. Rechtshistorisches Kolloquium 9.-13. Juni 1992 an der Christian-Albrechts-Universität zu Kiel, herausgegeben von Jörn Eckert und Brigitte Basdevant-Gaudemet, Rechtshistorische Reihe Band 121, Frankfurt am Main, Berlin, Bern, New York, Paris, Wien 1994, S. 15-26.

Pesch, Rudolf: Die Apostelgeschichte, 1. Teilband. Apg 1-12, EKK V/1, zweite, durchgesehene Auflage, Zürich, Einsiedeln, Köln 1995, 2. Teilband. Apg 13-28, EKK V/2, zweite, durchgesehene Auflage, Zürich, Einsiedeln, Köln 1995.

Pesch, Wilhelm: Matthäus der Seelsorger. Das neue Verständnis der Evangelien dargestellt am Beispiel von Matthäus 18, SBS 2, Stuttgart 1966.

Pezzoli-Olgiati, Daria: Between fascination and destruction. Consideration on the power of the beast in Rev 13:1-10, in: Zwischen den Reichen. Neues Testament und Römische Herrschaft. Vorträge auf der ersten Konferenz der European Associations for Biblical Studies, herausgegeben von Michael Labahn, Jürgen Zangenberg, TANZ 36, Tübingen, Basel 2002, S. 229-237.

Pfaff, Ivo: Strafrecht, in: PRE Zweite Reihe. Halbband 4, Stuttgart 1932, S. 163-169.

Pfleger, Wolfgang H.: Sokrates. Der Beginn des philosophischen Dialogs, Reinbek bei Hamburg 1998.

Philip, Maertens: Quelques notes sur ΠΝΙΚΤΟΣ, in: NTS 45, Cambridge 1999, S. 593-596.

Pilhofer, Peter: Philippi, Band I. Die erste christliche Gemeinde Europas, WUNT 87, Tübingen 1995.

Ders.: ΠΡΕΣΒΎΤΕΡΟΝ ΚΡΕΙΤΤΟΝ. Der Altersbeweis der jüdischen und christlichen Apologeten und seine Vorgeschichte, WUNT 2/39, Tübingen 1990.

Piper, Ronald A.: The language of violence and the aphoristic sayings in Q: A Study of Q 6:27-36, in: Conflict and invention. Literary, rhetorical, and social Studies on the sayings Gospel Q, edited by John S. Kloppenborg, Valley Forge/Pennsylvania 1995, S. 53-72.

Ders.: Wisdom in the Q-tradition. The aphoristic teaching of Jesus, MSSNTS 61, Cambridge 1989.

Plümacher, Eckhard: Identitätsverlust und Identitätsgewinn. Studien zum Verhältnis von kaiserzeitlicher Stadt und frühem Christentum, BThSt 11, Neukirchen-Vluyn 1987.

Ders.: Lukas als hellenistischer Schriftsteller. Studien zur Apostelgeschichte, StUNT 9, Göttingen 1972.

Ders.: Art. Apostelgeschichte, in: TRE 3, Berlin, New York 1978, S. 483-528.

Plummer, Alfred: A critical and exegetical Commentary of the Gospel according to S. Luke, ICC, fifth edition, reprinted, Edinburgh 1977.

Pokorny, Petr: Theologie der lukanischen Schriften, FRLANT 174, Göttingen 1997.

Poland, Franz: Geschichte des griechischen Vereinswesens, Fürstlich-Jablonowski'sche Gesellschaft der Wissenschaften. Preisschriften Band 38, Leipzig 1909.

Popkes, Wiard: Paränese und Neues Testament, SBS 168, Stuttgart 1996.

Poschmann, Bernhard: Paenitentia secunda. Die kirchliche Buße im ältesten Christentum bis Cyprian und Origenes, eine dogmengeschichtliche Untersuchung, Theoph. 1, Bonn 1940.

Porter, Stanley E.: The Paul of Acts. Essays in literary critisism, rhetoric, and Theology, WUNT 115, Tübingen 1999.

Powell, Douglas: Art. Clemens von Rom, in: TRE 8, Berlin, New York 1981, S. 113-120.

Prigent, Pierre: L'Apocalypse de Saint Jean, CNT(N) 14, Lausanne, Paris 1981.

Prostmeier, Ferdinand-Rupert: Handlungsmodelle im ersten Petrusbrief, fzb 63, Würzburg 1990.

Rabello, Alfredo Mordechai: The legal conditions of the Jews in the Roman empire, in: ANRW II 13, Berlin, New York 1980, S. 662-762.

Radl, Walter: Das Gesetz in Apg 15, in: Das Gesetz im Neuen Testament, herausgegeben von Karl Kertelge, QD 108, Freiburg, Basel, Wien 1986, S. 169-174.

Räisänen, Heikki: Neutestamentliche Theologie? Eine religionswissenschaftliche Alternative, SBS 186, Stuttgart 2000.

Ratzinger, Joseph: Das neue Volk Gottes. Entwürfe zur Ekklesiologie, zweite Auflage, Düsseldorf 1970.

Ders.: Salz der Erde. Christentum und katholische Kirche an der Jahrtausendwende, ein Gespräch mit Peter Seewald, Stuttgart 1998.

Rau, Eckhard: Von Jesus zu Paulus. Entwicklung und Rezeption der antiochenischen Theologie im Urchristentum, Stuttgart, Berlin, Köln 1994.

Rauschen, Gerhard: Die wichtigeren neuen Funde aus dem Gebiete der ältesten Kirchengeschichte, Bonn 1905.

Read-Heimerdinger, Jenny: Barnabas in Acts. A Study in his role in the text of Codex Bezae, in: JSNT 72, Sheffield 1998, S. 23-66.

Rebell, Walter: Gehorsam und Unabhängigkeit. Eine sozialpsychologische Studie zu Paulus, München 1986.

Ders.: Zum neuen Leben berufen. Kommunikative Gemeindepraxis im frühen Christentum, München 1990.

Reese, Boyd: The Apostle Paul's exercise of his Right as a Roman Citizen as recorded in the Book of Acts, in: EvQ 47, London 1975, S. 138-145.

Reichert, Angelika: Eine urchristliche praeparatio ad martyrium. Studien zur Komposition, Traditionsgeschichte und Theologie des 1. Petrusbriefes, BET 22, Frankfurt am Main, Bern, New York, Paris 1989.

Reicke, Bo: The Epistles of James, Peter, and Jude, AncB 37, second edition, Garden City/New York 1973.

Ders.: Neutestamentliche Zeitgeschichte. Die biblische Welt von 500 v. Chr. bis 100 n. Chr., dritte, verbesserte Auflage, Berlin, New York 1982.

Rengstorf, Karl Heinrich: Das Neue Testament und die nachapostolische Zeit, in: Kirche und Synagoge. Handbuch zur Geschichte von Christen und Juden, Darstellung mit Quellen, herausgegeben von Karl Heinrich Rengstorf und Siegfried von Kortzfleisch, Band I, Stuttgart 1968, S. 23-83.

Rese, Martin: Die Funktion der alttestamentlichen Zitate und Anspielungen in den Reden der Apostelgeschichte, in: Kremer, Jacob, Les Actes des apôtres. Traditions, rédaction, théologie, BEThL 48, Louvain 1979, S. 61-79.

Resseguie, James L.: Revelation unsealed. A narrative approach to John's apocalypse, biblical interpretation series 32, Leiden, Boston, Köln 1998.

Reuter, Hans-Richard: Was soll das Recht in der Kirche? Zur Begründung und Aufgabe evangelischen Kirchenrechts, in: Ders., Rechtsethik in theologischer Perspektive, Studien zur Grundlegung und Konkretion, Öffentliche Theologie 8, Gütersloh 1996, S. 121-164.

Richter Reimer, Ivoni: Frauen in der Apostelgeschichte des Lukas. Eine feministisch-theologische Exegese, Gütersloh 1992.

Riemer, Ulrike: Das Tier auf dem Kaiserthron? Eine Untersuchung zur Offenbarung des Johannes als historischer Quelle, BzA 114, Stuttgart, Leipzig 1998.

Riesner, Rainer: Das Jerusalemer Essenerviertel und die Urgemeinde. Josephus, bellum judaicum V 145, 11QMiqdasch 46,13-16, Apostelgeschichte 1-6 und die Archäologie, in: ANRW II 26.2, Berlin, New York 1995, S. 1775-1922.

Ders.: Die frühchristliche Gemeinde und ihre Bedeutung für die heutigen Strukturen der Kirche, in: Charisma und Caritas. Aufsätze zur Geschichte der Alten Kirche, herausgegeben von Angelika Dörfler-Dierken, Göttingen 1993, S. 197-214.

Roberts, Simon: Ordnung und Konflikt. Eine Einführung in die Rechtsethnologie, Stuttgart 1981.

Roetzel, Calvin J.: The judgement form in Paul's letters, in: JBL 88, Philadelphia/Pennsylvania 1969, S. 305-312.

Ders.: Judgement in the community. A Study of the relationships between eschatology an ecclesiology in Paul, Leiden 1972.

Roller, Otto: Das Formular der paulinischen Briefe. Ein Beitrag zur Lehre vom antiken Briefe, BWANT 58, Stuttgart 1933.

Roloff, Jürgen: Anfänge der soteriologischen Deutung des Todes Jesu (Mk. X. 45 und Lk. XXII. 27), in: Ders., Exegetische Verantwortung in der Kirche. Aufsätze, herausgegeben von Martin Karrer, Göttingen 1990, S. 117-143.

Ders.: Ansätze kirchlicher Rechtsbildungen im Neuen Testament, in: Roloff, Jürgen, Exegetische Verantwortung in der Kirche. Aufsätze, herausgegeben von Martin Karrer, Göttingen 1990, S. 279-336.

Ders.: Die Apostelgeschichte, NTD 5, 18. Auflage, zweite Auflage dieser neuen Fassung, Göttingen 1988.

Ders.: Apostolat - Verkündigung - Kirche, Ursprung, Inhalt und Funktion des kirchlichen Apostelamtes nach Paulus, Lukas und den Pastoralbriefen, erste Auflage, Gütersloh 1965.

Ders.: Der erste Brief an Timotheus, EKK XV, Zürich, Neukirchen-Vluyn 1988.

Ders.: Die Kirche im Neuen Testament, GNT 10, Göttingen 1993.

Ders.: Kirchenleitung nach dem Neuen Testament. Theorie und Realität, in: KuD 42, Göttingen 1996, S. 136-153.

Ders.: Das Kirchenverständnis des Matthäus im Spiegel seiner Gleichnisse, in: NTS 38, Cambridge, New York, Port Chester, Melbourne, Sydney 1992, S. 337-356.

Ders.: Konflikte und Konfliktlösungen nach der Apostelgeschichte, in: Der Treue Gottes trauen. Beiträge zum Werk des Lukas, für Gerhard Schneider, herausgegeben von Clauss Bussmann und Walter Radl, Freiburg, Basel, Wien 1991, S. 111-126.

Ders.: Neues Testament, siebte vollständig überarbeitete Auflage, Neukirchen-Vluyn 1999.

Ders.: Die Offenbarung des Johannes, ZBK.NT 18, zweite Auflage, Zürich 1987.

Ders.: Themen und Traditionen urchristlicher Amtsträgerparänese, in: Neues Testament und Ethik. Für Rudolf Schnackenburg, herausgegeben von Helmut Merklein, Freiburg, Basel, Wien 1989, S. 507-526.

Ders.: Art. Pastoralbriefe, in: TRE 26, Berlin, New York 1996, S. 50-68.

Rordorf, Willy: Die Mahlgebete in Didache Kap. 9-10. Ein neuer 'status quaestionis', VigChr 51, Leiden 1997, S. 229-246.

Rosin, Hans: Civis Romanus sum, in: NedThT 3, Leiden 1948/49, S. 21-29.

Rosner, Brian S.: 'ΟΥΧΙ ΜΑΛΛΟΝ ΕΠΕΝΘΗΣΑΤΕ'. Corporate responsibitity in 1 Corinthians 5, in: NTS 38, Cambridge, New York, Port Chester, Melbourne, Sydney 1992, S. 470-473.

Rothgangel, Martin: Act 15 als Darstellung des Jerusalemer Apostelkonvents? Eine „einleitungswissenschaftliche Reminiszenz", in: Steht nicht geschrieben? Studien zur Bibel und ihrer Wirkungsgeschichte, Festschrift für Georg Schmuttermayr, herausgegeben von Johannes Frühwald-König, Ferdinand R. Prostmeier, Reinhold Zwick, Regensburg 2001, S. 237-246.

Rouco Varela, Antonio María: Evangelische Kirchenrechtstheologie heute. Möglichkeiten und Grenzen eines Dialogs, in: Ders., Schriften zur Theologie des Kirchenrechts und zur Kirchenverfassung, herausgegeben von Winfried Aymans, Libero Gerosa und Ludger Müller, Paderborn, München, Wien, Zürich 2000, 113-140.

Ruck-Schröder, Adelheid: Der Name Gottes und der Name Jesu. Eine neutestamentliche Studie, WMANT 80, Neukirchen-Vluyn 1999.

Rudolph, Kurt: Die Gnosis. Wesen und Geschichte einer spätantiken Religion, dritte, durchgesehene und ergänzte Auflage, UTB 1577, Göttingen 1990.

Rüger, Hans Peter: »Mit welchem Maß ihr meßt, wird euch gemessen werden«, in: ZNW 60, Berlin 1969, S. 174-182.

Rüpke, Jörg: Die Religion der Römer. Eine Einführung, München 2001.

Rossbach, Otto: Art. Annaeus 17, in: PRE 1, Stuttgart 1984, Sp. 2240-2248.

Rost, Leonhard: Art. Testamente der XII Patriarchen, in: RGG 6, dritte, völlig neu bearbeitete Auflage, Tübingen 1962, Sp. 701-702.

Saddington, Denis B.: Roman military an administrative personnel in the New Testament, in: ANRW II 26.3, Berlin, New York 1996, S. 2409-2435.

San Nicolò, Mariano: Ägyptisches Vereinswesen zur Zeit der Ptolemäer und Römer, erster Teil. Die Vereinsarten, MBPF 2, zweite, durchgesehene Auflage mit Nachträgen von Johannes Herrmann, München 1972.

Sand, Alexander: Das Matthäus-Evangelium, EdF 275, Darmstadt 1991.

Ders.: Mt 18. Weisungen für eine Gemeinde in Bewegung, in: Theologie et jus canonicum. Festgabe für Heribert Heinemann zur Vollendung seines 70. Lebensjahres, herausgegeben von Heinrich J. F. Reinhard, Essen 1995, S. 51-57.

Sanders, Edward Parish: Paulus. Eine Einführung, Stuttgart 1995.

Sanders, Jack T.: Ethics in the New Testament. Change and development, Philadelphia 1975.

Satake, Akira: Die Gemeindeordnung in der Johannesapokalypse, WMANT 21, Neukirchen-Vluyn 1966.

Saumagne, Charles: Saint Paul et Félix, procurator de Judée, in: MAH VI, Paris 1966, S. 1373-1386.

Schäfer, Peter: Die sogenannte Synode von Jabne. Zur Trennung von Juden und Christen im ersten/zweiten Jh. n. Chr., in: Ders., Studien zur Geschichte und Theologie des rabbinischen Judentums, AGJU 15, Leiden 1978, S. 45-64.

Schaff, Philip: The oldest Church manual called the teaching of the twelve Apostles, New York, dritte Auflage, Nachdruck der dritten Auflage New York 1890, Ann Arbor/Michigan 1981.

Schaller, Bernd: Art. Philon 10., in: KP 4, München 1979, Sp. 772-775.

Schelkle, Karl Hermann: Die Petrusbriefe - Der Judasbrief, HThK XIII/2, dritte Auflage, Freiburg, Basel, Wien 1970.

Ders.: Theologie des Neuen Testaments III. Ethos, KBANT, erste Auflage, Düsseldorf 1970.

Schenk, Wolfgang: Die Briefe an Timotheus I und II und an Titus (Pastoralbriefe) in der neueren Forschung (1945-1985), in: ANRW II 25.4, Berlin, New York 1987, S. 3404-3438.

Ders.: Die Philipperbriefe des Paulus. Kommentar, Stuttgart, Berlin, Köln, Mainz 1984.

Ders.: Synopse zur Redenquelle der Evangelien. Q-Synopse und Rekonstruktion in deutscher Übersetzung mit kurzen Erklärungen, erste Auflage, Düsseldorf 1981.

Schenk-Ziegler, Alois: Correctio fraterna im Neuen Testament. Die „brüderliche Zurechtweisung" in biblischen, frühjüdischen und hellenistischen Schriften, fzb 84, Würzburg 1997.

Schenke, Ludger: Johanneskommentar, Kommentare zu den Evangelien, erste Auflage, Düsseldorf 1998.

Ders.: Die Urgemeinde. Geschichtliche und theologische Entwicklung, Stuttgart, Berlin, Köln 1990.

Schenker, Adrian: Gelübde im Alten Testament. Unbeachtete Aspekte, in: Ders., Recht und Kult im Alten Testament. Achtzehn Studien, OBO 172, Freiburg/Schweiz, Göttingen 2000, S. 28-32.

Ders.: Zeuge, Bürger, Garant des Rechts. Die drei Funktionen des „Zeugen" im Alten Testament, in: Schenker, Adrian, Recht und Kult im Alten Testament. Achtzehn Studien, OBO 172, Freiburg/Schweiz, Göttingen 2000, S. 3-6.

Scheuermann, Georg: Gemeinde im Umbruch. Eine sozialgeschichtliche Studie zum Matthäusevangelium, fzb 77, Würzburg 1996.

Schiffman, Lawrence H.: The Qumran Law of testimony, in: RdQ 8, Paris 1972-1975, S. 603-612.

Ders.: Reclaiming the Dead Sea scrolls. The history of Judaism, the background of Christianity, the lost library of Qumran, The Anchor Bible reference library 1, New York, London, Toronto, Sydney, Auckland 1995.

Schille, Gottfried: Anfänge der Kirche. Erwägungen zur apostolischen Frühgeschichte, BEvTh 43, München 1966.

Ders.: Die Apostelgeschichte des Lukas, ThHK 5, erste Auflage der Neubearbeitung, Berlin 1983.

Ders.: Frei zu neuen Aufgaben. Beiträge zum Verständnis der dritten urchristlichen Generation, Berlin 1986.

Schlarb, Egbert: Die gesunde Lehre. Häresie und Wahrheit im Spiegel der Pastoralbriefe, MThSt 28, Marburg 1990.

Schlecht, Joseph: Die Apostellehre in der Liturgie der katholischen Kirche, doctrina XII apostolorum, Freiburg im Breisgau 1901.

Schlier, Heinrich: Der Brief an die Galater, KEK 7, 15. Auflage, sechste Auflage dieser Neubearbeitung, Göttingen 1989.

Ders.: Der Römerbrief, HThK VI, dritte Auflage, Freiburg, Basel, Wien 1987.

Ders.: Die Ordnung der Kirche nach den Pastoralbriefen, in: Das kirchliche Amt im Neuen Testament, herausgegeben von Karl Kertelge, WdF 439, Darmstadt 1977, S. 475-500.

Schmeller, Thomas: Hierarchie und Egalität. Eine sozialgeschichtliche Untersuchung paulinischer Gemeinden und griechisch-römischer Vereine, SBS 162, Stuttgart 1995.

Schmidt, Andreas: Das historische Datum des Apostelkonzils, in: ZNW 81, Berlin, New York 1990, S. 122-131.

Schmithals, Walter: Apg 20,17-38 und das Problem einer 'Paulusquelle', in: Der Treue Gottes trauen. Beiträge zum Werk des Lukas, für Gerhard Schneider zum 65. Geburtstag, herausgegeben von Claus Bussmann und Walter Radl, Freiburg im Breisgau 1991, S. 307-322.

Ders.: Die Apostelgeschichte des Lukas, ZBK.NT 3.2, Zürich 1982.

Ders.: Das Evangelium nach Lukas, ZBK.NT 3.1, Zürich 1980.

Ders.: Die Gnosis in Korinth. Eine Untersuchung zu den Korintherbriefen, FRLANT 66, dritte, bearbeitete und ergänzte Auflage, Göttingen 1969.

Ders.: Paulus und Jakobus, FRLANT 85, Göttingen 1963.

Ders.: Der Römerbrief. Ein Kommentar, Gütersloh 1988.

Ders.: Theologiegeschichte des Urchristentums. Eine problemgeschichtliche Darstellung, Stuttgart, Berlin, Köln 1994.

Schnackenburg, Rudolf: Ethische Argumentationsmethoden und neutestamentlich-ethische Aussagen, in: Ethik im Neuen Testament, herausgegeben von Karl Kertelge, QD 102, Freiburg 1984, S. 32-49.

Ders.: Großsein im Gottesreich. Zu Mt 18,1-5, in: Studien zum Matthäusevangelium. Festschrift für Wilhelm Pesch, herausgegeben von Ludger Schenke, SBS, Stuttgart 1988, S. 269-282.

Ders.: Das Johannesevanglium, II. Teil. Kommentar zu Kap. 5-12, HThK IV/2, fünfte Auflage, Freiburg, Basel, Wien 1990, III. Teil. Kommentar zu Kap. 13-21, HThK IV/3, sechste Auflage, Freiburg, Basel, Wien 1992.

Ders.: Die Kirche im Neuen Testament. Ihre Wirklichkeit und theologische Deutung, ihr Wesen und Geheimnis, QD 14, Freiburg, Basel, Wien 1961.

Ders.: Mk 9,33-50, in: Synoptische Studien. Alfred Wikenhauser zum siebzigsten Geburtstag am 22. Februar 1953 dargebracht von Freunden, Kollegen und Schülern, herausgegeben von Josef Schmid, Anton Vögtle, München, Freiburg im Breisgau 1953, S. 184-206.

Ders.: Die sittliche Botschaft des Neuen Testaments, Band I. Von Jesus zur Urkirche, HThK.S I, Freiburg, Basel, Wien 1986, Band II. Die urchristlichen Verkündiger, HtHK.S II, Freiburg, Basel, Wien 1988.

Schneider, Beate; Wickum-Höver, Edeltraut: Kleider machen Römer. Materialien zur römischen Kleidung für Schule und Freizeit, zweite Auflage, Köln 1998.

Schneider, Diethelm: Theorien des Übergangs. Materialistische und sozialgeschichtliche Erklärungen des Wandels im frühen Christentum und ihre Bedeutung für die Theologie, EHS.T 355, Frankfurt am Main, Bern, New York, Paris 1989.

Schneider, Gerhard: Die Apostelgeschichte, I. Teil. Einleitung, Kommentar zu Kap. 1,1-8,40, HThK V/1, Freiburg, Basel, Wien 1980, II. Teil. Kommentar zu Kap. 9,1-28,31, HThK V/2, Freiburg, Basel, Wien 1982.

Ders.: Das Evangelium nach Lukas, Kapitel 1-10, ÖTK 3/1, zweite, durchgesehene und ergänzte Auflage, Gütersloh, Würzburg 1984.

Schnelle, Udo: Antidoketische Christologie im Johannesevangelium. Eine Untersuchung zur Stellung des vierten Evangeliums in der johanneischen Schule, FRLANT 144, Göttingen 1987.

Ders.: Einleitung in das Neue Testament, UTB 1830, dritte, neubearbeitete Auflage, Göttingen 1995.

Ders.: Das Evangelium nach Johannes, ThHK 4, zweite, verbesserte Auflage, Leipzig 2000.

Ders.: Muß ein Heide Jude werden, um Christ sein zu können?, in: Kirche und Volk Gottes. Festschrift für Jürgen Roloff zum 70. Geburtstag, herausgegeben von Martin Karrer, Wolfgang Kraus, Otto Merk, Neukirchen-Vluyn 2000, S. 93-109.

Schöllgen, Georg, Die Didache - ein frühes Zeugnis für Landgemeinden? In: ZNW 76, Berlin, New York 1985, S. 140-143.

Ders.: Was wissen wir über die Sozialstruktur der paulinischen Gemeinden? Kritische Anmerkungen zu einem neuen Buch von W. A. Meeks, in: NTS 34, Cambridge, New York, New Rochelle, Melbourne, Syndey 1988, S. 71-82.

Schönle, Volker: Johannes, Jesus und die Juden. Die theologische Position des Matthäus und des Verfassers der Redenquelle im Lichte von Mt. 11, BET 17, Frankfurt am Main, Bern 1982.

Schottroff, Luise: Auf dem Weg zu einer feministischen Rekonstruktion der Geschichte des frühen Christentums, in: Schottroff, Luise; Schroer, Silvia; Wacker, Marie-Theres, Feministische Exegese. Forschungserträge zur Bibel aus der Perspektive von Frauen, Darmstadt 1995, S. 173-248.

Dies.: „Gesetzesfreies Heidenchristentum" - und die Frauen? Feministische Analysen und Alternativen, in: Von der Wurzel getragen. Christlich-feministische Exegese in Auseinandersetzung mit Antijudaismus, herausgegeben von Luise Schottroff und Marie-Theres Wacker, Biblical Interpretation Series 17, Leiden, New York, Köln 1996, S. 227-245.

Schottroff, Willy: Der altisraelitische Fluchspruch, WMANT 30, Neukirchen-Vluyn 1969.

Schrage, Wolfgang: Die Christen und der Staat nach dem Neuen Testament, Gütersloh 1971.

Ders.: Der erste Brief an die Korinther, 1. Teilband. 1 Kor 1,1-6,11, EKK VII/1, Zürich, Braunschweig, Neukirchen-Vluyn 1991, 3. Teilband. 1 Kor 11,17-14,40, EKK VII/3, Zürich, Düsseldorf, Neukirchen-Vluyn 1999.

Ders.: Ethik des Neuen Testaments, GNT 4, fünfte, neubearbeitete und erweiterte Auflage, dritte Auflage dieser neuen Fassung, Göttingen 1989.

Schramm, Tim: Der Markus-Stoff bei Lukas. Eine literarkritische und redaktionsgeschichtliche Untersuchung, MSSNTS 14, Cambridge 1971.

Schreiner, Josef; Kampling, Rainer: Der Nächste - der Fremde - der Feind. Perspektiven das Alten und Neuen Testaments, NEB Themen 3, Würzburg 2000.

Schröder, Bernd: Die 'väterlichen Gesetze'. Flavius Josephus als Vermittler von Halachah an Griechen und Römer, TSAJ 53, Tübingen 1996.

Schröder, Markus: Die kritische Identität des neuzeitlichen Christentums. Schleiermachers Wesensbestimmung der christlichen Religion, BHTh 96, Tübingen 1996.

Schröger, Friedrich: Gemeinde im ersten Petrusbrief. Untersuchungen zum Selbstverständnis einer urchristlichen Gemeinde an der Wende vom 1. zum 2. Jahrhundert, SUPa.KT 1, Passau 1981.

Schürmann, Heinz: Das Lukasevangelium, erster Teil. Kommentar zu Kap. 1,1 - 9,50, HThK III/1, zweite, durchgesehene Auflage, Freiburg, Basel, Wien 1982.

Schüssler-Fiorenza, Elisabeth: Biblische Grundlegung, in: Feministische Theologie. Perspektiven zur Orientierung, herausgegeben von Maria Kassel, zweite, veränderte Auflage, Stuttgart 1988, S. 13-44.

Dies.: Das Buch der Offenbarung. Vision einer gerechten Welt, Stuttgart, Berlin, Köln 1994.

Schulz, Fritz: Roman registers of births and births certificates, in: JRS 32, London 1942, S. 78-91, JRS 33, London 1943, S. 55-64.

Schulz, Siegfried: Neutestamentliche Ethik, ZGB, Zürich 1987.

Ders.: Q - die Spruchquelle der Evangelisten, Zürich 1972.

Schunck, Klaus-Dietrich: Art. Makkabäer/Makkabäerbücher, in: TRE 21, Berlin, New York 1991, S. 736-745.

Schwartz, Eduard: Bußstufen und Katechumenatsklassen, Schriften der wissenschaftlichen Gesellschaft Strassburg, siebtes Heft, Strassburg 1911.

Schwank, Benedikt: Evangelium nach Johannes, St. Ottilien 1996.

Schweizer, Eduard: Gemeinde und Gemeindeordnung im Neuen Testament, AThANT 35, zweite Auflage, Zürich 1962.

Scramuzza, Vincent M.: The policy of the Early Roman emperors towards Judaism, in: The beginnings of Christianity, part I. The Acts of the Apostles, edited by Frederick J. Foakes-Jackson and Kirsopp Lake, volume V. Additional notes to the Commentary, edited by Kirsopp Lake and Henry J. Cadbury, London 1933, S. 277-297.

Sellin, Gerhard: Die Allegorese und die Anfänge der Schriftauslegung, in: Theologische Probleme der Septuaginta und der hellenistischen Hermeneutik, Veröffentlichungen der Wissenschaftlichen Gesellschaft für Theologie 11, herausgegeben von Henning Graf Reventlow, Gütersloh 1997, S. 91-132.

Ders.: 1 Korinther 5-6 und der 'Vorbrief' nach Korinth, in: NTS 37, Cambridge, New York, Port Chester, Melbourne, Sydney 1991, S. 538-558.

Ders.: Hauptprobleme des ersten Korintherbriefes, in: ANRW II 25.4, Berlin, New York 1987, S. 2940-3044.

Selwyn, Edward Gordon: The First Epistle of Saint Peter, reprinted, London, Basing-stoke 1972.

Sevenich-Bax, Elisabeth: Israels Konfrontation mit den letzten Boten der Weisheit. Form, Funktion und Interdependenz der Weisheitselemente in der Logienquelle, MThA 21, Altenberge 1993.

Siedl, Suitbert H.: Qumran. Eine Mönchsgemeinde im alten Bund, Studie über Serek Ha-Yahad, BCarm.St 2, Rom 1963.

Sherwin-White, Adrian N.: Early persecutions and Roman Law again, in: JThS 3, Oxford 1952, S. 199-213.

Ders.: The Roman citizenship, second edition, Oxford 1973.

Ders.: Roman society and Roman Law in the New Testament. The Sarum lectures 1960-1961, reprinted, Oxford 1963.

Shillington, V. George: Atonement texture in 1 Corinthians 5.5, in: JSNT 71, Sheffield 1998, S. 29-50.

Smith, Charles W. F.: The mixed state of the Church in Matthew's Gospel, in: JBL 82, Philadelphia 1963, S. 149-168.

Sohm, Rudolph: Kirchenrecht, erster Band. Die geschichtlichen Grundlagen, in: Systematisches Handbuch der Deutschen Rechtswissenschaft, begründet von Dr. Karl Binding, herausgegeben von Dr. Friedrich Oetker, achte Abteilung, erster Band, unveränderter Nachdruck der 1923 erschienenen zweiten Auflage, Darmstadt 1970.

Ders.: Wesen und Ursprung des Katholizismus. Durch ein Vorwort vermehrter zweiter Abdruck, Leipzig, Berlin 1912.

South, James T.: A critique of the 'curse/death' interpretation of 1 Cor 5.1-8, in: NTS 39, Cambridge 1993, S. 539-561.

Speyer, Wolfgang: Art. Fluch, in: RAC 7, Stuttgart 1969, Sp. 1160-1288.

Spicq, Ceslas: Les épitres Pastorales, EtB, 2 tôme, quatrième édition refondue, Paris 1969.

Ders.: Notes de lexiographie néo-testamentaire, OBIS 22/1, Fribourg/Suisse, Göttingen 1978.

Spira, Andreas. Art. Pietas, in: KP 4, München 1979, Sp. 848.

Sprengler-Ruppenthal, Anneliese: Art. Kirchenordnungen, in: EKL 2, dritte Auflage, Göttingen 1989, Sp. 1154-1158.

Springer, Ernst: Der Prozeß des Apostels Paulus, in: PrJ 218, Berlin 1929, S. 182-196.

Squires, John T.: The plan of God in Luke-Acts, MSSNTS 76, Cambridge 1993.

Ders.: The plan of God in the Acts of the Apostles, in: Marshall, Ian Howard; Peterson, David, witness to the Gospel. The Theology of Acts, Grand Rapids/Michigan, Cambridge/United Kingdom 1998, S. 19-39.

Stählin, Gustav: Zum Gebrauch von Beteuerungsformeln im Neuen Testament, in: NT 5, Leiden 1962, S. 115-143.

Stegemann, Ekkehard W.; Stegemann, Wolfgang: Urchristliche Sozialgeschichte. Die Anfänge im Judentum und die Christusgemeinden in der mediterranen Welt, zweite, durchgesehene und ergänzte Auflage, Stuttgart, Berlin, Köln 1997.

Stegemann, Hartmut: Die Essener, Qumran, Johannes der Täufer und Jesus. Ein Sachbuch, fünfte Auflage, Freiburg, Basel, Wien 1996.

Ders.: Das Gesetzeskorpus der «Damaskusschrift» (CD IX-XIV), in: RdQ 14, Paris 1989/1990, S. 409-434.

Stegemann, Wolfgang: War der Apostel Paulus ein römischer Bürger? In: ZNW 78, Berlin, New York 1987, S. 200-229.

Ders.: Zwischen Synagoge und Obrigkeit. Zur historischen Situation der lukanischen Christen, FRLANT 152, Göttingen 1991.

Steimer, Bruno: Vertex traditionis. Die Gattung der altchristlichen Kirchenordnungen, BZNW 63, Berlin, New York 1992.

Ders.: Art. Didache, in: Lexikon der antiken christlichen Literatur, herausgegeben von Siegmar Döpp und Wilhelm Geerlings, zweite Auflage, Freiburg, Basel, Wien 1999, S. 166-167.

Stein, Albert: Evangelisches Kirchenrecht. Ein Lernbuch, dritte, durchgesehene und ergänzte Auflage, Neuwied, Kriftel, Berlin 1992.

Ders.: Wo trugen die korinthischen Christen ihre Rechtshändel aus? In: ZNW 59, Berlin 1968, S. 86-90.

Stein, Jürgen: Art. Kirchenbann, in: EKL 2, dritte Auflage, Göttingen 1989, Sp.1100-1102.

Steinmüller, Wilhelm: Evangelische Rechtstheologie. Zweireichelehre · Christikratie · Gnadenrecht, FKRG 8 ,zwei Bände, Köln, Graz 1968.

Stettler, Hanna: Die Christologie der Pastoralbriefe, WUNT 2/105, Tübingen 1998.

Stöckle, Albert: Spätrömische und byzantinische Zünfte. Untersuchungen zum sogenannten ΕΠΑΡΧΙΚΟΝ ΒΙΒΛΙΟΝ Leos des Weisen, Klio.B 9, Nachdruck der Ausgabe Leipzig 1911, Aalen 1963.

Stoessl, Franz: Art. Euripides, in: KP 2, München 1979, Sp. 440-446.

Stolle, Volker: Der Zeuge als Angeklagter. Untersuchungen zum Paulusbild des Lukas, BWANT 102, Stuttgart, Berlin, Köln, Mainz 1973.

Stowasser, Martin: Am 5,25-27; 9,11f. in der Qumranüberlieferung und in der Apostelgeschichte. Text- und traditionsgeschichtliche Überlegungen zu 4Q174 (Florilegium) III 12/CD VII 16/Apg. 7,42-43; 15,16-18, in: ZNW 92, Berlin, New York 2001, S. 47-63.

Ders.: Konflikte und Konfliktlösungen nach Gal 1-2. Aspekte paulinischer Konfliktkultur, in: TThZ 103, Trier 1994, S. 56-79.

Strecker, Georg: Handlungsorientierter Glaube. Vorstudien zu einer Ethik des Neuen Testaments, erste Auflage, Stuttgart, Berlin 1972.

Ders.: Die neutestamentlichen Haustafeln (Kol 3,18-4,1 und Eph 5,22-6,9), in: Neues Testament und Ethik. Für Rudolf Schnackenburg, herausgegeben von Helmut Merklein, Freiburg, Basel, Wien 1989, S. 349-375.

Ders.: Der Weg der Gerechtigkeit. Untersuchung zur Theologie des Matthäus, FRLANT 82, zweite, durchgesehene, um einen Nachtrag erweiterte Auflage, Göttingen 1966.

Strobel, August: Erkenntnis und Bekenntnis der Sünde in neutestamentlicher Zeit, AzTh I 37, Stuttgart 1968.

Ders.: Der erste Brief an die Korinther, ZBK.NT 6.1, Zürich 1989.

Ders.: Furcht, wem Furcht gebührt. Zum profangriechischen Hintergrund vom Rm 13 7, in: ZNW 55, Berlin 1964, S. 58-62.

Ders.: Schriftverständnis und Obrigkeitsdenken in der ältesten Kirche. Eine auslegungs- und problemgeschichtliche Studie zum Verhältnis von Kirche und Staat vor allem bis zur Zeit Konstantins des Großen, Teil I. Text, Teil II. Anmerkungen, Erlangen 1956.

Ders.: Zum Verständnis von Rm 13, in: ZNW 47, Berlin 1956, S. 67-93.

Stuhlmacher, Peter: Das paulinische Evangelium, I. Vorgeschichte, FRLANT 95, Göttingen 1968.

Suhl, Alfred: Der Galaterbrief - Situation und Argumentation, in: ANRW II 25.4, Berlin, New York 1987, S. 3067-3134.

Ders.: Paulus und seine Briefe. Ein Beitrag zur paulinischen Chronologie, StNT 11, Gütersloh 1975.

Sylva, Dennis: The critical exploration of 1 Peter, in: Perspectives on First Peter, edited by Charles H. Talbot, NABPR.SS 9, Macon/Georgia 1986, S. 17-36.

Szanto, Emil: Art. e¬pískopoß, in: PRE 6, Stuttgart 1909, Sp. 199.

Tabachovitz, David: In paladii historiam lausiacam obseruationes quaedam, in: APSu 30, Uppsala 1932, S. 97-109.

Tajra, Harry W.: The trial of St. Paul. A juridical exegesis of the second half of the Acts of the Apostles, WUNT 2/35, Tübingen 1989.

Talmon, Shemaryahu: Die Bedeutung der Qumranfunde für die jüdische Religionsge- schichte, in: Qumran. Ein Symposion, herausgegeben von Johannes Baptist Bauer, Josef Fink und Hannes Galter, GrTS 15, Graz 1993, S. 117-171.

Taylor, Justin: The Roman empire in the Acts of the Apostles, ANRW II 26.3, Berlin, New York 1996, S. 2436-2500.

Theißen, Gerd: Psychologische Aspekte paulinischer Theologie, FRLANT 131, Göttin- gen 1983.

Ders.: Die Religion der ersten Christen. Eine Theorie des Urchristentums, Gütersloh 2000.

Ders.: Urchristliche Wundergeschichten. Ein Beitrag zur formgeschichtlichen Erfor- schung der synoptischen Evangelien, StNT 8, sechste Auflage, Gütersloh 1990.

Ders.: Die Verfolgung unter Agrippa I. und die Autoritätsstruktur der Jerusalemer Ge- meinde. Eine Untersuchung zu Act 12,1-4 und Mk 10,35-45, in: Das Urchristentum in seiner literarischen Geschichte. Festschrift für Jürgen Becker zum 65. Geburtstag, herausgegeben von Ulrich Mell und Ulrich B. Müller, BZNW 100, Berlin, New York 1999, S. 263-289.

Theißen, Gerd; Merz, Annette: Der historische Jesus. Ein Lehrbuch, Göttingen 1996.

Theobald, Michael: Der Römerbrief, EdF 294, Darmstadt 2000.

Thiselton, Antony C.: The First Epistle to the Corinthians. A Commentary on the Greek text, NIGTC, Grand Rapids/Michigan, Cambrigde, Carlisle, Cumbria 2000.

Thiessen, Werner: Christen in Ephesus. Die historische und theologische Situation in vorpaulinischer und paulinischer Zeit und zur Zeit der Apostelgeschichte und der Pastoralbriefe, TANZ 12, Tübingen, Basel 1995.

Thoma, Clemens: Die Christen in rabbinischer Optik. Heiden, Häretiker oder Fromme? In: Christlicher AntiJudaismus und jüdischer Antipaganismus. Ihre Motive und Hintergründe in den ersten drei Jahrhunderten, herausgegeben von Herbert Frohndorfer, Hamburger Theologische Studien 3, Hamburg 1990, S. 23-49.

Ders.: Das Messiasprojekt. Theologie jüdisch-christlicher Begegnung, Augsburg 1994.

Thompson, Leonard L.: The Book of Revelation. Apokalypse and empire, New York, Oxford 1990.

Thrall, Margaret E.: A critical and exegetical Commentary on the Second Epistle to the Corinthians, volume II, Commentary on Corinthians VII-XII, ICC, Edinburgh 2000.

Tomlin, Graham: Christians and Epicureans in 1 Corinthians, in: JSNT 68, Sheffield 1998, S. 51-72.

Trilling, Wolfgang: Gegner Jesu - Widersacher der Gemeinde - Repräsentanten der 'Welt'. Das Johannesevangelium und die Juden, in: Gottesverächter und Menschenfeinde? Juden zwischen Jesus und frühchristlicher Kirche, herausgegeben von Horst Goldstein, erste Auflage, Düsseldorf 1979, S. 190-210.

Ders.: Die Täufertradition bei Matthäus, in: BZ NF 3, Paderborn 1959, S. 271-285.

Ders.: Das wahre Israel. Studien zur Theologie des Matthäus-Evangeliums, EThSt 7, dritte Auflage, Leipzig 1975.

Troeltsch, Ernst: Die Soziallehren der christlichen Kirchen und Gruppen, zwei Bände, UTB 1811/1812, Neudruck der Ausgabe von 1912, Tübingen 1994.

Trummer, Peter: Corpus Paulinum - Corpus Pastorale. Zur Ortung der Paulustradition in den Pastoralbriefen, in: Paulus in den Neutestamentlichen Spätschriften. Zur Paulusrezeption im Neuen Testament, herausgegeben von Karl Kertelge, QD 89, Freiburg, Basel, Wien 1981, S. 122-145.

Ders.: Die Paulustradition der Pastoralbriefe, BET 8, Frankfurt am Main, Bern, Las Vegas 1978.

Tuckett, Christopher M.: Q and the history of Early Christianity. Studies on Q, Peabody Massachussets 1996.

Ders.: Synoptic tradition in the Didache, in: The New Testament in Early Christianity. La réception des écrits néotestamentaires dans le christianisme primitif, herausgegeben von Jean-Marie Sevrin, BEThL 86, Leuven 1989, S. 197-230.

Tuilier, André: Art. Didache, in: TRE 8, Berlin, New York 1981, S. 731-736.

Ulland, Harald: Die Vision als Radikalisierung der Wirklichkeit in der Apokalypse des Johannes. Das Verhältnis der sieben Sendschreiben zu Apokalypse 12-13, TANZ 21, Tübingen, Basel 1997.

Ulonska, Herbert: Streiten mit Jesus. Konfliktgeschichten in den Evangelien, BTSP 11, Göttingen 1995.

Ulrich, Jörg: Euseb, HistEccl III,14-20 und die Frage nach der Christenverfolgung unter Domitian, in: ZNW 87, Berlin, New York 1996, S. 269-289.

Umbach, Helmut: In Christus getauft - von der Sünde befreit. Die Gemeinde als sünden-freier Raum bei Paulus, FRLANT 181, Göttingen 1999.

Unnik, Willem Cornelis van: Die Anklage gegen die Apostel in Philippi (Apostelge-schichte xvi 20f), in: Sparsa collecta. The collected essays of W.C. van Unnik, part one. Evangelia · Paulina · Acta, NT.S XXIX, Leiden 1973, S. 374-385.

Ders.: Lob und Strafe durch die Obrigkeit. Hellenistisches zu Röm 13,3-4, in: Jesus und Paulus. Festschrift für Werner Georg Kümmel zum 70. Geburtstag, herausgegeben von Edward Earle Ellis und Erich Gräßer, Göttingen 1975, S. 334-343.

Ders.: Studies over de zogenaamde eerste brief van Clemens, I. Het litteraire Genre, MNAW.L 33,4, Amsterdam, London 1970.

Vaage, Leif E.: Composite texts and oral mythology: The case of the „sermon" in Q (6:20-49), in: Conflict and invention. Literary, rhetorical, and social Studies on the sayings Gospel Q, edited by John S. Kloppenborg, Valley Forge/Pennsylvania 1995, S. 75-97.

Vanni, Ugo: L'apocalisse. Ermeneutica, esegesi, teologia, RivBib.S 17, Bologna 1988.

Verhey, Allen: The great reversal. Ethics and the New Testament, Grand Rapids Michi-gan 1984.

Vielhauer, Philipp, Geschichte der urchristlichen Literatur. Einleitung in das Neue Tes-tament, die Apokryphen und die Apostolischen Väter, durchgesehener Nachdruck, Berlin, New York 1978.

Vischer, Lukas: Die Auslegungsgeschichte von I. Kor. 6,1-11. Rechtsverzicht und Schlichtung, BGBE 1, Tübingen 1955.

Vittinghoff, Friedrich: Militärdiplome, römische Bürgerrechts- und Integrationspolitik der hohen Kaiserzeit, in: Ders., civitas romana. Stadt und politisch-soziale Integrati-on im Imperium Romanum der Kaiserzeit, herausgegeben von Werner Eck, Stuttgart 1994, S. 282-298.

Vögtle, Anton: Die Tugend- und Lasterkataloge im Neuen Testament. Exegetisch, religi-ons- und formgeschichtlich untersucht, NTA 16, Heft 4/5, Münster 1936.

Volkmann, Hans: Art. Lex, leges, in: KP 3, München 1979, Sp. 603-609.

Ders.: Art. Praktor, in: KP 4, München 1979, Sp. 1119.

Ders.: Art. Strategos, in: KP 5, München 1979, Sp. 388-391.

Vokes, Frederic Ercolo: Life and Order in an Early Church. The Didache, in: ANRW II 27.1, Berlin, New York 1993, S. 209-233.

Vos, Craig Steven de: Finding a charge that fits: The accusation against Paul and Silas at Philippi (Acts 16.19-21), in: JSNT 74, Sheffield 1999, S. 51-63.

Ders.: Stepmothers, concubines and the case of ΠΟΡΝΕΙΑ in 1 Corinthians 5, in: NTS 44, Cambridge 1998, S. 104-114.

Vouga, François: An die Galater, HNT 10, Tübingen 1998.

Ders.: Der Brief als Form der apostolischen Autorität, in: Klaus Berger, François Vouga, Michael Wolter, Dieter Zeller, Studien und Texte zur Formgeschichte, TANZ 7, Tü-bingen, Basel 1992, S. 7-58.

Ders.: Le cadre historique et l'intention théologique de Jean, BeRe 3, nouvelle édition, Paris 1981.

Ders.: Einheit und Vielfalt des frühen Christentums, in: ZNT 6, Tübingen, Basel 2000, S. 47-53.

Ders.: Der Galaterbrief - kein Brief an die Galater? Essay über den literarischen Charakter des letzten großen Paulusbriefes, in: Schrift und Tradition. Festschrift für Josef Ernst zum 70. Geburtstag, herausgegeben von Kurt Backhaus und Franz Georg Obergaßmair, Paderborn, München, Wien, Zürich 1996, S. 243-258.

Ders.: Geschichte des frühen Christentums, UTB 1733, Tübingen, Basel 1994.

Ders.: Das Problem der Selbstdefinition und der theologischen Einheit des frühen Christentums, in: Das Urchristentum in seiner literarischen Geschichte. Festschrift für Jürgen Becker zum 65. Geburtstag, herausgegeben von Ulrich Mell und Ulrich B. Müller, BZNW 100, Berlin, New York 1999, S. 487-515.

Vries, Ulrike de: Hosen trugen nur die Barbaren, in: Damals - Das aktuelle Geschichtsmagazin, Nr. 11, Stuttgart 1994, S. 26-31.

Waerden, Bartel L. van der: Die Pythagoreer. Religiöse Bruderschaft und Schule der Wissenschaft, BAW.FD, Zürich, München 1979.

Wagener, Ulrike: Die Ordnung des »Hauses Gottes«. Der Ort von Frauen in der Ekklesiologie und Ethik der Pastoralbriefe, WUNT 2/65, Tübingen 1994.

Walaskay, Paul W.: 'And so we came to Rome'. The political perspective of St. Luke, MSSNTS 49, Cambridge 1983.

Waldstein, Wolfgang: Römische Rechtsgeschichte. Eine Studienbuch, begründet von Gerhard Dulckeit, Fritz Schwarz, achte, neu bearbeitete Auflage, mit 6 Tafeln und einer Übersichtskarte, München 1989.

Walter, Nikolaus: Die »als Säulen Geltenden« in Jerusalem - Leiter der Urgemeinde oder exemplarische Fromme?, in: Kirche und Volk Gottes. Festschrift für Jürgen Roloff zum 70. Geburtstag, herausgegeben von Martin Karrer, Wolfgang Kraus, Otto Merk, Neukirchen-Vluyn 2000, S. 78-92.

Ders.: Zur theologischen Problematik des christologischen 'Schriftbeweises' im Neuen Testament, in: NTS, 41, Cambrigde 1995, S. 338-357.

Waltzing, Jean Pierre: Ètude historique sur les corporations professionnelles chez les Romains. Depuis les orgines jusqu'à la chute de l'empire d'occident, tome IV. Indices. Liste des collèges connus, leur organisation intérieure, le caractère religieux, funéraire et públic, leurs finances, Louvain 1900, Nachdruck Hildesheim, New York 1970.

Wander, Bernd: Trennungsprozesse zwischen frühem Christentum und Judentum im 1. Jahrhundert n. Chr. Datierbare Abfolgen zwischen der Hinrichtung Jesu und der Zerstörung des Jerusalemer Tempels, TANZ 16, zweite, durchgesehene und verbesserte Auflage, Tübingen 1997.

Ward, Ronald A.: Commentary on First and second Timothy and Titus, third printing, Waco/Texas 1976.

Wasserberg, Günter: Aus Israels Mitte - Heil für die Welt. Eine narrativ-exegetische Studie zur Theologie des Lukas, BZNW 92, Berlin, New York 1998.

Wechsler, Andreas: Geschichtsbild und Apostelstreit. Eine forschungsgeschichtliche und exegetische Studie über den antiochenischen Zwischenfall (Gal 2,11-14), BZNW 62, Berlin, New York 1991.

Wedderburn, Alexander J. M.: The 'apostolic decree'. Tradition and redaction, in: NT 35, Leiden 1993, S. 362-389.

Weder, Hans: Neutestamentliche Hermeneutik, ZGB, zweite, durchgesehene Auflage, Zürich 1989.

Wegenast, Klaus: Art. Lukianos, in: KP 3, München 1979, Sp. 772-777.

Wehnert, Jürgen: Die Reinheit des »christlichen Gottesvolkes« aus Juden und Heiden. Studien zum historischen und theologischen Hintergrund des sogenannten Apostel-dekrets, FRLANT 173, Göttingen 1997.

Weidinger, Erich: Die Apokryphen. Verborgene Bücher der Bibel, Augsburg 1988.

Weinfeld, Moshe: The organizational pattern and the penal code of the Qumran sect. A comparison with guilds and religious associations of the Hellenistic-Roman period, NTOA 2, Fribourg 1986.

Weiser, Alfons: Die Apostelgeschichte, Kapitel 1-12, ÖTK 5/1, Gütersloh, Würzburg 1981, Kapitel 13-28, ÖTK 5/2, Gütersloh, Würzburg 1985.

Ders.: Theologie des Neuen Testaments II. Die Theologie der Evangelien, KStTh 8, Stuttgart, Berlin, Köln 1993.

Weiss, Egon: Art. Leges Iuliae, in: PRE 12, Stuttgart 1925, Sp. 2362-2365.

Weiß, Wolfgang: »Zeichen und Wunder«. Eine Studie zu der Sprachtradition und ihrer Verwendung im Neuen Testament, WMANT 67, Neukirchen-Vluyn 1995.

Welck, Christian: Erzählte Zeichen. Die Wundergeschichten des Johannesevangeliums literarisch untersucht, mit einem Ausblick auf Joh 21, WUNT 2/69, Tübingen 1994.

Welker, Michael: Recht in den biblischen Überlieferungen in systematisch-theologischer Sicht, in: Das Recht der Kirche, Band I. Zur Theorie des Kirchenrechts, herausgege-ben von Gerhard Rau, Hans-Richard Reuter, Klaus Schlaich, FBESB 49, Gütersloh 1997, S. 390-414.

Wendebourg, Dorothea: Die alttestamentlichen Reinheitsgesetze in der frühen Kirche, in: ZKG 95, Stuttgart, Berlin, Köln, Mainz 1984, S. 149-170.

Wendland, Heinz-Dietrich: Ethik des Neuen Testaments, GNT 4, dritte, unveränderte Auflage, Göttingen 1978.

Wengst, Klaus: Pax Romana, Anspruch und Wirklichkeit. Erfahrungen und Wahrneh-mungen des Friedens bei Jesus und im Urchristentum, München 1986.

Ders.: Art. Barnabasbrief, in: TRE 5, Berlin, New York 1980, S. 238-241.

Wenz, Gunther: Theologie der Bekenntnisschriften der evangelisch-lutherischen Kirche. Eine historische und systematische Einführung in das Konkordienbuch, Band 1, Ber-lin, New York 1996, Band 2, Berlin, New York 1998.

White, John Lee: The form and structure of the official petition. A Study in Greek epis-tolography, published for a seminar on Paul, SBL.DS 5, Missoula/Montana 1972.

White, L. Michael: Crisis management and boundary maintenance. The social location of the Matthean community, in: Balch, David L., Social history of the Matthean community, cross-disciplinary approaches, Mineapolis 1991, S. 211-247.

Wibbing, Siegfried: Die Tugend- und Lasterkataloge im Neuen Testament und ihre Traditionsgeschichte unter besonderer Berücksichtigung der Qumran-Texte, BZNW 25, Berlin 1959.

Wick, Peter: Volkspredigt contra Gemeinderegel? Matthäus 5-7 im Vergleich zu Matthäus 18, KuI 13, Neukirchen-Vluyn 1998, S. 138-153.

Wiefel, Wolfgang: Fluch und Sakralrecht. Religionsgeschichtliche Prolegomena zur Frühentwicklung des Kirchenrechts, in: Numen XVI, Leiden 1969, S. 211-233.

Ders.: Die Scheidung von Gemeinde und Welt im Johannesevangelium auf dem Hintergrund der Trennung von Kirche und Synagoge, in: ThZ 35, Basel 1979, S. 213-227.

Wilckens, Ulrich: Der Brief an die Römer (Röm 12-16), EKK VI/3, zweite, durchgesehene Auflage, Zürich, Einsiedeln, Köln, Neukirchen-Vluyn 1989.

Ders.: Römer 13, 1-7, in: Wilckens, Ulrich, Rechtfertigung als Freiheit. Paulusstudien, Neukirchen-Vluyn 1974, S. 203-245.

Wilken, Robert L.: Die frühen Christen. Wie die Römer sie sahen, Graz, Wien, Köln 1986.

Williams, Margaret H.: Domitian, the Jews and the 'Judaizers' - a simple matter of cupiditas and maiestas? In: Historia. Zeitschrift für Alte Geschichte 39, Stuttgart 1990, S. 196-211.

Willke, Helmut: Systemtheorie. Eine Einführung in die Grundprobleme der Theorie sozialer Systeme, UTB 1161, vierte, überarbeitete Auflage, Stuttgart, Jena 1993.

Ders.: Systemtheorie II: Interventionstheorie. Grundzüge einer Theorie der Intervention in komplexe Systeme, UTB 1800, zweite, bearbeitete Auflage, Stuttgart, Jena 1996.

Wilson, John Warwick: The First Epistle of Clement. A Theology of power, Ann Arbor/Michigan 1976.

Wilson, Walter T.: The hope of Glory. Education and exhortation in the Epistle to the Colossians, NT.S 88, Leiden, New York, Köln 1997.

Winter, Bruce W.: Civil litigation in secular Corinth and the Church. The forensic background to 1 Corinthians 6.1-8, in: NTS 37, Cambridge, New York, Port Chester, Melbourne, Sydney 1991, S. 559-572.

Wischmeyer, Oda: Herrschen als Dienen - Mk 10,41-45, in: ZNW 90, Berlin, New York 1999, S. 28-44.

Dies.: Macht, Herrschaft und Gewalt in den frühjüdischen Schriften, in: Recht - Macht - Gerechtigkeit, Veröffentlichungen der Wissenschaftlichen Gesellschaft für Theologie 14, herausgegeben von Joachim Mehlhausen, Gütersloh 1998, S. 355-369.

Dies.: Staat und Christen nach Röm 13,1-7. Ein neuer hermeneutischer Zugang, in: Kirche und Volk Gottes. Festschrift für Jürgen Roloff zum 70. Geburtstag, herausgegeben von Martin Karrer, Wolfgang Kraus, Otto Merk, Neukirchen-Vluyn 2000, S. 149-162.

Witherington, Ben III.: Conflikt in the community in Corinth. A socio-rhetorical Commentary on 1 and 2 Corinthians, Grand Rapids/Michigan 1994.

Wolf, Erik: Ordnung der Kirche. Lehr- und Handbuch des Kirchenrechts auf ökumenischer Basis, Frankfurt am Main 1961.

Wolff, Christian: Der erste Brief des Paulus an die Korinther, ThHK 7, zweite, verbesserte Auflage, Berlin 1996.

Wolter, Michael: Ethos und Identität in paulinischen Gemeinden, in: NTS 43, Cambridge 1997, S. 430-444.

Ders.: Die Pastoralbriefe als Paulustradition, FRLANT 146, Göttingen 1988.

Ders.: 'Reich Gottes' bei Lukas, in: NTS 41, Cambridge 1995, S. 541-563.

Ders.: Art. Recht/Rechtstheologie/Rechtsphilosophie. II. Recht/Rechtswesen im Neuen Testament, in: TRE 28, Berlin, New York 1997, S. 209-213.

Wong, Kun-Chun: Interkulturelle Theologie und multikulturelle Gemeinde im Matthäusevangelium. Zum Verhältnis von Juden- und Heidenchristen im ersten Evangelium, NTOA 22, Fribourg/Schweiz 1992.

Wortelker, Konrad: Evangelisches Kirchenrecht - Recht? Evangelisches Kirchenrecht als Frage nach der Norm, ThF 21, Hamburg-Bergstedt 1960.

Woude, Adam S. van der: Fünfzehn Jahre Qumranforschung, in: ThR 54, Tübingen 1989, S. 221-261, ThR 55, Tübingen 1990, S. 245-251, ThR 57, Tübingen 1992, S. 1-57.225-253.

Woyke, Johannes: Die neutestamentlichen Haustafeln. Ein kritischer und konstruktiver Forschungsüberblick, SBS 184, Stuttgart 2000.

Zehner, Joachim: Das Forum der Vergebung in der Kirche. Studien zum Verhältnis von Sündenvergebung und Recht, Öffentliche Theologie 10, gemeinsam mit John W. de Gruchy, Wolf Krötke und Larry Rasmussen herausgegeben von Wolfgang Huber, Gütersloh 1998.

Zerbe, Gordon M.: Non-retaliation in Early Jewish and New Testament texts. Ethical themes in social contexts, JSPE.S 13, Sheffield 1993.

Ziegler, Adolf Wilhelm: Neue Studien zum ersten Klemensbrief, München 1958.

Ders.: Die Frage nach einer politischen Absicht im ersten Klemensbrief, überarbeitet und ergänzt von Gerbert Brunner, in: ANRW II 27.1, Berlin, New York 1993, S. 55-76.

Zmijewski, Josef: Die Apostelgeschichte, RNT, Regensburg 1994.

Stellenregister

Autorenregister

Sachregister

Wissenschaftliche Untersuchungen zum Neuen Testament

Alphabetische Übersicht der ersten und zweiten Reihe

Ådna, Jostein: Jesu Stellung zum Tempel. 2000. *Band II/119.*

Ådna, Jostein und *Kvalbein, Hans* (Hrsg.): The Mission of the Early Church to Jews and Gentiles. 2000. *Band 127.*

Alkier, Stefan: Wunder und Wirklichkeit in den Briefen des Apostels Paulus. 2001. *Band 134.*

Anderson, Paul N.: The Christology of the Fourth Gospel. 1996. *Band II/78.*

Appold, Mark L.: The Oneness Motif in the Fourth Gospel. 1976. *Band II/1.*

Arnold, Clinton E.: The Colossian Syncretism. 1995. *Band II/77.*

Ascough, Richard S.: Paul's Macedonian Associations. 2003. *Band II/161.*

Asiedu-Peprah, Martin: Johannine Sabbath Conflicts As Juridical Controversy. 2001. *Band II/132.*

Avemarie, Friedrich: Die Tauferzählungen der Apostelgeschichte. 2002. *Band 139.*

Avemarie, Friedrich und *Hermann Lichtenberger* (Hrsg.): Auferstehung - Ressurection. 2001. *Band 135.*

Avemarie, Friedrich und *Hermann Lichtenberger* (Hrsg.): Bund und Tora. 1996. *Band 92.*

Bachmann, Michael: Sünder oder Übertreter. 1992. *Band 59.*

Back, Frances: Verwandlung durch Offenbarung bei Paulus. 2002. *Band II/153.*

Baker, William R.: Personal Speech-Ethics in the Epistle of James. 1995. *Band II/68.*

Bakke, Odd Magne: 'Concord and Peace'. 2001. *Band II/143.*

Balla, Peter: Challenges to New Testament Theology. 1997. *Band II/95.*

– The Child-Parent Relationship in the New Testament and its Environment. 2003. *Band 155.*

Bammel, Ernst: Judaica. Band I 1986. *Band 37.*
– Band II 1997. *Band 91.*

Bash, Anthony: Ambassadors for Christ. 1997. *Band II/92.*

Bauernfeind, Otto: Kommentar und Studien zur Apostelgeschichte. 1980. *Band 22.*

Baum, Armin Daniel: Pseudepigraphie und literarische Fälschung im frühen Christentum. 2001. *Band II/138.*

Bayer, Hans Friedrich: Jesus' Predictions of Vindication and Resurrection. 1986. *Band II/20.*

Becker, Michael: Wunder und Wundertäter im frührabbinischen Judentum. 2002. *Band II/144.*

Bell, Richard H.: Provoked to Jealousy. 1994. *Band II/63.*

– No One Seeks for God. 1998. *Band 106.*

Bennema, Cornelis: The Power of Saving Wisdom. 2002. *Band II/148.*

Bergman, Jan: siehe *Kieffer, René*

Bergmeier, Roland: Das Gesetz im Römerbrief und andere Studien zum Neuen Testament. 2000. *Band 121.*

Betz, Otto: Jesus, der Messias Israels. 1987. *Band 42.*

– Jesus, der Herr der Kirche. 1990. *Band 52.*

Beyschlag, Karlmann: Simon Magus und die christliche Gnosis. 1974. *Band 16.*

Bittner, Wolfgang J.: Jesu Zeichen im Johannesevangelium. 1987. *Band II/26.*

Bjerkelund, Carl J.: Tauta Egeneto. 1987. *Band 40.*

Blackburn, Barry Lee: Theios Anēr and the Markan Miracle Traditions. 1991. *Band II/40.*

Bock, Darrell L.: Blasphemy and Exaltation in Judaism and the Final Examination of Jesus. 1998. *Band II/106.*

Bockmuehl, Markus N.A.: Revelation and Mystery in Ancient Judaism and Pauline Christianity. 1990. *Band II/36.*

Bøe, Sverre: Gog and Magog. 2001. *Band II/ 135.*

Böhlig, Alexander: Gnosis und Synkretismus. Teil 1 1989. *Band 47* – Teil 2 1989. *Band 48.*

Böhm, Martina: Samarien und die Samaritai bei Lukas. 1999. *Band II/111.*

Böttrich, Christfried: Weltweisheit – Menschheitsethik – Urkult. 1992. *Band II/50.*

Bolyki, János: Jesu Tischgemeinschaften. 1997. *Band II/96.*

Bosman, Philip: Conscience in Philo and Paul. 2003. *Band II/166.*

Bovon, François: Studies in Early Christianity. 2003. *Band 161.*

Brocke, Christoph vom: Thessaloniki – Stadt des Kassander und Gemeinde des Paulus. 2001. *Band II/125.*

Brunson, Andrew: Psalm 118 in the Gospel of John. 2003. *Band II/158.*

Büchli, Jörg: Der Poimandres – ein paganisiertes Evangelium. 1987. *Band II/27.*

Bühner, Jan A.: Der Gesandte und sein Weg im 4. Evangelium. 1977. *Band II/2.*

Burchard, Christoph: Untersuchungen zu Joseph und Aseneth. 1965. *Band 8.*

– Studien zur Theologie, Sprache und Umwelt des Neuen Testaments. Hrsg. von D. Sänger. 1998. *Band 107.*

Burnett, Richard: Karl Barth's Theological Exegesis. 2001. *Band II/145.*

Byron, John: Slavery Metaphors in Early Judaism and Pauline Christianity. 2003. *Band II/162.*

Byrskog, Samuel: Story as History – History as Story. 2000. *Band 123.*

Cancik, Hubert (Hrsg.): Markus-Philologie. 1984. *Band 33.*

Capes, David B.: Old Testament Yaweh Texts in Paul's Christology. 1992. *Band II/47.*

Caragounis, Chrys C.: The Son of Man. 1986. *Band 38.*

– siehe *Fridrichsen, Anton.*

Carleton Paget, James: The Epistle of Barnabas. 1994. *Band II/64.*

Carson, D.A., O'Brien, Peter T. und *Mark Seifrid* (Hrsg.): Justification and Variegated Nomism: A Fresh Appraisal of Paul and Second Temple Judaism. Band 1: The Complexities of Second Temple Judaism. *Band II/140.*

Ciampa, Roy E.: The Presence and Function of Scripture in Galatians 1 and 2. 1998. *Band II/102.*

Classen, Carl Joachim: Rhetorical Criticsm of the New Testament. 2000. *Band 128.*

Colpe, Carsten: Iranier – Aramäer – Hebräer – Hellenen. 2003. *Band 154.*

Crump, David: Jesus the Intercessor. 1992. *Band II/49.*

Dahl, Nils Alstrup: Studies in Ephesians. 2000. *Band 131.*

Deines, Roland: Jüdische Steingefäße und pharisäische Frömmigkeit. 1993. *Band II/52.*

– Die Pharisäer. 1997. *Band 101.*

Dettwiler, Andreas und *Jean Zumstein (Hrsg.):* Kreuzestheologie im Neuen Testament. 2002. *Band 151.*

Dickson, John P.: Mission-Commitment in Ancient Judaism and in the Pauline Communities. 2003. *Band II/159.*

Dietzfelbinger, Christian: Der Abschied des Kommenden. 1997. *Band 95.*

Dobbeler, Axel von: Glaube als Teilhabe. 1987. *Band II/22.*

Du Toit, David S.: Theios Anthropos. 1997. *Band II/91*

Dunn , James D.G. (Hrsg.): Jews and Christians. 1992. *Band 66.*

– Paul and the Mosaic Law. 1996. *Band 89.*

Dunn, James D.G., Hans Klein, Ulrich Luz und *Vasile Mihoc* (Hrsg.): Auslegung der Bibel in orthodoxer und westlicher Perspektive. 2000. *Band 130.*

Ebertz, Michael N.: Das Charisma des Gekreuzigten. 1987. *Band 45.*

Eckstein, Hans-Joachim: Der Begriff Syneidesis bei Paulus. 1983. *Band II/10.*

– Verheißung und Gesetz. 1996. *Band 86.*

Ego, Beate: Im Himmel wie auf Erden. 1989. *Band II/34*

Ego, Beate und *Lange, Armin* sowie *Pilhofer, Peter (Hrsg.):* Gemeinde ohne Tempel – Community without Temple. 1999. *Band 118.*

Eisen, Ute E.: siehe *Paulsen, Henning.*

Ellis, E. Earle: Prophecy and Hermeneutic in Early Christianity. 1978. *Band 18.*

– The Old Testament in Early Christianity. 1991. *Band 54.*

Endo, Masanobu: Creation and Christology. 2002. *Band 149.*

Ennulat, Andreas: Die 'Minor Agreements'. 1994. *Band II/62.*

Ensor, Peter W.: Jesus and His 'Works'. 1996. *Band II/85.*

Eskola, Timo: Messiah and the Throne. 2001. *Band II/142.*

– Theodicy and Predestination in Pauline Soteriology. 1998. *Band II/100.*

Fatehi, Mehrdad: The Spirit's Relation to the Risen Lord in Paul. 2000. *Band II/128.*

Feldmeier, Reinhard: Die Krisis des Gottessohnes. 1987. *Band II/21.*

– Die Christen als Fremde. 1992. *Band 64.*

Feldmeier, Reinhard und *Ulrich Heckel* (Hrsg.): Die Heiden. 1994. *Band 70.*

Fletcher-Louis, Crispin H.T.: Luke-Acts: Angels, Christology and Soteriology. 1997. *Band II/94.*

Förster, Niclas: Marcus Magus. 1999. *Band 114.*

Forbes, Christopher Brian: Prophecy and Inspired Speech in Early Christianity and its Hellenistic Environment. 1995. *Band II/75.*

Fornberg, Tord: siehe *Fridrichsen, Anton.*

Fossum, Jarl E.: The Name of God and the Angel of the Lord. 1985. *Band 36.*

Fotopoulos, John: Food Offered to Idols in Roman Corinth. 2003. *Band II/151.*

Frenschkowski, Marco: Offenbarung und Epiphanie. Band 1 1995. *Band II/79* – Band 2 1997. *Band II/80.*

Frey, Jörg: Eugen Drewermann und die
biblische Exegese. 1995. *Band II/71.*
– Die johanneische Eschatologie. Band I.
1997. *Band 96.* – Band II. 1998. *Band 110.*
– Band III. 2000. *Band 117.*
Freyne, Sean: Galilee and Gospel. 2000.
Band 125.
Fridrichsen, Anton: Exegetical Writings. Hrsg.
von C.C. Caragounis und T. Fornberg. 1994.
Band 76.
Garlington, Don B.: 'The Obedience of Faith'.
1991. *Band II/38.*
– Faith, Obedience, and Perseverance. 1994.
Band 79.
Garnet, Paul: Salvation and Atonement in the
Qumran Scrolls. 1977. *Band II/3.*
Gese, Michael: Das Vermächtnis des Apostels.
1997. *Band II/99.*
Gheorghita, Radu: The Role of the Septuagint
in Hebrews. 2003. *Band II/160.*
Gräbe, Petrus J.: The Power of God in Paul's
Letters. 2000. *Band II/123.*
Gräßer, Erich: Der Alte Bund im Neuen. 1985.
Band 35.
– Forschungen zur Apostelgeschichte. 2001.
Band 137.
Green, Joel B.: The Death of Jesus. 1988.
Band II/33.
Gregory, Anthony: The Reception of Luke and
Acts in the Period before Irenaeus. 2003.
Band II/169.
Gundry Volf, Judith M.: Paul and Perseverance.
1990. *Band II/37.*
Hafemann, Scott J.: Suffering and the Spirit.
1986. *Band II/19.*
– Paul, Moses, and the History of Israel. 1995.
Band 81.
Hahn, Johannes (Hrsg.): Zerstörungen des
Jerusalemer Tempels. 2002. *Band 147.*
Hannah, Darrel D.: Michael and Christ. 1999.
Band II/109.
Hamid-Khani, Saeed: Relevation and
Concealment of Christ. 2000. *Band II/120.*
Harrison; James R.: Paul's Language of Grace
in Its Graeco-Roman Context. 2003.
Band II/172.
Hartman, Lars: Text-Centered New Testament
Studies. Hrsg. von D. Hellholm. 1997.
Band 102.
Hartog, Paul: Polycarp and the New Testament.
2001. *Band II/134.*
Heckel, Theo K.: Der Innere Mensch. 1993.
Band II/53.
– Vom Evangelium des Markus zum viergestal-
tigen Evangelium. 1999. *Band 120.*
Heckel, Ulrich: Kraft in Schwachheit. 1993.
Band II/56.

– Der Segen im Neuen Testament. 2002.
Band 150.
– siehe *Feldmeier, Reinhard.*
– siehe *Hengel, Martin.*
Heiligenthal, Roman: Werke als Zeichen. 1983.
Band II/9.
Hellholm, D.: siehe *Hartman, Lars.*
Hemer, Colin J.: The Book of Acts in the Setting
of Hellenistic History. 1989. *Band 49.*
Hengel, Martin: Judentum und Hellenismus.
1969, ³1988. *Band 10.*
– Die johanneische Frage. 1993. *Band 67.*
– Judaica et Hellenistica . Kleine Schriften I.
1996. *Band 90.*
– Judaica, Hellenistica et Christiana. Kleine
Schriften II. 1999. *Band 109.*
– Paulus und Jakobus. Kleine Schriften III.
2002. *Band 141.*
Hengel, Martin und *Ulrich Heckel* (Hrsg.):
Paulus und das antike Judentum. 1991.
Band 58.
Hengel, Martin und *Hermut Löhr* (Hrsg.):
Schriftauslegung im antiken Judentum und
im Urchristentum. 1994. *Band 73.*
Hengel, Martin und *Anna Maria Schwemer:*
Paulus zwischen Damaskus und Antiochien.
1998. *Band 108.*
– Der messianische Anspruch Jesu und die
Anfänge der Christologie. 2001. *Band 138.*
Hengel, Martin und *Anna Maria Schwemer*
(Hrsg.): Königsherrschaft Gottes und himm-
lischer Kult. 1991. *Band 55.*
– Die Septuaginta. 1994. *Band 72.*
Hengel, Martin; Siegfried Mittmann und *Anna
Maria Schwemer* (Ed.): La Cité de Dieu /
Die Stadt Gottes. 2000. *Band 129.*
Herrenbrück, Fritz: Jesus und die Zöllner. 1990.
Band II/41.
Herzer, Jens: Paulus oder Petrus? 1998.
Band 103.
Hoegen-Rohls, Christina: Der nachösterliche
Johannes. 1996. *Band II/84.*
Hofius, Otfried: Katapausis. 1970. *Band 11.*
– Der Vorhang vor dem Thron Gottes. 1972.
Band 14.
– Der Christushymnus Philipper 2,6-11. 1976,
²1991. *Band 17.*
– Paulusstudien. 1989, ²1994. *Band 51.*
– Neutestamentliche Studien. 2000. *Band 132.*
– Paulusstudien II. 2002. *Band 143.*
Hofius, Otfried und *Hans-Christian Kammler:*
Johannesstudien. 1996. *Band 88.*
Holtz, Traugott: Geschichte und Theologie des
Urchristentums. 1991. *Band 57.*
Hommel, Hildebrecht: Sebasmata. Band 1
1983. *Band 31* – Band 2 1984. *Band 32.*
Hvalvik, Reidar: The Struggle for Scripture and
Covenant. 1996. *Band II/82.*

Johns, Loren L.: The Lamb Christology of the Apocalypse of John. 2003. *Band II/167.*

Joubert, Stephan: Paul as Benefactor. 2000. *Band II/124.*

Jungbauer, Harry: „Ehre Vater und Mutter". 2002. *Band II/146.*

Kähler, Christoph: Jesu Gleichnisse als Poesie und Therapie. 1995. *Band 78.*

Kamlah, Ehrhard: Die Form der katalogischen Paränese im Neuen Testament. 1964. *Band 7.*

Kammler, Hans-Christian: Christologie und Eschatologie. 2000. *Band 126.*

– Kreuz und Weisheit. 2003. *Band 159.*

– siehe *Hofius, Otfried.*

Kelhoffer, James A.: Miracle and Mission. 1999. *Band II/112.*

Kieffer, René und Jan Bergman (Hrsg.): La Main de Dieu / Die Hand Gottes. 1997. *Band 94.*

Kim, Seyoon: The Origin of Paul's Gospel. 1981, ²1984. *Band II/4.*

– "The 'Son of Man'" as the Son of God. 1983. *Band 30.*

Klauck, Hans-Josef: Religion und Gesellschaft im frühen Christentum. 2003. *Band 152.*

Klein, Hans: siehe *Dunn, James D.G..*

Kleinknecht, Karl Th.: Der leidende Gerechtfertigte. 1984, ²1988. *Band II/13.*

Klinghardt, Matthias: Gesetz und Volk Gottes. 1988. *Band II/32.*

Koch, Stefan: Rechtliche Regelung von Konflikten im frühen Christentum. 2004. *Band II/174.*

Köhler, Wolf-Dietrich: Rezeption des Matthäusevangeliums in der Zeit vor Irenäus. 1987. *Band II/24.*

Kooten, George H. van: Cosmic Christology in Paul and the Pauline School. 2003. *Band II/171.*

Korn, Manfred: Die Geschichte Jesu in veränderter Zeit. 1993. *Band II/51.*

Koskenniemi, Erkki: Apollonios von Tyana in der neutestamentlichen Exegese. 1994. *Band II/61.*

Kraus, Thomas J.: Sprache, Stil und historischer Ort des zweiten Petrusbriefes. 2001. *Band II/136.*

Kraus, Wolfgang: Das Volk Gottes. 1996. *Band 85.*

– und *Karl-Wilhelm Niebuhr* (Hg.): Frühjudentum und Neues Testament im Horizont Biblischer Theologie. 2003. *Band 162.*

– siehe *Walter, Nikolaus.*

Kreplin, Matthias: Das Selbstverständnis Jesu. 2001. *Band II/141.*

Kuhn, Karl G.: Achtzehngebet und Vaterunser und der Reim. 1950. *Band 1.*

Kvalbein, Hans: siehe *Ådna, Jostein.*

Laansma, Jon: I Will Give You Rest. 1997. *Band II/98.*

Labahn, Michael: Offenbarung in Zeichen und Wort. 2000. *Band II/117.*

Lambers-Petry, Doris: siehe *Tomson, Peter J.*

Lange, Armin: siehe *Ego, Beate.*

Lampe, Peter: Die stadtrömischen Christen in den ersten beiden Jahrhunderten. 1987, ²1989. *Band II/18.*

Landmesser, Christof: Wahrheit als Grundbegriff neutestamentlicher Wissenschaft. 1999. *Band 113.*

– Jüngerberufung und Zuwendung zu Gott. 2000. *Band 133.*

Lau, Andrew: Manifest in Flesh. 1996. *Band II/86.*

Lawrence, Louise: An Ethnography of the Gospel of Matthew. 2003. *Band II/165.*

Lee, Pilchan: The New Jerusalem in the Book of Relevation. 2000. *Band II/129.*

Lichtenberger, Hermann: siehe *Avemarie, Friedrich.*

Lieu, Samuel N.C.: Manichaeism in the Later Roman Empire and Medieval China. ²1992. *Band 63.*

Loader, William R.G.: Jesus' Attitude Towards the Law. 1997. *Band II/97.*

Löhr, Gebhard: Verherrlichung Gottes durch Philosophie. 1997. *Band 97.*

Löhr, Hermut: Studien zum frühchristlichen und frühjüdischen Gebet. 2003. *Band 160.*

– : siehe *Hengel, Martin.*

Löhr, Winrich Alfried: Basilides und seine Schule. 1995. *Band 83.*

Luomanen, Petri: Entering the Kingdom of Heaven. 1998. *Band II/101.*

Luz, Ulrich: siehe *Dunn, James D.G.*

Maier, Gerhard: Mensch und freier Wille. 1971. *Band 12.*

– Die Johannesoffenbarung und die Kirche. 1981. *Band 25.*

Markschies, Christoph: Valentinus Gnosticus? 1992. *Band 65.*

Marshall, Peter: Enmity in Corinth: Social Conventions in Paul's Relations with the Corinthians. 1987. *Band II/23.*

Mayer, Annemarie: Sprache der Einheit im Epheserbrief und in der Ökumene. 2002. *Band II/150.*

McDonough, Sean M.: YHWH at Patmos: Rev. 1:4 in its Hellenistic and Early Jewish Setting. 1999. *Band II/107.*

McGlynn, Moyna: Divine Judgement and Divine Benevolence in the Book of Wisdom. 2001. *Band II/139.*

Meade, David G.: Pseudonymity and Canon. 1986. *Band 39.*

Meadors, Edward P.: Jesus the Messianic Herald of Salvation. 1995. *Band II/72.*

Meißner, Stefan: Die Heimholung des Ketzers. 1996. *Band II/87.*

Mell, Ulrich: Die „anderen" Winzer. 1994. *Band 77.*

Mengel, Berthold: Studien zum Philipperbrief. 1982. *Band II/8.*

Merkel, Helmut: Die Widersprüche zwischen den Evangelien. 1971. *Band 13.*

Merklein, Helmut: Studien zu Jesus und Paulus. Band 1 1987. *Band 43.* – Band 2 1998. *Band 105.*

Metzdorf, Christina: Die Tempelaktion Jesu. 2003. *Band II/168.*

Metzler, Karin: Der griechische Begriff des Verzeihens. 1991. *Band II/44.*

Metzner, Rainer: Die Rezeption des Matthäusevangeliums im 1. Petrusbrief. 1995. *Band II/74.*

– Das Verständnis der Sünde im Johannesevangelium. 2000. *Band 122.*

Mihoc, Vasile: siehe *Dunn, James D.G.*.

Mineshige, Kiyoshi: Besitzverzicht und Almosen bei Lukas. 2003. *Band II/163.*

Mittmann, Siegfried: siehe *Hengel, Martin.*

Mittmann-Richert, Ulrike: Magnifikat und Benediktus. *1996. Band II/90.*

Mußner, Franz: Jesus von Nazareth im Umfeld Israels und der Urkirche. Hrsg. von M. Theobald. 1998. *Band 111.*

Niebuhr, Karl-Wilhelm: Gesetz und Paränese. 1987. *Band II/28.*

– Heidenapostel aus Israel. 1992. *Band 62.*

– siehe *Kraus, Wolfgang*

Nielsen, Anders E.: "Until it is Fullfilled". 2000. *Band II/126.*

Nissen, Andreas: Gott und der Nächste im antiken Judentum. 1974. *Band 15.*

Noack, Christian: Gottesbewußtsein. 2000. *Band II/116.*

Noormann, Rolf: Irenäus als Paulusinterpret. 1994. *Band II/66.*

Novakovic, Lidija: Messiah, the Healer of the Sick. 2003. *Band II/170.*

Obermann, Andreas: Die christologische Erfüllung der Schrift im Johannesevangelium. 1996. *Band II/83.*

Öhler, Markus: Barnabas. 2003. *Band 156.*

Okure, Teresa: The Johannine Approach to Mission. 1988. *Band II/31.*

Oropeza, B. J.: Paul and Apostasy. 2000. *Band II/115.*

Ostmeyer, Karl-Heinrich: Taufe und Typos. 2000. *Band II/118.*

Paulsen, Henning: Studien zur Literatur und Geschichte des frühen Christentums. Hrsg. von Ute E. Eisen. 1997. *Band 99.*

Pao, David W.: Acts and the Isaianic New Exodus. 2000. *Band II/130.*

Park, Eung Chun: The Mission Discourse in Matthew's Interpretation. 1995. *Band II/81.*

Park, Joseph S.: Conceptions of Afterlife in Jewish Insriptions. 2000. *Band II/121.*

Pate, C. Marvin: The Reverse of the Curse. 2000. *Band II/114.*

Peres, Imre: Griechische Grabinschriften und neutestamentliche Eschatologie. 2003. *Band 157.*

Philonenko, Marc (Hrsg.): Le Trône de Dieu. 1993. *Band 69.*

Pilhofer, Peter: Presbyteron Kreitton. 1990. *Band II/39.*

– Philippi. Band 1 1995. *Band 87.* – Band 2 2000. *Band 119.*

– Die frühen Christen und ihre Welt. 2002. *Band 145.*

– siehe *Ego, Beate.*

Pöhlmann, Wolfgang: Der Verlorene Sohn und das Haus. 1993. *Band 68.*

Pokorný, Petr und *Josef B. Souček:* Bibelauslegung als Theologie. 1997. *Band 100.*

Pokorný, Petr und *Jan Roskovec* (Hrsg.): Philosophical Hermeneutics and Biblical Exegesis. 2002. *Band 153.*

Porter, Stanley E.: The Paul of Acts. 1999. *Band 115.*

Prieur, Alexander: Die Verkündigung der Gottesherrschaft. 1996. *Band II/89.*

Probst, Hermann: Paulus und der Brief. 1991. *Band II/45.*

Räisänen, Heikki: Paul and the Law. 1983, ²1987. *Band 29.*

Rehkopf, Friedrich: Die lukanische Sonderquelle. 1959. *Band 5.*

Rein, Matthias: Die Heilung des Blindgeborenen (Joh 9). 1995. *Band II/73.*

Reinmuth, Eckart: Pseudo-Philo und Lukas. 1994. *Band 74.*

Reiser, Marius: Syntax und Stil des Markusevangeliums. 1984. *Band II/11.*

Richards, E. Randolph: The Secretary in the Letters of Paul. 1991. *Band II/42.*

Riesner, Rainer: Jesus als Lehrer. 1981, ³1988. *Band II/7.*

– Die Frühzeit des Apostels Paulus. 1994. *Band 71.*

Rissi, Mathias: Die Theologie des Hebräerbriefs. 1987. *Band 41.*

Röhser, Günter: Metaphorik und Personifikation der Sünde. 1987. *Band II/25.*

Roskovec, Jan: siehe *Pokorný, Petr.*

Rose, Christian: Die Wolke der Zeugen. 1994. *Band II/60.*

Rothschild, Clare K.: Luke Acts and the Rhetoric of History. 2004. *Band II/175.*

Rüegger, Hans-Ulrich: Verstehen, was Markus erzählt. 2002. *Band II/155.*

Rüger, Hans Peter: Die Weisheitsschrift aus der Kairoer Geniza. 1991. *Band 53.*

Sänger, Dieter: Antikes Judentum und die Mysterien. 1980. *Band II/5.*

– Die Verkündigung des Gekreuzigten und Israel. 1994. *Band 75.*

– siehe *Burchard, Christoph*

Salzmann, Jorg Christian: Lehren und Ermahnen. 1994. *Band II/59.*

Sandnes, Karl Olav: Paul – One of the Prophets? 1991. *Band II/43.*

Sato, Migaku: Q und Prophetie. 1988. *Band II/29.*

Schaper, Joachim: Eschatology in the Greek Psalter. 1995. *Band II/76.*

Schimanowski, Gottfried: Die himmlische Liturgie in der Apokalypse des Johannes. 2002. *Band II/154.*

– Weisheit und Messias. 1985. *Band II/17.*

Schlichting, Günter: Ein jüdisches Leben Jesu. 1982. *Band 24.*

Schnabel, Eckhard J.: Law and Wisdom from Ben Sira to Paul. 1985. *Band II/16.*

Schutter, William L.: Hermeneutic and Composition in I Peter. 1989. *Band II/30.*

Schwartz, Daniel R.: Studies in the Jewish Background of Christianity. 1992. *Band 60.*

Schwemer, Anna Maria: siehe *Hengel, Martin*

Schwindt, Rainer: Das Weltbild des Epheserbriefes. 2002. *Band 148.*

Scott, James M.: Adoption as Sons of God. 1992. *Band II/48.*

– Paul and the Nations. 1995. *Band 84.*

Shum, Shiu-Lun: Paul's Use of Isaiah in Romans. 2002. *Band II/156.*

Siegert, Folker: Drei hellenistisch-jüdische Predigten. Teil I 1980. *Band 20* – Teil II 1992. *Band 61.*

– Nag-Hammadi-Register. 1982. *Band 26.*

– Argumentation bei Paulus. 1985. *Band 34.*

– Philon von Alexandrien. 1988. *Band 46.*

Simon, Marcel: Le christianisme antique et son contexte religieux I/II. 1981. *Band 23.*

Snodgrass, Klyne: The Parable of the Wicked Tenants. 1983. *Band 27.*

Söding, Thomas: Das Wort vom Kreuz. 1997. *Band 93.*

– siehe *Thüsing, Wilhelm.*

Sommer, Urs: Die Passionsgeschichte des Markusevangeliums. 1993. *Band II/58.*

Souček, Josef B.: siehe *Pokorný, Petr.*

Spangenberg, Volker: Herrlichkeit des Neuen Bundes. 1993. *Band II/55.*

Spanje, T.E. van: Inconsistency in Paul? 1999. *Band II/110.*

Speyer, Wolfgang: Frühes Christentum im antiken Strahlungsfeld. Band I: 1989. *Band 50.*

– Band II: 1999. *Band 116.*

Stadelmann, Helge: Ben Sira als Schriftgelehrter. 1980. *Band II/6.*

Stenschke, Christoph W.: Luke's Portrait of Gentiles Prior to Their Coming to Faith. *Band II/108.*

Stettler, Christian: Der Kolosserhymnus. 2000. *Band II/131.*

Stettler, Hanna: Die Christologie der Pastoralbriefe. 1998. *Band II/105.*

Stökl Ben Ezra, Daniel: The Impact of Yom Kippur on Early Christianity. 2003. *Band 163.*

Strobel, August: Die Stunde der Wahrheit. 1980. *Band 21.*

Stroumsa, Guy G.: Barbarian Philosophy. 1999. *Band 112.*

Stuckenbruck, Loren T.: Angel Veneration and Christology. 1995. *Band II/70.*

Stuhlmacher, Peter (Hrsg.): Das Evangelium und die Evangelien. 1983. *Band 28.*

– Biblische Theologie und Evangelium. 2002. *Band 146.*

Sung, Chong-Hyon: Vergebung der Sünden. 1993. *Band II/57.*

Tajra, Harry W.: The Trial of St. Paul. 1989. *Band II/35.*

– The Martyrdom of St.Paul. 1994. *Band II/67.*

Theißen, Gerd: Studien zur Soziologie des Urchristentums. 1979, ³1989. *Band 19.*

Theobald, Michael: Studien zum Römerbrief. 2001. *Band 136.*

Theobald, Michael: siehe *Mußner, Franz.*

Thornton, Claus-Jürgen: Der Zeuge des Zeugen. 1991. *Band 56.*

Thüsing, Wilhelm: Studien zur neutestamentlichen Theologie. Hrsg. von Thomas Söding. 1995. *Band 82.*

Thurén, Lauri: Derhethorizing Paul. 2000. *Band 124.*

Tomson, Peter J. und *Doris Lambers-Petry (Hg.):* The Image of the Judaeo-Christians in Ancient Jewish and Christian Literature. 2003. *Band 158.*

Treloar, Geoffrey R.: Lightfoot the Historian. 1998. *Band II/103.*

Tsuji, Manabu: Glaube zwischen Vollkommenheit und Verweltlichung. 1997. *Band II/93*

Twelftree, Graham H.: Jesus the Exorcist. 1993. *Band II/54.*

Urban, Christina: Das Menschenbild nach dem Johannesevangelium. 2001. *Band II/137.*

Visotzky, Burton L.: Fathers of the World. 1995. *Band 80.*

Vollenweider, Samuel: Horizonte neutestamentlicher Christologie. 2002. *Band 144.*

Vos, Johan S.: Die Kunst der Argumentation bei Paulus. 2002. *Band 149.*

Wagener, Ulrike: Die Ordnung des „Hauses Gottes". 1994. *Band II/65.*

Walker, Donald D.: Paul's Offer of Leniency (2 Cor 10:1). 2002. *Band II/152.*

Walter, Nikolaus: Praeparatio Evangelica. Hrsg. von Wolfgang Kraus und Florian Wilk. 1997. *Band 98.*

Wander, Bernd: Gottesfürchtige und Sympathisanten. 1998. *Band 104.*

Watts, Rikki: Isaiah's New Exodus and Mark. 1997. *Band II/88.*

Wedderburn, A.J.M.: Baptism and Resurrection. 1987. *Band 44.*

Wegner, Uwe: Der Hauptmann von Kafarnaum. 1985. *Band II/14.*

Weissenrieder, Annette: Images of Illness in the Gospel of Luke. 2003. Band II/164.

Welck, Christian: Erzählte ‚Zeichen'. 1994. *Band II/69.*

Wiarda, Timothy: Peter in the Gospels . 2000. *Band II/127.*

Wilk, Florian: siehe *Walter, Nikolaus.*

Williams, Catrin H.: I am He. 2000. *Band II/113.*

Wilson, Walter T.: Love without Pretense. 1991. *Band II/46.*

Wisdom, Jeffrey: Blessing for the Nations and the Curse of the Law. 2001. *Band II/133.*

Wucherpfennig, Ansgar: Heracleon Philologus. 2002. *Band 142.*

Yeung, Maureen: Faith in Jesus and Paul. 2002. *Band II/147.*

Zimmermann, Alfred E.: Die urchristlichen Lehrer. 1984, [2]1988. *Band II/12.*

Zimmermann, Johannes: Messianische Texte aus Qumran. 1998. *Band II/104.*

Zimmermann, Ruben: Geschlechtermetaphorik und Gottesverhältnis. 2001. *Band II/122.*

Zumstein, Jean: siehe *Dettwiler, Andreas*

Einen Gesamtkatalog erhalten Sie gerne vom Verlag
Mohr Siebeck – Postfach 2040 – D–72010 Tübingen
Neueste Informationen im Internet unter www.mohr.de